Volker Barth, Gerd Baumann, Michael Baumgart, Werena Busker, Alfred Geltinger, Axel Jähring, Volker Kähler, Kay Sanmann, Inka Schliebner

Gut – Güter – Logistik

Fachlageristen und Fachkräfte für Lagerlogistik im 1. und 2. Ausbildungsjahr

1. Auflage

Bestellnummer 00340

Bildungsverlag EINS

Haben Sie Anregungen oder Kritikpunkte zu diesem Produkt?
Dann senden Sie eine E-Mail an 00340_001@bv-1.de
Autoren und Verlag freuen sich auf Ihre Rückmeldung.

www.bildungsverlag1.de

Bildungsverlag EINS GmbH
Hansestraße 115, 51149 Köln

ISBN 978-3-427-**00340**-3

Inhaltsverzeichnis

Lernfeld 5: Güter kommissionieren

Lernfeld 6: Güter verpacken

Lernfeld 7: Güter verladen

Lernfeld 8: Güter versenden

Fachrechnen

Exkurs: EDV

Vorwort

Für wen ist das Lehrbuch gedacht?

Das Lehrbuch ist für Auszubildende der Ausbildungsberufe Fachkraft für Lagerlogistik und Fachlagerist gleichermaßen geeignet und beinhaltet die Lernziele und -inhalte aller Lernfelder des ersten und zweiten Ausbildungsjahres gemäß den KMK-Rahmenlehrplänen.

Gleichermaßen unterstützt es Ausbilder, Lehrkräfte und Dozenten bei ihrer Lehrtätigkeit.

Welche Ziele verfolgt das Lehrbuch?

Besonderen Wert legen die Autoren in diesem Buch auf

- anschauliche Bebilderungen,
- einfache Formulierungen,
- kurze Sätze und Fließtexte,
- vermehrte Darstellung von Inhalten in Form von Tabellen und Schemata,
- Übungsaufgaben unterschiedlicher Niveaustufen.

Damit möchten sie die Auszubildenden zum Lesen anregen und das eigenständige Lernen erleichtern.

Durch das Lehrbuch sollen

- die Lagerung und Logistik umfassend dargestellt,
- der Unterricht intensiviert,
- die Vorbereitung auf die Zwischen- und Abschlussprüfung erleichtert und
- über die Ausbildungszeit hinaus Wissen vermittelt werden.

Die Autoren möchten weiterhin

- zum selbstständigen, verantwortungsvollen Denken und Handeln anregen,
- die Fach- und Lernkompetenz stärken,
- über unterschiedliche Fragetechniken und Bearbeitungsformen die Methoden- und Sozialkompetenz fördern.

Wie ist das Lehrbuch aufgebaut?

Neben den Lernfeldern der beiden ersten Ausbildungsjahre enthält das Lehrbuch

- ein eigenes Kapitel Fachrechnen mit den Schwerpunkten Wirtschafts- und Frachtrechnen,
- einen Exkurs EDV. Die Inhalte orientieren sich dabei am aktuellen Stoff- und Prüfungskatalog der AKA von 2010.

Wirtschafts- und sozialpolitische bzw. rechtliche Inhalte der Lernfelder sind im Lehrbuch „Wirtschafts- und Sozialprozesse“, Best.-Nr. 00363, behandelt.

Wie sind die einzelnen Lernfelder strukturiert?

Vorwiegend wird auf die Entwicklung von Handlungskompetenzen geachtet.

Dabei gilt folgender Lernfeldaufbau:

- Einstiegssituation mit Handlungsaufträgen
- Darstellung des Stoffes
- Kernwissen „Zusammengepackt“
- Aufgaben zur Lernzielsicherung

Tipps und Hinweise lockern den Text auf und geben Anregungen zur eigenen Informationsgewinnung. Signalwörter in der Marginalspalte heben die Textinhalte hervor.

Welche weiteren Medien ergänzen das Lehrbuch?

Parallel zum Lehrbuch erscheint ein darauf abgestimmtes Arbeitsheft, Best.-Nr. 00342. Es dient zur Übung und Vertiefung der Lerninhalte im Lehrbuch.

Weitere Aufgaben zur Übung und Prüfungsvorbereitung finden Sie in verschiedenen Arbeits- und Prüfungsvorbereitungsheften des Verlags.

Ein zweites Lehrbuch (Best.-Nr. 00341) mit den Lernfeldern des dritten Ausbildungsjahres für Fachkräfte für Lagerlogistik ist ab Frühjahr 2014 ebenfalls erhältlich.

Aus Gründen der Einfachheit wird in diesem Buch nur die männliche Schreibweise verwendet. Künftige Lageristinnen und Fachlageristinnen sind natürlich im gleichen Maß angesprochen.

Die Autoren wünschen den Lernenden und Lehrenden ein erfolgreiches Arbeiten mit diesem Buch und sind für Anregungen und Kritik dankbar.

Die unten stehende Tabelle gibt eine Übersicht über die Aufteilung der Lernfelder auf die beiden Ausbildungsberufe und die Bände I und II der Reihe Gut Güter Logistik.

Zuordnung der Lernfelder

	Bezeichnung der Lernfelder	Fachkraft für Lagerlogistik	Fachlagerist/ Fachlageristin
Band I	Güter annehmen und kontrollieren	Lernfeld 1	Lernfeld 1
	Güter lagern	Lernfeld 2	Lernfeld 2
	Güter bearbeiten	Lernfeld 3	Lernfeld 3
	Güter im Betrieb transportieren	Lernfeld 4	Lernfeld 4
	Güter kommissionieren	Lernfeld 5	Lernfeld 5
	Güter verpacken	Lernfeld 6	Lernfeld 6
	Güter verladen	Lernfeld 8	Lernfeld 7
	Güter versenden	Lernfeld 9	Lernfeld 8
Band II	Touren planen	Lernfeld 7	
	Logistische Prozesse optimieren	Lernfeld 10	
	Güter beschaffen	Lernfeld 11	
	Kennzahlen ermitteln und auswerten	Lernfeld 12	

Einleitung

Zum Begriff „Logistik"

Einstiegssituation

Sven sitzt abends an seinem Notebook. Er hat gerade für seine Freundin und sich per Internet zwei T-Shirts bei einem Versandhaus bestellt. Der Preis ist sehr günstig und die Versandkosten kann er sich mit seiner Freundin teilen. Sven findet, dass dies eine sehr bequeme Art des Einkaufens sei. Tagsüber hat er als Auszubildender zum Fachlageristen wenig Zeit dafür.

Wie Sven denken viele. Der Einkauf per Internet hat in den letzten Jahren erheblich zugenommen. So bequem das Bestellen am heimischen Computer ist, die bestellte Ware selbst muss natürlich auf herkömmlichem Weg, meist durch Paketdienste per Lkw, zu den Kunden gebracht werden.

Logistik

Dies führt direkt zum Begriff **Logistik**. Das Versenden von Waren ist ein Teil der Logistik, auch **Transport**- oder **Distributionslogistik** (Distribution = Verteilung) genannt. Es gibt noch weitere Arten der Logistik, z. B. die Lagerlogistik, um die es in diesem Buch hauptsächlich gehen soll.

Unter **Logistik** werden vor allem die Maßnahmen verstanden, die einen optimalen (bestmöglichen) Transport von Gütern vom Hersteller bis zum Kunden ermöglichen. Es geht darum, dafür zu sorgen, dass die richtigen Güter in der richtigen Menge und Qualität zu möglichst niedrigen Kosten rechtzeitig am richtigen Ort sind.

Das Wort „Logistik" lesen wir heute auf vielen Lastwagen. Häufig ist es Bestandteil des Namens von Unternehmen. Ursprünglich stammt der Begriff aus dem Militärischen. Dort wurde die Versorgung der Truppen, der Nachschub an Munition, Nahrung, Kleidung usw. so bezeichnet.

Globalisierung

Zeitgleich mit der Übernahme des Begriffs „Logistik" in die private Wirtschaft verstärkte sich auch das kostenbewusste Denken in den Unternehmen, die einem immer stärkeren Wettbewerb in Deutschland und in der Welt (Globalisierung) ausgesetzt sind. So soll auch die Einlagerung von Gütern (Teil der Lagerlogistik) optimiert, also kostengünstiger werden. Energieeinsparung und umweltfreundliche Materialien und Verfahren („Green Logistics") werden ebenfalls immer wichtiger. Auch die Unfallgefahr soll so gering wie möglich gehalten werden. Um diese Ziele in den Unternehmen erreichen zu können, sind gut ausgebildete Fachleute nötig. Deshalb wurde von den Unternehmen neben dem Ausbildungsberuf des **Fachlageristen** die Fachkraft für Lagerlogistik gefordert. Die **Fachkraft für Lagerlogistik** wurde schließlich als weiterer Ausbildungsberuf eingeführt. Die Arbeitsmöglichkeiten und Aufstiegschancen haben in der Logistikbranche in den letzten Jahren erheblich zugenommen.

Zu den Lernfeldern

Der Aufbau des Buches ist an Lernfeldern orientiert. Die Reihenfolge der Lernfelder richtet sich danach, wie die Güter einen Betrieb durchlaufen.

Lernfeld 1 – Güter annehmen und kontrollieren
Es fängt mit der Anlieferung der bestellten Güter (im Handel auch als „Ware" bezeichnet) an. Sie müssen überprüft werden. Es wäre z. B. möglich, dass Transportschäden vorliegen. Auch könnte zu wenig oder falsche Ware geliefert worden sein.

Lernfeld 2 – Güter lagern
Die angelieferte und kontrollierte Ware wird nun eingelagert. Je nach Art der einzulagernden Güter gibt es verschiedene Lagerarten (z. B. Frei-, Kühl- oder Hochregallager) und Lagereinrichtungen (z. B. Paletten- oder Umlaufregale).

Lernfeld 3 – Güter bearbeiten
Einige Güter müssen während der Lagerung besonders gepflegt und beobachtet werden, damit ihre Qualität erhalten bleibt. Außerdem wird die Ware auch mengenmäßig kontrolliert (Inventur) und sogenannte Kennzahlen werden ermittelt. So könnte es beispielsweise interessieren, wie lange die Waren durchschnittlich im Lager liegen.

Lernfeld 4 – Güter im Betrieb transportieren
Im Lager müssen die Güter transportiert werden, etwa von der Warenannahme ins Lager und vom Lager zum Versandplatz. Zu diesem Zweck verfügen die Betriebe über entsprechende Transportmittel. Ein bekanntes Beispiel hierfür ist der Gabelstapler.

Lernfeld 5 – Güter kommissionieren
Wenn die Güter in der Produktion benötigt oder von Kunden bestellt werden, müssen sie entsprechend dem Produktions- oder Kundenauftrag im Lager zusammengesucht und bereitgestellt werden. Man nennt diesen Vorgang „kommissionieren".

Lernfeld 6 – Güter verpacken
Die für Kunden kommissionierte Ware muss häufig noch versandfertig gemacht werden. Das heißt, sie wird zum Schutz verpackt. Für den leichteren Transport mit Gabelstaplern werden zusätzlich Paletten benötigt.

Lernfeld 7 – Güter verladen
Die versandfertigen Güter werden mit eigenen Fahrzeugen befördert oder von Paketdiensten abgeholt. Größere Güter müssen per Lkw, Bahn oder Schiff transportiert werden. Beim Verladen auf diese Transportmittel ist darauf zu achten, dass die Güter gut gesichert sind, damit sie beim Transport nicht beschädigt werden.

Lernfeld 8 – Güter versenden
Der Versand der Güter an die Kunden erfolgt durch die günstigste Transportart. Bei der Auswahl des geeigneten Transportmittels spielen die Art der Güter, die Schnelligkeit und die Kosten des Transports eine Rolle. Hier sind auch geografische Kenntnisse gefragt.

Bei allen Arbeiten im Lager ist die Sicherheit der Mitarbeiter besonders wichtig. Deshalb werden in den Lernfeldern **Unfallgefahren** angesprochen. Es wird erklärt, welche Maßnahmen zum Schutz ergriffen werden sollten oder sogar müssen.

Fachrechnen
Am Ende des Buches findet sich das Kapitel „Fachrechnen". Hier werden die Rechenarten vorgestellt, die von Fachlageristen und Fachkräften für Lagerlogistik beherrscht werden sollten.

Exkurs EDV
Eine knappe Einführung in die Grundlagen der Textverarbeitung und die Tabellenkalkulation wird in diesem abschließenden Exkurs angeboten. In einem EDV-Wörterbuch werden wichtige Begriffe aus der EDV erklärt.

Lernfeld 1

Güter annehmen und kontrollieren

1 Warenannahme
2 Codiertechniken
3 Transportverpackungen
4 Unfallverhütung bei der Arbeit

1 Warenannahme

Einstiegssituation

Jens möchte Fachlagerist werden. Er arbeitet bereits seit einem Monat in seinem Ausbildungsbetrieb, der Firma Johann Kruse & Co. KG in Emden. Hierbei handelt es sich um einen Großhandelsbetrieb für Bürobedarf. Zunächst soll Jens die Warenannahme kennenlernen. Sein Ausbilder ist Günther Martens.
Gerade ist ein Fahrzeug von DHL vorgefahren. Der Fahrer legt einen Lieferschein der Firma Oldenburger Bürotechnik OHG vor. Herr Martens sieht erfreut aus: „Auf diese Lieferung habe ich schon gewartet!", sagt er zu Jens. „Bitte hilf dem Fahrer beim Entladen der Schachteln!"

Oldenburger Bürotechnik OHG	Nadorster Straße 83 26123 Oldenburg Tel.: 0441 874219 Fax: 0441 874222

Oldenburger Bürotechnik OHG, Nadorster Str. 83, 26123 Oldenburg **Johann Kruse GmbH & Co. KG** Bürogroßhandel Am Delft 47 26721 Emden		Datum: 20.02.20..
Lieferschein		Auftrags-Nr. 338/11599
Kunden-Nr.: 12/3387	Lieferschein-Nr.: 145711	Lieferdatum: 23.02.20..
Bestellung vom 13.02.20..	Versandart: DHL	Packstücke: 12 Schachteln
Lieferadresse: wie oben		
Lieferbedingung: frei		

Pos.	Artikel- Nr.	Artikelbezeichnung	Menge	Einheit
1	445/8329	Präzisions-Schneidemaschine P 32	5	Stück
2	445/8445	Aktenvernichter Cut Shredder 70	10	Stück
3	445/2316	Laminiergerät 300 (DIN A4)	10	Stück
4	445/2318	Laminiergerät 400 (DIN A3)	4	Stück
5	445/5569	Bindegerät 15/280	6	Stück
6	331/4482	Lamiertaschen DIN A4	20	50er-Pack
7	331/5683	Binderücken, farbig mit Deckblättern	30	25er-Pack

Ausfertigung Kunde

Handlungsaufträge

1. *Erklären Sie, was Herr Martens in Anwesenheit des Fahrers kontrollieren muss.*
2. *Erläutern Sie, was Herr Martens unternehmen muss, wenn er bei der Prüfung feststellt, dass*
   a) zu wenig geliefert wurde,
   b) eine Schachtel stark beschädigt ist.

1.1 Warenanlieferung

Arten der Warenanlieferung

Es sind verschiedene Arten der Warenanlieferung möglich:

- Kleinere Packstücke (z. B. Schachteln) werden mit Paketdiensten per Kleintransporter angeliefert (wie im oben geschilderten Fall).
- Größere Packstücke (evtl. auf Paletten) oder Container werden durch Spediteure mit Lkws geliefert.
- Gibt es einen eigenen Gleisanschluss, so ist eine Anlieferung per Bahn möglich.
- Verfügt der Empfänger über eine Kaianlage, können die Güter per (Binnen-)Schiff geliefert werden.
- Auf dem Luftweg ist eine direkte Anlieferung nur möglich, wenn der Empfänger eine Landemöglichkeit (z. B. für einen Hubschrauber) hat.
- Flüssige oder gasförmige Stoffe können per Rohrleitung (Pipeline) zum Empfänger gelangen.

Einige Lieferer verfügen über eigene Lkw und liefern selbst die Waren an die Kunden. Es ist auch möglich, dass der Kunde die Waren in einem eigenen Fahrzeug abholt.

1.2 Warenkontrolle

In den meisten Fällen erfolgt die Warenanlieferung per Lkw. Der Fahrer meldet sich am Wareneingang oder im Büro an. Dort wird ihm gesagt, wo sein Lkw entladen werden soll.

1.2.1 Kontrolle in Anwesenheit des Frachtführers

Lieferberechtigung

Zurück zur Einstiegssituation: Nachdem der Frachtführer (Fahrer) sich bei Herrn Martens angemeldet hat, wird zunächst die **Lieferberechtigung** geprüft. Anhand eines Vergleichs der Warenbegleitpapiere mit den Bestelldaten kann festgestellt werden,

- ob die Ware vom Empfänger bestellt wurde und ob die Anlieferung rechtzeitig erfolgte. Ist dies der Fall, kann weiter geprüft werden,
- ob die **Anzahl der Packstücke** (Kisten, Schachteln, Paletten) mit den Angaben auf dem Begleitpapier übereinstimmt,
- ob **die äußere Beschaffenheit** der Packstücke und der Packmittel (z. B. Palette) in Ordnung ist.

Lageristin prüft eingetroffende Lieferung.

Warenbegleitpapiere

Als **Warenbegleitpapiere** kommen folgende Dokumente infrage

- Lieferschein,
- Frachtbrief,
- Paketkarte,
- Ladeschein (in der Binnenschifffahrt),
- Konnossement (in der Seeschifffahrt) und
- sonstige Papiere (z. B. Zollbescheinigungen).

Ist bei der Prüfung kein Mangel festgestellt worden, wird – meist auf einer Ausfertigung des Begleitpapiers – der **Empfang der Ware durch Unterschrift bestätigt**. Die Annahme

Annahme unter Vorbehalt

erfolgt unter **Vorbehalt**. Es kann nämlich erst bei einer späteren genauen Prüfung festgestellt werden, ob die richtige Ware in einwandfreiem Zustand geliefert worden ist.

Manchmal wird zu wenig Ware geliefert oder eine Beschädigung festgestellt. Dann wird der Fahrer aufgefordert, die erkennbaren Schäden auf einer Ausfertigung der Begleitpapiere durch seine Unterschrift zu bestätigen. Damit hat der Empfänger einen Nachweis, dass die Ware bereits bei Anlieferung beschädigt war. Es ist auch möglich, dass der Empfang beschädigter Ware abgelehnt wird.

1.2.2 Abladen der angelieferten Ware

Die Überprüfung der Ware in Anwesenheit des Fahrers kann erfolgen, wenn die Ware noch im Transportmittel ist. Es ist aber auch möglich, die Warenprüfung nach dem Entladen vorzunehmen. Wie wird dies in Ihrem Ausbildungsbetrieb gehandhabt?

Nach den Bestimmungen des Handelsgesetzbuches (HGB) ist es grundsätzlich die **Pflicht des Absenders, die Güter zu entladen** (HGB § 412). Da dies in der Praxis oft nicht möglich ist, wird zwischen Absender und Frachtführer im Frachtvertrag vereinbart, dass der Frachtführer dies übernimmt. Hilft der Empfänger beim Entladen, tut er dies als Erfüllungsgehilfe des Absenders oder (bei entsprechender Vereinbarung) des Frachtführers. Wer ist zuständig für das Entladen der Güter? Diese Frage wird immer dann besonders wichtig, wenn beim Abladen Schäden entstehen. Tatsächlich kommt es zu den meisten Beförderungsschäden nicht beim Transport selbst, sondern beim Be- und Entladen.

Daher ist es wichtig, sorgfältig mit **geeigneten Fördermitteln** abzuladen. Je nachdem,

- welches Gewicht und Volumen die Ware hat,
- welche Förderhilfsmittel (z. B. Paletten) verwendet wurden und
- mit welchen Fahrzeugen die Waren angeliefert wurden (Lkw, Waggon, Kleintransporter),

können Gabelstapler, Hubwagen oder Krane eingesetzt werden.

Mit dem Niederhubwagen werden die beladenen Paletten aus dem Lkw gezogen.

Vor dem Abladen muss dafür gesorgt werden, dass genügend Platz für die angelieferte Ware vorhanden ist. Verderbliche Ware (z. B. eine Frischfleischlieferung) darf nicht lange ungekühlt stehen. Gefahrgüter sind den Vorschriften entsprechend zu behandeln.

1.2.3 Untersuchungs- und Anzeigepflichten

Anzeigepflicht
Untersuchungspflicht

Es ist wichtig, dass der Empfänger die Ware rechtzeitig untersucht und mögliche Schäden unverzüglich dem Frachtführer oder dem Lieferer gegenüber anzeigt. Versäumt er die Fristen, verliert er seine Ansprüche.

Transportschäden

Untersuchungs- und Anzeigepflichten gegenüber dem Frachtführer bei Transportschäden
Bei sofort erkennbaren Schäden hat eine Anzeige **unverzüglich**, bei nicht sofort erkennbaren Schäden innerhalb von **sieben Tagen** zu erfolgen. Hat der Frachtführer eine bestimmte Lieferzeit zugesichert und nicht eingehalten, muss dies innerhalb von **21 Tagen** angezeigt werden.

Untersuchungs- und Anzeigepflichten gegenüber dem Lieferer
Bei einem zweiseitigen Handelskauf sind beide Vertragspartner Kaufleute. In diesem Fall ist der Käufer verpflichtet, gelieferte Ware unverzüglich zu prüfen. Wenn er dabei einen Mangel entdeckt, spricht man von einem **offenen Mangel**. Diesen muss der Käufer dem Lieferer **unverzüglich** mitteilen (**Mängelrüge**). Ein später entdeckter (**versteckter**) **Mangel** ist **unverzüglich nach Entdeckung** zu rügen, jedoch spätestens **innerhalb von zwei Jahren**.

unverzüglich rügen

Wenn die Mängel nicht auf den Warenbegleitpapieren bestätigt werden sollen, kann auch ein eigens dafür entwickelter Vordruck, eine sogenannte **Tatbestandsaufnahme**, verwendet werden.

Tatbestandsaufnahme	Johann Kruse & Co. KG – Bürogroßhandel
Lieferer:	Lieferschein-Nr.: Lieferdatum:
Frachtführer:	Mitarbeiter des Frachtführers:
Art der Anlieferung: (Kfz-Kennzeichen)	Datum und Uhrzeit:
Artikelbezeichnung:	Artikelnummer(n):
Art der Transportverpackung	Anzahl der Packstücke
Gesamtgewicht lt. Transportpapier:	Tatsächliches Gesamtgewicht:
Beschreibung des Schadens (ggf. Ursachen des Schadens): Unterschrift des Mitarbeiters des Transportunternehmens	 Unterschrift des Mitarbeiters im Wareneingang
Anlagen: Lieferschein ☐ Rechnung ☐ Packzettel ☐	Speditionsauftrag ☐ Sofortbild ☐ Sonstiges ☐

Sehr gut zur Dokumentation von Schäden sind digitale Bilder geeignet.

Beschädigter Karton

1.2.4 Wareneingangsschein

Nachdem die Ware angenommen wurde, wird häufig mithilfe der EDV ein Wareneingangsschein erstellt.

Wareneingangsschein Johann Kruse GmbH & Co. KG Bürogroßhandel, Emden	Meldungs-Nr.:	Datum:

Eingangstag	Verpackung:	Lieferer:	
Art des Eingangs:	Bestell-Nr.	Ausgeliefert durch:	Bemerkung über Mängel:

Menge	ME	Artikelbezeichnung	Artikelnummer	Menge pro Verpackungseinheit

Verpackung rücksendefähig ☐ nicht rücksendefähig ☐	Zurückgesandt am:	Nettogewicht lt. Versandpapier:	

Warenannahme		Lager		Einkaufsabteilung	
Tag:	Zeichen	Tag:	Zeichen	Tag:	Zeichen

Der Wareneingangsschein dient als Grundlage für verschiedene Tätigkeiten in folgenden Abteilungen:

Einkaufsabteilung
Hier erfolgt ein Abgleich mit der Bestellung (richtige Ware, richtige Menge, rechtzeitige Lieferung?).

Buchhaltung
Es wird überprüft, ob die vom Lieferer erstellte Rechnung mit der Warenlieferung übereinstimmt. Wenn dies der Fall ist und die Rechnung rechnerisch in Ordnung ist, kann der Rechnungsbetrag entsprechend der Zahlungsbedingung überwiesen werden.

Lager
Im Lager wird der Lagerbestand fortgeschrieben (Verbuchung eines Wareneingangs). Außerdem könnte ein Lagerplatz für die neue Ware festgelegt werden. Dort kann die Ware eingelagert werden, nachdem sie eventuell noch genauer überprüft worden ist.

1.2.5 Genaue Warenprüfung vor der Einlagerung

Nach der ersten Kontrolle in Anwesenheit des Frachtführers wird die angenommene Ware zum Lager gebracht. Bevor sie eingelagert werden kann, erfolgt eine genauere Prüfung der Ware. Bei größeren Mengen wäre eine genaue Prüfung zu zeitaufwendig. Es genügt eine Stichprobenkontrolle.

Bei der Warenprüfung sind folgende Fragen zu beantworten:

Mängelarten

Gegenstand der Prüfung		Vorgehensweise	Mögliche Mängel	
Fragen	Aspekt		Mängelarten	Beispiele
Wurde die richtige Ware geliefert?	**Identität**	Besichtigung der Ware und Vergleich mit den Begleitpapieren und der Bestellung	Mangel in der **Art** (Falschlieferung)	Statt Schrauben wurden Muttern geliefert.
Wurde die bestellte Menge geliefert?	**Quantität**	Zählen, Messen oder Wiegen der gelieferten Ware und Vergleich mit der Bestellung	Mangel in der **Menge** (z. B. Minderlieferung)	Statt 120 Dichtungen wurden nur 100 geliefert.
Entspricht die Ware der vereinbarten Güte?	**Qualität**	Prüfen der Eigenschaften und Merkmale der Ware und Vergleich mit der Bestellung, dem Angebot oder den Proben und Mustern	Mangel in der **Güte** (Qualitätsmangel)	Die Handtaschen sind aus minderwertigem Leder gefertigt.
Weist die Ware Beschädigungen auf?	**Beschaffenheit**	Untersuchung des Zustands der Ware im Hinblick auf Beschädigungen und Fehler	Mangel in der **Beschaffenheit**	Ein Tisch hat Kratzer auf der Platte.

In Kleinbetrieben wird die Warenprüfung meist im Bereich der Warenannahme vorgenommen. In großen Industriebetrieben gibt es häufig eine eigene Prüfabteilung. Dort wird mithilfe von Schablonen, Mustern, Proben, Fotos oder einer Waage geprüft, ob die Teile den Anforderungen genügen. Dabei wird unterschieden zwischen

Prüfverfahren

- **zerstörenden Prüfverfahren**, wie Crashtests, Zerreiß- oder Brennproben und
- **zerstörungsfreien Prüfverfahren**, wie Dichtigkeits-, Festigkeits- oder Funktionstests sowie Zählen, Messen oder Wiegen.

Wird bei der Prüfung ein Mangel festgestellt, muss die beanstandete Ware mit einem **Sperrvermerk** versehen und getrennt gelagert werden. Damit wird verhindert, dass die Ware versehentlich an Kunden weitergegeben wird. Es muss jetzt mit dem Lieferer das weitere Vorgehen geklärt werden.

1.2.6 Schlechtlieferung

offene und versteckte Mängel

In den meisten Fällen werden bei der Prüfung der Waren keine Mängel festgestellt. Sollte jedoch ein Mangel vorliegen, liegt eine sogenannte **Schlechtlieferung** vor. Wie bereits im Zusammenhang mit den Untersuchungs- und Anzeigepflichten erwähnt, können **offene Mängel** sofort festgestellt werden. Von **versteckten Mängeln** spricht man, wenn sie sich erst nach einiger Zeit des Gebrauchs zeigen. Wenn der Verkäufer den Mangel kennt und trotzdem verschweigt, handelt es sich um einen **arglistig verschwiegenen Mangel**.

Rechte des Käufers bei Schlechtlieferung

Käuferrecht

Hat der Käufer die Rügefristen eingehalten, steht ihm **vorrangig** das **Recht auf Nacherfüllung** zu. Abhängig von Mangel und Art der Ware kann die Nacherfüllung bestehen aus

- der Reparatur des Kaufgegenstands,
- einer Neulieferung mangelfreier Ware,
- einer Neulieferung richtiger Ware oder
- der Nachlieferung zu wenig gelieferter Ware.

Die dem Käufer entstehenden Kosten für einen eventuellen Rücktransport muss der Verkäufer tragen. Er kann die vom Käufer gewählte Art der Nacherfüllung nur ablehnen, wenn diese für ihn unverhältnismäßig teuer ist.

Wenn in angemessener Zeit die Nacherfüllung fehlgeschlagen oder diese nicht zumutbar ist, stehen dem Käufer **nachrangig** folgende Rechte zu:

- **Rücktritt vom Vertrag** (Rückgabe der Ware, Erstattung bereits bezahlter Beträge),
- **Minderung des Kaufpreises** (sinnvoll bei geringfügigen Mängeln),
- **Schadenersatz neben der Leistungserfüllung** (wenn z. B. ein Einzelhändler die mit Mängeln behaftete Ware mit Verlust verkaufen musste),
- **Schadenersatz statt der Leistung** (wenn auf Neulieferung verzichtet wird).

Lieferungsverzug

1.2.7 Nicht-Rechtzeitig-Lieferung

Wenn der Verkäufer die Ware nicht rechtzeitig liefert, liegt ein sogenannter **Lieferungsverzug** vor. Der Käufer kann bestimmte Rechte in Anspruch nehmen, wenn folgende **Voraussetzungen** vorliegen:

Fälligkeit
Nachfrist
Verschulden

- Die Lieferung muss **fällig** sein.
  Dies trifft zu, wenn der Verkäufer nicht in der vereinbarten Zeit geliefert hat. Ist keine Lieferzeit vereinbart worden, hätte er sofort liefern müssen.
- Der Verkäufer muss **gemahnt** worden sein.
  Dies ist nicht nötig beim Fixkauf oder wenn der Verkäufer selbst erklärt, dass er nicht liefern kann. Mit der Mahnung wird dem Lieferer eine **angemessene Nachfrist** gesetzt.
- Den Verkäufer muss ein **Verschulden** treffen.
  Wenn der Verkäufer beispielsweise bei Entgegennahme des Auftrags nicht ausreichend geprüft hat, ob er rechtzeitig liefern kann. Auch das Verhalten seiner Mitarbeiter kann dem Verkäufer angelastet werden.

> Beispiel
> Ein betrunkener Lkw-Fahrer verursacht einen Unfall, bei dem die Ware vernichtet wird.

Kein Verschulden liegt bei sogenannter **höherer Gewalt** vor. *höhere Gewalt*

Beispiel
In das Lager des Verkäufers schlägt der Blitz ein und es brennt nieder.

Auch **ohne Verschulden** kann der Lieferer in Verzug kommen, wenn es sich bei der Ware um Gattungsware (gleichartige, vertretbare Ware) handelt. In diesem Fall wird davon ausgegangen, dass der Verkäufer sich die Ware anderweitig hätte beschaffen können.

Rechte des Käufers beim Lieferungsverzug
Beim Lieferungsverzug könnte der Käufer *Käuferrechte*

- **auf Lieferung bestehen.**
  Selbstverständlich kann der Käufer weiter auf Lieferung bestehen. Dies wird er tun, wenn er die Ware nirgendwo sonst bekommen oder nirgendwo sonst so günstig kaufen kann.
- **vom Vertrag zurücktreten.**
  Manchmal ist für den Käufer die Lieferung nicht interessant, weil die Saison für ein bestimmtes Produkt vorbei ist. In diesem Fall kann es für ihn sinnvoll sein, vom Vertrag zurückzutreten. Eine spätere Lieferung muss er dann nicht mehr annehmen. Der Rücktritt schließt eine Schadenersatzforderung nicht aus. *Rücktritt*
- **Schadenersatz wegen Pflichtverletzung verlangen.**
  Es kann vorkommen, dass dem Käufer durch die verspätete Lieferung ein Schaden entstanden ist, weil er die Ware z. B. nicht wie geplant in der Sommersaison verkaufen konnte. Oder es war ihm nicht möglich, seine Kunden rechtzeitig zu beliefern. In diesen Fällen wird der Käufer einen Ersatz dieses Schadens verlangen.
- **Schadenersatz statt der Leistung verlangen.** *Schadenersatz*
  Mit dieser Forderung verliert der Käufer den Anspruch auf Lieferung. Er wird sich dafür entscheiden, wenn er sich die Ware bei einem anderen Lieferer teurer beschaffen musste.
- **Ersatz vergeblicher Aufwendungen verlangen.**
  Dies könnte sinnvoll sein, wenn der Käufer in Erwartung der Lieferung Lagerraum angemietet hatte und ihm dadurch vergebliche Aufwendungen in Höhe der Lagermiete entstanden sind.

Der Schadenersatzanspruch kann sich auf einen konkreten oder abstrakten Schaden beziehen. Kennen Sie Schadenersatzansprüche aus Ihrem Ausbildungsbetrieb?

Beispiel konkreter Schaden
Der Käufer musste sich die Ware bei einem anderen Lieferer zu einem höheren Preis beschaffen (**Deckungskauf**). Der Höhe des Schadens ergibt sich aus der Preisdifferenz.

Beispiel abstrakter Schaden
Dem Käufer sind durch die verspätete oder ausgebliebene Lieferung Kunden verloren gegangen. Weil die Höhe des Schadens schwer festzustellen ist, wird in der Praxis oft eine **Vertragsstrafe**, auch „Konventionalstrafe“ genannt, vereinbart. Sie wird fällig, sobald der Verkäufer im Verzug ist. *Konventionalstrafe*

Zusammengepackt

- Ablauf einer Warenannahme

Hilfsmittel Prüfungsunterlagen	Vorgehensweise	Mögliche Konsequenzen bei Abweichungen
	Anlieferung der Ware (per Spediteur, Bahn, KEP-Dienst oder Lieferer selbst) In Anwesenheit des Frachtführers (Fahrers) wird **kontrolliert**, ob	
Empfängeranschrift auf Frachtbrief oder Lieferschein	1. die Ware **für uns bestimmt** ist,	**wenn nicht**, wird die Ware nicht angenommen
Bestellung (Wareneinkauf)	2. die Ware **von uns bestellt** wurde,	**wenn nicht**, Ablehnung der Annahme oder Annahme unter Vorbehalt
Lieferzeit (Angebot) Frachtvertrag	3. die Ware **rechtzeitig geliefert** wurde.	bei **Nicht-Rechtzeitig-Lieferung**: ggf. Schadenersatz; bei **Überschreitung der Lieferzeit**: Anzeige an den Frachtführer innerhalb 21 Tagen (Frachtführer haftet für Verspätungsschäden)
Gabelstapler Hubwagen	**Abladen der Ware** 4. Waren oder Verpackung **äußerliche Beschädigungen** aufweisen (Anschauen der Colli und Packmittel von allen Seiten).	bei **Beschädigungen** je nach Betrieb und Vereinbarung mit dem Lieferer: entweder Annahmeverweigerung oder Bestätigung der Beschädigungen durch Fahrer auf den Frachtpapieren bzw. Tatbestandsaufnahme bei **Transportschäden**: Benachrichtigung des Frachtführers innerhalb von 7 Tagen
Frachtpapiere Bestellung	5. Prüfen, ob die **Anzahl der angelieferten Colli** mit der in den Versandpapieren angegebenen Anzahl übereinstimmt.	bei **Mehr**lieferung: Bestätigung durch Fahrer, evtl. Ablehnung der Mehrlieferung bei **Minder**lieferung: Bestätigung durch Fahrer (ggf. Nachlieferung durch Lieferer)
	Ist alles in Ordnung? Empfangsbestätigung auf den Frachtpapieren und ggf. Palettentausch	**Beschädigte Paletten** brauchen nicht angenommen (getauscht) zu werden.
Gabelstapler Hubwagen	Nach Abfahrt des Frachtführers: **Verbringung der Ware auf Stellfläche im Wareneingangsbereich**	
Bestellung, Angebot Muster/Proben Warenbegleitpapiere	**genaue Überprüfung der Ware***, **unverzüglich** hinsichtlich 1. Identität der Ware 2. Qualität der Ware 3. Quantität der Ware 4. Beschaffenheit * ggf. durch Stichproben	**Bei Mängeln/Abweichungen**: unverzügliche Reklamation, beanstandete Ware aufbewahren Rechte gegenüber dem Lieferer: **Nacherfüllung** und ggf. nach Nachfristsetzung: Minderung, Schadenersatz oder/ und Rücktritt vom Vertrag
EDV/Drucker	Erstellen der **Wareneingangspapiere** (Meldung an Einkaufsabteilung und Zugangsbuchung bei Lagerbuchführung, Bestimmung des Lagerplatzes)	**Anzeige versteckter Mängel**: unverzüglich nach Entdeckung, jedoch innerhalb 2 Jahren
(Sprüh-)Kleber, Label	**Kennzeichnung der Ware** (z. B. Artikel-Nr. oder Stellplatz)	
Gabelstapler/ Hubwagen	**Einlagerung der Ware**	

- Nach dem HGB ist es die **Pflicht des Absenders, die Güter zu entladen**. Vertraglich wird aber häufig der Frachtführer damit beauftragt.
- Beim Auf- und Abladen der Waren entstehen mehr Schäden als beim Transport. Deshalb ist **mit geeigneten Fördermitteln abzuladen**.
- **Transportschäden** sind dem Frachtführer **unverzüglich** anzuzeigen, wenn sie sofort erkennbar sind. Bei versteckten Schäden beträgt die Frist **sieben Tage.** Wurden zugesagte Lieferzeiten nicht eingehalten, muss dies innerhalb von **21 Tagen** angezeigt werden.
- Gegenüber dem Lieferer sind **offene Mängel** unverzüglich, **versteckte Mängel** unverzüglich nach Entdeckung, jedoch innerhalb von zwei Jahren zu melden (Mängelrüge).
- Der **Wareneingangsschein** dient als Grundlage für die Arbeit der **Einkaufsabteilung** (entspricht die gelieferte Ware der Bestellung?), der **Buchhaltung** (Rechnungsprüfung und Bezahlung) und der **Lagerverwaltung** (Verbuchung des Wareneingangs, Vergabe von Lagerplätzen).
- Die **Warenprüfung** bezieht sich auf folgende **Aspekte:**

Aspekte	Mögliche Fragen
Identität	Wurde die richtige Ware geliefert?
Quantität	Wurde die bestellte Menge geliefert?
Qualität	Entspricht die Ware der vereinbarten Güte?
Beschaffenheit	Weist die Ware Beschädigungen auf?

- Bei **Schlechtlieferung** hat der Käufer vorrangig das Recht auf Nacherfüllung (Reparatur, Neu- oder Nachlieferung). Nachrangig hat er das Recht auf Rücktritt vom Vertrag, Minderung des Kaufpreises und/oder Schadenersatz neben der Leistungserfüllung oder statt der Leistung.
- **Lieferungsverzug** liegt vor, wenn die Lieferung fällig ist, der Verkäufer gemahnt (außer beim Fixkauf) worden ist und ihn ein Verschulden trifft (nicht bei Gattungsware). Der Käufer könnte im Fall der Nicht-Rechtzeitig-Lieferung
  - weiter auf Lieferung bestehen,
  - vom Vertrag zurücktreten,
  - Schadenersatz wegen Pflichtverletzung oder statt der Leistung sowie den Ersatz vergeblicher Leistungen verlangen.

Aufgaben

1. *Stellen Sie sich folgende Situation vor: Beim Wareneingang Ihrer Ausbildungsfirma hat sich ein Lkw-Fahrer angemeldet. Er hat fünf Europaletten mit Schachteln und drei Einwegpaletten mit Kleinbehältern geladen.*
   a *Welche Kontrollen müssen noch in Anwesenheit des Fahrers vorgenommen werden?*
   b *Was unternehmen Sie, wenn Sie feststellen, dass bei einer Palette ein Transportschaden besteht?*
   c *Warum ist es wichtig, sich den Schaden vom Fahrer bestätigen zu lassen?*
   d *Wer haftet für eventuelle Schäden, die beim Abladen passieren könnten?*
   e *Der Lkw-Fahrer möchte Leerpaletten wieder mitnehmen. Was ist dabei zu beachten?*
2. *In der Wareneingangsabteilung ist ein Wareneingangsschein erstellt worden, der im Intranet den betroffenen Abteilungen zur Verfügung steht. Welche Abteilungen sind das und welche Tätigkeit wird durch den Wareneingangsschein dort ausgelöst?*

3. *Die Ware ist inzwischen aus dem Wareneingangsbereich in das Lager geschafft worden und soll nun vor der Einlagerung genauer überprüft werden. Warum kann es sinnvoll sein, nicht alle Waren genau zu überprüfen?*

4. *Was ist zu tun, wenn sich bei der Überprüfung herausstellt, dass*
   a *Teile, die sich in einer Schachtel befinden, zerbrochen sind,*
   b *ein falscher Artikel geliefert worden ist,*
   c *ein Artikel überhaupt nicht geliefert worden ist?*

5. *Welche Rechte sollten in den in Aufgabe 4 a) bis c) aufgeführten Fällen in Anspruch genommen werden?*

6. *In der Einkaufsabteilung wird festgestellt, dass ein Lieferer die vor vier Wochen bestellten Waren immer noch nicht geliefert hat. In den Lieferbedingungen steht, dass die Ware unverzüglich geliefert werden soll. Was sollte in diesem Fall unternommen werden, und welche Rechte könnten geltend gemacht werden?*

2 Codiertechniken

Einstiegssituation

Beim Wareneingang ist Jens aufgefallen, dass sich auf vielen Packstücken Aufkleber mit verschlüsselten Daten befinden. „Wozu sind die denn gut?", fragt er seinen Ausbilder. „Das sind Strich- oder Balkencodes zur Codierung von Warendaten", antwortet Herr Martens. „Es gibt aber noch weitere Codes. Achte mal darauf."

Handlungsaufträge

1. *Erkundigen Sie sich in Ihrem Ausbildungsbetrieb, welche Arten von Codes dort vorkommen.*
2. *Erklären Sie, welche Vorteile die Codierung von Daten hat.*

2.1 Bedeutungen der Codierung

Damit die angelieferten Waren richtig eingelagert, in der Produktion verarbeitet oder weiterversendet werden können, müssen sie im Datenverarbeitungssystem erfasst werden. Jede Ware hat eine bestimmte Artikel- oder Teilenummer. Diese wurde entweder bereits vom Hersteller vergeben oder nach der Warenannahme der Ware zugeordnet.

An den Waren selbst oder an der Verpackung werden die Daten entweder

Klarschrift

- in Klarschrift (Buchstaben und Ziffern),
- verschlüsselt (codiert) oder
- kombiniert (Klarschrift und Codes)

meist durch Aufkleber (Label) angebracht.

Dateneingabe

Beim Eingeben der Daten per Tastatur kann es leicht zu Fehlern kommen. Das Einlesen codierter Daten mit entsprechenden Lesegeräten ist nicht nur sicherer, sondern auch schneller. Die Codierung der Waren bzw. Packstücke ist aus der Lagerlogistik deshalb nicht mehr wegzudenken. Eine Verwechslung der Ware ist nicht möglich.

Dateneingabe mit einem mobilen Datenerfassungsgerät.

GS1-System

GTIN-Code

In großen Bereichen der Wirtschaft, vor allem im Handel, hat sich das **GS1-System** durchgesetzt. Es handelt sich dabei um eine weltweite Organisation (Global Standards One). Sie ist in Deutschland durch die GT1 Germany vertreten, die für die Vergabe der Global Trade Item Number (**GTIN**) zuständig ist. Mit dem GTIN-Code versehene Waren sind weltweit eindeutig zu identifizieren.

Weitere Informationen zur GTIN finden sich im Lernfeld 2, Kap. 1.2.3, S. 54 f.

2.2 Codierarten

Für den Einsatz moderner Lagertechnik reicht die Identifizierung (eindeutige Erkennung) der Ware nicht aus. Es sind Zusatzdaten, wie Herstellungs- und Verfalldatum, Mengenangaben, Versender- oder Empfängerdaten, gefragt. Gleichzeitig sollen die zusätzlichen Informationen auf möglichst kleinem Raum zur Verfügung stehen. Deshalb wurden viele Codiertechniken entwickelt, von denen einige hier vorgestellt werden.

Strichcodes

Beispiele für Strichcodes

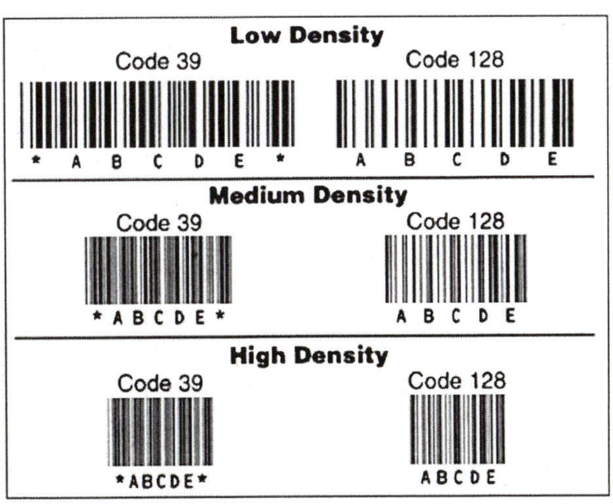

Densitiy bedeutet so viel wie „Dichtigkeit“. Bei niedriger (low) Dichtigkeit stehen die Striche weiter auseinander, bei hoher (high) Dichtigkeit entsprechend enger. Die Datenmenge ist bei diesen Strichcodes begrenzt. Damit mehr Daten erfasst werden können, wurden weitere Codiertechniken entwickelt, sogenannte **Stapelcodes**:

Stapelcodes

Prinzip CODABLOCK baut sich im Allgemeinen wie folgt auf:

	R1							
	R2							
	R3							
Start	Rn					C1	C2	Stop

Rx = Zeilenindikator
Cx = Prüfzeichen

CODABLOCK A

CODABLOCK 256

CODABLOCK F

Eine weitere Möglichkeit der Codierung ist der **Matrixcode**, wie er von der Deutschen Post anstelle von Briefmarken verwendet wird:

Matrixcodes

Eine sehr bekannte Form des Matrixcodes ist der **QR-Code**, der auch in der Werbung eingesetzt wird. „QR“ ist eine Abkürzung für den englischen Begriff „quick response“. Übersetzt bedeutet er „schnelle Antwort“. Der QR-Code kann von Handys mit entsprechender Ausstattung und Smartphones gelesen werden.

Im Zuge der Weiterentwicklung der Codes ist auch die Technik der Lesegeräte weiterentwickelt worden. So sind für die Matrixcodes entsprechende Matrixkameras oder schnelle Bildverarbeitungssysteme notwendig. Dabei werden mobile (Handscanner, Lesestifte) oder fest installierte Datenerfassungsgeräte eingesetzt. Die Waren werden dann beispielsweise auf Rollenbahnen in relativ geringem Abstand an dem Lesegerät vorbeigeführt.

2.3 RFID-Technologie

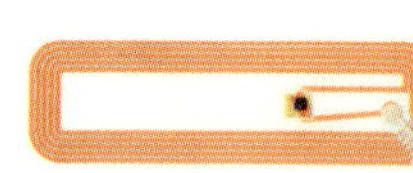

Ganz neue Möglichkeiten bietet die sogenannte **RFID-Technologie** (Radio-Frequency-Identifikation).

Tag

Kernstück der RFID-Technologie ist ein Transponder, auch kurz **Tag** genannt. Dieser Begriff setzt sich aus den Wörtern „Transmitter“ (Sender) und „Responder“ (Antwortgeber) zusammen.

Man könnte von einem elektronischen Etikett sprechen. Die Übertragung der Daten erfolgt durch elektromagnetische Wellen. Gerät ein „Tag“ in den Arbeitsbereich der Antenne einer Basisstation, können Daten von der Basisstation gesendet und in den Speicher des „Tag“ geschrieben oder von dort gelesen und an die Basisstation übertragen werden. Die Basisstation wiederum ist mit dem Hauptrechner verbunden, sodass die Daten weiterverarbeitet werden können.

elektromagnetische Wellen

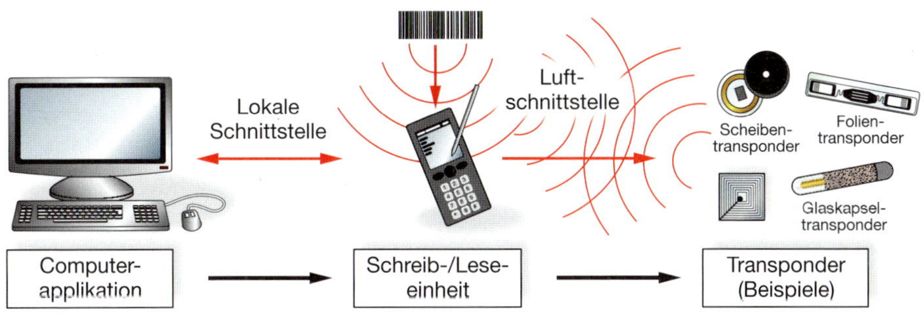

Transponder-Systeme *Quelle: www.epcglobal.de*

Transponder (RFID-Datenträger) bestehen aus einem elektronischen Speicher, einer Sende-/Empfangsantenne und einem Gehäuse. Kernstück ist der Speicher, der als Informationsträger dient. Vom Transponder sendet bzw. empfängt ein Lese-/Schreibgerät Informationen, die eine nachgeschaltete Applikation auswertet. Der EPC (Electronic Product Code) wird auf einem „Tag“ (mit einer Antenne versehener Mikrochip) gespeichert.

Der Einsatz von „Tags“ hat gegenüber dem Einsatz von Strichcodes einige Vorteile:

Vorteile

- Schreib- und Lesevorgänge können ohne Sichtkontakt stattfinden, weil fast alle Materialien durchdrungen werden können.
- Schreib- und Lesevorgänge können bei mehreren „Tags“ gleichzeitig stattfinden (Pulkfähigkeit).
- „Tags“ sind robuster als Strichcodelabels. Zudem können sie sich innerhalb der schützenden Verpackung befinden, weil ein Sichtkontakt nicht nötig ist.
- „Tags“ können sehr viele Daten aufnehmen, die auch noch verändert werden können.
- Sendungen, die mit einem „Tag“ versehen sind, können mithilfe moderner Informations- und Kommunikationssysteme innerhalb einer Transportkette identifiziert werden („Tracking and Tracing“).

Die Fähigkeit der „Tags“, nicht nur eingelesen, sondern auch mit zusätzlichen Daten beschrieben werden zu können, macht es beispielsweise möglich, die Temperatur während eines Transports zu überwachen. Dies kann z. B. beim Transport von bei Pharma-Produkten (Medikamenten) sehr wichtig sein.

Anwendung

Neben der Kennzeichnung von Waren oder Packstücken mit dem RFID-„Tag“ können auch Mehrwegtransportbehälter, wie Europaletten, damit ausgestattet werden. Dadurch wird es möglich, die Wege einer Palette an jedem Punkt der logistischen Kette zurückzuverfolgen. Auch wäre es vorstellbar, dass eine getaggte Palette selbst ihren Lagerplatz mitteilen kann. Dazu müssten die Stapler mit entsprechenden Leseeinrichtungen versehen sein. Dies ermöglicht völlig neue Wege zur Steuerung von Logistiksystemen.

Zusammengepackt

- Warendaten können in **Klarschrift** oder in **codierter Form** an der Ware oder der Verpackung angebracht werden.
- Die **Codierung** hat den **Vorteil**, dass die Daten mit entsprechenden Lesegeräten eingelesen werden können. Dieser Vorgang ist schneller als die Dateneingabe per Hand und außerdem passieren praktisch keine Fehler.
- Folgende **Codierarten** werden unterschieden:
  - Strich- oder Balkencodes (geringe Datenmenge)
  - Stapelcodes (größere Datenmenge als Balkencodes)
  - Matrixcodes (größere Datenmenge als Stapelcodes)

  Beim Einlesen der Daten benötigen die Lesegeräte in allen Fällen **Sichtkontakt**.
- Die **RFID-Technologie** nutzt radiofrequente Wellen. Das bedeutet, dass ein **Transponder** (ein „elektronisches" Etikett mit Sender und Empfänger, auch „Tag" genannt) auch ohne Sichtkontakt eingelesen werden kann. Ein weiterer Vorteil dieser Technologie besteht darin, dass mehrere „Tags" gleichzeitig eingelesen werden können (Pulkfähigkeit). Die „Tags" sind robust und darüber hinaus in der Lage, viel mehr Daten aufzunehmen als die Strich- oder Matrixcodes. Die getaggten Daten sind auch noch veränderbar.

Aufgaben

1. *Erläutern Sie die verschiedenen Arten der Codierung. Was ist der Vorteil der Codierung von Daten?*
2. *Beschreiben Sie die Funktionsweise der RFID-Technologie. Welche Vorteile und Chancen hat diese Technologie für die Logistik?*

3 Transportverpackungen

Einstiegssituation

Gerade ist ein Lkw entladen worden. Sechs Paletten mit Schachteln stehen im Wareneingangsbereich. Damit die Schachteln nicht von den Paletten rutschen können, sind sie mit Folie „umstretcht" worden. Dem Fahrer ist der Empfang der Ware (unter Vorbehalt) bestätigt worden, weil es bei der Überprüfung keine Beanstandungen gegeben hat. Jens hat bei früheren Warenanlieferungen beobachtet, dass die Fahrer entsprechend der Anzahl der angelieferten Paletten leere Paletten wieder mitbekommen haben. Er wendet sich an Herrn Martens: „Soll ich sechs Leerpaletten holen, um sie dem Fahrer wieder mitzugeben?"

Handlungsaufträge

1. *Erkundigen Sie sich, wie in Ihrem Ausbildungsbetrieb mit der Versandverpackung umgegangen wird.*
2. *Erläutern Sie, unter welchen Umständen Paletten getauscht werden können.*

Damit die Waren auf dem Transport gut geschützt sind und die Be- und Entladung möglichst zügig vorgenommen werden kann, sind spezielle Transportverpackungen entwickelt worden. So ist die Flachpalette sehr gut geeignet, kleinere Packungen zu einer Transporteinheit zusammenzufassen. Flachpaletten können von Gabelstaplern oder Hubwagen unterfahren werden, sodass der Ladevorgang beschleunigt wird.

Transportverpackungen

Bei den Transportverpackungen wird unterschieden in

- wieder verwendbare Verpackungen, sogenannte **Mehrwegtransportverpackungen** (MTV) und
- nur einmalig zu verwendende Verpackungen, sogenannte **Einwegverpackungen**.

3.1 Einwegverpackungen

Einwegverpackungen sind für die einmalige Verwendung gedacht. Dies heißt nicht, dass sie nicht doch wieder benutzt werden können. So könnte eine stabile Schachtel beispielsweise für einen erneuten Versand oder für die Einlagerung genutzt werden. Ebenso sind Einwegpaletten häufig sehr stabil und können daher mehrere Male verwendet werden. Auch Füllstoffe werden gesammelt und bei späteren Transporten wiederverwendet. Dies spart Verpackungskosten und verringert die Materialverschwendung.

Inka-Einwegpaletten aus Pressholz, platzsparend ineinandergestapelt.

INKA-Paletten

Entsprechend ihrer Verwendung werden Einwegverpackungen nach der Warenannahme sortiert:

- Verpackungen, die wieder verwendet werden sollen. Beispiele: Schachteln, Füllmaterialien (z. B. Chips), Einwegpaletten
- Nicht wieder zu verwendende Verpackungen werden als Wertstoffe entsprechend getrennt gesammelt, z. B. Pappe/Papier, Kunststoffe, Holz, Metalle (z. B. Umreifungen).

Recycling

Wertstoffe können durch Wiederverwertung (Recycling) erneut zu Verpackungen verarbeitet werden. Ist dies nicht möglich, kommt eine sogenannte energetische Verwertung, also Verbrennung (z. B. bei Einwegholzpaletten), zur Wärme- oder Stromgewinnung infrage.

Es kann auch sein, dass die Ware in der Transportverpackung eingelagert und später genauso wieder ausgelagert wird. Dann fällt keine Verpackung an, die entsorgt oder eingelagert werden müsste.

3.2 Mehrwegtransportverpackungen

Mehrwegtransportverpackungen (MTV) sind von vornherein für die mehrfache Benutzung bestimmt. Sie sind entsprechend stabil.

> Beispiel
> Gitterboxpalette, Europalette, Kleinbehälter aus Metall oder Kunststoff, Container

genormte Verpackungen

Mehrwegtransportverpackungen sind häufig genormt und können miteinander kombiniert werden. Dadurch lassen sich Frachträume besser ausnutzen. So passen auf eine

Europalette (Maße 1,20 m × 0,80 m) genau vier Kunststoff-Kleinbehälter mit den Maßen 40 cm × 60 cm. Auf einen Kunststoffbehälter passen wiederum zwei kleinere Behälter mit den Maßen 40 cm × 30 cm usw.

Werden Waren auf **Mehrwegtransportverpackungen** angeliefert, z. B. auf **Europaletten**, so muss der Fahrer nicht die gleichen Paletten wieder mitbekommen. Es brauchen nur gleichartige Paletten getauscht zu werden. Dadurch wird das Abpacken der Waren von den Paletten vermieden, die möglicherweise auf der Palette in sogenannten Palettenregalen eingelagert werden kann. *Tauschsysteme* Damit Mehrwegtransportverpackungen getauscht werden können, müssen sie vergleichbare Eigenschaften haben. Dies betrifft ihre Größe, die Bauart und die Stabilität. Für die Europalette, auch „Euroflach- oder Europoolpalette" genannt, gibt es genaue Vorschriften zur Bauart. Außerdem ist geregelt, wer sie herstellen oder reparieren darf.

Nach der **Zugänglichkeit** zu den Tauschsystemen werden unterschieden:

- **geschlossene Tauschsysteme**: An diesen können nur bestimmte Nutzer teilnehmen. Hierbei kann es sich um zwei Betriebe oder eine bestimmte Branche handeln.
- **offene Tauschsysteme**: Die Zahl der Nutzer ist nicht begrenzt. Dies ist beispielsweise beim Poolsystem der Europalette der Fall.

Europalettenpool

Die Europalette kann in ganz Europa getauscht werden. Die meisten europäischen Eisenbahnunternehmen haben sich zusammengetan (UIC – Verband der europäischen Eisenbahnunternehmen) und einen Palettenpool gebildet. Jedes Eisenbahnunternehmen hat *Europalette* eine bestimmte Anzahl von Europaletten in den Pool eingebracht. Um welche Eisenbahngesellschaft es sich jeweils handelt, kann dem Aufdruck auf dem mittleren Klotz entnommen werden.

Eine Europalette der Deutschen Bahn AG (DB)

Weitere Informationen zur Europalette finden sich im Lernfeld 6, Kap. 2.5.3, S. 266.

Werden Waren auf Paletten angeliefert, ist zu prüfen, ob es sich um Europaletten oder - wie in der Eingangssituation - um Einwegpaletten handelt.
Bevor Europaletten getauscht werden können, ist weiter zu prüfen, ob diese in Ordnung sind.

EPAL

Nach der European Pallet Association (EPAL) sind Paletten nur *tauschfähig*, wenn	Beispiele
– sie von lizensierten Betrieben nach genauen Vorgaben hergestellt wurden	Reparaturen dürfen ebenfalls nur von lizensierten Betrieben durchgeführt werden.
– die Markierungen auf den Klötzen vollständig vorhanden sind	linker Klotz: EPAL rechter Klotz: EUR mittlerer Klotz: u. a. Einsenbahngesellschaft
– die Palette nicht beschädigt ist	z. B. gebrochene Bretter oder fehlende Klötze
– sich die Palette in einem guten Allgemeinzustand befindet	Die Palette darf z. B. nicht morsch oder stark verschmutzt sein.

Häufig wird bei einem Palettentausch ein Palettenschein ausgefüllt.

Palettenschein

Langen-Logistik – Der Logistiker im Norden –		Paletten-schein-Nr.	303
Absender	Lampenwelt AG, Weserstraße 25, 28279 Bremen		
Empfänger	Johann Kruse GmbH & Co. KG Bürogroßhandel, Emden		
	EURO-Paletten	Gitterbox-Paletten	
beladen	8		
davon defekt	keine		
getauscht	8		
davon defekt	keine		
Ort:	Emden	Datum: 3. Februar 20..	Uhrzeit: 9:30
Kramer Unterschrift Frachtführer:			*Janssen* Unterschrift Empfänger:

Gibt es keine Tauschpaletten, müssen die Waren abgepackt oder die Paletten berechnet werden.

Vorteile

Vorteile von Mehrwegtransportverpackungen

Die meist in vielen Größen und Ausführungen lieferbaren Mehrwegtransportverpackungen ermöglichen
- eine hohe Transportsicherheit und den Schutz der verpackten Ware,
- eine optimale Handhabung bei Lagerung und Transport.

Je nach Ausführung können sie
- für den Rücktransport platzsparend zusammengelegt werden oder
- diebstahlsicher verschlossen bzw. verplombt werden.

ökologisch und ökonomisch sinnvoll

Schließlich sind sie gegenüber den Einwegverpackungen ökologisch sinnvoll: Rohstoffe können eingespart und der Verpackungsmüll kann verringert werden.

Wenn sie entsprechend oft zum Einsatz kommen, sind Mehrwegtransportverpackungen auch ökonomisch sinnvoll.

Zusammengepackt

- Einwegverpackungen sind grundsätzlich für eine einmalige Verwendung gedacht. Sie werden in bestimmten Fällen erneut benutzt oder als Wertstoffe zum späteren Recycling entsorgt.
- Mehrwegtransportverpackungen sind für die mehrfache Nutzung bestimmt. Sie sind häufig genormt und erleichtern die Verlade-, Transport- und Lagervorgänge. Je nach Ausführung können sie verschlossen oder beim Rücktransport platzsparend zusammengelegt werden. Bei entsprechend häufiger Nutzung sind sie ökonomisch und ökologisch günstiger als Einwegverpackungen.
- Die Europalette ist eine genormte Mehrwegtransportverpackung, die in ganz Europa getauscht werden kann. Hierzu haben europäische Eisenbahngesellschaften einen Palettenpool gebildet. Nach der European Pallet Association (EPAL) sind Paletten nur tauschfähig, wenn sie bestimmte Anforderungen erfüllen.
- Geschlossene Tauschsysteme sind nur bestimmten Nutzern zugänglich. Bei offenen Tauschsystemen ist die Zahl der Nutzer unbegrenzt.

Aufgaben

1. *Es wird Ware auf Paletten angeliefert. Die Paletten sollen getauscht werden. Unter welchen Bedingungen würden Sie Leerpaletten tauschen?*
2. *Warum sind Mehrwegtransportverpackungen nicht nur ökologisch günstiger als Einwegverpackungen, sondern auch ökonomisch?*
3. *a Versuchen Sie im Internet herauszufinden, welche europäischen Eisenbahngesellschaften am Europalettenpool beteiligt sind.*
   b Welche Kennzeichnung weisen die Paletten jeweils auf?

4 Unfallverhütung bei der Arbeit

Einstiegssituation

Es sind sehr viele neue Eindrücke, die Jens in den ersten Tagen seiner Ausbildung zu verarbeiten hat. Gerade hat er geholfen, angelieferte Waren aus dem Wareneingangsbereich ins Lager zu schaffen. Auf dem Weg zurück zur Warenannahme denkt er noch einmal darüber nach, was ihm sein Ausbilder über den weiteren Weg der Ware gesagt hat, als ein Hupen ihn aufschreckt. Jens schreit auf. „Pass doch auf!", brüllt sein Kollege Michael, der seinen Gabelstapler knapp vor Jens zum Stehen bringt. Jens hatte gar nicht bemerkt, dass er mitten auf dem Fahrweg gelaufen ist.

Handlungsaufträge

1. *Erläutern Sie, wie sich Jens in diesem Fall richtig hätte verhalten müssen. Gibt es Vorschriften, die er hätte beachten müssen?*
2. *a) Erkundigen Sie sich in Ihrem Ausbildungsbetrieb, welche Unfallverhütungsvorschriften es dort gibt und wie die Mitarbeiter sie zur Kenntnis nehmen können.*
   b) Informieren Sie sich, welche Berufsgenossenschaft für Ihren Ausbildungsbetrieb zuständig ist.

4.1 Vorschriften zum Arbeitsschutz

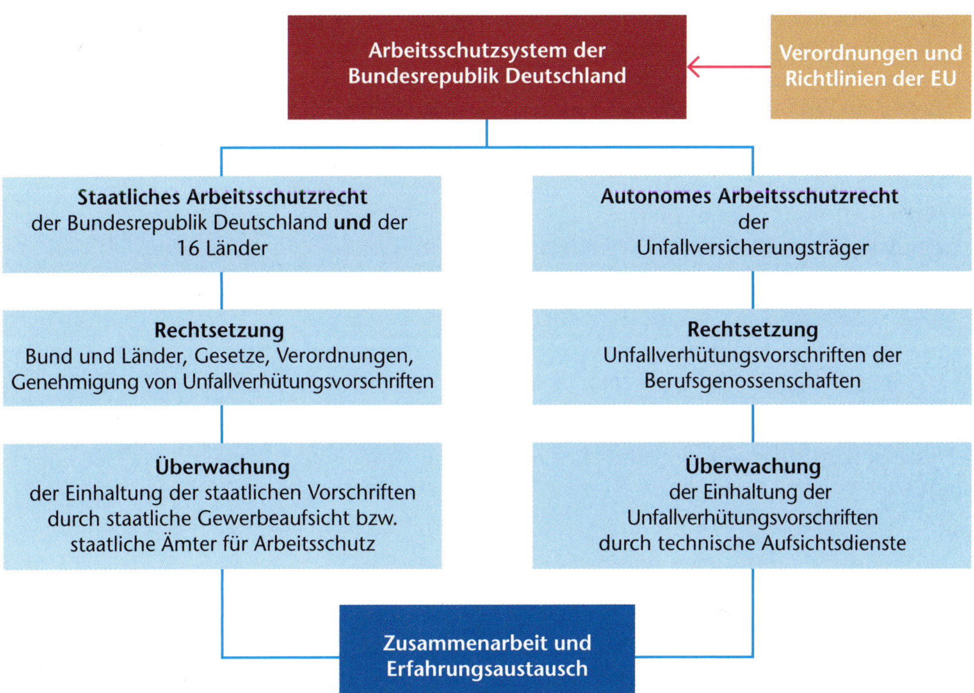

Berufsgenossenschaften

Träger der gesetzlichen Unfallversicherung sind die Berufsgenossenschaften. Dem Spitzenverband „Deutsche Gesetzliche Unfallversicherung" (DGUV) gehören neun gewerbliche Berufsgenossenschaften und die Unfallversicherung der öffentlichen Hand mit ihren Unfallkassen und Gemeindeunfallversicherungen an.

Informieren Sie sich im Internet über die Berufsgenossenschaften.

UVV

Die **Berufsgenossenschaften** müssen nicht nur dann Leistungen erbringen, wenn es zu Arbeits- oder Wegeunfällen gekommen ist oder Arbeitnehmer an einer Berufskrankheit leiden. Sie sind vielmehr auch für die Erlassung von **Unfallverhütungsvorschriften** zuständig.

Im Einzelnen enthalten diese Vorschriften

Pflichten des Arbeitgebers

- die Rechte und Pflichten der Arbeitgeber und Arbeitnehmer im technischen Arbeitsschutz,
- die sicherheitstechnischen Anforderungen an Werkzeuge, Geräte, Maschinen, technische Anlagen und Fahrzeuge,
- die Verhaltensvorschriften für bestimmte Arbeitsplätze und Arbeitsverfahren.

Nach der Berufsgenossenschaftlichen Vorschrift für Sicherheit und Gesundheit bei der Arbeit (**BGV A1**) hat der Unternehmer

- die erforderlichen Maßnahmen zur Verhütung von Arbeitsunfällen, Berufskrankheiten und arbeitsbedingte Gesundheitsgefahren sowie für eine wirksame Erste Hilfe zu treffen (§ 2);
- die Versicherten (Arbeitnehmer) über Sicherheit und Gesundheitsschutz bei der Arbeit zu unterweisen. Die Unterweisung muss mindestens einmal jährlich erfolgen (§ 4);
- die für das Unternehmen geltenden Unfallverhütungsvorschriften an geeigneter Stelle im Betrieb zugänglich zu machen (§ 12);
- Arbeitsunfälle (mindestens drei Tage Arbeitsunfähigkeit) der zuständigen Berufsgenossenschaft innerhalb von drei Tagen (tödliche Unfälle und Massenunfälle sofort) zu melden.

Pflichten der Arbeitnehmer

Ohne die Mitwirkung der Arbeitnehmer gibt es keinen wirksamen Unfallschutz. Die Arbeitnehmer sind insbesondere verpflichtet

- nach ihren Möglichkeiten und gemäß den Weisungen des Unternehmers für ihre Sicherheit und Gesundheit zu sorgen und die entsprechenden Maßnahmen zu unterstützen (§ 15);
- während der Arbeit keinen Alkohol, Drogen oder andere berauschende Mittel zu sich zu nehmen (§ 15);
- Einrichtungen, Arbeitsmittel und Arbeitsstoffe sowie Schutzvorrichtungen bestimmungsgemäß und im Rahmen der ihnen übertragenen Arbeitsaufgaben zu benutzen (§ 17).

persönliche Schutzausrüstung

Für die Arbeit im Lager ist u. a. die **persönliche Schutzausrüstung** wichtig:

Der Arbeitgeber hat dem Arbeitnehmer die persönliche Schutzausrüstung zur Verfügung zu stellen und ihn zum Tragen anzuhalten. Die Arbeitnehmer müssen diese Schutzausrüstung auch benutzen.

Zur **persönlichen Schutzausrüstung** gehören:

Schutzausrüstung	Beispiele/mögliche Anwendung
Kopfschutz	Schutzhelme und Haarnetze
Fuß- und Beinschutz	Sicherheitsschuhe
Augen- und Gesichtsschutz	Brillen, Masken
Atemschutz	Masken
Gehörschutz	schalldämpfende Kopfhörer
Rumpf-, Arm- und Handschutz	Kleidung, Handschuhe
Wetterschutzkleidung	Anorak, Thermohose
Warnkleidung	Weste, Reflektoren auf der Kleidung
Anseilschutz	bei tief liegenden Arbeitsplätzen
Hautschutzmittel	Sonnencreme

4.2 Sicherheitszeichen

Der Unternehmer hat für eine Sicherheits- und Gesundheitsschutzkennzeichnung gemäß der Unfallverhütungsvorschrift BGV8 an den Arbeitsstätten zu sorgen. Er muss darauf achten, dass sich seine Mitarbeiter auch daran halten. Für die Gestaltung der Sicherheitszeichen gibt es genaue Vorschriften. Form und Farbe der Sicherheitszeichen haben jeweils bestimmte Bedeutungen:

Bedeutung der geometrischen Form von Sicherheitszeichen

Geometrische Form

Geometrische Form	Bedeutung
	Gebots- und Verbotszeichen
	Warnzeichen
	Rettungs- und Brandschutzzeichen
	Rettungs-, Hinweis- oder Zusatzzeichen

Bedeutung der Sicherheitsfarben

Sicherheitsfarbe

Sicherheitsfarbe	Bedeutung	Hinweise – Angaben
Rot	Verbot	gefährliches Verhalten
	Gefahr	Halt, Evakuierung
	Material und Einrichtungen zur Brandbekämpfung	Kennzeichnung und Standort
Gelb	Warnung	Achtung, Vorsicht, Überprüfung
Grün	Hilfe, Rettung	Türen, Ausgänge, Wege, Stationen, Räume
	Gefahrlosigkeit	Rückkehr zum Normalzustand
Blau	Gebot	besonderes Verhalten oder Tätigkeit – Verpflichtung zum Tragen einer persönlichen Schutzausrüstung

Arten der Sicherheitszeichen

Unter Berücksichtigung dieser Bedeutungen wurden folgende Sicherheitszeichen entwickelt:

Sicherheitszeichen	Hintergrund	Umrandung	Symbol
Verbotszeichen	weiß	rot	schwarz
Warnzeichen	gelb	schwarz	schwarz
Gebotszeichen	blau	keine	weiß
Rettungszeichen	grün	keine	weiß
Brandschutzzeichen	rot	keine	weiß

Im Folgenden ist eine Auswahl der bekanntesten Sicherheitszeichen dargestellt:

Verbotszeichen

Rauchen verboten

Feuer, offenes Licht und Rauchen verboten

Für Fußgänger verboten

Mit Wasser löschen verboten

Kein Trinkwasser

Nichts abstellen oder lagern

Berühren verboten

Mit Wasser spritzen verboten

Zutritt für Unbefugte verboten

Seilfahrt verboten (Personenbeförderung verboten)

Warnzeichen

Warnung vor feuergefährlichen Stoffen

Warnung vor explosionsgefährlichen Stoffen

Warnung vor giftigen Stoffen

Warnung vor ätzenden Stoffen

Warnung vor radioaktiven Stoffen oder ionisierenden Strahlen

Warnung vor schwebender Last

Warnung vor Flurförderzeugen

Warnung vor gefährlicher elektrischer Spannung

Warnung vor einer Gefahrstelle

Kennzeichnung ständiger Gefahrenstellen

Warnung vor Quetschgefahr

Warnung vor Gefahren durch Batterien

Warnung vor Handverletzungen

Warnung vor Stolpergefahr

Warnung vor gesundheitsschädlichen oder reizenden Stoffen

Warnung vor Kälte

Warnung vor Rutschgefahr

Warnung vor Absturzgefahr

Warnung vor Gasflaschen

Warnung vor heißer Oberfläche

Gebotszeichen

Augenschutz tragen

Schutzhelm tragen

Gehörschutz tragen

Atemschutz tragen

Schutzschuhe tragen

Schutzhandschuhe tragen

Schutzkleidung benutzen

Gesichtsschutzschild benutzen

Allgemeines Gebotszeichen

Auffanggurt anlegen

Vor Arbeit freischalten

Rettungszeichen

Hinweis auf Erste Hilfe

Rettungsweg (Richtungsangabe für Rettungsweg)

Rettungsweg (über dem Ausgang anbringen)

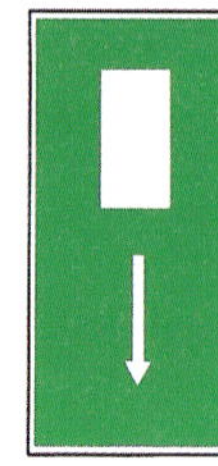

Notruftelefon

Sammelstelle

Brandschutzzeichen

Löschschlauch

Leiter

Feuerlöschgerät

Brandmelder

Richtungsangabe

Einrichtungen zur Brandbekämpfung

Sicherheitskennzeichen

4.3 Verhalten bei Unfällen

Erste Hilfe

Trotz aller Unfallverhütungsmaßnahmen kommt es immer wieder zu Unfällen. Jeder Mitarbeiter kann daher in die Lage kommen, Erste Hilfe leisten zu müssen. Deshalb gibt es die Vorschrift, dass alle Mitarbeiter eines Betriebs mindestens einmal im Jahr eine Unterweisung in Erster Hilfe erhalten müssen.

Beim Auffinden einer verletzten Person, sollte man folgendermaßen vorgehen:

- Versuchen Sie, Ruhe zu bewahren und überlegt zu handeln.
- Sichern Sie die Unfallstelle ab.
- Achten Sie auf Ihre eigene Sicherheit.
- Wählen Sie die **Notrufnummer 112** (zuständige Rettungsleitstelle/Krankenwagen) oder **110** (die nächste Polizeileitstelle).

Die 5 W`s

Beim Notruf helfen die sogenannten **5 W** dabei, den Helfern die wichtigsten Informationen zu übermitteln:

Wo	**ist es passiert?**	Ort, Straße, Hausnummer, ggf. Betrieb, Etage
Was	**ist geschehen?**	Erkrankung, Unfall, Feuer, eingeklemmte Person
Wie viele	**Verletzte/Erkrankte?**	Anzahl der zu versorgenden Menschen
Welche	**Verletzungen/Erkrankungen?**	ungefähre Verletzungsschwere, Zustand der Verletzten
Warten	**auf Rückfragen**	das Telefonat erst beenden, wenn die Leitstelle das Gespräch beendet

- Holen Sie möglichst weitere Hilfe herbei und bleiben Sie bis zum Eintreffen des Rettungswagens bei dem Verletzten.
- Beruhigen Sie den Verletzten und sagen Sie ihm, dass Hilfe unterwegs ist. Eine gute erste Betreuung kann sich positiv auf den Gesamtzustand des Verletzten auswirken.

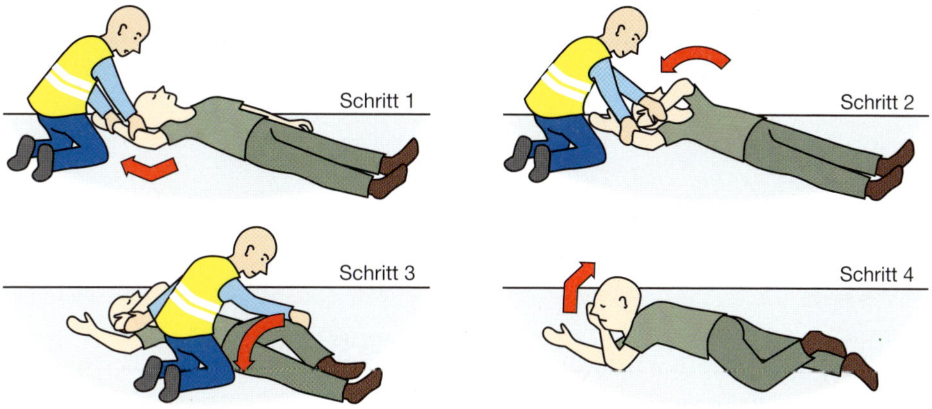

Durchführung der stabilen Seitenlage

stabile Seitenlage

Beachten Sie dabei Folgendes:

- Begeben Sie sich auf die Höhe des Verletzten. Knien oder hocken Sie sich dabei ggf. hin.
- Nehmen Sie nach Möglichkeit Blickkontakt mit dem Verletzten auf.
- Sagen Sie Ihren Namen.
- Stellen Sie vorsichtig Körperkontakt her.
- Informieren Sie den Verletzten immer über das, was Sie tun bzw. bereits getan haben.
- Falls dies notwendig sein sollte, bitten Sie Umstehende um Mithilfe.
- Lagern Sie den Verletzten möglichst auf einer (Rettungs-)decke. Decken Sie ihn zu, um einem Wärmeverlust vorzubeugen.
- Bewusstlose Verletzte werden in der stabilen Seitenlage gelagert.

Ersthelfer oder **ausgebildete Rettungssanitäter** sollten bis zum Eintreffen des Rettungsdienstes weitere Rettungsmaßnahmen einleiten.

Unterschieden wird zwischen

- **lebensrettenden Sofortmaßnahmen** (z. B. Mund-zu-Mund-Beatmung, Herzdruckmassage),
- **Erstversorgung von Verletzten** (z. B. Schienen bei Knochenbrüchen, keimfreier Druckverband bei Schnittverletzungen, Wasseranwendungen bei Verbrennungen oder Verätzungen).

Trifft der Rettungsdienst bzw. Notarzt ein, ist wichtig, ihm dabei zu helfen, schnell zu dem/den Verletzten zu gelangen.

Nach § 26 BGV A1 muss der Unternehmer dafür sorgen, dass für die Leistung der Ersten Hilfe ausreichend Ersthelfer ausgebildet sind:

Ersthelfer

- bei zwei bis 20 anwesenden Versicherten ein Ersthelfer;
- bei mehr als 20 anwesenden Versicherten
- in Verwaltungs- und Handelsbetrieben 5 % Ersthelfer,
- in sonstigen Betrieben 10 % Ersthelfer

Dies geschieht durch eine von der Berufsgenossenschaft anerkannte Stelle. Alle zwei Jahre sollen Ersthelfer fortgebildet werden.

Sammeln Sie Informationen über die Ausbildung zum Ersthelfer. Nutzen Sie dabei das Internet, z. B. den Link www.DRK.de. Besorgen Sie sich ein aktuelles Handbuch zur Ersten Hilfe, z. B. „Erste Hilfe konkret", Bildungsverlag EINS, Best.-Nr. 92000.

Zusammengepackt

- **Rechtsvorschriften** für den Arbeits- und Gesundheitsschutz sind
  - staatliche Gesetze und Verordnungen,
  - Unfallverhütungsvorschriften der Berufsgenossenschaften.
- Die **Berufsgenossenschaften** sind Träger der gesetzlichen **Unfallversicherung**. Sie erbringen Leistungen bei Arbeits- und Wegeunfällen sowie bei Berufskrankheiten.
- Der **Unternehmer** hat alle erforderlichen Maßnahmen zur Unfallverhütung zu ergreifen, eine Erste Hilfe zu gewährleisten sowie die Mitarbeiter über Sicherheit und Gesundheitsschutz zu informieren. Bei Unfällen hat er die Berufsgenossenschaft grundsätzlich innerhalb von drei Tagen zu informieren.
- Die **Arbeitnehmer** haben die Weisungen zum Gesundheitsschutz zu befolgen und die vorgeschriebene Schutzkleidung zu tragen, die der Arbeitgeber ihnen zur Verfügung gestellt hat.
- Bei den **Sicherheitszeichen** wird unterschieden in
  - **Verbotszeichen** (rund, roter Rand, weißer Hintergrund, schwarzes Symbol),
  - **Warnzeichen** (dreieckig, gelber Hintergrund, schwarzer Rand und schwarzes Symbol),
  - **Gebotszeichen** (rund, blauer Hintergrund, weißes Symbol),
  - **Rettungszeichen** (rechteckig, grüner Hintergrund, weißes Symbol),
  - **Brandschutzzeichen** (quadratisch, roter Hintergrund, weißes Symbol).
- Bei der Meldung von Unfällen sind die sogenannten **5 W** zu beachten: **Wo** ist es passiert, **was** ist passiert, **wie viele** Verletzte und **welche** Verletzungen gibt es und schließlich **Warten** auf Rückfragen.
- **Ersthelfer** sind für alle Betriebe vorgeschrieben. Ihre Zahl hängt von der Zahl der anwesenden Versicherten, also der Mitarbeiter ab. Ersthelfer werden entsprechend ausgebildet und sollen sich mindestens alle zwei Jahre fortbilden.

Aufgaben

1. *Erläutern Sie die Aufgaben der Berufsgenossenschaft.*
2. *Zählen Sie auf, welche Verpflichtungen sich nach der BGV A1 ergeben für*
   – den Unternehmer,
   – die Arbeitnehmer.

3. *Erklären Sie an drei Beispielen, welchen Gefahren die persönliche Schutzausrüstung vorbeugen soll.*

4. *Beschreiben Sie die verschiedenen Arten der Sicherheitskennzeichen und nennen Sie je zwei Beispiele.*

5. *In Ihrem Ausbildungsbetrieb ist ein Unfall passiert, an dem mehrere Kollegen beteiligt sind.*
   a *Was unternehmen Sie als Erstes?*
   b *Was haben Sie bei der Betreuung von Verletzten zu beachten?*
   c *Unter welchen Telefonnummern können Sie Hilfe anfordern und welche Informationen sollten bei dieser Meldung gegeben werden (5 W)?*

6. *Welche Vorschriften gibt es zum Einsatz von sogenannten Ersthelfern im Betrieb?*

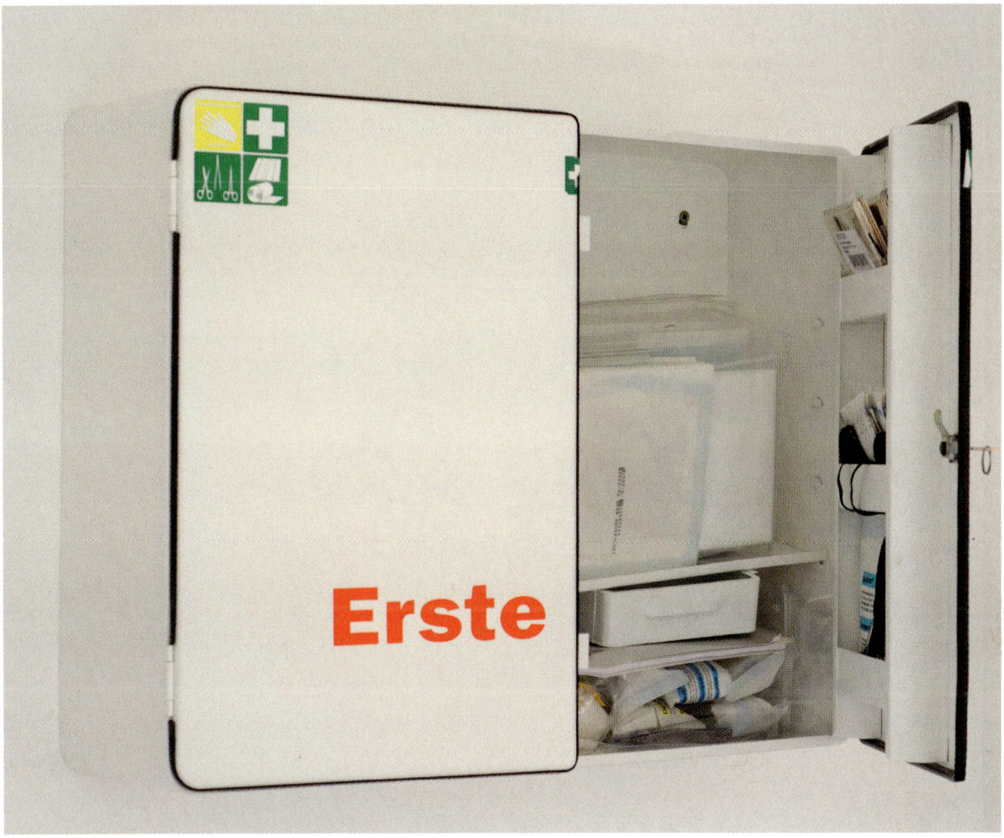

Erste Hilfe Wandschränkchen im Betrieb

Lernfeld 2

Güter lagern

1 Lageraufgaben mit ordnungsgemäßer Lagerung

Einstiegssituation

Lagerhaltung ist nichts Neues. Unsere Großeltern hatten praktischerweise die Kartoffeln im Keller gelagert; hier ist es kühl, die Kartoffeln sind vor Tageslicht geschützt, und auch für ausreichende Lüftung ist gesorgt. Die Großeltern kauften die Kartoffeln preiswert ein und holten sie sich fast täglich aus dem Kartoffelkeller. Der Keller musste nur von Zeit zu Zeit gefegt werden, damit die Kartoffeln vor Staub und Schmutzgeschützt waren.

Kartoffeln werden auch gewerbsmäßig im Keller gelagert.

Handlungsaufträge

1. *Welche Waren lagern Sie zu Hause ein?*
2. *Wie und warum lagern Sie diese Ware ein?*

Definition

Ein **Lager** ist ein Raum, in dem Güter auf Vorrat aufbewahrt werden.

Ein Lager ist für Betriebe unverzichtbar, da unmöglich genau die Menge eingekauft oder produziert werden kann, um die Nachfrage nach Gütern zu sichern. Die ordnungsgemäße Lagerhaltung erfüllt verschiedene Aufgaben, die nachfolgend beschrieben werden.

1.1 Aufgaben/Funktionen der Lagerhaltung

Es werden fünf verschiedene Aufgaben/Funktionen der Lagerhaltung unterschieden: Sicherungsaufgabe, Überbrückungsaufgabe/Ausgleichsaufgabe, Spekulationsaufgabe, Umformungsaufgabe, Veredelungsaufgabe.

1.1.1 Sicherungsaufgabe

Bei Lieferverzögerungen, Transportschwierigkeiten, bei anfallendem Mehrverbrauch oder erhöhter Nachfrage sichert die Lagerhaltung vor Engpässen. Der eiserne Bestand/Mindestbestand wird deshalb auch **Sicherungsbestand** genannt. Er erfüllt die Sicherungsfunktion des Lagers.

Sicherungsbestand

Hitzewelle in Mai; der Mineralwasserverbrauch steigt deutlich.

Beispiel
Bereits im Mai herrscht die erste große Hitzewelle in Deutschland. Die Nachfrage nach Mineralwasser steigt deutlich. Wie gut, dass die Läger gefüllt sind, um in solchen Fällen die Nachfrage nach Mineralwasser zu **sichern**.

Die Lager sind gefüllt, für Nachschub ist vorgesorgt.

1.1.2 Überbrückungsaufgabe/Ausgleichsaufgabe

Wenn Herstellungs- und Verwendungszeitpunkt auseinanderfallen, so wird dies durch die Lagerhaltung überbrückt. Getreide wird z. B. in nur wenigen Wochen geerntet und dann eingelagert. Der Verbrauch und die Verarbeitung von Getreide erfolgt aber über das ganze Jahr verteilt. Eine fachmännische Lagerung ist daher erforderlich.

Weizensilo

Beispiel
Kartoffeln werden nach dem Einkauf im Kartoffelkeller über einen längeren Zeitraum gelagert und verbraucht. Auch hier wird Zeit überbrückt.

Das **Fertigwarenlager** erfüllt eine Ausgleichsfunktion, wenn in der Produktion große Stückzahlen hergestellt werden und der Verkauf nur nach und nach erfolgt. Dann werden die produzierten Güter auf Lager genommen und **gleichen** die Nachfrage **aus**.

1.1.3 Spekulationsaufgabe

Wenn Preissteigerungen zu erwarten sind, kann ein früher Einkauf Preisvorteile zur Folge haben, welche die Kosten der Lagerhaltung überwiegen (z. B. Rohölkauf im Sommer).

Rohöltanks im Hamburger Hafen

Beispiel
Die Lagerhaltungskosten für die Einlagerung von Rohöl betragen für ein Jahr insgesamt 9 000,00 EUR. Nach einem halben Jahr hat sich der Preis für das eingelagerte Heizöl von 300 000,00 EUR auf 310 000,00 EUR erhöht. Lohnt sich diese Spekulation?
Lösung: Ja, denn die Lagerhaltungskosten für ein halbes Jahr betragen nur 4 500,00 EUR, und der Spekulationsgewinn beträgt 10 000,00 EUR. Es gibt also einen Gewinn von 5 500,00 EUR in nur einem halben Jahr.

1.1.4 Umformungsaufgabe

In Lagern der Handelsbetriebe finden **Umfüll-, Misch oder Sortiervorgänge** statt, um dem Kunden ein breites Sortiment (Warenauswahl) zu bieten. Außerdem soll die Ware in den gewünschten Mengen (50 g, 100 g, 500 g usw.) und Sätzen (Dichtungssatz, Reparatursatz usw.) bereitgestellt werden. Zur **Umformungsaufgabe** gehört aber auch die **Aussortierungsfunktion:** Nicht mehr benötigte, veraltete oder verdorbene Güter werden aus dem Lager entfernt, um Platz für neue Güter zu schaffen.

Umfüll-, Misch oder Sortiervorgänge

Aussortierungsfunktion

Im Lager werden Kaffeemischungen aus verschiedenen Sorten zusammengestellt.

Set mit Dichtungsringen, das im Lager zusammengestellt wird.

1.1.5 Veredelungsaufgabe

Einige Güter erhalten erst durch ihre Lagerung ihre volle Qualität und Reife.

Beispiele
Wein, Holz, Tabak, Malz, Käse usw.

Man spricht in diesem Fall von **Produktivlagern**. In ihnen wird durch die Lagerung selbst die Qualität und Reife der Ware erst erreicht.

Produktivlagern

Käse wird erst durch die Reifung im Lager schmackhaft. Er wird durch die Lagerung „veredelt".

Beispiel
Je länger Wein in Fässern lagert, desto besser schmeckt er den Weinkennern. Man spricht in diesem Zusammenhang auch von einem „edlen Tropfen“. Das Lager kann also eine Veredelungsaufgabe haben, bei der ein Produkt in etwas Höherwertiges verwandelt wird.

Holzfässer im Weinkeller

*Damit die oben aufgeführten Aufgaben der Lagerhaltungen erfüllt werden können, ist eine **ordnungsgemäße Lagerung** unbedingte Voraussetzung.*

1.2 Voraussetzungen für eine ordnungsgemäße Lagerung

Voraussetzungen für eine ordnungsgemäße Lagerung sind Sauberkeit, Geräumigkeit und Übersichtlichkeit.

1.2.1 Sauberkeit

Sauberkeit ist eine Grundvoraussetzung für eine ordnungsgemäße Arbeit im Lager. Die Sauberkeit im Lager bezieht sich auf u. a.

- die Lager- und Arbeitsräume,
- die Transportwege,
- die Lagereinrichtungen,
- die gelagerte Ware,
- die Werkzeuge und Transportmittel,
- den mit der Ware umgehenden Menschen.

Beispiel
In der Logo AG sind die Arbeitsräume mit Resten von gebrauchten Schachteln verunreinigt. Die Mitarbeiter könnten auf einem dieser Reste ausrutschen und sich verletzen.

Abfälle wie Papier- und Pappreste sind mögliche Unfallquellen und sollten sofort entsorgt werden.

Ein sauberes Lager hat viele Vorteile:
- Geringere Verletzungs- und Unfallgefahr
- Guter Eindruck auf Lieferer, Kunden, Mitarbeiter und Besucher
- Längere Nutzungsdauer der Lagereinrichtungen, Werkzeuge und Transportmittel
- Länger verkaufs- und gebrauchsfähig bleibende Ware
- Angenehmeres Arbeitsumfeld

Die Sauberkeit im Lager kann gewährleistet werden durch:
- tägliche Reinigung,
- Reinigung in bestimmten Situationen, z. B. bei Ölflecken auf den Geh- und Fahrwegen, bei Bruch von Waren,

Von einem Ölfleck im Lager gehen viele Gefahren aus.

- Reinigung zu bestimmten Anlässen, z. B. bei der Inventur, bei der Einlagerung oder Auslagerung der Ware, durch Reinigung in Zeiten, in denen wenig andere Arbeiten anfallen.

Die Reinigung des Lagers kann durch die Lagerarbeiter selbst oder durch eigenes Putzpersonal erfolgen. Je nach Lagergröße sind Reinigungsmaschinen im Einsatz.

Reinigungsmaschinen sorgen für ein sauberes Lager.

1.2.2 Geräumigkeit

Eine Voraussetzung für eine übersichtliche und saubere Lagerung sind geräumige Lager, die ausreichend Platz bieten.

Welche Lagerung der Reifen übersichtlicher ist, drücken diese Bilder deutlich aus.

Breite Fahr- und Gehwege vermindern auch die Unfallgefahr. Sie ermöglichen darüber hinaus den Einsatz von Fördermitteln. Ein- und Auslagerungen sind schnell und bequem möglich, da unnötiges Suchen und Umschichten entfällt.

1.2.3 Übersichtlichkeit

Die Übersichtlichkeit im Lager ergibt sich aus

- den **anfallenden Tätigkeiten im Lager**, die die Lagerbereiche bestimmen.

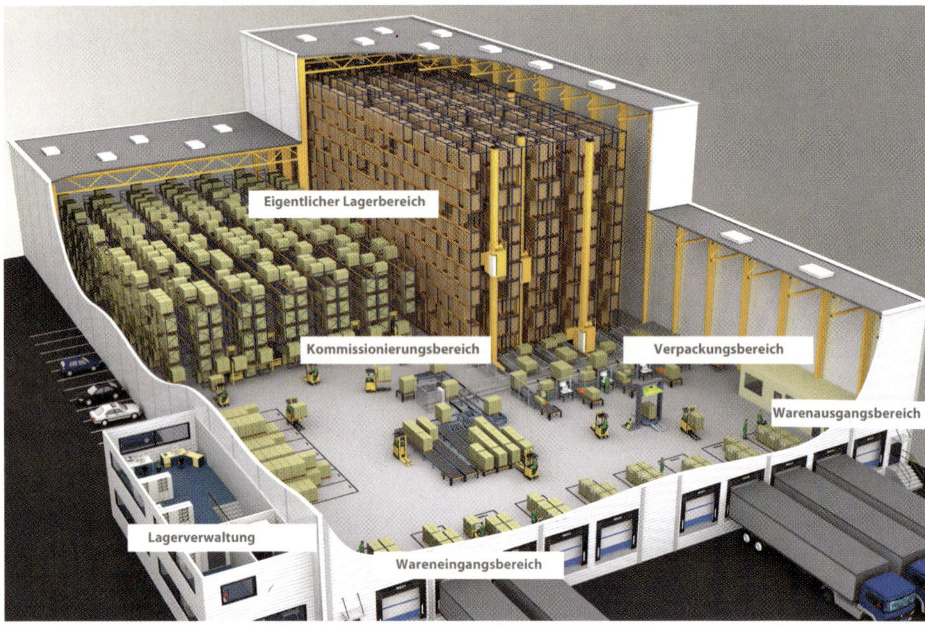

Beispiele für Lagerbereiche

Die verschiedenen Tätigkeiten im Lager werden in getrennten Lagerbereichen ausgeführt. Die Übersichtlichkeit im Lager wird erhöht, wenn diese Lagerbereiche **ausgeschildert** sind.

Die Übersichtlichkeit im Lager wird erhöht, wenn die Lagerbereiche deutlich sichtbar ausgeschildert sind.

Lagerzonen

- der **Einteilung des Lagerbereichs in Lagerzonen.**
  Die Aufteilung kann dabei nach verschiedenen Gesichtspunkten erfolgen: z. B. nach dem Gewicht, der Gängigkeit, der Größe, der Bestellhäufigkeit, dem Wert, der Empfindlichkeit und der Gefährlichkeit der einzulagernden Ware.

Lagerzone Gefahrstoff

Lagerzone Palettenbereich

Beispiel

In der Logo AG wird aus Sicherheitsgründen Gefahrstoff in einer anderen Lagerzone (Abb. links) gelagert als die palettierte Ware (Abb. rechts).

- aus einer sinnvollen **Stellplatzkennzeichnung** (Location) für die einzulagernde Ware. Jeder Stellplatz im Lager erhält eine eigene Nummer. Dies ist erforderlich, um die Ware im Lager schnell und sicher zu finden. Man spricht dann von einem **Lagerplatznummernsystem**.

Location

Lagerplatznummernsystem

Darin festgelegt sind die **Regalzeile**, das **Regalfeld** und die **Regalebene** (Fach) als Höhenposition. Diese Koordinaten (Angaben zur Lage) bilden gleichzeitig die Grundlage für die Lagerverwaltungssysteme. Eine **eindeutige** Stellplatzkennzeichnung vermeidet auch unnötige Umwege und kostenintensive **Suchfahrten**.

Beispiel

Beispiel für Lagerplatzkoordinaten: 02-06-05

Lagerplatzkoordinaten	Bedeutung der Lagerplatzkoordinaten
02	Regalzeile
06	Längspositionen oder Regalfeld
05	Höhenposition oder Regalebene

Regalzeile *Längsposition* *Höhenposition*
02 *06* *05*

Sollte das Lager mehrere Lagerhallen haben, können die Lagerplatzkoordinaten durch Zahlen oder Buchstaben ergänzt werden. Dies soll helfen, Verwechslungen zu vermeiden.

Lagerhalle A	A 02-06-05
Lagerhalle B	B 02-06-05
Lagerhalle C	C 02-06-05

> Beispiel
> In der Logo AG gibt es drei Lagerhallen. Wenn wir vor den Lagerplatzkoordinaten Buchstaben setzen (A, B und C), ist eine Unterscheidung wieder möglich. Die Lagerplatzkoordinaten können durch diese Ergänzung mit Buchstaben (alphanumerische Location) mehrfach genutzt werden. Auch eine Erweiterung mit Nummern ist möglich.

Materialnummer

- der **Vergabe von Teile- bzw. Materialnummern** für die einzulagernde Ware. Die Nummerierung soll die vorhandenen Materialien in ein Ordnungssystem einfügen.

Aufgaben des Wareneingangsbereichs

- Identifizieren
- Klassifizieren
- Informieren
- Kontrollieren

Identifizieren: Eine bestimmte Nummer wird einem bestimmten Teil zugeordnet. Es ist darauf zu achten, dass keine Nummer doppelt vergeben wird. Die vergebenen Nummern sind somit absolut eindeutig.

> Beispiel
> Mit einer vierstelligen Zahl können z. B. 9 999 Teile identifiziert werden.

Klassifizieren: Einer Nummer wird ein bestimmtes Merkmal zugeordnet.

> Beispiel
> So können z. B. in einer Mountainbike-Produktionsstätte die Rahmen mit der Nummer 1, die Fahrradketten mit der Nummer 2 und die Ersatzteile mit der Nummer 3 beginnen.

Eine Nummer **informiert**, wenn durch sie allgemein verständliche Aussagen gemacht werden.

> Beispiel
> Die Nummer 0513 kann z. B. das Herstellungsdatum Mai 2013 ausdrücken.

Nummernkombinationen

Selbstprüfende Nummernkombinationen schließen weitgehend die fehlerhafte Eingabe von Teilenummern in der EDV-Bearbeitung aus. Kontrollarbeiten und Fehlersuche werden hierdurch vermieden.

Prüfziffer

Zum **Kontrollieren** wird u. a. eine **Prüfziffer** eingesetzt. Die Prüfziffer wird Bestandteil einer Nummer.

Identnummern (GTIN)

Beispiel

Als Beispiel soll hier die Möglichkeit zur Ermittlung der Prüfziffer für die Identnummern (GTIN) nach dem Modulo-10-Verfahren erklärt werden. GTIN steht für „Global Trade Item Number" und bedeutet übersetzt „Globale Artikelnummer". Früher wurde diese als **EAN-Code** bezeichnet.

Aufbau einer GTIN Nummer, die letzte Ziffer 2 ist die Prüfziffer.

Als Beispiel für die Ermittlung der Prüfziffer wird die obige Artikelnummer beispielhaft nachgerechnet.

a)	4	0	1	2	3	4	5	9	8	7	6	5	–
b) x	1	3	1	3	1	3	1	3	1	3	1	3	–
c) =	4	0	1	6	3	12	5	27	8	21	6	15	
d)	Produktsumme = 108												
e)	Aufrunden auf 110												
f)	108 + 2 = 110, d. h. 2 ist die Prüfziffer												
g)	4	0	1	2	3	4	5	9	8	7	6	5	2

Vorgehensweise zur Ermittlung der Prüfziffer:

- Schreiben Sie die ersten 12 Ziffern der GTIN-Nummer nebeneinander in die Kästchen. Das letzte Kästchen bleibt frei für die zu ermittelnde Prüfziffer.
- Setzen Sie darunter von rechts beginnend abwechselnd die Faktoren 3 und 1. Beginnen Sie mit der 3 im vorletzten Kästchen. Das Kästchen für die Prüfziffer bleibt frei.
- Multiplizieren Sie a) mit b). Damit erhalten Sie die Produkte in den Kästchen in Zeile c).
- Addieren Sie die einzelnen Produkte in Zeile c). Tragen Sie dann die Produktsumme in d) ein.
- Runden Sie die Produktsumme auf den nächsten Zehner (hier 110) auf. Die Differenz zwischen dem nächsten Zehner und der Produktsumme ergibt die Prüfziffer. Ist die Differenz null, dann ist auch die Prüfziffer null.
- Die Prüfziffer ist bei dieser GTIN-Nummer zwei.
- Ergebnis: Die vollständige GTIN-Nummer lautet 4012345987652.

Lagerfachkarte

Die Übersichtlichkeit im Lager wird auch gewährleistet durch den **Einsatz von Lagerfachkarten.** Lagerfachkarten werden für jede Güterart geführt und befinden sich in den Lagerfächern bei jeder Güterart. Eingetragen werden u. a. die Teilenummer, die Güterbezeichnung, der Mindest- und Meldebestand, die Zu- und Abgänge, der jeweilige Bestand.

Eine Lagerfachkarte ist in diesem Kapitel bei der Aufgabe 5a, S. 57 und im Kapitel 5 auf S. 216 abgebildet.

Außerdem trägt die **Nutzung von EDV-Lagerverwaltungsprogrammen** zur Organisation des Lagers bei.

Der Bediener nutzt ein Lagerverwaltungsprogramm, um z. B. den Lagerplatz eines Artikels zu finden.

Zusammengepackt

- Die **Aufgaben der Lagerhaltung** lauten wie folgt:
  - Sicherungsaufgabe
  - Überbrückungsaufgabe/Ausgleichsfunktion
  - Spekulationsaufgabe
  - Umformungsaufgabe
  - Veredelungsaufgabe
  - sonstige Aufgaben
- Voraussetzungen für eine **ordnungsgemäße Lagerung** sind
  - Sauberkeit,
  - Geräumigkeit des Lagers,
  - Übersichtlichkeit.
- Für die Vermeidung von Falscheingaben in die EDV werden Material- bzw. Teilenummern mit einer **Prüfziffer** versehen. Die Prüfziffer ist die letzte Ziffer dieser Nummern. Falscheingaben können deshalb sofort erkannt werden.

Aufgaben

1. *Führen Sie auf, welche Aufgaben der Lagerhaltung in den folgenden Fällen erfüllt werden.*
   - *a* *Nach der Produktion von Möbeln werden diese bis zum Verkauf in einem Auslieferungslager gelagert.*
   - *b* *Um Ausfälle in der Produktion zu vermeiden, wird ein Mindestbestand auf Lager gehalten.*
   - *c* *Rotwein wird in einem Keller in alten Fässern gelagert.*
   - *d* *Ein Betrieb kauft in Erwartung steigender Preise 3 t Heizöl ein und lagert diese. Er benötigt aber nur 1,5 t, weil er auf steigende Preise hofft.*
   - *e* *Kaffeesäcke werden statt in 50-kg-Säcken in verkaufsgerechte 1-kg-Säcke umgefüllt.*

2. *Erläutern Sie die Notwendigkeit, Ölflecken im Lager sofort zu melden bzw. zu beseitigen.*

3. *Ermitteln Sie unter Verwendung der Abbildung in Kapitel 1.2 auf S. 53 den Stellplatz mit folgenden Koordinaten: Regalzeile, Längsposition, Höhenposition: 04 01 03.*

4. a *Ein Nahrungsmittel hat die GTIN-Nummer 400040003794. Ermitteln Sie die Prüfziffer nach dem Modulo-10-Verfahren.*
   b *Stellen Sie mithilfe des Internets fest, um welches Nahrungsmittel es sich handelt, indem Sie die vollständige GTIN-Nummer eingeben.*
   c *Suchen Sie im Internet eine Möglichkeit, GTIN-Nummern auf ihre Richtigkeit hin zu überprüfen.*

5. *Sie erhalten von Ihrem Logistikmeister die Lieferscheine zu den Teileeingängen sowie die Materialentnahmescheine zu den Teileentnahmen des Monats März für das Teil HaKaJö 3 in jeweils zeitlicher Reihenfolge.*

Lieferscheine

Lieferscheinnummer	Datum	Erhaltene Stückzahl
L. Nr. 1254	16.03.	250
L. Nr. 4356	26.03.	100

Materialentnahmescheine

Nummer des Materialentnahmescheins	Datum	Ausgegebene Stückzahl
ME-15409	04.03.	27
ME-21422	06.03.	31
ME-41429	12.03.	21
ME-15007	19.03.	13
ME-16598	21.03.	31
ME-81675	28.03.	82

Als Muster liegt Ihnen die unten stehende Lagerfachkarte vor.

a *Erstellen Sie zeichnerisch eine Lagerfachkarte nach dem folgenden Muster. Tragen Sie die Zugänge und Ausgänge des Monats in die Lagerfachkarte ein. (Hinweis: Die beiden ersten Bestände sind bereits sachgerecht eingetragen.)*

Lagerfachkarte für Artikel HaKaJö 3				
Datum	**Text**	**Eingang**	**Ausgang**	**Bestand**
01.03.	Anfangsbestand	-	-	200
04.03.	K-15409	-	27	173

b *Ermitteln Sie den Bestand am 31.03.*
c *Ermitteln Sie die Summe der Eingänge vom 01.03. bis zum 31.03.*
d *Ermitteln Sie die Ausgänge vom 01.03. bis zum 31.03.*
e *Erstellen Sie diese Lagerfachkarte mithilfe eines Tabellenkalkulationsprogramms (z. B. Excel) am PC. Dieses Programm ist in der Lage, Eingänge, Ausgänge und den Bestand automatisch zu ermitteln.*

In der Anlage dieses Buchs befindet sich eine kurze EDV-Einführung. Im zugehörigen Arbeitsheft werden weitere Aufgaben zur Tabellenkalkulation angeboten.

2 Lagerarten

Einstiegssituation

Die Firma Global Trott GmbH verkauft Kanus, Kletterausrüstung, Tropen- und Freizeitkleidung, Fahrräder, Zelte und Wintersportartikel. Aufgrund des wirtschaftlichen Erfolgs in Hamburg ist ein neuer Lagerstandort in Süddeutschland geplant. Sie werden aufgefordert, in der Planungsgruppe mitzuarbeiten.

Handlungsaufträge

1. *Vervollständigen Sie den Fragenkatalog, indem Sie möglichst viele weitere Fragestellungen, Vermutungen und Folgen finden, um ein möglichst geeignetes Lager zu planen.*

Fragenkatalog zum Neubau eines Lagers		
Fragestellung	**Bedingungen/Vermutungen**	**Vorschläge/Folge**
Wo in Süddeutschland ist der günstigste Standort?	große Stadt in Bayern	München
Wie viel Ware soll gelagert werden?	?	?
?	?	?

2. *Gestalten Sie den Fragenkatalog anschließend auch mithilfe der Tabellenkalkulation am PC.*

Die Entscheidung, ein Lager neu zu bauen und einzurichten, erfordert eine gute Planung. Die Kosten für den Bau und die Ausstattung eines neuen Lagers sind erheblich. Die Planung wird durch die Festlegung der Lagerart bestimmt, denn Lager ist nicht gleich Lager.

Lagerarten werden beeinflusst durch

- **Güterarten**
- **Betriebsarten**
- **Lagerstandort**
- **Lagerbauweise**
- **Lagereigentümer**

Die hier genannten Faktoren beeinflussen die Lagerart. Dies soll im folgenden Kapitel genauer beschrieben werden.

2.1 Unterscheidungen nach den Güterarten

Wer ein Lager plant, muss darüber nachdenken, welche Art von Güter darin lagern soll. Güter können nach unterschiedlichsten Merkmalen unterteilt werden. Die Merkmale der Güter erfordern eine bestimmte Art der Lagerung: die **Lagerart**.

Beispiel
Ein Unternehmen möchte Frischfleisch einlagern. Die Güterart „Frischfleisch" erfordert ein temperaturgeführtes Lager. Dies könnte z. B. ein Kühl- oder Tiefkühllager sein.

Es gibt sehr viele verschiedene Güterarten, die bestimmte Lagerarten erfordern. Deshalb sind in der folgenden Tabelle nur **beispielhaft** Güterarten ihrer **Lagerart** zugeordnet:

Unterscheidung der Güter (Güterarten)	Beispiel	Lagerart	Erklärung
nach ihrer Materialart	Holz	halb offenes Holzlager	preiswert und luftig
nach ihrem Wert	Parfümerie, Zigaretten	Verschlusslager	diebstahlsicher; Zutritt nur für berechtigte Personen ermöglichen
nach ihrer Konsistenz (Struktur)	loses Massengut wie Kohle	Schüttgutlager; offenes Lager auf einer Kohlenhalde	großer Platzbedarf bei geringem Wert
nach ihrer Gefährlichkeit	Lacke	Gefahrstofflager	beim Bau sind gesetzliche Vorschriften einzuhalten

Gestalten Sie eine Tabelle mithilfe eines Tabellenkalkulationsprogramms und ergänzen Sie die oben stehende Tabelle.

2.2 Unterscheidungen nach den Betriebsarten

Die Lagerarten ergeben sich aus der Aufgabe (Art) des Betriebs. Folgende Betriebsarten werden unterschieden:

Betriebsart
- **Industriebetrieb**
- **Großhandel**
- **Einzelhandel**
- **Spedition**

2.2.1 Industriebetriebe

Ein **Industriebetrieb** hat die Aufgabe, Güter zu produzieren. Diese Güter können z. B. Autos, Maschinen, Möbel, Kleidung oder Lebensmittel sein. Der Herstellungsprozess erfordert immer **gleiche** bzw. **ähnliche Lagerarten**. Die folgende Tabelle zeigt, welche Lagerarten **grundsätzlich** erforderlich sind. Als **Beispiel** dient die **Textilindustrie**.

Industriebetrieb

Textilindustrie

Lagerarten im Industriebetrieb	Erklärung der Lagerarten	Beispiel Textilindustrie
Rohstofflager	**Hauptbestandteile** des Produkts	z. B. Baumwolle, Stoffballen
Hilfsstofflager	Hilfsstoffe sind **Ergänzungen** zum Produkt.	z. B. Garn, Knöpfe
Betriebsstofflager	Betriebsstoffe **unterstützen** den Produktionsprozess.	z. B. Öle oder der elektrische Strom für die Nähmaschinen
Zwischenlager oder Pufferlager	**Vorerzeugnisse** müssen bis zur Weiterverarbeitung **zwischen**gelagert werden.	Bei der Herstellung von Hemden werden z. B. die Knöpfe erst in einem weiteren Produktionsschritt angebracht.
Fertigwarenlager	Die **fertig erstellten Produkte** werden bis zum Verkauf gelagert.	Die hergestellten Hemden werden bis zum Verkauf fachgerecht gelagert.
Handlager	Das Handlager ist nahe dem **Arbeitsplatz** und beinhaltet **häufig** benötigtes **Kleinmaterial.**	z. B. verschiedene Scheren zum Abtrennen von Fäden

Rohstofflager
Fertigwarenlager

Rohstofflager für Rohstoffe wie Öl

Fertigwarenlager für Fertigprodukte

Handlager für Kleinmaterial

Handlager für Kleinmaterial: Das Regal dient als Handlager für die am Tisch arbeitenden Monteure.

In Industriebetrieben werden zusätzlich **Sonderlager** eingerichtet:

Sonderlager

Sonderlager

- **Werkzeuglager**
- **Büromateriallager**
- **Ersatzteillager**
- **Packmittellager**

Werkzeuglager	Für die Produktion benötigte Werkzeuge, wie Bohrer, Messinstrumente, Schraubenschlüssel, Zangen usw., werden hier gelagert.
Büromateriallager	Die Verwaltung kann hier z. B. Druckerpatronen, Papier, Schreibwaren usw. lagern.
Ersatzteillager	Autowerkstätten lagern häufig nachgefragte Ersatzteile hier ein.
Packmittellager	Die für den Versand benötigten Packmittel, wie Schachteln, Folie, Klebebänder, werden hier eingelagert.

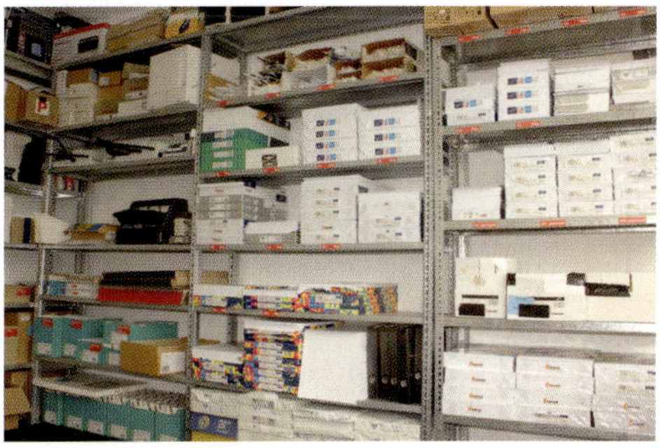
Büromateriallager

Ersatzteillager

Büromateriallager
Ersatzteillager

Packmittellager mit im Freien gelagerten Paletten

Lager mit Packkisten

Packmittellager

2.2.2 Großhandel

Definition

Großhandelsbetriebe verkaufen Waren meist in großen Mengen an den **Einzelhandel** oder an Industriebetriebe.

Großhandelsbetrieb

Großhandel → verkauft an den → **Einzelhandel**

Lagerarten im Großhandel
- Auslieferungslager
- Kommissionslager

Auslieferungslager

Großhandelsbetriebe haben günstige Verkehrsanbindungen, wie z. B. einen Gleisanschluss, und befinden sich in der Nähe von Hafenanlagen oder Autobahnen. Einige Großhändler haben noch eigene **Auslieferungslager**, um näher am Kunden zu sein. Dies spart Lieferzeit und Lieferkosten.

Konsignationslager

Das **Kommissionslager** (auch **Konsignationslager** genannt) ist ein Lager von Lieferanten beim Kunden (hier beim Großhändler). Der Großhändler entnimmt die benötigte Ware und rechnet erst später mit den Lieferanten ab. Die Ware bleibt bis zum Verkauf Eigentum des Lieferanten.

Günstige Grundstückspreise und gute Verkehrsanbindungen locken die Großhandelsbetriebe an den Stadtrand.

> Beispiel
> Lukas möchte zum Ende seiner Berufsausbildung eine große Feier organisieren. Auf Kommission (leihweise) erhält er ausreichend viele Getränke und Snacks. Nur die verbrauchten Getränke und Snacks muss Lukas bezahlen. Der Rest kann problemlos zurückgegeben werden.

*Nicht verwechseln! Vom Kommissionslager zu **unterscheiden** ist das Kommissionierlager, in dem Güter, z. B. für einen Kundenauftrag, zusammengestellt (kommissioniert) werden.*

2.2.3 Einzelhandel

> **Definition**
>
> **Einzelhandelsbetriebe** erhalten ihre Waren direkt vom Hersteller oder über den Großhandel und verkaufen sie in kleinen Mengen an den **Endverbraucher**.

Einzelhandel → verkauft an den → **Endverbraucher**

Einzelhandelsbetriebe unterhalten ein **Verkaufslager** und ein oder mehrere **Reservelager**.

Verkaufslager
- Das **Verkaufslager** ist der Verkaufsraum, in dem die Ware dem Kunden angeboten wird.

Reservelager
- Im **Reservelager** wird die Ware angenommen, ausgepackt, geprüft, ausgezeichnet und **gelagert**, bis sie im Verkauf benötigt wird.

2.2.4 Speditionen

Eine **Spedition** ist ein Dienstleister, der die Versendung von Waren per Eisenbahn, Lkw, Flugzeug, See- oder Binnenschiff oder mithilfe von Frachtführern **organisiert**. Speditionen bieten als **zusätzliche** Dienstleistung u. a. Auslieferungs- und Umschlagslager für ihre Kunden an. Dies kann für die Speditionen ein Wettbewerbsvorteil sein.

Auslieferungslager	Oft unterhalten Industriebetriebe bei Speditionen ein **Lager**, aus dem die Güter schnell durch die Spedition an die Kunden **ausgeliefert** werden können.
Umschlagslager	Güter verschiedener Absender werden hier entladen, sortiert, nach ihren Empfangsorten bzw. Empfängern **umverteilt** und anschließend auf die entsprechenden Fahrzeuge **verladen**. Dabei findet eine Lagerung der Ware im herkömmlichen Sinn nicht statt.

2.2.5 Lagerarten in Industriebetrieb, Großhandel, Einzelhandel und Speditionen

Die unten stehende Abbildung zeigt, dass die Ware vor Erreichen des Konsumenten viele verschiedene Lager durchlaufen kann.

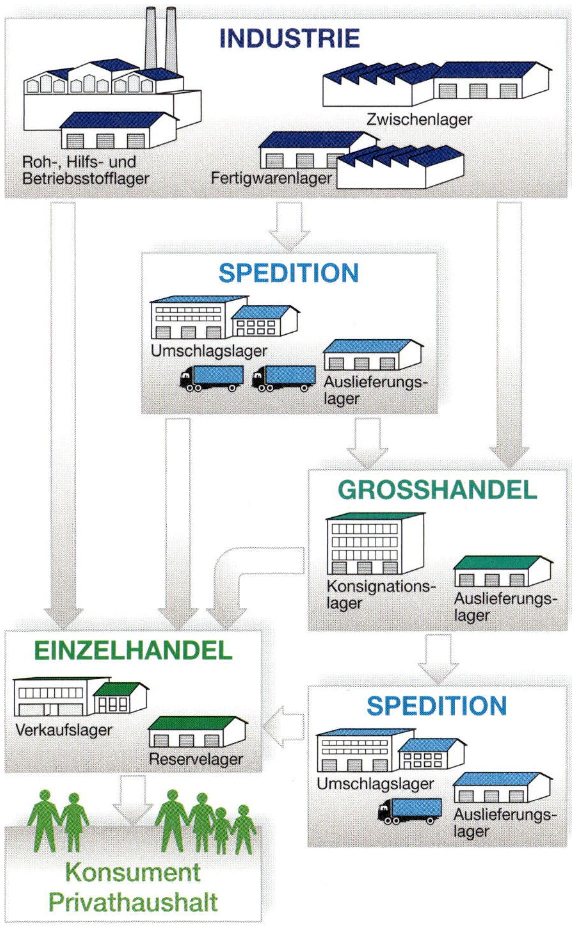

2.3 Unterscheidung nach dem Lagerstandort

2.3.1 Vorgaben bei der Standortwahl

Die **Wahl** des Lagerstandorts wird durch **verschiedene Vorgaben** beeinflusst.

Interne Betriebsvorgabe

Externe Betriebsvorgabe

Vorgaben	Folgen der Vorgaben für die Standortwahl
Interne Betriebsvorgaben	**Umschlagsstarke**, schnell drehende Güter sind kostengünstiger in dezentralen Lagerstandorten, weil hier Lieferzeit und Lieferkosten eingespart werden.
	Umschlagsschwache, langsam drehende Güter werden kostengünstiger in zentrale Standorte verteilt. Die Kosten für die eingesparten dezentralen Lagerstandorte decken die höheren Lieferkosten durch längere Transportwege.
	Beispiel: Die Zweirad GmbH kauft in geringen Stückzahlen Spezialfahrräder für Leistungssportler. Da nur wenige Spezialfahrräder verkauft werden (umschlagsschwach) werden diese in **zentralen** Standorten der Zweirad GmbH gelagert.
Externe (von außen kommende) Betriebsvorgaben	Die freie Wahl des Standorts wird häufig durch **gesetzliche Auflagen**, wie z. B. Bauvorschriften, Umweltauflagen, Lärmschutz beeinflusst. Die Möglichkeiten der Abfallentsorgung und Energieversorgung sowie die verkehrsgeografische Lage sind weitere beeinflussende Faktoren für die Wahl des Lagerstandorts. Auch **steuerliche Aspekte** können die Standortwahl beeinflussen.

2.3.2 Zentrale und dezentrale Lagerung bei Absatz und Beschaffung

Das **Zentrallager** der Zweirad GmbH befindet sich im geografischen Zentrum Deutschlands. Vom Zentrallager aus werden die Einzelhändler (Fahrradgeschäfte) in ganz Deutschland beliefert. Die **Abwägung** von Vor- und Nachteilen bei zentraler und dezentraler Lagerung **bestimmt** die Standortwahl.

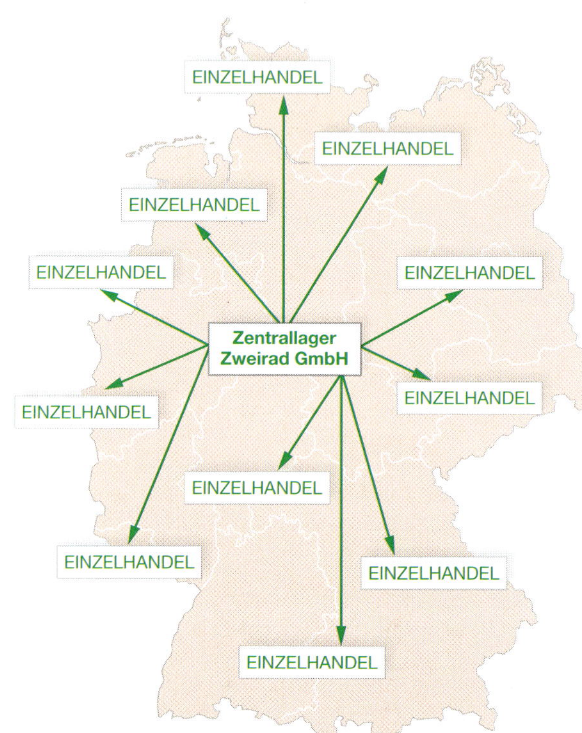

2.3.3 Dezentrale Lager

Die Zweirad GmbH unterhält **vier dezentrale Lager**. Die dezentralen Lager beliefern die Einzelhändler (Fahrradgeschäfte) mit Fahrrädern.

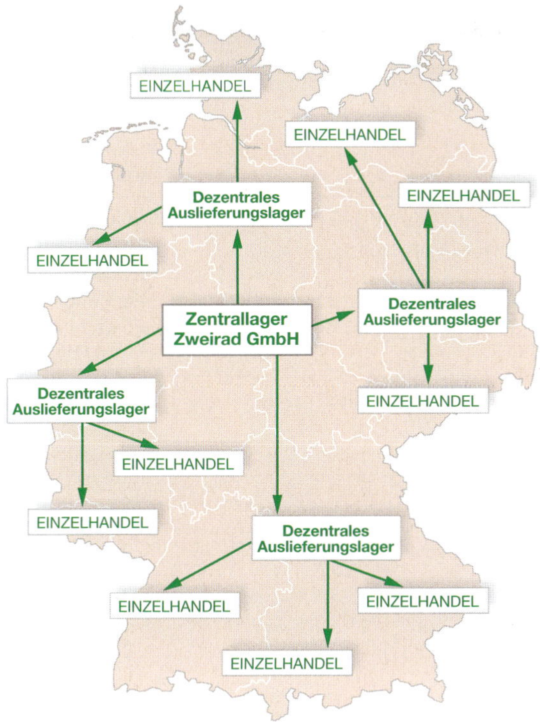

Für die Zweirad GmbH ergeben sich Vor- und Nachteile der zentralen Lagerung bzw. der dezentralen Lagerung in Auslieferungslägern. *Vor- und Nachteile*

Vor- und Nachteile der Auslieferung der Fahrräder von einem Zentrallager direkt an die Einzelhändler (Fahrradgeschäfte)	Vor- und Nachteile der Auslieferung der Fahrräder über dezentrale Auslieferungslager, welche die Einzelhändler (Fahrradgeschäfte) beliefern	Begründung der Vor- und Nachteile
niedrige Lagerkosten	hohe Lagerkosten	Der **Bau** der vier Auslieferungsläger ist **teuer**. Die täglich anfallenden Lagerkosten bei vier Auslieferungslägern sind deutlich **höher** als bei nur **einem** großen Zentrallager. So braucht z. B. jedes Auslieferungslager eigenes Personal und auch eigene Fördermittel. Die Lagereinrichtungen und Fördermittel werden im **Zentrallager besser** ausgelastet.
hohe Transportkosten	niedrige Transportkosten	Bei der Auslieferung vom Zentrallager zu den dezentralen Lägern entstehen verhältnismäßig **wenige** Transportkosten, weil hier **kostengünstige Sammelladungen** beansprucht werden. Die weiteren Wege vom dezentralen Lager zu den Einzelhändlern sind kurz.

Lagerkosten

Transportkosten

	Vor- und Nachteile der Auslieferung der Fahrräder von einem Zentrallager direkt an die Einzelhändler (Fahrradgeschäfte)	Vor- und Nachteile der Auslieferung der Fahrräder über dezentrale Auslieferungslager, welche die Einzelhändler (Fahrradgeschäfte) beliefern	Begründung der Vor- und Nachteile
Lieferungsmöglichkeit	langsame Lieferungsmöglichkeit	schnelle Lieferungsmöglichkeit	Die vier dezentralen Auslieferungsläger sind geografisch **näher** bei den Einzelhändlern (Fahrradgeschäfte). Deshalb ist eine Lieferung dorthin **schneller** möglich als von nur einem Zentrallager.
Kundennähe	weniger Kundenkontakt (Kundenferne)	mehr (besserer) Kundenkontakt (Kundennähe)	Die Auslieferungsläger sind geografisch näher an den Einzelhändlern (Fahrradgeschäfte). Hieraus entstehen häufigere Kundenkontakt und auch mehr und mehr Kundennähe. Bei Problemen kann schneller geholfen werden.
Bestandskontrolle	Bestandskontrolle einfacher	Bestandskontrolle schwerer	In nur **einem** Zentrallager ist der Bestand **leichter** als in mehreren Auslieferungslägern zu ermitteln.

Eine Belieferung der Einzelhändler (hier: Fahrradgeschäfte) ohne Zentrallager, also mit nur dezentralen Lagern, ist auch möglich.

Bei der **Beschaffung** sind die Vor- und Nachteile der zentralen und dezentralen Lagerung ebenfalls zu berücksichtigen. So werden Roh-, Hilfs- und Betriebsstoffslager in der Regel in der Nähe von Produktionsstätten gebaut, damit die Lieferwege kurz sind.
Bei der Lösung der **Standortfrage** werden die Vor- und Nachteile von zentraler und dezentraler Lagerung bei Absatz und Beschaffung einander gegenübergestellt.

2.3.4 Handlager

Der **Standort von Handlagern** befindet sich am jeweiligen Arbeitsplatz. In Handlagern werden hauptsächlich Kleinteile wie Schrauben, Dichtungen, Nieten, Kabel usw. gelagert. Dies spart den Arbeitskräften unnötige Wegzeit. Der Verbrauch der Materialien erfolgt meist zugriffsfrei: Bei Bedarf kann aus dem Handlager Material entnommen werden. Die einzelne Entnahme wird nicht notiert. Durch diese Praxis werden einerseits Verwaltungsarbeiten eingespart. Allerdings lässt sich auf der anderen Seite der Materialverbrauch nicht nachvollziehen bzw. kontrollieren.

2.4 Unterscheidung nach der Lagerbauweise

Art und Aussehen eines Lagers werden von der zu **lagernden Ware** bestimmt.

Lagerbauweise

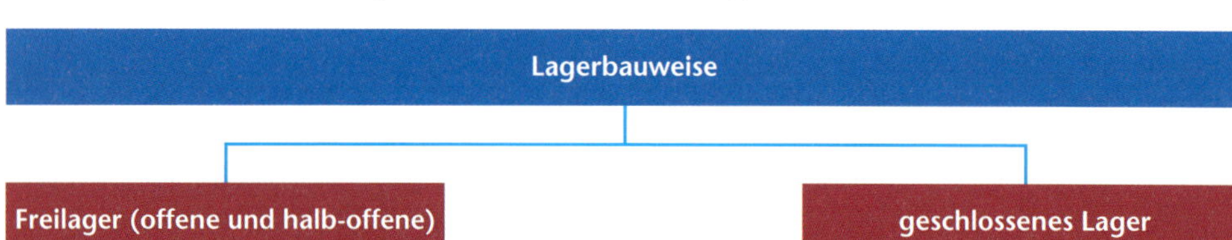

Beispiel
Die Firma Logo AG erwartet eine Sendung moderner iPhones aus Übersee. Diese hochwertigen Güter werden zur Diebstahlsicherung in einem **geschlossenen Lager** der Logo AG gelagert.

2.4.1 Freilager und geschlossene Lager

Offene (Frei)-Lager sind besonders geeignet für

- die Lagerung von **witterungsunempfindlichen** Gütern, wie Schüttgütern, Baustoffen und Leergut,
- **wenig diebstahlgefährdete** Güter.

offenes Freilager

Bei offenen Freilagern ist nur eine **Befestigung** des Bodens erforderlich, damit Transport- und Fördermittel (Gabelstapler, Lkws) das Freilager befahren können. Verschmutzungen können bei einer **Versiegelung** der Lagerfläche (z. B. durch Asphalt) besser beseitigt werden.

Offenes Lager mit Umzäunung als Diebstahlschutz. Im Hintergrund ein halboffenes Lager.

Offenes Lager

Halb offene (Frei)-Lager haben eine überdachte Lagerfläche, die seitlich keinen Schutz bietet. Sie zeichnen sich durch niedrige Bau- und Unterhaltskosten aus.

Beispiele für halboffene Läger: Sie sind auch für private PKWs gut geeignet.

halboffenes Lager

In halb offenen Lagern werden üblicherweise Maschinen, Rohre, Erze oder Stahl gelagert. Wie schon beim offenen Lager ist eine Umzäunung des Lagers zum Schutz vor Diebstahl erforderlich.

Geschlossene Lager: Hierunter versteht man Lagerhallen oder Gebäude, in denen **witterungsempfindliche** und **diebstahlgefährdete** Güter gelagert werden können (z. B. Outdoor-Ausrüstung wie Zelte (vgl. Einstiegssituation auf S. 58), Elektroartikel, aber auch Lebensmittel usw.).

2.4.2 Bunker-, Silo-, Tanklager

Bunker, Silos oder **Tanks** sind Speicherbehältnisse zur Lagerung von Schüttgütern, Flüssigkeiten oder Gasen. Die Bauformen können – je nach Lagergut – zylindrisch oder quaderförmig sein. Es werden Höhen bis zu 50 m und Nutzinhalte bis zu 2 000 m³ erreicht. Die Beschickung (Beladung) erfolgt von oben über Krane oder Stetigförderer.

Schüttgut *Silolager für Schüttgut*

Die Entnahme erfolgt über eine Auslaufvorrichtung an der Unterseite.

2.4.3 Weitere Bauformen von Lagern

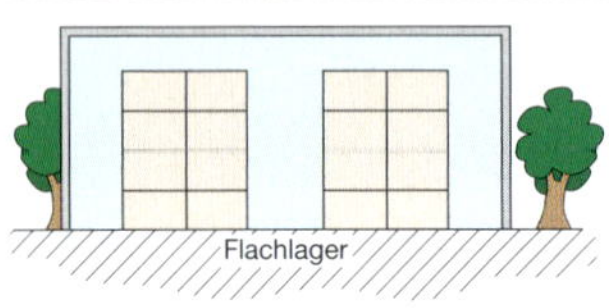	Das **Flachlager** ist ein eingeschossiges Lager mit einer Bauhöhe bis **zu 7 m**. Flachlager sind sowohl für die **Blocklagerung** als auch für die **Regallagerung** geeignet.
	Ein **Etagenlager** ist ein übereinander angeordnetes Flachlager auf mehreren Stockwerken. Bei zu kleinen Grundstücksflächen werden so die Lagerflächen **erhöht**, weil hier in die Höhe gebaut wird. Allerdings haben dann die Etagen den Nachteil, dass sie Aufzüge erforderlich machen. Dies ist **kostenintensiv** und kann einen Engpass im Materialfluss zur Folge haben. Eine ausreichende **Deckentragfähigkeit** ist wichtig. Brandbekämpfungs- und **Fluchtmöglichkeiten** sind im Obergeschoss eingeschränkt.
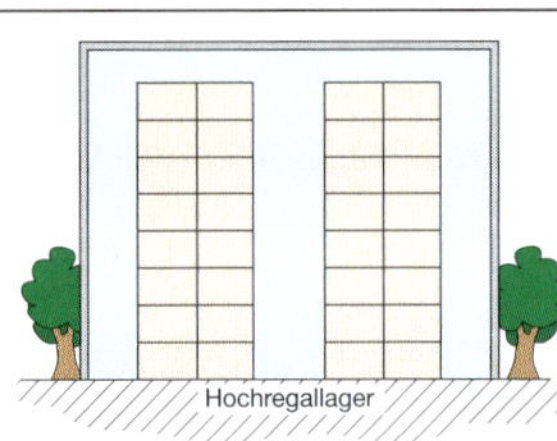	**Hochregallager** sind Lager die mit **Höhen** über **12 Meter** gebaut werden. Die höchsten Lager haben Höhen von 50 m, bei einer Länge von 120 m. Die Lagerkapazität reicht von einigen Tausend bis zu **Hunderttausenden Palettenstellplätzen**. Die Bedienung erfolgt mit Regalförderzeugen. Die **Raumausnutzung** ist **sehr hoch**. Ein Nachteil sind die hohen **Investitionskosten**.
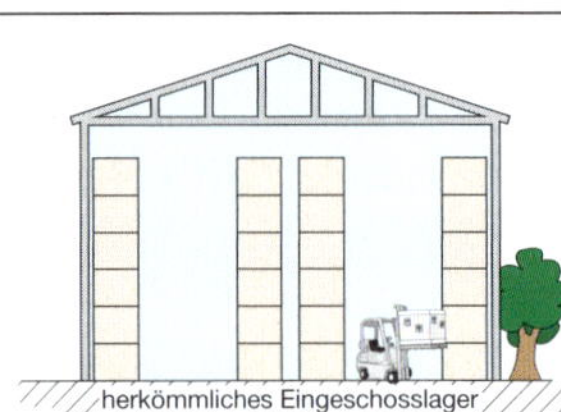	Bei **Eingeschosslagern** sind die Bau- und Unterhaltungskosten im Verhältnis zum Hochregal deutlich **niedriger**. Dafür ist die **Flächen- und Raumausnutzung** erheblich **kleiner**. **Beispiel**: Die Lagerkapazität im Eingeschosslager beträgt 24 Paletten. Bei gleicher Grundfläche beträgt die Lagerkapazität im Hochregal 120 Paletten.

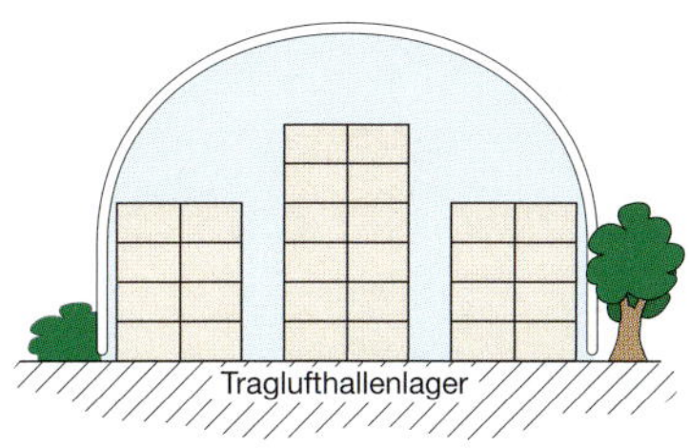

Traglufthallenlager bestehen aus einer **luftundurchlässigen** Hallenhaut, welche durch Gebläse ballonartig über einer befestigten Grundfläche aufgespannt wird. Die Zugänge erfolgen über **Luftschleusen**. Traglufthallen haben sich vor allem als **Ausweichlager** bewährt, da sie sehr **schnell** auf- und abgebaut werden können und geringe Investitionen erfordern. Problematisch sind sie bei **Sturm** und **Schneefällen**. Auch ist wegen ihrer gewölbten Form ihr **Raumnutzungsfaktor** beschränkt.

Ein großes, sich im Bau befindliches Hochregallager mit Stellplätzen für 55 000 Europaletten.

Traglufthallenlager mit Luftschleuse

2.4.4 Speziallager

Speziallager

Für bestimmte Waren sind besondere Lager anzulegen. Dazu zählen vor allem flüssige, gasförmige, aber auch diebstahlgefährdete, umweltschädigende und leicht verderbliche Materialien.

Eigentümer

Die **Lagerarten** werden auch nach dem **Eigentümer** des Lagers unterschieden. Eigenlagerung und Fremdlagerung werden im folgenden Kapitel behandelt.

Speziallager für Gasflaschen

Zusammengepackt

1 **Die Unterscheidung der Lagerarten erfolgt**
- nach der Güterart
- nach der Betriebsart
- nach dem Standort
- nach der Lagerbauweise
- nach dem Eigentümer

2 **Zu den Lagern von Industriebetrieben gehören**
- Roh-, Hilfs-, Betriebsstofflager
- Zwischen-/Pufferlager
- Fertigwaren-/Erzeugnis-/Verkaufslager
- Werkzeug-, Packmittel-, Büromaterial, Ersatzteillager usw.

3 **Zu den Lagern in Speditionen und im Groß- und Einzelhandel zählen**
- Umschlagslager
- Kommissionslager
- Auslieferungslager
- Verkaufslager
- Reservelager

4 **Nach dem Lagerstandort unterscheidet man**
- Zentrale Lager
- Dezentrale Lager
- Handlager

5 **Nach der Lagerbauweise unterscheidet man**
- Freilager
- Bunker-, Silo-, Tanklager
- Flachlager
- Etagenlager
- Hochregallager
- Traglufthallenlager

6 **Nach dem Eigentümer unterscheidet man**
- Eigenlager
- Fremdlager

Aufgaben

1. *Welche Güter lagern Sie in den folgenden Lagern:*
   a *in einem offenen Lager?*
   b *in einem halboffenen Lager?*
   c *in einem geschlossenen Lager?*

2. *Welchen Vorteil hat ein Traglufthallenlager?*

3. *Ein Versandhandel plant ein zentrales Lager.*
   a *Nennen Sie Vorteile der zentralen Lagerung.*
   b *Nennen Sie Nachteile der zentralen Lagerung.*

4. *Ein Industriebetrieb plant für den Vertrieb seiner Produkte in Deutschland vier Lagerstandorte, die in unten stehender Landkarte durch Kreise markiert sind.*

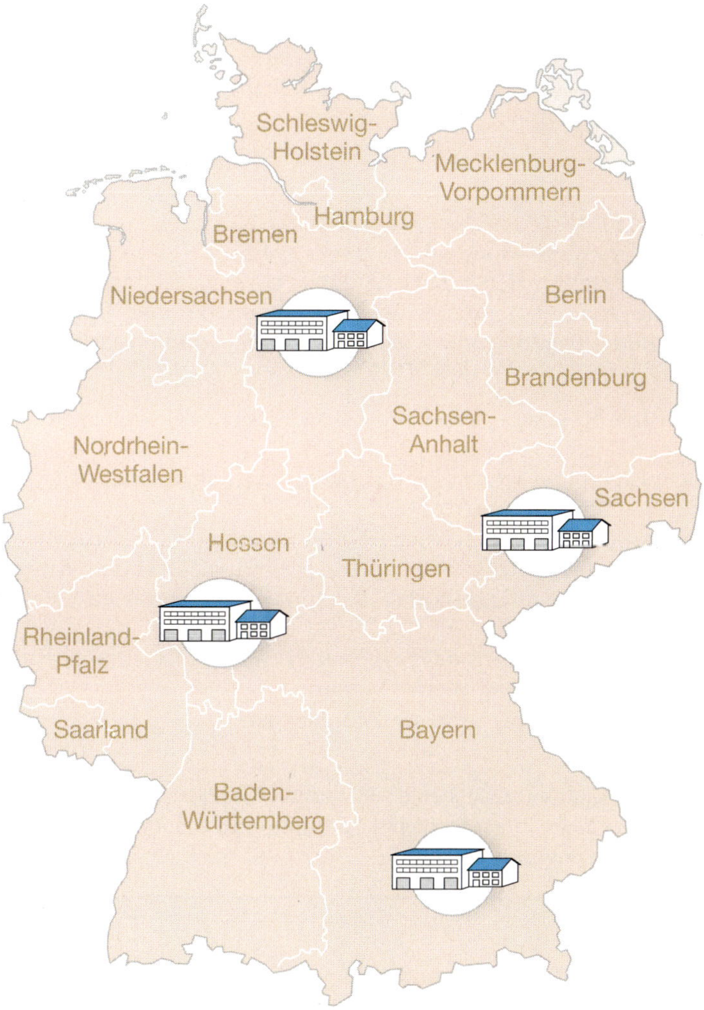

   a *Wie nennt man solche Lager?*
   b *Was möchte das Unternehmen damit erreichen?*
   c *Nennen Sie mögliche Nachteile, die sich durch diese Standortwahl ergeben.*
   d *Welche externen Vorgaben müssen Sie bei der Planung eines Standorts berücksichtigen?*
   e *In welchen Städten liegen diese vier geplanten Lager?*
   f *Stellen Sie fest, welche Autobahnen, Flughäfen, Bahnstrecken oder Häfen an den Standorten den An- und Abtransport der Güter erleichtern.*

3 Unterscheidung nach dem Eigentümer des Lagers

Einstiegssituation

Die Zweirad GmbH erwartet eine Lieferung neu produzierter Fahrräder aus China. Die firmeneigenen Lagerkapazitäten der Zweirad GmbH sind bereits fast ausgeschöpft. Die Geschäftsleitung möchte das vorhandene Lager ausbauen. Rolf Kremer, der gerade ausgebildete Logistikmeister, möchte die Lagerung der Fahrräder outsourcen, also die Fahrräder in ein fremdes Lager einlagern.

Handlungsaufträge

1. *Diskutieren Sie mit Ihren Mitschülern die Vor- und Nachteile, die die Vorschläge der Geschäftsleitung und des Logistikmeisters für die Zweirad GmbH haben.*
2. *Findet in Ihrem Ausbildungsbetrieb eine Eigen- oder Fremdlagerung statt?*

Eigenlager einer mittelständigen Firma

3.1 Eigenlagerung oder Fremdlagerung?

Eigenlagerung

Jedes Unternehmen steht vor der Entscheidung, ein eigenes Lager (Eigenlagerung) zu betreiben oder die Ware ganz oder teilweise in einem fremden Lager (Fremdlager) zu lagern. Eine mögliche Fremdlagerung kann dauerhaft, vorübergehend oder ausnahmsweise erfolgen.

Fremdlagerung

Eine **Fremdlagerung** bei einem gewerblichen Lagerhalter oder einer Spedition kann **sinnvoll** sein

- bei fehlendem Lagerplatz, wenn z. B. das eigene Lager ausgelastet ist,
- bei fehlenden Kühleinrichtungen,
- bei fehlenden technischen Einrichtungen zum Lagern von Gefahrstoff,
- als Ausgleich von schwankendem Bestand (z. B. Streusalz in kalten Wintern),
- als Zwischenlagerung beim Transport (z. B. könnte das Streusalz im Hafen lagern, bevor es weiterversandt wird),
- zur Nutzung des Spezialwissens des Lagerhalters (nur der Lagerhalter ist Fachmann im Umgang mit bestimmten gefährlichen Stoffen),
- zur Nutzung spezieller Fördermittel und Förderzeuge.

> Beispiel
> Die Zweirad GmbH kauft aus China einen Restposten Fahrräder. Die eigenen Lagerkapazitäten reichen zur Lagerung dieser Fahrräder nicht aus. Die Zweirad GmbH lagert deshalb die Ware ausnahmsweise bei einem Importspediteur ein.

Outsourcing

Definition

Unter **Outsourcing** wird die Übertragung von Logistikleistungen, z. B. die Lagerung, an fremde Dienstleister verstanden.

Diese Logistikdienstleister bieten neben der Lagerung der Güter meist weitere Dienste an. Dazu zählen u. a.

- Kommissionierung,
- Quantitäts- und Qualitätsprüfung,
- Warenpflege,
- Portionierung und Komplettierung,

- Etikettierung und Verpackung,
- Verzollung,
- Verteilung und Versand,
- Sendungsverfolgung,
- Montage- und Reparaturservice,
- Leergutverwaltung,
- Entsorgung.

Vorteile und Nachteile der Fremdlagerung

Fremdlagerung		
Mögliche Vorteile einer Fremdlagerung	**Mögliche Nachteile einer Fremdlagerung**	**Beispiele**
Einsparung von Investitionskosten für den Bau eines eigenen Lagers	Gefahr der Unzuverlässigkeit des Logistikdienstleisters	Geht der Lagerhalter sorglos mit dem anvertrauten Gut um, sind wirtschaftlich Risiken die Folge.
Einsparung von Lagerkosten für Personal, Material und Einrichtung	Abhängigkeit vom Logistikdienstleister	Wirtschaftet der Lagerhalter schlecht, besteht die Gefahr der Insolvenz und evtl. der Zugriffsverweigerung auf die eigene Ware.
keine Leerkosten bei schlechter Lagerauslastung	umständlicher Informationsfluss vom Unternehmen zum Kunden über den Logistikdienstleister	Bei Nachfragen ist der Einlagerer auf die Öffnungszeiten und die Erreichbarkeit (telefonisch, per EDV usw.) angewiesen.
qualifiziertes Personal beim Logistikdienstleister	Verlust von Ansehen, da kein eigenes Lager mehr geführt wird	Ein eigenes Lager schafft mehr Vertrauen als die Weitergabe dieser Dienstleistung.

Beispiel

Die Einzelhändler der Zweirad GmbH möchte wissen, wo sich ihre bestellten Fahrräder befinden und wann diese angeliefert werden. Der eingeschaltete Importspediteur bietet als Zusatzleistung die Möglichkeit einer Sendungsverfolgung an, sodass die Einzelhändler diese Information per EDV jederzeit abfragen können.

3.2 Gesetzliche Grundlagen bei der gewerblichen Einlagerung

Nach dem **Handelsgesetzbuch** ist der **Lagerhalter** ein selbstständiger Kaufmann, der die gewerbsmäßige Einlagerung und Aufbewahrung von Gütern für andere (Fremdlagerung) übernimmt. Lagerhalter treten häufig gleichzeitig als Spediteur und Frachtführer auf.

Der Einlagerer und der Lagerhalter schließen einen Lagervertrag ab. Der **Lagerhalter** verpflichtet sich, die Ware zu lagern und aufzubewahren. Der **Einlagerer** ist zur Zahlung der vereinbarten Vergütung verpflichtet.

Rechte und Pflichten des Lagerhalters

Rechte des Lagerhalters	Pflichten des Lagerhalters
Anspruch auf **Vergütung**	**ordnungsgemäße** Lagerung anbieten
Pfandrecht an der Ware bei Nichtzahlung des Lagergeldes	**Lagerschein** ausstellen
Recht, bei Nichtzahlung den Lagervertrag zu **kündigen**	**Versicherungsschutz** auf Verlangen des Einlagerers
fristgerechte Kündigung	**Haftung** für Verlust oder Beschädigung der Ware während der Lagerung
Recht auf **Informationen** über das Lagergut, z. B. Gefahrgut	**Herausgabe** der eingelagerten Güter an den Empfangsberechtigten

Rechte und Pflichten des Einlagerers

Rechte des Einlagerers	Pflichten des Einlagerers
Herausgaberecht der eingelagerten Ware, gegen Vorlage des Lagerscheins kann diese dem Lager entnommen werden	**Zahlung** der Vergütung
Recht auf **unverzügliche Information** über den Zustand seiner Ware bei Verschlechterung	**Auskunftspflicht** über die Ware, z. B. bei Gefahrgut, Haltbarkeits- bzw. Verfalldaten
Recht, bei Nichtzahlung den Lagervertrag zu **kündigen**	Pflicht, notwendige **Begleitpapiere** zur Verfügung zu stellen
Besichtigungsrecht und Recht auf **Proben** und **Werterhaltung** der Ware	**geeignete Verpackung** und **Kennzeichnung** der Ware
Recht auf **Ablehnung** an der Teilnahme zur Sammelladung	

Im HGB (Handelsgesetzbuch) sind in den §§ 467 bis 475c die Rechte und Pflichten des Lagerhalters und des Einlagerers aufgeführt.

Die (Fremd)-Lagerung der Güter kann bei einem Lagerhalter auf drei Arten erfolgen:

Arten der Fremdlagerung		
Trennungslagerung	**Sammellagerung**	**Mietlagerung**
Die Güter aller Einlagerer werden **getrennt** gelagert.	Gleiche Güter verschiedener Einlagerer werden **gemeinsam** gelagert, z. B. Mineralöl in einem gemeinsamen Tank oder Getreide in Silos. Dies setzt das Einverständnis des Einlagerers voraus.	Der Einlagerer **mietet** nur einen Lagerraum und ist für die Pflege und Verwaltung seiner Ware selbst zuständig.
Beispiel Die Elektronikfirma Blitz möchte ihre empfindlichen und hochwertigen Güter getrennt gelagert haben. Angst vor Industriespionage und Diebstahlschutz sind die Motive für die erwünschte Trennungslagerung.	Beispiel Regionale Landwirte entscheiden sich aus Kostengründen ihre gemolkene Milch in gemeinsam genutzten Milchtanks der Molkereien zu bringen. Die Milchbauern sind nun anteilig Miteigentümer der gemeinsam gelagerten und gemischten Milch. Die Qualität der eingelagerten Ware darf nicht abweichen. Hierauf muss sich der Einlagerer verlassen können.	Beispiel Die Auszubildende Lisa möchte ihren Wohnort an ihren Ausbildungsort in Hamburg verlegen. Sie hat hier aber nur ein WG-Zimmer. Ihre Möbel lagert sie in einem Mietlager ein, bis sie eine eigene Wohnung hat.

Mietlager

Mietlager in Hamburg: Die Ein- und Auslagerung übernimmt der Kunde oder sein Beauftragter.

Bei der Einlagerung der Güter stellt der Lagerhalter einen sogenannten **Lagerschein** aus. *Lagerschein*

Definition

Ein **Lagerschein** dient als **Bestätigung** der Einlagerung und als **Berechtigungsnachweis** für die Abholung der Güter. Der Lagerschein ist ein **Warenwertpapier**, weil mit dem Lagerschein das Recht auf Herausgabe der Ware verbrieft (gesichert) ist.

Folgende Arten der Lagerscheine werden unterschieden:

Arten von Lagerscheinen		
Namenslagerschein	**Inhaberlagerschein**	**Orderlagerschein**
Das Lagergut wird nur an die im Lagerschein **namentlich** erwähnte Person ausgehändigt.	Das Lagergut wird an den jeweiligen **Inhaber** des Lagerscheins ausgehändigt.	Der Lagerschein kann durch einen Übertragungsvermerk (Indossament) auf eine andere Person **übertragen** werden.

Fragen Sie in Ihrem Ausbildungsbetrieb nach einem Lagerschein oder bearbeiten Sie den im Arbeitsheft auf S. 106 abgebildeten Lagerschein.

3.3 Kostenvergleich zwischen der Eigenlagerung und der Fremdlagerung

Beispiel

Die Zweirad GmbH steht vor der Entscheidung, aus China importierte Fahrräder im eigenen Lager oder in einem Fremdlager zu lagern. Das Unternehmen plant mit einem durchschnittlichen Lagerbestand von 1 000 Fahrrädern.

Folgende Kosten wurden ermittelt:

Eigenlagerung	Fixkosten 15 000,00 EUR, variable Kosten 5,00 EUR pro Fahrrad
Fremdlagerung	variable Kosten 20,00 EUR pro Fahrrad

Beispiel

Die nachfolgende Aufgabe mit Lösungen ist eine Arbeitshilfe.

a) Welche Lagerart ist beim geplanten durchschnittlichen Lagerbestand günstiger?
b) Welche Lagerart ist bei Verdopplung des Lagerbestands günstiger?
c) Ermitteln Sie rechnerisch, bei welchem Lagerbestand beide Lagerarten gleich teuer sind.
d) Stellen Sie den Kostenvergleich zwischen Eigen- und Fremdlagerung grafisch dar.

Lösung a) und b)

Menge in Stück	Eigenlagerung			Fremdlagerung
	Fixe Kosten	Variable Kosten 5,00 EUR pro Fahrrad	Gesamtkosten	20,00 EUR je Fahrrad
500	15 000,00	2 500,00	17 500,00	10 000,00
1 000	15 000,00	5 000,00	20 000,00	20 000,00

Menge in Stück	Eigenlagerung			Fremdlagerung
	Fixe Kosten	Variable Kosten 5,00 EUR pro Fahrrad	Gesamtkosten	20,00 EUR je Fahrrad
1 500	15 000,00	7 500,00	22 500,00	30 000,00
2 000	15 000,00	10 000,00	25 000,00	40 000,00

Bei einem Lagerbestand von 1 000 Fahrrädern kosten die Fremdlagerung und die Eigenlagerung jeweils 20 000,00 EUR, also gleich viel.
Bei einem Lagerbestand von 2 000 Fahrrädern (Verdopplung) ist die Eigenlagerung um 15 000,00 EUR günstiger.

Gleichung mit der unbekannten Menge x: Fremdlagerung = Eigenlagerung (Fixkosten + variable Kosten)

Lösung c)
Über eine Gleichung mit der unbekannten Menge x:

Fremdlagerung	=	Eigenlagerung (Fixkosten + variable Kosten)		
20 x	=	15 000 + 5 x	|	–5 x
15 x	=	15 000	|	:15
x	=	1 000		

kritische Lagermenge

Bei einem Lagerbestand von 1 000 Fahrrädern sind Eigenlagerung und Fremdlagerung gleich teuer. Man spricht in diesem Zusammenhang auch von der **kritischen Lagermenge.**

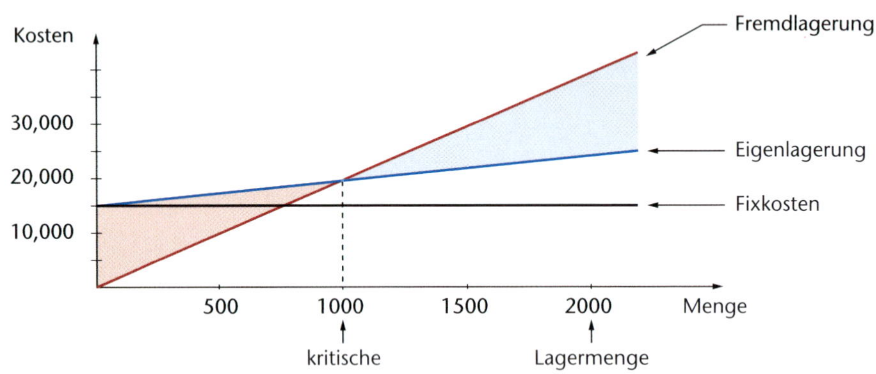

Zusammengepackt

- Unter „Eigenlagerung" versteht man die Lagerung im eigenen Lager. Fremdlagerung ist die Lagerung in einem anderen Lager.
- Mit dem Begriff „Outsourcing" wird die Auslagerung von Dienstleistungen bezeichnet.
- Im HGB sind die Rechte und Pflichten von Lagerhalter und Einlagerer geregelt (vgl. Tabelle in Kap. 3.2, S. 73).
- Die Fremdlagerung von Waren kann Vor- und Nachteile haben (vgl. Tabelle in Kapitel 3.1, S. 73).
- Der Lagerschein ist ein Warenwertpapier und verbrieft das Recht auf die Herausgabe der gelagerten Ware. Es gibt unterschiedliche Arten von Lagerscheinen: den Namenslagerschein, den Inhaberlagerschein und den Orderlagerschein.

Aufgaben

1. *Entscheiden Sie bei nachfolgenden Aussagen, ob es sich um Eigen- oder Fremdlagerung handelt.*
   a *Einsparung von Investitionskosten für den Bau eines eigenen Lagers*
   b *Abhängigkeit vom Lagerhalter*

c *Ständiger Zugriff auf die Ware möglich*
d *Keine Leerkosten bei schlechter Lagerauslastung*
e *Bestände können sofort körperlich ermittelt werden.*

2. *a* *Wie heißt der Fachbegriff für die Auslagerung von Dienstleistungen?*
b *Welcher selbstständige Kaufmann übernimmt die Lagerung von Gütern für andere?*
c *Nennen Sie den Oberbegriff für die Unternehmen, die neben der Lagerung noch weitere logistische Dienstleistungen für andere übernehmen.*
d *Nennen Sie weitere Beispiele für logistische Dienstleistungen.*

3. *Welches wesentliche Recht ist mit dem Lagerschein verbunden?*

4. *Wann ist es sinnvoll, einen gewerblichen Lagerhalter einzuschalten?*

5. *Ein Kostenvergleich ergibt folgende Werte:*

Eigenlagerung	Fixkosten: 32 000,00 EUR, variable Kosten: 8,00 EUR pro m³
Fremdlagerung	variable Kosten: 40,00 EUR pro m³

***Geplant** ist eine Lagermenge von 800 m³.*
a *Ermitteln Sie tabellarisch, welche Lagerart beim geplanten Lagerbestand günstiger ist.*
b *Berechnen Sie, bei welchem Lagerbestand die beide Lagerarten gleich teuer sind.*

4 Lagertechnik

Einstiegssituation

Bei der Firma Neuber sind fünf Fachlageristen eingestellt worden. Diese sollen Gitterboxen und Flachpaletten im Lager in Bodenlagerung stapeln. Ein Stapel ist etwas schief. „Kein Problem!“, meint Niklas, einer der neuen Kollegen. „Den bauen wir ganz schnell ab! Da lehnt doch noch eine Leiter am Stapel!“

Handlungsaufträge

1. *Entwickeln Sie Grundsätze zum Stapeln von Paletten und Gitterboxen und schätzen Sie:*
   a) Wie viele Gitterboxen und Flachpaletten dürfen unter welchen Bedingungen aufeinandergestapelt werden?

   b) Welche Neigung in Prozent dürfen Stapel haben?
2. *Analysieren Sie die Eingangssituation. Welche Gefahren gehen vom geplanten Einsatz der Leiter aus?*

Die folgende Tabelle zeigt, mit welchen **Teilgebieten** sich die **Lagertechnik** insgesamt befasst:

Teilgebiete der Lagertechnik	Überblick mit Beispielen	Wo werden die Teilgebiete erklärt?
Lagertechnik Bodenlagerung	Blocklagerung, Reihenlagerung, mit oder ohne Lagergerät	Wird in diesem Kapitel behandelt
Lagertechnik Regallagerung	statische Lagersysteme, wie Fachbodenregale oder Kragarmregale dynamische Lagersysteme, wie Durchlaufregale oder Hochregale	Wird im folgenden Kapitel 5 (S. 87 ff) behandelt

Teilgebiete der Lagertechnik	Überblick mit Beispielen	Wo werden die Teilgebiete erklärt?
Lagertechnik Innerbetrieblicher Transport	Stetigförderer wie Rollenbahnen Unstetigförderer wie Gabelstapler	Wird im Lernfeld 4 „Güter im Betrieb transportieren", S. 172, behandelt
Lagertechnik Umwelt	Kombination aus Arbeitsschutz, Umweltschutz, Sicherheit im Lager	u. a. Sicherheitsvorschriften bei der Bodenlagerung. Wird im Kapitel 4.4 dieses Lernfelds „Güter lagern" (S. 81) behandelt

4.1 Bodenlagerung

Definition

Bodenlagerung bedeutet Lagerung von Gütern auf dem Boden.

Die Bodenlagerung kann im Freien (Freilager) oder in geschlossenen Lagern erfolgen.

Im Freilager: Sand in Bodenlagerung

Papierrollen im geschlossenen Lager

Freilager
geschlossenes Lager

Die Bodenlagerung kann folgendermaßen erfolgen:	Beispiele
unverpackt	Sand, Kies, Fahrzeuge, Fahrgestelle
verpackt	Elektrogeräte in Schachteln
ungestapelt	Palettierte Ware wird **einlagig** auf den Boden gestellt.
gestapelt	Palettierte Ware wird **mehrlagig** unter Beachtung der Stapelfähigkeit auf dem Boden gelagert.
Blockstapelung	Gitterboxen werden neben und übereinander ohne Zwischenräume auf dem Boden gelagert.
Reihenstapelung	Gitterboxen werden in Reihen mit befahrbaren Zwischenräumen einlagig oder mehrlagig auf dem Boden gelagert.

Die folgende Tabelle verdeutlicht die Vor- und Nachteile der Bodenlagerung.

Bodenlagerung	
Vorteile	**Nachteile**
kaum Kosten für Lagereinrichtungen	schlecht mechanisierbar
einfache Lagerorganisation	eingeschränkte Raumausnutzung durch begrenzte Stapelhöhe
flexible Flächenaufteilung	geringe Übersicht über das Lager, wenn die Lagerbestände hoch sind

4.2 Bodenlagerung mit und ohne Lagergerät

4.2.1 Bodenlagerung mit Lagergerät

Bodenlagerung mit Lagergerät

Die Güter befinden sich bei der **Bodenlagerung mit Lagergerät** in unverpacktem oder verpacktem Zustand auf den **Lagergeräten**. Hierbei handelt es sich z. B. um Paletten, Gitterboxen oder Behälter. Die Verwendung von Lagergeräten verbessert die Stapelbarkeit und lässt außerdem den Einsatz von Hubwagen und Gabelstaplern zu.

Gitterboxen sind gut stapelbar.

Lagerbehälter erhöhen die Stapelbarkeit.

Lagerhilfsgeräte

Durch den Einsatz von **Lagerhilfsgeräten** wie genormte Rungen oder Aufsatz- und Stapelrahmen können Flachpaletten mit nicht stapelfähigem Gut, wie z. B. Rundhölzer, Säcke usw., ebenfalls gestapelt werden. Die Stapelhöhe bei der Bodenlagerung wird durch Lagerhilfsgeräte erhöht.

Flachpalette mit Stapelrahmen

Der Aufsatz- und Stapelrahmen macht die Hölzer stapelbar.

Aufsatz- und Stapelrahmen

Die erreichbare Stapelhöhe ist abhängig von der Belastbarkeit der untersten Lagereinheit und von der Standfestigkeit des Stapels. Die verfügbare Raumhöhe ist in diesem Zusammenhang ebenso von Bedeutung wie die Tragfähigkeit des Bodens. Eine weitere Rolle spielen darüber hinaus die vorhandenen Fördermittel (Stapler).Werden Aufsteckrahmen, Rungen oder Gitterboxpaletten verwenden, so lässt sich die Stapelhöhe heraufsetzen.

Rungen-Stapelgestell

Rungen-Stapelgestell

4.2.2 Bodenlagerung ohne Lagergerät

Bei der Bodenlagerung ohne Lagergerät befinden sich die Güter in unverpacktem oder verpacktem Zustand auf dem Boden. Diese Lagerart ist insbesondere für schwere, sperrige Güter geeignet. Sie kann aber auch für lose gelagerte Schüttgüter eingesetzt werden.

Beispiele
- **Unverpackte Bodenlagerung:** Fahrzeuge, Fahrgestelle, Maschinen, Großwerkzeuge
- **Verpackte Bodenlagerung:** Elektrogeräte, Baustoffe wie Dämmmaterial
- **Lose Bodenlagerung bei Schüttgut:** Sand, Kies, Kohle

Nur wenn das Gut den Staudruck des Stapels aushält, ist eine Stapelung möglich. Auf jeden Fall muss die Gefahr des Umfallens vermieden werden.

4.3 Blocklagerung oder Reihenlagerung

Bei der **Blockstapelung** ist durch die lückenlose Stapelung eine **hohe Flächen- und Raumausnutzung** möglich. Ihr Nachteil ist, dass es **keinen direkten Zugriff** zu jeder Ladeeinheit gibt. Das Fifo-Prinzip (First in – first out: Was zuerst in das Lager gekommen ist, kommt auch zuerst wieder henaus) kann nicht mehr angewendet werden. Es wäre nur durch ein aufwendiges Umstapeln erreichbar.

Blockstapelung mit Paletten

Blocklager sind besonders geeignet
- bei seltenem Zugriff auf das Lagergut,
- bei der Lagerung gleichartiger Güter,
- bei geringer Gefahr des Verderbens und Veraltens, wie z. B. bei Leergut und Baustoffen,
- wenn eine optimale Raumausnutzung das Ziel ist.

Reihenstapelung

Bei der **Reihenstapelung** ist die Flächen- und Raumausnutzung **geringer** als bei der Blocklagerung. **Vorteilhaft** ist der **direkte Zugriff** von beiden Seiten.

Reihenlager sind besonders geeignet, wenn

- auf jede Ware schnell zugegriffen werden soll,
- das Fifo-Prinzip eingehalten werden soll,
- die Lagermitarbeiter oder Kunden einen guten Überblick über die Ware wünschen.

Reihenlagerung ermöglicht einen Zugriff von beiden Seiten.

4.4 Sicherheitsvorschriften bei der Bodenlagerung

Bei der Bodenlagerung sind die Regeln für Lagereinrichtungen und -geräte, BGR 234, zu beachten. Nachfolgend ein Auszug aus diesen Regeln:

Nutzlast, Auflast, Stapelhöhe	Es ist verboten, bei der Stapelung von Paletten und Stapelbehältern die zulässigen Nutzlasten, Auflasten und Stapelhöhen zu überschreiten.
Neigung	Stapel müssen lotrecht errichtet werden. Wenn die Neigung mehr als 2 % beträgt, müssen die Stapel so abgebaut werden, dass niemand gefährdet wird.
Verhältnis von Höhe und Schmalseite	Bei der Stapelung muss das Verhältnis der Höhe zur Schmalseite stimmen: Es darf nicht größer als 6 : 1 sein.
Lastenverteilung für Vierwegepaletten	Schwere Lasten müssen nach unten in den Stapel. Leichte Lasten werden oben gelagert.
Lasten für Gitterboxpaletten	Gitterboxpaletten dürfen nach DIN 15146 höchstens mit 1 000 bis 1 500 kg belastet werden. Wichtig ist dabei eine gleichmäßige Verteilung der Last. Sie dürfen einschließlich der Grundpalette höchstens fünffach gestapelt werden.
Stapel, Standsicherheit, Leitern	Leitern oder sonstige Gegenstände dürfen nicht an Stapel angelehnt werden, wenn hierdurch die Standsicherheit der Stapel beeinträchtigt wird.
geeignete Lastaufnahmemittel	Um Stapelpaletten und Stapelbehälter aufzunehmen und zu stapeln, dürfen nur geeignete Lastaufnahmemittel eingesetzt werden.
Stapeln mit Flachpaletten	Flachpaletten dürfen nur ohne Stapelhilfsmittel gestapelt werden, wenn das Ladegut tragfähig ist. Dabei ist zu beachten, dass dessen Oberflächen auch bei Nässe und Temperaturveränderungen ein sicheres Stapeln zulassen.
Verkehrswege	Die Verkehrswege/Gänge für Fußgänger zwischen den Lagergeräten müssen mindestens eine Breite von 1,25 m haben.
Gänge	Ausschließlich für das Be- und Entladen von Hand bestimmte Gänge müssen mindestens 0,75 m breit sein.
Verkehrswege für Fördermittel	Ein Sicherheitsabstand von 0,50 m auf beiden Seiten der Fördermittel ist für Verkehrswege für kraftbetriebene oder spurgebundene Fördermittel vorgeschrieben. Ziel dieser Vorschrift ist der Schutz von Personen, die sich gleichzeitig mit den Fördermitteln im Bereich der Verkehrswege aufhalten.

BGR-Regeln

Beispiele zur Erklärung einiger BGR-Regeln

Neigung

Formel zur Berechnung der Neigung eines Stapels in Prozent

$$\text{Neigung in \%} = \frac{\text{gemessene Distanz des Lotes in cm} \times 100}{\text{Stapelhöhe in cm}}$$

Höhe des Stapels: 2,50 m. Gemessene Distanz des Lotes: 5 cm

$$\text{Neigung in \%} = \frac{5\text{ cm} \times 100}{250\text{ cm}} = 2\text{ \% Neigung} = \text{Die BGR 234 ist erfüllt.}$$

Geräte zum Messen

Lot mit Schnur

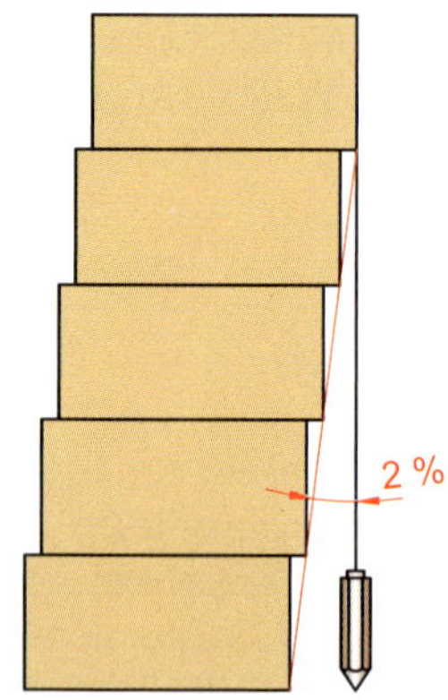

Messung der Neigung mit einem Lot.

Gangbreiten

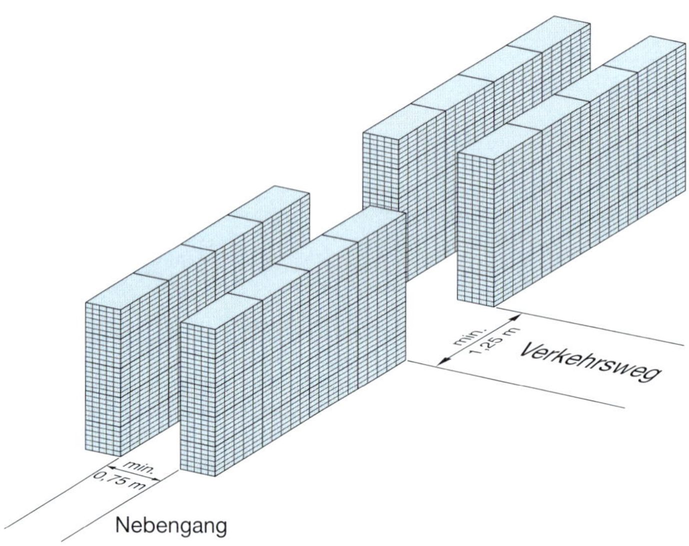

Mindestgangbreiten bei Regalen, die nur von Hand be- und entladen werden.

Gitterboxen

Gitterboxen dürfen nur fünffach einschließlich der Grundpalette gestapelt werden. Die Grundpalette ist die unterste Palette. Auf ihr dürfen noch vier weitere Paletten stehen, wenn das Gewicht pro Gitterbox nicht 1 000 kg übersteigt.

Zusammengepackt

- Die Lagerung von Gütern kann bei der Bodenlagerung erfolgen
  - mit oder ohne Einsatz von Lagergeräten,
  - gestapelt oder ungestapelt,
  - als Block- oder Reihenstapel.
- Zu den Lagergeräten/Lagerhilfsmitteln zählen u. a. Paletten, Gitterboxen, Behälter.
- Lagerhilfsgeräte sind Rungen und Aufsatzrahmen.
- Bei Blocklagerung stehen mehrere Paletten hinter- und übereinander. Dies spart Platz. Ein direkter Zugriff auf jede Palette ist aber nicht gegeben.
- Bei der Reihenlagerung ist ein direkter Zugriff auf jede Palette möglich. Dafür ist aber mehr Platz erforderlich.
- Die Sicherheitsvorschriften für die Bodenlagerung sind zu beachten. Sie finden sich in den Regeln für Lagereinrichtungen und -geräte, BGR 234.

Aufgaben

1. a Erklären Sie die Bodenlagerung und nennen Sie deren Vor- und Nachteile.
b Erklären Sie die Reihenlagerung und nennen Sie deren Vor- und Nachteile.

2. Entscheiden Sie sich in folgenden Fällen jeweils für die Block- oder Reihenlagerung:
a Lagern von Pfandflaschen in Getränkekisten
b Paletten mit Dosenwaren und langem Mindesthaltbarkeitsdatum
c Lagern verschiedener Säfte auf palettierten Kisten in einem Verkaufslager
– dem Lifo-Prinzip
– dem Fifo-Prinzip
d Lagern von Waren mit kurzem Mindeshaltbarkeitsdatum.

3. Wovon hängt die Stapelhöhe grundsätzlich ab?

4. Stellen Sie fest, ob die Richtlinien für Lagereinrichtungen und -geräte, BGR 234, in den folgenden Fällen eingehalten worden sind.
a Im Palettenlager der Firma Neuber sind auf die unterste Gitterbox noch vier weitere Gitterboxpaletten gestapelt worden.
b Eine Flachpalette ist mit 1 600 kg beladen.
c Eine Flachpalette ist mit 1 200 kg beladen. Auf dieser Flachpalette sind fünf weitere Flachpaletten, die je 1 200 kg wiegen, gestapelt.
d Die Höhe des Stapels im Kleinteilelager beträgt 2,50 m. Da dem Fachlageristen Paul der Stapel nicht lotrecht erscheint, misst er mit einem Lot die Neigung des Stapels und stellt fest, dass der Stapel 5 cm aus dem Lot ist.
e Bei einem anderen Stapel mit einer Höhe von 3,20 m stellt Paul eine Neigung von 8 cm fest.
f Die Gangbreite für Fußgänger zwischen zwei Blockstapeln beträgt 0,75 Meter.
g Die Breite eines Staplers beträgt 900 mm. Wie breit muss der Gang mindestens sein, wenn er vom Stapler befahren wird, damit sich in diesem Gang auch Personen aufhalten können?
h In der Firma Neuber ist ein Gang von 1,20 m Breite nur für das Be- und Entladen von Hand bestimmt.

5 Lagereinrichtung und Regalarten

Einstiegssituation

Lisas Familie lagert ihre alten Kleidungsstücke, Schuhe, CDs oder Computer in einem Kellerraum. Lisas Eltern stellen die Winterreifen ihres Autos, Konserven, eingekellerte Kartoffeln, Werkzeug und Gartengeräte noch dazu. Das Ergebnis ist, dass niemand mehr etwas wiederfindet, dass Kleidungsstücke verstauben und verschmutzen, Werkzeuge verrosten und die Autoreifen porös werden. Die Familie beschließt darum, ein ordentliches Familien-Lager zu planen und einzurichten.

Handlungsaufträge

1. *Unter welchen Gesichtspunkten muss die Familie die Einrichtung ihres Kellers planen? Was will sie erreichen, und was muss sie bedenken?*
2. *Wie muss der Kellerraum eingerichtet werden, damit Lisa und ihre Familie jederzeit Zugriff auf ihre Sachen in einwandfreiem Zustand haben?*

Neben Schränken gehören Regale zur Lagereinrichtung. Dabei ist es gleichgültig, ob die Regale fest an den Wänden oder dem Fußboden verankert oder ob sie beweglich sind. Wichtig ist vor allem, dass die verschiedenen Güter übersichtlich gelagert werden und ohne großen Aufwand entnommen werden können.

Regale gibt es in unterschiedlichsten Bauarten, Größen und Formen. Mit welchen Regalarten ein Lager ausgestattet wird, hängt z. B. ab von
- der Größe, der Masse, der Menge und der Art der einzulagernden Güter,
- der Größe des zur Verfügung stehenden Lagerraums,
- der Möglichkeit, die Lagerflächen zu vergrößern,
- den Förderzeugen, die zur Verfügung stehen,
- der gewünschten und geplanten Zugriffszeit,
- geplanten Automatisierungsgrad,
- den Kosten der Lagereinrichtung.

Die **Regallagerung** erfordert zwar höhere Investitionskosten als die Bodenlagerung, dafür wird der verfügbare Raum aber wesentlich besser ausgenutzt. Außerdem kann auf die eingelagerten Güter jederzeit zugegriffen werden.

Unter dem Gesichtspunkt der Lagertechnik lassen sich Güter auf verschiedene Weisen in Regalen lagern:
- unverpackt oder verpackt,
- mit oder ohne Lagergeräte, z. B. Paletten,
- gestapelt oder ungestapelt,
- als Block oder Reihe/Zeile,
- statisch oder dynamisch.

statische Lagerung

Von **statischer Lagerung** spricht man, wenn die Güter von der Einlagerung bis zur Entnahme nicht bewegt werden. (Erinnern Sie sich an die Eingangssituation: Diese Art der Lagerung wurde z. B. von Lisas Familie eingesetzt.) Für diese Art der Lagerung eignen sich Regalarten wie Fachboden-, Paletten- oder Kragarmregale.

dynamische Lagerung

Werden die Güter während ihrer Lagerzeit bewegt, liegt eine **dynamische Lagerung** vor. Damit kann entweder die Raumausnutzung verbessert, der Zugriff auf die Ware erleichtert oder das Fifo-Prinzip („First in – first out") leichter verwirklicht werden.

Es gibt drei verschiedene **Varianten der dynamischen Lagerung:**

- Die Regale stehen fest, und nur die Güter werden in ihnen bewegt (Durchlauf- und Einschubregale).

- Die Regale werden mit den eingelagerten Gütern zusammen bewegt (Verschiebe- und Umlaufregale).
- Die Güter werden auf Fördermitteln bewegt und dabei vorübergehend gelagert (z. B. auf Stetigförderern).

5.1 Fachbodenregale

Fachbodenregal

Fachbodenregale bestehen aus Rahmen oder Ständern, zwischen denen Böden befestigt werden. Diese nehmen die einzulagernden Güter auf. Zur Stabilisierung werden Stützkreuze oder Querverbände verwendet.

Fachbodenregale werden meistens in Kommissionierlagern eingesetzt und enthalten unpalettiertes Lagergut. Durch Schubladeneinheiten, Flügeltüren zum Abschließen, Einrichtungen, die Lagerwannen und Lagersichtkästen aufnehmen können oder auch eine hängende Lagerung erlauben, werden die Fachbodenregale den einzulagernden Gütern angepasst. Ausziehbare oder geneigte Fachböden erleichtern z. B. die Kommissionierarbeiten.

Fachbodenregale bieten eine **gute Übersicht** und somit einen **schnellen Zugriff** auf jeden Artikel. Sie sind **einfach konstruiert** und machen nur **geringe Investitionskosten** erforderlich.

Allerdings wird in den oberen Bereichen der Einsatz einer Leiter notwendig. Bei den unteren Fachböden **muss sich der Kommissionierer bücken**. Außerdem ist die Tragfähigkeit der Fachbodenregale **begrenzt**. Fachbodenregale **erfordern oft breitere Gänge**, vor allem bei Schubladen oder ausziehbaren Fachböden. Für automatische Kommissioniereinrichtungen eigenen sie sich kaum, deshalb erfordern sie einen **großen Personaleinsatz** und vergleichsweise **lange Wegzeiten**.

Aus Sicherheitsgründen sind die Belastungen des Fachbodenregals zu beachten, die sogenannte Fachlast und die Feldlast. Diese Begriffe werden in Kapitel 7.3.2 auf S. 112 erklärt.

5.2 Palettenregale

Quertraverse
Längstraverse

Palettenregale nehmen palettierte Güter auf. Sie bestehen aus soliden Stahlkonstruktionen, die in der Regel keine Fachböden haben. Vielmehr verfügen sie über Auflageträger, auf die die Paletten abgesetzt werden. Nach der Konstruktionsweise der Aufnahmeträger werden Palettenregale mit **Quertraversen** oder **Längstraversen** unterschieden.

robuste Konstruktion

Palettenregale haben eine robuste Konstruktion.

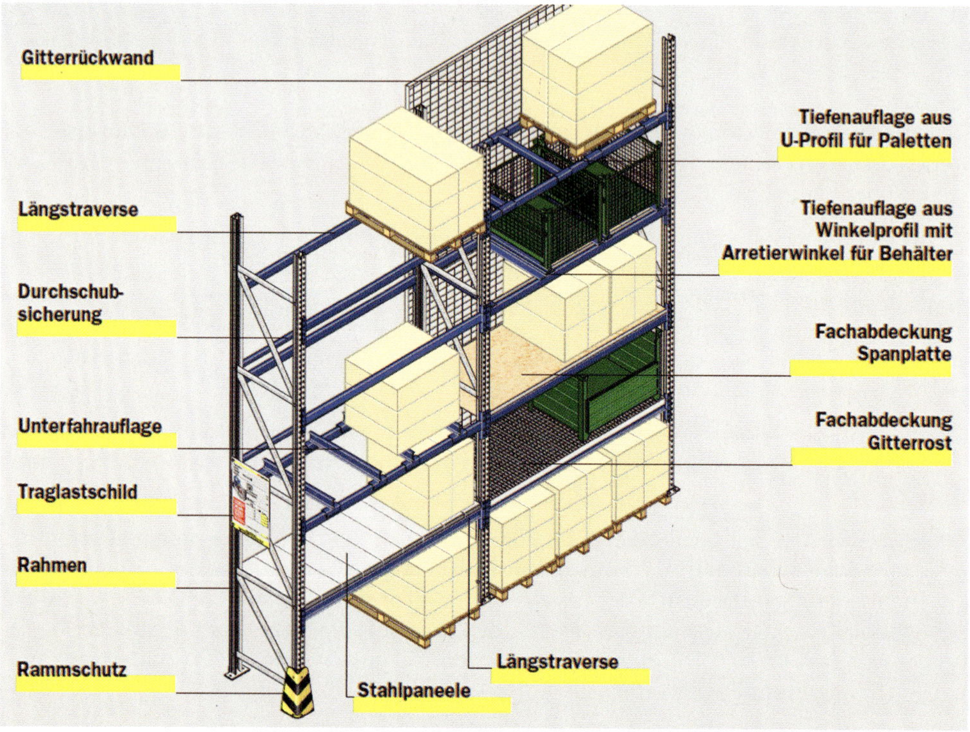

Palettenregal mit Längstraverse

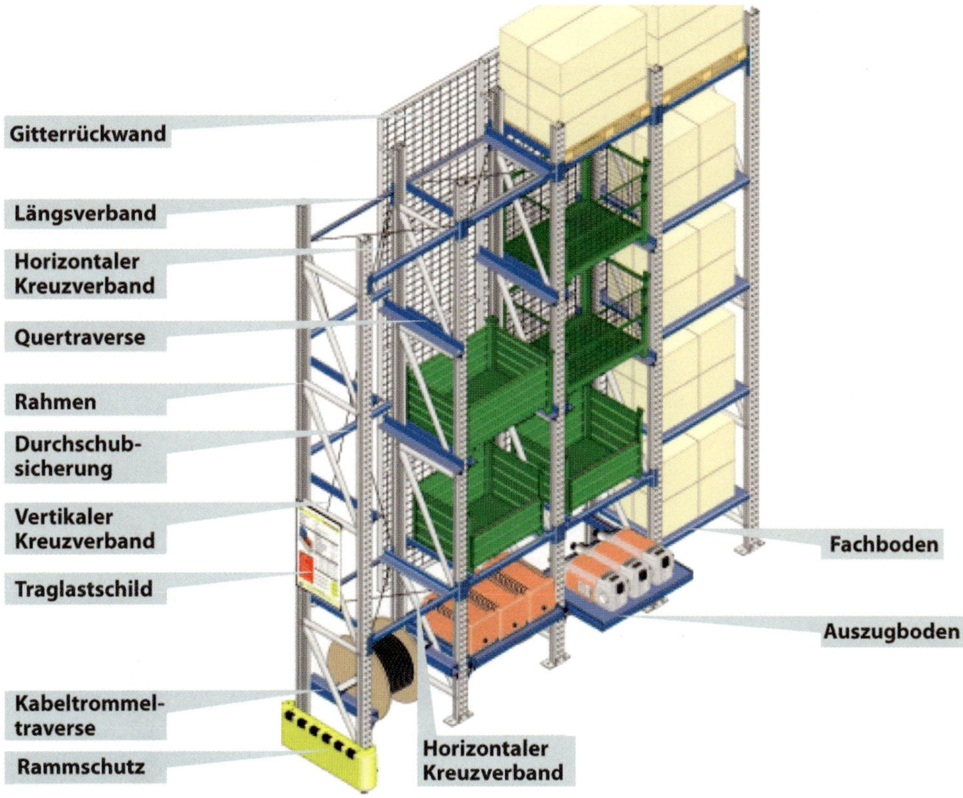

Palettenregal mit Quertraverse

Palettenregallager eignen sich für die Lagerung großer Mengen je Artikel bei gleichzeitig großem Sortiment. Palettenhochregallager sind bis 45 m Bauhöhe möglich. Bei Bauhöhen von bis zu 15 m wird von **mittelhohen Palettenregallagern** gesprochen. Bis zu einer Bauhöhe von 7 m spricht man von **Paletten-Flachregallagern.**

mittelhohe Palettenregallager
Paletten-Flachregallager

Zur Ein- und Auslagerung werden neben herkömmlichen Gabelstaplern in den höheren Bereichen Hochregalstapler, Stapelkräne oder Regalförderzeuge eingesetzt.

Die **Vorteile** der Palettenregale liegen
- in der guten Flächen- und Raumausnutzung,
- in der Eignung für Mechanisierung und Automatisierung,
- im direkten Zugriff auf alle Lagergüter (Erleichterung des Kommissionierens),
- in der einfachen Bestandskontrolle.

Die **Nachteile** von Palettenregalen ergeben sich dagegen aus
- den hohen Investionskosten,
- der Störanfälligkeit bei hohem Automatisierungsgrad,
- der durch die Fördersysteme beschränkten Umschlagsleistung. Die Abmessungen der gelagerten Güter dürfen die Abmessungen der Paletten nicht überschreiten.
- den behördlichen Auflagen ab einer bestimmten Regalhöhe.

5.3 Kragarmregale (Langgutregale)

Langgüter wie Rohre, Metallprofile und Balken werden auf Kragarmregalen gelagert.

Kragarmregal
Langgut

Kragarmregale sind eine der am häufigsten eingesetzten Regalarten. Sie dienen vor allem zur Lagerung von Langgut.

Beispiele für Langgut
Stangen, Rohren und Platten

Kragarmregale haben im Unterschied zu Fachboden- oder Palettenregalen keine vorderen vertikalen Streben. Die horizontalen Träger (Kragarme) sind nur an einer Seite aufgehängt. Da die Bezeichnung „Krag" für „ausladend", „herausragend" heute nicht mehr gebräuchlich ist, werden Kragarmregale auch als **Tragarmregale** oder **Langgutregale** bezeichnet.

5.4 Waben-/Kassettenregale

Wabenregal

Soll verschiedenartiges Langgut in jeweils geringeren Mengen eingelagert werden, z. B. Rohre mit unterschiedlichen Durchmessern, sind Wabenregale hierzu geeigneter als Kragarmregale.

Wabenregale für die kompakte Lagerung unterschiedlicher Langgüter.

Wabenregale sind platzsparend und übersichtlich. Die offene Stirnseite sichert einen guten Überblick über den Lagerbestand. Wabenregale können mit einem Ausrollbock für die leichtere manuelle („von Hand") Entnahme der Güter ausgerüstet oder mit Regalbediengeräten ausgestattet sein.

Langgut-Kassetten erleichtern die Einlagerung und Entnahme bei Wabenregalen.

Langgut-Kassette

Langgut-Kassetten werden auf einen Ausrollbock ausgezogen oder mithilfe eines Regalbediengeräts ausgefahren. So können einzelne Stäbe oder Profile bequem und schnell von Hand, schwere Langgüter mit einem Kran oder Stapler entnommen oder eingelagert werden.

5.5 Verschieberegale

Um den vorhandenen Lagerplatz möglichst **optimal auszunutzen**, kommen Verschieberegale zum Einsatz. Denn jeder Quadratmeter Lagerfläche kostet Geld: Miete, Heizung, Kühlung. Verfahrbare Regalanlagen ermöglichen es, Platz zu sparen. Allerdings sind die Investitionskosten viel höher als bei herkömmlichen (festen) Regalen.

Zwischen den Verschieberegalen kann auf Gänge verzichtet werden. Die Regale werden so verschoben, dass nur vor einem Regal ein Gang zum Ein- oder Auslagern entsteht. Bei kleineren Regalsystemen, z. B. in Archiven, werden die Regale von Hand bedient. Große und schwere Regalanlagen sind dagegen motorbetrieben. Anbieter werben mit einer Verdoppelung der Lagerfläche durch den Einbau variabler Regale (verglichen mit festen Regalsystemen).

Verschieberegale bieten vor allem optimale Raumnutzung.

Motorbetriebene verfahrbare Regale müssen mit Schutzsystemen ausgerüstet werden. Dazu gehören Schaltleisten, Lichtschranken, Seilzugsicherungen oder Freigabeschalter. Sie alle sollen Unfälle zwischen den beweglichen Regalen verhindern.

5.6 Einschubregale

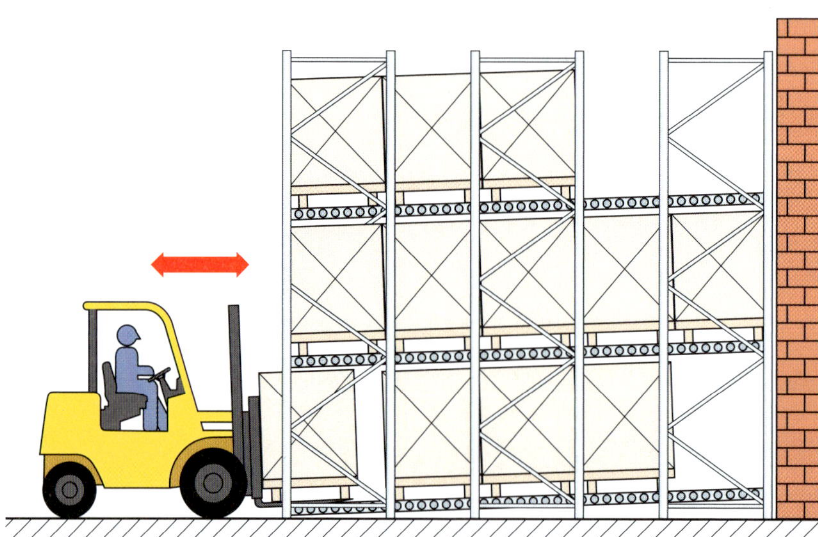

Einschubregal *Einschubregale werden von einer Seite bedient.*

Bei Einschubregalen bestehen die Böden in der Regel aus Rollenbahnen. Diese haben eine Neigung von bis zu 5 %. Das Lagergut liegt auf Paletten und wird von der gleichen Seite des Regals ein- und ausgelagert. Dabei wird die erste Palette eingesetzt und mit der nächsten Palette gegen das Bahngefälle um einen Platz weitergeschoben. Bei der Auslagerung rücken die im Fach vorhandenen Paletten selbstständig nach. Es handelt sich somit um eine **dynamische Lagerung**.

Lagerung von Massengütern

Einschubregale eignen sich für die **Lagerung von Massengütern**. Da hier nach dem Prinzip „Last in – first out" („zuletzt rein – zuerst raus") gelagert wird, handelt es sich hierbei um Güter ohne Haltbarkeitsdaten (Lebensmittel-Konserven mit langem Mindesthaltbarkeitsdatum, Muttern, Schrauben, Papier usw.). Darüber hinaus sollten die Lagergüter stoßunempfindlich sein, weil die Einschubregale durch übliche Gabelstapler bedient werden. Bei empfindlicher Ware werden auch als Sicherheitselemente erforderlich spezielle Doppelbremstragrollen eingesetzt.

Vorteile und Nachteile von Einschubregalen

Vorteile von Einschubregalen	Nachteile von Einschubregalen
Einschubregale bieten eine große Lagerkapazität. Sie nutzen den vorhandenen Lagerraum gut aus.	Einschubregale benötigen eine relativ große Lagerfläche.
Es wird Fahrtzeit eingespart, weil der Gabelstapler nicht verschiedene Gänge anfahren muss.	Unfallgefahr: Paletten können hängen bleiben oder herausfallen.
Einschubregale bieten eine gute Übersicht über die vorhandenen Lagerbestände und helfen auf diese Weise, Kommissionierfehler zu vermeiden.	Die Zahl der hintereinanderstehenden Paletten ist begrenzt: Ein zu großer Staudruck kann das Lagergut beschädigen.

5.7 Durchlaufregale

Durchlaufregal

Beim **Durchlaufregal** werden Paletten, Kartons oder Transportbehälter auf der einen Seite des Regals eingelagert und auf der anderen entnommen. Die Ware wird durch Rollen- oder Walzenbahnen mit einem leichten Gefälle automatisch transportiert: Bei der Entnahme rutscht die nächste Einheit nach. Übersteigt die Neigung 8 %, müssen Bremssysteme eingebaut werden. Bei Durchlaufregalen mit motorischem Antrieb haben die Bahnen kein Gefälle. Die Lagereinheiten werden hier auf Ketten- oder Rollenförderbahnen befördert.

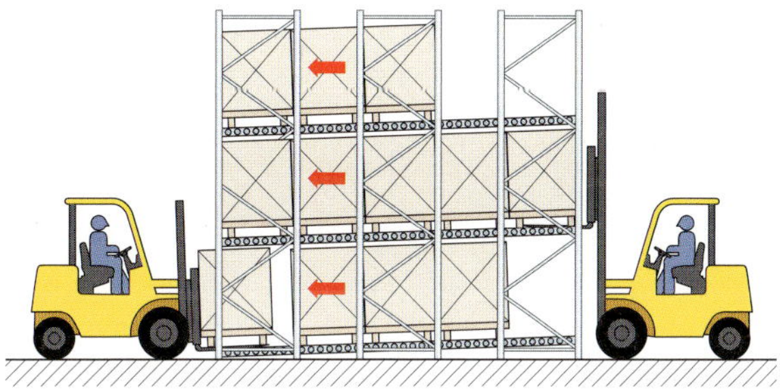

Durchlaufregal

Durchlaufregale sorgen schon durch ihr Konstruktionsprinzip für die strikte Einhaltung des Fifo-Prinzips („First in – first out" = zuerst rein – zuerst raus). Ihre **Vorteile**: Sie ersparen eine Vielzahl von Gängen. Auf diese Weise sorgen sie für eine optimale Nutzung des vorhandenen Lagerraums. Sie ersparen darüber hinaus Wegzeiten für die Kommissionierer („Ware zum Mann"). Da sie übersichtlich sind, reduzieren sie Kommissionierfehler.

Natürlich hat der Einsatz von Durchlaufregalen auch **Nachteile**: So erfordern Durchlaufregale höhere Investitionskosten durch den Einbau von Sicherheitseinrichtungen. Diese sollen ein Herausfallen des Lagerguts verhindern. Außerdem müssen mindestens 0,5 m breite Gänge neben den Durchlaufbahnen zur Verfügung stehen, um Störstellen gefahrlos erreichen zu können.

5.8 Einfahrregale

Einfahrregal

Einfahrregale ermöglichen nur Einlagerungen nach dem Lifo-Prinzip.

Ein Einfahrregal ähnelt im Aufbau einem Einschubregal: Auf jeder Ebene werden mehrere Paletten hintereinander abgelegt. Die Regaltechnik ist allerdings weniger kompliziert und somit weniger störungsanfällig. Denn es gibt hier keinen automatisierten Einschub, kein Rollensystem und kein Gefälle. Die eingelagerte Palette bleibt bis zur Auslagerung am gleichen Ort. Um die hinteren Ebenen zu erreichen, muss der Hochregalstapler bzw. das Regalbediengerät in das Fach hineinfahren. Offene Plätze müssen stets sofort wieder aufgefüllt werden, da sie später nicht mehr erreichbar sind.

Ein Einfahrregal eignet sich nur bei einem sehr hohen Lagerumsatz gleicher Waren.

Da das Ein- und Auslagern hohe Präzision erfordert, ist ein Regalbediengerät einem Gabelstapler vorzuziehen.

Einfahrregale haben den **Vorteil**, aus einer einfachen und wartungsarmen Konstruktion zu bestehen. Sie sind platz- und damit kostensparend.

Als **Nachteil** fällt die verhältnismäßig geringe Belastbarkeit ins Gewicht. Bei der Konstruktion der Einfahrregale wird nämlich auf horizontale Traversen verzichtet. Auf bestimmte einzelne Paletten kann außerdem nicht ohne Umlagerung zugegriffen werden. Vor allem eignet sich das Einfahrregal nicht für eine Lagerung nach dem Fifo-Prinzip.

5.9 Durchfahrregale

Durchfahrregale bieten eine hohe Umschlagsleistung und die Einhaltung des FIFO-Prinzips.

Durchfahrregal

Das Durchfahrregal ähnelt in seinem Aufbau dem Durchlaufregal. Im Gegensatz zum Einfahrregal kann an einem Durchfahrregal von einer Seite eingelagert und gleichzeitig an der gegenüberliegenden Seite ausgelagert werden. Dadurch ist nicht nur die Umschlagsleistung gegenüber dem Einfahrregal deutlich höher, es ist auch eine Lagerung nach dem Fifo-Prinzip möglich.

Wie Durchlaufregale können auch Durchfahrregale mit Tragrollen ausgestattet werden. Dadurch bewegt sich nach der Entnahme die nächstfolgende Palette von selbst an die Regalstirn. Folglich wird der Fahrtweg deutlich reduziert, weil auf die Einfahrt bei der Beschickung oder bei Entnahmen verzichtet werden kann.

Neben der Einhaltung des Fifo-Prinzips sind die gute Raumauslastung und die hohe Umschlagsleistung **Vorteile** des Durchfahrregals.

gute Raumauslastung
Umschlagsleistung

Dagegen ist die größere Störanfälligkeit gegenüber dem Einfahrregal ein **Nachteil**.

5.10 Hochregallager

Hochregallager mit automatischer Fördereinrichtung

Definition

Ab einer Höhe von 12 m spricht man von einen **Hochregallager**.

Moderne Hochregallager erreichen Höhen von häufig 30 m und zum Teil sogar über 45 m. Sie bestehen aus Fachbodenregalen mit Fächern für Paletten, Kartons oder Kästen. Diese werden in der Regel durch automatische Fördereinrichtungen beschickt. Hochregallager sind meistens Kern eines Lager- oder Distributionszentrums.

Die besonderen **Vorteile** liegen bei Hochregallagern in der extrem hohen Raumnutzung: wenig Grundfläche, viele Stellplätze und in der Automatisierung.

Allerdings sind auch die **Nachteile** nicht zu übersehen: Neben den hohen Errichtungskosten fallen auch die laufenden Kosten für ein kompliziertes Lagerverwaltungssystem, eine leistungsfähige Lagerverwaltungssoftware und eine ausgefeilte Fördertechnik ins Gewicht. Hochregallager rechnen sich erst ab einer bestimmten Größe.

5.11 Umlaufregale

Umlaufregal

Umlaufregale sind dynamische (bewegliche) Regale, die nach dem Prinzip „Ware zum Mann“ arbeiten. Die Entnahmestation ist fest installiert. Das Lagergut bewegt sich auf einer Bahn mit der Lagereinrichtung. Verläuft die Bahn horizontal, wird von einem **Karussellregal** gesprochen. Ist die Bahn dagegen vertikal (in der Höhe) angeordnet, handelt es sich um ein sogenanntes **Paternosterregal**. Umlaufregale werden oft als Fachbodenregale oder auch als Kragarmregale gebaut. Paternosteregale haben oft Vorrichtungen, in die Kleinteilebehälter eingeschoben werden können.

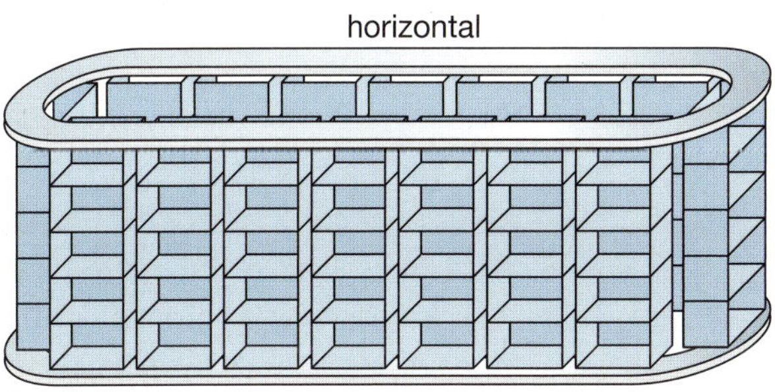

Karussellregal

Paternosterregal

Karussellregal
Paternosterregal

Umlaufregale sind platzsparend und verbessern die Kommissionierleistungen: kein Suchen, kein Laufen, kein Heben, keine Hilfsmittel wie Leitern. Allerdings erfordern sie größere Investitionen und regelmäßige Wartung. Außerdem können sie nur ein begrenztes Lagergutgewicht aufnehmen.

EDV gesteuertes Paternosterregal

5.12 Lagern auf Stetigförderern

Stetigförderanlage

Auf Stetigförderanlagen wird Lagergut in der Regel nur zwischengelagert. Dabei erfüllen Stetigförderanlagen vor allem zwei Aufgaben:

- Sie transportieren das Werkstück von Arbeitsplatz zu Arbeitsplatz oder
- sie lagern das Werkstück, bis der nächste Arbeitsgang ausgeführt werden kann.

Für die eigentliche Lagerhaltung hat dieses Lagersystem nur eine geringe Bedeutung.

Zusammengepackt

- Bei der Lagertechnik wird unterschieden nach
  - dem Einsatz von Lagereinrichtungen in Boden- oder Regallagerung,
  - der Stapelhöhe in ungestapelte und gestapelte Lagerung,
  - dem Zugriff in Reihenlagerung und Blocklagerung.
- Für die meisten Lagertechniken gilt: Je höher die Flächen- und Raumausnutzung, desto geringer ist die direkte Zugriffsmöglichkeit zu den gelagerten Gütern.
- Die Lagerung von Gütern in Regalen erhöht die Raumausnutzung und die Zugriffsmöglichkeit.
- Bei der statischen Regallagerung werden die Güter im Regal während der Lagerung nicht bewegt.
- Bei der dynamischen Regallagerung werden entweder die Güter im Regal oder das ganze Regal mit den Gütern bewegt.
- Je nach Regalart ist eine Block- oder Reihenlagerung möglich.
- Die Lagerung der Güter in den Regalen kann ohne oder mit Lagerhilfsmitteln erfolgen.
- Zu den gängigen Regalarten gehören Fachboden-, Paletten- und Langgutregale.
- Je nach Lagertechnik und Automatisierungsgrad werden diese Regalarten als Einfahr-, Durchfahr-, Durchlauf-, Kragarm-, Waben-, Kassetten-, Verschiebe-, Umlauf-, Turm-, Einschub-, Kanal-, automatisches Behälter- oder automatisches Hochregal eingesetzt.

Aufgaben

1. *Welche zwei Vorteile hat die Regallagerung gegenüber der Bodenlagerung?*
2. *Erklären Sie die statische und die dynamische Regallagerung. Nennen Sie je zwei Beispiele für Regale, die zur statischen bzw. zur dynamischen Regallagerung eingesetzt werden.*
3. *Nennen Sie Regalarten, für die eine der folgenden Aussagen zutrifft:*
   - *a Die Lagerung der Ladeeinheiten (z. B. Paletten) erfolgt im Block.*
   - *b Die Investitionskosten sind gering.*
   - *c Die Entnahme der Güter erfolgt manuell.*
   - *d Die Störanfälligkeit ist gering.*
   - *e Die Einlagerung erfolgt von der einen und die Auslagerung von der anderen Regalseite.*
   - *f Die Raumausnutzung ist besonders vorteilhaft, aber die Investitionskosten sind sehr hoch.*
   - *g Bei artikelreiner Lagerung ist das Fifo-Prinzip einhaltbar.*
   - *h Das Regal ist für die Lagerung von Langgut besonders geeignet.*
   - *i Die Wartungs- und Instandhaltungskosten sind gering.*
   - *j Diese Form der Regallagerung ist für die Lagerung leichter Güter besonders geeignet.*
   - *k Diese Form der Regallagerung ist für die Lagerung schwerer Güter besonders geeignet.*
   - *l In dieses Regal werden vorwiegend unpalettierte Güter eingelagert.*
   - *m Das Regal mit dem Lagergut kann manuell oder mit Motorantrieb bewegt werden.*

4. *Sie suchen ein preisgünstiges Regal für die manuelle Bedienung. Es sollen viele verschiedene Güter mit niedrigem Gewicht in kleinen Mengen und mit einer geringe Umschlagsleistung darin gelagert werden. Für welche Regalart entscheiden Sie sich?*
5. *Nennen Sie Sicherheitseinrichtungen, die bei Verschieberegalen helfen, Unfälle zu vermeiden.*
6. *Unterscheiden Sie den Aufbau und erläutern Sie die Funktionsweise von Umlaufregalen.*
7. *Erstellen Sie mithilfe des Internets eine Präsentation zum Thema „Hochregallager".*
   a *Stellen Sie die verschiedenen Bauweisen vor.*
   b *Erläutern Sie auch, welche Auswirkungen ein vollautomatisches Lager auf die eingesetzten Mitarbeiter hat.*

6 Organisation der Einlagerung

Einstiegssituation

Die Berufsschule hat eine Betriebsbesichtigung organisiert. Zwei Auszubildende, Marie und Markus, tauschen sich über ihre Eindrücke aus.
Markus: „Hier sind die Güter ja nach einem völlig undurchschaubaren System eingelagert. Das läuft bestimmt alles sehr chaotisch."
Marie: „Irgendein System muss ja dahinterstecken, sonst würden die Mitarbeiter die eingelagerten Güter ja nicht mehr wiederfinden."
Markus: „Bei uns ist das ganz anders. In unserem Lager herrscht absolute Ordnung. Ich kenne inzwischen alle Lagerplätze. Wenn die Monteure in der Werkstatt Teile anfordern, fällt es mir sehr leicht, die Ersatzteile aus dem Lager zu holen."
Marie: „Also bei uns kennt keiner die Lagerplätze. Wenn ich Güter auslagern soll, dann sagt mir eine freundliche Stimme über Headset an, auf welchem Lagerplatz sich diese Güter befinden."

Handlungsaufträge

1. *a) Überlegen Sie, welche Größe die Lager haben, in denen die Auszubildenden Marie und Markus arbeiten.*
   b) Beschreiben Sie, nach welchem System die Güter in den Lagern eingelagert sind.
2. *Beschreiben Sie Arbeiten, die Sie vor der Einlagerung der Güter durchführen, um bei der späteren Entnahme aus dem Lagerplatz Zeit zu sparen.*

6.1 Arbeiten vor der Einlagerung

Vorverpackung

Vorverpackung

Definition

Unter **Vorverpackung** versteht man das Portionieren angelieferter Güter.

Bei der Portionierung orientiert man sich an den üblichen Kommissioniermengen. Beachtet werden müssen darüber hinaus die Gegebenheiten der Einlagerung im vorhandenen Lagersystem.
Güter können durch die Portionierung in fest definierten Stückzahlen eingelagert werden. Das erspart bei der Entnahme häufig ein zeitaufwendiges Zählen. Je nach Größe der Güter und nach der Art der Lagereinheiten wählt man Lagerhilfsmittel aus. Gebräuchliche Packmittel sind z. B. Schachteln, Beutel und Dosen für Kleinteile, aber auch Paletten, Gitterboxen und Kleinbehälter für die Einlagerung im Lagersystem.

Die Vorverpackung hat bei relativ geringem Aufwand erhebliche Vorteile:

- Schutz der Ware vor Schmutz und Diebstahl
- Einfache Handhabung und Stapelung
- Aufwendiges Zählen bei festgelegten Entnahmemengen entfällt.
- Vereinfachte Inventur, da verschlossene Gebinde als Einheit gezählt werden
- Möglicher Einsatz von Fördermitteln
- Vorverpackung wird häufig auch als Versandverpackung verwendet.

Die Vorverpackung dient auch als Versandverpackung.

Komplettierung

Komplettieren

Definition

Unter **Komplettieren** versteht man das Zusammenpacken verschiedener Einzelteile zu einer Kombinationsverpackung oder zu einem Set.

Bevor die Ware eingelagert wird, kann das Set nach Kundenwünschen zusammengestellt werden. Wird die Kundenbestellung abgerufen, braucht nur das fertige Set entnommen werden.

Preisauszeichnung

Die Preisauszeichnung ist für Güter, die im Einzelhandel angeboten werden, gesetzlich vorgeschrieben. Nach der Preisangabenverordnung sind die Güter mit dem Endpreis (einschließlich der gesetzlichen Mehrwertsteuer (= Umsatzsteuer)) auszuzeichnen. Neben dem Endpreis ist der Grundpreis (z. B. pro kg, m, l) anzugeben.

Preisauszeichnung

Die gesetzlich vorgeschriebene Preisauszeichnung kann in unterschiedlicher Art und Weise erfolgen:

- direkt an der Ware durch Preisschilder,
- an Regalen und Behältern, in denen sich die Ware befindet,
- auf Preisverzeichnissen, die im Verkaufsraum an einer gut sichtbaren Stelle anzubringen sind.

Preisschilder

Erfolgt die Preisauszeichnung mit Preisschildern direkt an der Ware, gibt es hierfür verschiedene Möglichkeiten:

- Klebeetiketten
- Hängeetiketten
- Anstecketiketten
- Sicherheitsetiketten

Auf den Preisschildern werden häufig weitere Produktinformationen wie das Lieferdatum, der Einkaufspreis, der Artikelname und der Grundpreis abgebildet.
Im Einzelhandel ist der GTIN-Code (früher „EAN-Code") weitverbreitet.
Im GTIN-Code selbst sind viele der genannten Informationen nicht enthalten.
Beim Scannen des Codes werden in einer Datenbank vorher hinterlegte Daten, z. B. auch der Endpreis, abgerufen.

Informieren Sie sich im Kap. 1 dieses Lernfelds auf S. 55 über den Aufbau des GTIN-Codes.

6.2 Vergabe eines geeigneten Lagerplatzes

Erinnern Sie sich an die Einführungssituation zu Beginn dieses Kapitels: Obwohl Markus und Marie in ihrer Ausbildung mit ganz unterschiedlichen Lagerarten konfrontiert werden, gibt es eine Gemeinsamkeit: Die Plätze für die einzulagernde Ware sind vorgegeben. Und tatsächlich kommt es nur ganz selten vor, dass ein Lagerarbeiter den Lagerplatz einer Ware selbst aussucht. Dies ist noch am ehesten in Kleinstbetrieben, in denen die Lagerverwaltung nicht über EDV-gestützte Warenwirtschaftssysteme erfolgt, denkbar.
In modernen Warenwirtschaftssystemen wird der gesamten Warenfluss vom Wareneingang bis zum Warenausgang von einer EDV-Anlage erfasst, gesteuert und kontrolliert. Ein Modul dieses Systems ist das **EDV-gestützte Lagerverwaltungssystem.**

EDV-gestütztes Lagerverwaltungssystem

Ablauf des EDV-gestützten Lagerverwaltungssystems:

1. Die angelieferten Güter werden im Wareneingang gescannt und somit in den Bestand aufgenommen. Gleichzeitig wird dem angelieferten Gut ein entsprechender Lagerplatz zugewiesen.
2. Die Information über den Standort des Gutes im Wareneingang und dem zugewiesenen Lagerplatz erhält der Einlagerer über Datenfunk. Der Einlagerungsplatz wird ihm optisch in Displays angezeigt oder akustisch über Headset übermittelt.
3. Das Lagerverwaltungssystem legt den Lagerplatz nach verschiedenen Kriterien fest. Dabei werden die in den folgenden Abschnitten genannten Grundsätze berücksichtigt.

6.2.1 Lagerplatzvergabe nach Güterart

Bei der Lagerplatzvergabe sind oft technische oder sicherheitsrelevante Gesichtspunkte zu berücksichtigen.

Beispiele
Tiefkühlgüter können nur in Tiefkühllagern gelagert werden.
Diebstahlgefährdete Güter müssen in Verschlusslagern aufbewahrt werden.

Für die Lagerung gefährlicher Stoffen gelten ebenso besondere Lagerbedingungen. Beispielsweise dürfen **Gefahrstoffe**

- nur an festgelegten und gekennzeichneten Orten in Originalverpackung gelagert werden,
- nur getrennt voneinander gelagert werden, wenn gefährliche wechselseitige Reaktionen zu befürchten sind,
- nicht unmittelbar in der Nähe von Arzneimitteln, Lebens- oder Futtermitteln gelagert werden.

6.2.2 Einlagerungssysteme

Bei den Einlagerungssystemen unterscheidet man nach der Art der Vergabe der Lagerplätze:

Einlagerungssysteme

Festplatzsystem starre Einlagerung statische Einlagerung	**Freiplatzsystem** chaotische Einlagerung dynamische Einlagerung

Festplatzsystem

Beim Festplatzsystem, auch „starre" oder „statische" Einlagerung genannt, wird jedem Artikel ein fester Lagerplatz zugewiesen. Dieser Lagerplatz steht damit nicht für die Einlagerung anderer Artikel zur Verfügung. Die Einlagerung kann dabei folgendermaßen organisiert werden:

- nach aufsteigender Teilenummer oder
- nach der Gängigkeit der Ware.

Ist die Häufigkeit der Entnahme bei allen Artikeln annähernd gleich, so ist eine Einlagerung nach **aufsteigender Teilenummer** sinnvoll. Neu einzulagernden Artikeln muss dann eine jeweils höhere Teilenummer zugeordnet werden.
Bei der Einlagerung nach **Gängigkeit** kann die Lagerplatzvergabe wegeoptimiert erfolgen. Das heißt, die Schnelldreher erhalten Lagerplätze mit kurzen Entnahmewegen. Probleme können auftreten, wenn sich die Umschlagshäufigkeit ändert. Dies kann z.B. bei Saisonware der Fall sein.

Beispiel

Starre Einlagerung in einem Regal

Regal A zum Zeitpunkt 1		
Pflaume	Kirsche	Mango
0301 Pflaume	0302 Kirsche	0303 Mango
Walnuss	Haselnuss	Erdnuss
0201 Walnuss	202 Haselnuss	0203 Erdnuss
Apfel	Birne	Banane
0101 Apfel	0102 Birne	0103 Banane

Regal A zum Zeitpunkt 2		
	Kirsche	Mango
0301 Pflaume	0302 Kirsche	0303 Mango
Walnuss	Haselnuss	
0201 Walnuss	202 Haselnuss	0203 Erdnuss
Apfel		Banane
0101 Apfel	0102 Birne	0103 Banane

rot: Kennzeichnung des Lagerplatzes
weiß: eingelagerte Güter

Ergebnis:

- Der frei gewordene Lagerplatz 0301 kann nur mit Pflaumen belegt werden. Solange die Einlagerung von Pflaumen nicht erforderlich ist, bleibt er leer.
- Neue Artikel können nicht aufgenommen werden.
- Die Menge pro Lagerplatz ist begrenzt.

Vor- und Nachteile der starren Einlagerung

Vor- und Nachteile Festplatzsystem

Vorteile	Nachteile
Gute Übersichtlichkeit. Der Kommissionierer kennt nach kurzer Zeit den Lagerplatz jedes Artikels.	Schlechte Lagerplatzauslastung. Es wird die maximale Einlagerungsmenge berücksichtigt und Lagerplätze stehen teilweise leer.
Ist die Anzahl der eingelagerten Artikel überschaubar, ist eine rechnergestützte Lagerverwaltung nicht zwingend erforderlich.	Bei Sortimentsveränderung: Lagerplätze müssen umverteilt werden. Bei Sortimentserweiterung: Lagerplätze müssen neu geschaffen werden.

Freiplatzsystem

Beim Freiplatzsystem, auch **chaotische** oder **flexible Einlagerung** genannt, werden die Artikel auf einem freien Lagerplatz eingelagert.

Beispiel
Dieses System hat auch Marie, die Auszubildende aus der Einstiegssituation, kennengelernt.

Bei der Einlagerung im Freiplatzsystem ist eine EDV-gestützte Lagerplatzverwaltung unverzichtbar. Eine weitere Voraussetzung ist die eindeutige Kennzeichnung der Lagerplätze. Meistens werden die Lagerplätze mit Barcodes gekennzeichnet. Beim Freiplatzsystem ist es möglich, gleiche Artikel auf unterschiedlichen Lagerplätzen einzulagern. Damit wird die Zugriffssicherheit, z. B. beim Ausfall eines Regalförderzeugs, erhöht. Sortimentserweiterungen oder Sortimentsbereinigungen sind problemlos möglich, da die Artikel nicht an einen bestimmten Lagerplatz gebunden sind.

Beispiel
Flexible Einlagerung in einem Regal

Regal A zum Zeitpunkt 1		
Pflaume	Kirsche	Mango
0301	0302	0303
Walnuss	Haselnuss	Erdnuss
0201	202	0203
Apfel	Birne	Banane
0101	0102	0103

Regal A zum Zeitpunkt 2		
Apfel	Pflaume	Kirsche
0301	0302	0303
Mango	Apfel	Paranuss
0201	202	0203
Apfel	Trauben	Aprikose
0101	0102	0103

rot: Kennzeichnung des Lagerplatzes
weiß: eingelagerte Güter

Ergebnis:

- Der zum Zeitpunkt 1 mit Pflaumen belegte Lagerplatz 0301 ist zum Zeitpunkt 2 mit Äpfeln belegt.
- Zusätzliche Artikel, wie z. B. Mango und Trauben, konnten ohne Weiteres in das Regal aufgenommen werden.

Vorteil und Nachteil des Freiplatzsystems

Der **Vorteil** des Freiplatzsystems liegt in der sehr hohen Auslastung der zur Verfügung stehenden Lagerplätze, da kein Lagerplatz frei bleibt. Sortiments- und Mengenänderungen sind problemlos möglich. Die Mitarbeiter müssen sich keine Lagerplätze merken, da die EDV die Ein- und Auslagerung überwacht.

Der **Nachteil** dieses Systems besteht darin, dass eine EDV-gestützte Lagerplatzverwaltung zwingend notwendig ist. Bei einem Systemausfall ist das Finden der Lagerplätze für bestimmte Güter unmöglich. Die Organisation der EDV-gestützten Lagerplatzverwaltung ist darüber hinaus sehr aufwendig.

6.2.3 Einlagerungsgrundsätze

Die Einlagerung von Gütern erfolgt nach drei Einlagerungsgrundsätzen.

Einlagerungsgrundsätze

Einlagerungsgrundsätze

Fifo
„First in – first out"

Lifo
„Last in – first out"

Hifo
„Highest in – first out"

First in – first out

„First in – first out" bedeutet, dass die Güter, die als erste im Lager eingelagert werden, auch zuerst ausgelagert werden. Das Fifo-Verfahren wird bei der **Einlagerung verderblicher oder veraltender Güter** angewendet. Bei der Einlagerung neuer Güter ist darauf zu achten, dass diese so platziert werden, dass zuerst die älteren Güter entnommen werden. Diese Forderung wird umgesetzt, indem die neue Ware hinter oder unter der alten Ware eingelagert wird. Bei Durchlaufregalen funktioniert dieses Verfahren automatisch.

Last in – first out

„Last in – first out" bedeutet, dass die zuletzt eingelagerten Güter als Erste wieder ausgelagert werden. Das Lifo-Verfahren wird bei der Einlagerung von Schüttgütern angewendet. Die Blocklagerung und die Einlagerung in Einfahr- und Einschubregalen basiert ebenfalls auf diesem Prinzip.

Highest in – first out

„Highest in – first out" bedeutet, dass die am teuersten eingekauften Güter als Erste wieder ausgelagert werden. Dieses Verfahren ist nur für die Buchhaltung, aber nicht für die Lagerhaltung von Bedeutung. Hat ein Unternehmen gleiche Güter zu unterschiedlichen Preisen eingekauft, so werden die Güter mit dem höchsten Einkaufspreis buchhalterisch zuerst als verbraucht erfasst. Damit wird eine geringe Kapitalbindung erreicht.

Zusammengepackt

- Die Einlagerung erfolgt nach technischen und sicherheitsrelevanten Gesichtspunkten.
- Bei den Einlagerungssystemen unterscheidet man **Festplatzsystem** und **Freiplatzsystem**.

Arbeiten vor der Einlagerung

- Vorverpackung
- Komplettierung
- Preisauszeichung

- Güter werden nach folgenden Einlagerungsgrundsätzen eingelagert.
- **Fifo:** „First in – first out", **Lifo:** „Last in – first out", **Hifo:** „Highest in – first out".

Aufgaben

1. *Nennen Sie güterspezifische Eigenschaften, die bei der Einlagerung zu berücksichtigen sind.*
2. *Erklären Sie den Unterschied zwischen dem Festplatzsystem und dem Freiplatzsystem.*
3. *Stellen Sie die Einlagerung nach dem Fifo-Prinzip und nach dem Lifo-Prinzip zeichnerisch an einem selbst gewählten Beispiel dar.*

7 Gefahren im Lager

Einstiegssituation

750 Kubikmeter Schweröl flossen aus leckem Tank

Paderborn (au). Aus einem lecken Tank sind auf dem Gelände der Zementwerke AG am Dienstagabend rund 750 Kubikmeter Schweröl ausgelaufen. Schaden: „Mindestens der Preis eines Einfamilienhauses", schätzt Michael Tebbe, der Werksleiter.

Er vermutet eine unzugängliche „Schwachstelle an der Unterkante des Tanks, möglicherweise ein Korrosionsschaden, der nicht erkennbar war". Das Öl flutete das ebenfalls lecke Auffangbecken, ergoss sich auf Teile des Betriebsgeländes und gelang auch in die Regenwasserkanalisation.

Die Helfer schütteten Erdwälle auf und stapelten unzählige Sand- und Zementsäcke, um ein unkontrolliertes Ablaufen zu verhindern. Feuerwehrkräfte installierten Rohrdichtkissen, um – bei einsetzendem Regen – das Vermischen von Oberflächenwasser und Öl in der Kanalisation zu verhindern. Das Öl wurde in ein Regenklärbecken mit Sickermulde geleitet. Spezialfahrzeuge saugten es auf.

Die Gefahr einer Kontaminierung des Grundwassers bestehe nur in dem Bereich, in dem das Regenklärbecken in die Sickermulde übergehe. Die Sohle sei stark verschmutzt, das Öl möglicherweise 20 bis 30 Zentimeter ins Erdreich eingedrungen. Ein Gutachter und Mitarbeiter des Gewässerschutzes prüfen die Folgen. Das Erdreich wird ausgekoffert und entsorgt. Dank des hervorragenden Zusammenspiels der Beteiligten ist der Schaden in Grenzen geblieben und ein schwerer Umweltunfall verhindert worden.

Handlungsaufträge

1. *Suchen Sie aus dem vorliegenden Zeitungsauschnitt die Ursachen und die Folgen des Unfalls heraus.*
2. *a) Überlegen Sie, vor welchen Gefahren die Lager, Lagereinrichtungen und die eingelagerten Güter zu schützen sind.*
   b) Nennen Sie Gefahren, die bei der Lagerung und Handhabung gefährlicher Stoffe im Lager für Mitarbeiter, andere Menschen, Tiere und Umwelt eintreten können.

7.1 Gefahren und ihre Folgen

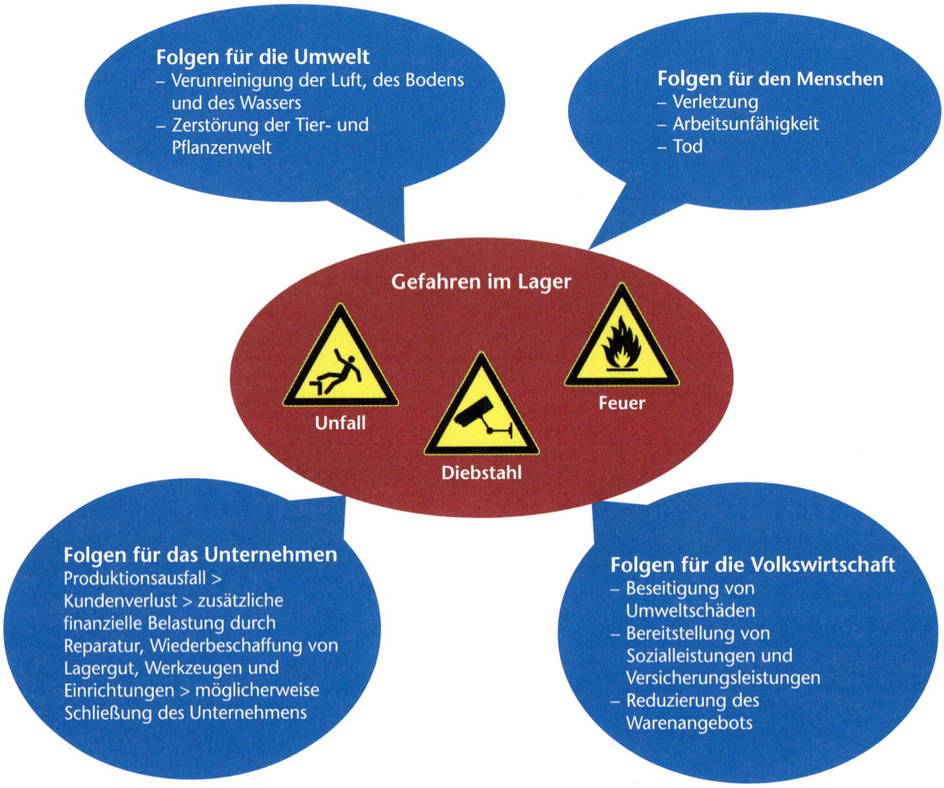

7.2 Gesetze und Verordnungen zum Arbeitsschutz

Der Arbeitsschutz in einem Unternehmen wird durch viele Gesetze und Verordnungen geregelt. Das Arbeitsschutzgesetz (ArbSchG) schafft eine, für alle Tätigkeitsbereiche geltende einheitliche Basis mit dem Ziel, das Leben und die Gesundheit der Arbeitnehmer zu schützen. Dazu dienen Maßnahmen zur Vermeidung von Arbeitsunfällen. Außerdem soll die Arbeit menschengerecht gestaltet werden (§ 2 ArbSchG).

Arbeitsschutzgesetz (ArbSchG)

7.2.1 Das Arbeitsschutzgesetz (ArbSchG)

Grundsätzlich ist der Arbeitgeber dafür verantwortlich, dass der betriebliche Arbeits- und Gesundheitsschutz eingehalten wird. Er ist verpflichtet, den Arbeits- und Gesundheitsschutz im Betrieb zu organisieren. Der Arbeitgeber muss alle erforderlichen Mittel zur Durchsetzung von Arbeitsschutzmaßnahmen bereitstellen und die damit verbundenen Kosten tragen.

Maßnahmen zum Arbeitsschutz

Arbeitsschutzmaßnahmen

Der Arbeitgeber hat bei Arbeitsschutzmaßnahmen von folgenden allgemeinen Grundsätzen auszugehen (§ 4 ArbSchG):

- Die Arbeit muss so gestaltet werden, dass eine Gefährdung für Leben und Gesundheit möglichst vermieden wird. Die noch verbleibende Gefährdung soll möglichst gering werden.
- Gefahren sind da zu bekämpfen, wo sie entstehen.
- Bei den Arbeitsschutzmaßnahmen sind der Stand von Technik, Arbeitsmedizin und Hygiene zu berücksichtigen. Der Arbeitgeber muss Erkenntnisse der Arbeitswissenschaft berücksichtigen.
- Spezielle Gefahren für besonders schutzbedürftige Beschäftigtengruppen (z. B. Auszubildende, schwangere Frauen, Menschen mit Behinderung) müssen berücksichtigt werden.

Der Arbeitgeber ist verpflichtet, die von ihm getroffenen Maßnahmen auf ihre Wirksamkeit zu überprüfen. Ändern sich Gegebenheiten (z. B. Einführung eines neuen Regalsystems im Lager), müssen auch die Arbeitsschutzmaßnahmen angepasst werden.

Gefahrenbeurteilung

Gefahrenbeurteilung
Der Arbeitgeber hat die **Arbeitsplätze** nach ihren **Gefahren** zu **beurteilen**. Dann muss er feststellen, welche Maßnahmen des Arbeitsschutzes daraufhin erforderlich sind (§ 5 ArbSchG).
Eine Gefährdung kann sich ergeben durch

- die Gestaltung und Einrichtung der Arbeitsstätte und des Arbeitsplatzes,
- physikalische, chemische und biologische Einwirkungen,
- die Gestaltung, die Auswahl und den Einsatz von Arbeitsmitteln, insbesondere von Arbeitsstoffen,
- Maschinen, Geräte und Anlagen sowie den Umgang damit,
- Gefahren im Lager,
- die Gestaltung von Fertigungsverfahren, Arbeitsabläufen und Arbeitszeit und deren Zusammenwirken,
- unzureichende Qualifikation und Unterweisung der Beschäftigten.

Informieren Sie sich, welche Maßnahmen zum Arbeitsschutz in Ihrem Ausbildungsbetrieb getroffen werden.

Einflüsse auf Arbeitsplatz und Beschäftigte

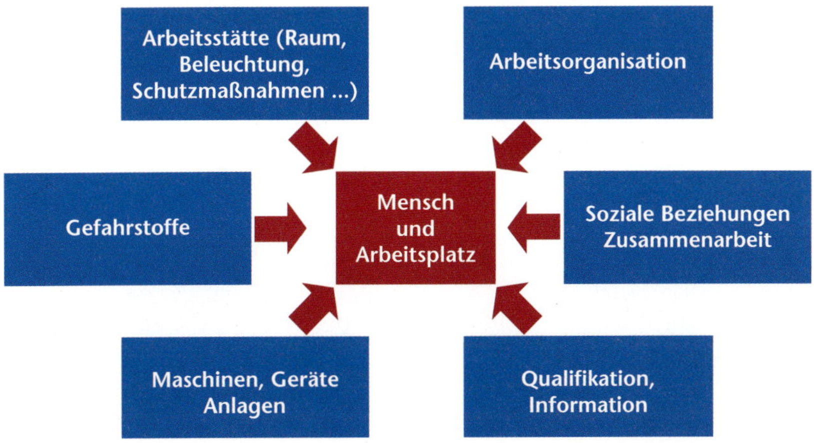

Gefährdungsbeurteilung

Diese **Gefährdungsbeurteilung** ist zu **dokumentieren**, z. B. in Form von Berichten des betrieblichen Sicherheitsexperten. Bei identischen Arbeitsplätzen genügt die Bewertung eines Arbeitsplatzes.

Unterweisung der Arbeitnehmer

Unterweisung der Arbeitnehmer

Der Arbeitgeber hat die Pflicht, den Arbeitnehmer über den Arbeits- und Gesundheitsschutz in seinem Tätigkeitsbereich ausreichend und angemessen zu unterweisen. Die Unterweisung hat vor der Aufnahme der Tätigkeit zu erfolgen. Sie muss bei jeder Veränderung des Tätigkeitsbereichs, bei der Einführung neuer Arbeitsmittel oder -verfahren erfolgen und ggf. regelmäßig wiederholt werden.

Der Arbeitgeber hat entsprechend der Art der Arbeitsstätte und der Tätigkeiten sowie der Zahl der Beschäftigten Maßnahmen zu treffen, die zur Ersten Hilfe, zur Brandbekämpfung und Evakuierung der Beschäftigten erforderlich sind.

Arbeitsschutz: Pflichten der Arbeitnehmer	Arbeitsschutz: Rechte der Arbeitnehmer
Die Arbeitnehmer sind verpflichtet, für Sicherheit und Gesundheit bei der Arbeit zu sorgen.	Sie dürfen dem Arbeitgeber Vorschläge zur Verbesserung des Arbeits- und Gesundheitsschutzes machen.
Sie müssen ihnen zur Verfügung gestellte Arbeitsmittel, wie z. B. Maschinen, Transportmittel und Werkzeuge, bestimmungsgemäß verwenden.	Sie haben das Recht, je nach Gefahr bei der Arbeit sich regelmäßig arbeitsmedizinisch untersuchen zu lassen.
Sie sind verpflichtet, Schutzvorrichtungen und die persönliche Schutzausrüstung zu benutzen.	Sie dürfen bei schwerwiegenden Gefahren über Maßnahmen der Gefahrenabwehr und Schadensbegrenzung selbst entscheiden und sich in Sicherheit bringen. Dem Arbeitnehmer dürfen daraus keine Nachteile entstehen.
Sie müssen festgestellte Sicherheitsmängel dem Arbeitgeber, der Fachkraft für Arbeitssicherheit, dem Betriebsarzt oder dem Sicherheitsbeauftragten melden.	

7.2.2 Arbeitsstättenverordnung

Definition

Arbeitsstätte

Der Begriff Arbeitsstätte umfasst alle Arbeitsplätze und Arbeitsräume in Gebäuden und im Freien, einschließlich der Verkehrs- und Fluchtwege sowie Notausgänge, Lager-, Maschinen und Nebenräume, Sanitärräume in Form von Umkleide-, Wasch- und Toilettenräumen, Pausen- und Bereitschaftsräume, Erste-Hilfe-Räume und Unterkünfte.

*Arbeitsstätten sind so **einzurichten** und zu **betreiben**, dass von ihnen keine Gefährdungen für die **Sicherheit** und die **Gesundheit** der Beschäftigten ausgehen (§ 4 ArbStättV).*

Besondere Anforderungen an das Betreiben von Arbeitsräumen nach § 3a ArbStättV

Mängel und Verunreinigungen	Festgestellte Mängel und hygienische Verunreinigungen sind unverzüglich zu beseitigen.
Sicherheitseinrichtungen	Sicherheitseinrichtungen zur Verhütung und Beseitigung von Gefahren wie Sicherheitsbeleuchtungen, Feuerlöscheinrichtungen, Signalanlagen, Notaggregate, Notschalter sind regelmäßig zu warten und auf ihre Funktionsfähigkeit zu prüfen.
Verkehrswege, Fluchtwege und Notausgänge	Verkehrswege, Fluchtwege und Notausgänge müssen ständig freigehalten werden.
Rettungs- und Fluchtpläne	Rettungs- und Fluchtpläne sind aufzustellen und an geeigneten Stellen auszuhängen.
Erste Hilfe	Mittel und Einrichtungen zur Ersten Hilfe sind zur Verfügung zu stellen und regelmäßig auf ihre Vollständigkeit zu prüfen.

Nichtraucherschutz nach § 5 ArbStättV

Nichtraucher sind vor den Gefahren des Tabakrauchs zu schützen.

Anforderungen an eine Arbeitsstätte

Räume nach § 6 ArbStättV	Anforderungen an Arbeitsstätten nach § 3 ArbStättV gemäß Anhang	
Umkleide-, Wasch- und Toilettenräume sind für Männer und Frauen getrennt einzurichten. **Wasch- und Umkleideräume** sind in der Nähe der Arbeitsplätze und sichtgeschützt einzurichten. **Toilettenräume** sind in der Nähe der Arbeitsplätze mit verschließbaren Zugängen und mit einer ausreichenden Anzahl von Toilettenbecken und Handwaschbecken zur Verfügung zu stellen.	**Verkehrswege** Die Bemessung der Verkehrswege für den Personen- und Güterverkehr muss sich nach der Zahl der Benutzer und der Art des Betriebes richten. Für Fußgänger muss ein ausreichender Sicherheitsabstand gewahrt werden. Bei Bedarf sind die Verkehrswege zu kennzeichnen. **Fluchtwege** müssen in ausreichender Zahl vorhanden sein. Sie sollen auf möglichst kurzem Weg ins Freie führen und dauerhaft gekennzeichnet sein. **Türen von Notausgängen** müssen sich leicht öffnen lassen. Sie sollen dauerhaft gekennzeichnet sein.	**Arbeitsräume** müssen eine ausreichende Grundfläche und Höhe sowie einen ausreichenden Luftraum aufweisen.
Pausenraum Bei mehr als zehn Beschäftigten ist ein Pausenraum zur Verfügung zu stellen es sei denn, im Arbeitsraum selbst ist eine Erholung während der Pause möglich.		**Bewegungsfläche** Dem Beschäftigten ist am **Arbeitsplatz** eine ausreichend große Bewegungsfläche zur Verfügung zu stellen. Er soll den Arbeitsplatz sicher erreichen und verlassen können. **Beleuchtung** Arbeitsstätten müssen möglichst ausreichend **Tageslicht** erhalten und mit angemessener **künstlicher Beleuchtung** ausgestattet sein. **Temperatur** An Arbeitsstätten muss während der Arbeitszeit eine gesundheitlich zuträgliche Temperatur bestehen. Dabei sind das Arbeitsverfahren, die körperliche Beanspruchung und der Nutzungszweck des Raumes zu berücksichtigen. **Lüftung** In geschlossenen Arbeitsräumen muss für die Beschäftigten ausreichend gesundheitlich zuträgliche **Atemluft** vorhanden sein. Raumlufttechnische Anlagen (**Klimaanlagen**) müssen stets funktionsfähig sein. **Störender Luftzug** ist zu vermeiden.

<table>
<tr><th>Räume nach § 6 ArbStättV</th><th colspan="2">Anforderungen an Arbeitsstätten nach § 3 ArbStättV gemäß Anhang</th></tr>
<tr><td>Erste-Hilfe-Raum Entsprechend der Unfallgefahren und der Zahl der Beschäftigten muss ein Erste-Hilfe-Raum vorhanden sein. Erste-Hilfe-Räume müssen an ihren Zugängen als solche gekennzeichnet werden. Sie müssen auch für Rettungstransportmittel leicht zugänglich sein.</td><td>Sicherheits- und Gesundheitskennzeichnungen sind an geeigneten Stellen deutlich erkennbar anzubringen.

Schutz vor Absturz und herabfallenden Gegenständen Arbeitsplätze und Verkehrswege müssen mit Einrichtungen versehen sein, die verhindern, dass Beschäftigte abstürzen oder durch herabfallende Gegenstände verletzt werden.</td><td rowspan="2">Lärm
Der Schalldruckpegel ist so niedrig zu halten, wie es nach der Art des Betriebs möglich ist. Er darf höchstens 85 dB (Dezibel) betragen.

Fußböden dürfen keine Stolperstellen aufweisen. Sie müssen tragfähig, trittsicher und rutschhemmend sein.

Türen und Tore
Durchsichtige Türen müssen in Augenhöhe gekennzeichnet sein. In unmittelbarer Nähe von Toren für den Fahrzeugverkehr müssen sichtbar gekennzeichnete Türen für Fußgänger vorhanden sein, es sei denn, der Durchgang durch die Tore ist für Fußgänger gefahrlos möglich.

Sicherheitsbeleuchtung
Bei einem Ausfall der Allgemeinbeleuchtung und an Stellen mit Unfallgefahren muss eine ausreichende Sicherheitsbeleuchtung vorhanden sein.

Schutz vor Entstehungsbränden
Arbeitsstätten müssen je nach Größe und Nutzung, Brandgefährdung und maximaler Zahl anwesender Personen mit einer ausreichenden Zahl von Feuerlöscheinrichtungen und ggf. mit Brandmeldern und Alarmanlagen ausgestattet werden.</td></tr>
<tr><td colspan="2">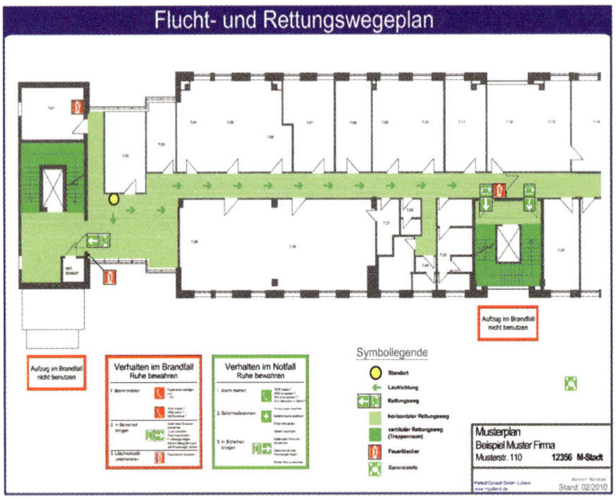
</td></tr>
<tr><td colspan="2">Laderampen
sind entsprechend den Abmessungen der Transportmittel und der Ladung auszulegen. Sie müssen mindestens einen Abgang haben. Außerdem sind sie mit Schutzausrüstungen gegen Absturz auszurüsten.</td><td>Arbeitsplätze im Freien
sind gegen Witterungseinflüsse zu schützen. Den im Freien arbeitenden Beschäftigten sind geeignete persönliche Schutzausrüstungen zur Verfügung zu stellen.</td></tr>
</table>

7.2.3 Gesetz über technische Arbeitsmittel und Verbraucherprodukte (Geräte- und Produktsicherheitsgesetz – GPSG)

Geräte- und Produktsicherheitsgesetz

Das Gesetz wendet sich an Hersteller, Importeure und Händler. Sie dürfen nur solche Arbeitsmittel und Verbraucherprodukte auf dem Markt einführen, die den anerkannten Regeln der Technik und den Anforderungen an Sicherheit und Unfallschutz entsprechen. Bei vorschriftsmäßigem Gebrauch dürfen von den Produkten keine Gefahren für den Benutzer oder andere Menschen ausgehen.

Produktkennzeichnung

Produktkennzeichnungen

CE-Kennzeichnung

Die Abkürzung „CE“ steht für „Communauté Européenne“ (frz. Europäische Gemeinschaft). Die CE-Kennzeichnung ist kein Gütesiegel. Mit dem Anbringen der CE-Kennzeichnung bestätigt der Hersteller das für das Produkt eine Richtlinie gilt, die die CE-Kennzeichnung vorsieht. Das Produkt entspricht den Sicherheitsanforderungen der Europäischen Gemeinschaft. Mit dem Anbringen des CE-Zeichens am Produkt oder an der Verpackung wird nach außen sichtbar gemacht, dass ein Produkt auf dem europäischen Markt genehmigt ist (z. B. CE-Zeichen auf Kinderspielzeug oder Feuerlöschern).

BG-PRÜFZERT-Zeichen

Produkte mit dem BG-PRÜFZERT-Zeichen sind einer umfassenden Baumusterprüfung durch eine Prüf- und Zertifizierungsstelle unterzogen worden. Dabei wird festgestellt, ob ein Produkt die Anforderungen an Sicherheit und Gesundheitsschutz einhält. Eine Produktionskontrolle ist ein wesentlicher Bestandteil des Zertifizierungsprogramms, um den Schutz des Zeichens sicherzustellen. Ein Zertifikat mit Zuerkennung des BG-PRÜFZERT-Zeichens ist maximal fünf Jahre gültig.

GS-Zeichen

Mit dem Siegel „Geprüfte Sicherheit“ (GS-Zeichen) wird einem Produkt bescheinigt, dass es den Anforderungen des Geräte- und Produktsicherheitsgesetzes (GPSG) entspricht. Diese Anforderungen sind vor allem in **DIN-Normen** und **Europäischen Normen** oder anderen **allgemein anerkannten Regeln der Technik** festgelegt. Die im Jahr 1977 eingeführte Zertifizierung soll den Benutzer und Dritte bei bestimmungsgemäßer und vorhersehbarer Verwendung eines Produkts vor Schäden bewahren.
Die GS-Bescheinigung ist fünf Jahre gültig.

7.3 Regeln für das Lagern von Gütern

7.3.1 RAL-Druckvorschriften

RAL-Druckvorschriften

Das Deutsche Institut für Gütesicherung und Kennzeichnung e. V. hat unter Mitarbeit der betroffenen Fachkreise und der zuständigen Behörden die Gütesicherung **RAL-RG 614** veröffentlicht. Diese enthält die **Allgemeinen Güte- und Prüfbestimmungen für Lager- und Betriebseinrichtungen**. Außerdem sind ergänzende Bestimmungen für Fachbodenregale, Palettenregale, mehrgeschossige Regalanlagen, verfahrbare Regale und Schränke sowie Kragarmregale festgelegt. Für **dynamische Lagersysteme** gilt die Gütesicherung RAL-GZ 608.

Die entsprechenden **Gütezeichen** werden an Lager- und Betriebseinrichtungen vergeben, die den jeweiligen Güte- und Prüfbestimmungen entsprechen.

Nähere Informationen erhalten Sie beim RAL Deutsches Institut für Gütesicherung und Kennzeichnung e. V., Siegburger Straße 39, 53757 Sankt Augustin bzw. im Internet unter www.ral.de.

7.3.2 Berufsgenossenschaftliche Regeln

- vor elektrischen Verteilern und Schaltanlagen
- auf Verkehrs- und Rettungswegen

- vor Einrichtungen zur Ersten Hilfe
- vor Feuerlöschern
- vor Notausgängen

Im Lagerbereich besonders zu beachten sind die BGR 234, die Berufsgenossenschaftlichen Regeln für Lagereinrichtungen und Lagergeräte (früher ZH 1/428). Sie regeln den Aufbau, den Betrieb und die Prüfung von Lagereinrichtungen und Lagergeräten.

Begriffsklärung nach BGR 234

- **Lagereinrichtungen** sind ortsfeste und verfahrbare Regale und Schränke.
- **Lagergeräte** sind zur Wiederverwendung bestimmte Paletten und Stapelbehälter.
- **Stapelbehälter** sind Behälter, deren Aufbau mit dem Unterbau fest verbunden ist, z. B. Gitterboxpaletten, Stapelwannen, Stapelkästen.

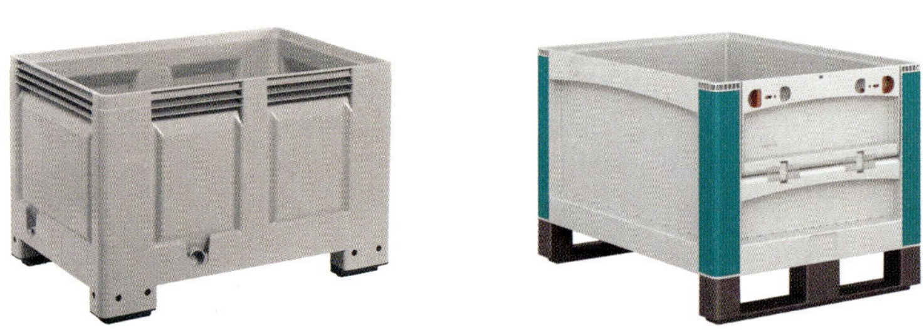

Unterschiedliche Stapelbehälter

- **Paletten** können z. B. Flachpaletten aus Holz, Stahl, Kunststoff mit bzw. ohne Stapelhilfsmittel sein.
- **Stapelhilfsmittel** sind zur Wiederverwendung geeignete Hilfsmittel für Paletten wie z. B. Rungen und Rahmen.

Auszüge aus BGR 234

- Die **Standsicherheit** von Regalen und Schränken muss in jedem Betriebszustand gegeben sein. Berücksichtigt werden müssen neben der Nutzlast auch die auftretenden Kräfte beim Ein- und Auslagern.
- Für Regale muss eine **Aufbau-** und **Betriebsanleitung** vorliegen. **Bauelemente** von Regalen und Schränken müssen vor dem **Heraus-** oder **Herabfallen** gesichert sein.
- Regale müssen **Sicherungen** gegen das **Herabfallen** von **Ladeeinheiten** und **Lagergut** enthalten.

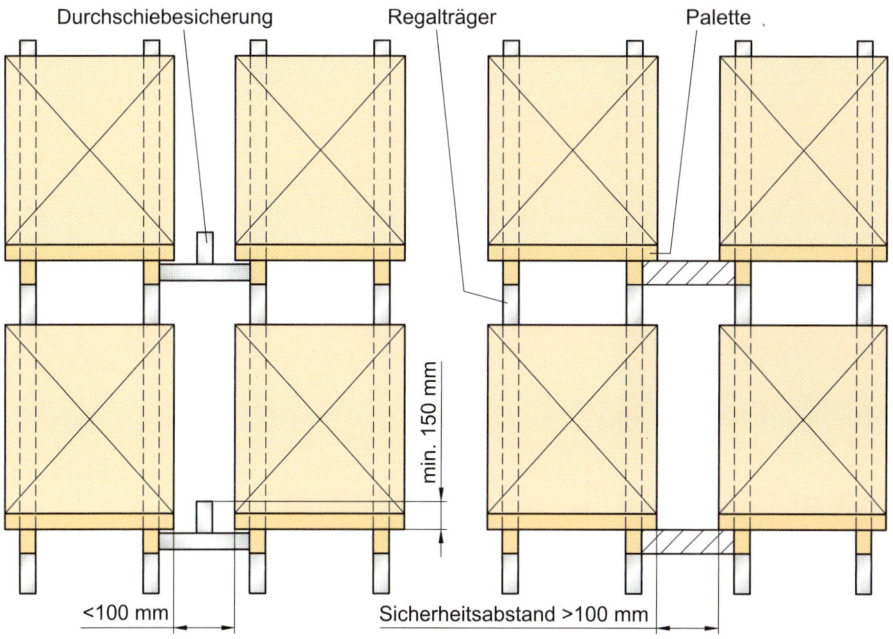

- Ortsfeste Regale, die mit nicht liniengeführten Fördermitteln be- oder entladen werden, müssen an ihren Eckbereichen durch einen **Anfahrschutz** mit gelb-schwarzer Gefahrenkennzeichnung gesichert sein.

Anfahrschutz

Vorschriftsmäßiger Anfahrschutz an Eckregalen.

Typenschild

- An ortsfesten Regalen mit einer **Fachlast** von mehr als 200 kg und einer **Feldlast** von mehr als 1 000 kg sowie an verfahrbaren Regalen und Schränken müssen dauerhaft Typenschilder mit folgenden Angaben angebracht sein:

Angaben auf einem Typenschild

Hersteller:
Typbezeichnung:
Baujahr:
Fach- und Feldlasten:
elektrische Nenndaten:

Lasten

Definition

Fachlast: Hierunter versteht man eine Last, die von einer Regalseite aus in ein Feld eingebracht werden kann.

Definition

Feldlast: Mit diesem Begriff wird die Summe der Fachlasten in einem Feld bei gleichmäßig verteilter Last auf die Fächer bezeichnet.

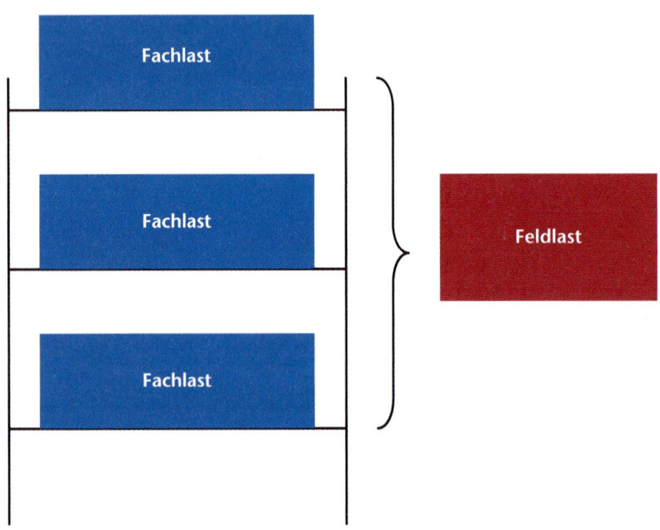

Durchbiegen tragender Elemente

- Die maximale **Durchbiegung** der **tragenden Elemente** von Lagereinrichtungen bei Einbringung der zulässigen Nutzlast darf für metallische Werkstoffe höchstens $l/200$ betragen. Für alle anderen Werkstoffe darf sie höchstens $l/150$ ihrer **Stützweite** betragen.

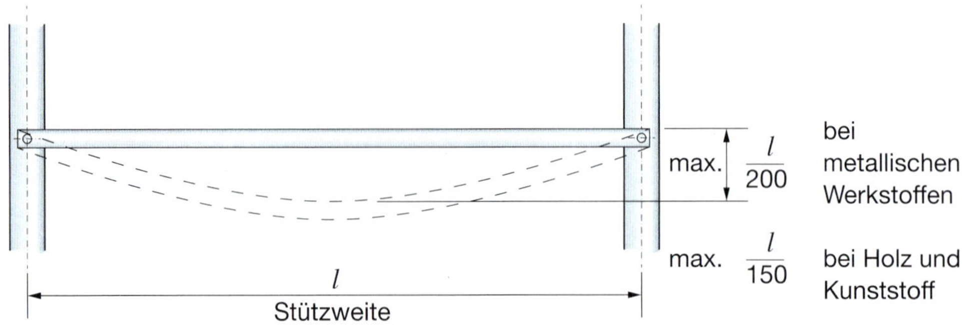

- Der Unternehmer hat für die Lagereinrichtung und Lagergeräte **Betriebsanweisungen** zu erstellen und den Beschäftigten bekanntzugeben.
- Bei **verfahrbaren Regalen** und **Schränken** müssen an allen Frontseiten **Schaltleisten** und **Lichtschranken** angebracht sein.

verfahrbare Regale und Schränke

- Die **elektrische Ausrüstung** von Lagereinrichtungen muss den anerkannten Regeln der Elektrotechnik entsprechen.
- An kraftbetriebenen Regalen und Schränken müssen die für den sicheren Betrieb maßgeblichen Inhalte der **Betriebsanleitung** deutlich erkennbar und dauerhaft angebracht sein.
- Regale und Schränke mit kraftbetriebenen Inneneinrichtungen müssen an jeder Entnahmeöffnung mit einer **Not-Befehlseinrichtung** ausgerüstet sein.
- Verfahrbare Regale und Schränke dürfen nur von **Personen** in Gang gesetzt werden, die hierzu beauftragt und ausgebildet sind.
- **Kragarmregale** müssen so beschaffen sein, dass die Kragarme nicht über die äußeren Abstützpunkte des Fußsockels hinausragen. An den Kragarmen müssen die zulässigen Belastungen angegeben sein.
- **Schränke mit Flügeltüren** gelten als standsicher, wenn die Höhe der obersten Ablage nicht mehr als das Vierfache der Schranktiefe beträgt.

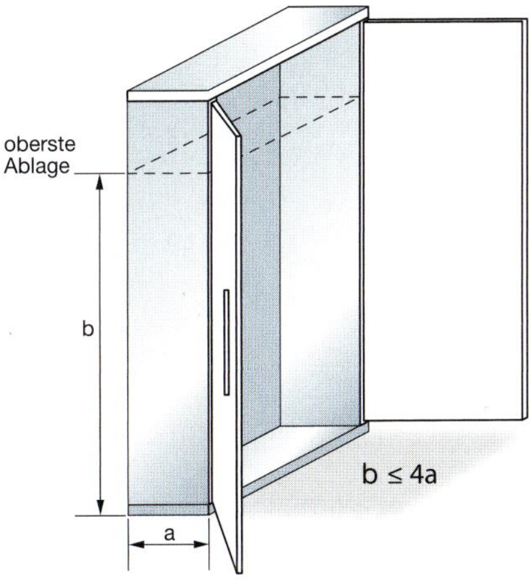

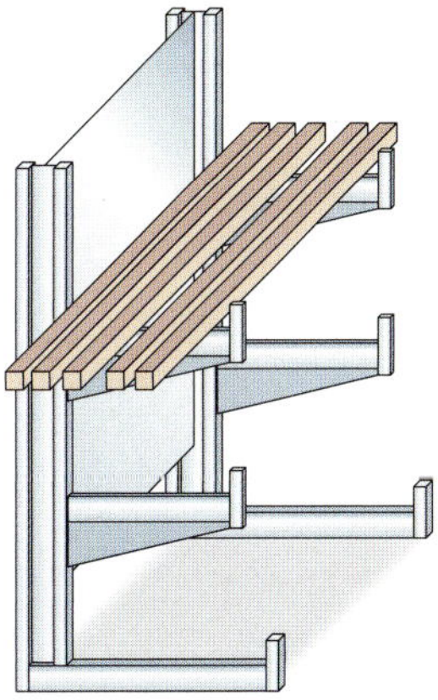

- Verfahrbare Regale und Schränke sind mindestens **einmal jährlich** von einem **Sachkundigen** auf ihren sicheren Zustand zu **prüfen**.
- An **Stapelbehältern** muss der Hersteller, die zulässige Nutzlast einer Stapeleinheit und die zulässige Auflast angegeben sein.

7.4 Gesetze und Verordnungen zum Umweltschutz

Die Gefährlichkeit eines Stoffes kann in der Regel auf den ersten Blick nicht erkannt werden. Beim Umgang und bei der Lagerung umweltgefährdender Stoffe entstehen für Mensch und Umwelt Gefahren. Um diese so gering wie möglich zu halten, ist es notwendig, eine Vielzahl gesetzlicher Regelungen einzuhalten.

7.4.1 Gesetz zum Schutz vor gefährlichen Stoffen (Chemikaliengesetz)

Ziel dieses Gesetzes ist es, Mensch und Umwelt vor den Wirkungen gefährlicher Stoffe zu schützen.
Gefährliche Stoffe können auch Zubereitungen sein. Hierunter versteht man aus zwei oder mehreren Stoffen bestehende Gemenge, Gemische oder Lösungen und Erzeugnisse, in denen gefährliche Stoffe enthalten sind. Das Chemikaliengesetz gibt Ziele und Grundsätze vor. Verordnungen (z. B. Gefahrstoffverordnung) und technische Regeln (z. B. TRGS = Technische Regeln für Gefahrstoffe) legen die genauen Einzelheiten der Schutzmaßnahmen auf nationaler Ebene fest.

REACH-Verordnung

Mit der **REACH-Verordnung** (Verordnung zur Registrierung, Bewertung, Zulassung und Beschränkung chemischer Stoffe; englisch: **R**egistration, **E**valuation and **A**uthorisation of **Ch**emicals) trat zum 1. Juni 2007 die neue Chemikalienverordnung der EU in allen 27 Mitgliedsstaaten in Kraft.
Mit der REACH-Verordnung wird das bisherige Chemikalienrecht vereinfacht und vereinheitlicht.

Wesentliche Neuerungen sind:

- **Beweislastumkehr**. Der Staat muss nicht mehr die Gefährlichkeit einzelner Stoffe feststellen. Vielmehr sind Hersteller und Importeure für die Sicherheit ihrer Gefahrstoffe verantwortlich.
- **No data – no market**. Hersteller und Importeure von Gefahrstoffen dürfen bei Herstellungsmengen von über 1 Tonne/Jahr diese erst auf den Markt bringen, wenn eine Registrierung bei der Europäischen Chemikalienagentur (EchA) in Helsinki erfolgt ist.
- **Nachgeschaltete Anwender**. Verwender von registrierungspflichtigen Stoffen sind verpflichtet, die vorgeschalteten Hersteller und Importeure über die genaue Verwendung des Gefahrstoffs zu informieren. So können diese korrekte Angaben zu einem Gefahrstoff machen.

7.4.2 Verordnung zum Schutz vor Gefahrstoffen (Gefahrstoffverordnung)

Ziel der Verordnung

Ziel dieser Verordnung ist es, den Menschen und die Umwelt vor stoffbedingten Schädigungen zu schützen, die im Umgang mit Gefahrstoffen im Unternehmen auftreten können.

Gefährlichkeitsmerkmale

Gefährlich sind Stoffe und Zubereitungen, wenn sie als

- explosionsgefährlich,
- sensibilisierend,
- brandfördernd,
- krebserzeugend (kanzerogen),
- hoch und leicht entzündlich,
- fortpflanzungsgefährdend,
- giftig und sehr giftig (reproduktionstoxisch),
- gesundheitsschädlich,
- erbgutverändernd (mutagen),
- ätzend, umweltgefährlich,
- oder reizend

eingestuft werden.

Gefährdungsbeurteilung und Gefährdungsdokumentation

Durchführung von Tätigkeiten mit Gefahrstoffen im Unternehmen:

1. Schritt Gefährdungsbeurteilung der Gefahren am Arbeitsplatz durch eine fachkundige Person	→	**2. Schritt** Einleiten erforderlicher Schutzmaßnahmen am Arbeitsplatz	→	**3. Schritt** Aufnahme der Tätigkeit mit Gefahrstoffen

Gefährdungsbeurteilung

1. Schritt
Eine wichtige Forderung der Gefahrstoffverordnung ist, dass der Arbeitgeber beim Umgang mit Gefahrstoffen im Betrieb eine **Gefährdungsbeurteilung** erstellen muss. Eine Tätigkeit mit Gefahrstoffen darf im Betrieb erst erfolgen, nachdem die Gefährdungsbeurteilung vorgenommen wurde. Die Gefährdungsbeurteilung darf nur von **fachkundigen Personen** durchgeführt werden. Dazu zählen insbesondere der **Betriebsarzt** und die **Fachkraft für Arbeitssicherheit**.
Vor der Aufnahme der Tätigkeit mit Gefahrstoffen ist die Gefährdungsbeurteilung zu **dokumentieren**. Dabei ist anzugeben, welche Gefährdungen am Arbeitsplatz auftreten können und welche Maßnahmen eingeleitet werden müssen.

2. Schritt
Der Arbeitgeber hat sicherzustellen, dass die nach der Gefährdungsbeurteilung erforderlichen Anforderungen an den Arbeits- und Gesundheitsschutz am Arbeitsplatz durchgesetzt werden. Er ist verpflichtet, entsprechende Schutzmaßnahmen zu ergreifen. Dazu gehören technische und organisatorische Maßnahmen am Arbeitsplatz. Wichtig ist auch die Bereitstellung der persönlichen Schutzausrüstung für den Beschäftigten.
Die Menge der am Arbeitsplatz vorhandenen Gefahrstoffe ist zu begrenzen: Es sollte nur die Menge vorhanden sein, die für die Ausführung der Arbeit notwendig ist. Besondere Schutzmaßnahmen sind zu ergreifen,

- bei Tätigkeiten mit krebserzeugenden, erbgutverändernden, fruchtbarkeitsgefährdenden Gefahrstoffen,
- bei Brand- und Explosionsgefährdungen.

Tätigkeiten beim Umgang mit Gefahrstoffen

3. Schritt
Die Gefahrstoffverordnung regelt den Umgang mit Gefahrstoffen im Unternehmen. Dazu zählen folgende Tätigkeiten:
- Herstellung
- Ab- und Umfüllung
- Mischung
- Entfernung
- Ge- und Verbrauch
- Entsorgung
- Vernichtung
- Aufbewahrung
- innerbetriebliche Beförderung
- Be- und Verarbeitung
- Bedienungs- und Überwachungsarbeiten
- Lagerung

Unter „Lagerung“ versteht die Gefahrstoffverordnung das Aufbewahren von Gefahrstoffen zur späteren Verwendung und Abgabe an andere sowie die Bereitstellung zur späteren Beförderung.

Verpackungsanforderungen

Wer als Hersteller oder Einführer (Importeur) gefährliche Stoffe oder Zubereitungen in den Verkehr bringt, muss sie nach den Gefährlichkeitsmerkmalen einstufen. Außerdem ist er verpflichtet, sie entsprechend zu verpacken und zu kennzeichnen. Die Kennzeichnung erfolgt nach der neuen GHS-Verordnung mit rautenförmigen Piktogrammen (vgl. Lernfeld 2, Kap. 7.4.3, S. **119**).

Gefahrstoffe dürfen nicht in **Behältnissen** aufbewahrt und gelagert werden, die eigentlich für die Aufbewahrung von Lebensmitteln gedacht sind. Auf diese Weise sollen Verwechslungen ausgeschlossen werden.

Sicherheitsdatenblatt

Um beurteilen zu können, welche Stoffe, Arbeitsplätze und Tätigkeiten im Betrieb gefährlich sein können, benötigt der Arbeitgeber Informationen. Diese **stofflichen Basisinformationen** bietet das sogenannte **Sicherheitsdatenblatt**.
Wer als Hersteller einen gefährlichen Stoff in den Verkehr bringt, muss spätestens bei der ersten Lieferung den Käufern dieses Stoffs ein Sicherheitsdatenblatt in deutscher Sprache kostenlos zur Verfügung stellen. Das Sicherheitsdatenblatt ist von einer **fachkundigen Person** zu erstellen, richtig und vollständig auszufüllen und regelmäßig zu aktualisieren.

Sicherheitsdatenblatt

Das **Sicherheitsdatenblatt** muss folgende **Angaben** in nachstehender Reihenfolge enthalten:

1. Stoff-/Zubereitungs- und Firmenbezeichnung, Registrierungsnummer
2. Zusammensetzung/Angaben zu Bestandteilen
3. Mögliche Gefahren
4. Erste-Hilfe-Maßnahmen
5. Maßnahmen zur Brandbekämpfung
6. Maßnahmen bei unbeabsichtigter Freisetzung
7. Handhabung und Lagerung
8. Expositionsbegrenzung und persönliche Schutzausrüstungen (Exposition = Grad der Gefährdung für einen Organismus)
9. Physikalische und chemische Eigenschaften
10. Stabilität und Reaktivität (Fähigkeit eines Stoffs, eine chemische Reaktion eingehen zu können)
11. Angaben zur Toxikologie (Giftigkeit)
12. Angaben zur Ökologie
13. Hinweise zur Entsorgung
14. Angaben zum Transport
15. Vorschriften
16. Sonstige Angaben

Besorgen Sie sich im Internet das Sicherheitsblatt von Aceton.

Verkauft ein Hersteller einen gefährlichen Stoff an einen **Endverbraucher**, so muss er diesem zwar kein Sicherheitsdatenblatt zur Verfügung stellen. Ist dieser Stoff auf der Verpackung aber als „sehr giftig“, „giftig“ oder „ätzend“ eingestuft, muss auf der **Verpackung** eine genaue und **verständliche Gebrauchsanweisung** angebracht sein bzw. eine Gebrauchsanweisung beiliegen.

verständliche Gebrauchsanweisung

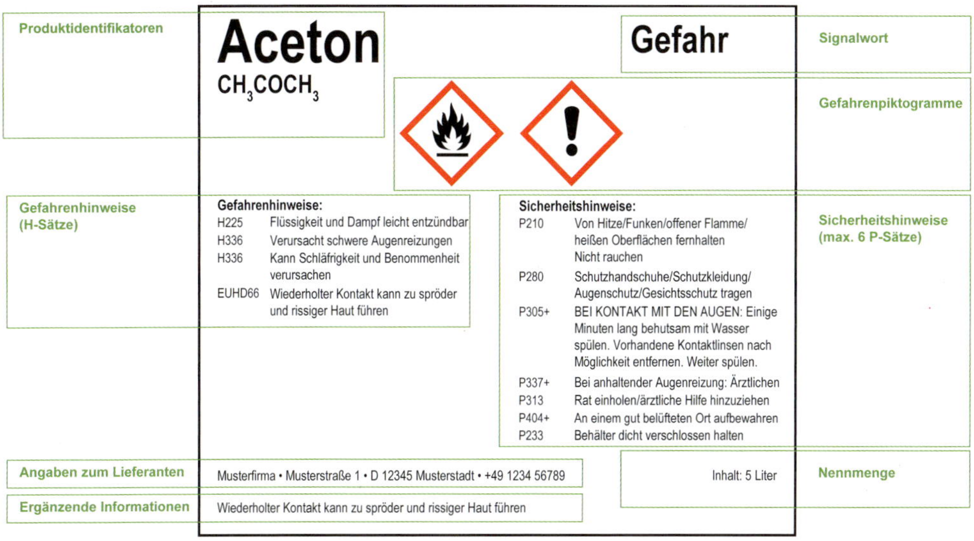

Gebrauchsanweisung an Gefahrstoffverpackungen

Nummer: G1-18
Bearbeitungsstand: 10/11

Betriebsanweisung gem. GefStoffV

Betrieb: *Musterbetrieb*

Arbeitsplatz/Tätigkeitsbereich: *Musterbereich*

1. GEFAHRSTOFFBEZEICHNUNG

Aceton, begrenzte Mengen zu Reinigungszwecken (max. 1L)

2. GEFAHREN FÜR MENSCH UND UMWELT

Gefahr

- Aceton (Flüssigkeit und Dampf) ist leicht entzündbar.
- Einatmen und Verschlucken kann zu Gesundheitsschäden führen. Kann die Atemwege, Augen, Haut, Verdauungsorgane reizen.
- Vorübergehende Beschwerden (Schwindel, Übelkeit, Kopfschmerzen) möglich. Kann Rausch, Augenschaden verursachen. Atem- und Herz-Kreislaufstillstand möglich.
- Bei Dämpfen oder Aceton-Nebeln kann sich eine explosionsfähige Atmosphäre bilden.
- Erhöhte Entzündungsgefahr bei durchtränktem Material (z. B. Kleidung, Putzlappen).
- Berst- und **Explosionsgefahr** bei Erwärmung!
- Eindringen in Boden, Gewässer und Kanalisation vermeiden!

3. SCHUTZMASSNAHMEN UND VERHALTENSREGELN

- Bei Dämpfen oder Nebeln mit Absaugung arbeiten.
- Beim Ab- und Umfüllen verspritzen vermeiden! Gefäße nicht offen stehen lassen!
- **Arbeiten bei Frischluftzufuhr.**
- Verschlüsse von Behältern zum Druckausgleich vorsichtig öffnen.
- Von Zündquellen fernhalten (nicht rauchen, keine offenen Flamen, erden)
- Ex-Schutzmaßnahmen treffen: Angabe welche
- Vorratsmenge auf einen Schichtbedarf beschränken!
- Einatmen von Dämpfen und Aerosolen vermeiden.
- Berührung mit Augen, Haut und Kleidung vermeiden! Nach Arbeitsende und vor jeder Pause Hände gründlich reinigen!
- Am Arbeitsplatz nicht essen, trinken, rauchen oder schnupfen.
- Verunreinigte Kleidung unverzüglich wechseln. Sammelort: genaue Angabe
- **Augenschutz:** Genaue Angabe
- **Atemschutz:** Gasfilter AX (braun) genaue Angabe
- **Handschutz:** **Genaue Bezeichnung** (Auswahl z. B. mit Hilfe der Handschuhdatenbank)
- Hautschutz: **Laut Hautschutzplan** (ggf. Rücksprache mit Betriebsarzt)

4. VERHALTEN IM GEFAHRFALL

- Bei ausgelaufenem/verschüttetem Aceton erforderliche persönliche Schutzausrüstung verwenden. Mit saugfähigem unbrennbaren Materia (z. B. Kieselgur, Sand) aufnehmen und entsorgen! Raum lüften.
- Aceton ist brennbar! Berst- und Explosionsgefahr bei Erwärmung! Bei einem Brand in der Umgebung Behälter mit Sprühwasser kühlen! Nicht zu verwenden: Wasser im Vollstrahl. Bei Brand entstehen gefährliche Dämpfe!
- Alarm-, Flucht- und Rettungspläne beachten!

5. ERSTE HILFE

- **Bei jeder Erste-Hilfe-Maßnahme:** Selbstschutz beachten und Rücksprache mit einem Arzt führen.
- **Nach Augenkontakt:** Gründlich unter fließendem Wasser bei gespreizten Lidern spülen oder Augenspüllösung nehmen. Immer Augenarzt aufsuchen!
- **Nach Hautkontakt:** Verunreinigte Kleidung sofort ausziehen. Die Haut mit viel Wasser und Seife reinigen.
- **Nach Einatmen:** Frischluft! Bei Bewusstlosigkeit Atemwege freihalten. Ggf. Schockbekämpfung und Herz-Lungen-Wiederbelebung.
- **Nach Verschlucken:** Sofortiges kräftiges Ausspülen des Mundes. Wasser in kleinen Schlucken trinken lassen.
- Ersthelfer heranziehen.
- **Notruf: 112**
- Durchgeführte Erste – Hilfe – Leistungen immer im Verbandsbuch eintragen.

6. SACHGERECHTE ENTSORGUNG

- Nicht in Ausguss oder Mülltonne schütten!
- Verunreinigte Arbeitsmittel sammeln: hier genaue Angabe des Behälters

Datum:
Nächster Überprüfungstermin:

Unterschrift:
Unternehmer/Geschäftsleitung

Unterrichtung und Unterweisung der Beschäftigten

Betriebsanweisung
Wird im Betrieb mit gefährlichen Stoffen gearbeitet, hat der Arbeitgeber eine Betriebsanweisung zu erstellen, die den Beschäftigten in verständlicher Form und Sprache zugänglich gemacht wird. Der **Inhalt** der Betriebsanweisung ist in der sogenannten Technischen Regel festgelegt und muss **arbeitsplatz-** und **tätigkeitsbezogen** erstellt werden.
Die Betriebsanweisung muss bei jeder maßgeblichen Veränderung der Arbeitsbedingungen aktualisiert werden.

Unterweisung
Der Arbeitgeber stellt sicher, dass die Beschäftigten anhand der Betriebsanweisung über auftretende Gefahren und Schutzmaßnahmen in **verständlicher Form** und **Sprache** unterwiesen werden.
Die Unterweisung muss **vor** Aufnahme der Beschäftigung und danach mindestens **einmal jährlich** arbeitsplatzbezogen durchgeführt werden. Inhalt und Zeitpunkt der Unterweisung müssen schriftlich festgehalten werden. Sie sind vom Unterwiesenen durch Unterschrift zu bestätigen.

7.4.3 GHS (Globally Harmonized System of Classification and Labelling of Chemicals)

Definition

Unter **GHS** versteht man ein weltweit einheitliches System zur Einstufung von Chemikalien sowie deren Kennzeichnung auf Verpackungen und Sicherheitsdatenblättern.

GHS

Ein Beschluss des Europäischen Parlaments hat festgelegt, dass in Europa

- Gefahrstoffe seit dem 01.12.2010,
- Zubereitungen (Gemische) ab dem 01.06.2015

nach der GHS-Verordnung verbindlich zu kennzeichnen sind.

Kennzeichnung mit GHS-Symbolen

Kennzeichnung mit GHS-Symbolen

Zusätzliche Kennzeichnung mit GHS-Signalwörtern

Achtung (Warning) Hinweis auf Stoffe mit geringer Gefahr 

Gefahr (Danger) Hinweis auf Stoffe mit hoher Gefahr 

Zusätzliche Kennzeichnung mit P-Sätzen und H-Sätzen

H-Sätze (Hazard Statements)	P-Sätze (Precautionary Statement)
Gefahrenhinweise sind Informationen über die vom gefährlichen Stoff oder Stoffgemisch ausgehende Gefahr.	Sicherheitshinweise sind Informationen für den Umgang mit dem gefährlichen Stoff oder Stoffgemisch.
Das GHS-System verwendet für die Gefahrenhinweise folgendes Kodierungs system: H 3 01 → laufende Nummer → Gruppierung 2 = Physikalische Gefahren 3 = Gesundheitsgefahren 4 = Umweltgefahren → steht für Gefahrenhinweis (Hazard Statement)	Das GHS-System verwendet für die Sicherheitschinweise folgendes Kodierungs sytem: P 1 02 → laufende Nummer → Gruppierung 1 = Allgemein 2 = Vorsorgemaßnahmen 3 = Empfehlungen 4 = Lagerhinweise 5 = Entsorgung → steht für Sicherheitshinweis (Precautionary Statement)

Beispiel
P 310 = Sofort Giftinformationszentrum oder Arzt anrufen

CLP-Verordnung

Die Abkürzung „CLP“ steht für die englischen Begriffe „Classification“, „Labelling“ und „Packaging“. Hierbei handelt es sich um eine Verordnung über die Einstufung, Kennzeichnung und Verpackung von Stoffen und Gemischen. Diese Verordnung bringt die bisherige EU-Gesetzgebung in diesem Bereich mit dem GHS (Global harmonisiertes (nach einem Normungsauftrag vereinheitlichtes) System zur Einstufung und Kennzeichnung von Chemikalien) in Einklang.

7.4.4 Bundesimmissionsschutzgesetz

Das Gesetz zum Schutz vor schädlichen Umwelteinwirkungen durch Luftverunreinigungen, Geräusche, Erschütterungen und ähnliche Vorgänge wird auch als **Bundesimmissionsschutzgesetz** – BImSchG bezeichnet. Es soll Menschen Tiere, Pflanzen, den Boden, das Wasser, die Atmosphäre und sonstige Kulturgüter (z. B. Gebäude) vor schädlichen Umwelteinflüssen schützen.

Der Emissionskreislauf

Genehmigungsbedürftige Anlagen
Dazu zählen alle gewerblich betriebenen Anlagen, von denen schädliche Umwelteinwirkungen und sonstige Gefahren, erhebliche Nachteile und erhebliche Belästigungen für die Allgemeinheit und die Nachbarschaft ausgehen können. Betreiber solcher Anlagen sind verpflichtet, schädliche Umwelteinflüsse durch die Anlage gar nicht erst entstehen zu lassen. Gesetzlich vorgeschriebene Grenzwerte beim Betrieb solcher Anlagen sind einzuhalten.

Emission

Emissionen sind Luftverunreinigungen, Geräusche, Erschütterungen, Licht, Wärme, Strahlen und sonstige Erscheinungen, die von den oben beschriebenen Anlagen ausgehen. Anlagen im Sinne des Gesetzes sind Betriebsstätten, Maschinen, Geräte, Fahrzeuge und Grundstücke, von denen schädliche Umwelteinwirkungen ausgehen.

Immission

Schädliche Umwelteinwirkungen, die Gefahren, erhebliche Belästigungen oder erhebliche Nachteile für Menschen, Tiere, Umwelt, Atmosphäre und Kulturgüter hervorbringen, werden als **Immissionen** bezeichnet. Dazu zählen beispielsweise Luftverunreinigungen, Geräusche, Erschütterungen, Licht, Wärme, Strahlen.

Definition

Immissionen sind Einwirkungen, die durch Emissionen hervorgerufen werden.

7.4.5 Wasserhaushaltsgesetz (WHG)

Im Sinne des Umweltschutzes soll durch dieses Gesetz eine Verunreinigung des Oberflächenwassers und des Grundwassers vermieden werden.

Benutzung von Gewässern

Im Sinne des WHG ist die Benutzung von Gewässern wie folgt geregelt:

- Entnehmen und Ableiten von Wasser
- Aufstauen und Absenken des Wassers
- Einleiten und Einbringen von Stoffen in Wasser

Zapfanlage mit Abwasserschutz

Das Einleiten und Einbringen von **Abwasser** in oberirdische Gewässer oder ins Grundwasser bildet dabei den Schwerpunkt.
Für alle Unternehmen gilt das Vorsorgeprinzip des Wasserrechts: Abwassermengen und Schadstoffbelastung sind durch den Einsatz geeigneter Produktionstechniken möglichst gering zu halten. Dennoch anfallende Abwässer bzw. die darin enthaltenen Schadstoffe müssen in Abwasseranlagen nach dem jeweiligen Stand der Technik behandeln, gereinigt und gefiltert werden. Soll Abwasser mit gefährlichen Stoffen in ein öffentliches Abwassernetz eingeleitet werden, sind vorher die erforderlichen Reinigungsmaßnahmen zu treffen.

Wassergefährdende Stoffe

Definition

Wassergefährdende Stoffe im Sinne des Gesetzes sind Rohöle, Benzine, Heizöle, Dieselkraftstoffe und andere flüssige oder gasförmige Stoffe, die geeignet sind, Gewässer zu verunreinigen.

Für abgestufte Sicherheitsanforderungen an Anlagen zum Umgang mit wassergefährdenden Stoffen ist eine Unterteilung der Stoffe nach dem Potenzial ihrer Wassergefährdung

Wassergefährdungsklassen

erforderlich. Den wassergefährdenden Stoffen wurden drei Wassergefährdungsklassen (WGK) zugeordnet:

Wassergefährdungsklasse	Definition/Merkmal	Beispiel
WGK 1	schwach wassergefährdend	Salzsäure, Natronlauge
WGK 2	wassergefährdend	Heizöl
WGK 3	stark wassergefährdend	Altöl, Benzol

Anlagen zum Lagern, Abfüllen, Herstellen und Behandeln wassergefährdender Stoffe müssen so beschaffen und aufgestellt sein, unterhalten und betrieben werden, dass eine Verunreinigung der Gewässer nicht zu erwarten ist.
Beim Umgang mit wassergefährdenden Stoffen besteht also eine besondere Sorgfaltspflicht des Betreibers derartiger Anlagen.

Größe von Auffangeinrichtungen
Für den normalen Betrieb der Anlage bedeutet dies nach VAwS (Anlagenverordnung), dass der Auffangraum mindestens den Rauminhalt des größten in ihm aufgestellten Tanks bzw. Tankcontainers fassen muss.
Nach dem Wasserhaushaltsgesetz müssen bei der Lagerung wassergefährdender Stoffe Löschwasserrückhalteeinrichtungen installiert werden.
Die Löschwasser-Rückhalte-Richtlinie (LöRüRl) sieht vor, dass eine Löschwasserrückhaltung nur (zwingend) erforderlich ist bei baulichen Anlagen, in oder auf denen wassergefährdende Stoffe der

- WGK 1 mit mehr als 100 t je Lagerabschnitt oder
- WGK 2 mit mehr als 10 t je Lagerabschnitt oder
- WGK 3 mit mehr als 1 t je Lagerabschnitt

gelagert werden.

Definition

Ein Lagerabschnitt ist der Teil eines Lagers, der in Gebäuden von anderen Räumen durch Wände und Decken, im Freien durch entsprechende Abstände oder durch Wände getrennt ist.

Danach muss im Schadensfall anfallendes Löschwasser, das mit ausgetretenen wassergefährdenden Stoffen verunreinigt sein könnte, zurückgehalten und ordnungsgemäß entsorgt werden können.

Die Löschwasser-Rückhalte-Richtlinie (LöRüRL) geht für Stoffe der WGK 1 von einer vollständigen Rückhaltung des empirisch belegten (voraussichtlich anfallenden) Volumens des anfallenden Löschwassers aus. Wegen des höheren Gefährdungspotenzials wird für Stoffe der Wassergefährdungsklasse WGK 2 ein Sicherheitszuschlag für die Auffangkapazität von 50 % und für Stoffe der WGK 3 von 100 % angesetzt.

Löschwasserrückhalteanlagen

Ermittlung des Volumens von Löschwasserrückhalteanlagen bei Lagerguthöhen bis 12 m nach LöRüRl (vereinfacht):

Fläche des Lagerabschnitts in m²	Erforderliches Volumen der Löschwasserrückhalteanlage in m³		
	WGK 1	WGK 2 (Faktor1,5)	WGK 3 (Faktor 2)
25	6	9	12
50	12	18	24
75	18	27	36
100	25	38	50
150	45	68	90

Beispiel

Lagergerabschnitt 50m²; gelagerte Stoffe der WGK 3
→ Größe der Löschwasserrückhalteanlage = 2 × 12 m³ = 24 m³

7.5 Brandgefahren

Brände sind oftmals die Ursache für verheerende Schäden im Lager. Für das Ausmaß des Brandschadens sind nicht nur die Bedingungen der Brandentstehung, sondern auch die Geschwindigkeit der Brandausbreitung und die Art der Alarmierung von entscheidender Bedeutung.

Brand in einem Werkslager

7.5.1 Entstehung von Bränden

Brandursachen

Ursachen für Brände

- Missachtung des Rauchverbots
- Ungenügende Unterweisung von Mitarbeitern
- Technische Defekte
- Missachtung von Lagerbedingungen
- Brandstiftung
- Unsachgemäßer Umgang mit Stoffen

Warnhinweis „Feuer, offenes Licht und Rauchen verboten"

Entstehung eines Feuers

Bedingungen für die Entstehung eines Feuers

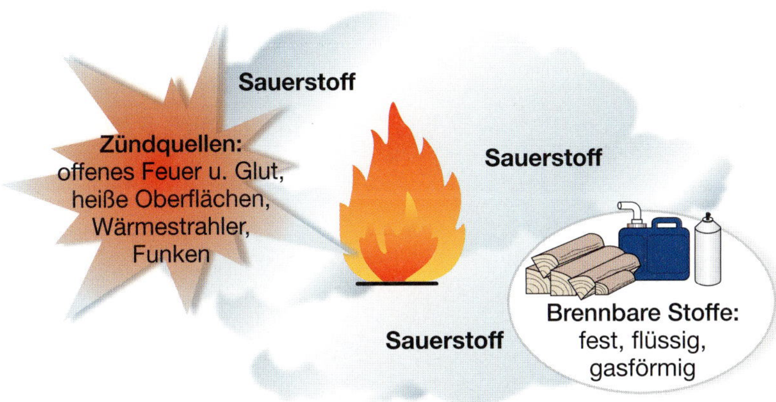

Zur Entstehung von Feuer bedarf es einer Zündquelle, Sauerstoff und brennbarer Stoffe.

7.5.2 Brandschutz

Beim Brandschutz werden vorbeugende und abwehrende Maßnahmen miteinander kombiniert. Zu den **vorbeugenden Maßnahmen** zählen bauliche, technische und organisatorische Maßnahmen, die eine Brandentstehung oder eine Brandausbreitung verhindern.
Bei ausgebrochenen Feuern ist es notwendig, diese auf geeignete Weise zu bekämpfen. Hier spricht man von **abwehrendem Brandschutz**. Damit Brände sicher bekämpft werden

können, erfordert dies die Unterweisung der Mitarbeiter im Umgang mit Brandschutz-, Melde- und Löscheinrichtungen. Wichtig ist darüber hinaus die Planung und Durchführung notwendiger Feuerwehreinsätze.

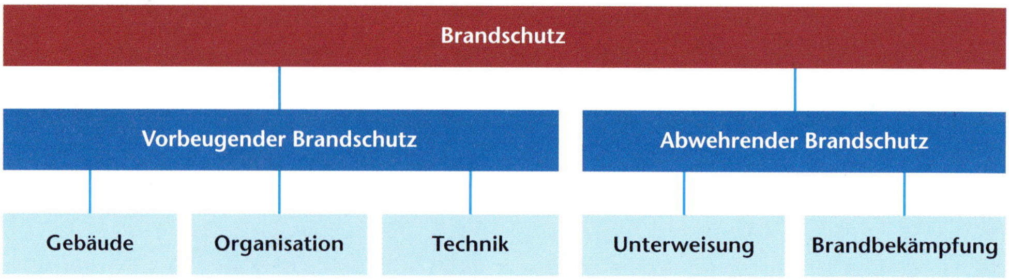

Vorbeugender Brandschutz

Gebäude (baulicher Brandschutz)

- Feuerhemmende Wände, Decken und Böden aus nicht bzw. schwer entflammbaren Materialien
- Feuersichere Stahltüren, die im Notfall selbstständig schließen
- Einteilung des Lagers in Brandabschnitte durch Brandwände
- Fluchtwegplanung

Organisation

- Kennzeichnung von Notausgängen, Sammelstellen und Fluchtwegen
- Aushang von Flucht- und Rettungsplänen
- Anbringen von Hinweisen für das Verhalten im Brandfall

Technik

- Einbau von Brandmeldern, Feuerlöschanlagen, Rauch- und Wärmeabzugsanlagen
- Wirksamkeit der Brandschutz- und Feuermeldeeinrichtungen regelmäßig überprüfen

Abwehrender Brandschutz

Unterweisung

- Unterweisung der Mitarbeiter bei der Handhabung von Feuerlöschgeräten
- Durchführung regelmäßiger Brandschutz- und Rettungsübungen
- Rettungswege und Notausgänge nicht verstellen und verschließen
- Erstellung von Feuerwehrplänen

Brandbekämpfung

Verhaltensregeln im Notfall

Kommt es tatsächlich zu einem Brand, gilt es auf alle Fälle, **Ruhe zu bewahren** und bestimmte Verhaltensregeln einzuhalten, damit die Rettungs- und Brandbekämpfungsmaßnahmen erfolgreich sind. Dabei sollte man stets in folgender Reihenfolge vorgehen:

7.5.3 Brandmeldeanlagen

Automatische Brandmeldeanlagen

Das Zentrum automatischer Brandmeldeanlagen ist die Brandmeldezentrale (BMZ). Die BMZ wird durch **Brandmeldeeinrichtungen** (Druckknopfmelder/automatische Brandmelder) angesteuert.

Im Brandfall erfolgt eine interne Alarmierung (optisch, akustisch) und eine automatische Alarmierung der Einsatzkräfte (z. B. Feuerwehr). Gleichzeitig werden alle angeschlossenen Feuerschutzvorrichtungen (z. B. Schließen von Brandschutztüren) und Brandbekämpfungsgeräte (z. B. Sprinkleranlagen) automatisch angesteuert.

Feuermeldeanlagen

Druckknopfmelder

Sie befinden sich im ganzen Gebäude. Bei Ausbruch eines Brandes wird manuell per Knopfdruck Alarm ausgelöst.

Druckknopfmelder

Rauchmelder
Sie reagieren auf Rauchbildung bereits vor einer Flammenbildung. Treten sie in Kraft, lösen sie Alarm aus und schließen z. B. die Feuertüren. Sie können bis 120 m² Lagerfläche überwachen.

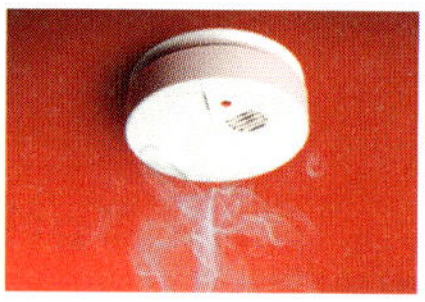

Rauchmelder

Thermomelder
Sie reagieren auf Wärme. Die Wirkung kann eintreten, wenn innerhalb eines kurzen Zeitraums die Temperatur stark ansteigt (Wärmedifferenzialmelder) oder wenn eine bestimmte Temperatur überschritten wird (Wärmemaximalmelder).
Thermomelder können eine Lagerfläche bis 20 m² überwachen.

Flammen- bzw. Strahlenmelder
Flammen- bzw. Strahlenmelder reagieren auf Flammenstrahlung im Infrarotbereich. Sie sind in der Lage, ohne Sichtbehinderung bis zu 1 000 m² zu überwachen.

7.5.4 Brandbekämpfungsgeräte und -anlagen

Löschdecken und Feuerpatschen

Zur Bekämpfung kleinerer Brände eignen sich Löschdecken und Feuerpatschen. Mit ihnen können kleinere Feuer erstickt bzw. ausgeschlagen werden.

Handfeuerlöscher

Sie sind an gut sichtbaren und leicht zugänglichen Stellen in der Nähe der Gefahrenpunkte unterzubringen. Jeder Mitarbeiter sollte in die Bedienung eines Feuerlöschers **eingewiesen** sein und ihn im Ernstfall unverzüglich einsetzen können. Spätestens alle zwei Jahre sind Feuerlöscher durch **fachkundige Personen** (Lieferfirma, Werksfeuerwehr) zu überprüfen.
Das **Prüfetikett** ist an den Handfeuerlöschern plombiert anzubringen.

Handfeuerlöscher

Feuerlöscherarten

Auswahl der Feuerlöscher

Handfeuerlöscher gehören zu den mobilen Feuerlöschgeräten. Sie eignen sich nur für die Bekämpfung von Bränden bestimmter Brandklassen. Deshalb sollte bei der Auswahl der Feuerlöscher (Art und Brandklasse) die vorrangig zu erwartende Brandgefahr berücksichtigt werden. Feuerlöscher kommen als Wasserlöscher, Pulverlöscher, Schaumlöscher und Kohlendioxydlöscher zum Einsatz.

Brandklassen

Brandklassen

Sprinkleranlagen

Bei Erreichen der Auslösetemperatur der Sprinklerflüssigkeit zerplatzt das Sprinklergläschen. Durch den Wasserdruck öffnet sich der Verschluss und das Wasser sprüht über einen Sprühteller auf den Brandherd.

Schema einer Sprinkleranlage
1 Löschwasserbehälter
2 Sprinklerpumpe
3 Trocken-Alarmventilstation
4 Nass-Alarmventilstation
5 Sprinkler-Trockenrohrnetz
(stehende Sprinkler, freiliegendes Rohmetz)
6 Sprinkler-Nassrohmetz
(hängende Sprinkler, verdecktes Rohmetz)
7 Druckluft-Wasserbehälter
8 Pumpentestleitung mit Messeinrichtung
9 Einspeiseleitung der Feuerwehr
10 Behälter-Füllpumpe
11 Kompressor
12 mechanische Alarmglocken
13 Brandmeldezentrale
14 Alarm-Druckschalter
15 Druckschalter für Pumpenstart
16 elektrischer Schaltschrank

Sonstige Anlagen

Neben den in vielen Unternehmen verwendeten Sprinkleranlagen werden auch Sprühwasser- und Berieselungsanlagen zum **Löschen** von Bränden sowie Schaumlösch- und Pulverlöschanlagen zum **Ersticken** eines Feuers fest eingebaut.

CO_2-Anlagen

Feuerhemmendes, den Sauerstoff verdrängendes Kohlenstoffdioxyd wird in den Brandraum geleitet. Dort erstickt es das Feuer. Menschen müssen den Raum dabei unbedingt verlassen haben, sonst besteht **Erstickungsgefahr**!

7.6 Diebstahlgefahren

Diebstahl ist eine nicht zu unterschätzende Gefahr im Lager. Bedingt durch die Lagergrößen, die Vielzahl der gelagerten Artikel und den oft regen Besucherverkehr (Kunden, Frachtführer, Mitarbeiter von Fremdfirmen) ist eine durchgängige Überwachung fast aussichtslos.

Was wird gestohlen?
- Arbeitsmittel (z. B. Werkzeuge, Maschinen, Geräte)
- Gelagerte Güter (Einzelteile oder ganze Lagereinheiten)

Wie werden die Diebstähle durchgeführt?

Ungeplanter Diebstahl
Der Dieb nutzt Situationen aus, in denen er sich unbeobachtet fühlt. Oft besteht vor dem Betreten des Lagers nicht die Absicht, Ware zu entwenden.
Frei nach dem Motto: „Gelegenheit macht Diebe" kommt es zu einem Diebstahl.

Geplanter Diebstahl
Der Dieb betritt den Lagerbereich mit der Absicht, Ware zu entwenden.

Organisierter Diebstahl
Hierbei handelt es sich um Diebstähle, die sorgfältig vorbereitet sind. Personengruppen kundschaften die Objekte aus. Sie besorgen sich Hilfsmittel und brechen gezielt ein. Dabei entsteht meistens ein erheblicher Schaden.

Folgen des Diebstahls

Für den Täter
- Abmahnung/fristlose Kündigung
- Schadenersatz
- Strafanzeige mit folgender Geld- oder Freiheitsstrafe
- Gerichtskosten

Für das Unternehmen
- Kundenverlust/Produktionsausfall
- Reparaturkosten für angerichteten Schanden
- höhere Versicherungsbeiträge
- schlechteres Betriebsklima durch zusätzliche Überwachung
- Einleiten zusätzlicher Sicherungs- und Schutzmaßnahmen

Wer kann Täter sein und Diebstähle begehen?
- Firmeneigene Mitarbeiter, nicht nur aus dem Lagerbereich
- Mitarbeiter von Fremdfirmen, z. B. Handwerker, Monteure, Servicepersonal
- Frachtführer
- Besucher, Kunden

Vorsorge und Sicherungsmaßnahmen

Vorsorge und Sicherungsmaßnahmen

Bauliche Maßnahmen	Organisatorische Maßnahmen	Sicherungsmaßnahmen an den eingelagerten Gütern
		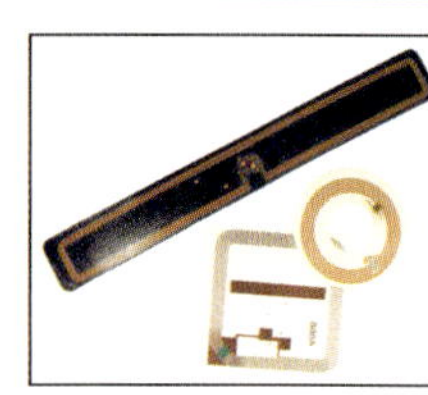
▪ elektronische Kontrolleinrichtungen an den Ausgängen ▪ elektronische Zugangssicherung ▪ Einrichtung von Verschlusslägern und Sperrzonen ▪ Installation von Spiegln, Alarmanlagen, Kamerasystemen	▪ übersichtliche Lagerung ▪ Durchführung von Kontrollen ▪ Videoüberwachung ▪ Zugangskontrolle ▪ Anbringen von Warntafeln über die Folgen des Diebstahls ▪ Lagerung hochwertiger Güter in Verschlusslagern	▪ neutrale Verpackungen ▪ Einstretchen der Ware ▪ Sicherungsetiketten ▪ Verwendung von ▪ Sicherungsklebebändern

Zusammengepackt

- Vorschriften zum Arbeitsschutz: Arbeitsschutzgesetz, Arbeitsstättenverordnung, Produktsicherheitsgesetz, RAL-Druckvorschriften, berufsgenossenschaftliche Regeln
- Das Betreiben von Maschinen und Geräten in der EU ist nur mit CE-Kennzeichnung erlaubt.
- Vorschriften zum Umweltschutz:
  - Gesetz zum Schutz vor gefährlichen Stoffen (Chemikaliengesetz), Verordnung über gefährliche Stoffe (Gefahrstoffverordnung), GHS-Verordnung, Bundesimmissionsschutzgesetz, Wasserhaushaltsgesetz
  - GHS-Verordnung: Kennzeichnung, Unterscheidung der von den Gefahrstoffen ausgehenden Gefahren sowie die Handhabung der Gefahrstoffe
  - Das Wasserhaushaltsgesetz regelt den Umgang mit und die Entsorgung von Abwässern.
  - Lagereinrichtungen und Geräte müssen den Regeln der Berufsgenossenschaft entsprechend aufgestellt und betrieben werden.
- Gefahren im Lager: Unfallgefahr, Brandgefahr, Diebstahlgefahr

Aufgaben

1. *a* *Zählen Sie die Pflichten auf, die sich für Sie als Arbeitnehmer aus dem Arbeitsschutzgesetz ergeben.*
   b *Erläutern Sie den Notwendigkeit der Gefährdungsbeurteilung des Arbeitsplatzes am Beispiel ihrer Arbeit in einem Logistiklager.*
2. *Erklären Sie 5 Anforderungen der Arbeitsstättenverordnung an Beispielen aus Ihrer Tätigkeit im Lager.*
3. *An einem Palettensammler finden Sie das CE- Kennzeichen. Erläutern Sie die Bedeutung des CE- Kennzeichens für den Einsatz des Gerätes.*
4. *In einem Palettenregal aus Metall können auf jedem Auflagepaar 3 Paletten eingelagert werden. In einem Regalfeld befinden sich 3 Auflagepaare der Länge 2,50 m. Die Feldlast beträgt 7500 kg.*
   a *Erklären Sie die Begriffe Fachlast und Feldlast.*
   b *Skizzieren Sie das Regal und ordnen Sie die Begriffe Fachlast und Feldlast zu.*
   c *Berechnen Sie die maximale Fachlast, für eine gleichmäßige Verteilung der Paletten auf den Auflagepaaren.*
   d *Berechnen Sie die maximale Durchbiegung eines Auflagepaare.*
5. *Sie haben die Aufgabe, eine Gebrauchsanweisung für einen gefährlichen Stoff (Haushaltsreiniger) zu erstellen.*
   a *Welche Informationen zum Gefahrstoff muss die mit zu liefernde Gebrauchsanweisung mindestens enthalten?*
   b *Besorgen Sie sich die Verpackung eines Haushaltsreinigers. Schreiben Sie die benötigten Informationen von der Verpackung des Haushaltsreinigers ab.*
6. *Erklären Sie, wie Sie sich nach dem Erkennen eines Brandes im Lager richtig verhalten.*

8 Produktivitätskennzahlen im Lager

Einstiegssituation

In der 7 m hohen Lagerhalle der Firma Rainer Möller GmbH sollen Baustoffe eingelagert werden. Die Baustoffe werden grundsätzlich auf Europaletten angeliefert. Die angelieferten Güter sind 3-fach stapelbar. Je nach Gut lassen sich Stapel von 1 m bis 6 m Höhe errichten. Es ist geplant, die Güter sortenrein zu lagern. Geschäftsführer Adrian Langenfeld überlegt, ob er Einfahrregale mit drei Ebenen einbauen oder die Güter wie bisher in Reihenlagerung einlagern soll.

Handlungsaufträge

1. *a) Vergleichen Sie die Lagerung in Reihenlagerung und in Einfahrregalen hinsichtlich der benötigten Stellflächen und Wegflächen bei gleicher Palettenzahl.*
   b) Vergleichen Sie die Auslastung des Lagerplatzes hinsichtlich der Lagerhöhe.
2. *Begründen Sie, welche Art der Einlagerung Sie Adrian Langenfeld vorschlagen. Berücksichtigen Sie dabei den vorhandenen Lagerraum.*

Nutzungsgrade geben ein prozentuales Verhältnis des wirklichen Werts zu einem Maximalwert einer betrachteten Größe an.

Im Lager steht dabei die Frage im Vordergrund, wie viel von dem zur Verfügung stehenden Raum/der Fläche tatsächlich für die Lagerung genutzt wird. Wenn der Geschäftsführer Adrian Langenfeld (vgl. Einstiegssituation oben) also eine fundierte Entscheidung über die zukünftige Art der Warenlagerung treffen will, muss er in der Lage sein, den Nutzungsgrad seines Lagers mithilfe bestimmter Formeln zu beurteilen.

Beispiele für Nutzungsgrade im Lager

Verfügbarer Raum/ Fläche	Genutzter Raum/ Fläche
Lagerflächen in Regalen (Raum und Flächennutzungsgrad von Regalen)	
maximal verfügbare Regalfläche	genutzte Regalfläche (durch Güter belegte Regalfläche)
maximal verfügbares Regalvolumen	genutztes Regalvolumen
Lagerflächen bezogen auf die Immobilie (Raum und Flächennutzungsgrad eines Lagergebäudes)	
maximale Gebäudefläche	mit Regalen belegte Fläche und Abstellflächen (Bodenlagerung)
maximales Gebäudevolumen	Volumen der Regale und der abgestellten Güter
Lagerfläche bezogen auf die zur Lagerung verfügbare Fläche (Raum und Flächennutzungsgrad eines Lagers)	
maximale Lagerfläche (Bruttolagerfläche)	durch die Lagereinheiten belegbare Lagerfläche (Nettolagerfläche)
maximales Lagervolumen	Volumen der gesamten eingelagerten Lagereinheiten

Die Auswahl der Nutzungsgrade muss so erfolgen, dass ein aussagekräftiger Vergleich, z. B. mit anderen Lagern, möglich ist.

Informieren Sie sich über die Berechnung von Lagerflächen im Kap. Fachrechnen auf S. 487ff.

Lagernutzungsgrad

$$\text{Flächennutzungsgrad} = \frac{\text{belegte Lagerfläche in m}^2 \times 100\ \%}{\text{verfügbare Lagerfläche in m}^2}$$

$$\text{Raumnutzungsgrad} = \frac{\text{belegter Lagerraum in m}^3 \times 100\ \%}{\text{verfügbarer Lagerraum in m}^3}$$

$$\text{Höhennutzungsgrad} = \frac{\text{tatsächlich genutzte Höhe des Lagers in m} \times 100\ \%}{\text{verfügbare Höhe des Lagers in m}}$$

Beispiel

Im folgenden Beispiel soll der Lagernutzungsgrad aus Bruttolagerfläche, Nettolagerfläche, der Lagerhöhe sowie der Höhe der Lagereinheiten ermittelt werden. Dabei werdenden Flächennutzungsgrad, Raumnutzungsgrad und Höhennutzungsgrad berechnet.

Das Lager hat eine Länge L = 20,00 m, Breite B = 12,00; Höhe H = 7,00 m. Die Lagereinheiten haben jeweils eine Höhe von 1,80 m und sind dreifach gestapelt.

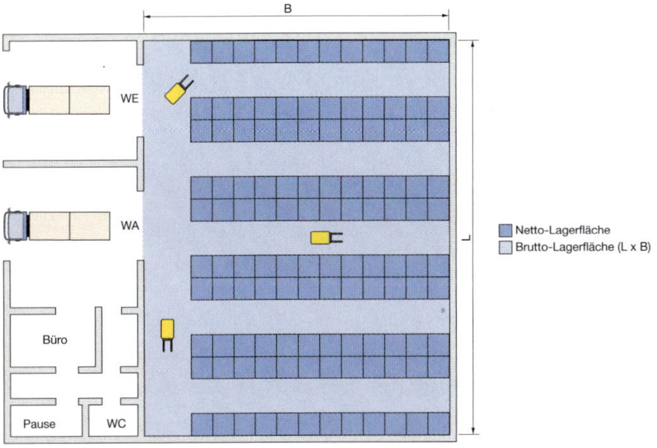

Grafische Darstellung: Brutto- und Nettolagerfläche

$$\text{Flächennutzungsgrad} = \frac{10 \times 1{,}20\ \text{m} \times 100\ \%}{20{,}00\ \text{m} \times 12{,}00\ \text{m}}$$

$$= 50\ \%$$

$$\text{Raumnutzungsgrad} = \frac{120 \times 0{,}96\ \text{m}^2 \times 3 \times 1{,}80\ \text{m} \times 100\ \%}{20{,}00\ \text{m} \times 12{,}00\ \text{m} \times 7{,}00\ \text{m}}$$

$$= 37\ \%$$

$$\text{Höhennutzungsgrad} = \frac{3 \times 1{,}80\ \text{m} \times 100\ \%}{7{,}00\ \text{m}}$$

$$= 77\ \%$$

Zusammengepackt

- Durch die Ermittlung von Nutzungsgraden wird die Auslastung z.B. einer Immobilie, eines Lagers oder einer Lagereinrichtung prozentual bestimmt.
- Im Lager unterscheidet man:
  Flächennutzungsgrad: als Verhältnis von maximal nutzbarer Fläche (Bruttolagerfläche) zu genutzter Fläche (Nettolagerfläche)
  Raumnutzungsgrad: als Verhältnis von maximal nutzbarem Raum zu genutztem Raum
  Höhennutzungsgrad: als Verhältnis von maximal nutzbarer Höhe zu genutzter Höhe.

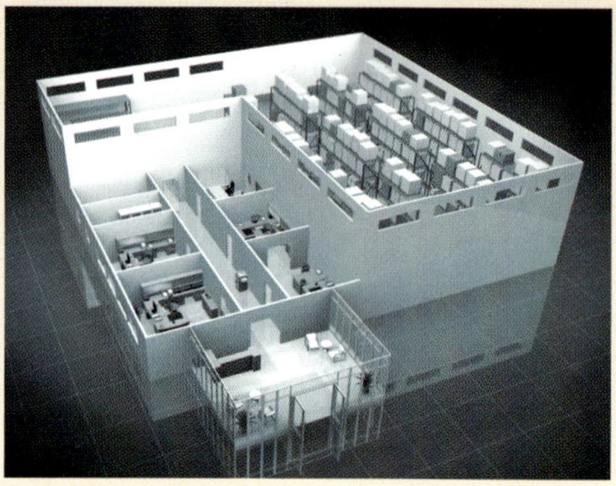

Aufgaben

1. *Ein Lagergebäude hat eine Fläche von 1200 m². Davon entfallen 100 m² auf Verkehrsflächen, 200 m² auf Arbeitsflächen und 40 m² auf Sozialräume. Der Rest des Gebäudes wird als Lagerfläche genutzt. Berechnen Sie den Flächennutzungsgrad dieses Lagers.*

2. *Ein Lagerraum hat die Länge 35 m, die Breite 20 m und eine Höhe von 12 m. Auf der Fläche stehen zehn Blockstapel mit Europaletten. Die Paletten sind jeweils 1,00 m hoch und 4-fach gestapelt. In einem Block befinden sich jeweils 100 Paletten.*
   a *Berechnen Sie den Flächennutzungsgrad des Lagerraums.*
   b *Berechnen Sie den Raumnutzungsgrad des Lagerraums.*
   c *Berechnen Sie den Höhennutzungsgrad des Raums.*

3. *In einem Regalfach befinden sich Faltschachteln der Größe 50 cm x 50 cm x 50 cm. Ein Regalfach ist 2,00 m lang, 0,70 m hoch und 0,60 m tief. Ermitteln Sie die Raumausnutzung je Regalfach.*

Situation zu Aufgabe 4. – 6.
In einem Lagerraum der Länge 15,00 m und der Breite 8,00 m und der Höhe 9,00 m werden Kisten der Größe 1,00 m x 1,00 m x 1,00 m in Bodenlagerung wie folgt gelagert.

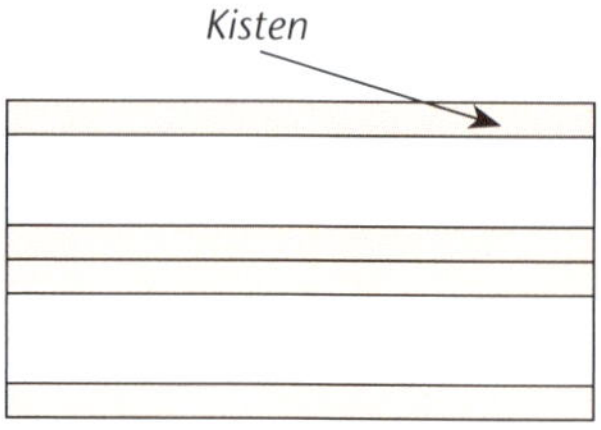

4. a *Berechnen Sie, wie viele Kisten ungestapelt in diesem Lager eingelagert werden können.*
   b *Berechnen Sie für diese Anordnung der Kisten im Lager den Flächennutzungsgrad, den Raumnutzungsgrad und den Höhennutzungsgrad*

5. a *Berechnen Sie die maximale Stapelhöhe (nur ganze Kisten) wenn für die Stapelung mit dem Gabelstapler zwischen Gabelzinken und Dach ein Sicherheitsabstand von 1,75 m einzuhalten ist.*
   b *Berechnen Sie die maximale Anzahl an Kisten aller Reihen (siehe Abbildung).*
   c *Berechnen Sie für diese Anordnung der Kisten im Lager den Flächennutzungsgrad, den Raumnutzungsgrad und den Höhennutzungsgrad.*
   d *Vergleichen Sie die Nutzungsgrade aus Aufgabe 4 und 5. miteinander.*

6. *Der Lieferant setzt neue Packmittel mit der Grundfläche 1,20 m x 1,20 m bei gleicher Höhe ein. Die Lagerung ist weiterhin wie in der Abbildung möglich.*
   a *Berechnen Sie die Anzahl der Kisten pro Reihe bei ungestapelter Lagerung.*
   b *Berechnen Sie die Veränderungen der Nutzungsgrade bei gestapelter Lagerung wenn die Anordnung der Kisten wie in Aufgabe 5c erfolgt.*

Lernfeld 3

Güter bearbeiten

1 Was versteht man unter Güterpflege?

2 Wann arbeitet ein Betrieb wirtschaftlich?

1 Was versteht man unter Güterpflege?

Einstiegssituation

Maria macht eine Ausbildung zur Fachkraft für Lagerlogistik bei einem Großhändler für die Gastronomie. Neben Lebensmitteln werden auch diverse Küchenutensilien für den Gastronomiebedarf angeboten.
Nachdem Maria in den letzten Wochen viel über das Annehmen und das Einlagern von Gütern gelernt hat, soll sie sich in dieser Woche um die qualitative und quantitativen Güterpflege im Frischelager kümmern.
Im Frischelager befinden sich sämtliche Lebensmittel, die in einem Privathaushalt im Kühlschrank gelagert werden, wie z. B. Milchprodukte, Wurstartikel und Gemüse.
„Was kommt da nur auf mich zu?", fragt sich Maria.

Handlungsaufträge

1. *a) Schlagen Sie im Fremdwörterlexikon nach: Was versteht man unter den Adjektiven „qualitativ" und „quantitativ"?*

2. *a) Beantworten Sie Marias Frage: Welche Arbeiten werden bei der qualitativen Güterpflege auf sie zukommen?*
b) Welche Arbeiten werden bei der quantitativen Güterpflege auf Maria zukommen?
c) Warum ist eine qualitative und quantitative Güterpflege wichtig?

1.1 Welche Güterarten gibt es?

Der Fachlagerist bzw. die Fachkraft für Lagerlogistik kann in den unterschiedlichsten Betrieben arbeiten, (vgl. Lernfeld Güter lagern; Kapitel 2.2).

Definition

Ein **Betrieb** ist eine örtliche, technische und organisatorische Einheit zum Zwecke der Erstellung von Gütern.

Wir unterschieden folgende **Betriebsarten**:

Industrie-, Handels- und Dienstleistungsbetriebe

Betriebsarten		
Industriebetriebe	**Handelsbetriebe**	**Dienstleistungsbetriebe**
Industriebetriebe stellen den größten Wirtschaftzweig in der Gesamtwirtschaft dar. Generell haben sie die Aufgabe der **Gewinnung** (z. B. das Fällen eines Baums), **Veredelung** (z. B. das Zuschneiden des Holzes im Sägewerk) und **Verarbeitung** (z. B. das Herstellen von Holzmöbeln) von Stoffen mithilfe von Maschinen und Arbeitsleistungen.	Handelsbetriebe werden nach den Formen **Großhandel** und **Einzelhandel** unterschieden. Zu den Kunden des Großhandels gehören **gewerbliche Nachfrager** (z. B. Einzelhandels-, Handwerks-, Gastronomie-, Industrieunternehmen). Die Kunden des Einzelhandels sind die **private Haushalte** (Verbraucher).	Sie erstellen und verkaufen Dienstleistungen (s. u.) unterschiedlichster Art. Nach der Art der erbrachten Leistungen lassen sich folgende **Dienstleistungszweige** unterschieden: ▪ Handelsbetriebe ▪ Transport- und Verkehrsbetriebe ▪ Kreditinstitute ▪ Versicherungsbetriebe ▪ usw.

Betriebe unterscheiden sich des Weiteren nach verschiedenen Branchen.

Definition

Als **Branche** bzw. Wirtschaftszweig bezeichnet man Unternehmen, die nah verwandte Güter herstellen oder damit handeln.

Zum Beispiel gibt es bei den Industriebetrieben die Automobilbranche, bei den Handelsbetrieben die Lebensmittelbranche und bei den Dienstleistungsbetrieben die Informationstechnologiebranche (IT-Branche).

In diesen unterschiedlichen Betriebsarten und Branchen, in denen jeweils Lagermitarbeiter benötigt werden, fallen unterschiedliche **Güterarten** an.

Definition

Als **Gut** bezeichnet man alle Mittel, die der Bedürfnisbefriedigung dienen. Güter unterteilen sich in **freie** (z. B. Wasser, Sonnenlicht, Luft) und **wirtschaftliche Güter** (z. B. Kleidung, Maschinen).

freie Güter

Wirtschaftliche Güter sind **knapp**. Sie stehen also nur begrenzt zur Verfügung. Die wirtschaftlichen Güter lassen sich einteilen in:

Wirtschaftliche Güter

Wirtschaftliche Güter	
Immaterielle Güter	**Materielle Güter**
Immaterielle Güter sind Güter, die man **nicht anfassen** kann. Die wichtigste Gruppe innerhalb der immateriellen Güter bilden die **Dienstleistungen**. Bei den Dienstleistungen fallen die Herstellung und der Verbrauch von Materialien oder Arbeitsleistungen zeitlich und örtlich zusammen, z. B. die Wartung eines automatischen Regalbediengeräts oder die Reparatur eines Gabelstaplers. Folglich sind immaterielle Güter **nicht lagerfähig**. Beispiele Leistungen von Handwerksbetrieben, Transportunternehmen, Banken, Versicherungen usw.	Materielle Güter werden auch als **Sachgüter** bezeichnet. Sie sind körperlich vorhanden, d. h., man kann sie sehen und anfassen. Bevor die Sachgüter beim Empfänger landen, müssen sie hergestellt werden, Dafür ist es oftmals notwendig, die Roh-, Hilfs- und Betriebsstoffe zur Herstellung zu beschaffen, einzulagern, zu kommissionieren und an die Produktion weiterzuleiten. Die fertigen Sachgüter werden ebenfalls wieder eingelagert, kommissioniert und versandfertig gemacht, bevor sie auf dem Weg zum Empfänger gebracht werden, der diese Sachgüter wieder einlagern wird usw. Folglich sind die materiellen Güter **lagerfähig**. Beispiele Lebensmittel, Baustoffe, Fahrzeuge, Maschinen, Kleidung, Rohstoffe usw.

1.2 Kontrolle der Güter auf Qualität

Je nachdem in welcher Branche eines Betriebs der Fachlagerist oder die Fachkraft für Lagerlogistik arbeitet, müssen die zu lagernden Güter anders behandelt werden. Jemand, der in der Lebensmittebranche arbeitet, wird bei der Güterpflege auf andere Dinge achten müssen als jemand, der überwiegend mit Schüttgütern, wie z. B. Kies und Sand, zu tun hat.

Durch die **qualitative Güterpflege** sollen Schäden an den Gütern rechtzeitig erkannt werden. Sie sollen grundsätzlich vermieden werden, um die wirtschaftlichen Folgen für das Unternehmen einzugrenzen.

Die Güter im Lager können beschädigt werden durch:
- falsche Lagerung,
- unsachgemäße Behandlung beim innerbetrieblichen Transport,
- mangelnde Qualitätskontrollen.

Definition

Die **Qualität** bezeichnet die **Beschaffenheit** bzw. die **Güte** eines Gutes. Die Qualität eines Gutes ist gegeben, wenn das Gut alle **Eigenschaften** und **Merkmale** besitzt, um die für das Gut festgelegten Ziele zu erreichen.

qualitative Güterpflege

Unter der qualitativen Güterpflege versteht man die Pflege und Einlagerung der eingelagerten Güter entsprechend ihrer Eigenschaften und Merkmale. Folgende **Arbeitsschritte** fallen (z. B. für die Auszubildende Maria aus dem Fallbeispiel) bei einer qualitativen Güterpflege an:
- regelmäßige **Qualitätskontrollen**
- Beseitigung von **Staub** und anderen **Verunreinigungen** an den Gütern
- **Aussortieren** und **Entsorgen** der beschädigten oder verdorbenen Güter
- Einhaltung der **Lagertemperatur**
- Schutz der Güter vor **Druck**, **Stoß** und **Erschütterungen** bei der Einlagerung
- Schutz der Güter vor starker **Sonnen**- bzw. **Lichteinstrahlung**
- Schutz der Güter vor starker **Luftfeuchtigkeit**
- Beachtung der **Lagergrundsätze**: First in – first out, Last in – last out, Highest in – first out (vgl. Lernfeld Güter lagern, Kapitel 6.2.3)
- Überwachung des **Mindesthaltbarkeits**- und des **Verbrauchs**- bzw. **Verfallsdatums**

Definition

Das **Mindesthaltbarkeitsdatum** gibt an, dass ab diesem Datum die Gewähr des Herstellers für spezielle Eigenschaften (z. B. Geschmack, Aussehen oder Konsistenz) abläuft. Die Güter können jedoch noch verzehrt werden.

Das **Verbrauchsdatum** gibt an, bis wann das Lebensmittel verbraucht sein sollte. Die gesetzlich vorgeschriebene Kennzeichnung lautet: „verbrauchen bis ...". Es ist das Datum, ab dem Lebensmittel (z. B. Fisch, rohes Geflügelfleisch), die sehr leicht verderblich sind und von denen nach kurzer Zeit eine unmittelbare Gefahr auf den Menschen übergeht, nicht mehr verkauft und nicht mehr verzehrt werden dürfen.

Oft wird für das Verbrauchsdatum auch die Bezeichnung **Verfallsdatum** verwendet.
Das **Verfallsdatum** wird jedoch häufig in der Medizin verwendet. Es beschreibt bei Arzneimitteln, bis zu welchem Datum das Produkt zu verwenden ist.

Beispiel „qualitative Güterpflege"

Folgendes Produkt soll einer qualitativen Prüfung unterzogen werden. Das Produkt wird in einer Verpackungseinheit von 12 Stück in einem Karton in einem Fachbodenregal im Frischelager aufbewahrt.

Bild	Produktinformationen
	Die Haltbarkeit der Vollmilch wird durch ein innovatives, besonders schonendes Verfahren erhöht. Durch ein spezielles Erhitzungsverfahren bleiben alle wertvollen Inhaltsstoffe erhalten. Diese Technik wurde entwickelt, um auf die Bedürfnisse der modernen Frischmilch-Liebhaber einzugehen: frischer Milchgenuss über lange Zeit bei vollem, natürlichen Milchgeschmack. Bitte bewahren Sie diese OM-Vollmilch immer im Kühlschrank auf. Produktname: OM-Länger frische Vollmilch Fettgehalt: 3,5 % Gewichtseinheit: 1 Liter Verrechnungseinheit: Packung Karton-Inhalt: 12 Stk. Paletteninhalt: 65 Trays Trays je Lage: 13 Lagerung: gekühlt bei 6 °C Becher/Packung: Verbundkarton Tray: Kartontray

Für die qualitative Güterpflege sind folgende Arbeitsschritte notwendig:

- **Vergleich der Produktinformationen**: Die Artikelbezeichnung und -nummer werden verglichen, um zu überprüfen, ob es sich um den richtigen Artikel handelt. Wenn z. B. die Vollmilch mit einem Fettgehalt von 1,5 % in diesem Regalfach liegen würde, hätte das Gut nicht die gewünschte Güte erfüllt, da eine Eigenschaft fehlt.
- **Haltbarkeit**: Bei Lebensmittel ist immer auf das Mindesthaltbarkeitsdatum zu achten. Wenn das Mindesthaltbarkeitsdatum überschritten wurde oder in naher Zukunft erreicht wird, sollte dieses Produkt aussortiert werden.
- **Beachtung des Lagergrundsatzes**: Ältere Milchtüten nach vorne und neuere Ware nach hinten.
- **Temperatur**: Dieses Produkt muss bei 6 °C gelagert werden. Wenn diese Temperatur über- bzw. unterschritten wird, kann das Produkt seinen Geschmack verlieren oder verderben. Im Frischelager muss also die Temperatur kontrolliert werden.
- **Beschädigungen oder Verunreinigungen**: Es sollten nicht zu viele Verpackungseinheiten übereinandergestapelt werden, damit der Druck auf die unteren nicht zu stark wird. Des Weiteren sollte kontrolliert werden, ob die Güter frei von Verunreinigungen sind.

1.3 Kontrolle der Güter auf Quantität

Zur Güterpflege gehört neben der qualitativen Pflege auch die **quantitative Güterpflege**.

Definitionen zum Thema „Inventur"

Unter der quantitativen Güterpflege versteht man die **mengenmäßige Kontrolle der Güter**. Mengenmäßige Kontrollen erfolgen durch eine **Inventur**.

Unter einer Inventur versteht man eine **Bestandsaufnahme aller Vermögensgegenstände und Schulden** eines Unternehmens nach Art, Menge und Wert.

Durch die Inventur kann kontrolliert werden, ob die **Istbestände** mit den **Sollbeständen** übereinstimmen.

Der Sollbestand wird der Lagerbuchhaltung entnommen und stellt den **buchmäßigen Bestand** an Gütern dar.

Istbestand = tatsächlicher Bestand

Der Istbestand wird durch das Zählen, Messen bzw. Wiegen der Güter, die **tatsächlich** auf Lager sind, ermittelt.

Eine **Inventurdifferenz** liegt vor, wenn der Sollbestand und der Istbestand voneinander abweichen.

Inventurdifferenzen müssen festgestellt, geklärt und erfasst werden.

Wie oft in einem Betrieb die einzelnen Güter mengenmäßig erfasst werden, bleibt dem Betrieb überlassen. Allerdings ist jeder Kaufmann, der ein Handelsgewerbe betreibt, verpflichtet, **einmal im Jahr** eine Inventur durchzuführen (HGB § 240, Abs. 1).

Beispiel für Inventurdifferenzen

Bei ihrem Ausbilder, dem Großhändler für die Gastronomie, erfasst die Auszubildende Maria die Güter bei der Warenannahme sowie bei der körperlichen Inventur (s. u.) mit einem **mobilen Datenerfassungsgerät** (kurz: MDE-Gerät).

Zu Warenabgängen kommt es, wenn Kunden bei dem Großhändler einkaufen. Die Ausgänge werden durch eine **Scannerkasse** erfasst.

Maria liegen folgende Informationen zum Artikel „Naturjoghurt Kuhfrisch" vor:

Warengruppe	Milchprodukte	**Verpackungseinheit (VE):** 10 Becher in Kartonage	
Artikel	Naturjoghurt Kuhfrisch 1,5 % Fettgehalt 500-g-Becher	Artikelnummer	02154896
Sollbestand	100 Stück	10 VE	
Istbestand	150 Stück	15 VE	

Wie kann es zu dieser Differenz zwischen dem Sollbestand und dem Istbestand kommen?

Laut EDV bzw. Lagerbuchführung sollten zehn Verpackungseinheiten, also 100 Joghurtbecher auf Lager sein. Tatsächlich sind aber 15 Verpackungseinheiten auf Lager. Also sind insgesamt 50 Joghurtbecher mehr auf Lager als von der EDV-Buchführung erfasst.

Ursachen für die Abweichung:

- **Fehler bei der Warenannahme**: Fehler beim Zählen der Verpackungseinheiten
- **Fehlerhafte Buchung der Einlagerung**: falsche Eingabe in das mobile Datenerfassungsgerät
- **Fehlerhafte Buchung der Auslagerung**: Der Artikel wurde beim Verkauf an der Kasse zu oft gescannt.

- **Falsche Einlagerung**
- **Diebstahl** (Im Fall: Istbestand < Sollbestand)
- **Fehler bei der körperlichen Inventur** (s. u.): Verzählen der Verpackungseinheiten und/oder falsche Eingabe in das mobile Datenerfassungsgerät

Vier-Augen-Prinzip

Mögliche Fehler bei der Inventur sollten durch das **Vier-Augen-Prinzip** vermieden werden. Die Aufnahme der Bestände sollte demnach von jeweils zwei Personen durchgeführt werden. Die eine Person überprüft somit den von der anderen Person erfassten Bestandswert.

Generell ist der buchmäßige Bestand zu berichtigen. Der Sollbestand wird hierbei dem Istbestand angeglichen, da dieser den tatsächlichen Bestand eines Gutes auf Lager angibt.

Arten von Inventuren
In einem Betrieb können Inventuren auf unterschiedliche Art und Weise durchgeführt werden.

Die Bestandsaufnahme kann durch eine **körperliche Inventur** oder durch eine **Buchinventur** erfolgen.

Die Inventurunterlagen müssen zehn Jahre lang aufbewahrt werden.

Körperliche Inventur
Buchinventur

Inventurarten nach der Art der Bestandsaufnahme	
Körperliche Inventur	**Buchinventur**
Die Bestandsaufnahme der Vermögenswerte erfolgt **körperlich**. Die Vermögensgegenstände eines Unternehmens werden durch Zählen, Messen, Wiegen oder Schätzen erfasst. Vermögenswerte eines Unternehmen, die körperlich erfasst werden können, sind z. B. sämtliche Güter, die sich auf Lager oder im Verkaufsraum befinden.	Die Bestandsaufnahme bestimmter Vermögenswerte und Schulden erfolgt anhand **schriftlicher Unterlagen**. Folglich ersetzt die Buchinventur die körperliche Inventur. Vermögenswerte eines Unternehmens, die durch die Buchinventur erfasst werden können, sind z. B. das Bankguthaben, das durch einen Kontoauszug nachgewiesen wird, oder Anlagendateien der einzelnen Maschinen und Fahrzeuge. Schulden in einem Unternehmen, die durch die Buchinventur erfasst werden können, sind z. B. Kreditverträge oder offene Rechnungen gegenüber Lieferanten (Verbindlichkeiten).

Die Durchführung einer Inventur ist gesetzlich vorgeschrieben und muss bei folgenden Anlässen durchgeführt werden:
- bei einer **Gründung** oder einer **Übernahme** einer Geschäftstätigkeit,
- bei einer **Auflösung** oder einem **Verkauf** einer Geschäftstätigkeit,
- am **Ende eines Geschäftsjahres** (31. Dezember).

Aus den Werten der Inventur muss der Unternehmer ein Bestandsverzeichnis, das **Inventar**, erstellen. Das Inventar ist wiederum die Grundlage für die **Bilanz**. Die Bilanz stellt das Vermögen und das Kapital eines Unternehmens in Kontenform gegenüber.

Jeder Kaufmann ist laut HGB § 242 Abs. 1 Satz 1 zu Beginn seines Handelsgewerbes und für den Schluss eines jeden Geschäftsjahres (Bilanzstichtag) verpflichtet, eine Bilanz zu erstellen.

Ein Geschäftsjahr beginnt am 1. Januar und endet mit dem 31. Dezember eines Jahres. Die Daten der Bestandserfassung aus der Inventur müssen daher den Werten zum 31. Dezember entsprechen.

Für viele Unternehmer ist eine Inventur am 31. Dezember nicht möglich oder zu aufwendig, da sie nicht alle Werte an einem Tag erfassen können.

> Beispiele
>
> Wenn ein Einzelunternehmer im Lebensmittelbereich sein Geschäft am 31. Dezember wegen der Durchführung der Inventur schließen muss, muss er auch mit starken Umsatzeinbußen rechnen.
>
> Industriebetriebe haben oftmals so viele Roh-, Hilfs- und Betriebsstoffe zu erfassen, dass eine Inventur zum 31. Dezember nicht möglich ist, da der Arbeitsumfang viel zu groß ist.

Deshalb kann die Bestandsaufnahme der Inventur zu **unterschiedlichen Zeitpunkten** erfolgen. Somit werden weitere Inventurarten nach dem Zeitpunkt der Bestandsaufnahme unterschieden.

Inventurarten nach dem Zeitpunkt der Bestandsaufnahme			
Stichtagsinventur bzw. zeitnahe Inventur	permanente Inventur	verlegte Inventur	Stichprobeninventur

1.3.1 Stichtagsinventur bzw. zeitnahe Inventur

Stichtagsinventur

Eine Inventur, die am letzten Tag des Geschäftsjahres (31. Dezember) durchgeführt wird, nennt man **Stichtagsinventur**.

zeitnahe Inventur

Da es für viele Unternehmen schwierig ist, alle Bestände zum 31. Dezember zu erfassen (s. o.), hat es der Gesetzgeber ermöglicht, die Bestände **zeitnah** aufzunehmen. Die **zeitnahe Inventur** erlaubt die Aufnahme der Bestände innerhalb einer Frist von **zehn Tagen vor** oder **zehn Tagen nach dem Bilanzstichtag**.

> Beispiele
>
> Zeitraum für die Durchführung einer Stichtagsinventur
>
> 21.12. | Stichtag 31.12. | 10.01.
>
> 10 Tage vorher | 10 Tage später

Allerdings müssen die Bestandsveränderungen von Gütern, die zwischen dem Bilanzstichtag und dem Aufnahmetag vorgefallen sind, **mengen-** und **wertmäßig** erfasst werden. Der Bestand eines Gutes wird entweder durch eine **Fortschreibung** oder durch eine **Rückrechnung** auf den 31. Dezember datiert.

Generell werden die Bestände, die sich im Unternehmen befinden, immer zum Einkaufspreis bzw. Bezugspreis bewertet.

Beispiel für eine Fortschreibung

Maiskonserve Natur, 340 g Art. 2467190		10 Konserven = 1 Verpackungseinheit Einkaufspreis je VE = 4,90 EUR
	Menge in VE	Gesamtwert in EUR
Bestand lt. Inventur zum 23.12.	40	196,00
– Verkauf 24.12.	8	39,20
– Verkauf 27.12.	14	68,60
+ Zugang 28 12.	20	98,00
– Verkauf 30.12.	22	107,80
= Bestand zum 31.12.	**16**	**78,40**

*Bei einer **Bestandsfortschreibung** werden **Abgänge** (Verkauf oder Verbrauch von Gütern) immer vom Inventurwert **abgezogen** und **Zugänge** (Einkauf bzw. Warenannahme von Gütern) **dazugerechnet**.*

Beispiel für eine Rückrechnung

H-Milch Alm, 1,5 % Fettgehalt Art. 3562780		10 Tüten = 1 Verpackungseinheit Einkaufspreis je VE = 5,00 EUR
	Menge in VE	Gesamtwert in EUR
Bestand lt. Inventur zum 09.01.	110	550,00
+ Verkauf 02.01.	25	125,00
+ Verkauf 04.01.	6	30,00
+ Verkauf 06.01.	13	65,00
– Zugang 07.01.	150	750,00
+ Verkauf 08.01.	27	135,00
= Bestand zum 31.12.	**31**	**155,00**

*Bei einer **Bestandsrückrechnung** werden **Abgänge** (Verkauf oder Verbrauch von Gütern) immer zum Inventurwert **dazugerechnet** und **Zugänge** (Einkauf bzw. Warenannahme von Gütern) **abgezogen**.*

1.3.2 Permanente Inventur

Die **permanente Inventur** ist eine besondere Form der Bestandsaufnahme, weil die körperliche Bestandsaufnahme der Güter das gesamte Geschäftsjahr möglich ist.

permanente Inventur

Beispiele

Zeitraum für die Durchführung einer permanenten Inventur

01.01. 31.12.

Die körperliche Inventur findet an einem beliebigen Tag innerhalb des Geschäftsjahres statt.

Bei dieser Inventurart ist es also möglich, die körperliche Bestandaufnahme zu einem Zeitpunkt anzusetzen, an dem z. B. die niedrigsten Bestände erwartet werden. Dadurch wird der Arbeitsaufwand minimiert.

Die Durchführung der permanenten Inventur ist allerdings nur möglich, wenn sich der Bestand eines Gutes aufgrund von Unterlagen (z. B. Belege, Lagerdatei, Lagerfachkarte) **buchmäßig ermitteln** lässt. Es müssen also alle Zu- und Abgänge nachprüfbar sein. Der am Bilanzstichtag ermittelte Sollbestand darf dann als Istbestand angesetzt werden.

Die permanente Inventur kann nur unter folgenden **Voraussetzungen** durchgeführt werden:

- Alle Zu- und Abgänge müssen unter Angabe des Datums, der Art und der Menge nachprüfbar sein.
- **Mindestens einmal im Jahr** ist der tatsächliche Bestand (**Istbestand**) durch eine körperliche Inventur zu ermitteln und mit dem Sollbestand zu vergleichen und ggf. zu berichtigen.
- Das **Datum** der körperlichen Inventur ist in der Lagerfachkarte bzw. der Lagerdatei zu vermerken.

Beispiele

Lagerdatei:

Artikelbez.	*Bratpfanne Super Genuss*
Artikelnummer	5694271
Lieferer	Gastro 2012
Bezugspreis	25,00 EUR
Mindestbestand	15 Stück
Meldebestand	40 Stück
Höchstbestand	120 Stück

Datum	Beleg	Zugänge	Abgänge	Bestand	
1. Jan	Inventur			110	
3. Feb.	Kassenbeleg 210		10	100	
15. März	Kassenbeleg 320		30	70	
10. April	Kassenbeleg 455		15	55	
16. Mai	Kassenbeleg 567		12	43	
21. Mai	Kassenbeleg 598		8	35	
25. Mai	Körperliche Inventur			35	Gezählt von Maria M.
3. Juni	Eingangsrechnung 451	90		125	
16. Juni	Kassenbeleg 6598		5	120	

Datum	Beleg	Zugänge	Abgänge	Bestand	
27. Juli	Kassenbeleg 7564		20	100	
4. Aug.	Kassenbeleg 8012		17	83	
18. Aug.	Kassenbeleg 8560		16	67	
20. Sept.	Kassenbeleg 9798		20	47	
14. Okt.	Kassenbeleg 10234		19	28	
20. Okt.	Eingangsrechnung 451	90		118	
3. Okt.	Kassenbeleg 10578		22	96	
15. Nov.	Kassenbeleg 11234		6	90	
7. Dez.	Kassenbeleg 12087		12	78	
20. Dez.	Kassenbeleg 12980		5	73	
31. Dez.	Sollbestand			73	

Im Gegensatz zur Stichtagsinventur erfolgt bei der permanenten Inventur eine **laufende Fortschreibung** der Güterbestände, die sich unter Berücksichtigung des Anfangsbestands und der erfolgten Zu- und Abgänge in einem Geschäftsjahr ergeben.

1.3.3 Verlegte Inventur

Manchmal kann eine Stichtagsinventur bzw. eine zeitnahe Inventur und eine permanente Inventur in einem Betrieb nicht umgesetzt werden. Das Unternehmen müsste z. B. den Geschäftsbetrieb schließen, oder eine kontinuierliche Fortschreibung der Bestände ist nicht möglich. In diesen Fällen ist die Durchführung einer **verlegten Inventur** vom Gesetzgeber erlaubt.

verlegte Inventur

Sie kann innerhalb der letzten drei Monate vor (**vorverlegte Inventur**) oder innerhalb der folgenden zwei Monate nach (**nachverlegte Inventur**) dem Bilanzstichtag durchgeführt werden.

Beispiele

01.10.	Stichtag 31.12.	28. bzw. 29.02.
3 Monate vorher		2 Monate später

Durch die Verschiebung in einem 5-Monats-Zeitraum kann die Inventur optimal vorbereitet und durchgeführt werden. Außerdem kann durch diese Inventurart in saisonalen Stoßzeiten ein größerer Arbeitsaufwand vermieden werden.

Bei dieser Inventurart muss eine **wertmäßige Fortschreibung** bzw. eine **Rückrechnung** zum Bilanzstichtag erfolgen.

Vorverlegte Inventur – Fortschreibung

Wert am Inventurstichtag
\+ Wert aller Zugänge (zwischen Inventur- und Bilanzstichtag)
– Wert aller Abgänge (zwischen Inventur- und Bilanzstichtag)
= Wert am Bilanzstichtag

Nachverlegte Inventur – Rückrechnung

	Wert am Inventurstichtag
–	Wert aller Zugänge (zwischen Inventur- und Bilanzstichtag)
+	Wert aller Abgänge (zwischen Inventur- und Bilanzstichtag)
=	Wert am Bilanzstichtag

1.3.4 Stichprobeninventur

Bei der **Stichprobeninventur** ist **keine** körperliche Bestandsaufnahme nötig, wenn der Bestand der Güter nach Art, Menge und Wert anhand von Stichproben mit **mathematisch-statistischen Verfahren** ermittelt werden kann. Zu diesen Verfahren gehören u. a. die freie Mittelwertschätzung sowie das gebundene Stichprobenverfahren.

Die Durchführung einer Stichprobeninventur muss den **Grundsätzen ordnungsmäßiger Buchführung** entsprechen. Darunter versteht man, dass die Vollständigkeit und Richtigkeit der aufgenommenen Güter gewährleistet wird. Die ermittelten Inventurbestände müssen die gleiche Aussagekraft wie die der körperlichen Inventur haben.

Eine Stichprobeninventur kann nur erfolgen, wenn u. a. der Bestand an hochwertigen Gegenständen den größten Anteil am Lagerbestand einnimmt. Folglich sollten mindestens 5 % der gelagerten Güter (= die Menge betreffend) 40 % des gesamten Lagerwerts (= Geldwert der eingelagerten Güter) ausmachen.

Während diese hochwertigen Gegenstände durch eine körperliche Bestandsaufnahme aufgelistet werden, erfolgt eine Stichprobe vom restlichen Bestand, mit deren Hilfe eine Hochrechnung auf den Lagerbestand vorgenommen wird. Eine weitere Voraussetzung für die Stichprobeninventur ist die Einlagerung von mindestens 2 000 unterschiedlichen Gütern.

Verbot der Stichprobeninventur
Zu den Gütern, die keiner Stichprobeninventur unterzogen werden dürfen, gehören leicht verderbliche Güter, wertvolle Güter und Güter, die unkontrollierbarem Schwund unterliegen.

Zusammengepackt

- Die **Güterpflege** im Lager hängt einerseits von der **Betriebsart** (Industrie-, Handels- und Dienstleistungsbetrieb) und andererseits von der **Güterart** (Lebensmittel, Baustoffe, Roh-, Hilfs- und Betriebsstoffe) ab.
- Unter „Güterpflege" versteht man die Kontrolle der Güter auf **Qualität** und **Quantität**.
- Die **qualitative Güterpflege** beinhaltet folgende Arbeitsschritte:
  - Qualitätskontrollen
  - Beseitigung von Verunreinigungen
  - Aussortieren und Entsorgen von Güter

- Überwachung der Lagertemperatur
- Schutz vor Druck, Stoß und Erschütterungen sowie Sonnen- bzw. Lichteinstrahlung und Luftfeuchtigkeit
- Beachtung der Lagergrundsätze (Fifo, Lifo, Hifo)
- Überwachung des Mindesthaltbarkeits- und des Verbrauchs- bzw. Verfallsdatum

- Unter der **quantitativen Güterpflege** versteht man die mengen- und wertmäßige Kontrolle der Güter. Sie erfolgt oftmals über eine **Inventur**.
- Eine Inventur ist die **Bestandsaufnahme aller Vermögenswerte und Schulden** nach Menge, Art und Wert in einem Unternehmen.
- Die Inventur ermöglicht einen **Soll-Ist-Vergleich** der Bestände. Inventurdifferenzen können somit erfasst, analysiert und korrigiert werden.
- Der **Sollbestand** ist der buchmäßige Bestand an Gütern. Der **Istbestand** der tatsächliche Bestand an Gütern auf Lager.
- Der Sollbestand ist dem Istbestand anzugleichen.
- Die Inventur unterscheidet sich nach ...

... der Art der Bestandsaufnahme in	... dem Zeitpunkt der Bestandsaufnahme in
– körperliche Inventur – Buchinventur	– Stichtagsinventur bzw. zeitnahe Inventur – permanente Inventur – verlegte Inventur – Stichprobeninventur

Aufgaben

1. *Beschreiben Sie, um welche Betriebsart es sich bei Ihrem Ausbildungsbetrieb handelt und zählen Sie die verschiedenen Güter auf.*
2. *Welche Arbeitsschritte sind für die qualitative Güterpflege bei folgenden Artikeln notwendig:*
   a *verschiedene Joghurtsorten im Kühlregal*
   b *Elektrogeräte im Fachbodenregal*
   c *Getreide im Silobunker*
3. *Die quantitative Güterpflege beinhaltet die Bestandsaufnahme der Güter.*
   a *Warum wird eine Inventur durchgeführt?*
   b *Unterscheiden Sie die körperliche Inventur von der Buchinventur.*
   c *Welche Inventurarten werden nach dem Zeitpunkt der Bestandsaufnahme unterschieden?*
4. *Stellen Sie in folgenden Fällen fest, um wie viel der Buchbestand vom Istbestand abweicht.*
   a *Tim erfasst mit dem MDE-Gerät den Wareneingang der Küchenmaschinen. Es werden insgesamt 20 Stück geliefert. Tim drückt versehentlich zweimal auf die Aufnahmetaste.*
   b *Ein Kunde kauft zehn Bratpfannen Super Genuss. Maria gibt allerdings 20 Pfannen in die Kasse ein.*
   c *Die Warenannahme von 200 Verpackungseinheiten Konservendosen Ananas wird als Auslagerung gebucht.*
5. *Bestimmen Sie für folgende Situationen die jeweilige Inventurart.*
   a *Ein Baustoffhändler will nicht wegen der Durchführung der Inventur schließen. Die Inventur erfolgt am 1. Januar.*
   b *Für ein Handelsunternehmen machen ca. 93 % der Güter 55 % des Lagerwerts aus.*
   c *Bei einem Großhändler für Schreibwaren gibt es für jeden Artikel eine Lagerdatei. Die Zugänge werden mit einem MDE-Gerät erfasst und die Abgänge über den Scanner der Kasse. Der Großhändler möchte in Bezug auf die körperliche Inventur an keinen Termin gebunden sein.*
   d *Ein Bekleidungsgeschäft schließt am 31. Dezember um 13.00 Uhr und macht eine Inventur.*
   e *Ein Möbelgeschäft schließt am 31. Oktober um 13.00 Uhr das Geschäft wegen Inventurarbeiten. Die Bilanz ist auf den kommenden 31.12. datiert.*

6. *Bei einer verlegten Inventur gab es folgende Werte:*
   a *Ermitteln Sie den jeweiligen Stichtagswert zum 31.12. bei der verlegten Inventur am 15.10.*

Wertzugänge 15.10 – 31.12	28 600,00 EUR
Bestandswert am Zähltag 15.10	1 860 000,00 EUR
Wertabgänge 15.10 – 31.12	852 000,00 EUR

   b *Ermitteln Sie den jeweiligen Stichtagswert zum 31.12. bei der verlegten Inventur am 20.02.*

Wertzugänge vom 31.12 – 20.02.	10 400,00 EUR
Wertabgänge vom 31.12 – 20.02	26 800,00 EUR
Bestandswert am Zähltag 20.02.	2 700 000,00 EUR

2 Wirtschaftlichkeit im Lager

Einführungssituation

Maria und ihre Kollegen und Kolleginnen aus dem Lager werden in das Büro des Lagerleiters, Herrn Santner, bestellt. Dieser legt ihnen folgenden Auszug vor:

◇	A	B	C
1	**Kostenentwicklung**		
2	**Abteilung Lager**		
3	Lagerkosten	1. Quartal	2. Quartal
4	**Kosten für das eingesetzte Kapital**	65.252,30 EUR	68. 654,10 EUR
5	**Personalkosten**	15.645,00 EUR	15.645,00 EUR
6	**Materilakosten**	1.235,00 EUR	1.648,00 EUR
7	**Kosten für die eingesetzten Arbeitsmittel**	889,00 EUR	1.360,00 EUR
8	**weitere Fixkosten**	2.950,00 EUR	2.950,00 EUR

„Wir müssen unbedingt Kosten einsparen, damit wir den Gewinn erhöhen können. Ich habe die Vorgabe von der Abteilung Rechnungswesen, dass wir die Positionen *Kosten für das eingesetzte Kapital* und die *Kosten für die eingesetzten Arbeitsmittel* im nächsten Quartal reduzieren müssen.
Wenn wir die Lagerbestände herunterfahren, können wir schon mal die erste Position reduzieren. Die Lagerbestände sind bei vielen Artikeln zu hoch." „Wenn ich nur verstehen würde, was Herr Santner genau meint!", denkt Maria.

Handlungsaufträge

1. *Helfen Sie Maria.*
   a) *Erklären Sie, was unter den einzelnen Positionen der Lagerkosten zu verstehen ist.*
   b) *Begründen Sie, warum sich der Gewinn erhöht, wenn die Kosten gesenkt werden.*

2. a) *Warum reduzieren sich die Kosten für das eingesetzte Kapital, wenn die Lagerbestände heruntergefahren werden?*
   b) *Begründen Sie den starken Anstieg der Kosten für die eingesetzten Arbeitsmittel und beschreiben Sie, durch welche Maßnahmen sich die Kosten für die eingesetzten Arbeitsmittel reduzieren lassen.*

2.1 Was sind Kosten und welche Kosten fallen im Lager an?

Durch die Lagerhaltung entstehen unterschiedliche **Kosten**. Kosten stellen **finanzielle Ausgaben** für ein Unternehmen dar. Daher sollten sie grundsätzlich gering gehalten werden, damit das Unternehmen einen höheren Gewinn erzielen kann. Der Gewinn wird folgendermaßen ermittelt:

Gewinn = Einnahmen – Ausgaben

bzw.

Gewinn = Umsatzerlöse – Kosten

Umsatzerlöse bzw. Einnahmen erwirtschaftet ein Unternehmen überwiegend durch den Verkauf von Gütern und Dienstleistungen.

Umsatzerlöse bzw. Einnahmen = Verkaufspreis × Absatzmenge

Die Absatzmenge beschreibt die Menge, die verkauft bzw. verbraucht wurde.

Die Kosten setzen sich grundsätzlich folgendermaßen zusammen:

Kosten = variable Kosten + Fixkosten

Die **Fixkosten** sind die Kosten, die immer gleich bleiben und unabhängig von der Menge und dem Wert der eingelagerten Güter sind.

Beispiele

Löhne und Gehälter, die monatliche Miete für Lagerhallen oder Leasingraten für Fördermittel

Außerdem gibt es Kosten, die von den eingelagerten Gütern abhängig sind und nicht gleich bleiben. Diese Kosten nennt man **variable Kosten**. So bleibt z. B. der Einkaufspreis für ein Gut nicht immer gleich. Er kann sich erhöhen oder verringern. Da der wertmäßige Bestand eines Gutes immer mit dem Einkaufspreis bewertet wird (siehe Lernfeld 3, Kap. 1.3.1, S.140), ändert sich dieser also und ist somit variabel.

Variable Kosten = variable Stückkosten × Menge

Beispiel: Gewinnermittlung

	1. Quartal	2. Quartal
Umsatzerlöse	57 560,00 EUR	56 600,00 EUR
Fixkosten	5 750,00 EUR	5 750,00 EUR
variable Gesamtkosten	35 125,00 EUR	31 250,00 EUR
Gewinn	16 685,00 EUR	19 600,00 EUR

Da die Einkaufsabteilung für das zweite Quartal beim Lieferanten einen niedrigeren Einkaufspreis umsetzen konnte, haben sich die variablen Gesamtkosten reduziert. Somit konnte der Gewinn trotz des leichten Umsatzrückgangs erhöht werden.

*Das Ziel der **Gewinnmaximierung** wird durch eine **Verringerung der Kosten** erreicht.*

*Erwirtschaftet ein Unternehmen Gewinn, arbeitet es **wirtschaftlich**.*

Die Lagerkosten sind ein Teil der gesamten Kosten, die in einem Unternehmen anfallen können. Sie lassen sich unterteilen in:

Lagerkosten		
Kosten für die Lagerbestände	Kosten für die Lagerausstattung	Kosten für die Lagerverwaltung
Kosten für die gelagerten Güter ▪ Einkaufswert für die auf Lager liegenden Güter (totes bzw. eingesetztes bzw. gebundenes Kapital) ▪ Zinsen für das in den Lagerbeständen gebundene Kapital ▪ Versicherungsbeiträge für die Güter- bzw. Materialvorräte (Brandschutz-, Diebstahlversicherung) ▪ Wertminderung der Vorräte durch Schwund, Veralten und Verderb	**Kosten für das Lagergebäude und die Lagereinrichtungen** ▪ Raumkosten (Miete, Reinigung) ▪ Strom, Wasser und Gas ▪ Versicherungsbeiträge (Gebäudeversicherung, Hausratversicherung) ▪ Verzinsung des Kapitals ▪ Abschreibungen **Kosten für die eingesetzten Fördermittel, Maschinen und sonstigen Hilfsmitteln** ▪ Instandhaltungs- und Reparaturkosten ▪ Betriebskosten (Strom, Kraftstoff, Öl) ▪ Versicherungsbeiträge ▪ Abschreibungen ▪ Verzinsung des Kapitals	**Personalkosten** ▪ Löhne und Gehälter des Lagerpersonals ▪ Sozialversicherungsbeiträge **Materialkosten** ▪ Büromaterial für die Lagerverwaltung ▪ Verpackungsmaterial für den Versand der Güter

2.2 Wie können die Lagerkosten minimiert werden?

Um das Ziel der Gewinnmaximierung zu erreichen, müssen auch im Lager Kosten eingespart bzw. verringert werden. Dies kann man durch unterschiedliche Maßnahmen erreichen:

Ermittlung des optimalen Lagerbestandes

Die Bestimmung des optimalen Lagerbestands ist sehr schwierig. Einerseits sollen die Kosten der auf Lager liegenden Güter minimiert werden. Andererseits soll immer so viel auf Lager sein, dass eine hohe Lieferbereitschaft gewährleistet wird.

Nachteile eines zu großen Lagerbestands

- gebundenes Kaptial (totes Kapital
- erhöhte Lagerkosten
- Gefahr, dass die Güter verderben oder veralten, steigt.

Zielkonflikt der Lagerhaltung

Nachteile eines zu niedrigen Lagerbestands

- Lieferengpässe
- Kundenverlust
- Produktionsausfall

Ermittlung der optimalen Bestellmenge

Ein Instrument, das den Zielkonflikt der Lagerhaltung lösen kann, ist das Verfahren der optimalen Bestellmenge.
Wenn Güter in großen Mengen bestellt werden, reduziert der Unternehmer einerseits **Beschaffungs- bzw. Bestellkosten**, weil er z. B. Mengenrabatte ausnutzen kann und die Kosten für den Transport (Lieferung, Verpackung) nur einmalig oder seltener anfallen. Allerdings steigen die **Lagerkosten**.

*Die optimale Bestellmenge ist dann erreicht, wenn die **Summe aus Beschaffungs- und Lagerkosten am geringsten** ist.*

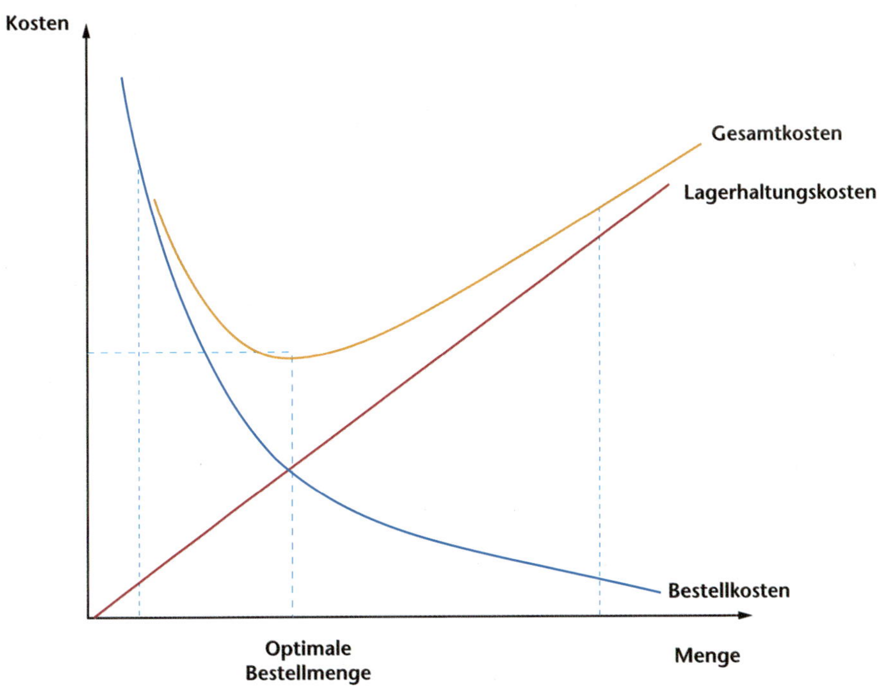

Klassifizierung der Güter in A-, B- und C-Güter

Durch die sogenannte **ABC-Analyse** kann ein Unternehmen Güter in A-, B- und C-Güter einteilen. Diese Klassifizierung kann wiederum nach dem **Wert der Güter** oder nach den **Verbrauchs-** bzw. **den Absatzmengen der Güter** unterteilt werden.

Klassifizierung der Güter nach dem Wert

Güterart	Beschreibung	Maßnahmen zur Kosteneinsparung
A-Güter	Güter, die **sehr teuer** sind	▪ Intensive Bemühungen bei der Beschaffung der Güter, um günstige Einkaufspreise zu erreichen (Angebotsvergleiche). ▪ Lagerbestände so gering wie möglich halten, um eine hohe Kapitalbindung zu vermeiden. ▪ Bestellverfahren optimieren, zum Beispiel nur im Bedarfsfall bestellen (Just-in-time-Verfahren), damit der Lagerbestand niedrig ist. ▪ Besondere Güterpflege durchführen, um Schäden an den Gütern zu vermeiden.
C-Güter	Güter, die einen **geringen Wert haben**	▪ Es sind keine intensive Bemühungen in Bezug auf die Beschaffung durchzuführen. ▪ Der Lagerbestand kann größer sein, da keine hohe Kapitalbindung vorliegt.

Klassifizierung der Güter nach dem Verbrauch

<table>
<tr><th>Güterart</th><th>Beschreibung</th><th colspan="2">Maßnahmen zur Kosteneinsparung</th></tr>
<tr><td rowspan="2">A-Güter</td><td rowspan="2">Güter, die sehr oft verkauft bzw. verbraucht werden, also eine hohe Umschlagshäufigkeit (siehe unten Lernfeld 3; Kapitel 2.3.3; S.156)</td><td colspan="2">Sie sollten im Lager so platziert werden, dass sie schnell zu greifen bzw. zu kommissionieren sind, zum Beispiel am Regalanfang und auf Greifhöhe (vgl. Lernfeld 5 „Güter kommissionieren“).
Dadurch ergeben sich folgende Vorteile:</td></tr>
<tr><td>Verringerung der Kommissionierzeit
↓
Erhöhung der Kommissionieraufträge
↓
Steigerung der Umsatzerlöse
↓
Gewinnmaximierung</td><td>Verringerung der Kommissionierzeit
↓
Einsparung von Personal
↓
Reduzierung der Kosten
↓
Gewinnmaximierung</td></tr>
<tr><td>C-Güter</td><td>Güter, die nur selten verkauft bzw. verbraucht werden, also eine geringe Umschlagshäufigkeit haben</td><td colspan="2">Diesen Gütern muss keine besondere Aufmerksamkeit bei der Lagerplatzvergabe verliehen werden. Sie können z. B. am Ende eines Regalgangs und oben oder unten im Regalfeld eingelagert werden.
Gegebenenfalls können diese Güter auch aus dem Sortiment genommen werden.</td></tr>
</table>

***B-Güter** sind Güter, die sich **wert- und verbrauchsmäßig zwischen den A- und C-Gütern** befinden. Die Maßnahmen zur Kosteneinsparung sollten bei B-Gütern von der Situation innerhalb eines Betriebs abhängig gemacht werden.*

Umweltbewusster und schonender Umgang mit den eingesetzten Arbeitsmitteln im Lager

Wenn alle Mitarbeiter in einem Unternehmen sich an folgende Verhaltensregeln halten, kann das Unternehmen Lagerkosten einsparen:

- Kein verschwenderischer Umgang mit Materialien (z. B. Verpackungsmaterial, Druckerpapier, Arbeitshandschuhe, usw.)
- Die Mitarbeiter gehen mit den eingesetzten Arbeitsmitteln (z. B. Werkzeuge, Maschinen, Fördermittel, usw.) vorsichtig um und pflegen diese.
- Die Mitarbeiter achten darauf, dass sie die Betriebsstoffe (z. B. Kraftstoffe, Öl) und Energiequellen sparsam und umweltbewusst einsetzen.
- Die Mitarbeiter halten sich an die Unfallverhütungsvorschriften und die Inhalte der Unterweisungen, um Arbeitsunfälle und gesundheitliche Beeinträchtigungen zu vermeiden (vgl. Lernfeld 4 „Güter im Betrieb transportieren"; Kapitel 4.2; S. 196)

Ermittlung der Lagerkennziffern

Die Ermittlung der Lagerkennziffern ermöglicht eine **Überwachung und Optimierung der Lagerbestände**.

Zum Beispiel kann durch das Ermitteln der Lagerkennziffern festgestellt werden, welche Güter *gut laufen*, also eine hohe Umschlagshäufigkeit haben, und welche nicht. Die *schlecht laufenden* Güter können dann aus dem Sortiment genommen werden. Sie verursachen somit keine Kosten mehr. Die Ermittlung der Lagerkennziffern dient also einer kostengünstigen Lagerhaltung.

Im folgenden Kapitel werden die einzelnen Lagerkennziffern in Bezug auf ihre Berechnung und Bedeutung näher betrachtet.

2.3 Welche Lagerkennziffern gibt es und was sagen diese aus?

Beispiel

Maria hat festgestellt, dass in ihrem Ausbildungsbetrieb die permanente Inventur angewendet wird. Sie hat eine körperliche Inventur mit dem mobilen Datenerfassungsgerät für die Warengruppe der Bratpfannen am 30.06. durchgeführt und die Daten an den Lagerleiter weitergegeben.

Dieser hat daraus folgenden Quartalsbericht erstellt:

◇	A	B	C	D	E	F	G	H	I
1					Lagerbestände und Auswertung				
2					Warengruppe: Bratpfannen				
3	Angaben in Stück								
4	Artikel-	Bestand am				Waren-	Durchschnittlicher	Lagerum-	durchschnittliche
5	nummer	1.April	30.April	31.Mai	30.Juni	einsatz	Lagerbestand	schlagshäufigkeit	Lagerdauer
6	125780	37	49	51	44	50	45	1.1	81
7	125781	84	69	67	73	420	73	5.7	16
8	125782	21	25	33	28	314	27	11.7	8
9	125782	115	97	113	122	621	112	5.6	16

Beispiel

Herr Santner wendet sich an Maria:

„Das regelmäßige Erstellen eines Quartalsberichts aufgrund der Bestände lohnt sich. Die Lagerkennziffern sagen ja so viel aus. Schauen Sie mal! Die Bratpfanne mit der Artikelnummer 125780 sollten wir aus dem Sortiment nehmen. Dieser Artikel gehört eindeutig zu den Langsamdrehern. Der nimmt nur Platz weg und erhöht unsere Lagerkosten. Was meinen Sie?" „Er hat bestimmt recht", denkt sich Maria, „aber was ist denn bloß ein Langsamdreher?"

1. *Erklären Sie anhand des Quartalsberichts, wie der Lagerleiter zu der Feststellung kommt, dass der Artikel 125780 aus dem Sortiment genommen werden sollte.*
2. *Was sagen die Lagerkennziffern in dem Quartalsbericht aus?*
3. *Helfen Sie Maria. Was versteht man unter „Langsamdreher"?*

Warum ist es notwendig, die Lagerbestände zu erfassen?
Unter einer Optimierung der Lagerbestände versteht man, dass einerseits nicht zu viel auf Lager sein soll, damit die Kosten für das eingesetzte Kapital nicht zu hoch sind. Andererseits sollte der Lagerbestand auch nicht zu niedrig sein, damit eine ständige Lieferbereitschaft bzw. Produktionsbereitschaft gewährleistet ist. Um diesen **Konflikt der Lagerhaltung** (s. o.) einzugrenzen, ist es notwendig, die Bestände im Lager zu erfassen.

Aus den ermittelten Lagerbeständen können die **Bestandsarten** und die **Lagerkennziffern** ermittelt werden. Anhand dieser Daten ist es möglich, die logistischen Prozesse in einem Unternehmen zu optimieren. Es können Maßnahmen entwickelt werden, die die Lagerkosten senken und folglich den Gewinn erhöhen.

2.3.1 Die Bestandsarten

Durch den Verkauf bzw. Verbrauch von Gütern reduzieren sich die Lagerbestände ständig. Der Verkauf bzw. Verbrauch von Gütern muss daher beobachtet werden, damit die einzelnen Lagerbestände rechtzeitig wieder aufgefüllt werden können und eine ständige Liefer- bzw. Produktionsbereitschaft gewährleistet ist.

Das Auffüllen der Lagerbestände setzt eine Bestellung beim Lieferanten voraus. Also müssen die **Lieferzeit** sowie der **tägliche Verkauf bzw. Verbrauch** der Güter bis zur Ankunft der bestellten Ware bei der Planung berücksichtigt werden. Des Weiteren ist darauf zu achten, dass nicht zu viel bestellt wird, da sonst der Lagerbestand zu hoch sein könnte und somit unnötig die Lagerkosten erhöht.

Durch das Festlegen der Bestandsarten ist es möglich, diesen Prozess zu kontrollieren und zu verbessern (optimieren).

Bestandsarten		
Mindestbestand	**Meldebestand**	**Höchstbestand**
Der Mindestbestand ist der Bestand, der nur in Notfällen wie z. B. bei Lieferverzögerungen oder unvorhergesehenem Mehrverbrauch an Gütern unterschritten werden darf. Daher wird der Mindestbestand auch als **eiserner Bestand** oder **Sicherheitsbestand** bezeichnet. Der Mindestbestand gewährleistet eine **ständige Lieferbereitschaft** bzw. **Produktionsbereitschaft**.	Der Meldebestand ist der Bestand, bei dem neue Güter **bestellt** werden müssen. Der Meldebestand ist abhängig von der **Lieferzeit** und dem **täglichen Verkauf** bzw. **Verbrauch** von Gütern.	Der Höchstbestand gibt an, wie viel **maximal** auf Lager sein sollte. Er sollte nicht überschritten werden, da sonst die Lagerkosten für das eingesetzte Kapital steigen. Meist wird der Höchstbestand beim Eintreffen der neuen Lieferung erreicht.

Die Bestandsarten lassen sich durch folgende Formeln rechnerisch ermitteln:

Meldebestand = (Tagesverbrauch × Lieferzeit) + Mindestbestand

Höchstbestand = Mindestbestand + Bestellmenge

Bestellmenge = Höchstbestand - Mindestbestand

Beispiel: Bestandsentwicklung für den Artikel „Gewürze aus aller Welt“

Vom Artikel „Gewürze aus aller Welt“ verkauft die Großhandlung für die Gastronomie im Durchschnitt 20 Stück am Tag. Der Mindestbestand wurde von der Lagerleitung auf 20 Stück festgelegt. Die optimale Bestellmenge beträgt 120 Stück. Die Lieferzeit beträgt vier Tage. Am 30. April betrug der Lagerbestand 120 Stück.

Rechnerische Ermittlung

Meldebestand = (20 Stück × 4) + 20 Stück = 80 Stück + 20 Stück = 100 Stück

Höchstbestand = 20 Stück + 120 Stück = 140 Stück

Die Bestandsentwicklung lässt sich grafisch darstellen (s. u.). Anhand der grafischen Darstellung können die verschiedenen **Bestellzeitpunkte** abgelesen werden. Daher nennt man dieses Verfahren auch das **Bestellpunktverfahren**.

Beim Bestellpunktverfahren wird mit jedem Verkauf geprüft, ob damit der Meldebestand erreicht bzw. unterschritten worden ist. Ist dies der Fall, wird eine Bestellung beim Lieferanten ausgelöst.

Grafische Ermittlung

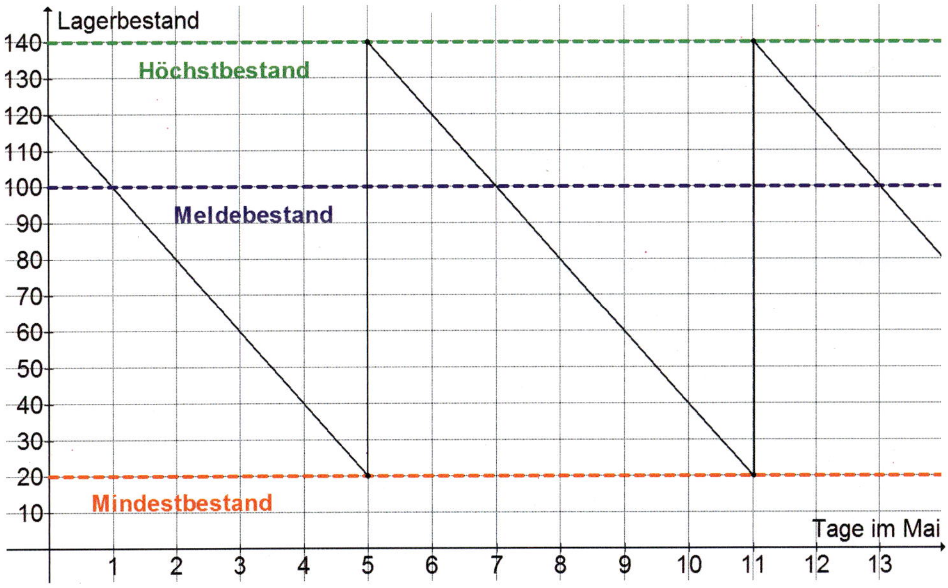

Da der Meldebestand am 1., 7. und 13. Mai erreicht wird, muss die Großhandlung an diesen Tagen bestellen, damit der Mindestbestand nicht unterschritten wird.

Am 5. und 11. Mai ist der Mindestbestand erreicht worden. Der Bestand wird an diesen Tagen durch die eingetroffene Lieferung bis auf den Höchstbestand aufgefüllt, da die Bestellung rechtzeitig ausgelöst wurde.

2.3.2 Der durchschnittliche Lagerbestand

Der durchschnittliche Lagerbestand (DLB) stellt für die Berechnung der weiteren Lagerkennziffern (Umschlagshäufigkeit, Lagerzinsen usw.) die Ausgangsgröße dar.

*Der **durchschnittliche Lagerbestand (DLB)** drückt aus, wie hoch der durchschnittliche Bestand eines Gutes während eines bestimmten Betrachtungszeitraums ist.*

Je nachdem, welchen **Betrachtungszeitraum** (z. B. ein Jahr, ein Quartal) man für die Berechnung des durchschnittlichen Lagerbestands heranzieht, können unterschiedliche Formeln benutzt werden:

Betrachtungszeitraum: Vom 1. Januar bis zum 31. Dezember (1 Jahr)

$$\text{Ø Lagerbestand} = \frac{\text{(Anfangsbestand (01. Jan.) + Endbestand (31. Dez.))}}{2}$$

$$\text{Ø Lagerbestand} = \frac{\text{(Anfangsbestand + 4 Quartalsendbestände)}}{5}$$

$$\text{Ø Lagerbestand} = \frac{\text{(Anfangsbestand + 12 Monatsendbestände)}}{13}$$

Beispiel 1: Betrachtungszeitraum vom 1. Januar bis zum 31. Dezember 20..

Es liegt folgende Lagerdatei vor:

Artikelbez.	*Dampfgarer Super 2020*
Artikelnummer	651278
Bezugspreis	85,00 EUR

Datum	Beleg	Zugänge	Abgänge	Bestand
1. Jan.	Inventur			180
7. Jan.	KB 01982		90	90
15. Jan.	KB 01456		40	50
3. Feb.	ER 80	200		250
16. Feb.	KB 02367		60	190

Der **Anfangsbestand** wird für alle drei Formeln benutzt.

Datum	Beleg	Zugänge	Abgänge	Bestand
21. Feb.	KB 02569		100	90
21. März	KB 03587		40	50
15. Apr.	ER 186	200		250
20. Apr.	KB 04520		75	175
16. Mai	KB 05124		110	65
30. Mai	KB 05988		20	45
4. Jun.	ER 204	200		245
18. Jun.	KB 06187		120	125
20. Jun.	KB 06355		85	40
27. Jun.	ER 219	200		240
11. Jul.	KB 07411		110	130
2. Aug.	KB 08417		30	100
15. Aug.	KB 08659		55	45
7. Sept.	ER 381	200		245
7. Okt.	KB 10333		50	195
14. Okt.	KB 10657		125	70
5. Nov.	KB 11007		35	35
9. Nov.	KB 11093	200		235
22. Nov.	ER 498		150	85
8. Dez.	KB 12109		20	65
31. Dez.	Inventur			65

Endbestand 1. Quartal: 50 Stück

KB = Kassenbeleg
ER = Eingangsrechnung

Endbestand 2. Quartal: 240 Stück

Endbestand 3. Quartal: 245 Stück

Jahresendbestand und Endbestand 4. Quartal

Für die Berechnung des durchschnittlichen Lagerbestands ergeben sich nach den drei Formeln folgende Ergebnisse:

- **Berücksichtigung Jahresanfangs- und Jahresendbestand**

$$\varnothing \text{ Lagerbestand} = \frac{(180 + 65)}{2} = \frac{245}{2} = 122{,}5 \text{ Stück} \approx \mathbf{122\ Stück}$$

Der durchschnittliche Lagerbestand sollte grundsätzlich in **ganzen Zahlen** angegeben werden, indem die Dezimalzahl immer **abgerundet** wird. Somit ergibt sich ein durchschnittlicher Lagerbestand unter Berücksichtigung des Jahresanfangs- und Jahresendbestands von 122 Stück.

- **Berücksichtigung der Quartalsendbestände**

Ein Jahr lässt sich in vier Quartale einteilen. Ein Quartal entspricht immer drei Monaten. Also ergeben sich folgende Quartale:

1. Quartal: 1. Januar bis 31. März
2. Quartal: 1. April bis 30. Juni
3. Quartal: 1. Juli bis 30. September

4. Quartal: 1. Oktober bis 31.Dezember

$$\varnothing \text{ Lagerbestand} = \frac{(180 + 50 + 240 + 245 + 65)}{5} = \frac{780}{5} = \mathbf{156\ Stück}$$

- **Berücksichtigung der Monatsendbestände**

Bei dieser Berechnung addieren wir die blau markierten Felder zum Jahresanfangsbestand hinzu. Die blau markierten Felder geben die Monatsendbestände an.

$$\varnothing \text{ Lagerbestand} = \frac{(180 + 50 + 90 + 50 + 175 + 45 + 240 + 130 + 45 + 245 + 70 + 85 + 65)}{13}$$

$$= \frac{1470}{13} = 113{,}08 \text{ Stück} \approx \mathbf{113\ Stück}$$

Alle drei Berechnungen zum durchschnittlichen Lagerbestand beziehen sich zwar auf denselben Artikel, liefern aber unterschiedliche Ergebnisse.

Je mehr Bestände in die Berechnung für den durchschnittlichen Lagerbestand einbezogen werden, umso genauer sind das Ergebnis und der Aussagegehalt des durchschnittlichen Lagerbestands.

Der durchschnittliche Lagerbestand kann **mengen-** oder **wertmäßig** angegeben werden. Für den wertmäßigen durchschnittlichen Lagerbestand gilt:

Wertmäßiger DLB = mengenmäßiger DLB × Einkaufs- bzw. Bezugspreis

Beispiele

Für den Artikel Dampfgarer Super 2020 ergibt sich somit der folgende durchschnittliche Lagerbestand in Euro:

Wertmäßiger DLB = 113 Stück × 85,00 EUR je Stück = **9 605,00 EUR**

Interpretation:
Im Durchschnitt haben sich im Jahr 20.. 113 Dampfgarer im Wert von 9 605,00 EUR auf Lager befunden.

1 Quartal = 3 Monate

Betrachtungszeitraum: Ein Quartal

Viele Unternehmen ermitteln ihre Lagerkennziffern nicht erst am Ende eines Jahres, sondern quartalsweise oder sogar monatlich. Dadurch können sie rechtzeitig auf Missstände reagieren und Maßnahmen zur Reduzierung der Lagerkosten treffen.

Die Berechnung des durchschnittlichen Lagerbestands verändert sich dann wie folgt:

$$\text{Ø Lagerbestand} = \frac{(\text{Quartalsanfangsbestand} + 3 \text{ Monatsendbestände})}{4}$$

Beispiel 2: Betrachtungszeitraum eines Quartals

Es liegt folgende Lagerdatei vor:

Artikelbez.	*Kaffeebohnen Mild (1000-g-Beutel)*
Artikelnummer	258600
Bezugspreis	7,50 EUR

Datum	Beleg	Zugänge	Abgänge	Bestand
1. Jan.	Inventur			260
12. Jan.	KB 01659		45	215
19. Jan.	KB 01701		150	65
27. Jan.	KB 01699		10	55
4. Feb.	KB 02008		8	47
13. Feb.	ER 85	200		247
14. Feb.	KB 02367		85	162
28. Feb.	KB 02569		100	62
05. März	KB 03057		13	49
16. März	ER 105	200		249
30. März	KB 03587		117	132

Anfangsbestand
1. Quartal:
260 Stück

$$\text{Ø Lagerbestand} = \frac{(260 + 55 + 62 + 132)}{4} = \frac{509}{4} = 127{,}25 \text{ Stück} \approx \mathbf{127\ Stück}$$

Wertmäßiger DLB = 127 Stück × 7,50 EUR je Stück = **952,50 EUR**

2.3.3 Die Lagerumschlagshäufigkeit

Definition

Die **Lagerumschlagshäufigkeit (UH)** drückt aus, wie oft der durchschnittliche Lagerbestand in einem bestimmten Betrachtungszeitraum umgeschlagen (verkauft bzw. verbraucht) wurde.

Anhand der Lagerkennziffer der Umschlagshäufigkeit werden viele wichtige Entscheidungen in einem Unternehmen getroffen:

Schnelldreher

- Güter, die eine **hohe Umschlagshäufigkeit** aufweisen, nennt man **Schnelldreher** oder „Renner", weil sie besonders oft verkauft bzw. verbraucht werden. Diese Güter sollten z. B. so im Lager positioniert sein, dass sie schnell zu greifen sind, also am Regalanfang und auf Greifhöhe, damit die Kommissionierzeit verkürzt werden kann

Langsamdreher

- Güter, die eine **geringe Umschlagshäufigkeit** haben, nennt man **Langsamdreher** oder „Penner", weil sie eher selten bis gar nicht verkauft bzw. verbraucht werden. Bei diesen Gütern sollte der Unternehmer überlegen, ob er sie ggf. aus dem Sortiment nimmt, weil sie nur Lagerkosten verursachen.

Als Grundlage für die Berechnung dienen der **durchschnittliche Lagerbestand** und der **Wareneinsatz**.

Definition

Der **Wareneinsatz (WE)** beschreibt die Menge oder den Wert an Gütern, die in einem bestimmten Betrachtungszeitraum verkauft bzw. verbraucht worden sind.

Der Wareneinsatz kann auf **zwei Arten** berechnet werden:

Wareneinsatz = Jahresanfangsbestand + Zugänge – Endbestand

oder

Wareneinsatz = Summe aller Abgänge in einer Lagerfachkarte

Für das **Beispiel 1** (s. o.) ergeben sich folgende Mengen zur Berechnung des Wareneinsatzes:

1. Möglichkeit

- Jahresanfangsbestand: **180 Stück**
- Zugänge vom 3. Februar, 15. April, 4. Juni , 27 Juni, 7. September und 9. November: 6 × 200 Stück = **1 200 Stück**
- Jahresendbestand: **65 Stück**

Wareneinsatz in Stück = 180 Stück + 1 200 Stück – 65 Stück = **1 315 Stück**

2. Möglichkeit

Summe der Abgänge = 90 + 40 + 60 + 100 + 40 + 75 + 110 + 20 + 120 + 85 + 110 + 30 + 55 + 50 + 125 + 35 + 150 + 20

= **1 315 Stück**

Wareneinsatz in EUR = 1315 Stück × 85,00 Stück = **111 775,00 EUR**

Interpretation:

Die Großhandlung für die Gastronomie hat 1 315 Dampfgarer in Jahr 20.. verkauft. Für den Einkauf der 1 315 Dampfgarer hat das Unternehmen 111 775,00 EUR ausgegeben.

Die Lagerumschlagshäufigkeit wird mit folgender Formel berechnet:

$$\textbf{Umschlagshäufigkeit} = \frac{\textbf{Wareneinsatz}}{\textbf{Ø Lagerbestand}}$$

Bei der Berechnung ist zu beachten, dass beide Angaben (WE und DLB) entweder mengenmäßig oder wertmäßig sein müssen.

Für das **Beispiel 1** (s. o.) ergibt sich folgende Umschlagshäufigkeit:

$$\text{Umschlagshäufigkeit} = \frac{1\,315 \text{ Stück}}{113 \text{ Stück}} = \mathbf{11{,}64}$$

Das Ergebnis ist eine **absolute Zahl**, also keine Mengen- oder Wertangabe.

Interpretation:
Der durchschnittliche Lagerbestand vom 113 Stück des Artikels „Dampfgarer Super 2020" wird zwischen 11- und 12-mal im Geschäftsjahr umgeschlagen, also verkauft.

Grundsätzlich sollte eine **hohe Umschlagshäufigkeit** für ein Gut erreicht werden.

Je höher die Umschlagshäufigkeit ist, desto niedriger ist der durchschnittliche Lagerbestand und desto niedriger ist das eingesetzte bzw. gebundene Kapital.

Daraus ergeben sich folgende **Vorteile**:
- Reduzierung der Lagerkosten
- Einsparung von Zinsen für das eingesetzte bzw. gebundene Kapital
- Verminderung des Lagerrisikos, z. B. Veralten oder Verderb der Ware

Maßnahmen zur Erhöhung der Umschlagshäufigkeit	
Erhöhung des Wareneinsatzes	**Verringerung des durchschnittlichen Lagerbestands**
▪ Rabattaktionen ▪ verstärkte Werbung ▪ Sonderverkäufe ▪ Vorteile für Stammkunden schaffen ▪ gutes Auftreten in der Öffentlichkeit (Imagepflege)	▪ Festlegen von Mindest-, Melde- und Höchstbeständen ▪ optimale Bestellmenge bestimmen ▪ sinnvolles Bestellverfahren festlegen (z. B. nur im Bedarfsfall bestellen) ▪ Klassifizierung der Güter in A-, B- und C-Güter ▪ Herausnahme der Güter mit einer niedrigen Umschlagshäufigkeit aus dem Sortiment

Ob die Umschlagshäufigkeit gut oder schlecht ist, lässt sich erst durch einen Vergleich der Kennziffer, z. B. mit der des Vorjahrs oder einem Branchenwert, feststellen.

2.3.4 Die durchschnittliche Lagerdauer

Definition

Die **durchschnittliche Lagerdauer (DLD)** gibt an, wie viele Tage ein Gut zwischen der Ein- und Auslagerung im Lager verbleibt.

Aus dem vorgegebenen Betrachtungszeitraum sowie aus der ermittelten Umschlagshäufigkeit lässt sich die durchschnittliche Lagerdauer für ein Gut berechnen.

Betrachtungszeitraum: 1 Jahr $$\text{DLD} = \frac{360}{\text{Umschlagshäufigkeit}}$$

Betrachtungszeitraum: 1 Quartal $$\text{DLD} = \frac{90}{\text{Umschlagshäufigkeit}}$$

Für das **Beispiel 1** (s. o.) ergibt sich folgende durchschnittliche Lagerdauer:

$$\text{DLD} = \frac{360}{11{,}64} = 30{,}93 \text{ Tage} \approx \mathbf{31\ Tage}$$

Interpretation:
Der „Dampfgarer Super 2020“ liegt ca. 31 Tage auf Lager, bevor er verkauft wird und das Lager verlässt.

Je höher die Umschlagshäufigkeit für ein Gut ist, desto geringer ist die durchschnittliche Lagerdauer.

2.3.5 Die Lagerzinsen und der Lagerzinssatz

Definition

Die **Lagerzinsen (LZ)** geben die Zinsen für das im Lager gebundene Kapital an.

Für die Berechnung der Lagerzinsen betrachten wir zunächst die **Formel der Zinsrechnung:**

$$\text{Zinsen } Z = \frac{K \times p \times t}{100 \times 360}$$

K = Kapital
t = Zeit in Tagen
p =Zinssatz

Die Lagerzinsen werden mithilfe dieser Formel berechnet. Allerdings werden außer dem banküblichen Jahreszinssatz p die gegebenen Größen anders bezeichnet.

Zinsrechnung	Lagerkennziffern
Zinsen Z	Lagerzinsen
Kapital K	Durchschnittliche Lagerbestand in EUR
Tage t	Durchschnittliche Lagerdauer

Somit ergibt sich folgende Formel für die Lagerzinsen:

$$\textbf{Lagerzinsen} = \frac{\textbf{Ø Lagerbestand} \times \textbf{Zinssatz} \times \textbf{Ø Lagerdauer}}{100 \times 360}$$

Die Formel für den **Lagerzinssatz** ist in der Formel für die Lagerzinsen enthalten. Sie lautet:

$$\textbf{Lagerzinssatz} = \frac{\textbf{Zinssatz} \times \textbf{Ø Lagerdauer}}{360}$$

*Der **Lagerzinssatz** gibt denjenigen Prozentsatz an, mit dem die Güter neben den anfallenden Lagerkosten, wie z. B. Personalkosten oder Kosten für die Güterpflege, zu belasten sind.*

Daher können die Lagerzinsen alternativ auch folgendermaßen berechnet werden:

$$\text{Lagerzinsen} = \frac{\text{Ø Lagerbestand} \times \text{Lagerzinssatz}}{100}$$

Für das **Beispiel 1** (s. o.) ergeben sich folgende Rechnungen für den Lagerzinssatz und die Lagerzinsen, wenn von einem banküblichen Zinssatz von 9 % ausgegangen wird.

$$\text{Lagerzinssatz} = \frac{9 \times 31}{360} = 0{,}775$$

$$\text{Lagerzinsen} = \frac{9\,605{,}00 \text{ EUR} \times 0{,}775}{100} = 74{,}43875 \text{ EUR} \approx \mathbf{74{,}44 \text{ EUR}}$$

oder

$$\text{Lagerzinsen} = \frac{9\,605{,}00 \text{ EUR} \times 9 \times 31}{100 \times 360} = 74{,}43875 \text{ EUR} \approx \mathbf{74{,}44 \text{ EUR}}$$

Interpretation:
Für den „Dampfgarer Super 2020“ fallen jährlich zusätzliche Kosten (Lagerzinsen) in Höhe von 74,44 EUR an.

2.3.6 Die Lagerreichweite

Definition

Die **Lagerreichweite** drückt aus, wie lange der aktuelle Lagerbestand unter Berücksichtigung des täglichen Verbrauchs ausreicht, um eine Liefer- bzw. Produktionsbereitschaft zu gewährleisten.

Sie wird folgendermaßen berechnet:

$$\text{Lagerreichweite} = \frac{(\text{Lagerbestand} + \text{offene Bestellung})}{\text{täglicher Verbrauch}}$$

Im Beispiel 1 berechnen wir die Lagerreichweite für den 15. Januar unter der Annahme, dass täglich vier Stück verkauft werden.

Datum	Beleg	Zugänge	Abgänge	Bestand
1. Jan.	Inventur			180
7. Jan.	KB 01982		90	90
15. Jan.	KB 01456		40	50
offene Bestellung		200		

$$\text{Lagerreichweite} = \frac{(50\ \text{Stück} + 200\ \text{Stück})}{4}$$

$$= \frac{250\ \text{Stück}}{4} = 62{,}5\ \text{Tage} \approx \mathbf{63\ Tage}$$

Interpretation:
Der Lagerbestand für den „Dampfgarer Super 2020" reicht unter der Berücksichtigung der offenen Bestellungen und unter der Annahme, dass im Durchschnitt täglich vier Dampfgarer verkauft werden, noch ca. 63 Tage aus.

Zusammengepackt

- Kosten setzen sich aus **variablen Kosten** und **Fixkosten** zusammen.
- Um das Ziel der **Gewinnmaximierung** zu erreichen, müssen die **Kosten minimiert** (verkleinert/verringert) werden.
- **Lagerkosten** lassen sich einteilen in:

Kosten für die Lagerbestände	Kosten für die Lagerausstattung	Kosten für die Lagerverwaltung

- Die **Senkung der Lagerkosten** kann durch folgende Maßnahmen erreicht werden:
  - Ermittlung des optimalen Lagerbestands
  - Ermittlung der optimalen Bestellmenge
  - Klassifizierung der Güter in A-, B- und C-Güter
  - umweltbewusster und schonender Umgang mit den eingesetzten Arbeitsmitteln im Lager
  - Ermittlung der Lagerkennziffern
- Die **wichtigsten Lagerkennziffern** sind:

$$\text{Durchschnittl. Lagerbestand} = \frac{(\text{Anfangsbestand (01.Jan.)} + \text{Endbestand (31.Dez.)})}{2}$$

$$\text{Durchschnittl. Lagerbestand} = \frac{(\text{Anfangsbestand} + 12\ \text{Monatsendbestände})}{13}$$

$$\text{Umschlagshäufigkeit} = \frac{\text{Wareneinsatz}}{\text{Ø Lagerbestand}}$$

$$\text{Durchschnittliche Lagerdauer} = \frac{360}{\text{Umschlagshäufigkeit}}$$

Aufgaben

1. *Folgende Jahreswerte liegen Ihnen vor:*

	2012	2013
Umsatz	450 756,00 EUR	470 600,00 EUR
Fixkosten	188 950,00 EUR	190 750,00 EUR
Variable Gesamtkosten	235 125,00 EUR	250 250,00 EUR

   a *Ermitteln Sie die Gewinne für die Jahre 2012 und 2013.*
   b *Unterscheiden Sie die Begriffe „Absatz" und „Umsatz".*
   c *Nennen Sie jeweils drei Beispiele für variable Kosten und für Fixkosten.*

2. *Im Lager entstehen Kosten, die Einfluss auf den Gewinn eines Unternehmens haben.*
   a *Welche Kosten können auf Lager entstehen?*
   b *Beschreiben Sie den Zielkonflikt der Lagerhaltung.*
   c *Beschreiben Sie drei Maßnahmen, um die Lagerkosten zu senken.*

3. *Die Lagerkosten können durch eine Optimierung der Bestandsarten erreicht werden.*
   a *Unterscheiden Sie die Begriffe „Mindestbestand", „Meldebestand" und „Höchstbestand" voneinander.*
   b *Ermitteln Sie den Meldebestand des Artikels 017322, wenn das Unternehmen mit einem Mindestbestand von 75 Stück kalkuliert, täglich 30 Stück verkauft werden und die Lieferzeit neun Tage beträgt.*
   c *Wie verändert sich der Meldebestand aus a), wenn die Lieferzeit von neun auf sieben Tage verkürzt werden kann?*
   d *Welchen Vorteil hätte die verkürzte Lieferzeit für das Unternehmen?*

4. *Der Computerschreibtisch Super Ergo mit der Artikelnummer 2370 wird zum Preis von 120,00 EUR je Stück bezogen. Die Bürofit GmbH verkauft diesen für 210,00 EUR. Die Lagerdatei für diesen Artikel weist die unten stehenden Zahlen auf.*
   a *Vervollständigen Sie die Lagerfachkarte.*
   b *Berechnen Sie den durchschnittlichen Lagerbestand auf der Grundlage der Jahres-, Quartals- und Monatsendbestandsformel.*
   c *Für welchen Wert zur weiteren Berechnung der weiteren Lagerkennziffern sollten Sie sich entscheiden? Begründen Sie Ihre Wahl.*
   d *Berechnen Sie den mengen- und wertmäßigen Wareneinsatz.*
   e *Berechnen Sie die Umschlagshäufigkeit und die durchschnittliche Lagerdauer.*
   f *Berechnen Sie den Lagerzinssatz und die Lagerzinsen, wenn von einem banküblichen Zinssatz von 8 % ausgegangen wird.*

Tag	Zugang	Abgang	Bestand
01.01.			100
10.01.	250		
04.02.		80	
22.02.		75	
15.03.		120	
28.03.	300		
03.04.		85	
16.04.		40	
20.05.		90	

Tag	Zugang	Abgang	Bestand
13.06.		100	
29.06.	300	10	
10.07.		140	
22.07.		30	
28.08.		110	
09.09.	250	70	
05.10.		125	
23.10.		95	
11.11.	600	30	
01.12.		30	
14.12.		48	
Endbestand			

5. *Es liegt folgende Lagerdatei für das 2. Quartal 20.. eines Baustoffhändlers vor:*

Artikelbez.	*Rasenmäherroboter XS345*
Artikelnummer	523900
Bezugspreis	1 420,00 EUR

Datum	Beleg	Zugänge	Abgänge	Bestand
01.04.	Inventur			360
05.04.	MES 659		70	
11.04.	MES 660		60	
25.04.	MES 661		100	
04.05.	MES 662		70	
09.05.	ER 11	300		
14.05.	MES 663		60	
28.05.	MES 664		80	
06.06.	MES 665		190	
16.06.	ER 23	300		
30.06.	MES 666		120	

a Vervollständigen Sie die Lagerdatei.

b Berechnen Sie folgende Lagerkennziffern:

- *mengen- und wertmäßigen durchschnittlichen Lagerbestand*
- *mengen- und wertmäßigen Wareneinsatz*
- *Umschlagshäufigkeit (bitte auf zwei Stellen nach dem Komma runden)*
- *durchschnittliche Lagerdauer*

c *Der Lagerleiter hatte für dieses Quartal folgende Planwerte vorgegeben.*

Ø Lagerbestand	180 Stück
Umschlagshäufigkeit	5
Ø Lagerdauer	18 Tage

Vergleichen Sie diese Planwerte mit den Istwerten und begründen Sie, warum es zu Abweichungen gekommen ist.

d *Durch welche Maßnahmen lässt sich die Umschlagshäufigkeit erhöhen?*

6. *Der Lagerbestand für ein Gut beträgt 670 Stück. Es wird ein Zugang aus offenen Bestellungen von 330 Stück erwartet. Täglich werden 50 Stück verbraucht. Ermitteln Sie die Lagerreichweite in Tagen.*

Lagerarbeiter prüft den Lagerbestand

Lernfeld 4

Güter im Betrieb transportieren

1 Innerbetrieblicher Materialfluss

Einstiegssituation

Simon macht seit einem halben Jahr eine Ausbildung zum Fachlageristen beim Baustoffhändler Knipper GmbH & Co. KG. Ein Baustoffhändler versorgt überwiegend Baustellen mit Materialien wie z. B. Holz, Werkzeugen, Steinen oder Dämmmaterial.
Somit hat Simon einerseits mit Gütern zu tun, die leicht und klein sind, wie z. B. Akkubohrern, andererseits aber auch mit Gütern, die schwer und sperrig sind, wie z. B. Stahlmatten.
Zu Simons Aufgaben zählen das Einlagern der gelieferten Güter in die jeweiligen Lagerzonen sowie das Bereitstellen von Gütern für Kundenaufträge (Kommissionieren).

Handlungsaufträge

1. a Beschreiben Sie die notwendigen Arbeitsschritte, die auf Simon beim Einlagern der Güter zukommen.
b Wie kann die Arbeit für Simon erleichtert werden?

2. Welche Ziele verfolgt eine ideale Einlagerung?

1.1 Materialflussarten

Es gibt **zwei** Materialflussarten.

Materialflussarten

Außerbetrieblicher Materialfluss	Innerbetrieblicher Materialfluss

Der **außerbetriebliche Materialfluss** findet zwischen Lieferanten und Unternehmen sowie zwischen Unternehmen und Kunden statt. Die angelieferte bzw. verkaufte Ware wird über **Verkehrswege** (Straßen, Schienen, Wasser, Luft und Rohrleitungen) mit **Verkehrsmitteln** (Fahrzeugen, Eisenbahn, Binnenschiff, Seeschiff und Flugzeugen) transportiert.	In einem Logistikbetrieb werden ständig Güter transportiert. Der **innerbetriebliche Materialfluss** dient hierbei der Beförderung von Gütern innerhalb des Betriebs, z. B.: Einlagerung der angelieferten Ware, Transport von Gütern ▪ vom Lager zur Produktion, ▪ beim Kommissionieren, ▪ vom Kommissionslager zur Verpackung, ▪ vom Lager zum Warenausgang, ▪ bei einer Neuordnung im Lager.

Das Thema „Außerbetrieblicher Materialfluss" wird im Lernfeld Güter versenden ausführlich behandelt.

In diesem Kapitel geht es um den innerbetrieblichen Materialfluss.

1.2 Der optimale innerbetriebliche Materialfluss

Der innerbetriebliche Materialfluss hängt sowohl von dem zu **befördernden Gut** sowie der **Beförderungsstrecke** ab. Folgende Aspekte müssen berücksichtigt werden:

- Die Güter können **leicht** oder **schwer** sein.
- Die Güter können **sperrig** oder **handlich** sein.
- Die Güter werden **häufig** oder **selten** innerhalb eines Betriebs befördert.
- Die Güter werden in **großen** oder eher **geringen Mengen** innerhalb eines Betriebs befördert.

optimaler Materialfluss

Die **Ziele** eines **optimalen Materialflusses** sind

- schneller Transport,
- körperschonender Transport,
- sicherer Transport,
- Einsparung der Kosten,
- Vermeidung von Energieverschwendung und Umweltbelastung.

Beispiel

Wenn Simon nach der Arbeit in einem Supermarkt einkauft, verwendet er meistens einen Einkaufswagen.
Auf diese Weise können viele Güter auf einmal transportiert werden. Durch das Benutzen des Einkaufswagen schont Simon seinen Rücken, da er die ausgewählten Güter nicht alle tragen muss. Außerdem werden durch den Einkaufswagen die Lebensmittel vor dem Herunterfallen geschützt. Im Kleinen handelt es sich hier um ein Beispiel für einen Materialfluss.

Für den innerbetrieblichen Transport werden diese Aspekte z. B. durch die Anschaffung von **Förderhilfsmitteln und Fördermitteln** (siehe Kapitel 2.1 und 2.2; Seite 171) berücksichtigt. Der **Gabelstapler** (siehe Kapitel 3, Seite 182) ist z. B. ein Fördermittel. Er ermöglicht einen schnellen, sicheren und körperschonenden Transport der Güter.

Der Unternehmer verfolgt mit der Anschaffung von Förderhilfsmitteln und Fördermitteln allerdings noch weitere **Ziele**:

- Das Fördermittel soll geringe **Anschaffungs- und Wartungskosten** haben.
- Ferner erhofft sich der Unternehmer weitere Einsparungen durch eine **bessere Raumausnutzung**. So kann z. B. Baustoffhändler Knipper durch Ankauf und den Einsatz eines Gabelstaplers palettierte Ware in die Höhe transportieren. Somit kann von Bodenlagerung auf einen Palettenregallagerung gewechselt werden (vgl. Lernfeld 2).
- Der Gabelstapler kann sowohl für das Einlagern der Güter als auch für das Be- und Entladen der Güter benutzt werden. Somit ist dieses Fördermittel **flexibel** einsetzbar.
- Außerdem sollte das Fördermittel **energiesparend** und **umweltfreundlich** sein.

Zusammengepackt

Es wird zwischen dem **außerbetrieblichen Materialfluss** und **innerbetrieblichen Materialfluss** unterschieden.

Der innerbetriebliche Materialfluss hängt sowohl von dem zu **befördernden Gut** sowie der **Beförderungsstrecke** ab.

Ziele des innerbetrieblichen Materialflusses sind
- schneller, sicherer und körperschonender Transport,
- Flexibilität,
- Einsparung der Kosten,
- Vermeidung von Energieverschwendung und Umweltbelastung.

Aufgaben

1. *Welche zwei Materialflussarten werden in einem Betrieb unterschieden?*
2. *Nennen Sie mögliche Situationen für den Transport von Gütern innerhalb eines Betriebs.*
3. *Welche Ziele verfolgt ein optimaler Transport von Gütern innerhalb eines Betriebs?*
4. *Beschreiben Sie, wie die Einlagerung der Güter im folgenden Lager durchgeführt wird.*
5. *Beschreiben Sie mindestens vier Vorteile, die der Einsatz eines Gabelstaplers für den innerbetrieblichen Transport mit sich bringt.*
6. *Beschreiben Sie, wie der innerbetriebliche Materialfluss in Ihrem Ausbildungsbetrieb erfolgt. Nennen Sie mögliche Schwachstellen und geben Sie Verbesserungsvorschläge an.*

2 Der Einsatz von Förderhilfsmitteln und Fördermitteln

Einstiegssituation

Simon hat gelernt, dass das Einlagern von Gütern durch geeignete Hilfsmittel für ihn leichter ist und generell schneller durchgeführt werden kann. Folgende Güter sollen eingelagert werden:

Handlungsaufträge

1. *Welche Hilfsmittel sollten bei der Einlagerung verwendet werden?*
2. a *Ordnen Sie bei dieser Lieferung die Begriffe „Förderhilfsmittel" und „Fördermittel" zu. Begründen Sie Ihre Zuordnung.*
   b *Nennen Sie weitere Förderhilfsmittel und Fördermittel für den innerbetrieblichen Transport von Gütern.*

2.1 Förderhilfsmittel

Im Bereich der Lagerwirtschaft werden eine große Anzahl an **Fördermitteln** und **Förderhilfsmitteln** verwendet, um den innerbetrieblichen Transport möglichst optimal durchführen zu können.

Definition

Förderhilfsmittel sind alle Packmittel, die das Fördergut schützen und es lade-, transportier- und lagerfähig machen.

Arten vor Fördermitteln

Paletten
- Einwegpaletten
- Europaletten
- Gitterboxpaletten

Formstabile Behälter
- Lagerkästen
- Boxen
- Tablare
- Fässer
- Kanister

Forminstabile Behälter
- Netze
- Säcke
- Beutel

Um die **Vorteile von Förderhilfsmitteln** genauer betrachten zu können, beziehen wir uns auf folgende Beispiele:

Europalette

Europalette	Postbox

▪ Dieses Förderhilfsmittel, die Europalette, ist **auf viele Fördermittel** wie z. B. den Gabelstapler oder einen Handhubwagen **abgestimmt**. ▪ Auf einer Palette können viele Güter aufgenommen werden. Sie bietet folglich ein **hohes Ladevolumen**. ▪ hohe **Tragfähigkeit** ▪ hohe **Stapelbarkeit** ▪ Die Europalette ist **mehrfach verwendbar** und somit **umweltfreundlich**. ▪ lange **Haltbarkeit**	▪ **Schutz** der Briefe vor Beschädigungen, Herausfallen, Verschmutzung, Nässe usw. ▪ **ergonomische Grifftechnik** ▪ Die Postbox ist für **manuelle** und **automatische Transporte** einsetzbar. ▪ hohe **Stapelbarkeit** ▪ Die Postbox ist **mehrfach verwendbar** und somit **umweltfreundlich**.

2.2 Fördermittel

Die Europalette wird z. B. mit einem Gabelstapler oder einem Hubwagen transportiert. Der Gabelstapler bzw. der Hubwagen sind somit geeignete Fördermittel für das Förderhilfsmittel Europalette.

Definition

Unter **Fördermittel** versteht man alle Mittel, die das Fördergut durch den Einsatz eines geeigneten Förderhilfsmittels im Betrieb transportieren.

Erst durch eine optimale Abstimmung zwischen Fördermittel und Förderhilfsmittel ist ein reibungsloser Materialfluss möglich.

Förderhilfsmittel	Fördermittel
 *Sack*	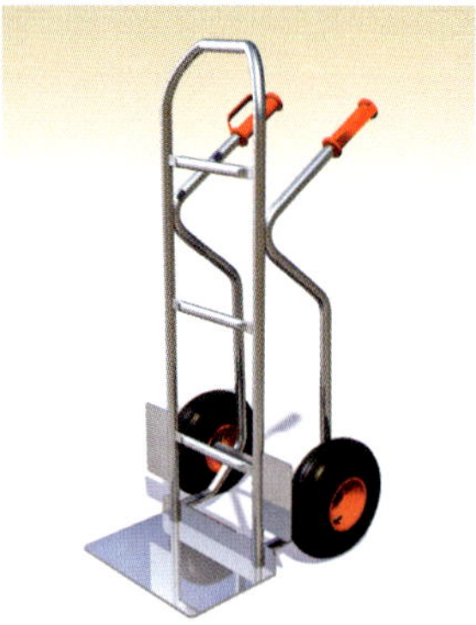 *Sackkarre*
 *Karton als Förderhilfsmittel*	 *Rollenbahn mit Antrieb*

Die Sackkarre und die Rollenbahn sind Fördermittel, die sich aber in der Anwendung stark unterscheiden.

Kriterien für die Einteilung von Fördermitteln

Fördermittel lassen sich nach folgenden Kriterien einteilen:
- **Flurbindung** (flurfrei oder flurgebundene Fördermittel)
- **Häufigkeit der Beförderung** (Stetig oder Unstetigförderer)
- **Beweglichkeit (**flächiger oder linienförmiger Materialfluss)
- **Antrieb** (manuell oder maschinell)
- **Automatisierungsgrad** (personen- oder computergesteuertes Fördermittel).

Im Folgenden werden die einzelnen Kriterien zur Unterteilung der Fördermittel näher erklärt.

2.3 Stetigförderer

Im Lager der Baustoffhandlung Knipper GmbH & Co. KG wird wie in vielen modernen Logistikunternehmen immer mehr auf eine moderne Fördertechnik gesetzt. Deren Vorteile sind klar zu erkennen: Denn mit einer gut organisierten Beförderung von Stückgütern sowie Schüttgütern können Kosten minimiert, Fertigungszeiten optimiert und große Mengen transportiert werden. Die Förderanlagen werden dabei in verschiedene Kategorien eingeteilt, zum einen in **Stetigförderer** und zum anderen in **Unstetigförderer**.

Stetigförderer sind Fördermittel für den innerbetrieblichen Transport. Sie eignen sich für den Transport **großer Materialmengen** oder kontinuierlich benötigter Materialien auf **festgelegten Strecken**. Während der Betriebszeit sind die Stetigförderer **ständig** im Einsatz.

Eignung von Stetigförderer

Stetigförderer haben einen linienförmigen, gleichbleibenden Förderweg. Auf diesem werden die Güter ständig oder taktweise transportiert.

Stetigförderer und Unstetigförderer können in **flurfreie** und **flurgebundene** Fördermittel unterteilt werden.

Definition

Als **flurfreie Fördermittel** werden generell alle Fördermittel bezeichnet, die die Güter **hängend,** also von der **Decke herabhängend,** befördern.

Beispiele
Krane, Kreiskettenförderer, Elektrohängebahnen usw.

Definition

Flurgebundene Fördermittel stützen sich **auf dem Boden** ab.

Beispiele
Gabelstapler, Rollenbahn, Hubwagen usw.

Wichtige Stetigförderer:

Rollenbahn
Sie besteht aus vielen hintereinander parallel angeordneten Walzen, die sich leicht drehen und oftmals kugelgelagert sind. Rollenbahnen dienen dem Transport von Stückgut. Schwere Kisten, Pakete, Säcke oder Tüten können so leicht über diese Anordnung von Rollen transportiert und an bestimmten Stellen ausgeschleust werden.

Ausschleusen aus der Rollenbahn

Pakettransport auf Rollenbahn

In diesem Fall handelt es sich um einen **flurgebundenen Stetigförderer**, da sich die Rollenbahn am Boden in der Betriebshalle befindet.

Becherwerk

Das Becherwerk ist ein **Hebewerk** zum senkrechten, schrägen oder auch waagerechten Fördern von Schüttgütern oder Flüssigkeiten in becherartigen Gefäßen.

In diesem Fall handelt es sich um einen **flurgebundenen Stetigförderer**, da das Becherwerk zwar die Güter in die Senkrechte bewegt, jedoch selbst am Boden befestigt ist.

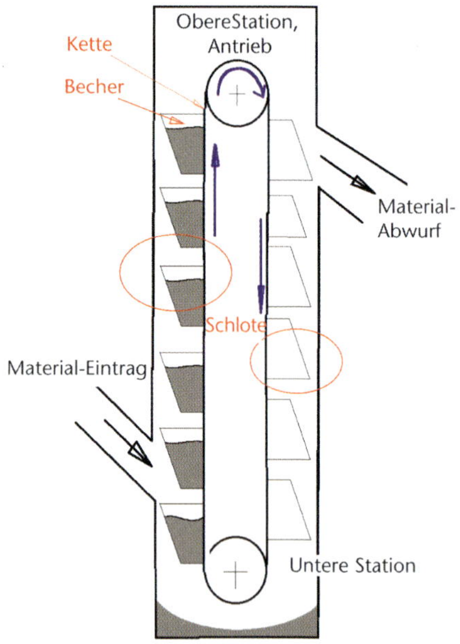

Kettenförderer

Kettenförderer dienen zum Transport von Stückgut, hauptsächlich von Paletten oder Gitterboxen. Sie gehören zu den **Lastaufnahmemitteln**. Ein Kettenförderer besteht aus ein oder mehreren umlaufenden Kettensträngen. Auf diese Weise wird die zu transportierende Ware aufgelegt. Die Antriebskettenräder sind über eine Welle miteinander verbunden. Der Kettentrieb wird maschinell von einem Elektromotor angetrieben.

Die erste und die dritte Abbildung zeigen jeweils **flurfreie Stetigförderer**: Hier sind die Kettenförderer an der Decke befestigt. Auf der zweiten Abbildung ist ein **flurgebundener Stetigförderer** zu sehen.

Der Einsatz von Stetigförderern hat folgende **Vorteile und Nachteile**:

Vorteile	Nachteile
▪ dauernde Beförderungsbereitschaft ▪ niedriger Personalbedarf ▪ hohe Transportbereitschaften ▪ ggf. keine Leerfahrten ▪ hohe Automation	▪ hohe Anschaffungs- und Investitionskosten ▪ ortsgebunden ▪ unflexibel ▪ erst bei großer Auslastung wirtschaftlich ▪ nur für bestimmte Fördergüter geeignet

Langfristig kann der Einsatz von Stetigförderern Personal- und Betriebskosten gegenüber dem Einsatz von Unstetigförderern einsparen.

2.4 Unstetigförderer

Eignung von Unstetigförderer

Im Gegensatz zu den Stetigförderern transportieren die **Unstetigförderer** nur in einzelnen Intervallen (Zeitabständen). Meistens werden sie nur dann benutzt, wenn Güter im Betrieb zu transportieren sind. Sie transportieren **kleinere bis mittlere Mengen** auf sich **verändernden Wegstrecken**. Hier kann ein Wechsel von Last- und Leerfahrt auftreten.

So wird z. B. eine Palette mithilfe des Gabelstaplers aus dem Wareneingang in das Palettenregallager gebracht und dort eingelagert. Der Gabelstapler wird also nur bei **Bedarf benutzt**. Folglich kann es auch zu Leerfahrten kommen. Andererseits kann der Gabelstapler auch kommissionierte Palettenware zum Versand bringen. Somit werden Unstetigförderer auf **unterschiedlichen Wegen** innerhalb des Betriebs genutzt.

Ebenso wie die Stetigförderer können die Unstetigförderer je nach Anwendungsgebiet **flurfrei** und **flurgebunden** genutzt werden.

__Unstetigförderer__ werden nur bei Bedarf eingesetzt. Sie sind nicht ortsgebunden und können deshalb flexibel eingesetzt werden.

Unstetigförderer lassen sich unterteilen in

- **Hebezeuge** (z. B. Krane, Aufzüge oder Hebebühnen),
- **Regelförderzeuge** (z. B. Regalbediengeräte),
- **Flurförderzeuge** (z. B. Gabelstapler, Hubwagen oder fahrerlose Transportsysteme).

2.4.1 Hebezeuge

Hebezeuge können **ortsfest** und **fahrbar** sein. Sie gehören zu den **unstetigen Fördermitteln**, da die Beförderung von Gütern nur bei Bedarf und nicht ständig erfolgt.

Folgende Hebezeuge werden im Folgenden näher vorgestellt:

Krane

dreidimensionaler Arbeitsbereich

Krane gehören zu den **fahrbaren Hebezeugen**. Sie zählen zu den **flurfreien Unstetigförderern**, weil sie nicht an Bodenwege gebunden sind. Durch den Einsatz von Kranen ist es möglich, Güter entweder hinauf oder herunter, vor und zurück sowie nach links oder rechts zu befördern. Folglich haben Krane einen **dreidimensionalen Arbeitsbereich**.

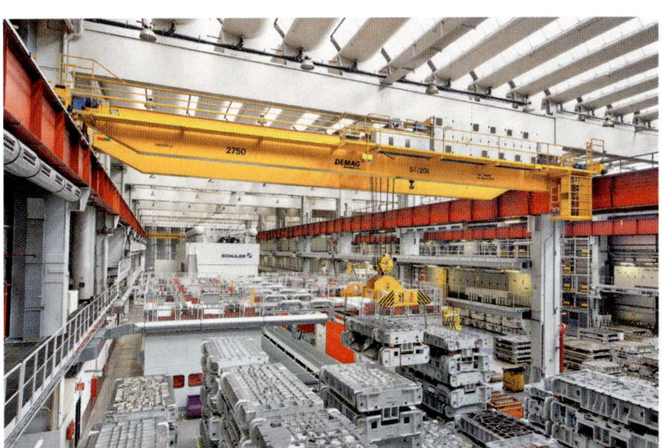

Zweiträgerkran

Portalkran für den Transport von Containern

Aufzüge und Hebebühnen

Aufzüge und Hebebühnen zählen zu den **ortsfesten Hebezeugen**. Sie werden oft in mehrgeschossigen Gebäuden eingesetzt. Sie dienen der Beförderung von Personen und Gütern in **vertikaler** (senkrechter) **Richtung**.

Schwenkkran

Hebebühne

Lastenaufzug

2.4.2 Regalbediengeräte

Eignung von Regalbediengeräten

Regalbediengeräte sind spezielle Fördermittel zur Arbeit in schmalen Gängen und zur Ein- und Auslagerung, insbesondere in Hochregallagern. Sie werden in Palettenregal-, Hochregal- oder Behälterregallagern eingesetzt. Mit ihrer Hilfe können Güter auf möglichst genormten Förderhilfsmitteln wie Paletten, Gitterboxen oder Behältern ein- und ausgelagert werden.

Die Bewegung eines Regalbediengeräts erfolgt **dreidimensional**: mit der Fahreinheit in der Ganglängsrichtung, mit der Hubeinheit in der vertikalen Richtung und mit der Lastaufnahmeeinheit in der Gangquerrichtung.

Steuerung von Regalbediengeräten

Ein Regalbediengerät kann **manuell**, **halbautomatisch** oder **vollautomatisch** gesteuert werden. Regalbediengeräte werden jedoch in den meisten Fällen vollautomatisch gesteuert.

Regalbediengeräte werden unterschieden in **regalabhängige** und **regalunabhängige**.

Es gibt **regalabhängige** Regalbediengeräte, die schienengeführt in Längsrichtung durch einen **festen** Regalgang fahren. Somit wird für jeden Gang in einem Hochregallager ein Regalbediengerät benötigt. Daher sind die Investitionskosten sehr hoch. Allerdings kann aber in jedem Gang gleichzeitig ein- und ausgelagert werden, sodass die **Umschlagshäufigkeit** (vgl. Lernfeld 3, S. 157) der einzelnen Güter sehr hoch ist.

Regalbediengerät

Regalunabhängige Regalbediengeräte können über Weichen oder mithilfe von Umsetzwalzen zwischen den einzelnen Regalen fahren. Dies spart Investitionskosten, verringert aber die Umschlagshäufigkeit.

Regalbediengerät

Regalbediengeräte werden überwiegend in **Hochregallagern** eingesetzt. Der Einsatz von Regalbediengeräten erhöht die **Umschlagsleistung**.

Spielzeit

Die Umschlagsleistung drückt die Zahl der Ein- und Auslagerungen in einem bestimmten Zeitabschnitt aus. Sie ist abhängig von der sogenannten **Spielzeit**. Die Spielzeit wird unterschieden in **Einzelspiel** und **Doppelspiel**.

*Bei einem **Einzelspiel** führt das Regalbediengerät pro Fahrt nur eine Ein- oder Auslagerung durch.*

***Doppelspiel** bedeutet, dass ein Regalbediengerät bei jeder Einlagerung anschließend eine Auslagerung vornimmt. Dies erhöht die Umschlagsleistung.*

2.4.3 Flurförderzeuge

Flurförderzeuge im Sinne der Unfallverhütungsvorschrift sind Fördermittel, die ihrer Bauart nach dadurch gekennzeichnet sind, dass sie

- mit Rädern auf dem Boden (= Flur) laufen und frei lenkbar sind,
- zum Befördern, Ziehen oder Schieben von Lasten eingerichtet sind,
- zum innerbetrieblichen Transport bestimmt sind.

Unterteilung der Flurförderzeuge

Flurfördermittel können unterteilt werden in:

- **Manuelle Flurförderzeuge**: Schwerlastroller, Handwagen, Gabelhubwagen, Sackkarre usw.
- **Maschinelle Flurförderzeuge**: Schlepper, elektrische Hubwagen, Gabelstapler usw.
- **Automatische Flurförderzeuge**: fahrerlose Transportsysteme (FTS)

Manuelle Flurförderzeuge

Eignung der manuellen Flurförderzeuge

Für den Einsatz von manuellen Flurförderzeugen ist **Menschenkraft notwendig**. Sie eignen sich besonders für **kleine und leichte Güter**, die flexibel auf kurzen Strecken im Betrieb transportiert werden müssen. Die manuellen Flurförderzeuge stellen **kostengünstige Transporthelfer** für jeden Betrieb dar.

Rollwagen

Hubwagen

Etagenwagen

Maschinelle Flurförderzeuge

Maschinelle Flurförderzeuge haben einen **Antrieb**, durch welchen die Lasten gehoben und transportiert werden können. Es können deutlich **schwerere Lasten** transportiert werden als bei den manuellen Flurförderzeugen. Der Antrieb kann **benzin-**, **diesel-**, **gas-** oder **elektrisch** erfolgen.

Diesel- und Treibgasstapler

Schlepper

Der Gabelstapler zählt wegen seiner vielfältigen Einsatzmöglichkeiten zu den am häufigsten eingesetzten Flurförderzeugen im Lager. Aus diesem Grund wird der Gabelstapler in Kap. 3 dieses Lernfelds ausführlich behandelt.

Automatische Flurförderzeuge

fahrerlose Transportsysteme

Zu den automatischen Flurförderzeugen zählen die **fahrerlosen Transportsysteme (FTS)**.

Ein fahrerloses Transportfahrzeug ist ein **flurgebundenes Fördermittel** mit eigenem Fahrantrieb, das **automatisch gesteuert** und **berührungslos geführt** wird. Automatische Flurförderzeuge ermöglichen einen innerbetrieblichen Transport von Gütern, indem sie die Güter mit aktiven oder passiven Lastaufnahmemitteln ziehen oder tragen.

Da fahrerlose Transportfahrzeuge flurgebunden sind, benötigen **sie** einen Fahrweg. Dieser Fahrweg wird durch **Induktionsschleifen**, die im Boden verlegt sind, durch **Lasernavigation**, **Magnetnavigation** oder **optische Navigation** festgelegt.

automatische Leitsteuerung

Ein fahrerloses Transportsystem transportiert die Güter durch die **Leitsteuerung** automatisch. Die Leitsteuerung ist der wichtigste Bestandteil des Systems. Durch sie kann das Fahrzeug an verschiedene Lagerplätze gelenkt werden und die Güter aufnehmen. Anschließend werden die Güter an den Bestimmungsort gefahren und dort abgeladen. Die Fahrzeuge werden durch einen übergeordneten Rechner gesteuert, disponiert und verwaltet. Zu den Leitsteuerungen gehören die Steuerung über Induktionsschleifen, die Lasernavigation, die Funknavigation und die Rasternavigation.

Fahrerlose Transportsysteme mit Leitsteuerung

Der Einsatz von Unstetigförderern hat folgende **Vor-** und **Nachteile**:

Vorteile	Nachteile
▪ flexibel einsetzbar	▪ Es können Leerfahrten entstehen.
▪ keine festen Beförderungswege	▪ hoher Personalbedarf
▪ einfache und kostengünstige Bedienung vieler Unstetigförderer (z. B. Hubwagen oder Sackkarre)	▪ Für die Nutzung spezieller Unstetigförderer (z. B. Gabelstapler) bedarf es geschulten Personals.
▪ teilweise niedrige Betriebskosten	▪ Unfallgefahr kann steigen.

Grundsätzlich hängt die Wahl eines geeigneten Fördermittels immer von den betrieblichen Gegebenheiten ab.

Zusammengepackt

- **Förderhilfsmittel** sind alle Packmittel, die das Fördergut schützen und es lade-, transportier- und lagerfähig machen.
- **Fördermittel** sind alle Transportmittel für den innerbetrieblichen Materialfluss. Sie werden unterteilt in Stetig- und Unstetigförderer.
- **Stetigförderer** haben feste Beförderungsstrecken und befördern die Güter ständig bzw. taktweise. Es gibt flurfreie und flurgebundene Stetigförderer.
- **Flurfreie Stetigförderer** transportieren Güter von der Decke hängend.
- **Flurgebundene Steigförderer** transportieren Güter auf dem Boden (= Flur).
- **Unstetigförderer** zeichnen sich durch flexible Beförderungsstrecken und eine unregelmäßige Beförderung der Güter aus. Es gibt flurfreie und flurgebundene Unstetigförderer.
- Unstetigförderer können unterschieden werden in:

Hebezeuge	Flurförderzeuge	Regalbediengeräte
▪ Aufzüge und Hebebühnen ▪ Krane	▪ manuelle ▪ maschinelle ▪ automatische	▪ manuell, halbautomatisch oder vollautomatisch ▪ regalabhängige und regalunabhängige

Aufgaben

1. *Nennen Sie jeweils drei Beispiele für Förderhilfsmittel und Fördermittel.*
2. *Welche Förderhilfs- und Fördermittel gibt es in Ihrem Ausbildungsbetrieb?*
3. *Beschreiben Sie den Unterschied zwischen Stetig- und Unstetigförderern.*
4. *Nennen Sie jeweils ein Beispiel für flurgebundene und flurfreie Unstetigförderer.*
5. *Welche Fördermittel eignen sich in folgenden Fällen? Begründen Sie Ihre Aussage.*
   - a *In der Automobilbranche sollen die fertigen Karosserien automatisch in die nächste Fertigungshalle befördert werden.*
   - b *Ein Getränkehändler erhält die Getränke auf Paletten und lagert diese auf dem Boden im Verkaufsraum.*
6. *Auf dem folgenden Foto ist ein Getränketransport mit einer Elektrohängebahn abgebildet.*
   - a *Zu welchem Fördermittel gehört die Elektrohängebahn? Begründen Sie Ihre Aussage.*
   - b *Handelt es sich um ein flurgebundenes oder flurfreies Fördermittel? Begründen Sie Ihre Aussage.*

Elektrohängebahn

3 Der Gabelstapler

Einstiegssituation

Simon hat gelernt, dass das Einlagern von Gütern durch geeignete Hilfsmittel, wie z. B. eine Sackkarre, für ihn leichter ist und generell schneller durchgeführt werden kann. Als er folgende Lieferung sieht, möchte er diese mit einem Gabelstapler ins Palettenlager transportieren.
Simon sitzt schon auf dem Fahrersitz, da ruft ihm sein Ausbilder zu:
„Simon, den Gabelstapler darfst du nicht benutzen! Du hast gar keine Berechtigung dazu." „Ach, das krieg ich schon hin. Schließlich habe ich einen Mofaführerschein", erwidert Simon unbekümmert.
„Trotzdem darfst du den Gabelstapler nicht benutzen! Diese Lieferung muss Hans einlagern, da er dazu die nötigen Voraussetzungen erfüllt."
„Mensch, die sind hier nicht gerade entspannt!", denkt sich Simon.

Handlungsaufträge

1. Nennen Sie Gründe, warum Simon den Gabelstapler nicht benutzen darf.

2. a Welche Voraussetzungen sind zum Führen eines Gabelstaplers in einem Betrieb notwendig?
b Welche Vorteile bringt der Einsatz von Gabelstaplern?

3.1 Welche Staplerarten gibt es?

Nahezu in jedem Betrieb findet sich ein **Gabelstapler**. Ein Gabelstapler hat die Fähigkeit, schwere Lasten zu heben und zu transportieren. Er ist zu einem unentbehrlichen innerbetrieblichen Fördermittel in der Wirtschaft geworden.

Es gibt sehr viele verschiedene Staplerarten, die sich wiederum in ihren Ausführungen unterscheiden.

Beispiele
Elektrostapler, Stapler mit drei Rädern oder mit einem Dreifachmast

Unterschiedliche Ausführungen von Staplern

Unterscheidung der Stapler nach	Beschreibung
Antriebsart	Es gibt **Benzin-**, **Diesel-**, **Gas-** oder **Elektrostapler**. Für welche Antriebsart sich der Unternehmer entscheidet, hängt von mehreren Faktoren ab, z. B. dem Einsatzort (drinnen oder draußen) oder der Güterart (schwere oder leichte). Wenn der Stapler in einer geschlossenen Lagerhalle benötigt wird, sollte kein Benzin- oder Dieselstapler verwendet werden, da die Abgase schädlich für die Mitarbeiter sind.
Radzahl	Es gibt **dreirädrige** und **vierrädrige** Stapler. In den zum Teil engen Regalgängen sind dreirädrige Stapler wendiger. Mit den vierrädrigen Staplern kann aufgrund ihrer besseren Standfestigkeit schneller gefahren werden.
Unterfahrbarkeit	Es gibt **radunterstützte** und **freitragende** Stapler. Die radunterstützten Stapler haben im Gegensatz zu den freitragenden Staplern keine Räder unter den Gabeln. Sie können daher nur Lasten aufnehmen, die mit den Radarmen unterfahrbar sind. Die freitragenden Stapler können an jede Rampe und jeden Lkw heranfahren. Sie sind jedoch mit schweren Gegengewichten ausgestattet, da sie das Gewicht der Räder ausgleichen müssen. Der **Schubmaststapler** (s. u.) ist sowohl freitragend als auch radunterstützt.
Hubhöhe	Es gibt Stapler mit einem **Einfach-**, **Zweifach-**, **Dreifach-** und **Vierfachmast**. Im Gegensatz zu den Zweifach- und Mehrfachhubgerüsten besteht der Einfachmast aus einem nicht teleskopierenden Mast. Durch die Teleskopmasten bei den Mehrfachhubgerüsten können große Hubhöhen erreicht werden.

3.1.1 Welche Bauformen von Staplern gibt es?

Die **Bauformen** von Gabelstaplern werden unterschieden in:

Bauformen von Gabelstaplern		
Bezeichnung		**Beschreibung**
Mitgänger-flurförderzeuge		Die **Mitgängerflurförderzeuge** werden von einer Person bedient, die vor, neben oder hinter dem Gerät steht. Dazu gehören z. B. die Hand- und Elektrohubwagen.

Bauformen von Gabelstaplern		
Bezeichnung		**Beschreibung**
Fahrerstandgeräte		Die **Fahrerstandgeräte** werden von einer Person bedient, die auf einer Plattform am Ende des Flurförderzeugs oder zwischen dem Batteriekasten und den Lastgabeln steht.
Fahrersitzgeräte		**Fahrersitzgeräte** sind die gängigsten Stapler. Diese Stapler sind mit einem Sitz für den Fahrer ausgestattet. Der Sitz kann in Fahrtrichtung (**Frontsitz**) oder seitlich (**Quersitz**) dazu angeordnet sein.

3.1.2 Welche Bauarten von Staplern gibt es?

Je nach Antriebsart, Hubhöhe und Nutzlast eignen sich die einzelnen Staplerbauarten für unterschiedliche Einsatzbereiche wie z. B. das Einlagern oder Kommissionieren von Gütern in der Lagerhalle oder im Freien.

Im Folgenden werden die verschiedenen **Bauarten der Fahrersitzgeräte** vorgestellt.

Bauarten		
Bezeichnung		**Beschreibung**
Gegengewichtsstapler		Der Gegengewichtsstapler ist die bekannteste Bauart. Meistens wird dieser einfach nur als **Gabelstapler** bezeichnet. Der Lastentransport erfolgt freitragend.
Schubmaststapler		Der Schubmaststapler ist die gängige Bezeichnung für einen Spreizenstapler mit Schubmast. Schubmaststapler sind **freitragend** und **radunterstützt** zugleich. Zur Lastenaufnahme wird der Mast vorgeschoben, sodass die Gabeln frei vor dem Fahrzeug liegen und sich bis auf den Boden absenken lassen. Der Transport der Last erfolgt bei zurückgezogenem Mast innerhalb der Radarme. Bei diesem Gerät sitzt der Fahrer quer zur Fahrtrichtung.
Teleskopstapler		Teleskopstapler sind Baumaschinen mit Allradantrieb. Sie können Güter in die Höhe sowie auch einige Meter seitlich transportieren. Dieser Stapler hat keinen Hubmast, sondern einen Teleskoparm.

Bauarten		
Bezeichnung		**Beschreibung**
Querstapler bzw. Seitenstapler		Beim Quergabelstapler ist das Gabelpaar quer zur Fahrrichtung angeordnet. Quergabelstapler eignen sich zum Befördern langer und sperriger Güter wie z. B. von Holzpaketen, Rohren und Stahlplatten. Das Be- und Entladen solcher Güter ist somit in Gängen möglich, die nur wenig breiter sind als der Querstapler selbst.
Vier- bzw. Mehrwegstapler		In diesem Fall nimmt der Stapler die Last wie der Querstapler auf und transportiert sie innerhalb der Radbasis. Alle Räder sind lenkbar und werden einzeln angetrieben. Dadurch ist ein Fahren in alle Richtungen möglich.
Containerstapler		Der Containerstapler ist ein Gegengewichtsstapler mit einer speziellen Aufnahmevorrichtung für Container. Diese wird „Spreader" genannt. Sie eignen sich zum Stapeln und Umschlagen von Containern und Wechselbrücken vor allem im kombinierten Verkehr.

3.1.3 Welche Anbaugeräte gibt es für den Stapler?

Jeder Stapler kann mit verschiedenen **Anbaugeräten** ausgestattet werden, z. B. einem Tragdorn. Dieser ermöglicht den Transport von Rohren oder Teppichrollen. Durch die Nutzung von Anbaugeräten kann der Einsatzbereich des Staplers im Betrieb erweitert werden.

 *Kippbehälter*	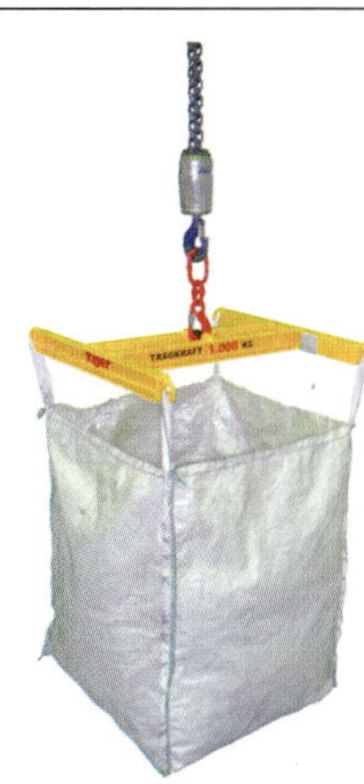 *Big-Bag-Traversen*

Schneeschieber

Stapler-Lastarme

Sicherheitskorb

3.1.4 Wie ist ein Stapler aufgebaut?

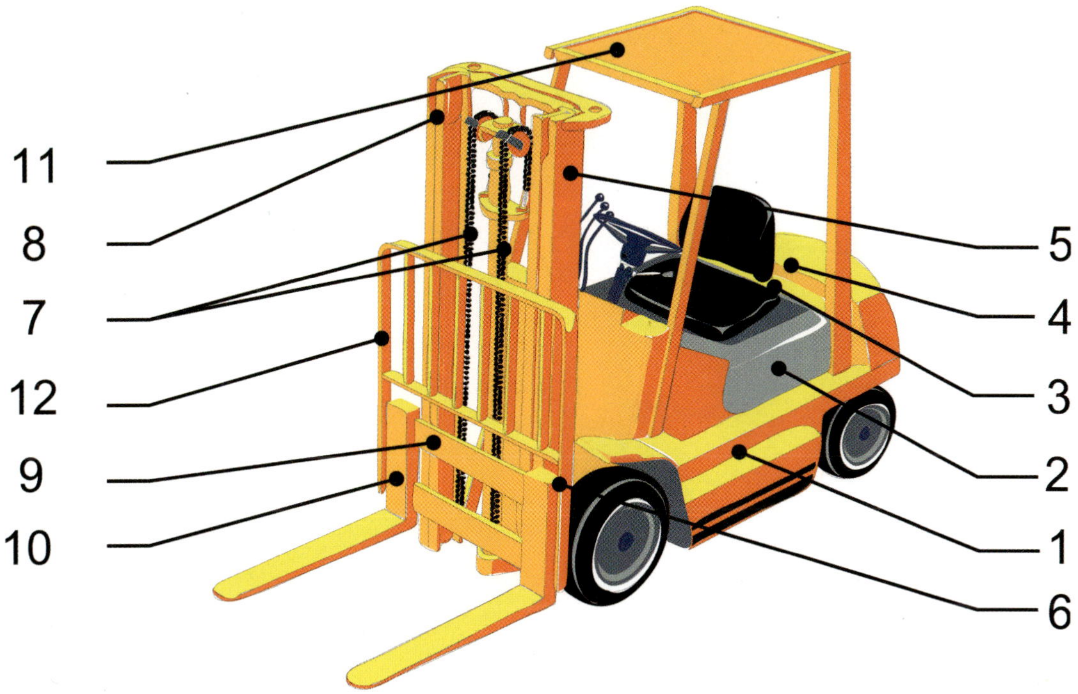

1	Rahmen	7	Lastketten/Hubketten
2	Gegengewicht	8	Hubzylinder
3	Fahrersitz	9	Gabelträger
4	Motorhaube	10	Gabelzinken
5	Hubgerüst/Hubmast	11	Fahrerschutzdach
6	Neigezylinder	12	Lastschutzgitter

3.2 Was bedeutet das Tragfähigkeits- und das Lastschwerpunktdiagramm?

Gabelstapler sind bei ihren Einsätzen unterschiedlichen Belastungen ausgesetzt. Der Fahrer muss in jeder Situation eine sichere Bedienung gewährleisten. Beim Heben und Senken von Gütern muss er beurteilen können, ob und wie er die Last aufnehmen darf. Deshalb muss der Fahrer die Zusammenhänge von **Gewichtsaufnahme**, **Last-** und **Fahrzeugschwerpunkt** im Zusammenspiel von **Hubhöhe** und **Standsicherheit** erkennen und verstehen.

Die meisten Gabelstapler sind so gebaut, dass der Schwerpunkt ihres Leergewichts möglichst weit von der Vorderachse entfernt liegt. Der Schwerpunkt liegt in der Regel unter dem Fahrersitz.

Hebelgesetz

Die **Standsicherheit des Gabelstaplers** folgt aus dem **Hebelgesetz**.

Die Drehachse eines Gabelstaplers ist die Achse der Vorderräder. Auf diese wirken der Schwerpunkt des Gabelstaplers und der Schwerpunkt der Last. Die Achse der Vorderräder wirkt als Kippachse.

Der Lastarm muss möglichst klein gehalten werden, um eine hohe Standsicherheit zu gewährleisten.

Deshalb muss die Last immer so aufgenommen werden, dass ihr Schwerpunkt so nahe wie möglich am Gabelrücken liegt.

Grundsätze der Lastenaufnahme

Um den Lastarm möglichst klein zu halten, müssen folgende **Grundsätze** eingehalten werden:
- Last immer an den Gabelrücken anlegen
- Last so weit wie möglich mit den Gabelzinken unterfahren
- Auf eine gleichmäßige Lastenverteilung achten
- Last von der schmalen Seite aufnehmen
- Hubmast nach hinten neigen
- Tragfähigkeit des Gabelstaplers nicht überschreiten

Tragfähigkeit

Jeder Hersteller muss die **Tragfähigkeit** bzw. **die Traglast des Gabelstaplers** angeben. Spricht man bei einem Gabelstapler von einem 3-Tonner, darf der Gabelstapler maximal drei Tonnen heben.

Die maximale Tragfähigkeit bezieht sich auf einen angegebenen Lastschwerpunkt.

Je höher die Last gehoben werden soll, desto geringer fällt die Tragfähigkeit des Gabelstaplers aus.

Wie schwer die Last sein darf, hängt vom **Lastschwerpunktabstand** und der **Hubhöhe** ab.

Beispielaufgabe 1

Eine Kiste ist 1,5 m lang, 1 m breit und 1 m hoch. Die Kiste hat ein Gewicht von 2 700 kg. Der Schwerpunkt der Kiste liegt in der Mitte.

Darf der Fahrer die Kiste aufnehmen?

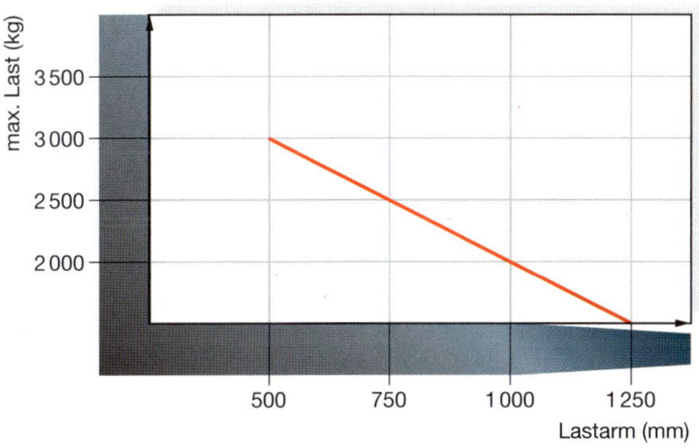

Der Fahrer des Gabelstaplers benötigt zunächst folgende Informationen, bevor er sich das Tragfähigkeitsdiagramm anschaut:

- **Wie schwer ist die Last?** 2 700 kg
- **Wo liegt der gewichtsmäßige Schwerpunkt der Kiste?** Der Schwerpunkt liegt in der Mitte.
- **Bei wie viel mm liegt der Lastschwerpunkt?**

Die Kiste kann sowohl der Länge nach (Fall A) als auch der Breite (Fall B) nach vom Gabelstapler aufgenommen werden.

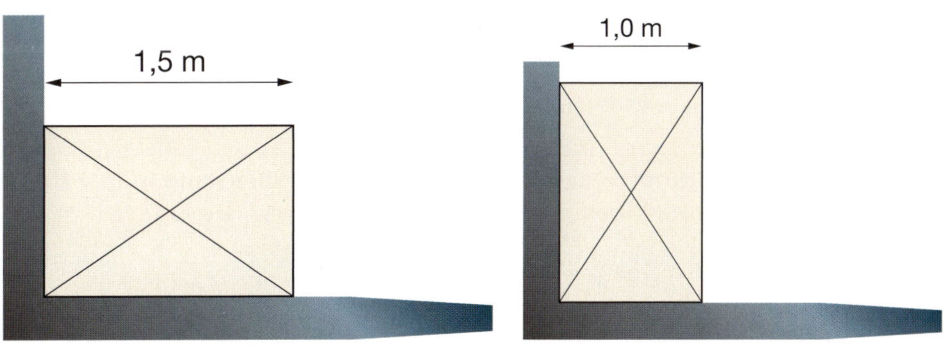

Fall A	Länge der Last : 2 = 1,5 m : 2 = 0,75 m = 750 mm
Fall B	Breite der Last : 2 = 1,0 m : 2 = 0,5 m = 500 mm

Laut Tragfähigkeitsdiagramm darf der Fahrer im **Fall A** eine maximale Last von 2 500 kg und im **Fall B** von 3 000 kg aufnehmen. Da die Kiste 2 700 kg wiegt, kann die Kiste nur wie im Fall B der Breite nach aufgenommen werden.

Beispielaufgabe 2

Die Ladung ist 1,20 m lang und 1,20 m breit. Das Gewicht der Ladung ist gleichmäßig verteilt. Die Ladung hat ein Gewicht von 1 020 kg. Für die Einlagerung muss sie 6 m hoch transportiert werden.

Darf die Ladung vom Stapler aufgenommen werden? Wie hoch darf die Ladung transportiert werden?

- **Wie schwer ist die Last?** 1 020 kg
- **Wo liegt der gewichtsmäßige Schwerpunkt der Kiste?**
  Der Schwerpunkt liegt in der Mitte.
- **Bei wie viel mm liegt der Lastschwerpunkt?**
  1,20 m : 2 = 0,60 m = 600 mm

Hubhöhe	Tragfähigkeit in kg			
5430	1330	1165	1035	850
5030	1420	1245	1110	910
4430	1500	1345	1195	985
4030	1500	1410	1255	1030
3730	1500	1460	1300	1065
3420	1500	1500	1345	1100
mm	400	500	600	800

Lastschwerpunktabstand LSA in mm

Laut Tragfähigkeitsdiagramm dürfen Lasten bei einem Lastschwerpunkt von 600 mm bis zu 1 345 kg betragen. Also liegen die 1 020 kg darunter. Somit darf die Last aufgenommen werden.

Die Hubhöhe beträgt allerdings nur 5 430 mm = 5,43 m. Das bedeutet, dass die Ladung bis maximal 5,43 m in die Höhe transportiert werden darf. Folglich darf die Ladung nicht in 6 m Höhe gehoben werden, da sonst die Standsicherheit des Staplers nicht mehr gegeben ist.

3.3 Welche Voraussetzungen gelten zum Führen eines Gabelstaplers?

Ein Mofa-Führerschein berechtigt nicht zum Lenken eines Gabelstaplers: Diese Erfahrung macht der in der Einführungssituation vorgestellte Auszubildende Simon. Aber auch wer einen Kraftfahrzeug-Führerschein besitzt, ist nicht automatisch berechtigt, einen Gabelstapler zu fahren. Das Arbeiten mit dem Gabelstapler (Lasten heben und senken, Auf- und Abstapeln, Rangieren usw.) ist etwas ganz anderes, als einen Pkw im Straßenverkehr zu lenken. Ein Gabelstapler unterscheidet sich nämlich in seiner **Bauweise** (vgl. Lernfeld 4, Kap. 3.1, Seite 182 ff.) sowie in seiner **Standsicherheit** (vgl. Lernfeld 4, Kap. 3.2, Seite 187 ff.) grundsätzlich von einem Kraftfahrzeug. Deshalb ist es notwendig, dass der Gabelstaplerfahrer folgende **Voraussetzungen** erfüllen muss:

Voraussetzungen zum Führen eines Gabelstaplers

Das Fahren von Flurförderzeugen mit Fahrersitz oder Fahrerstand ist in § 7 Abs. 1 der Unfallverhütungsvorschrift „Flurförderzeuge" geregelt.

Danach darf der Unternehmer mit dem selbstständigen Steuern von Flurförderzeugen mit Fahrersitz oder Fahrerstand nur Personen beauftragen, die folgende Voraussetzungen erfüllen:

1. Mindestalter 18 Jahre } **Persönliche Voraussetzungen**
2. körperliche und geistige Eignung }
3. theoretische und praktische Ausbildung
4. Beauftragung durch den Arbeitgeber

3.3.1 Mindestalter 18 Jahre

Im Rahmen der Berufsausbildung, z. B. zum Fachlageristen oder zur Fachkraft für Lagerlogistik, dürfen Jugendliche unter 18 Jahren unter Berücksichtigung des Jugendarbeitsschutzgesetzes Flurförderzeuge nur steuern, wenn dies unter **fachlicher Aufsicht** erfolgt.

„Unter Aufsicht" bedeutet, dass seitens des Aufsichtführenden die **jeweilige Arbeitsaufgabe beschrieben und vorgegeben sowie örtlich und zeitlich begrenzt wird.** Der Aufsichtführende hat sich **regelmäßig zu vergewissern**, dass der Auftrag ordnungsgemäß ausgeführt wird. Wenn der Gabelstaplerfahrer mindestens 18 Jahre ist und die anderen Voraussetzungen (s. u.) erfüllt, kann der Gabelstapler benutzt werden.

3.3.2 Körperliche und geistige Eignung

Die **körperliche Eignung** wird durch eine ärztliche Untersuchung festgestellt. Insbesondere wird Wert gelegt auf ausreichende Sehschärfe, seitliches Gesichtsfeld, räumliches Sehen, Hörvermögen, Beweglichkeit der Gliedmaßen und eine gute Reaktionsfähigkeit.

Für die **geistige Eignung** werden von den zukünftigen Gabelstaplerfahrern folgende Voraussetzungen erwartet:

- **Verständnis für technische und physikalische Zusammenhänge**: Lastschwerpunkt ermitteln, Tragfähigkeit beachten usw.
- **Fähigkeit, staplerbedingte Situationen zu erlernen, umzusetzen und anzuwenden**: Wie wirkt starkes Abbremsen oder schnelles Fahren in der Kurve auf die mitgeführte Ladung?
- Eigenschaften wie **Zuverlässigkeit, Verantwortungs- und Sicherheitsbewusstsein:** Der Fahrer muss den Stapler mit Sorgfalt und Umsicht führen: Er muss den Gabelstapler so behandeln, dass dieser nicht kaputtgeht oder die Ladung beschädigt wird. Außerdem achten verantwortungsbewusste Gabelstaplerfahrer während der Nutzung darauf, dass keine Menschen gefährdet werden.

3.3.3 Theoretische und praktische Ausbildung

Dem Fahrer müssen die erforderlichen **theoretischen** und **praktischen Kenntnisse** vermittelt werden, die sie zum **sicheren Führen von Flurförderzeugen mit Fahrersitz oder Fahrerstand** befähigen.

Der Inhalt der Ausbildung von Gabelstaplerfahrern ergibt sich aus dem berufsgenossenschaftlichen Grundsatz „Ausbildung und Beauftragung der Fahrer von Flurförderzeugen mit Fahrersitz und Fahrerstand".

Fahrausweis für Gabelstapler

Reg.-Nr. ____________________

(für interne Zwecke, z. B. Personal-, Lehrgangsnummer o. ä.)

Fahraufträge sind stets von jedem Unternehmen neu zu erteilen.
Für weitere Fahraufträge o. dgl. ist ein Ergänzungsblatt erhältlich.
**** Nichtzutreffendes in den jew. Rubriken streichen.***

Ausgabe 2011
© Copyright 1985, Verlag Dr. Ingo Resch GmbH
Maria-Eich-Straße 77, D-82166 Gräfelfing
Telefon: 089/854 65-0, Telefax: 089/854 65-11
www.resch-verlag.com
Nachdruck – auch auszugsweise – nicht gestattet

copyright Verlag Dr. Ingo Resch GmbH, erhältlich unter www.resch-verlag.com

Inhalte der Staplerausbildung

Durch das Ablegen einer theoretischen und praktischen Prüfung erlangt der Fahrer den Fahrausweis.

Die Ausbildung umfasst
- rechtliche Grundlagen,
- Aufbau und Funktion von Gabelstaplern und Anbaugeräten,
- Antriebsarten,
- Standsicherheit,
- allgemeiner Betrieb,
- Umgang mit Lasten,
- Sondereinsätze von Gabelstaplern,
- Verkehrsregeln und Verkehrswege,
- regelmäßige Prüfungen,
- Hinweis auf erforderliche organisatorische Regelungen des Betriebs, z. B Verantwortungsbereich des Gabelstaplerfahrers, Betriebsanweisungen usw.,
- Erlangung von praktischen Fertigkeiten in der Bedienung von Gabelstaplern.

Ausbildungsstätten

Die Ausbildung der Fahrer kann durchgeführt werden von
- den Herstellerfirmen der Flurförderzeuge (z. B. Linde, Jungheinrich usw.),
- herstellerunabhängigen Organisationen (z. B. Dekra),
- internen betrieblichen Ausbildern.

Beschränkt sich die Ausbildung durch Herstellerfirmen auf die praktische Ausbildung am Gerät, so sind die notwendigen theoretischen Kenntnisse für einen sicheren Umgang mit den Flurförderzeugen durch den Unternehmer selbst oder durch eine von ihm beauftragte Person (z. B. durch die Fachkraft für Arbeitssicherheit oder den Sicherheitsbeauftragten) zu vermitteln.

3.3.4 Beauftragung durch den Arbeitgeber

Es reicht nicht aus, dass ein Mitarbeiter die persönlichen Voraussetzungen erfüllt und einen Fahrausweis für Gabelstapler besitzt, um einen Gabelstapler zu fahren. Wer im Betrieb einen Gabelstapler fährt, muss hierzu **vom Arbeitgeber schriftlich beauftragt** sein. Gegebenenfalls muss er eine **arbeitsplatzbezogene Unterweisung** (vgl. Lernfeld 4 Kap. 4.2) erhalten haben.

betriebsinterner Fahrausweis

Für die innerbetriebliche Nutzung des Gabelstaplers ist **kein** Fahrausweis vorgeschrieben. Jedoch stellen einige Betriebe ihren Gabelstaplerfahrern einen **betriebsinternen Fahrausweis** aus. Aufsichtsführende können somit leichter überprüfen, ob Unbefugte bzw. Unberechtigte den Gabelstapler einsetzen.

3.4 Was ist bei der Benutzung von Gabelstaplern zu beachten?

Der Gabelstaplerfahrer hat bei der Benutzung des Gabelstaplers verschiedene Dinge zu beachten, damit es nicht zu Unfällen oder Beschädigungen der Ladung oder des Gabelstaplers kommt.

So muss z. B. **vor** der eigentlichen Nutzung eine Sicht- und Funktionsprüfung durchgeführt werden. Des Weiteren gelten besondere Fahrregeln **während** der Nutzung des Gabelstaplers. Die Geschwindigkeit muss beispielsweise den betrieblichen Begebenheiten angepasst wird. Außerdem hat der Fahrer sich **nach** der Benutzung des Gabelstaplers auch an verschiedene Regeln zu halten: Er muss z. B. den Zündschlüssel abziehen, um den Gabelstapler vor unbefugtem Benutzen zu schützen.

Folgende Verhaltensregeln werden für die Benutzung des Gabelstaplers im Betrieb unterschieden:
1. vor Antritt der Fahrt,
2. während der Nutzung sowie
3. nach Beendigung der Fahrt.

3.4.1 Welche Regeln sind vor Antritt der Fahrt zu beachten?

Der Fahrer muss vor der Benutzung des Gabelstaplers eine **Sicht- und Funktionsprüfung** durchführen. Erst wenn keine Mängel erkannt worden sind, darf er den Stapler in Bewegung setzen.

Die **Sichtprüfung** beinhaltet folgende Kriterien:
- **Gabelzinken**: Weisen die Gabelzinken Schäden auf?
- **Reifen**: Haben die Reifen genügend Druck?
- **Fahrerschutzdach und Lastschutzgitter**: Ist das Fahrerschutzdach in Ordnung?
- **Hydraulikschläuche**: Tritt Öl aus den Schläuchen?
- **Pedale**: Sind die Pedale griffig?
- **Prüfsiegel**: Hat der Gabelstapler noch ein gültiges TÜV-Siegel? Ist das Tragfähigkeitsdiagramm lesbar?

Die **Funktionsprüfung** umfasst folgende Tätigkeiten:
- Funktioniert die **Betriebs- und Feststellbremse**?
- Weist die **Sicherung der Gabelzinken** gegen Herausheben und Verschieben keine Mängel auf?
- Sind die **Ketten** ausreichend und gleichmäßig gespannt?
- Funktioniert die **Warneinrichtung** (z. B. Hupe)?
- Sind die **Beleuchtung** und das **Bremslicht** in Ordnung?
- Das **Lenkungsspiel** ist höchstens zwei Finger breit.
- Ist die **Hydraulik** für das Ausfahren des Hubgerüstes, das Senken, Neigen sowie für Anbaugeräte in Ordnung?

3.4.2 Welche Regeln sind während der Fahrt zu beachten?

- Die Fahrerrückhalteeinrichtung (Anschnallgurt) benutzen.
- Die innerbetrieblichen Verkehrsregeln sind zu beachten und einzuhalten.
- Personen nur mitnehmen, wenn Mitfahrersitze vorhanden sind.

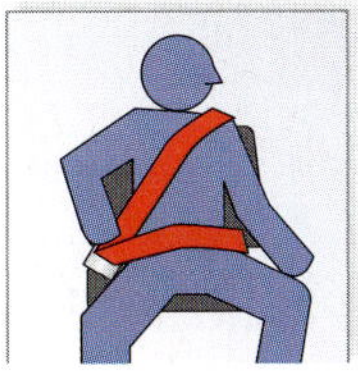

- Bei der Lastaufnahme auf freie Sicht achten.

- Auf das Tragfähigkeitsdiagramm achten, damit der Stapler nicht überladen wird.
- Die Last möglichst nah am Hubmast aufnehmen.
- Die Ladung sichern, damit diese während der Fahrt oder beim Anheben nicht herunterfällt.

- Die Gabelzinken beim Fahren in niedriger Stellung halten, damit keine Personen verletzt werden oder der Stapler kippen kann.
- Die Ladung immer bergseitig transportieren und abruptes Bremsen vermeiden, damit sie nicht von den Gabelzinken herunterfällt.
- Mit angemessener Geschwindigkeit fahren.
- Nur auf den vorgeschriebenen Verkehrswegen innerhalb des Betriebs fahren.
- Kurven in großem Bogen und mit niedriger Geschwindigkeit fahren.

3.4.3 Welche Regeln sind nach der Fahrt zu beachten?

- Beim Abstellen des Staplers muss darauf geachtet werden, dass die Verkehrs- und Rettungswege frei bleiben.
- Der Gabelstapler ist beim Verlassen gegen unbefugtes Benutzen zu sichern, indem der Zündschlüssel abgezogen wird.
- Der Stapler muss gegen unbeabsichtigtes Wegrollen gesichert werden durch Betätigung der Feststellbremse und auf geneigten Flächen zusätzlich durch Unterlegkeile.
- Die Gabelzinken sind auf den Boden zu senken, damit sich niemand verletzen kann.

Zusammengepackt

- Stapler können unterschieden werden nach den unterschiedlichen **Bauformen**: Mitgänger-Flurförderzeuge, Fahrerstandgeräte und Fahrersitzgeräte.
- Die **Fahrersitzgeräte** können nach der **Bauart** unterschieden werden in Gegengewichtsstapler, Schubmaststapler, Teleskopstapler, Seitenstapler, Vier- bzw. Mehrwegstapler und Containerstapler.
- Voraussetzungen für die Benutzung des Gabelstaplers:
  1. Mindestalter 18 Jahre
  2. körperliche und geistige Eignung
  3. theoretische und praktische Ausbildung
  4. betriebliche Unterweisung und Fahrauftrag
- Der Gabelstaplerfahrer muss die Verhaltensregeln vor, während und nach der Fahrt beachten.

Aufgaben

1. *Welche Antriebsarten von Staplern gibt es und für welche Einsatzgebiete eignen sie sich?*
2. *Nennen Sie drei verschiedene Anbaugeräte für Stapler.*
3. *Nennen Sie die Voraussetzungen, die zum Führen eines Gabelstaplers erfüllt sein müssen.*
4. *Erklären Sie, was unter der geistigen Eignung zum Führen eines Gabelstaplers zu verstehen ist.*
5. *Bei der Benutzung des Gabelstaplers sind bestimmte Verhaltensregeln zu beachten. Beantworten Sie folgende Fragen und begründen Sie jeweils Ihre Aussage.*
   a *Dürfen Sie einen Gabelstapler vor Notausgängen/Feuerlöschern abstellen?*
   b *Dürfen Sie mit einem Gabelstapler Personen transportieren?*
   c *Wie verhalten Sie sich, wenn eine Hydraulikleitung leckt?*
   d *In welcher Stellung sollten sich die Gabelzinken befinden, wenn Sie eine Last befördern?*
   e *Wie befahren Sie ein Gefälle mit einem beladenen Stapler?*

6. *Es gilt folgendes Tragfähigkeitsdiagramm:*

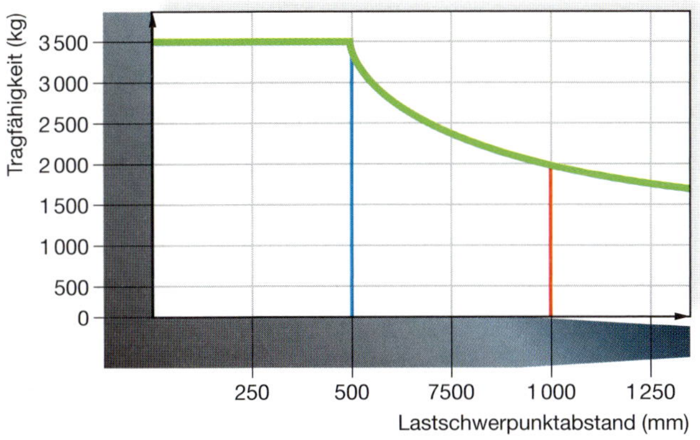

a *Überprüfen Sie, ob eine Kiste mit 2 000 kg und einem Lastschwerpunktabstand von 1 000 mm transportiert werden darf.*
b *Überprüfen Sie, ob eine Kiste mit 2 500 kg und einem Lastschwerpunktabstand von 800 mm transportiert werden darf.*
c *Überprüfen Sie, ob eine Kiste mit 3 000 kg und einem Lastschwerpunktabstand von 600 mm transportiert werden darf.*

4 Sicherheit und Gesundheitsschutz beim innerbetrieblichen Transport

Einstiegssituation

Neben der Annahme der Ware ist Simon auch für das Einlagern der Ware zuständig. Da Simon noch nicht berechtigt ist, einen Gabelstapler zu fahren, und daher keine schweren und sperrigen Güter transportieren kann, ist er für das Einlagern der Kleinteile in die Verkaufsregale zuständig.
In einem Gespräch mit seinem Ausbilder klagt Simon jedoch über Rückenschmerzen. Sein Ausbilder äußert sich dazu wie folgt: „Ich habe dir doch zu Beginn deiner Ausbildung eine **arbeitsplatzbezogene Unterweisung** gegeben und dir gezeigt, was du beim **Heben und Tragen** beachten sollst. Wir legen hier viel Wert auf **Arbeitsschutz**! Außerdem habe ich gehört, dass du die Fördermittel, die dir zur Verfügung stehen, überhaupt nicht nutzt. Erst neulich habe ich gesehen, wie du die Schachteln mit den Lackdosen vom Wareneingang zum Verkaufslager getragen hast. Da ist es doch kein Wunder, dass du Rückenschmerzen hast!"

Handlungsaufträge

1. a *Begründen Sie, warum der Ausbilder kein Verständnis für Simons Rückenschmerzen hat.*
   b *Was verstehen Sie unter einer arbeitsplatzbezogenen Unterweisung?*
2. *Beschreiben Sie Regeln zum richtigen Heben und Tragen.*

4.1 Organisation des Arbeitsschutzes

Im Lager werden Güter, Arbeitsmittel oder Verbrauchsmaterialien bestellt, entgegengenommen, bewegt und gelagert. Dies geschieht einerseits mit Fahrzeugen, beispielsweise mit Gabelstaplern, und andererseits ganz einfach von Hand, ohne oder mit Hilfsmitteln wie Sackkarren und Rollbehälter.

Unfallzahlen im Bereich innerbetrieblicher Transport

Seit vielen Jahren sind die Unfallzahlen im Bereich innerbetrieblicher Transport gleichbleibend hoch. Nach den Statistiken der Berufsgenossenschaften sind ca. 26 % aller gemeldeten Unfälle und ca. 30 % aller tödlichen Unfälle Transportunfälle. Hinzu kommen in diesem Bereich Erkrankungen durch häufiges Heben und Tragen schwerer Lasten.

Arbeitsunfälle und krankheitsbedingte Fehlzeiten von Mitarbeitern sind teuer und stören den Betriebsablauf. Um dem aktiv entgegenzuwirken, müssen **Sicherheit und Gesundheitsschutz** stärker in die Organisation von Betrieben und Verwaltungen integriert werden.

Folgende Personengruppen sind für die Organisation des Arbeitsschutzes zuständig.

Organisation des Arbeitsschutzes wird unterteilt in:

Innerbetriebliche Organisation des Arbeitsschutzes	Außerbetriebliche Organisation des Arbeitsschutzes
Verantwortlich: ▪ Arbeitgeber ▪ Arbeitnehmer ▪ Sicherheitsbeauftragter: Bei mehr als 20 Beschäftigten ist ein Sicherheitsbeauftragter zu bestellen. Dieser arbeitet auf Abteilungsebene und besitzt eine sicherheitstechnische Ausbildung. ▪ Betriebsrat ▪ Betriebsärzte und Fachkräfte für Arbeitssicherheit ▪ Arbeitsschutzausschuss	Verantwortlich: ▪ Berufsgenossenschaften (Träger der gesetzlichen Unfallversicherung) ▪ Zuständige Stellen nach dem Arbeitsschutzgesetz (z. B. Gewerbeaufsichtsamt)

4.2 Unterweisungen zum Schutz des Arbeitnehmers

Die Beschäftigten in einem Unternehmen sollen Eigenverantwortung für ihr gesundheitsgerechtes Verhalten am Arbeitsplatz übernehmen. Die Unterweisung hat das Ziel, das notwendige Wissen dazu zu vermitteln.

Der Arbeitgeber ist zur Unterweisung der Beschäftigten in den Arbeits- und Gesundheitsschutz verpflichtet.

Durch Unterweisungen werden die Beschäftigten über Unfall- und Gesundheitsgefahren unterrichtet. Denn nur wer die Gefahren kennt und weiß, wie man sich dagegen schützen kann, kann effektiv und sicher arbeiten.

Ziele von Unterweisungen

Ziele von Unterweisung

- Der Arbeitnehmer soll über alle **Gesundheits- und Sicherheitsgefährdungen am Arbeitsplatz** informiert werden. Der Arbeitgeber muss demnach auf die individuelle Arbeitssituation zugeschnittene Informationen und Anweisungen geben.
- Die Beschäftigten haben sich selbst sicherheitsgerecht am Arbeitsplatz zu verhalten. Der Arbeitgeber hat sich zu vergewissern, dass die Anweisungen zum **gesundheitsgerechten Verhalten** eingehalten werden.

Rund 90 % aller Arbeitsunfälle sind auf menschliches Fehlverhalten, mangelnde Information, Unkenntnis oder fehlendes Gefahrenbewusstsein zurückzuführen. Eine gute Unterweisung kann diese Lücken füllen und für mehr Arbeitssicherheit sorgen.

Anlässe für Unterweisung

Mindestens **einmal jährlich** müssen der Arbeitgeber bzw. die Fachkraft für Arbeitssicherheit die Mitarbeiter/Kollegen unterweisen. Außerdem ist eine Unterweisung immer angesagt, wenn sich die Situation am Arbeitsplatz ändert. Dies kann durch folgende Gegebenheiten notwendig werden:

- Neueinstellungen
- Veränderte Aufgabenbereiche
- Neue Arbeitsmittel oder Arbeitsverfahren
- Besondere Vorkommnisse (z. B. ein Arbeitsunfall)
- Erforderliche Auffrischung

Viele Beschäftigte stehen dem Thema „Arbeitssicherheit" eher gleichgültig gegenüber, obwohl es doch um ihre Sicherheit geht. Wenn die **Unterweisungen gut und anschaulich durchgeführt** werden, kann sich diese Haltung ändern. Die Mitarbeiter sollten **motiviert** werden, sich an die Anweisungen zu halten. Damit der Arbeitgeber sicher sein kann, dass sich alle an die Anweisungen halten, sollte jede Unterweisung **dokumentiert** werden. So kann jederzeit nachgewiesen werden, dass der Arbeitgeber seiner gesetzlichen Verpflichtung nachgekommen ist.

*Generell gilt für jede Form der Unterweisung: Was in einer Unterweisung **gesagt** wird, muss von den Beschäftigten **gehört** werden, damit es von ihnen **verstanden** wird. Erst dann können sie mit den Inhalten der Unterweisung **einverstanden sein** und das Gesagte **anwenden** und **beibehalten**.*

Es werden folgende **Formen der Unterweisung** unterschieden:

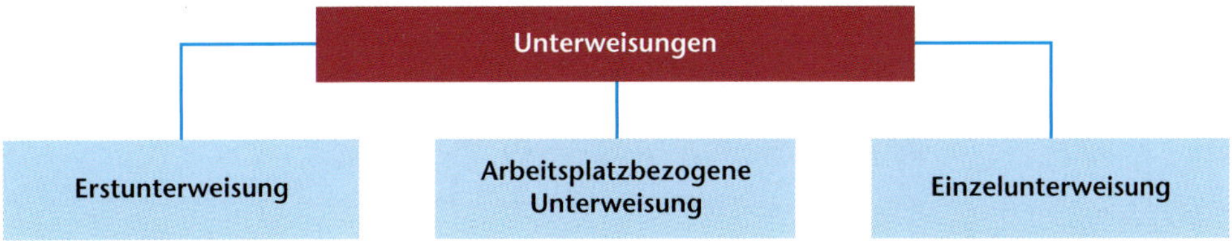

4.2.1 Erstunterweisung

Ein neuer Mitarbeiter muss sich in seinem Betrieb zurechtfinden. Er benötigt grundlegende Informationen, z. B. über seinen zukünftigen Arbeitsplatz, sowie Informationen zum Arbeits- und Gesundheitsschutz.

Wichtige Punkte der Erstunterweisung sind:

- **Betriebsorganisation**: Wer sind meine Vorgesetzten? Wo befinden sich die Gefahrenquellen im Betrieb?
- **Allgemeine Betriebsregelungen:** Wie sind die Arbeitszeiten und Pausen geregelt?
- **Brandschutz und Erste Hilfe:** Wo ist der Erste-Hilfe-Kasten? Wo befindet sich der Feuerlöscher? Wie verlaufen die Flucht- und Rettungswege?
- **Einweisung am Arbeitsplatz**: Welche Schutzkleidung ist nötig? Welche Aufgaben sind erforderlich? Wie wird die Maschine bedient?

4.2.2 Arbeitsplatzbezogene Unterweisung

Beispiel
Um Güter schneller und einfacher zu transportieren, werden im Lager oftmals Fördermittel, wie z. B. Gabelstapler, eingesetzt. Ist der Arbeitnehmer berechtigt, einen Gabelstapler zu fahren, und ist dessen Benutzung erforderlich für seinen Tätigkeitsbereich, so muss er ausreichend über den richtigen Umgang mit dem Gabelstapler unterwiesen werden (vgl. Lernfeld 4, Kap. 3.3.4, Seite 192).

Diese Art der Unterweisung nennt man **arbeitsplatzbezogene Unterweisung**: Im Gegensatz zur Erstunterweisung gilt sie nur für bestimmte Mitarbeiter im Betrieb.

Beispiele für arbeitsplatzbezogenen Unterweisung
- Einsatz von Lastaufnahmemitteln
- Führen von Baumaschinen
- Ladungssicherung
- Gefahrguttransport
- persönliche Schutzausrüstung
- Unterweisung Staplerfahrer
- Unterweisung Bildschirm- und Büroarbeitsplätze

Betriebsanweisung

Durch den Aushang von **Betriebsanweisungen** am direkten Arbeitsplatz haben die Beschäftigten die Möglichkeit, sich jederzeit über die wesentlichen Inhalte der arbeitsplatzbezogenen Unterweisung zu informieren.

4.2.3 Einzelunterweisung

Manchmal wird die Einzelunterweisung eines Mitarbeiters notwendig. Dies kann der Fall sein, wenn ein Arbeitsnehmer z. B. seine persönliche Schutzausrüstung nicht trägt oder keine Funktionsprüfung vor der Nutzung des Gabelstaplers durchführt, obwohl er diesbezüglich unterwiesen wurde.
Der Arbeitnehmer verhält sich in diesen Fällen nicht korrekt. Daher wird dieses **Fehlverhalten eines Einzelnen** in einem **persönlichen Gespräch mit dem Arbeitgeber** oder **der Fachkraft für Arbeitssicherheit** angesprochen. Das Fehlverhalten wird offengelegt und eine weitere Vorgehensweise verbindlich vereinbart.

4.3 Gesundheitsschutz beim Heben und Tragen

Rückenbeschwerden durch schweres Heben und Tragen von Lasten sind einer der Hauptgründe für Arbeitsunfähigkeit von Beschäftigten. Vor allem im Lager- und Transportgewerbe sind Arbeitsvorgänge mit Heben und Tragen, Ziehen und Schieben von Lasten fester Bestandteil.

Damit beim Heben und Tragen die Belastung von Wirbelsäule und Bandscheiben gering gehalten wird, sollten folgende Regeln beachtet werden:

Vermeidung von Rückenschmerzen durch folgende Maßnahmen:

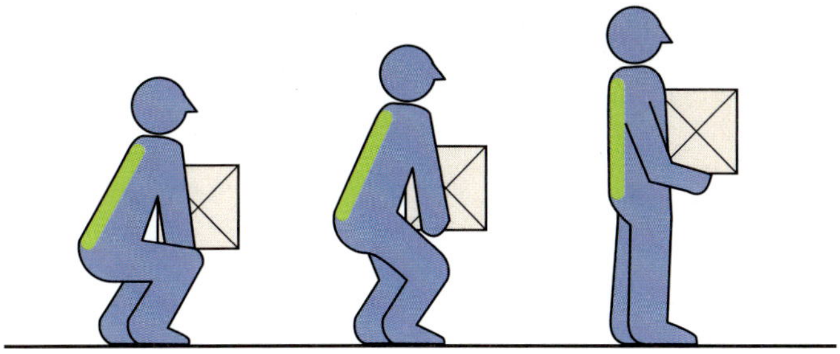

- Den Rücken gerade halten, die Knie beugen und die Beine leicht nach außen spreizen.
- Auf einen stabilen und sicheren Stand achten.
- Die Last mit beiden Händen greifen.
- Beim Auf- und Absetzen so weit in die Hocke wie nötig (der Rücken soll dabei gerade bleiben) gehen.
- Die Last niemals ruckartig anheben.

- Die Last möglichst nah am Körper halten.
- Die Last gleichmäßig nach rechts und links verteilen.
- Beim Tragen stets die Sicht freihalten.

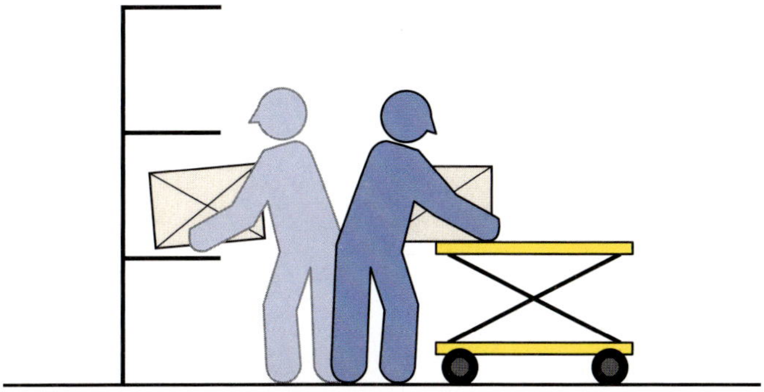

- Beim Heben ein Verdrehen der Wirbelsäule vermeiden, indem man zuerst die Last hebt und erst dann den ganzen Körper durch Schritte in die Bewegungsrichtung dreht.
- Vorhandene Transportmittel benutzen.

Beispiele für Transportmittel

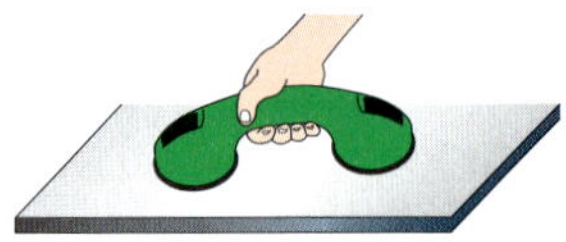
Vakuumsauger

Blechklemme

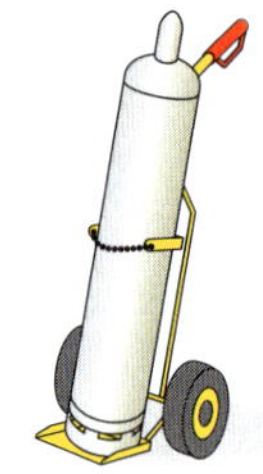
Flaschenkarre

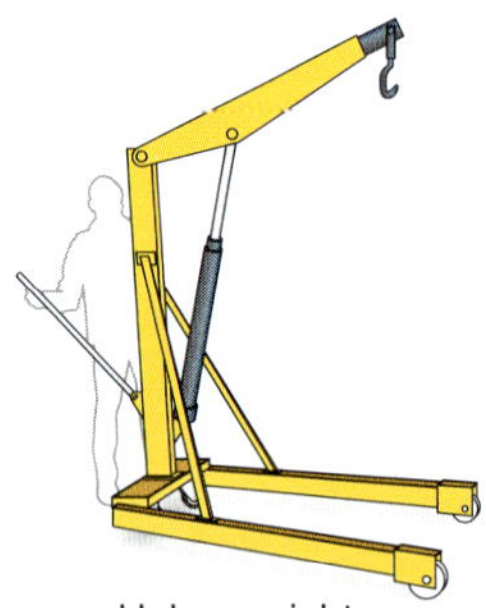
Hebevorrichtung

Mitgängerflurförderzeug

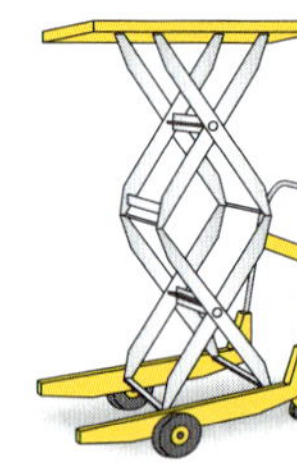
Hubplattform

Generell sind folgende Gewichte in Kilogramm abhängig von Geschlecht, Alter und Häufigkeit des Hebens und Tragens zumutbar:

	Art der Arbeit:	Heben	Tragen	Heben	Tragen	Heben	Tragen
nach Geschlecht	Alter in Jahren	selten < 5 % der Schicht		manchmal 5–10 % der Schicht		häufig 11–35 % der Schicht	
	15–18	35	30	25	20	20	15
	19–45	55	50	30	30	25	20
	> 45	50	40	25	25	20	15
	15–18	13	13	9	9	8	8
	19–45	15	15	10	10	9	10
	> 45	13	13	9	9	8	8

Zusammengepackt

- Für den **innerbetrieblichen Arbeitsschutz** sind der Arbeitgeber, die Arbeitnehmer, der Sicherheitsbeauftragte, die Fachkraft für Arbeitssicherheit, Betriebsärzte, der Betriebsrat und der Arbeitsschutzausschuss zuständig.
- Für den **außerbetrieblichen Arbeitsschutz** sind die zuständigen Stellen und die Berufsgenossenschaften zuständig.

- Die Arbeitnehmer haben ein Recht auf **Unterweisungen** seitens des Arbeitgebers. Des Weiteren müssen sie sich an alle dem Arbeitsschutz dienenden Maßnahmen halten.
- Unterweisungen stellen eine **Wissensvermittlung über die Gefahren und Verhaltensregeln am Arbeitsplatz** dar. Sie dienen dem Schutz und der Sicherheit am Arbeitsplatz.
- Unterweisungen werden unterschieden in **Erstunterweisung**, **arbeitsplatzbezogene Unterweisung** und **Einzelunterweisung**.
- Die Regeln zum **Heben und Tragen** von Lasten sollten beachtet werden, um ein körperschonendes Arbeiten zu ermöglichen.

Aufgaben

1. *Wer ist für den innerbetrieblichen Arbeitsschutz zuständig?*
2. *Begründen Sie, warum die Berufsgenossenschaften als Träger der Unfallversicherungen ein großes Interesse daran haben, dass der Arbeitgeber seine Arbeitsnehmer auf das richtige Heben und Tragen von Lasten sowie auf den sicheren Umgang mit Fördermitteln hinweist.*
3. *Welche Arten der Unterweisung gibt es?*
4. *Sie finden in Ihrem Ausbildungsbetrieb eine Betriebsanweisung für die Benutzer von Flurförderzeugen mit Fahrersitz oder Fahrerstand. Zu welcher Art der Unterweisung zählt diese? Begründen Sie Ihre Aussage.*
5. *Beurteilen Sie folgende Situationen, indem Sie die Haltungsfehler beschreiben und jeweils eine Regel zum rückenfreundlichen Umgang formulieren.*

6. *Nennen Sie weitere Gesundheitsgefährdungen am Arbeitsplatz und beschreiben Sie Maßnahmen zur Vorbeugung bzw. zum Schutz des Arbeitnehmers.*

Lernfeld 5

Güter kommissionieren

1 Grundlagen der Kommissionierung

Einstiegssituation

Am Wochenende plant die Auszubildende Lisa mit ihrer Familie einen gemeinsamen privaten Einkauf in einen Supermarkt. Bereits zu Hause wird ein langer Einkaufszettel mit 20 verschiedenen Produkten erstellt.

Im Supermarkt wird die Arbeit des Einkaufs auf jedes Familienmitglied aufgeteilt. Am Ende des Einkaufs trifft man sich an der Kasse, um die Ware zu bezahlen. Zu Hause ist Lisas Mutter enttäuscht: Lisa hat statt stillem Wasser kohlensäurehaltiges Mineralwaser gekauft. „Das ist überhaupt nicht meine Schuld!", wehrt sich Lisa.

Handlungsaufträge

1. *Beschreiben Sie ausführlich alle Tätigkeiten, die Lisa und ihre Familienangehörigen vom Eintritt in den Supermarkt bis zum Verlassen ausführen. Versuchen Sie zu erklären, warum Lisa das falsche Mineralwasser eingekauft hat.*
2. *Vergleichen Sie die Tätigkeiten eines privaten Einkaufs mit ihren beruflichen Erfahrungen beim Kommissionieren eines Kunden- oder Produktionsauftrags.*

1.1 Gründe für Warenentnahmen

Zunächst soll geklärt werden, welche unterschiedlichen Gründe es für Warenentnahmen aus dem Lager geben kann. Diese werden in außerbetriebliche und innerbetriebliche Gründe unterteilt.

Gründe für die Kommissionierung

- **Außerbetriebliche Gründe**
- **Innerbetriebliche Gründe**

1.1.1 Außerbetriebliche Entnahmegründe

Der häufigste **außerbetriebliche Grund** für die Kommissionierung ist die Bestellung eines Kunden, der Kundenauftrag. Nachfolgend sind einige außerbetriebliche Gründe für Warenentnahmen mit Beispielen aufgeführt:

Außerbetriebliche Gründe für Warenentnahmen	Beispiele
Warenlieferung an einen Kunden (Kundenauftrag)	Ein Kunde hat zehn Flachbildschirme bestellt, welche im Lager kommissioniert werden. Anschließend werden die Flachbildschirme dem Kunden geliefert.

Außerbetriebliche Gründe für Warenentnahmen	Beispiele
Rücklieferung an den Lieferanten	Nicht verkaufte Ware kann den Lieferanten zurückgegeben werden. Die Ware muss dafür kommissioniert werden. Dies ist z. B. beim Kommissionskauf möglich, bei dem nicht verkaufte Ware zurückgegeben werden kann.
Retouren nach Kundenbeschwerden (Reklamationen)	Nach einer Reklamation muss die zurückgesandte Ware nachgebessert oder entsorgt werden. Die bestellte Ware ist erneut im Lager zu kommissionieren.

1.1.2 Innerbetriebliche Entnahmegründe

Der häufigste **innerbetriebliche Grund** für eine Kommissionierung ist eine Materialanforderung der eigenen Produktion. Nachfolgend sind einige innerbetriebliche Gründe für Warenentnahmen mit Beispielen aufgeführt.

Innerbetriebliche Gründe für Warenentnahmen	Beispiele
Materialanforderung der eigenen Produktion	Die Maschinenfabrik AG benötigt Kurbelwellen zur Produktion von Maschinen. Das Lager der Maschinenfabrik AG kommissioniert die Kurbelwellen und liefert diese in die eigene Fertigung (Produktion).
Sortimentsänderung	Aufnahme neuer Artikel (Sortimentserweiterung) oder Auslagerung veralteter Produkte (Sortimentsreduzierung). Dies kann auch saisonbedingt geschehen.
Umlagerung	Umstellung der Lagerorganisation, z. B. von der numerischen auf die chaotische Einlagerung. Die Waren werden entsprechend kommissioniert und umgelagert.
Inventur	Um eine ordnungsgemäße Inventur zu ermöglichen, kann es erforderlich sein, die Waren an ihrem Lagerplatz zu entnehmen, um sie z. B. mit einer Zählwaage zu zählen.
Verkaufslager auffüllen	Im Supermarkt werden die Waren durch die Kunden selbst kommissioniert (vgl. Einstiegssituation). Die Verkaufsregale des Supermarkts werden dann aufgefüllt durch Entnahmen aus einem Reservelager.

1.2 Grundbegriffe der Kommissionierung

Das Kommissionieren ist eine wichtige Aufgabe für Beschäftigte im Lager und Logistikbereich. Fehlerfreies und schnelles Kommissionieren sichert den ordnungsgemäßen Verkauf (Absatz) der Ware oder versorgt die eigene Produktion mit Nachschub. Zeitlich verzögertes oder fehlerhaftes Kommissionieren wirkt sich unmittelbar auf die Kunden, die eine Ware bestellt haben, oder die Produktion aus. Fachkräfte für Lagerlogistik und Fachlageristen werden bereits in ihrer Ausbildung mit der wichtigen Aufgabe des Kommissionierens vertraut gemacht.

Definition

Kommissionieren ist das Zusammentragen verschiedener Artikel nach einem vorgegebenen Auftrag. Hierbei kann es sich um einen Kundenauftrag oder einen Produktionsauftrag handeln.

Beispiele

Kundenauftrag: Der Großkunde Konrad Maier GmbH bestellt bei der Zweirad Schnell GmbH fünf Containerladungen Fahrräder für seinen Export. Die Fahrräder werden daraufhin kommissioniert und zum Versand in Container verladen.

Produktionsauftrag: Aufgrund der steigenden Nachfrage nach Mountainbikes entwickelt und produziert die Zweirad Schnell GmbH ein neues Modell. Die Metallrohre für die Rahmen der Fahrräder werden dem Lager entnommen (kommissioniert) und in der Fertigung verschweißt und zusammengebaut.

Folgende Fachbegriffe werden zur Beschreibung von Kommissioniervorgängen verwendet:

Fachbegriff	Erklärung
Kommissionierer, Greifer, Picker („to pick" kommt aus dem Englischen und bedeutet „greifen")	Mitarbeiter, der den Kommissionierauftrag ausführt
Kommission	Ein Kommissionierauftrag wird im lagertechnischen Sinne als Kommission verstanden.
Kommissionierliste, Greifliste, Pickliste, Entnahmeliste	Diese Listen bilden die Grundlage, den Beleg für die notwendigen Informationen der Kommissionierung. Hierzu gehören u. a. Informationen zum Lagerort, zur Artikelbezeichnung und über Mengen- und Verpackungseinheiten.

1.3 Kommissionierfehler

Hamburg, 01.06.2013 - Besonders in umsatzstarken Zeiten stapelt sich an der Kommissionierungsfront die Arbeit. Unternehmen greifen dann gerne auf die Unterstützung von Mitarbeitern zurück, die nicht der Stammmannschaft angehören. Dadurch sinkt oftmals die Kommissionierleistung, und es häufen sich Kommissionierfehler: Die Mitarbeiter verwechseln Artikel, entnehmen falsche Mengen, vergessen einzelne Pickaufträge oder versäumen es, die fertigen Aufträge rechtzeitig zur Abholung bereitzustellen.

Fehlerfreies und zeitnahes Kommissionieren ist ein Wettbewerbsvorteil. **Kommissionierfehler** und ihre Folgen sind somit ein erheblicher Wettbewerbsnachteil in einer weltweit vernetzten Wirtschaft. Die Aufgaben von ausgebildeten Fachkräften für Lagerlogistik und Fachlageristen ist es, Kommissionierfehler zu vermindern bzw. ganz zu vermeiden. Hierzu ist es erforderlich, die häufigsten Kommissionierfehler und ihre Ursachen zu erkennen. Die Mitarbeiter müssen wissen, welche Folgen fehlerhaftes Kommissionieren haben kann. Die folgende Übersicht gibt einen Überblick über typische Kommissionierfehler.

1.3.1 Häufigste Kommissionierfehler

Folgende Fehler werden beim Kommissionieren häufig gemacht:
- Bereitstellen einer falschen Stückzahl (zu viel oder zu wenig kommissioniert)
- Ein Kommissionierauftrag wird übersehen oder doppelt ausgeführt.

- Ein Artikel ist falsch, ein Artikel fehlt oder ist zu viel.
- Verpackungseinheiten (VE) sind falsch gewählt.

> Beispiel
> Auf der Pickliste steht: „4 × Batterien". Der Kommissionierer vermutet vier einzelne Batterien. Gemeint sind aber vier Verpackungseinheiten (VE) zu je vier Batterien. Er sollte also insgesamt 16 Batterien greifen, hat aber nur eine VE mit vier einzelnen Batterien kommissioniert. Die Fehlmenge beträgt in diesem Beispiel drei VE zu je vier Batterien = 12 fehlende Batterien. Abhilfe schaffen hier innerbetriebliche Vereinbarungen über VE.

Eine Verpackungseinheit (VE) Batterien besteht aus vier einzelnen Batterien.

1.3.2 Ursachen für Kommissionierfehler

Die Ursachen von Kommissionierfehlern lassen sich aufteilen in persönliche und organisatorische Ursachen.

Persönliche Ursachen von Kommissionierfehlern sind

- fehlende Motivation und Konzentration der Mitarbeiter,
- wenig Verantwortungsgefühl der Mitarbeiter bei der Arbeit,
- mangelnde Identifikation mit der Arbeit und dem Unternehmen,
- geringe Kenntnisse von Betrieb, Arbeitsabläufen, Fachbegriffen, Arbeitsmitteln und Waren.

Organisatorische Ursachen von Kommissionierfehlern sind

- fehlende Lagerübersicht,
- schlechte Beschriftung der Lagerplätze oder Lagerorte,
- unleserliche oder unverständliche Kommissionieraufträge,
- häufiger Ausfall der Technik,
- unzureichende Beleuchtung im Kommissionierbereich.

1.3.3 Folgen von Kommissionierfehlern

Die **wirtschaftlichen Folgen** von Kommissionierfehlern sind teilweise erheblich. Falsch bestellte Ware führt zu unzufriedenen Kunden, aber auch zu Mehrkosten für die Bearbeitung der Rücksendungen (Retouren). **Kommissionierfehler** können auch schnell zu einem **Ansehensverlust** (Imageverlust) führen. Denn wer bestellt gerne ein zweites Mal, wenn die erste Lieferung fehlerhaft oder falsch war? Kommissionierfehler können sogar zu einem **Produktionsausfall** in der zu beliefernden Firma führen.

> Beispiel
> Eine Firma bestellt benötigte Ersatzteile für eine Maschine. Als die Lieferung ankommt, wird bemerkt, dass ein falsches Ersatzteil kommissioniert und geliefert worden ist. Die Nachlieferung des richtigen Ersatzteils dauert erneut mehrere Tage, sodass die Maschine nicht eingesetzt werden kann. Die Folge ist ein Produktionsausfall.

1.3.4 Maßnahmen zur Vermeidung von Kommissionierfehlern

Es gibt viele Möglichkeiten, um kostenintensive Kommissionierfehler zu vermeiden:

- Eine gute Mitarbeiterschulung, welche
  - Klarheit schafft über die verwendeten Verpackungseinheiten (VE),
  - die Mitarbeiter warenkundig macht,
  - den Mitarbeitern hilft, die Lagerorganisation zu verstehen.
- Prämien für fehlerfreies und zügiges Kommissionieren können die Motivation steigern.
- Kontrollen können in den Arbeitsablauf eingebaut werden. Hierzu gehört z. B. die Vier-Augen-Kontrolle, bei der ein weiterer Mitarbeiter die kommissionierte Ware kontrolliert. Auch sogenannte Gewichtskontrollen helfen: Hierbei wird die kommissionierte Ware gewichtsmäßig erfasst und mit dem vorher ermittelten Gewicht verglichen.

Beispiel

Die zu wenig kommissionierten drei VE Batterien (vgl. Beispiel auf S. 206) würden bei einer Gewichtskontrolle sofort auffallen, da das Gewicht erheblich abweichen würde. Dieser Kommissionierfehler wäre also bei einem Abgleich des Gewichts vermieden worden.

- Die Verantwortung des einzelnen Mitarbeiters für seine kommissionierte Ware wird verdeutlicht, z. B. durch Einlegen eines Namenszettels mit dem Namen des Kommissionierers in den Auftrag. So lässt sich im Nachhinein genau feststellen, wer für die Kommissionierung zuständig gewesen ist.
- Belegloses Kommissionieren, z. B. durch Pick-by-Barcode oder Pick-by-Scan (vgl. Lernfeld 5, Kap. 2.1.3, S. 213) kann helfen, Verwechslungen und damit Kommissionierfehler zu vermeiden.

Der Kommissionierbeleg wird eingescannt und anschließend auf den Ladungsträger aufgeklebt.

1.4 Berechnungen zur Ermittlung von Kommissionierfehlern

Kommissionierfehler können mithilfe einer Formel berechnet und bewertet werden.

$$\text{Fehlerquote in \%} = \frac{\text{Anzahl der Kommissionierfehler}}{\text{Anzahl der Kommissionierungen insgesamt}} \times 100$$

Beispiel

In der Firma Gruhn werden bei 550 Kommissionierungen durchschnittlich 22 Kommissionierfehler ermittelt.

Lösung: Die Fehlerquote in % = $\frac{22 \times 100}{550} = 4\ \%$

Zusammengepackt

- Unter dem Begriff „Kommissionieren" wird das Zusammentragen verschiedener Artikel nach einem vorgegebenen Auftrag verstanden.
- Es wird zwischen inner- und außerbetrieblichen Entnahmegründen unterschieden.
- Außerbetriebliche Entnahmegründe sind z. B. eine Warenlieferung an einen Kunden, eine Rücklieferung an den Kunden, Retouren an den Lieferanten.
- Innerbetriebliche Entnahmegründe sind z. B. Materialanforderungen der eigenen Produktion, Sortimentsänderungen, Umlagerung, Inventur, Auffüllen des Verkaufslagers.
- Kommissionierfehler verursachen hohe Kosten. Sie können weitere Nachteile, wie Kunden- und Imageverlust oder sogar einen Produktionsstopp, zur Folge haben.
- Typische Kommissionierfehler kommen oftmals durch Unsicherheiten über Verpackungseinheiten, Zählfehler, Unkonzentriertheit der Mitarbeiter und eine schlechte Lagerorganisation zustande.
- Kommissionierfehler können durch Schulung der Mitarbeiter, Prämien oder unterstützende Kontrollmaßnahmen (Gewichtskontrolle, beleglose Kontrolle) reduziert werden.

Aufgaben

1. *Erklären Sie die nachfolgende Begriffe: Kommissionieren, Kommission, Kommissionierer, Kommissionierliste.*
2. *Handelt es sich bei den nachfolgenden Beispielen um inner- oder außerbetriebliche Entnahmegründe?*
   a *Die Firma Gruhn verkauft Produkte nach China.*
   b *Das Unternehmen überprüft Waren in der Qualitätsabteilung des Unternehmens.*
   c *Der Zulieferer liefert just in time an einen Autobauer.*
3. *Geben Sie jeweils ein Beispiel für einen Kundenauftrag und einen Produktionsauftrag.*
4. *Erklären Sie drei Maßnahmen zur Vermeidung von Kommissionierfehlern.*
5. *Erklären Sie, welche betriebliche Bedeutung fehlerfreies und schnelles Kommissionieren in Ihrem Ausbildungsbetrieb hat.*
6. *Ein Unternehmen hat bei 20 000 kommissionierten Picks pro Jahr monatlich im Durchschnitt 40 Kommissionierfehler ermittelt. Berechnen Sie die Fehlerquote in Prozent pro Jahr.*

2 Kommissioniersysteme

Einstiegssituation

Lisa, Auszubildende zur Fachlageristin, möchte mit ihren Freundinnen eine Shoppingtour machen. Zuvor möchten sich die Freundinnen noch mit einem Frühstück stärken. Aus Zeitgründen fahren sie zu einem Fast-Food-Restaurant und bestellen vom Auto aus ein Frühstück für alle. Sie ordern verschiedene Kaffeesorten sowie Frühstücksangebote und einen Burger.

Handlungsaufträge

1. *Besuchen Sie ein Fast-Food-Restaurant, und notieren Sie sich alle Abläufe, Ausrüstungen, Informationen etc., die für ihre Lagerausbildung von Bedeutung sein können.*
2. *Erarbeiten Sie in Kleingruppen eine Bildschirmpräsentation über den Ablauf der Kommissionierung in einem ihrer Ausbildungsbetriebe. Stellen Sie die Kleingruppen so zusammen, dass in jeder Gruppe ein Mitglied ist, zu dessen Arbeitsalltag das betriebliche Kommissionieren gehört.*

Die Bearbeitung der Bestellung bei einer Fast-Food-Kette ist davon abhängig, wie die Information der Bestellung aufgenommen (erfasst) und weitergegeben (**Informationssystem**) wird. Außerdem ist wichtig, wie die Ware (Kaffee, Burger etc.) zum Kunden gebracht wird (**Materialflusssytem**) und mit welcher Kommissioniermethode (**Organisationssystem**) die Ware zusammengestellt wird.

Informationssystem
Materialflusssytem
Organisationssystem

*Grundsätzlich ist die Abarbeitung von Kommissionieraufträgen immer vom jeweiligen **Kommissioniersystem** abhängig.*

Definition

Ein Kommissioniersystem setzt sich aus dem Informations- und Materialfluss bei der Kommissionierung sowie der Organisation der Kommissionierung zusammen. Die Kommissioniersysteme stehen untereinander in einer **Wechselwirkung:** Sie beeinflussen sich gegenseitig.

2.1 Informationssysteme

Das Informationssystem umfasst fünf Arbeitsschritte:

Informationsfluss

- **Bestellung erfassen**
- **Bestellung aufbereiten**
- **Bestellung weitergeben**
- **Warenentnahme quittieren**
- **Warenentnahme verbuchen**

Zur Veranschaulichung wird der **Informationsfluss** beispielhaft an Lisas Bestellung in einem Fast-Food-Restaurant dargestellt.

Grundsätzliche Fragestellungen zum Informationsfluss	Lösungsmöglichkeiten zu den Fragestellungen	Beispiel: Informationsfluss bei der Bestellung in einem Fast-Food-Restaurant
Wie wird der Auftrag **erfasst?**	▪ mündlich ▪ schriftlich ▪ akustisch ▪ akustisch über Headset ▪ per Fax ▪ per E-Mail ▪ per Internet	Über das Außenmikrofon können die Kunden von ihrem Auto aus die Fast-Food-Produkte bestellen. Der Kommissionierer hört (**erfasst**) diese über ein Headset.
Wie werden die Kundenaufträge in Kommissionieraufträge **aufbereitet?**	Umwandlung der Kommissionieraufträge in Picklisten, Greiflisten etc. mit Zusatzinformationen, wie z. B. Artikelnummer, Liefertermine	Der Kommissionierer mit Headset gibt die Kommissionieraufträge in die **EDV** ein. Diese werden dann automatisch durch notwendige Informationen ergänzt.
Wie werden die Kommissionieraufträge an die Kommissionierer **weitergegeben?**	▪ **beleghaft** (mit Papieren als Beleg) ▪ **beleglos** (elektronisch ohne Papiere)	Die eingegebenen Aufträge werden in Kommissionieraufträge (Bestellungen) für die Mitarbeiter im Küchenbereich **sichtbar per EDV** übertragen.
Wie werden die Entnahmen durch den Kommissionierer **quittiert**?	▪ **beleghaft**: Abhaken, Streichen der Positionen ▪ **beleglos**: Tastendruck, Lichtschranke, Mikrofon, Scannen	Der Mitarbeiter bestätigt (**quittiert**) per Headset jeweils einzeln die Teilmengen, bis die gesamte Bestellung abgearbeitet ist.
Wie werden die Entnahmen **verbucht**?	▪ **beleghaft**: Eintragung in eine Lagerfachkarte, manuelle Eingabe in ein EDV-Programm ▪ **beleglos**: online über ein Lagerprogramm, online im Moment der Quittierung der Ware oder durch Scannen	Nachdem die Bestellung vollständig abgearbeitet ist, wird die Rechnung über die **Kassen-EDV** erstellt. Dies ist die endgültige **Verbuchung** der Frühstückbestellung.

Nachfolgend wird der Informationsfluss (Erfassen, Aufbereiten, Weitergeben, Quittieren, Verbuchen) allgemein ausführlich beschrieben.

2.1.1 Erfassen eines Kundenauftrags

Bei einem Fast-Food-Restaurant wird per Außenmikrofon der Kommissionierauftrag aufgegeben und dann per Headset entgegengenommen. Die Bestellungen der Kunden können **mündlich** über Mikrofon und Headset, wie bei Lisas Bestellung, oder **schriftlich**, **telefonisch**, per **Fax**, E-Mail oder **Internet** erfolgen. Jeder Bestellung folgt eine Kommissionierung mit anschließender Lieferung an die Kunden. Die Kommissionierung entspricht den Kundenaufträgen. Die Daten der Bestellungen, wie z. B. Artikelbezeichnung, Artikelnummer, Mengenangaben, und Liefertermine werden mithilfe von Lagerverwaltungsprogrammen oder Warenwirtschaftssystemen erfasst, um die **Lieferfähigkeit** zu überprüfen.

In einem Fastfoodrestaurant wird per Außenmikrofon der Kommissionierauftrag aufgegeben und dann per Headset erfasst.

Lieferfähigkeit

Die Lieferfähigkeit errechnet sich wie folgt:

Sollbestand
– Mindestbestand (Reservebestand)
– offene Bestellungen von Kunden (Reservierungen)

= verfügbare Menge

Beispiel
Datenlage: Sollbestand: 500 Stück, Mindestbestand 100 Stück, offene Bestellungen 50 Stück

Rechnung: 500 Stück – 100 Stück – 50 Stück = 350 Stück
350 Stück sind die verfügbare Menge.

2.1.2 Aufbereiten des Kundenauftrags

Die Kundenaufträge werden regelhaft in Kommissionieraufträge umgewandelt. In manchen Betrieben werden die Bestellungen direkt als Kommissionierauftrag genutzt.

Definition

Kundenauftrag = Bestellungen	Kommissionierauftrag = Picklisten, Greiferkontrolllisten oder die ursprüngliche Bestellung

Bei der Aufbereitung des Kundenauftrags in einen Kommissionierauftrag werden zusätzliche Informationen gegeben, die den Kommissioniervorgang erleichtern. Dies können z. B. folgende Angaben sein: Lagerort der Güter, Verpackungsart, Gefahrenhinweise, Gewicht, Name des Kommissionierers.

Batch-Modus
Real-Time-Modus

Die Aufbereitung der Kommissionieraufträge kann im **Batch-Modus** (= Stapelverarbeitung) oder im **Real-Time-Modus** (= Echtzeitverarbeitung) erfolgen.
Bei batchweiser Aufbereitung werden die Kommissionieraufträge für einen bestimmten Zeitraum, z. B. stundenweise, gesammelt. Anschließend werden sie stapelweise, also auf einmal aufbereitet.

Im Real-Time-Betrieb (Echtzeit) werden die Kundenaufträge unmittelbar nach dem Auftragseingang aufbereitet. Derartige Verfahren sind besonders bei Eilaufträgen sinnvoll. Lisas Bestellung wird z. B. sofort erledigt (Real-Time-Betrieb), weil die Freundinnen schnell frühstücken möchten. Bei der Aufbereitung der Kommissionieraufträge über das EDV-System können die Kommissionieraufträge nach verschiedenen Gesichtspunkten geordnet werden.

Gesichtspunkt: Ordnung von Kommissionieraufträgen	Beispiel, Erklärung
nach Auftragsarten	z. B. Normalauftrag, Eilauftrag
nach Versandarten	z. B. Luftfracht, Bahnfracht
nach Güterarten	z. B. schwere Güter zuerst kommissionieren, damit sie unten liegen und nicht beschädigt werden
nach dem Fifo-Prinzip (First in – first out)	Die Position des zuerst eingelagerten Gutes wird auch zuerst kommissioniert.

Das folgende **Beispiel** zeigt, wie die Versandart „Luftfracht" den Kommissionierzeitpunkt bestimmen kann:

> **Beispiel**
> In einem Logistikverteilzentrum nahe Dresden soll die Sendung erst um 23:00 Uhr per Nachtflug transportiert werden. Aus diesem Grunde werden die Kommissionieraufträge per EDV-Steuerung erst später ausgeführt, um eiligere Aufträge vorzuziehen.

2.1.3 Weitergabe des Kommissionierauftrags

Nachdem der Kommissionierauftrag erfasst und aufbereitet worden ist, wird er an den Kommissionierer weitergegeben. Diese Weitergabe kann mit einem schriftlichen Beleg (beleghafte Kommissionierung) oder beleglos (beleglose Kommissionierung) erfolgen.

Kommissionierung

Beleghafte Kommissionierung

Als typische Kommissionierbelege gelten u. a. Picklisten, Greiflisten, Packzettel oder Lagerbewegungslisten. Auch Lieferscheine werden als Belege zum Kommissionieren genutzt. Die Kommissionierbelege müssen übersichtlich und eindeutig gestaltet werden, damit Kommissionierfehler vermieden werden. Die Kommissionierung mit Belegen ist **sehr flexibel** und macht **unabhängig** vom Einsatz von Technik. Von **Nachteil** ist der höhere Verwaltungsaufwand, denn die Belege müssen gesammelt und aufbewahrt werden. Individuelle Kommissionierfehler werden nicht automatisch entdeckt und können so zu mehr Fehlern beim Kommissionieren führen.

Beleglose Kommissionierung

Die beleglose Kommissionierung ist sicherlich die Kommissioniermethode der Zukunft. Hierbei wird eine **unnötige** und **zeitaufwendige** Papierflut vermieden, **Lesefehler werden verhindert**. Lisas Bestellung ist eine beleglose Weitergabe, weil über eine EDV-Eingabe die Bestellung an die Küche automatisch weitergeleitet wird.

Vorteile der beleglosen Kommissionierung	Nachteile der beleglosen Kommissionierung
hohe Kommissionierleistung	hohe Investitionskosten
geringe Einarbeitungszeit	hoher technisch-organisatorischer Aufwand
geringe Fehlerquote	Arbeitsstillstand bei Ausfall der EDV
automatische Kontrolle	Überblick über Arbeitsabläufe kann verloren gehen

Die beleglose Kommissionierung erfordert aber **einen höheren Investitionsaufwand** zur Anschaffung der entsprechenden Ausstattung. Folgende beleglose Kommissionierverfahren werden genutzt.

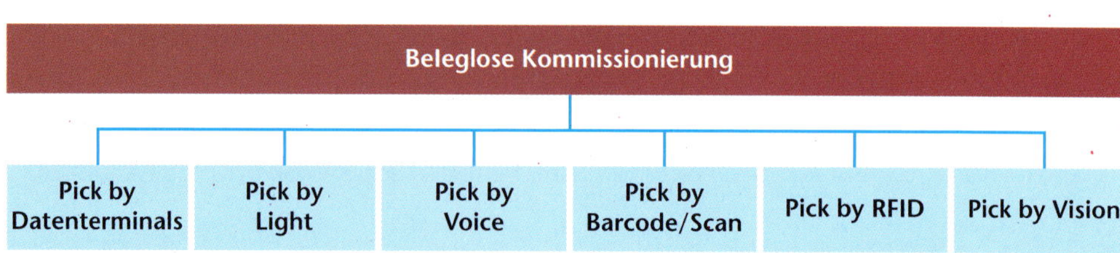

Erfassen per Datenterminals Die Kommissionierung erfolgt mit mobilen Kleindatenterminals, die z. B. an einem Fördermittel (Gabelstapler) angebracht sind. Der Fahrer erhält über das Display die Kommissionierdaten. Dann fährt er zum Entnahmeplatz und bestätigt (quittiert) die Entnahme. Der Lagerverwaltungsrechner übermittelt den folgenden Lagerort für die nächste Kommissionierung, bis der Auftrag abgeschlossen ist.		*mobile Kleindatenterminals*
Pick by Light Übersetzt bedeutet „Pick by Light“ so viel wie „Kommissionieren nach Licht“. Die optische Kommissionierung per Lichtsignal wird vorwiegend bei der Entnahme von umschlagsstarken Kleinteilen eingesetzt. Der Kommissionierer wird per LED-Anzeigen durch das Lager zum Lagerplatz geführt. Über ein Display erscheint direkt am Regalfach die zu kommissionierende Menge.		*Kommissionieren nach optischen Signalen*
Pick by Voice „Kommissionieren nach Stimme“ ist die Übersetzung dieses englischen Fachbegriffs. Hierbei wird der Kommissionierauftrag über Funk und Kopfhörer (Headset) mit Sprachanweisung übertragen. Die Sprache wird entweder unmittelbar übertragen (z. B. Bestellung bei McDrive) oder von einer Software in Sprache übersetzt. Nachdem der Mitarbeiter die Ware entnommen hat, bestätigt er die Entnahme per Spracheingabe über das Mikrofon. Dann erwartet er den nächsten Auftrag.	 © Fiege	*Kommissionieren nach Stimme*
Pick by Barcode/Pick by Scan Beim Kommissionieren mit Barcode ist das Datenerfassungsgerät (z. B. Scanner) mit dem Lagerverwaltungsrechner verbunden. Bei Abrufen eines Auftrags werden ihm die Kommissionierdaten wie Stellplatz, Artikel, Stückzahl usw. auf dem Display angezeigt. Der Kommissionierer scannt den Kommissionierbehälter ein und verbindet („verheiratet“) ihn mit dem Kommissionierauftrag. Anschließend scannt er die Barcodes der entnommenen Artikel ein. Das System stellt fest, ob die Barcodes auf Artikel und Kommissionierauftrag identisch sind. Fehlentnahmen sind so ausgeschlossen.	 © Fiege	*Kommissionieren nach Strichcode*

RFID-Technik

Pick by RFID
Hierbei wird nicht mehr mithilfe des Barcodes, sondern mit der RFID-Technik (Radio Frequency Identifikation) beleglos kommissioniert. Die Abläufe sind ähnlich wie beim Pick by Barcode/ Scan-Verfahren.
Anstelle des Barcodes dient ein Transponder (Funk-Kommunikationsgerät) als Informationsträger. Dieser Transponder kann von den RFID-Geräten gelesen und beschrieben werden. Hierzu ist kein direkter Sichtkontakt erforderlich, da die Daten per Funk übertragen werden.

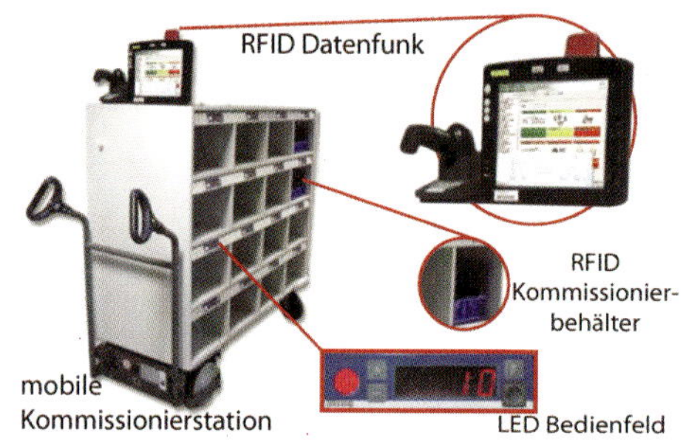

RIFID-Multipicker

Die Zukunft der Kommissionierung

Pick by Vision
Dieses neue Kommissionierverfahren ist noch in der Entwicklung. Der Kommissionierer trägt hierbei eine Datenbrille, die ihm alle Informationen zur Erledigung eines Auftrags (z. B. Lagerort, Menge) übermittelt. Diese Datenbrille führt ihn visuell durch das Lager zur jeweiligen Entnahmestelle.

2.1.4 Quittieren der Warenentnahme

Quittieren

Durch das **Quittieren** bestätigt der Kommissionierer die Warenentnahme einzelner Positionen oder des gesamten Auftrags.

Bei **beleghaftem Kommissionieren** erfolgt dies durch **Abhaken** oder **Streichen** der Positionen auf dem Kommissionierbeleg. Dies zeigt der nachfolgenden Ausschnitt aus einem Kommissierauftrag.

Beispiel

Ausschnitt aus einem Kommissionierauftrag					
Position	Stellplatz	Art.-Nr. Bezeichnung	Menge	Einheit	kommissioniert?
1	02 – 04 – 08	25362 Tischdecke Aventura	4	Stück	✓
2	02 – 06 – 06	25369 Tischdecke Classico	7	Stück	✓
3	03 – 03 – 02	26345 Tischdecke Tranquillo	100	Stück	✓
4	05 – 04 – 08	26121 Tischdecke Futuro	5	Stück	✓

In der hier abgebildeten Lagerfachkarte erfolgt die **Quittierung der Warenentnahme** durch das **Abhaken**.

Beim **beleglosen Kommissionieren** ist die Bestätigung (Quittierung) der Warenentnahme vom jeweils eingesetzten beleglosen Kommissionierverfahren abhängig.

Belegloses Kommissionierverfahren

Belegloses Kommissionierverfahren	Wie erfolgt die Quittierung (Bestätigung) bei der Anwendung verschiedener belegloser Kommissionierverfahren?
Pick by Datenterminals	Quittierung durch Drücken einer entsprechende Taste
Pick by Light	Quittierung durch Drücken einer Taste oder durch Lichtschranke
Pick by Voice	Quittierung über das Mikrofon
Pick by Barcode/Pick by Scan	Quittierung durch Scannen des Barcodes am Artikel oder Lagerort
Pick by RFID	Die Entnahme wird über das Lesegerät erfasst und quittiert.
Pick by Vision	Quittierung per Mikrofon und Spracheingabe

2.1.5 Buchen der Warenentnahme

Beim **beleghaften Kommissionieren** kann die Verbuchung durch Eintrag der Warenentnahme in die Lagerfachkarte oder durch manuelle Eingabe der Warenentnahme in das Lagerverwaltungsprogramm erfolgen.

Lagerfachkarte							ME:	*Stück*
Ersatzteile Nr. *125637 1739 02 090345*				Benennung *Rzeppa Gelenk*		Lagerzone *4302*		
Beleg-Nr.	Datum		Vorgang	Zugang	Abgang	Bestand		Kontrolle
						600		*Müller*
233444	05	03	23	310		910		*Müller*
022 777	06	04	04		30	880		*Müller*
67211	07	13	21		15	865		*Müller*
23 = Zugang								
04 = Monatsauftrag								
21 = Eilauftrag								

Buchen durch Eintragen in eine Lagerfachkarte beim beleghafteten Kommissionieren

Bei der Verbuchung geringer Bestände ist es sinnvoll, den Istbestand mit dem Sollbestand abzugleichen. Somit ist eine Bestandsaufnahme im Sinne einer permanenten Inventur für diese Ware möglich.

belegloses Kommissionieren

Beim **beleglosen Kommissionieren** erfolgt die Verbuchung der Warenentnahme **automatisch** über das Lagerverwaltungsprogramm: Die Buchung erfolgt also **online** in dem Moment der Quittierung der Kommissionierung.

Beispiel
Beim Scannen eines Artikels wird nicht nur die Kommissionierung selbst bestätigt. Vielmehr wird gleichzeitig im Lagerverwaltungsprogramm die **Entnahme** als **Abbuchung** mengenmäßig und **buchmäßig** erfasst.

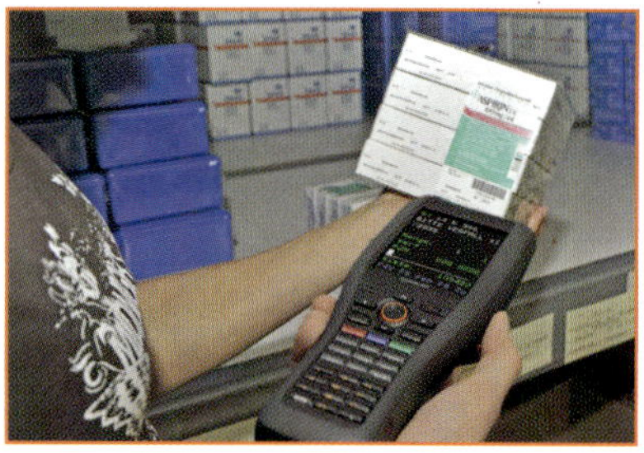

Scannen bedeutet auch, die Ware buchmäßig zu erfassen.

2.2 Materialflusssystem

Materialfluss

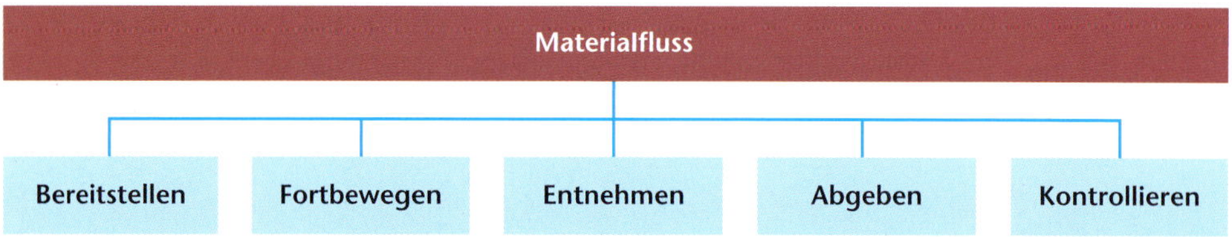

Die folgende **Tabelle** bietet zunächst einen Überblick über den **Materialfluss** im Lager.

Fragen zum Materialfluss	Antworten	Beispiel: Materialfluss bei Lisas Bestellung im Fast-Food-Restaurant
Wie wird die Ware **bereitgestellt**?	▪ statische Bereitstellung ▪ dynamische Bereitstellung	Am Verkaufstresen werden die Getränke ausgeschenkt. Sie stehen dort (**statisch**) zum Verkauf. Der Kommissionierer bewegt sich auf die Ware zu. Das Herunterrutschen der Burger im Durchlaufregal kann als **dynamische Bereitstellung** betrachtet werden.
Wie **bewegt** sich der Kommissionierer zur Ware?	▪ eindimensional ▪ zweidimensional ▪ dreidimensional	Der Kommissionierer im Fast-Food-Restaurant bewegt sich hauptsächlich vor dem Durchlaufregal: Er bewegt sich somit **eindimensional** fort.
Wie wird die Ware **entnommen**?	▪ manuelle Entnahme ▪ mechanische Entnahme ▪ automatische Entnahme	Die Burger werden per Hand (**manuell**) entnommen.
Wie wird die Ware **abgegeben/weitergegeben**?	▪ zentrale Abgabe ▪ dezentrale Abgabe ▪ Pick-/Pack-Verfahren (vgl. Lernfeld 5, Kap. 2.2.4 S. 219)	Im Fast-Food-Restaurants erfolgt die Abgabe der Ware **dezentral**, weil jede Kasse gleichzeitig eine Übergabestelle der Ware ist.
Wie wird die Ware **kontrolliert**?	▪ Zeitpunkt der Kontrolle ▪ Ort der Kontrolle ▪ Umfang der Kontrolle ▪ Art und Weise der Kontrolle	Während des Einpacken des Frühstücks und durch das Hineinlegen des Kassenzettels in die Verpackungstüte **kontrolliert** der Kommissionierer durch eine **Sichtkontrolle** die **gesamte** Kommission (**Vollkontrolle**).

2.2.1 Bereitstellen der Ware für den Kommissionierer

Die Bereitstellung der Ware durch den Kommissionierer kann **statisch** oder **dynamisch** erfolgen.

Entscheidend ist dabei, ob sich die Ware auf den Kommissionierer zubewegt oder ob die Ware am Lagerort verbleibt und der Kommissionierer zur Ware geht bzw. fährt.

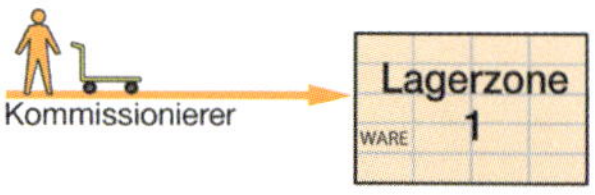

Statische Bereitstellung der Ware

Wird ein Verfahren zur Warenbereitstellung beschrieben, so erfolgt dies immer **aus Sicht der Ware**.

Mann zur Ware

Die **statische Bereitstellung** wird auch **Mann zur Ware** genannt. Der Kommissionierer bewegt sich hierbei auf die Ware zu. Er begibt sich zur Ware, während die Ware selbst sich nicht bewegt: Sie liegt **statisch** auf ihrem Lagerplatz.

Im Supermarkt liegen die Waren im Regal (statisch), der Kunde (Kommissionierer) geht zu den Regalen und entnimmt die gewünschte Ware.

Die **statische Bereitstellung** ist u. a. vorteilhaft, wenn der Investitionsaufwand gering bleiben soll oder wenn öfter Eilaufträge abgearbeitet werden sollen. Allerdings sind die Mitarbeiter stärkeren körperlichen Belastungen ausgesetzt: Sie müssen die Ware ja auch bewegen, also tragen und heben.

Ware zum Mann

Die **dynamische Bereitstellung** wird auch **Ware zum Mann** genannt. Hierbei werden die zu greifenden Artikel (z. B. in einem Behälter) mithilfe eines computergesteuerten Lagers per Fördermittel (z. B. Regalförderzeug) zum Kommissionierer transportiert.

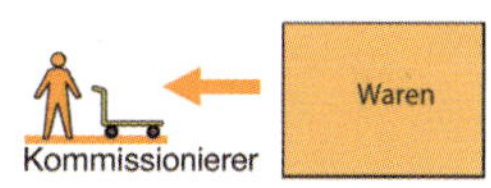

dynamische Bereitstellung der Ware

Die dynamische Bereitstellung ist wegen der geringen Wegzeiten, der geringen körperlichen Belastung und der hohen Kommissionierleistung vorteilhaft. Nachteilig sind die hohen Investitionskosten und die mangelnde Flexibilität bei schwankender Nachfrage.

2.2.2 Fortbewegung des Kommissionierers

ein-, zwei- und der dreidimensionalen Fortbewegung

Bei der Fortbewegung des Kommissionierers wird zwischen der ein-, zwei- und der dreidimensionalen Fortbewegung unterschieden.

Bei der **eindimensionalen Fortbewegung** geht der Kommissionierer an einem einzigen Regal entlang. Dies kann z. B. der Fall sein, wenn Kleinteile aus einem Durchlaufregal entnommen werden.

Eindimensionale Fortbewegung

Bei der **zweidimensionalen Fortbewegung** bewegt sich der Kommissionierer durch mehrere Regalgänge, ohne in die Höhe zu gehen.

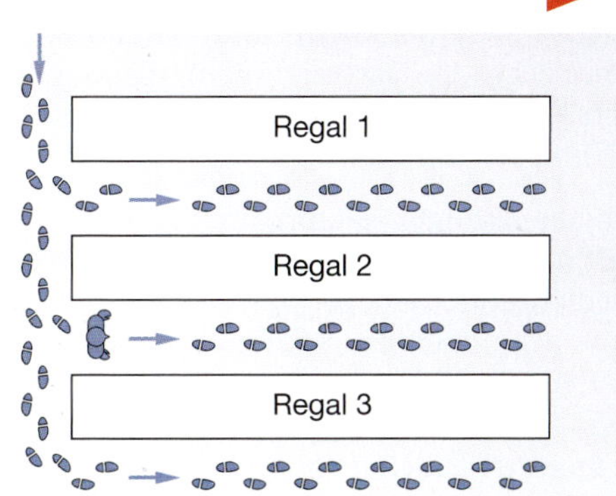

Zweidimensionale Fortbewegung

Bei der **dreidimensionalen Fortbewegung** bewegt sich der Kommissionierer durch mehrere Regalgänge und zusätzlich in die Höhe der Regale. Hierzu kann er Stapler oder Leitern nutzen.

Dreidimensionale Fortbewegung

2.2.3 Entnahme der Ware

Unter „Entnahme" ist das Greifen der Güter aus dem Regalfach zur Erfüllung des Kommissionierauftrags zu verstehen. Die Entnahme kann **manuell**, **mechanisch** oder **automatisch** erfolgen. Sie richtet sich nach der Art der Güter und nach der Art der Lagerung.

Entnahme

Manuelle Entnahme

Die manuelle Entnahme wird eingesetzt, wenn sich die Güter im Sicht- und Greifbereich des Menschen befinden und von Gewicht, Volumen, Beschaffenheit per Hand entnommen werden können. Die manuelle Entnahme ist typisch in **Fachbodenregalen**. Ein Vorteil der manuellen Entnahme sind die geringen Investitionskosten. Nachteile sind hohe Personalkosten und eine gewisse Unfallgefahr (z. B. durch den Einsatz von Leitern usw.).

Mechanische Entnahme

Eignet sich der Sicht- und Greifbereich, aber auch die Güterart, nicht zur manuellen Entnahme, wird die mechanische Entnahme notwendig.

Hierbei erfolgt die Entnahme ganzer Paletten durch einen Gabelstapler oder ein Regalbediengerät. Den geringen Personalkosten und der großen Raumausnutzung stehen als Nachteile ein hoher Investitionsaufwand und die Notwendigkeit der Verwendung genormter Ladehilfsmittel gegenüber.

Mechanische Entnahme per Gabelstapler

Automatische Entnahme

Die automatische Entnahme wird beim Einsatz von Kommissionierautomaten und Kommissionierrobotern durchgeführt. Diese erzielen eine **hohe Kommissionierleistung**. Auch die Fehlerrate ist bei der Warenentnahme durch Automaten und Roboter ist sehr gering. Allerdings entstehen hohe Investitionskosten. Wegen der Greifschwierigkeit können Kommissionierautomaten und -roboter nur bei einheitlicher Verpackungsart und -größe eingesetzt werden.

Kommissionierroboter mit hoher Leistung und geringer Fehlerquote.

2.2.4 Abgabe der kommissionierten Ware

Ist die Ware kommissioniert, stellt sich folgende Frage: In welcher Form sollen die bestellten Güter an die nächste Stelle (Verpackung, Versand, Fertigung) weitergegeben werden?

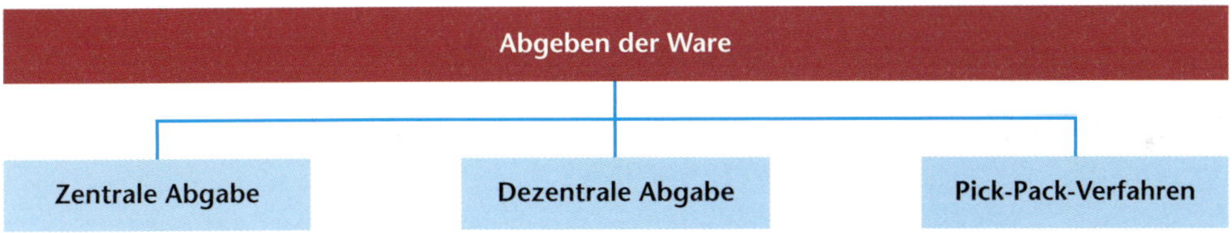

Zentrale Abgabe. Bei dieser Abgabeform werden die Güter vom Kommissionierer in einen oder mehrere mitgeführte Kommissionierbehälter abgelegt. Nach Erledigung des Auftrags übergibt der Kommissionierer diese Behälter in einen Sammelbehälter einer Auftragssammelstelle. Dort wird die Ware verpackt. Das Entnahmevolumen ist durch die mitgeführten Kommissionierbehälter begrenzt.

Dezentrale Abgabe. Die Güter werden hier direkt oder nach Abschluss der Entnahme vom Kommissionierer auf ein Förderband gelegt. Dieses transportiert die Güter zur Sammelstelle transportiert (Pick-to-Belt). Das Entnahmevolumen ist zwar nicht durch die Größe der Kommissionierbehälter begrenzt, es können jedoch nur Waren mit bestimmten Abmessungen befördert werden.

Pick-Pack-Verfahren; die Ware wird direkt in die Versandverpackung kommissioniert.

Pick-Pack-Verfahren. Bei diesem Verfahren erfolgen die Kommissionierung und die Verpackung in einem Arbeitsgang. Das entnommene Gut wird vom Kommissionierer unmittelbar nach der Entnahme noch am Regal in ein versandfertiges Packmittel gelegt, das anschließend nur noch verschlossen werden muss. Eine Abgabe an eine Verpackungsstelle entfällt.

Dieses Verfahren ist dann vorteilhaft, wenn

- die Produkte bereits kundengerecht vorverpackt oder komplettiert eingelagert wurden,
- keine aufwendigen Spezialverpackungen notwendig sind,
- die Auswahl des richtigen Packmittels hinsichtlich Größe und Stabilität bereits vor der Kommissionierung getroffen werden kann.

2.2.5 Kontrolle der Ware

Wie bereits dargestellt worden ist, sind Kommissionierfehler mit erheblichen Kosten verbunden und verärgern den Empfänger der Ware (vgl. Lernfeld 5, Kap. 1.3, S. 205). Daher sind Kontrollen erforderlich, um dies zu verhindern.

Zeitpunkt der Kontrolle	▪ sofort bei Entnahme ▪ vor dem Verpacken
Kontrollperson	▪ Kontrolle durch den Kommissionierer selbst ▪ Kontrolle durch eigens dafür eingesetzte Kontrollpersonen
Umfang der Kontrolle	▪ Komplettkontrolle (100 %ige Kontrolle) ▪ Stichprobenkontrolle
Manuelle Kontrolle	▪ Zählen, Messen, Wiegen der Entnahmen, Vergleich mit den vorliegenden Picklisten/Lieferscheinen ▪ Prüfen der entnommenen Waren auf Mängel (Bruch, Schmutz, Rost usw.)
Automatische Kontrolle	▪ Überprüfen des Strichcodes der entnommenen Waren mittels eines **Scanners** ▪ Einlesen des **RFID-Transponders** auf der Verpackung ▪ Vergleich des vom Lagerverwaltungssystems errechneten Gewichts für die Kommission mit dem auf der Waage angezeigten Gewicht **(Gewichtskontrolle)** ▪ Aufnahme der kommissionierten Ware mit einer Kamera und Vergleich mit dem Bild der Ware im Lagerverwaltungsrechner **(optische Kontrolle)**

> Beispiel
> Laut Lagerverwaltungssystem wiegen vier Batterien 1 000 g. Beim automatischen Wiegevorgang der Batterien werden aber nur 750 g gewogen. Es ist eine Batterie zu wenig kommissioniert worden.

2.3 Organisationssystem

Organisationssystem Das Organisationssystem der Kommissionierung kann in drei Bereiche gegliedert werden:

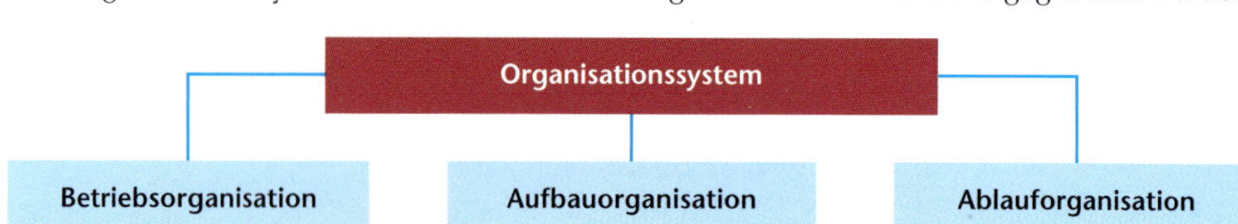

2.3.1 Betriebsorganisation

Die Betriebsorganisation befasst sich mit der zeitlichen Reihenfolge der Bearbeitung (Kommissionierung) von Kundenaufträgen. Bei einer EDV-gesteuerten Lagerorganisation müssen Entscheidungsgründe für die zeitliche Reihenfolge im EDV-System hinterlegt werden.

Bei einem Eilauftrag muss die EDV diesen als solchen erkennen und beim Kommissionieren diesen Auftrag vorziehen.

Weitere Entscheidungsgründe für die zeitliche Reihenfolge können sein:
- Auftragsgröße und Auftragsmenge der zu kommissionierenden Güter
- Terminvorgaben des Kunden
- die gewünschte Versandart der kommissionierten Ware
- die Bedeutung des Kunden für das eigene Unternehmen

2.3.2 Aufbauorganisation

Bei der Aufbauorganisation wird das Lager in Kommissionierzonen aufgeteilt. Es kann z. B. festgelegt werden, ob ein Vorratslager und Kommissionierlager getrennt wird oder in einer Lagerzone verbleibt.

- Die Gestaltung der **Kommissionierzonen** ist abhängig von folgenden Faktoren:
- Gewicht und Volumen des Gutes
- Umschlagsmenge und Umschlagshäufigkeit
- besondere Bedingungen bei der Lagerung von Gefahrgut, Kühlgut, Schüttgut, besonders diebstahlgefährdeter Ware usw.

diebstahlgefährdete Ware

Bei besonders diebstahlgefährdeter Ware kann eine Kommissionierzone als Verschlusslager zum Diebstahlschutz eingerichtet werden.

2.3.3 Ablauforganisation (Kommissioniermethoden)

Kommissioniermethoden

Die Ablauforganisation befasst sich mit der Frage der Kommissioniermethode, also der Art und Weise, wie die Kommissionieraufträge im Lager abgearbeitet werden.

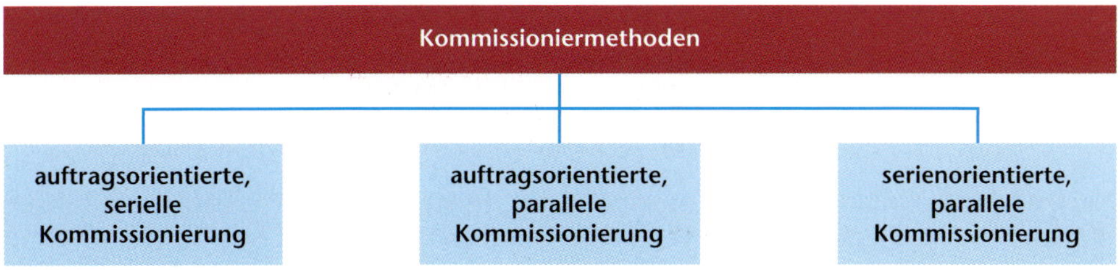

Auftragsorientierte, serielle Kommissionierung

auftragsorientierte, serielle Kommissionierung

Bei der **auftragsorientierten, seriellen Kommissionierung** werden die einzelnen Aufträge in den verschiedenen Lagerzonen nacheinander bearbeitet. Hierbei führt der Kommissionierer A (vgl. unten stehende Abbildung) den gesamten Auftrag allein aus. Dabei durchläuft er alle Lagerzonen, bis die Artikel entnommen sind. Anschließend wickelt er den nächsten Auftrag für einen weiteren Kunden ab. Andere Kommissionierer, wie z. B. Kommissionierer B, gehen in gleicher Weise vor.

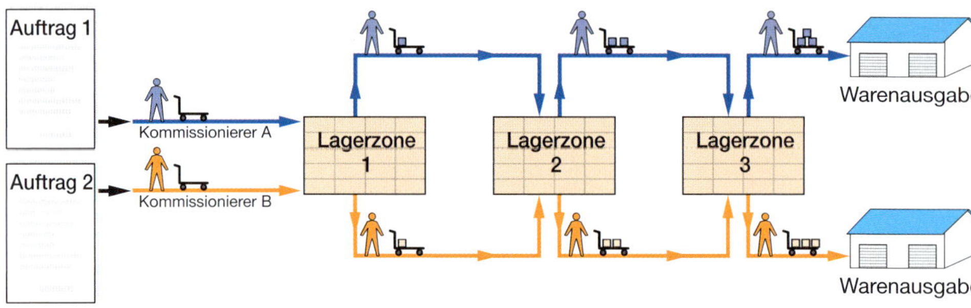

Auftragsorientierte, serielle Kommissionierung

Die **auftragsorientierte, serielle Kommissioniermethode** hat folgende Vorteile:

- Sie ist eine **häufig praktizierte Methode** und **benötigt** wenig **organisatorische Vorbereitung**.
- Neue Mitarbeiter können **schnell eingearbeitet** werden, weil die Kommissionieraufträge **nicht getrennt, übergeben oder zusammengeführt** werden müssen.
- Nur **ein** Kommissionierer ist für den **gesamten** Auftrag zuständig. Dieser hat damit die **alleinige** Verantwortung für den Kommissionierauftrag.

Die Nachteile der auftragsorientierten, seriellen Kommissioniermethode sind die langen Kommissionierwege, da der Kommissionierer alle Lagerzonen durchlaufen muss. Wenn der Kommissionierer sich nicht gut in allen Lagerzonen auskennt, kann er nicht so zielgerichtet kommissionieren.

Auftragsorientierte, serielle Kommissioniermethode mit Übergabestelle

Aus der Abbildung oben wird ersichtlich, dass der Kommissionierer A für den Auftrag 1 die Artikel aus Lagerzone 1 entnimmt. Anschließend übergibt er den Auftrag und die entnommenen Artikel an Kommissionierer B. Dies geschieht an der Übergabestelle 1. Kommissionierer B entnimmt nun die entsprechenden Artikel aus Lagerzone 2. Anschließend übergibt er an der Übergabestelle 2 die Teilkommissionierung an Kommissionierer C usw.

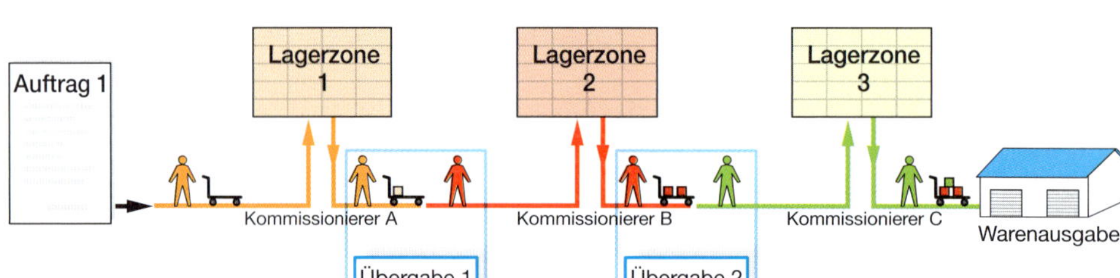

Auftragsorientierte, serielle Kommissionierung mit Übergabestellen.

Nachteil dieser Kommissioniermethode sind eine **relativ lange Auftragsdurchlaufzeiten** durch die Übergabestellen, denn der Kommissionierer C muss warten, bis A und B mit ihrem Teilauftrag fertig sind. Die **Zuständigkeiten** für den Auftrag sind auf mehrere Kommissionierer verteilt. Damit ist die **Verantwortung** für den Gesamtauftrag **nicht mehr so genau** festzulegen.

Auftragsorientierte, parallele Kommissionierung

auftragsorientierte parallele Kommissionierung

Bei der auftragsorientierten, parallelen Kommissionierung wird ein Kundenauftrag in **Teilaufträge** getrennt. Diese Teilaufträge werden entsprechend den Lagerzonen aufgeteilt. Die Kommissionierung erfolgt in den einzelnen Lagerzonen gleichzeitig (= parallel). Nach der erfolgten Kommissionierung in den einzelnen Lagerzonen werden die Teilaufträge zu einem kompletten Auftrag zusammengeführt.

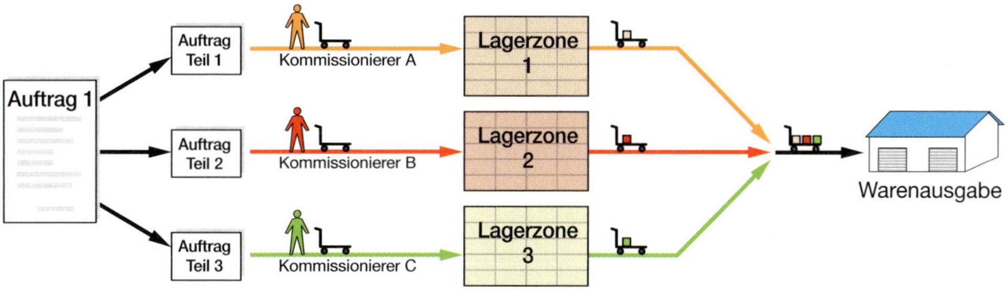

Auftragsorientierte, parallele Kommissionierung

Die auftragsorientierte, parallele Kommissionierung ist **vorteilhaft**, weil der Auftrag durch die zeitgleiche (parallele) Kommissionierung **schneller** bearbeitet werden kann.

Nachteilig ist die aufwendige Organisation der **Auftragsteilung**, die ohne EDV nahezu unmöglich ist. Am Ende des Kommissioniervorgangs muss der Auftrag wieder **zusammengeführt** werden. Die Auftragsteilung und die Auftragszusammenführung können **Fehler** bei der Kommissionierung verursachen. Weiterhin kann es zu einer **ungleichmäßigen Auslastung** der einzelnen Kommissionierbereiche kommen, wenn unterschiedlich viel Ware pro Teilauftrag kommissioniert werden soll.

Serienorientierte, parallele Kommissionierung

Serienorientierte, parallele Kommissionierung

Bei dieser Kommissioniermethode werden die eingegangenen Aufträge **gesammelt** und zu einer **Serie** zusammengefasst. Dabei können pro Tag eine, zwei, drei oder mehr Serien gebildet werden. Innerhalb jeder Serie werden die einzelnen Auftragspositionen für die einzelnen Lagerzonen **aufgeteilt**. Somit kann ein bestimmter Artikel, der in mehreren Aufträgen enthalten ist, für diese Aufträge auf einmal als **Sammelentnahme** entnommen werden. Dies wird als **1. Kommissionierstufe** bezeichnet. Nach der Entnahme der Artikel aus den einzelnen Lagerzonen werden die entnommenen Artikel wieder auf die einzelnen Aufträge aufgeteilt. Dies wird als **2. Kommissionierstufe** bezeichnet.

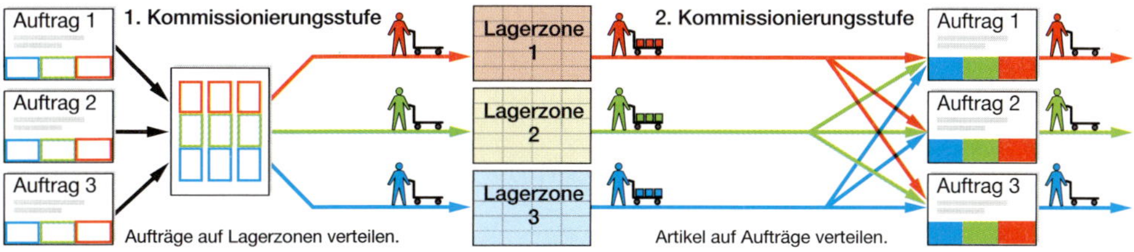

Serienorientierte, parallele Kommissionierung

Vorteilhaft bei der **serienorientierten, parallelen Kommissionierung** ist es, dass der einzelne Lageplatz **einmal pro Serie** und nicht pro Kundenauftrag **angefahren** werden muss. Dies spart Wegzeit.

Auftragsdurchlaufzeiten

Nachteilig ist, dass es eine **relativ lange Auftragsdurchlaufzeiten** gibt. Zunächst muss der Zeitraum der Serie (z. B. eine oder zwei Stunden) **abgewartet** werden. Erst dann beginnt die Kommissionierung. Die Sammlung und Trennung der verschiedenen Kommissionieraufträge ist **ohne EDV-Einsatz nicht möglich**. Es entsteht **zusätzlicher Arbeitsaufwand** für die zweite Kommissionierstufe. Hier werden die kommissionierten Artikel wieder ihren ursprünglichen Aufträgen zugeordnet.

Beispiel

Das Ersatzteillager eines großen Autoherstellers in Hamburg erhält im Laufe des Vormittags ca. 60 Kommissionieraufträge mit bis zu 30 Kommissionierpositionen, d. h. insgesamt 1 800 Picks. Hier bietet es sich an, die Aufträge stundenweise zu sammeln und dann serienorientiert, parallel zu kommissionieren. Ansonsten ist die Auftragsmenge nicht geordnet zu bewältigen.

2.4 Wegstrategien beim Kommissionieren

Durch die Verbesserung der Kommissionierwege können die Kommissionierzeiten (Wegzeit) verkürzt werden. Hierbei werden folgende Methoden (Strategien) eingesetzt.

2.4.1 Stichgangsstrategie

Bei der **Stichgangsstrategie** werden Artikel, die häufig entnommen (kommissioniert) werden, wie z. B. A-Güter, Bestseller oder Schnelldreher, nahe des Versandplatzes gelagert. Der Kommissionierer braucht also nur selten den langen Weg bis zum Regalende zurückzulegen. Je seltener ein Artikel verkauft (umgeschlagen) wird, desto weiter hinten befindet sich sein Standort im Regal (B-Güter, C-Güter). Durch die Stichgangsstrategie wird erhebliche Wegzeit gespart.

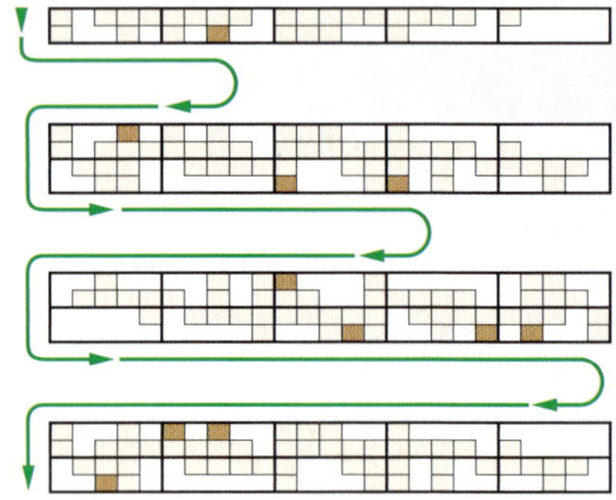

2.4.2 Rundgangs- oder Schleifenstrategie

Bei der **Rundgangs- oder Schleifenstrategie** durchläuft der Kommissionierer zur Erledigung seines Kommissionsauftrags alle Regalgänge vom Anfang bis zum Ende. Diese Strategie wird angewandt, wenn in jeder Regalreihe Artikel zu kommissionieren sind. Sie wird vor allem eingesetzt, wenn viele Einzelpositionen mit geringem Gesamtvolumen kommissioniert werden sollen.

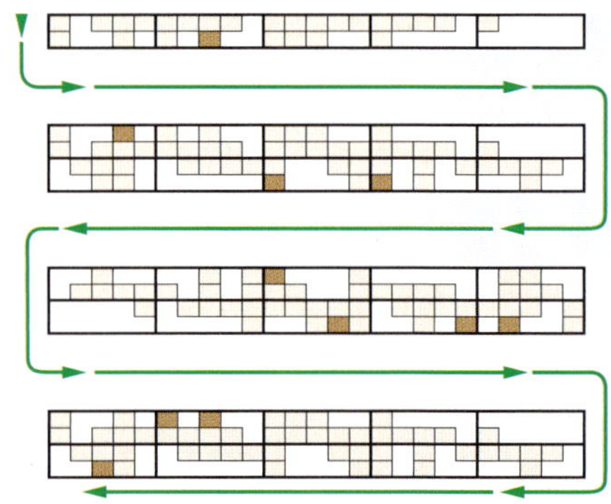

2.4.3 Multi-Order-Picking

Bearbeitet der Kommissionierer bei einem Rundgang gleich mehrere – meist kleine – Aufträge, so bezeichnet man dies als **Multi-Order-Picking**. Dabei führt der Kommissionierer meist für jeden Auftrag einen eigenen Kommissionierbehälter mit. In diesen Behälter wird die Ware auftragsbezogen hineingelegt.

Zusammengepackt

- Zu jeder **Kommissionierung** gehören ein Informationsfluss, ein Materialfluss und eine entsprechende Organisation.
- Zum **Informationsfluss** gehören
  - das Erfassen der Daten des Kundenauftrags,
  - das Aufbereiten dieser Daten zu einem Kommissionierauftrag,
  - das Weitergeben der Daten an den Kommissionierer für die Ausführung des Auftrags,
  - das Quittieren der Daten nach erfolgreicher Kommissionierung durch den Kommissionierer,
  - das Verbuchen der Warenentnahme.
- Zum **Materialfluss** gehören
  - die Bereitstellung der Güter zur Entnahme,
  - die Fortbewegung des Kommissionierers zur Entnahmestelle,
  - die Entnahme der Güter,
  - die Abgabe der Güter zur Weiterbearbeitung,
  - das Kontrollieren der Güter.
- **Statische Bereitstellung** bedeutet „Mann (geht bzw. bewegt sich) zur Ware".
- **Dynamische Bereitstellung** bedeutet „Ware (kommt bzw. bewegt sich) zum Mann".
- Bei der **auftragsorientierten, seriellen Kommissionierung ohne Übergabestelle** führt ein Kommissionierer einen Auftrag allein aus.
- Bei der **auftragsorientierten, seriellen Kommissionierung mit Übergabestelle** führen mehrere Kommissionierer einen Auftrag nacheinander aus.
- Bei der **auftragsorientierten, parallelen Kommissionierung** teilen sich mehrere Kommissionierer einen Auftrag.
- Bei **der serienorientierten, parallelen Kommissionierung** entnehmen mehrere Kommissionierer die Güter für mehrere Aufträge auf einmal.
- Bei der **beleglosen Kommissionierung** erhält der Kommissionierer die Informationen zum Auftrag nicht schriftlich, sondern optisch über mobile Datenterminals oder akustisch über Headset. Am häufigsten eingesetzt werden Pick by Scan, Pick by Light, Pick by Voice und Pick by RFID.
- Bei der **Stichgangsstrategie** werden häufig kommissionierte Güter näher an der Versandstelle gelagert. Dies geschieht, um Wegzeiten zu sparen.

Aufgaben

1. *Erklären Sie, warum durch die Stichgangsstrategie Wegzeit eingespart wird.*
2. *Am Ende des Kommissioniervorgangs muss der Kommissionierer die Entnahme **quittieren**. Welche Möglichkeiten kennen Sie dafür bei der*
   a beleghaften Kommissionierung,
   b beleglosen Kommissionierung.
3. *Führen Sie Regalarten auf, die*
   a bei der statischen Bereitstellung,
   b bei der dynamischen Bereitstellung eingesetzt werden.
4. *Ein Kommissionierer fährt mit einem Hubwagen durch die Regalreihen und entnimmt die Güter entsprechend der Ansagen über Headset bis in Greifhöhe. Dann legt er sie in die mitgeführte Versandschachtel und bringt sie anschließend in die Versandabteilung. Erklären Sie, welche Art der **Bereitstellung**, **Fortbewegung**, **Entnahme** und **Abgabe** vorliegt.*

5. Erklären Sie die Unterschiede zwischen der
   a auftragsorientierten, seriellen Kommissionierung mit Übergabestellen
   b und der serienorientierten, parallelen Kommissionierung.

6. Stellen Sie fest, welche Tätigkeiten zum Informationsfluss und welche zum Materialfluss gehören.
   a Aufträge nach Regalreihen sortieren
   b mit dem Gabelstapler zum Stellplatz fahren
   c eine Palette aus dem Regal entnehmen
   d Entnahme der Palette auf der Greifliste abhaken
   e die Palette in die Versandbereich fahren
   f Begleitpapiere ausfüllen und beilegen

3 Kommissionierzeiten und Kommissionierleistung

Einstiegssituation

Lisa, Auszubildende als Fachlageristin in einem Getränkelager, erhält den Auftrag, ein Getränkesortiment zusammenzustellen. Auf dem Kommissionierauftrag liest Lisa, dass der Kunde aus der Regalreihe A einen Karton Saft und aus der Regalreihe B einen Karton Cola bestellt hat.

Nachdem Sie die Regalreihe A erreicht hat, geht Lisa die Leiter hinauf, greift in das Regalfach und entnimmt den Karton mit Säften. Diesen Karton stellt sie auf einen Kommissionierwagen und begibt sich dann zur Regalreihe B, wo sie entsprechend mit dem Karton Cola verfährt. „Ganz schön mühsam“, denkt sich Lisa. „Gut, dass dieser Auftrag nicht so riesengroß ist ...“

Handlungsaufträge

1. *Erklären Sie, warum bei Lisas Art der Kommissionierung, die Kommissionierleistung nicht besonders hoch ist.*
2. *Schlagen Sie Regale und Fördermittel vor, durch deren Einsatz Lisas Kommissionierleistung verbessert werden könnte. Begründen Sie Ihre Vorschläge.*

Handel im Internet boomt

Hamburg - Die Deutschen kaufen immer mehr online! Für 2013 rechnet der Handelsverband Deutschland mit 81 Mio. Euro pro Tag, die die Deutschen im Internet ausgeben. Ein Umsatz von ca. 30 Mrd. wird erwartet. Die Tendenz in den Folgejahren ist weiterhin stark ansteigend. (San)

zunehmende Bestellungen

Das Kommissionieren ist ein bedeutender Aufgabenbereich im Lager. Schnelles und fehlerfreies Kommissionieren ist notwendig, damit die Kunden zufrieden sind. Durch die **wachsende** weltweite Arbeitsteilung und die **zunehmenden** Bestellungen per Internet werden weltweit immer **mehr** Waren weltweit versandt.

Die Lieferzeiten werden oftmals verkürzt (z. B. 24-Stunden-Service) und die Liefermenge pro Auftrag verringert (z. B. viele Kleinbestellungen per Internet).

Die betrieblichen Aufwendungen für das Kommissionieren sind erheblich und ein bedeutender Kostenfaktor für die Wirtschaft.

Von der **Kommissionierzeit** hängt es entscheidend ab, wie schnell ein Kunde oder die Fertigung die gewünschten Artikel bzw. Materialien erhält. Die Reduzierung der Kommissionierzeit ist folglich ein wesentlicher Wettbewerbsvorteil.

3.1 Kommissionierzeiten

Um die Kommissionierzeit und damit die Kosten zu senken, werden die einzelnen Arbeitsschritte der Kommissionierung aufgeteilt. Die Aufteilung der Kommissionierzeit soll helfen, die Arbeitsschritte der Kommissionierung genauer auf Einsparungen hin zu überprüfen.

In der folgenden Abbildung ist der ungefähre Prozentanteil der einzelnen Kommissionierzeiten dargestellt, der allerdings von Betrieb zu Betrieb abweichen kann.

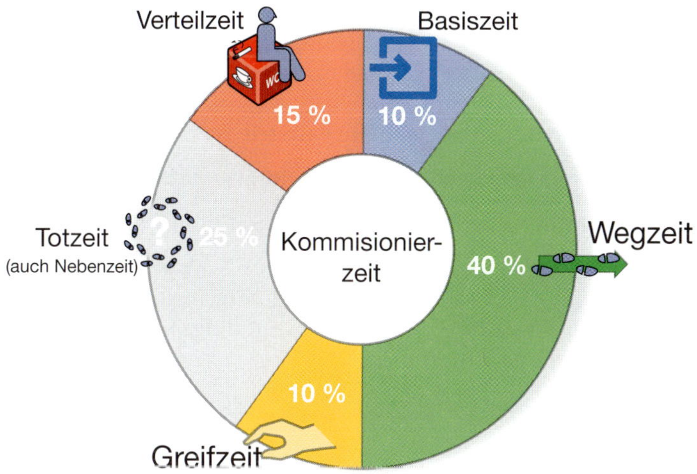

Definition: Kommissionierzeit = Basiszeit + Wegzeit + Greifzeit + Totzeit + Verteilzeit

3.1.1 Basiszeit

Das Lesen des Kommissioniergsauftrags durch die Auszubildende Lisa ist ein Teil der **Basiszeit**. Die **Basiszeit** beinhaltet die organisatorischen Tätigkeiten **vor** und **nach** der eigentlichen Kommission. Mit Kommission ist der reine Kommissioniervorgang ohne Vor- und Nachbereitungsarbeiten gemeint. *Basiszeit*

Beispiele
für Tätigkeiten, die innerhalb der Basiszeit ausgeführt werden:

- Kommissionieraufträge werden entgegengenommen, gelesen und geordnet und z. B. nach Kundenzugehörigkeit, Lagerbereichen oder Lieferfristen sortiert.

Der Kommissionierer sortiert die Aufträge am PC nach Kundenzugehörigkeit und Lieferfristen.

- Für das Kommissionieren müssen geeignete Hilfsmittel wie Paletten, Kommissionierwagen, Kleinbehälter etc. gesucht und bereitgestellt werden.

Welche Maßnahmen können die Basiszeit verkürzen?

- Gut lesbare, geordnete und vollständig ausgefüllte Kommissionierbelege verwenden
- Die Kommissionierhilfsmittel, wie z. B. Kommissionierwagen und Paletten, sollen zentral abgestellt werden.
- Die Kommissionierhilfsmittel sollten technisch einwandfrei sein bzw. unbeschädigt sein, sodass sie ohne Vorbereitungszeit eingesetzt werden können. So wäre es sinnvoll, dass z. B. die Akkus für die Handscanner stets geladen sind.
- Die Kommissionierung kann beleglos erfolgen.

3.1.2 Wegzeit

Beispiel

Nachdem die Auszubildende Lisa den Karton mit den Säften aus der Regalreihe A kommissioniert hat, geht sie zur Regalreihe B, in der die Kartons mit den Colaflaschen gelagert sind. Die für diesen Weg benötigte Zeit wird **Wegzeit** genannt.

Definition

Die **Wegzeit** ist der Zeitraum für die Bewältigung des Wegs zwischen zwei Entnahmen.

Beispiele

für Tätigkeiten, die innerhalb der Wegzeit ausgeführt werden:

- Der Kommissionierer legt die Wegstrecke zwischen zwei Entnahmen zurück.
- Der Kommissionierer orientiert sich im Lagerbereich, um zur nächsten Entnahmestelle zu gelangen.

Maßnahmen zur **Verkürzung der Wegzeit:**

- Vermeidung von Fehlwegen infolge geringer Kenntnis der Lagerorte
- Erhöhung der Artikelkonzentration (wird die Stirnfläche pro Artikel im Regal verringert, vermindert sich die Entfernung zwischen zwei Artikeln)

- Lagerung der am häufigsten verlangten Artikel (A- Güter, Beststeller) am Regalanfang
- Zusammenfassen mehrere Teilaufträge für einen Kommissionierrundgang
- Einsatz von Kommissionierfahrzeugen, die sich aber erst bei längeren Wegstrecken zwischen zwei Entnahmen auswirken
- Bei einer dynamischen Bereitstellung (Ware zum Mann) verkürzt sich die Wegzeit erheblich oder sie entfällt ganz.

Beispiel
für die Verkürzung der Wegzeit:

Die Lagerkapazität der abgebildeten Fachbodenregale beträgt 216 Lagereinheiten für 36 Artikel. Ein Fachbodenregal kann sechs verschiedene Artikel aufnehmen. Pro Artikel sind sechs Lagereinheiten vorgesehen. Beim Fachbodenregal können nur sechs Artikel im direkten Zugriff erreicht werden. Bei allen anderen Fachbodenregalen fällt Wegzeit an. Beim Durchlaufregal sind alle 36 Artikel im **direkten Zugriff** zu erreichen. Wegzeit fällt nicht mehr an.

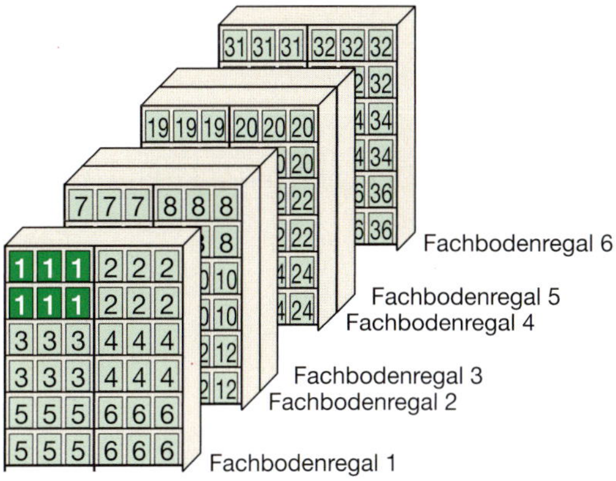

Fachbodenregal
36 Artikel verteilen sich auf 6 Fachbodenregale.

Durchlaufregal
36 Artikel sind in direktem Zugriff ohne weiteren Weg.

Durchlaufregal
Fachbodenregal

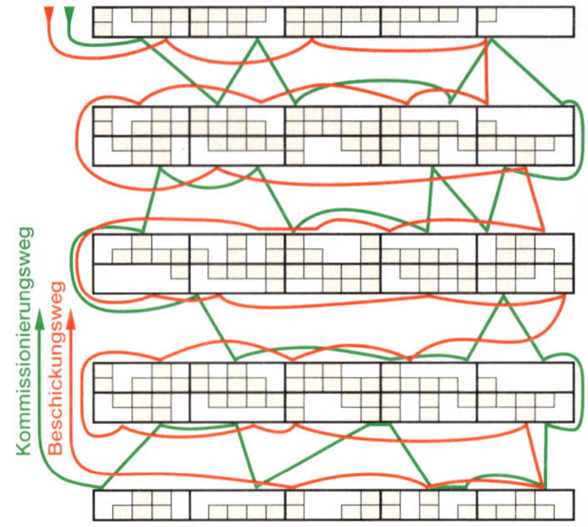

Fachbodenregal

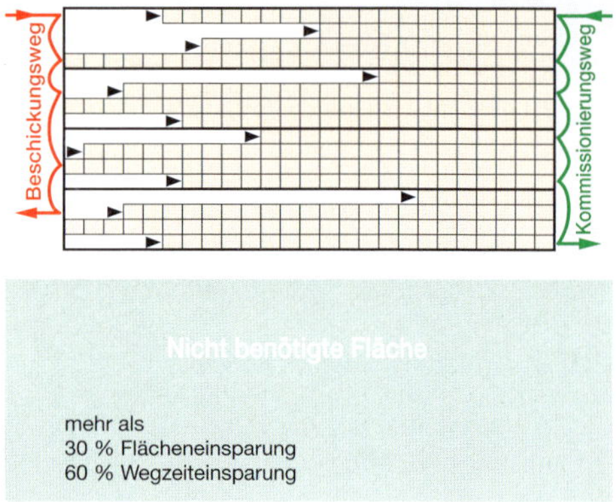

Durchlaufregal

Beschickungsweg = der Weg, der zur Wareneinlagerung erforderlich ist
Kommissionierweg = der Weg, der zur Warenauslagerung erforderlich ist

Beim Einsatz des Durchlaufregals kommt es zu einer Flächeneinsparung von 30 % gegenüber der Nutzung eines Fachbodenregals.

Die Nutzung eines Durchlaufregals ergibt eine Einsparung der Wegzeit von bis zu 60 % gegenüber der Nutzung von Fachbodenregalen.

3.1.3 Greifzeit

Bevor Lisa den Karton Colaflaschen entnimmt, muss sie die Leiter hinaufsteigen, mit ihrem Arm in das Regalfach greifen und den Karton mit entnehmen. Die für diesen Arbeitsschritt benötigte Zeit wird **Greifzeit** genannt.

Definition

Die **Greifzeit** ist der Zeitraum der Entnahme des Artikels aus dem Lagerort.

Sie umfasst die Zeit des Hineinlangens, des Greifens und des Herausnehmens des Artikels am jeweiligen Lagerort sowie die Ablage in einen Behälter oder auf ein Förderzeug.

Beispiele

für Tätigkeiten, die innerhalb der Greifzeit ausgeführt werden:

- eine Leiter besteigen, um in Griffhöhe zu kommen

Der Kommissionierer besteigt die Leiter, greift in das Regalfach und umschließt und entnimmt die Ware.

- in das Regalfach hineinlangen
- die Ware mit den Händen umschließen (Greifen)
- die Ware aus dem Regalfach herausnehmen
- die Ware auf einen Kommissionierwagen/ein Behältnis oder ein Förderzeug/Förderband legen

Maßnahmen zur Verkürzung der Greifzeit:

- Verringerung der Griffhöhe durch Nutzung einer Leiter
- Verringerung der Grifftiefe, d. h., es muss nicht so weit in das Regal hineingegriffen werden
- ergonomische Gestaltung des Regals, um eine Entnahme zu erleichtern (z. B. durch abgewinkelte Regalböden)

ergonomische Gestaltung des Regals

abgewinkelter Regalboden

- häufig kommissionierte Ware (Schnelldreher) in Greifhöhe lagern
- Reduzierung des Gewichts und des Volumens der zu entnehmenden Artikel
- Wahl einer zum Greifen günstigen Verpackungseinheit

3.1.4 Totzeit

Beispiel
In einem der Kundenaufträge wird statt eines Kartons Saft nur eine Flasche Saft bestellt. In diesem Fall muss Lisa, die den Auftrag bearbeitet, zunächst den Karton öffnen (Anbruch bilden). Die für diesen Anbruch benötigte Zeit ist ein Teil der **Totzeit**.

Definition

Die **Totzeit**, auch **Nebenzeit** genannt, ist die Zeit am Lagerort (Regal), die zur Vor- und Nachbereitung des Greifvorgangs nötig ist.

Sie setzt sich u. a. zusammen aus den Such-, Lese-, Kontrollvorgängen, die zur Abwicklung eines Kommissionierauftrags erforderlich sind.

Beispiel
für Tätigkeiten, die innerhalb der Totzeitzeit ausgeführt werden:
- Nach Erreichen des Lagerorts den exakten Lagerplatz des Artikels am Lagerort (Regal) finden

Der Kommissionierer überprüft vor der Entnahme nochmals den richtigen Lagerort.

- Kleinbestellungen oder Einzelbestellungen machen es erforderlich, Kartonagen zu öffnen (Anbruch bilden), um dann die Ware zu entnehmen.

Der Kommissionierer öffnet die Schachtel, um Teilmengen zu entnehmen.

Die kommissionierte Ware muss kontrolliert, gezählt und z. B. mit der Kommissonierliste verglichen werden.

- Entnahmen bestätigen und die Entnahme z. B. auf einer Lagerfachkarte eintragen
- Artikel etikettieren

Maßnahmen zur Verkürzung der Totzeit:

- Eine gute Regalbeschriftung ermöglicht ein schnelles Finden der Ware.
- Der Verkauf (die Abgabe) erfolgt nur in vorverpackten Mengen.
- Die Verwendung von Vorverpackungen in unterschiedlichen Mengeneinheiten (1, 5, 10, 50, 100 Stück) sorgt für Zeitersparnis.
- Der Einsatz von Zählwaagen verkürzt die Zählvorgänge.

Zählwaage zum Ermitteln von Mengen

3.1.5 Verteilzeit

Als Lisa von Regalreihe A nach Regalreihe B wechselt, geht sie noch schnell zur Toilette. Der hierdurch entstehende Zeitverlust ist ein Teil der persönlichen **Verteilzeit**.

Verteilzeit

Definition

Die **Verteilzeit** erfasst die Zeiten, in denen nicht produktiv gearbeitet wird. Die Verteilzeit wird untergliedert in die persönliche und die sachliche Verteilzeit.

Beispiele
für Tätigkeiten, die innerhalb der Verteilzeit ausgeführt werden:

- Tätigkeiten, die zur persönlichen Verteilzeit zählen: z. B. Nase putzen, Toilettengang, eine Zigarette rauchen gehen, Ausführen von Scheinarbeiten
- Tätigkeiten, die zur sachlichen Verteilzeit gehören: z. B. Pausen wegen Mangel an Arbeiten, das Warten auf das Transportmittel oder eine Information

Maßnahmen zur Verkürzung der Verteilzeit:

- Die persönliche Verteilzeit kann durch ein gutes Betriebsklima und/oder durch eine stärkere Motivation der Mitarbeiter verkürzt werden.
- Pausen können durch Gleitzeit flexibler gestaltet werden.
- Eine optimierte Arbeitsplanung senkt die Verteilzeit, z. B. durch genügend Transportmittel.
- Einführung eines Prämienlohnsystems, das eine mengenmäßige (quantitativ) hohe Kommissionierleistung belohnt, aber gleichzeitig auf geringe Kommissionierfehler (qualitativ) achtet.

Definition

Quantitativ bedeutet: Der Zeitaufwand pro Auftragseinheit soll verkürzt werden.

Qualitativ bedeutet: Die Anzahl der Fehler pro Auftrag (Fehlerquote) soll vermindert werden.

Fehlerquote

3.2 Kennzahlen zur Ermittlung der Kommissionierleistung

Kommissionierleistung

Unter der **Kommissionierleistung** ist die Zahl der Positionen zu verstehen, die pro Mitarbeiter und Stunde kommissioniert werden kann. Die Kommissionierleistung drückt aus, wie **wirtschaftlich** (produktiv) die Mitarbeiter im Lager das Kommissionieren durchführen.

$$\text{Kommissionierleistung} = \frac{3\,600 \text{ Sekunden}}{\text{Kommissionierzeit in Sekunden je Position}}$$

Beispiel
Im Durchschnitt benötigt Lisa in ihrem Getränkelager pro entnommene Position 90 Sekunden. Wie hoch ist die Kommissionierleistung pro Stunde?

Lösung: Die Kommissionierleistung pro Stunde beträgt:

3 600 Sekunden : 90 Sekunden = 40 Positionen pro Stunde

Die Kommissionierleistung hängt u. a. von den eingesetzten Regalarten, von der Kommissioniermethode und den eingesetzten Fördermitteln ab. Wichtig ist darüber hinaus auch, ob automatisierte Systeme, wie Kommissionierroboter oder Schachtautomaten, eingesetzt werden.

Die jeweils eingesetzten Regalarten steigern oder senken die Kommissionierleistung zum Teil erheblich. Die unten stehende Tabelle gibt folgende Durchschnittswerte für Kommissionierleistungen von verschiedenen Regalarten und automatischen Kommissioniersystemen wieder:

Zum Kommissionieren eingesetzte Regalart bzw. Regale, aus denen kommissioniert wird	Kommissionierte Positionen pro Mitarbeiter und Stunde
Fachbodenregale	35 bis 80 Positionen 40 bis 80 Positionen
Durchlaufregale	150 bis 450 Positionen
automatische Behälterregale Umlaufregale	40 bis 250 Positionen 100 bis 150 Positionen
Roboter Schachtautomaten	100 bis 350 Positionen 5 000 bis 100 000 Positionen

Beispiel
Die Logo AG beabsichtigt zukünftig Umlaufregale mit (z. B. mit max. 150 Positionen) einzusetzen. Vorher war das Lager mit Fachbodenregalen (z. B. max. 80 Positionen) ausgerüstet. Die Anzahl der kommissionierten Positionen pro Mitarbeiter und Stunde steigt somit durch die Umrüstung um 70 Positionen pro Mitarbeiter und Stunde.

3.3 Beurteilung der Kommissionierleistung

Die Kommissionierleistung kann mithilfe weiterer Kennzahlen beurteilt werden. Dabei wird die einzelne Kennzahl aber erst aussagekräftig, wenn ein Zeitvergleich (Kennzahlen des Vorjahrs zu diesem Jahr) oder Betriebsvergleich (Kennzahlen Lager 1 gegenüber Lager 2) vorgenommen wird.

Kommissionierkosten pro Position

$$\text{Kommissionierkosten je Position} = \frac{\text{Betriebskosten je Stunde}}{\text{Kommissionierleistung je Stunde}}$$

Beispiel

In der Logo AG fallen Betriebskosten von 90,00 EUR pro Stunde an. Die Kommissionierleistung beträgt 120 Positionen pro Stunde.

Lösung: Die Kommissionierkosten pro Position betragen: 90,00 EUR : 120 Positionen = 0,75 EUR pro Position.

Kommissionierkosten je Auftrag

$$\text{Kommissionierkosten je Auftrag} = \frac{\text{Kommissionierkosten gesamt}}{\text{Anzahl der Kommissionieraufträge}}$$

Beispiel

Die Logo AG möchte ihre Kommissionierkosten pro Kommissionierauftrag ermitteln. Es sind insgesamt Kommissionierkosten in Höhe von 80 000,00 EUR entstanden. Die Logo AG hat 1 600 Kommissionieraufträge bearbeitet.

Lösung: Die durchschnittlichen Kommissionierkosten je Auftrag für die Logo AG betragen:

80 000,00 EUR : 3 200,00 EUR = 25,00 EUR Kommissionierkosten je Auftrag

Durchschnittliche Anzahl der Kommissionierpositionen je Auftrag

$$\text{Ø-Anzahl Kommissionierungen je Auftrag} = \frac{\text{Gesamtzahl der Kommissionierpositionen}}{\text{Anzahl der Aufträge}}$$

Beispiel

Die Logo AG möchte berechnen, wie hoch die durchschnittliche Anzahl der Kommissionierpositionen pro Auftrag ist. Die Kommissionierpositionen betragen 4 400 und die Anzahl der Aufträge 880.

Lösung:
Die durchschnittliche Anzahl der Kommissionierpositionen je Auftrag = 4 400 : 880 = 5. Die Logo AG hat folglich im Durchschnitt fünf Kommissionierpositionen pro Auftrag.

Fehlerquote in %

$$\text{Fehlerquote in \%} = \frac{\text{Kommissionierfehler}}{\text{Anzahl der Kommissionierungen insgesamt}} \times 100$$

Beispiel

Die Logo AG hat bei 4 600 Kommissionierungen insgesamt 69 Kommissionierfehler gemacht.

Lösung: Die Fehlerquote in % der Logo AG beträgt: $\frac{69 \times 100}{4\,600} = 1{,}5\ \%$

Zusammengepackt

- Durch die wachsende weltweite Arbeitsteilung und die zunehmenden Bestellungen per Internet werden weltweit immer mehr Waren versandt und damit kommissioniert.
- Die betrieblichen Aufwendungen (Kosten) für das Kommissionieren sind erheblich und ein bedeutender Kostenfaktor für die Wirtschaft.
- Die Kommissionierzeit setzt sich zusammen aus der Basiszeit, der Wegzeit, der Greifzeit, der Totzeit und der Verteilzeit. Die Reduzierung dieser Zeiten ist ein bedeutender Wettbewerbsvorteil.
- Die Kommissionierleistung hängt auch von der Motivation und dem Ausbildungsstand der Mitarbeiter ab.
- Die Kommissionierleistung der Regalsysteme steigt mit zunehmender Automatisierung.
- Durch Kennzahlen kann die Kommissionierleistung beurteilt werden. Die Aussagekraft dieser Kennzahlen wird aber erst durch einen Vergleich mit Kennzahlen vergangener Perioden sinnvoll. Möglich ist es auch, die Kennzahlen zweier Lager zu vergleichen.

Aufgaben

1. *Bestimmen Sie, um welche Kommissionierzeit es sich jeweils handelt.*
   - *a* *Zeit für das Ordnen der Kommissionierbelege*
   - *b* *Zeit für das Zurücklegen der Wege von Lagerort zu Lagerort*
   - *c* *Zeit für einen Toilettengang*
   - *d* *Zeit für das Entnehmen des Artikels aus dem Regal*
   - *e* *Zeit für Suchvorgänge am Regal*
2. *In einem Unternehmen soll die Fehlerquote bei der Kommissionierung gesenkt werden. Welche personellen Maßnahmen schlagen Sie vor?*
3. *Begründen Sie, welche Kommissionierzeiten durch die beleglose Kommissionierung verkürzt werden.*
4. *Berechnen Sie in der folgenden Tabelle*
   - *die Fehlerquote pro Quartal in Prozent,*
   - *die durchschnittliche Anzahl der Kommissionierfehler pro Jahr,*
   - *die durchschnittliche Anzahl der Picks pro Jahr,*
   - *die durchschnittliche Fehlerquote pro Jahr in Prozent.*

Quartal	Anzahl der Kommissionierungen (Picks)	Anzahl der Kommissionierfehler	Fehlerquote in %
01.01. bis 31.03.	500	1	?
01.04. bis 30.06.	600	3	?
01.07. bis 30.09.	800	4	?
01.10. bis 31.12.	400	4	?
	?	?	

5. *Für einen Kommissionierauftrag mit* ***40 Positionen*** *liegen folgende Einzelzeiten vor:*

Basiszeit	6 Minuten
durchschnittliche Wegzeit pro Position	0,5 Minuten
durchschnittliche Greifzeit pro Position	45 Sekunden
durchschnittliche Totzeit pro Position	0,25 Minuten
persönliche Verteilzeit	4 Minuten

6. *Ermitteln Sie die Kommissionierzeit für diesen Auftrag.*
   a *Die Kommissionierzeit beträgt bei einem Durchlaufregal pro Position 15 Sekunden. Ermitteln Sie die Kommissionierleistung pro Stunde.*
   b *Die Kommissionierkosten in einer Rechnungsperiode betragen 240 000,00 EUR. In dieser Zeit wurden 8 000 Kommissionieraufträge abgearbeitet. Ermitteln Sie die durchschnittlichen Kosten pro Auftrag.*
   c *Die Betriebskosten pro Stunde betragen 130,00 EUR. In einer Stunde können 520 Positionen gegriffen werden. Ermitteln Sie die Kommissionierkosten je Position.*
   d *In einer Rechnungsperiode wurden 15 000 Positionen für 3 000 Kundenaufträge kommissioniert. Ermitteln Sie die Zahl der Positionen, welche die Kundenaufträge im Durchschnitt hatten.*

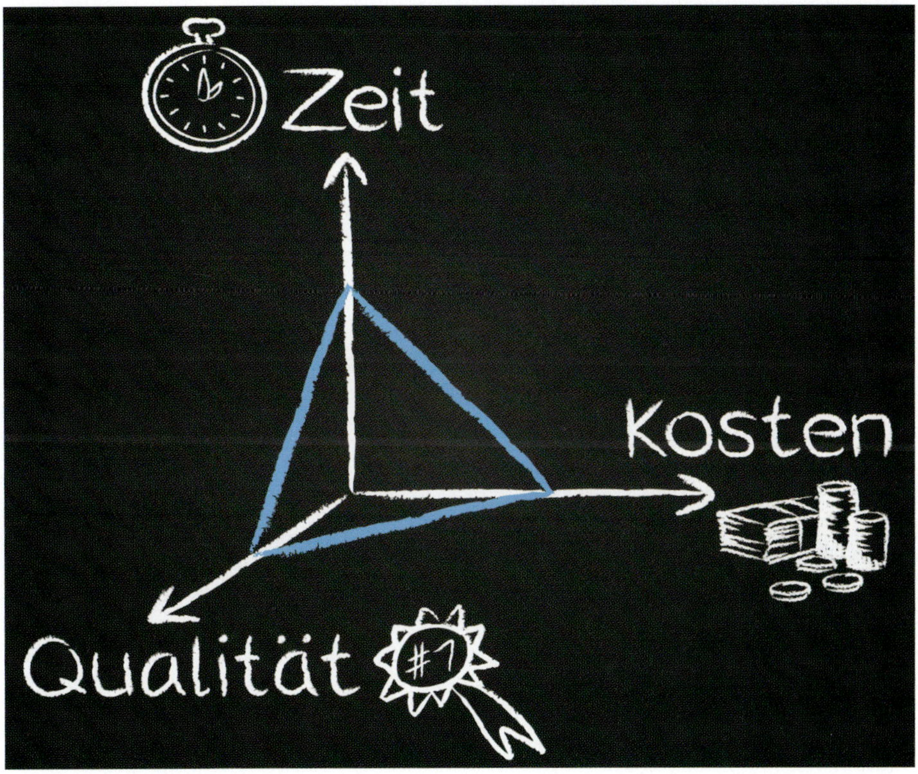

Magisches Dreieck der Kommissionierung: Kosten, Zeit, Qualität.

Lernfeld 6

Güter verpacken

1 Allgemeines über Verpackungen

Einstiegssituation

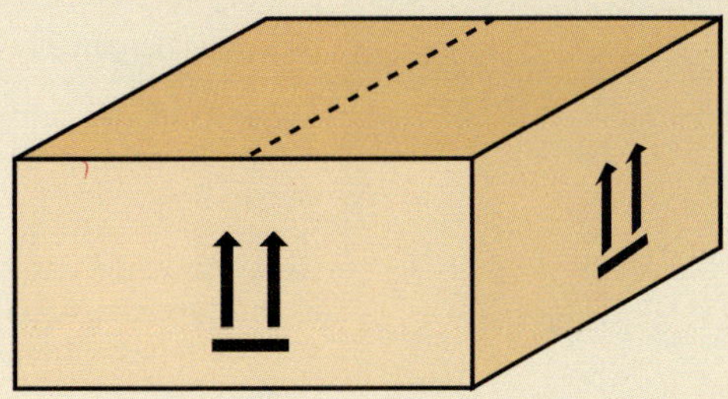

Etwas ratlos betrachtet der Auszubildende Anton eine Verpackung (siehe nebenstehende Abbildung). „Was bedeuten wohl diese Pfeile hier?", fragt er sich. „Und sind nicht die meisten Waren viel zu aufwendig verpackt?" Er hat wohl laut gedacht. „Wer beruflich im Bereich Logistik tätig ist, sollte wissen, wozu Verpackungen dienen. Außerdem muss er wissen, welche Arten von Verpackungen es gibt und was die hierauf angebrachten Hinweise bedeuten", meint Antons Ausbilder Herr Meier. „Kommen Sie, wir schauen uns einmal einige Verpackungen genauer an!"

Handlungsaufträge

1. Überlegen bzw. diskutieren Sie, welche Folgen es hätte, wenn es die Verpackungen in der gegenwärtigen Vielfalt nicht gäbe.

2. a) Welche Zeichen bzw. Hinweise auf Verpackungen kennen Sie?
b) Notieren Sie diese Zeichen bzw. Hinweise.

1.1 Bedeutung der Verpackung

Rund 90 % aller Waren in Deutschland werden verpackt. Dafür sind ca. 15 Mio. t Verpackungsmaterial pro Jahr notwendig. Als Verpackungsmaterial können Holz, Papier, Pappe, Glas, Kunststoff, Aluminium usw. dienen.

Angesichts dieser großen Menge stellt sich die Frage, ob dieser Verpackungsaufwand notwendig ist. Welche Vorteile bzw. welchen Nutzen hat das Verpacken von Waren?

Vorteile von Verpackungen
▪ Schutz der Ware vor Schmutz, Beschädigung, Feuchtigkeit, Verderb usw. ▪ Rationalisierung der Lagerung, der Beladung und Entladung, des Transports usw. (z. B. durch Paletten) ▪ Rationalisierung des Verkaufs (Selbstbedienung ist erst durch verpackte Ware möglich) ▪ Verpackung enthält Informationen (z. B. über Inhalt, Preis, Gefahren usw.). ▪ Herstellung und Entsorgung von Verpackungsmaterial schafft Arbeitsplätze.

1.2 Fachbegriffe im Verpackungswesen

Jeder, der beruflich mit Verpackungen zu tun hat, wird zahlreichen Fachbegriffen aus dem Verpackungsbereich begegnen. Diese Begriffe sind festgelegt in der DIN 55405 (DIN = **D**eutsches **I**nstitut für **N**ormung e. V.) und in der Verpackungsverordnung.

Begriffe	Bedeutung	Beispiele
Packgut	Ware, die verpackt werden soll bzw. verpackt ist	Maschine, Flüssigkeiten, Computer, Ersatzteile
Packstoff	Material, aus dem Packmittel bzw. Packhilfsmittel hergestellt werden	Holz, Kunststoff, Karton, Pappe, Metall, Glas
Packmittel	Gegenstand, der das Packgut aufnimmt. Es ist Hauptbestandteil der Verpackung.	Tüte, Schachtel, Box, Becher, Flasche, Kiste, Palette, Container
Packhilfsmittel	Gegenstand, der das Packmittel ergänzt, um das Verpacken zu verbessern. Es ist Nebenbestandteil der Verpackung.	Klebeband, Holzwolle, Folie, Schaumstoff, Luftpolsterkissen, Umreifungsband
Verpackung	Packmittel + Packhilfsmittel	Schachtel mit Luftpolsterkissen
Packung	Packgut + Verpackung	Packung Zigaretten, Plastikbox mit Schrauben, Tüte Zucker
Packstück	Packung, die für den Versand geeignet ist	Schachtel mit Ersatzteilen, Palette mit Schachteln
Verkaufsverpackung	Verpackung, mit der die Ware verkauft wird; sie begleitet die Ware bis zum Endverbraucher (dient dem eigentlichen Schutz der Ware, der Haltbarkeit usw.)	Flasche, Becher, Dose, Folie, Tüte, Blister, Eimer, Tube, Schachtel
Umverpackung	zusätzliche Verpackung zur Verkaufsverpackung; umfasst meistens mehrere Verkaufsverpackungen	Schachtel mit 10 Tuben Zahncreme, Stange mit zehn Packungen Zigaretten
Transportverpackung, Versandverpackung	Verpackung, die ausschließlich dem Versand bzw. Transport dient	Flachpalette, Container, Gitterbox, Kiste, Kunststoffbox
Einwegverpackung	Verpackung, die nur zum einmaligen Gebrauch dient	Einwegflasche (Wein), Holzkiste, Dose, Tüte, einfache Schachtel, Einwegpalette
Mehrwegverpackung	Verpackung, die mehrmals/oft verwendet wird	Pfandflasche, Getränkekiste, Europalette, Kunststoffbox

1.3 Funktionen der Verpackung

Eine gute Verpackung kann verschiedene Funktionen (= Aufgaben) erfüllen.

Wichtige Funktionen der Verpackung

- Schutzfunktion
- Lagerfunktion
- Transportfunktion
- Verkaufsfunktion
- Informationsfunktion

1.3.1 Schutzfunktion

Eine geeignete Verpackung schützt vor den verschiedensten Gefahren. Dies ist ihre wichtigste Funktion. *Gefahren*

Geschützt werden	Gefahren
Packgut	▪ Witterung (Feuchtigkeit/Nässe, Kälte, Wärme/Hitze) ▪ Beanspruchungen durch Druck, Stoß, Fall usw. ▪ Verunreinigung, Schmutz, Rost ▪ Verlust, Diebstahl ▪ Ungeziefer, Schädlinge
Menschen	▪ Verletzungen (z. B. durch scharfe Kanten) ▪ Vergiftungen (z. B. durch entweichende Giftstoffe) ▪ Sicherung des Transports von Gefahrgut
Transportmittel	▪ Beschädigung der Fahrzeuge (z. B. Lkws, Stapler) ▪ Verschmutzung der Fahrzeuge (z. B. durch auslaufende Flüssigkeiten)
andere Packungen	▪ Beschädigungen (z. B. wenn gestapeltes Gut auf einer Palette auseinanderfällt und dabei andere Paletten beschädigt) ▪ Verschmutzungen
Umwelt	▪ entweichende giftige Gase ▪ auslaufende Flüssigkeiten ▪ Gefahren für die Umwelt beim Transport von Gefahrgut

1.3.2 Lagerfunktion

Vom Zeitpunkt der Herstellung bis zum Zeitpunkt des Verbrauchs werden die meisten Güter mehrmals gelagert. Was kann die Verpackung zur besseren Lagerung beitragen?

Verbesserung der Ein- und Auslagerung

- Schnelleres Ein- und Auslagern durch den Einsatz von Staplern und bestimmten Packmitteln (z. B. Flachpalette, Gitterbox, Kunststoffbox)
- Eine Lagerung im Hochregallager ist nur dann möglich, wenn bestimmte Packmittel eingesetzt werden.

Optimale Ausnutzung des Lagerraums

- Durch die Stapelung mehrerer Packstücke übereinander mit und ohne Regale (z. B. mit Gitterboxen) kann viel Lagerraum gespart werden.

Längere Lagerdauer

- Eine geeignete Verpackung macht eine längere Lagerung der Ware möglich. Sie gewährleistet darüber hinaus eine längere Haltbarkeit.

Geeignete Packmittel verbessern die Ein- und Auslagerung.

1.3.3 Transportfunktion

Eine passende Verpackung ist auch beim Transport einer Ware wichtig. Sie kann nämlich sowohl die Be- und Entladung von Transportfahrzeugen als auch den Transport selbst verbessern.

Beladung und Entladung

- Packmittel beschleunigen und erleichtern die Be- und Entladung.

> Beispiel
> Lkws, Container, Waggons usw. lassen sich wesentlich schneller und leichter be- und entladen, wenn Flachpaletten und Gitterboxen eingesetzt werden. Diese können nämlich mit Stapler, Hubwagen usw. aufgenommen werden.

Transport

- Durch genormte und abgestimmte Packmittel kann der in den Fahrzeugen vorhandene Raum bestmöglich genutzt werden.

> Beispiel
> Die meisten Lkws sind in ihrer Breite genau auf Europaletten abgestimmt. Dies ermöglicht eine volle Nutzung der Ladefläche.

Kostenersparnis

- Durch den Einsatz von Packmitteln entstehen weniger Personalkosten bei der Be- und Entladung.
- Eine schnellere Be- und Entladung ermöglicht mehr Fahrten.

Schutz beim Transport

- Durch eine geeignete Verpackung (z. B. Gitterbox) wird das Packgut beim Transport vor Beschädigungen geschützt.

Lkw-Maße und Palettenmaße sind hier aufeinander abgestimmt.

1.3.4 Verkaufsfunktion

Für den Verkauf von Produkten muss die Verkaufsverpackung so gestaltet sein, dass sie Kunden anspricht und zum Kauf anregt.

Verpackung als Werbeträger

- Bereits an der Verpackung kann der Käufer ein Produkt oft erkennen. Dies ermöglicht der Name, das Logo, die Farbe oder auch die Form der Verpackung.
- Die Produktverpackung beeinflusst häufig den ersten und damit kaufentscheidenden Eindruck.

Verkaufsvorgang

Verpackung als Hilfsmittel zur Verbesserung des Verkaufsvorgangs

- Selbstbedienung ist heute in fast allen Einzelhandelsgeschäften selbstverständlich. Erst durch entsprechende Verpackungen ist dieses System ermöglicht worden.
- Die Verpackung macht damit auch die „Selbstverkäuflichkeit“ von Waren möglich.

An der Verpackung erkennt der Kunde oft auch das Produkt.

1.3.5 Informationsfunktion

Beim Kauf und beim Verkauf sind Informationen wichtig. Dazu kann auch die Verpackung beitragen. Sie kann folgende Informationen bieten:

Produkt

Informationen über das Produkt

- Preis, Inhalt, Größe, Haltbarkeit, Menge, Verwendung, Gewicht usw.

Informationen in verschlüsselter Form

- Der auf der Verpackung vieler Güter aufgedruckte Code ermöglicht das schnelle Einlesen mit Hilfe von Scannern.

Transporthinweise und Warnungen

Informationen zu Transporthinweisen und Warnungen

- Durch aufgedruckte Bildzeichen/Symbole (z. B. für Gefahrgut oder als Hinweis, dass ein vorsichtiger Umgang mit dem Packstück erforderlich ist) erkennt der Betroffene sofort, wie das Packstück zu transportieren ist.

Code auf einer Verpackung

Bildzeichen auf einer Verpackung

1.4 Beanspruchungen der Verpackung

Auf ihrem oftmals langen Weg vom Hersteller bis zum Empfänger kann eine Ware vielen Gefahren bzw. Beanspruchungen ausgesetzt sein.

Beanspruchungen der Verpackung

- **Beanspruchung durch Kräfte**
  - Fall
  - Schub
  - Stoß
  - Druck
  - Erschütterung
- **Beanspruchung durch Klima**
- **Beanspruchung durch Lebewesen**
- **Beanspruchung durch Diebstahlgefahr**

1.4.1 Beanspruchung durch Kräfte

In der Praxis wirken oft bestimmte Kräfte auf das Packgut und führen so zu Beschädigungen. Man spricht hier auch von **mechanischen Beanspruchungen.** (Mechanik ist die Lehre von den Kräften.)

Kräfte (mechanische Beanspruchung)	Ursachen	Vorbeugungsmaßnahmen
Fall	Packstück fällt auf den Boden (beim Entladen, Einlagern, Kommissionieren usw.)	– stabiles Packmittel verwenden – geeignetes Packhilfsmittel wählen – Packstücke auf einer Flachpalette sichern
Schub	– schnelles Anfahren bzw. Bremsen/Auffahren – Durchfahren einer Kurve	– Ladungssicherung (z. B. durch Festzurren der Packstücke) – große Luftkissen/Staukissen bei Zwischenräumen auf Lkw oder im Container verwenden
Stoß	– Anstoßen von Packstücken mit Stapler oder Hubwagen – Umstoßen von Packstücken	– vorsichtiger Umgang mit Fahrzeugen – Stoßindikator am Packstück anbringen
Druck	– zu hohes Stapeln – falsches Stapeln – ungeeignete Packmittel	– stabile Packmittel (z. B. Gitterbox) verwenden – schwere Ware unten lagern – Hinweiszeichen „Nicht stapeln" am Packstück anbringen
Erschütterung	– schlechte Straßen – Turbulenzen bei Luft- und Seefracht	– Ladungssicherung – nur geeignete Packmittel und Packhilfsmittel verwenden

1.4.2 Beanspruchung durch das Klima

Diese Beanspruchung hängt im Wesentlichen von den Witterungsverhältnissen und von der Dauer ab, denen die Ware auf ihrem Transportweg und bei der Lagerung ausgesetzt ist.

Faktoren, durch die eine Verpackung äußerlich beansprucht wird:
- Klima: z. B. Seeklima, tropisches Klima, gemäßigtes Klima
- Witterung: z. B. Sonnenstrahlung, Hitze, Kälte, Nässe, Regen

Kondenswasser

Im Innern der Verpackung kann Kondenswasser (auch „Schwitzwasser“ genannt) die Ware schädigen. Dies tritt dann auf, wenn sich in der Verpackung Feuchtigkeit befindet und die Temperatur von außen kühler ist als im Innern. Dies ist wie bei einem Fenster, das beschlägt.

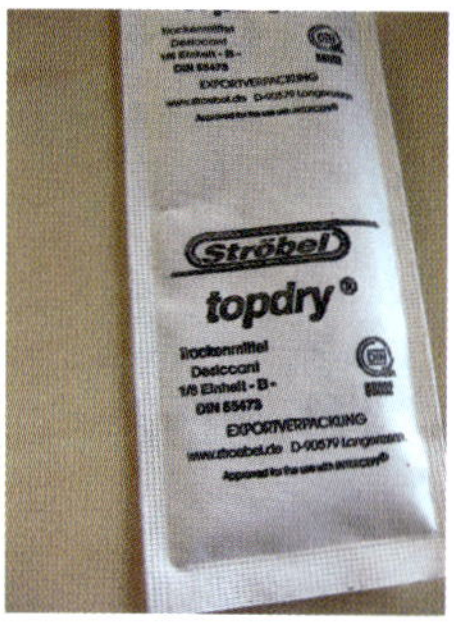

Trockenmittelbeutel

Um Schäden vorzubeugen, ist es hier wichtig, passende Packmittel und Packhilfsmittel (z. B. Trockenmittel) zu verwenden.

1.4.3 Beanspruchung durch Lebewesen

Während der Lagerung und auf dem Transport sind viele Waren und Verpackungsmittel bestimmten Tieren (Schädlingen) ausgesetzt. Mäuse, Ratten, Insekten und Schimmelpilze gefährden Packgut und Packmittel. Hierdurch kann die Ware vernichtet oder in ihrem Wert gemindert werden.
Darüber hinaus müssen bei der Wahl des Packmittels die Vorschriften des jeweiligen Empfängerlandes beachtet werden. Einige Länder verbieten nämlich die Einfuhr von Gütern in Packmitteln aus unbehandeltem Naturholz. Hierdurch wollen sie vermeiden, dass Holz-Schädlinge eingeschleppt werden.
Die Kennzeichnung für schädlingsfreies Naturholz erfolgt mit dem IPPC-Symbol. Nähere Informationen dazu siehe Kapitel 2.2.9 Packmittel aus Holz.

1.4.4 Beanspruchung durch Diebstahlgefahr

Ist die Ware nicht entsprechend gesichert, kann sie im Lager oder auf dem Transport gestohlen werden.

Vorbeugende Maßnahmen

- Sicheres, stabiles Packmittel verwenden
- Neutrale, unauffällige Verpackung, um keine Anreize für Diebe zu schaffen
- Ware auf einer Palette mit einer undurchsichtigen Stretch- oder Schrumpffolie umhüllen (siehe nebenstehende Abbildung)

So sieht man die Ware nicht.

- Einzelne, kleine Packstücke zu größeren Verpackungseinheiten zusammenfassen
- Abschließbare Packmittel verwenden (z. B. Collico)

1.5 Vorsichtsmarkierungen auf der Verpackung

Eine richtige und vollständige Markierung von Packstücken kann dazu beitragen, falsche Handhabung, Unfälle oder Beschädigung der Packstücke zu vermeiden.

1.5.1 Bestandteile einer Markierung

DIN 55402 Teil 2 gibt vor, was eine ordnungsgemäße Markierung umfassen muss. Sie besteht aus drei Teilen:

Leitmarke	enthält u. a. ▪ Bestimmungsort bzw. Bestimmungshafen ▪ laufende Packstücknummer (Kolli-Nr.) ▪ Gesamtstückzahl der zur Sendung gehörenden Packstücke
Informationsmarkierung	enthält u. a. ▪ Ursprungsland (Herkunftsland) ▪ Gewichtsangabe ▪ Maße des Packstücks (in cm)
Handhabungsmarkierung	Bildzeichen (siehe auch Kapitel 1.5.2)

1.5.2 Bildzeichen (Symbole)

In der Einstiegssituation wurde beschrieben, wie der Auszubildende Anton ratlos vor einer mit Pfeilen gekennzeichneten Verpackung steht. Er ist hier auf ein Bildzeichen (Symbol) gestoßen, dessen Bedeutung ihm noch unklar ist. Diese Symbole für die Handhabungsmarkierung sind sowohl national in der DIN 55402, Teil 1 als auch international in der EN ISO 780 (EN = Europäische Norm; ISO = International Organization of Standardization) festgelegt, aber nicht in beiden Normen deckungsgleich.

Die genormten Bildzeichen können überall auf der Erde verstanden werden. Auf diese Weise wird gewährleistet, dass Packstücke möglichst unversehrt den Empfänger erreichen können.

Im Gegensatz zu früher sind die Bildzeichen ohne Umrandung anzubringen. Die Markierung muss grundsätzlich in schwarzer Farbe erfolgen. Sie muss dauerhaft sein und kann mit Aufkleber, Stempel oder als Aufdruck angebracht werden.

Sehen Sie sich die Verpackungen in Ihrem Ausbildungsbetrieb oder zu Hause an. Welche Bildzeichen/Symbole sind darauf angebracht?

Die folgende Übersicht zeigt die wichtigsten Bildzeichen aus den genannten Vorschriften.

Bildzeichen	Bezeichnung (in Klammern: englisch)	Erklärung, Hinweise
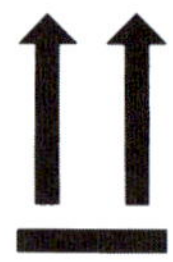	oben (this way up) aufrecht transportieren (keep upright)	Das Packstück ist so zu transportieren und zu lagern, dass die Pfeile stets nach oben zeigen (nicht erlaubt: umlegen, starkes Kippen).
	zerbrechlich, zerbrechliches Packgut (fragile; handle with care)	Der Inhalt ist leicht zerbrechlich (fragil). Das Packstück muss mit besonderer Vorsicht behandelt werden (kein Druck, kein Fall usw.).
	vor Nässe schützen (keep dry)	Das Packstück muss vor Nässe (Regen, Schnee) sowie hoher Luftfeuchtigkeit geschützt werden. Im Freien ist das Packstück abzudecken.
	vor Hitze (Sonneneinstrahlung) schützen (keep away from heat)	Das Packstück ist vor Wärme (auch vor Wärmequellen wie Heizung) zu schützen; ggf. muss es kühl gelagert bzw. transportiert werden.
	vor Hitze und radioaktiven Strahlen schützen (protect from heat and radioactive sources)	Das Packstück ist nicht nur vor Hitze zu schützen, sondern auch noch vor radioaktiver Strahlung.
	hier anschlagen (sling here)	Die Anschlagmittel (z. B. Klammern, Haken) zum Heben des Packstücks müssen/dürfen hier angesetzt werden. Es besteht hier keine Gefahr einer Beschädigung.
	hier aufreißen (tear off here)	An dieser Stelle kann das Packstück leicht geöffnet werden (diese Stelle ist zum Öffnen vorgesehen).
	Gabelstapler hier nicht ansetzen (do not use fork lift truck here)	Das Packstück darf (hier) nicht mit dem Gabelstapler angehoben bzw. transportiert werden.
	Schwerpunkt (centre of gravitiy)	Dieses Zeichen gibt den physikalischen Schwerpunkt des Packstücks an. Das Zeichen ist eigentlich nur notwendig, wenn der Schwerpunkt nicht in der Mitte liegt.
	Sperrschicht nicht beschädigen (do not destroy barrier)	Packstück enthält (als Innenverpackung) eine Schutzhülle, in die Trockenmittel zum Rostschutz eingelegt sind.

Bildzeichen	Bezeichnung (in Klammern: englisch)	Erklärung, Hinweise
	keine (Hand-)Haken verwenden (use no hooks)	Um eine punktförmige Belastung am Packstück zu vermeiden, dürfen zum Heben keine Haken verwendet werden.
	Stechkarre hier nicht ansetzen (no hand truck here)	An dieser Stelle dürfen Stechkarren nicht zum Heben des Packstücks angesetzt werden. Fehlt das Zeichen, kann überall angesetzt werden.
	elektrostatisch gefährdetes Bauelement (electrostatic sensitive device)	Der Kontakt zu derartigen Packstücken ist zu vermeiden. Durch bestimmte Schuhe oder Bodenbeläge kann eine elektrostatische Aufladung erfolgen, die sich bei Berührung entlädt.
	zulässige Stapellast; Begrenzung der Stapellast (stacking limitation)	Die Angabe eines maximalen Gewichts zeigt an, dass das Packstück bis zu diesem angegebenen Gewicht (in kg) belastbar ist.
	nicht stapeln (do not stack)	Auf dieses Packstück darf kein weiteres Packstück gestapelt werden, es darf also keine Belastung auf das Packstück ausgeübt werden.
	Stapelbegrenzung (stacking limitation)	▪ maximale Anzahl von Packstücken, die gestapelt werden dürfen ▪ n = Anzahl der Packstücke, die gestapelt werden dürfen
	klammern in Pfeilrichtung (clamp here)	Das Packstück darf an diesen Stellen geklammert werden (Klammern zum Heben des Packstücks können angesetzt werden).
	zulässiger Temperaturbereich (temperature limitations)	zeigt den Temperaturbereich in °C (von – bis) an, in dem das Packstück aufbewahrt werden muss
	nicht rollen (do not roll)	Das Packstück darf nicht gerollt werden.

Zusammengepackt

▪ Vorteile der Verpackung	– Schutz der Ware
	– Schaffung von Arbeitsplätzen
	– Verpackung als Informationsträger
	– Rationalisierung
	  - der Lagerung,
	  - der Be- und Entladung,
	  - des Verkaufs

▪ Wichtige Fachbegriffe	→ Packgut – Packstoff – Packmittel – Packhilfsmittel → Packung – Packstück – Verpackung (allgemein) → Einwegverpackung – Mehrwegverpackung → Verkaufs-, Transport-, Umverpackung
▪ Funktionen der Verpackung	– Schutzfunktion – Lagerfunktion – Transportfunktion – Verkaufsfunktion – Informationsfunktion
▪ Beanspruchungen der Verpackung	– Kräfte – Klima – Lebewesen – Diebstahlgefahr
▪ Markierung der Verpackung	→ Bestandteile einer Markierung → Bildzeichen/Symbole auf der Verpackung

Aufgaben

1. *Nennen Sie je ein Beispiel für*
   a *ein Packmittel,*
   b *ein Packhilfsmittel,*
   c *einen Packstoff.*

2. *Welche Bedeutung haben folgende Bildzeichen/Symbole auf Verpackungen?*

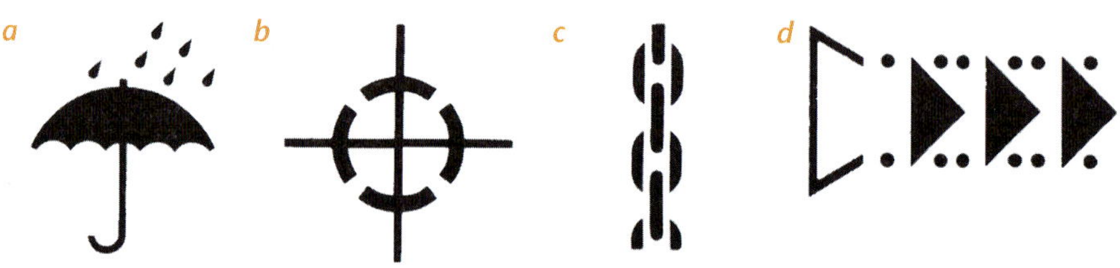

3. *Welchen Beanspruchungen durch Kräfte kann eine Verpackung ausgesetzt sein? Nennen Sie drei Beispiele.*

4. *Erklären Sie den Unterschied zwischen einem Packmittel und einem Packhilfsmittel.*

5. *Welche Funktion (Aufgabe) der Verpackung ist mit folgender Umschreibung jeweils gemeint?*
   a *Verwendung von genormten Paletten bei der Beladung eines Lkws, um möglichst viel Ware verladen zu können.*
   b *Auf der Verpackung befinden sich Hinweise, wie das Packstück transportiert werden darf.*
   c *Ware wird mithilfe von Gitterboxen übereinandergestapelt gelagert.*

6. *Welches Bildzeichen/Symbol ist in den unten beschriebenen Fällen auf der Verpackung anzubringen? Zeichnen Sie das jeweilige Bildzeichen.*
   a *Das Packstück enthält leicht zerbrechliche Ware.*
   b *Das Packstück darf nur aufrecht transportiert werden.*
   c *Auf das Packstück darf kein weiteres Packstück gestapelt werden.*

2 Packmittel

Einstiegssituation

Der Auszubildende Anton muss in der Berufsschule einen Vortrag über Packmittel halten. Der Termin rückt näher, aber Anton kommt nicht so recht voran. Hilfe suchend wendet er sich an seinen Ausbilder, Herrn Meier. „Da beschäftigst du dich ja mit einem ganz wichtigen Thema“, meint dieser. „In Deutschland werden nämlich etwa 90 % aller Güter verpackt. Zum Verpacken benötigt man vor allem ein passendes Packmittel. Davon gibt es eine große Vielfalt und man muss sich überlegen, welches Packmittel für welches Packgut (Ware) am besten geeignet ist.“

Handlungsaufträge

1. *Nennen oder notieren Sie Packmittel, die Sie bereits kennen (aus Ihrem Betrieb oder privat).*
2. *a) Welche Materialien werden zur Herstellung von Packmitteln benötigt?*
   b) Beurteilen Sie auch die Umweltfreundlichkeit des jeweiligen Materials.

Definition

Ein Packmittel ist ein Gegenstand,
- der die Ware zum Verpacken aufnimmt und schützt sowie
- die Lagerung und den Transport der Ware verbessert.

2.1 Übersicht über die Packmittel

Die vielen Packmittel lassen sich nach verschiedenen Kriterien (Merkmalen) unterteilen. So kann man z. B. fragen, wie sie gebaut sind oder aus welchem Material sie hergestellt worden sind.

2.1.1 Einteilung der Packmittel nach dem verwendeten Material (Packstoff)

Arten

Holz	Karton/Pappe/Papier	Metall	Kunststoff	Sonstige
Holzkiste Holzpalette Verschlag Aufsetzrahmen	Schachtel Tüte Beutel Wellpappebox	Container Gitterbox Fass/Kanister Metallbehälter	Palette Box/Behälter Big Bag Becher	Flasche Sack Material- kombinationen

2.1.2 Einteilung der Packmittel nach Bauweise

Arten

offen	geschlossen
Flachpalette, Gitterboxpalette, offene Holzkiste, Verschlag, Kunststoffbox ohne Deckel	Schachtel, Holzkiste mit Deckel, Sack, Becher, Dose, Flasche, Fass, Container

2.1.3 Einteilung der Packmittel nach Häufigkeit der Verwendung

Arten

Einwegpackmittel	Mehrwegpackmittel
Einwegpalette, primitive Schachtel, Holzkiste, Verschlag, Weinflasche, Blister, Dose, Becher	Europalette, Gitterboxpalette, stabile Schachtel, Container, Kunststoffbox, Pfandflasche

2.2 Packmittel aus Holz

Trotz Kunststoff und Wellpappe haben die Holzpackmittel heute noch eine große Bedeutung in der Logistik, vor allem die Holzpaletten sind noch immer unentbehrlich.

2.2.1 Vorteile und Arten von Holz

Es gibt zahlreiche Packmittel, die aus Holz hergestellt werden. Sie haben folgende **Vorteile**:
- Holzpackmittel sind sehr stabil und damit auch für schwere Güter gut geeignet.
- Holz ist ein nachwachsender Rohstoff, der nicht importiert werden muss.
- Holz ist sehr umweltfreundlich in der Herstellung und Entsorgung.

Es gibt folgende **Arten** von Holz:

- **Naturholz**, auch Vollholz oder Massivholz genannt. Packmittel aus diesem Holz dürfen in einige Länder (z. B. Australien, Brasilien, USA, Kanada, Indien nur eingeführt werden, wenn das Holz ohne Rinde ist und gegen Holzschädlinge (z. B. Borkenkäfer) behandelt wurde.
- **Sperrholz, Pressholz und OSB-Holz** (OSB = Grobspanplatten). Diese Holzarten werden aus Holzabfall hergestellt (verleimt). Ihr Vorteil ist, dass sie unbehandelt in jedes Land eingeführt werden dürfen.

2.2.2 Geschlossene, fest zusammengebaute Holzkisten

Diese Kisten sind sehr stabil und können individuell für jedes Packgut hergestellt werden. Sie sind vor allem für schwere Güter oder empfindliche Ware gut geeignet. Zum leichteren Transport werden sie entweder auf eine Palette gestellt oder mit Kufen bzw. Füßen unter der Bodenplatte versehen. Im Allgemeinen handelt es sich dabei um Einwegpackmittel.

Geschlossene Holzkisten aus OSB-Platten (links) und Naturholz (rechts)

2.2.3 Offene Holzkiste

Holzkisten können auch ohne Deckel ihre Aufgabe als Packmittel gut erfüllen. Insbesondere die Lattenkiste (auch „Steige“ oder „Harass“ genannt) ist für Obst und Gemüse sehr gut geeignet, weil sie eine gute Belüftung der frischen Ware ermöglicht.

Kiste/Steige für Obst und Gemüse

Holzkiste ohne Deckel

2.2.4 Zusammenlegbare Holzkiste

Hierbei handelt es sich um stabile Kisten aus Holzplatten mit Winkelprofilen und Scharnieren. Zusammenlegbare Holzkisten können schnell zusammengelegt und aufgebaut werden. Aufgrund ihrer Konstruktion mit Querhölzern unter der Bodenplatte oder der Montage auf einer Palette können sie auch unterfahren und gestapelt werden.
Vorteil: Im zusammengelegten Zustand sind diese Holzkisten sehr platzsparend.

Aufgebaute Holzkiste

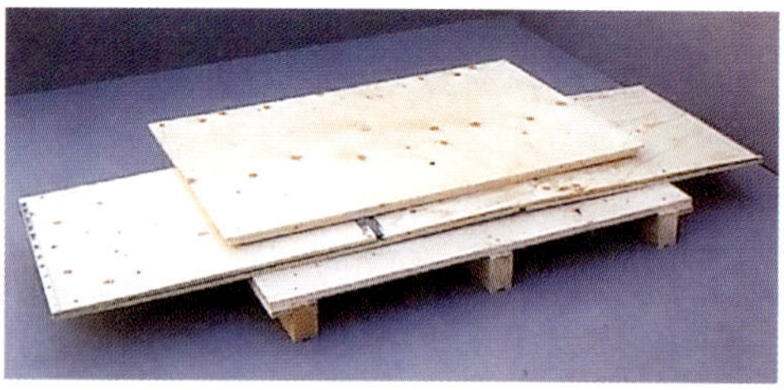

Zusammengelegte Holzkiste

2.2.5 Zusammenlegbare Holzaufsetzrahmen

Dieses Packmittel besteht aus rechteckigen Holzrahmen, die schnell zu einer Kiste aufgebaut (aufeinandergesetzt) oder abgebaut (flach zusammengelegt) werden können. Eine Kombination mit Palette und Deckel ist meistens möglich.
Vorteile:

- Sehr platzsparend im zusammengelegten Zustand.
- Die Höhe der Kiste ist variabel (je nachdem, wie viele Rahmen man aufeinandersetzt).

Aufsetzrahmen aufgebaut und flach zusammengelegt

2.2.6 Verschlag

Bei diesem Packmittel handelt es sich um eine Konstruktion aus Holzbrettern oder Holzlatten, die nicht geschlossen ist. Der Verschlag bietet **weniger Schutz** als eine geschlossene Holzkiste. Dafür ist er aber **leichter und billiger**. Im Allgemeinen wird der Verschlag als Einwegpackmittel verwendet. In Verbindung mit einer Schutzfolie bietet der Verschlag auch Schutz für empfindliche Güter.

Offener Verschlag

2.2.7 Kantholzkonstruktion

Eine Kantholzkonstruktion ist ein sehr stabiles Gestell aus massiven Kanthölzern, auf dem insbesondere schwere Güter (z. B. Lkw-Achsen, Maschinen usw.) gut transportiert werden können. Meistens handelt es sich um Einwegpackmittel, die auch unterfahrbar sind. Durch Abdeckung mit einer Folie können auch empfindliche Güter transportiert werden.

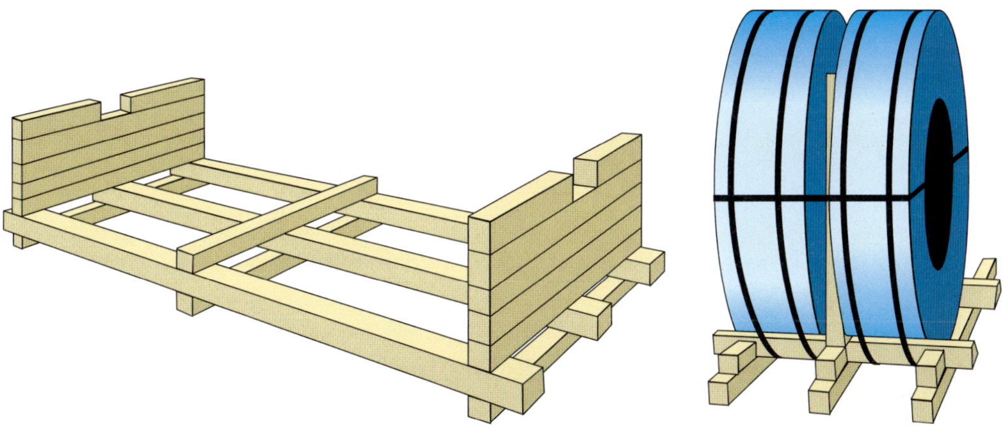

Kantholzkonstruktion für Langgut (links) und Blechrollen/Coils (rechts)

2.2.8 Holzpalette

Dieses Holzpackmittel wird – zusammen mit den anderen Palettenarten – im Lernfeld 6, Kap. 2.5 „Paletten", S. 263 ff ausführlich behandelt.

2.2.9 Holzpackmittel für den Export

Zum Schutz vor der Einschleppung von Holzschädlingen (z. B. Borkenkäfer) wurden international gültige Vorschriften erlassen. Sie betreffen auch die Packmittel und Packhilfsmittel aus **Naturholz** (Packhilfsmittel: z. B. Holzkeile zur Ladungssicherung). Beim Transport innerhalb der Europäischen Union (EU) gelten diese Vorschriften nicht, weil die EU als einheitlicher Wirtschaftsraum (wie Inland) gilt.

Zum Transport in Länder außerhalb der EU dürfen Packmittel und Packhilfsmittel aus Naturholz nur verwendet werden, wenn das Holz

- vollständig entrindet ist und
- gegen Schädlinge behandelt, d. h. auf 56 °C erhitzt oder begast wurde (um Schädlinge abzutöten).

Behandeltes Holz ist mit der IPPC[1]-Kennzeichnung so zu versehen, dass die Kennzeichnung
- nicht entfernt werden kann (also z. B. durch Einbrennen in das Holz) und
- jederzeit gut sichtbar ist (z. B. an Vorder- und Rückseite des Packmittels).

IPPC-Kennzeichnung

IPPC-Kennzeichnung des behandelten Holzes (Beispiel):

IPPC	DE-XX0000 HT oder MB

Die verschlüsselten Informationen (rechts) können auch einzeilig oder dreizeilig dargestellt werden.

Erklärung:

- IPPC[1] mit symbolisierter Getreide-Ähre = Marke/Logo des IPPC
- DE Buchstabenkombination für das Land (hier: DE für Deutschland)
- XX Buchstabenkombination für die zuständige Behörde (in Deutschland die Pflanzenschutzdienste der Bundesländer)
- 0000 Registriernummer des Betriebs, der das Holz behandelt hat
- HT/MB Behandlungsmethode
  HT = Heat Treatment = Hitzebehandlung
  MB = Methylbromid = Begasung (MB ist jedoch in EU nicht mehr erlaubt)

Hinweis: Die Abkürzung DB für „debarked" (= entrindet) ist nicht mehr notwendig, weil die Entrindung generell vorgeschrieben ist.

2.3 Packmittel aus Karton bzw. Pappe

Während sich die Packmittel aus Holz durch ihre große Stabilität auszeichnen, sind die Packmittel aus Karton oder Pappe besonders **leicht** und **preisgünstig**. Aus dem Packstoff Karton bzw. Pappe werden viele Packmittel hergestellt.

2.3.1 Abgrenzung der Begriffe

- **Karton**
  Packstoff, aus dem eine Schachtel hergestellt wird und dessen Dicke zwischen der von Papier und der von Pappe liegt.

> Beispiele
> Trennblätter (Register) in einem Ordner
> Zwischenlagen beim Stapeln
> Material zur Herstellung kleiner Schachteln

[1] *IPPC = International Plant Protection Convention (Internationale Organisation zum Schutz von Pflanzen = Unterorganisation der Vereinten Nationen/UN)*

Nach DIN 55405 ist ein Karton kein Packmittel und damit auch keine Schachtel. Es ist deshalb falsch, eine Schachtel als Karton zu bezeichnen, auch wenn dies umgangssprachlich und in der Verpackungspraxis leider oft so gemacht wird.

- **Pappe**
  Pappe ist der Oberbegriff für Vollpappe und Wellpappe.
- **Vollpappe**
  Vollpappe ist eine massive Pappe (ohne Hohlräume), also ein dicker Karton.

> Beispiele
> Deckel eines Ordners
> Kantenschutzleisten (vgl. Lernfeld 6, Kap. 3.2.1, S. 281)

- **Wellpappe**
  Im Gegensatz zu Karton und Pappe besteht Wellpappe aus (einer oder mehreren Lagen) gewelltem Papier, das auf Papier aufgeklebt wird und dadurch Hohlräume enthält.

Die Wellpappe stellt heute den **überwiegenden Anteil** von ca. 65 % an der Transportverpackung. Durch die Wellenform des Papiers wird eine gute Festigkeit bei gleichzeitig stoßdämpfender Wirkung erzielt. Wellpappe ist ein stabiler und trotzdem leichter Packstoff.

Mögliche Zusatzeigenschaften von Wellpappe können sein: wasserabweisend, Fett und Öl abweisend, schwer entflammbar usw. Diese Eigenschaften kommen durch Beschichtung zustande.
Arten von Wellpappe:
- Einseitig oder mehrseitig beklebte Wellpappe
- Einwellige (eine Lage) oder mehrwellige (mehrere Lagen) Wellpappe
- Rollenwellpappe

Sehen Sie sich Schachteln im Ausbildungsbetrieb oder zu Hause an. Prüfen Sie die Anzahl der Wellen, wenn die Schachtel aus Wellpappe besteht.

Einwellige Wellpappe (einseitig beklebt)

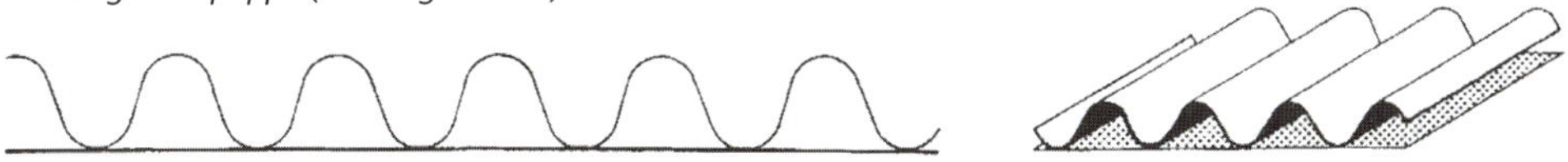

Einwellige Wellpappe (zweiseitig beklebt)

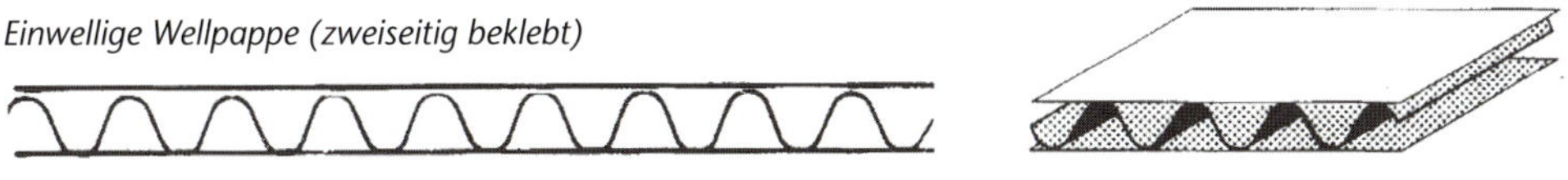

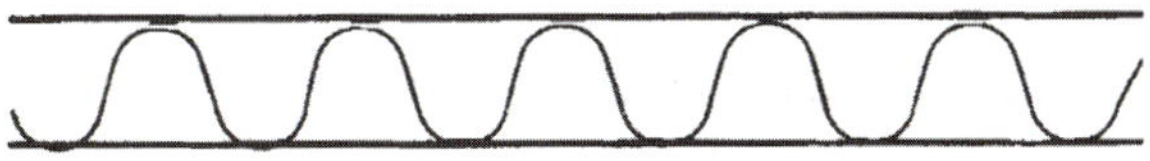

Zweiwellige Wellpappe

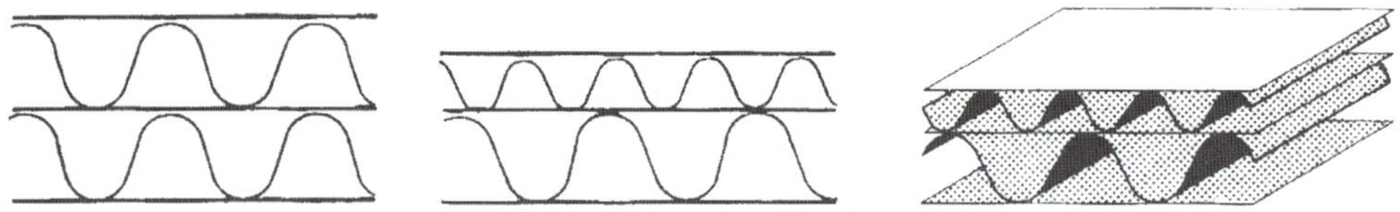

Dreiwellige Wellpappe

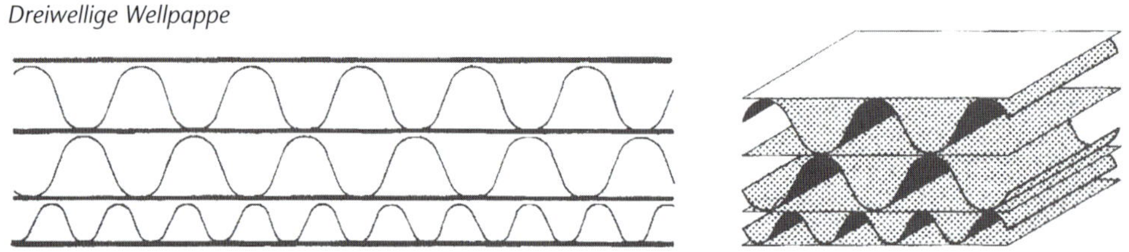

Besondere Wellpappe: **Rollenwellpappe**
Rollenwellpappe ist eine einwellige Wellpappe. Sie befindet sich auf einer Rolle und kann in beliebiger Länge abgeschnitten werden. In der Regel wird sie als Packhilfsmittel verwendet.

Rollenwellpappe

Abrollständer für Wellpappe mit Schneidevorrichtung

2.3.2 Schachtel

Eine Schachtel (manchmal auch „Box" genannt) besteht in der Regel aus Wellpappe, gelegentlich auch aus Karton oder Kunststoff. Sie ist das häufigste Packmittel in der Praxis. Es ist fachbegrifflich falsch, eine Schachtel als „Karton" zu bezeichnen (Schachtel = Packmittel; Karton = Packstoff, aus dem eine Schachtel hergestellt wird).

Die Betriebe erhalten die (neuen) Schachteln flach zusammengelegt, um Platz zu sparen. Durch das Aufrichten (manuell oder automatisch mit Maschinen) wird aus flachen Teilen schnell ein leichtes, aber trotzdem stabiles Behältnis. Schachteln gibt es nicht nur in vielen Größen, sondern auch in verschiedenen Arten/Typen.

Faltschachtel Der häufigste Schachteltyp ist die **Faltschachtel**. Die flach zusammengelegten (gefalteten, gefalzten) Teile können schnell aufgerichtet werden zu einer befüllbaren Schachtel. Daneben gibt es noch Deckelschachteln (mit Stülpdeckel), Schiebeschachtel (wie Zündholzschachteln) usw.

Zusammengelegte Schachtel

Aufgerichtete Schachtel

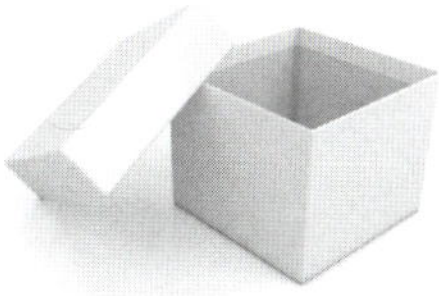

Deckelschachtel

2.3.3 Unterfahrbare Wellpappe-Boxen

Unterfahrbare Wellpappe-Boxen sind große und stabile Boxen (Behälter, Kisten) aus stabiler Wellpappe bis zu 1 m^3 Volumen. Sie können mit Stapler und Hubwagen unterfahren, transportiert und gestapelt werden.

Diese Packmittel gibt es in verschiedensten Ausführungen. Sie werden von den Herstellern unterschiedlich bezeichnet (z. B. als Paltainer, Welltainer, Palbox, Paletten-Container usw.). Dieses großvolumige und trotzdem leichte Packmittel eignet sich vor allem für den Export bzw. die Luftfracht.

Es gibt Boxen mit
- Befestigung auf einer Palette,
- Kufen/Füßen aus Wellpappe,
- einer Klappe in der Vorderwand zur leichteren Beladung und Entnahme,
- variabler Höhe (durch Verschieben des hohen Deckels).

Wellpappe-Box auf Palette mit aufklappbarer Vorderwand

Wellpappe-Box mit Kufen

2.3.4 Fixierverpackung

Die Fixierverpackung ist im Allgemeinen eine Schachtel, die im Innern eine zusätzliche Ausstattung zum Befestigen (Fixieren) des Packgutes hat. Dadurch ist kein zusätzliches Packhilfsmittel zum Schutz vor Stoß oder Verrutschen notwendig. Außerdem wird das Verpacken auch beschleunigt.

Beispiele
In Fixierverpackungen verpackt werden Handys, Fotoapparate, Bücher, Messgeräte usw.

Innenausstattungsmöglichkeiten:
- Dehnbare Folie auf einer Innenseite, die das eingelegte Packgut sicher festhält
- Sehr elastischer Noppenschaum, der sich dem Packgut anpasst und es fest umschließt

Fixierverpackung mit Folie innen

Fixierverpackung mit Noppenschaum

2.3.5 Vorteile der Packmittel aus Karton/Pappe

Packmittel aus Karton/Pappe haben folgende Vorteile:

- Sie haben ein geringes Gewicht und damit niedrigere Transportkosten (Fracht).
- Sie sind gut zu bedrucken (günstig für Werbung, Verkauf, Informationen).
- Sie sind sehr umweltfreundlich in der Herstellung und Entsorgung.
  Ihre Herstellung erfolgt aus dem nachwachsenden Rohstoff Holz.
  Entsorgung: einfaches Recycling oder Beseitigung.
- Sie sind relativ preisgünstig.
- Die Anlieferung und Lagerung der Packmittel erfolgt im zusammengelegten, flachen Zustand und spart daher Transport- und Lagerkosten.
- Als Einwegverpackung (verlorene Verpackung) sind Packmittel aus Karton/Pappe gut geeignet für den Export (Luft- und Seefracht).

2.4 Packmittel aus Kunststoff oder Metall

In diesem Kapitel geht es in erster Linie um Kleinbehälter (auch „Boxen“ oder „Kisten“ genannt). Diese können offen oder geschlossen (mit Deckel) sein. Sie werden in verschiedenen Farben und Größen angeboten und sind meistens Mehrwegpackmittel.

Vorteile der Behälter aus Kunststoff/Metall:
- Sehr stabil
- Lange Haltbarkeit/Nutzungsdauer
- Leicht zu reinigen und damit auch für hygienische Anforderungen gut geeignet
- Mehrwegpackmittel (dadurch Einsparung von Packstoffverbrauch)

2.4.1 Stapelboxen (Stapelkisten)

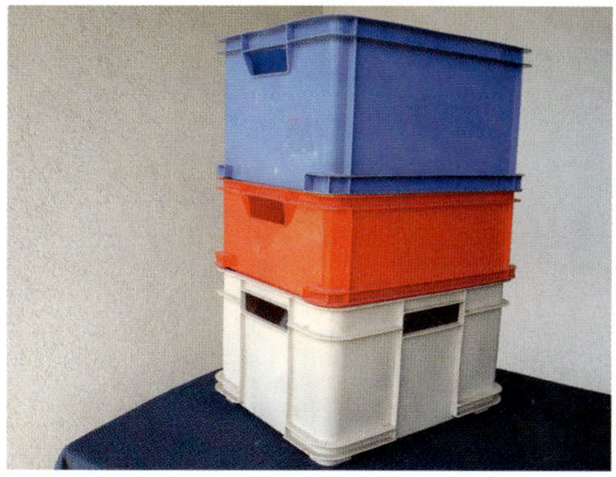

Diese (gewöhnlichen) Boxen bestehen aus Metall oder Kunststoff. Sie sind so konstruiert, dass sie (leer oder gefüllt) übereinandergestapelt werden können.

Nachteil: Stapelboxen benötigen geleert (vor allem beim Rücktransport) genauso viel Platz wie gefüllt.

2.4.2 Euroboxen, Eurostapelboxen

Hierbei handelt es sich um stapelbare Boxen aus Kunststoff. Sie sind in ihren Maßen genau auf die Europalette abgestimmt. So passen auf die Europalette (Maße: 120 cm × 80 cm) genau acht Boxen mit den Maßen 40 × 30 cm oder vier Boxen mit den Maßen 60 × 40 cm usw.

Zusätzlich können die verschiedenen Größen der Boxen als Module (Einzelstücke) so aufeinander abgestimmt sein, dass zwei kleine Boxen genau auf die nächstgrößere Box passen oder umgekehrt (eine größere Box passt auf zwei kleinere Boxen). Man nennt dies „modular“ : Die Einzelteile passen zusammen.

Euroboxen mit modularen Maßen

Euroboxen auf einer Flachpalette

2.4.3 Faltbare und klappbare Boxen

Diese Kunststoffboxen haben gemeinsam, dass sie (geleert) zusammengelegt werden können und dadurch ca. 70–80 % Raum einsparen. Damit tragen sie erheblich zur Verminderung der Kosten beim Rücktransport bei. Allerdings ist die Stabilität und Lebensdauer dieser Boxen geringer als die gewöhnlicher Stapelboxen.

Box mit Faltsystem

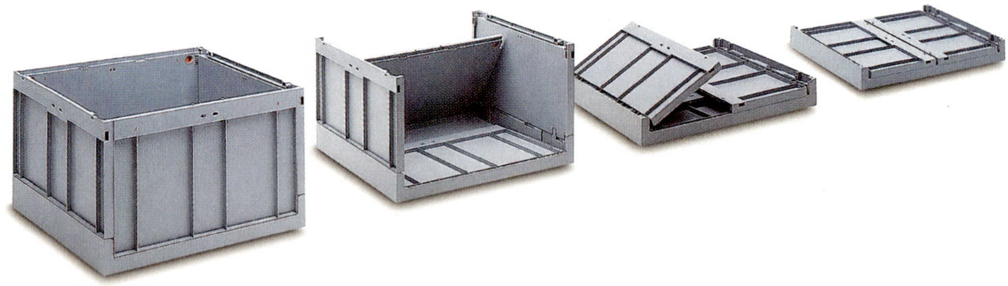

Box mit Klappsystem

2.4.4 Drehstapelbehälter (DSB)

Drehstapelbehälter bestehen aus stabilem Kunststoff. Sie können gefüllt gut gestapelt werden. Nach der Leerung werden die Behälter um 180 Grad gedreht, dann kann man sie platzsparend ineinanderstellen („schachteln"). Dies ist durch eine entsprechende Konstruktion an den Behältern möglich (unterschiedliche Einkerbungen an den kurzen Seitenwänden). Die Raumeinsparung beträgt zwischen 50–80 %. Man nennt diese Art von Behältern auch **schachtelbare Behälter**.

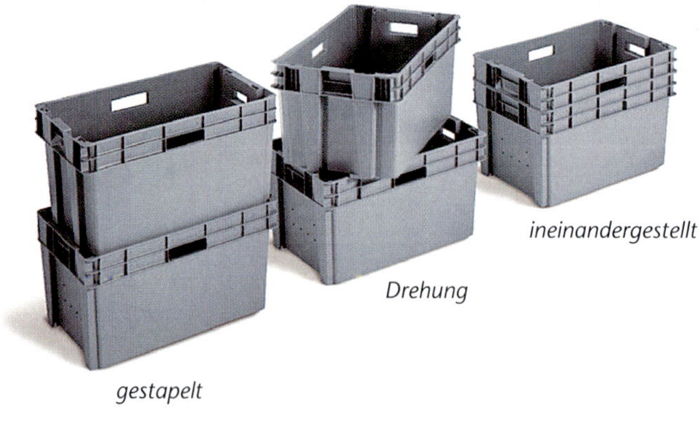

2.4.5 Collico

Der Begriff „Collico“ ist von dem lateinischen Wort „colligere“ (= sammeln, zusammenlegen) abgeleitet. Unter einem „Collico“ wird in der Regel ein zusammenlegbarer Behälter aus Aluminium verstanden. Dieser kann u. a. von der Firma Collico GmbH gemietet werden. Neben diesem Alu-Behälter, den es schon seit 1947 gibt, bietet die Fa. Collico noch weitere Transportbehälter (auch aus Kunststoff und Pappe) an. Den bewährten Collico gibt es in Größen bis zu 120 × 100 × 120 cm (L × B × H). Die besonderen Vorteile sind die hohe Stabilität und eine große Volumenreduzierung (ca. 75 %) im zusammengelegten Zustand.

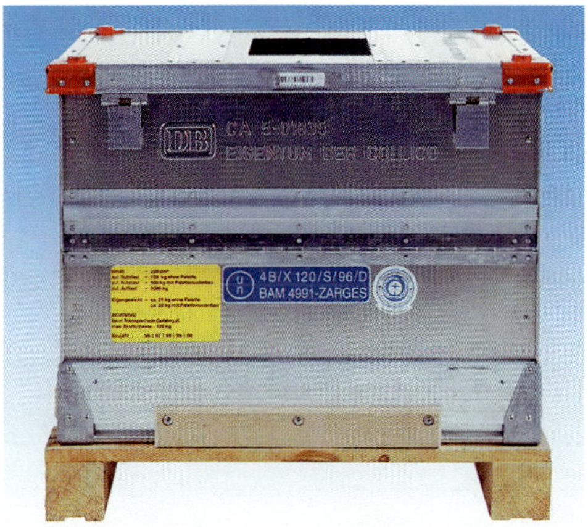

Versandfertiger Collico auf Palette

Zusammengelegter Collico

2.4.6 Besondere Verpackungen aus Kunststoff

Blisterverpackung

Blister ist eine formstabile Sichtverpackung aus Kunststoff (engl. „Blister“ = Blase). Die steife Kunststofffolie hat eine ähnliche Form wie die Ware selbst. Sie umschließt sie aber nicht eng anliegend. Anwendung finden Blisterverpackungen z. B. bei Batterien, Zahnbürsten, kleinen Werkzeugen, Schrauben und sehr häufig bei Tabletten (Durchdrückpackung).

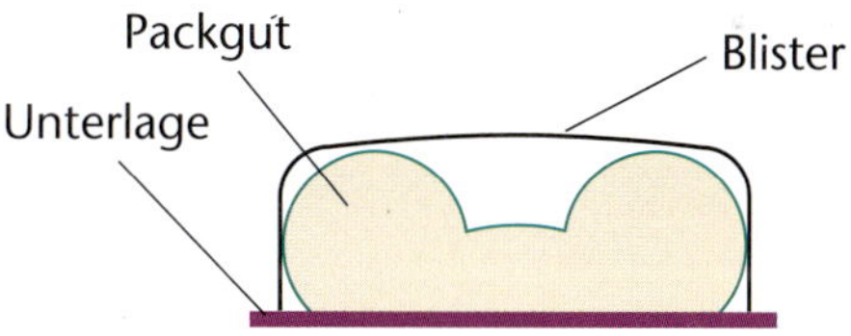

Blisterverpackung

Skinverpackung

Die Skinverpackung (engl. „skin“ = Haut) ähnelt der Blisterverpackung. Allerdings umhüllt hier die Folie das Packgut eng anliegend (hauteng). Dadurch wird das Packgut auf der Unterlage zusätzlich befestigt und kann nicht verrutschen. Eine Vakuumverpackung ist zugleich eine Skinverpackung.

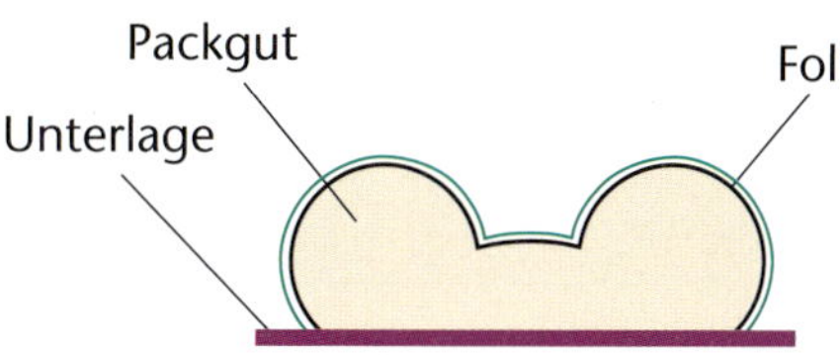

Skinverpackung

2.5 Paletten

Die Paletten sind in der Logistik ein sehr wichtiges Transport- und Packmittel. Ohne Paletten könnte der Materialfluss (engl. „Supply Chain Management“) nicht so rationell (wirtschaftlich, zweckmäßig) ablaufen.

2.5.1 Allgemeines und Übersicht

Definition

Paletten sind **Ladeplatten**, die man mit dem Gabelstapler oder Hubwagen unterfahren kann. Auf diese Weise kann das Packgut rationell transportiert, verladen, eingelagert und gestapelt werden.

Unterfahrbarkeit

Unterfahrbarkeit von Paletten
Hierbei unterscheidet man zwei Arten von Paletten:
- **Zweiwegpaletten**: Sie können nur an der Längsseite unterfahren werden.
- **Vierwegpaletten**: Sie können von allen vier Seiten unterfahren werden.

Zweiwegpalette

Vierwegpalette

Die folgende Übersicht soll die Vielfalt des Palettenangebots zeigen.

Kennzeichen/Merkmal	Palettenarten
Material (Packstoff)	Holzpalette (aus Pressholz oder Naturholz), Metallpalette, Kunststoffpalette, Wellpappenpalette
Unterfahrbarkeit	Zweiwegpalette Vierwegpalette
Aufbau	▪ ohne Aufbau: Flachpalette ▪ mit Aufbau: Gitterboxpalette, Rungenpalette, Vollwandpalette, Palettenbox
Normung	▪ genormt: Europalette ▪ ungenormt: Firmenpalette, Einwegpalette usw.
Verwendungshäufigkeit	▪ Einwegpalette (verlorene Palette) ▪ Mehrwegpalette (Poolpalette, Tauschpalette)
Größe	Europalette (genormte, einheitliche Größe), sogenannte „Düsseldorfer Palette" (80 × 60 cm), Firmenpalette, Großpalette, Sonderpalette usw.

2.5.2 Flachpalette (allgemein)

Flachpaletten sind Paletten **ohne Aufbau**. Sie können aus Naturholz, Pressholz, Metall, Kunststoff oder stabiler Wellpappe bestehen. In der Praxis wird aus Preisgründen meistens die Holzpalette verwendet.

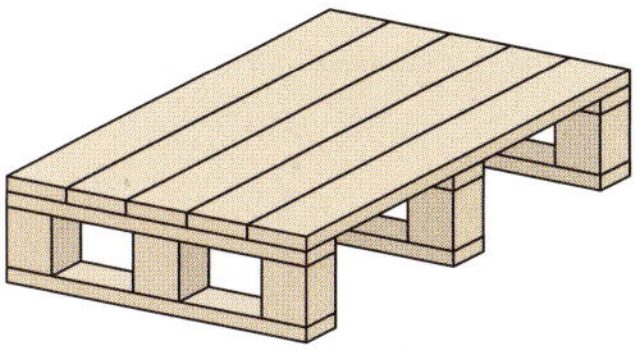
Flachpalette aus Naturholz

Flachpalette aus Kunststoff (Sie sind leicht zu reinigen und auch farbig erhältlich)

Inka-Palette aus Pressholz

Inka-Paletten

(abgeleitet vom Herstellername **In**sel**ka**mmer) Inka-Paletten werden aus Restholz verleimt. Sie haben eine geschlossene Oberfläche und können geleert ineinander gestapelt werden. Hierdurch sind sie platzsparend. Da diese Paletten frei von Holzschädlingen sind, sind sie besonders gut geeignet als Einwegverpackung für den Export.

Stapeln auf der Flachpalette

Weil die Flachpalette keinen seitlichen Schutz bietet, gilt beim Stapeln von Packstücken auf der Flachpalette besondere Vorsicht!

Man unterscheidet zwei Arten von Stapelung:

Arten von Stapelung

Lineare Stapelung

Verbundstapelung

Stapelart	Erklärung
Lineare Stapelung	Packstücke werden geradlinig (linear) übereinandergestapelt. Vorteil: schnelles, einfaches Stapeln
Verbundstapelung	Packstücke werden versetzt übereinandergestapelt (wie eine Mauer oder Lego-Steine). Vorteil: besserer Halt der Packstücke auf der Palette

Sicherung der Packstücke auf der Flachpalette

Damit die auf den Flachpaletten gestapelte Ware gefahrlos transportiert und gelagert werden kann, muss sie meistens gesichert werden.

Möglichkeiten zur Sicherung:

- Verbundstapelung (siehe oben)
- Packstücke mit Stretch- oder Schrumpffolie umgeben
- Umreifung mit Stahlband oder Kunststoffband (siehe Abb. unten)
- Verwendung von Zwischenlagen aus Karton oder einem rutschhemmenden Papier (siehe Abb. unten)
- Verkleben der Packstücke mit einem leicht lösbaren Haftmittel (wie Klebezettel)

Stapeln auf der Flachpalette mit Zwischenlagen

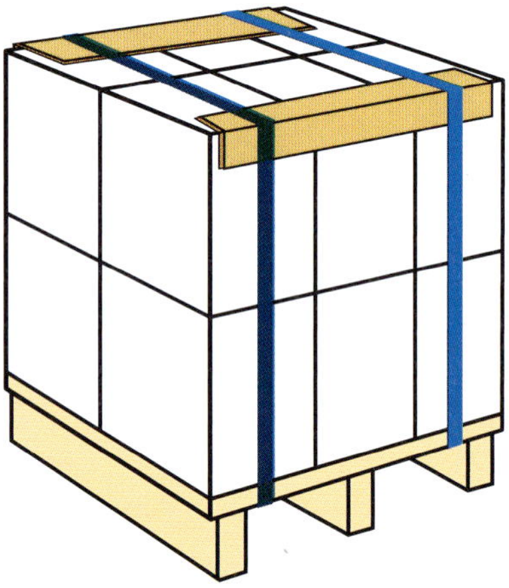

Sicherung der Packstücke mit Umreifungsbändern

2.5.3 Euroflachpalette[1]

Entstehung und Tausch

Palettenpool

Seit dem 01.01.1961 haben sich zahlreiche europäische Eisenbahnunternehmen zu einem sogenannten **Palettenpool** (Interessengemeinschaft) zusammengeschlossen. Innerhalb dieses Pools können die Paletten (daher auch „Poolpaletten“) getauscht werden: Man gibt dem Lieferanten für eine beladene Palette eine leere Palette im Tausch (daher auch „Tauschpalette“).

[1] *Statt Euro ist auch die Schreibweise EUR möglich. Die Bezeichnung Euro bzw. EUR ist abgeleitet von der Normbezeichnung „Herstellung und Kennzeichnung von wieder verwendbaren* ***Eur****opäischen Vierweg-Flachpaletten aus Holz“ des europäischen Eisenbahnverbands UIC.*

Wesen der Euroflachpalette

Maße, Gewicht und Herstellung sind genormt und europaweit einheitlich.
Merkmale:
- Naturholzpalette (nach Material)
- Vierwegpalette (nach Unterfahrbarkeit)
- Mehrwegpalette (nach Häufigkeit der Verwendung)
- Flachpalette (weil ohne Aufbau)

Eigenschaften der Europalette

Gewichte der Euroflachpalette	
Eigengewicht:	20–25 kg (je nach Feuchtigkeit des Holzes)
Ladegewicht (Tragfähigkeit)	maximal 1 000 kg (1 t) bei beliebiger Verteilung der Beladung (d. h. auf jedem beliebigen Punkt der Palette) maximal 2 000 kg (2 t) bei vollflächiger und gleichmäßiger Verteilung der Last auf der ganzen Palette
Auflast (Stapelung)	Im Stapel kann die unterste Palette mit einer Auflast von maximal 4 000 kg belastet werden. Auf die unterste Palette mit max. 2 000 kg können also noch zwei weitere Paletten (2 × 2 000 kg) gestellt werden.

Maße der Euroflachpalette

Die Euroflachpalette hat folgende Maße:
Länge 120 cm (1 200 mm)
Breite 80 cm (800 mm)
Höhe 14,4 cm (144 mm)

Diese Maße sind nicht nur auf Eisenbahnwaggons, sondern auch auf auf den Lkw abgestimmt. Bei einer Lkw-Innenbreite von ca. 2,44 m lassen sich zwei Paletten der Länge nach oder drei Paletten der Breite nach nebeneinander gut und raumsparend verladen.

Kennzeichnung der Euroflachpalette

Eine Flachpalette ist nur dann eine **Euro**flachpalette, wenn sie neben den Maßen, dem Material und der Ausführung auch bestimmte Kennzeichen aufweist.
Die Kennzeichnung hat an den Klötzen der beiden **Längsseiten** zu erfolgen.

So sieht eine Euroflachpalette seit dem 01.01.2010 aus.

IPPC-Symbol

Klotz/Fuß	Kennzeichen (Einbrand)	Erklärung
Links	EPAL	Zeichen der **E**uropean **Pal**let Association (Europäischer Paletten Verband)
Mitte	IPPC DE-HB-49 1234 HT [DB] DB 000 - 0 - 00  	IPPC-Symbol (Erklärung siehe Lernfeld **6**, **Kap.** 2.2.9, S. 256) Ab dem **01.01.2010** auf allen neuen Euroflachpaletten. DB = Kennzeichen des Eisenbahnunternehmens (z. B. Deutsche Bahn) Ziffern = verschlüsselte Herstellungsdaten 000 = Herstellungsbetrieb 0 = Herstellungsjahr (letzte Ziffer) 00 = Herstellungsmonat Güteprüfklammer
Rechts	EUR	Markenzeichen/Logo der Europaletten

2.5.4 Gitterboxpalette (Gitterbox)

Anders als die Flachpalette besteht eine Gitterboxpalette (kurz „Gitterbox“ oder „Gibo“ genannt) überwiegend aus Metall. Sie hat einen Aufbau mit Wänden aus Baustahlgitter. Gitterboxpaletten können wie Flachpaletten unterfahren und gestapelt werden.

Die **besonderen Vorteile** der Gitterboxpaletten (gegenüber Flachpaletten):

- Sehr große Schutzfunktion für das Packgut.
- Durch den Aufbau aus stabilem Metallgitter wird die Ware seitlich vor Beschädigungen und vor allem vor der Druckgefahr beim Stapeln geschützt.
- Außerdem wird das Auseinanderfallen bzw. Herunterfallen der Packstücke von der Palette verhindert.
- Das Sichern der gestapelten Ware (z. B. durch Umreifen oder Stretchen) entfällt.

Gitterboxpaletten gibt es in den **verschiedensten Ausführungen**, Farben und Größen. So gibt es

- fest zusammengebaute oder zusammenklappbare Gitterboxen,
- Gitterboxen mit niedrigem Aufbau, überhohem Aufbau oder Standardaufbau,
- Gitterboxen mit aufklappbarer Vorderwand und Rückwand,
- Gitterboxen mit zwei, drei oder vier Seitenwänden (also teilweise seitlich offen),
- Gitterboxen mit Abdeckung (Deckel) oder oben offene Gitterboxen.

Zusammenklappbare (faltbare) Gitterboxpaletten

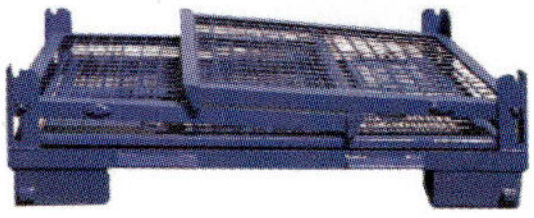

Der Vorteil zusammenklappbarer Gitterboxpaletten besteht darin, dass zusammengeklappte (geleerte) Gitterboxen beim Rücktransport wesentlich weniger Platz benötigen und damit erhebliche Kosten einsparen.

> Beispiel
> Ein gewöhnlicher Lkw kann entweder 64 aufgebaute (leere) Gitterboxen oder 192 zusammengeklappte Gitterboxen laden.

Besondere Gitterboxen

Für besondere Anforderungen gibt es Gitterboxen mit niedrigeren oder höheren Seitenwänden und seitlich offene Gitterboxen.

Gitterbox mit niedrigen (halbhohen) Wänden

Gitterbox nach vorne offen

2.5.5 Eurogitterboxpalette (Eurogitterbox)

Ähnlich wie bei Flachpaletten gibt es auch genormte Eurogitterboxpaletten. Sie können im Rahmen des Palettenpools getauscht werden (daher auch „Poolpalette" oder „Tauschpalette"). Bei diesen Gitterboxen ist die obere Hälfte der Vorderseite klappbar. Dies erleichtert die Be- und Entladung wesentlich. Die Eurogitterboxpalette hat einen Boden aus vier Naturholzbrettern und ist von allen Seiten unterfahrbar (Vierwegpalette).

Maße und Gewichte der Eurogitterbox

Innenmaße (L × B × H)	120 cm × 80 cm × 80 cm
Außenmaße (L × B × H)	124 cm × 83,5 cm × 97 cm (einschl. Füße)
Eigengewicht	ca. 70 kg (seit 2009)
Tragfähigkeit (Beladung)	max. 1 500 kg (1,5 t)
Auflast (auf die unterste Palette)	max. 6 000 kg (es können also noch vier beladene Paletten auf die unterste Palette gestellt werden)
Laderaum (Volumen)	ca. 0,75 m³

Beschriftung der Eurogitterboxpalette

Aufschriftentafel der Eurogitterbox

Y 12857986 = Gitterbox-Nummer

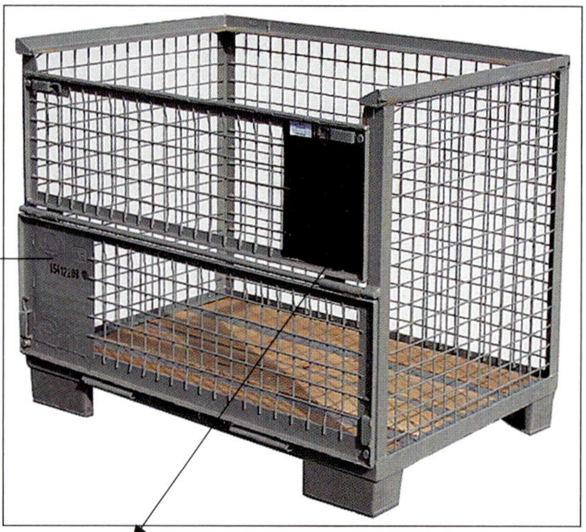

Anschriftenfeld der Eurogitterbox

In diesem Feld werden Informationen zum Empfänger sowie über den Inhalt (Ware) angebracht (Ankleben eines Zettels bzw. Labels).

2.5.6 Sonstige Paletten

Rungenpalette

Die Rungenpalette besteht aus einer unterfahrbaren Plattform aus Holz oder Metall. Diese ist mit **Rungen** versehen. Das sind feste oder abnehmbare Metallstützen, die an den vier Ecken der Palette angebracht sind. Damit lassen sich auch lange Teile (z. B. Rohre, Balken) mit Stapler und Hubwagen transportieren, stapeln und lagern.

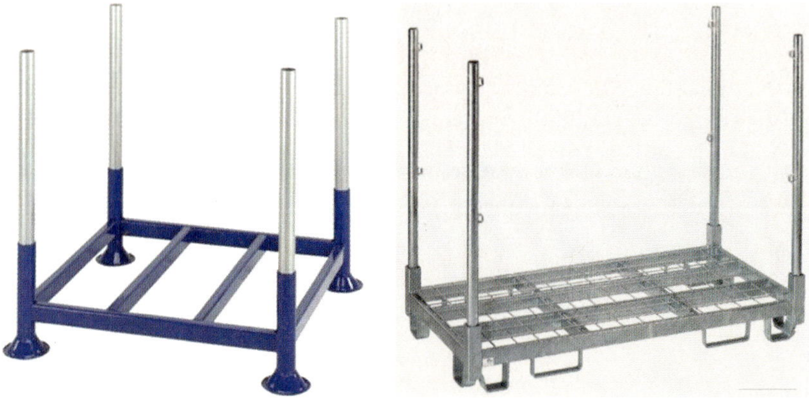

Beispiele für Rungenpaletten

Vollwandpalette

Die Vollwandpalette ist eine unterfahrbare Palette mit seitlichen Wänden aus einem geschlossenen, stabilen Stahlblech. Nach oben ist die Palette offen. Je nach Ausführung lässt sie sich auch stapeln. Vollwandpaletten werden u. a. verwendet für Bauschutt, Metallschrott usw.

Palettenbox

Eine Palettenbox ist eine unterfahrbare, große und sehr stabile Kunststoffbox, die auch mit Deckel und Abflusshahn (für Flüssigkeiten) erhältlich ist. Palettenboxen finden u. a. Anwendung bei der Obst- und Weinernte, bei der Verarbeitung von Lebensmitteln sowie bei der Aufbewahrung von Gefahrstoffen.

2.6 Container

Zu den wichtigsten Transport- und Packmitteln gehören in der modernen Logistik die Container. Sie ermöglichen einen preisgünstigen Transport und schützen die umschlossene Ware besonders gut. Ihr Einsatz ermöglicht den globalen (weltweiten) Handel mit Waren.

In diesem Kapitel werden nur **genormte Frachtcontainer** behandelt, die so konstruiert sind, dass sie sowohl auf Lkws, Eisenbahnwaggons und Schiffen befördert werden können. Daneben gibt es nämlich noch viele Sonderanfertigungen und Spezialcontainer, z. B. für den Transport in Flugzeugen, Container für die Wertstoffsammlung, Schrottcontainer usw.

2.6.1 Containermaß

Die Größe genormter Frachtcontainer wird in nicht dezimalen Maßen angegeben. Container stammen nämlich aus den USA , wo andere Maßeinheiten gelten. Der erste Container kam in den USA bereits 1956 zum Einsatz, zehn Jahre später kamen die ersten Container in deutschen Häfen an.

Maßeinheiten: **1' = 1 Fuß = 30,48 cm** 1" = 1 Zoll (engl. inch) = 2,54 cm

Die Entwicklung des Containers ist gut dargestellt in Thomas Grehs Dokumentarfilm „Die Container-Story". Informationen zum Film finden sich im Internet unter www.containerstory.com.

2.6.2 Containerarten nach Größe

Die Containergrößen werden hauptsächlich nach ihrer **Länge** (Außenlänge in Fuß) eingeteilt. So unterscheidet man 10-, 20-, 30-, 40- und 45'-Container. Die häufigsten sind jedoch 20'- und 40'-Container, weil man sie gut übereinanderstapeln kann (zwei „Zwanziger" passen genau auf einen „Vierziger" und umgekehrt). In den USA sind sogar Container mit über 50' Länge im Einsatz. Außerdem unterscheidet man die Containergrößen zusätzlich auch in der Höhe und in der Breite (siehe unten).

2.6.3 Seecontainer, ISO-Container

Die Bezeichnung „Seecontainer" ist abgeleitet vom Begriff „Überseecontainer", weil er vor allem im Überseeverkehr (internationaler Schifftransport) eingesetzt wird. Die alternative Bezeichnung „ISO-Container" kommt daher, dass der Seecontainer international festgelegten Maßen und Mindestanforderungen genügen muss. Diese werden von der internationalen Standardisierungs-Organisation (ISO) vorgegeben.

40'-Standardcontainer

Seecontainermaße

Die Maße der zwei wichtigsten Seecontainer (nach DIN ISO 668):

Größe (Länge)	Außenmaße			Innenmaße (Mindestmaße)		
	Länge	Breite	Höhe (8,5')	Länge	Breite	Höhe (8,5')
40 Fuß	12,19 m	2,44 m	2,59 m	12,00 m	2,33 m	2,35 m
20 Fuß	6,06 m	2,44 m	2,59 m	5,87 m	2,33 m	2,35 m

Die Breite (außen) ist im Allgemeinen bei allen Containern gleich, nämlich 8'. In der Höhe gibt es verschiedene Größen und zwar 8' oder 8,5' oder 9,5'. Die letztgenannte Größe wird als **High Cube** bzw. HC (= hoher Raum) bezeichnet. Die angegebenen Innenmaße sind Mindestmaße. Sie können je nach Hersteller leicht abweichen.

High Cube

Erklärung zur Länge des 20'-Containers:
Eigentlich ist die Hälfte eines 40'-Containers ca. 6,10 m. Der Unterschied bei der halben Länge des 20'-Containers (6,06 m statt 6,10 m) beruht darauf, dass das Ausgangsmaß für alle Container der 40'-Container ist und für die Teilung (in zwei 20'-Container) bzw. für den notwendigen Zwischenraum stets 3" = 76 mm abgezogen werden.

Rechnerisch:	40' =	12 192 mm
	abzüglich 3" =	76 mm
		12 116 mm : 2 = 6 058 mm = 6,06 m Länge

Eine Beladung der Seecontainer mit Europalettenmaßen ist ungünstig. Man verwendet daher als Alternative sogenannte **Containerpaletten** (z. B. 114 × 114 cm). Ihre Maße sind auf die Breite des Seecontainers abgestimmt.

2.6.4 Binnencontainer (Palettenbreiter Container)

Weil der Container in den USA entwickelt wurde und es dort keine Europaletten gab, sondern andere Palettenmaße (z. B. 48 × 40"), war der internationale Seecontainer nicht auf das Europalettenmaß abgestimmt. Vor allem in der Breite (Innenmaß 2,33 m) reicht er nicht für eine günstige und raumsparende Verladung von Paletten mit den Maßen 120 × 80 cm.

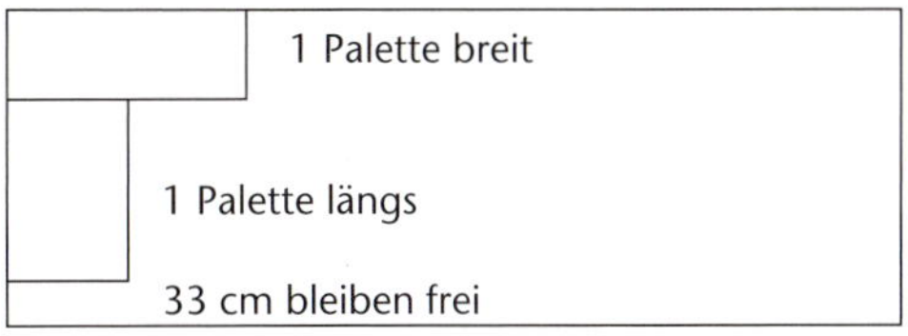

Seecontainer mit Europaletten beladen

Deshalb hat man für innereuropäische Transporte (mit Bahn, Lkw und Binnenschiff) einen Container geschaffen, der breit genug ist für zwei Europaletten der Länge nach oder drei Europaletten der Breite nach. Dieser Container wurde von der Bahn als **Binnencontainer** bezeichnet. Spediteure und Reedereien bezeichnen ihn als **palettenbreiten Container** (pallet-wide Container). Im Aussehen und in der Länge bzw. Höhe entspricht dieser Container dem Seecontainer.

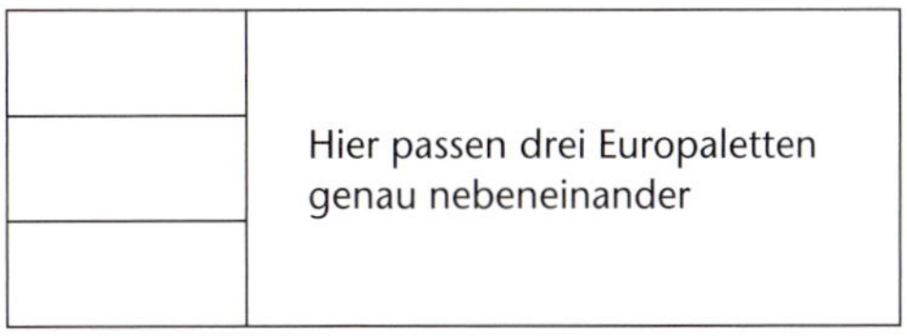

Palettenbreiter Container für die Beladung mit Europaletten

Wechselcontainer, Wechselbrücke, Wechselbehälter
Hierbei handelt es sich um Lkw-Aufbauten, die häufig ähnlich aussehen wie See- oder Binnencontainer. Im Gegensatz zu den eigentlichen Containern haben sie einklappbare Stützen/Füße zum Absetzen auf dem Boden bzw. zum Unterfahren mit dem Lkw. Außerdem benötigen sie keinen Kran zum Auf- oder Abladen des Aufbaus. Oftmals haben sie eine geschlossene Plane statt Wänden und Decken aus Stahlblech.

2.6.5 Containertypen nach Bauweise

Je nachdem, welche Ware zu verladen ist (Schachteln, Paletten, Flüssigkeiten, Schüttgut wie z. B. Getreide, schwere und überbreite Maschinen, frische Lebensmittel usw.), wird eine bestimmte Containerart ausgewählt. In der folgenden Übersicht sind die wichtigsten Containerarten dargestellt und beschrieben.

Bezeichnung	Beschreibung	Abbildung
Standardcontainer (Boxcontainer, Stückgutcontainer)	▪ geschlossener Container aus Stahl(blech) mit mindestens einer Doppeltüre an der Stirnseite ▪ Packgut: nur trockenes Stückgut (z. B. Maschinen, Computer, Textilien) ▪ Ausstattung: keine Belüftung, keine Isolierung usw.	
Hardtop-Container	▪ wie Standardcontainer, jedoch mit einem abnehmbaren **Stahldach** ▪ Dadurch ist auch eine Verladung von oben mit dem Kran möglich (z. B. für sehr schwere Maschinen).	
Opentop-Container	▪ wie Hardtop-Container, jedoch mit abnehmbarer **Plane** (statt Stahldach)	
Flat-Container (Flatrack-Container)	▪ Container ohne Dach und ohne Seitenwände an der Längsseite ▪ geeignet auch für Verladung von der Seite sowie für überbreite und überhohe Ware	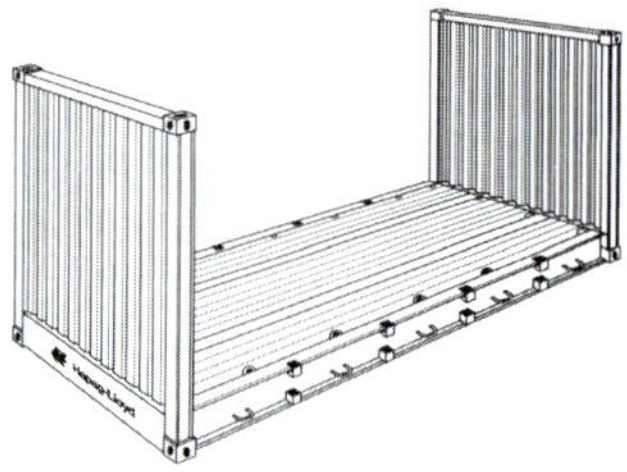

Bezeichnung	Beschreibung	Abbildung
Tank-Container	▪ Container mit eingebautem Tank für Flüssigkeiten	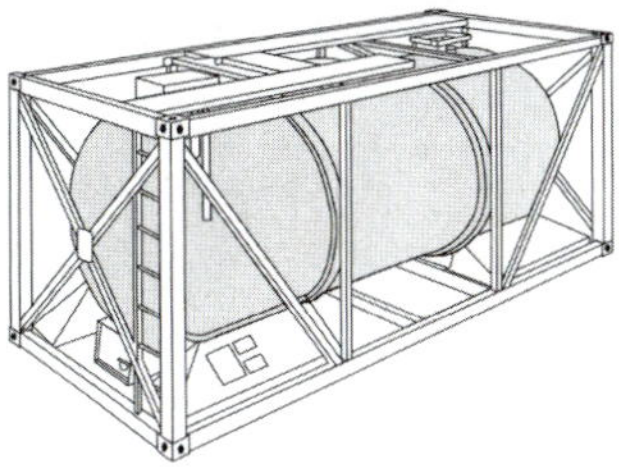
Bulk-Container	▪ geschlossener Container mit Füllöffnungen (im Dach) für Schüttgut (z. B. Getreide, Düngemittel) ▪ Entleerung: mit Saugschlauch oder durch Öffnungen an den Stirnwänden	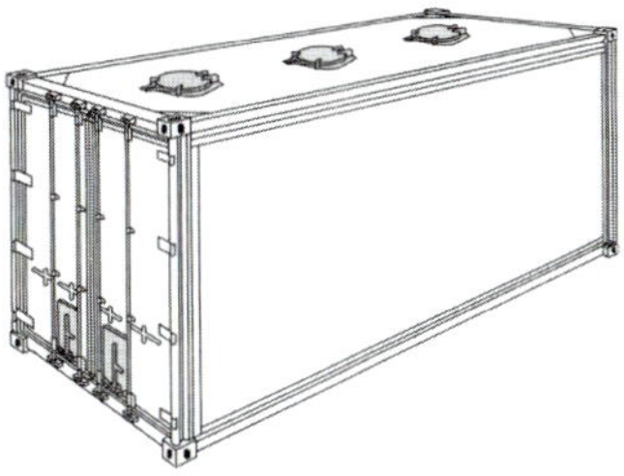
Kühlcontainer	▪ Standardcontainer mit eingebauter Kühleinrichtung (Klimaanlage)	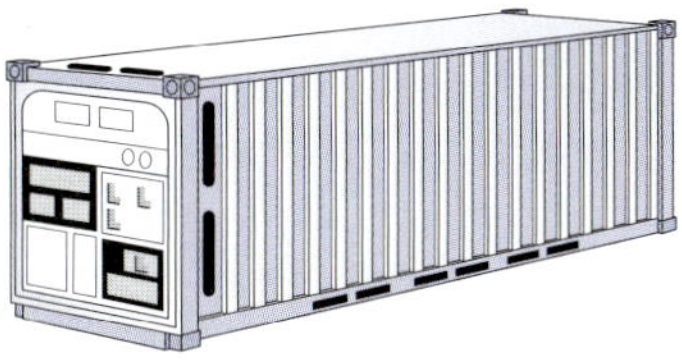
Ventilierter Container	▪ Standardcontainer mit Belüftungseinrichtung (Schlitzen)	
Isolierter Container	▪ Standardcontainer mit einer Innenisolierung (zum Schutz vor Kälte bzw. Hitze)	

2.7 Sonstige Packmittel

Big Bag (Containersack)

Ein Big Bag ist ein großer Sack, der aus einem sehr strapazierfähigen und reißfesten Kunststoffgewebe besteht. Er kann nach seiner Entleerung flach zusammengelegt werden und hat nur ein geringes Gewicht.

Der Big Bag gehört zu den Großpackmitteln. Er dient zum Transport und zur Lagerung sowohl von
- rieselfähigem Schüttgut (z. B. Getreide, Sand, Holzpellets, Düngemittel), als auch von
- grobem und schwerem Material (z. B. Pflastersteine).

Mithilfe von vier Schlaufen am oberen Ende kann der Big Bag mit den Staplergabeln oder auch auf einer Palette mit dem Stapler/Hubwagen transportiert werden. Die Traglast beträgt bis zu mehreren Tonnen. Big Bags werden auch als IBC bezeichnet.

Big Bag mit Einfüll- und Ablauföffnung

Transport des Big Bag mit Staplergabeln

IBC

Intermediate Bulk Container (IBC)

Unter einem Intermediate Bulk Container **(IBC)** versteht man mittelgroße (engl. intermediate) Behälter mit einem Fassungsvermögen von 500–3 000 Litern.

IBC werden für den Transport von Flüssigkeiten und Schüttgut (z. B. Getreide) eingesetzt. Es gibt sie in Metall- oder flexibler Kunststoffbauweise. Sie können leicht mit dem Stapler transportiert werden. IBC aus flexiblem Kunststoffgewebe werden auch als Big Bag bezeichnet.

Rollbehälter, Rollboxen

Diese Packmittel werden vor allem in Handelsunternehmen eingesetzt. Auf einer Plattform mit Rollen befinden sich seitliche Metallgitter. Sie schützen die Ware vor dem Herabfallen. Rollbehälter lassen sich leicht von Hand schieben, z. B. zum Lkw, in den Supermarkt, in das Lager usw.). Rollbehälter gibt es in verschiedenen Ausführungen, z. B. auch zusammenklappbar und stapelbar.

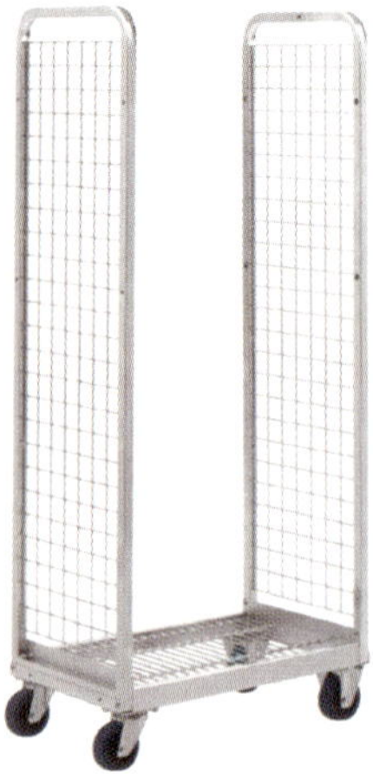

Rollbehälter in verschiedenen Ausführungen

Zusammengepackt

- Ein **Packmittel** ist ein Gegenstand, der die Ware zum Verpacken aufnimmt. Packmittel schützen die Ware und erleichtern sowohl deren Transport als auch die Lagerung.

Die Unterteilung der Packmittel kann erfolgen nach

Bauweise des Packmittels	Material zur Herstellung	Häufigkeit der Verwendung
– offen (z. B. Palette) – geschlossen (z. B. Holzkiste)	– Holz – Papier/Karton/Pappe – Metall – Kunststoff – Glas, Textil	– Einwegverpackung (z. B. Becher, Tüte) – Mehrwegverpackung (z. B Europalette)

- Es gibt viele **Holzpackmittel**. Die wichtigsten sind:
  - Holzpalette (Einwegpalette, Euroflachpalette)
  - Holzkiste (fest aufgebaut oder zusammenlegbar, geschlossen oder offen)
  - Aufsetzrahmen (in der Höhe variabel, aufgesetzt auf Palette)
  - Verschlag (bestehend aus Holzbrettern, offen)

- Packmittel aus dem Grundstoff Papier

	Karton	Vollpappe	Wellpappe
Material	dünner und flexibler als Pappe, aber dicker als Papier	Dicke und schwere Pappe ohne Hohlräume	▪ Gewelltes Papier in einer oder mehreren Lagen
Packmittel	kleine Schachteln, Verkaufsverpackung	stabile, schwere Schachtel	▪ Schachteln in allen Größen ▪ Wellpappe-Boxen

- Packmittel aus **Kunststoff** oder **Metall** (Boxen, Kisten, Behälter)

Packmittel	Merkmale
Stapelbox	offene Box, stapelbar, nicht zusammenlegbar
Eurobox	Unterteilung der Größen ist auf Europaletten abgestimmt
Falt-/Klappbox	zusammenlegbare Box mit großer Raumeinsparung
Drehstapelbox	offene Box, stapelbar, geleert schachtelbar
Collico	geschlossener Behälter, sehr stabil, zusammenlegbar
Blister	durchsichtige, stabile Kunststoffhülle (wie eine Blase)

- **Paletten**
  Unterscheidung der wichtigsten Palettenarten nach:
  - Verwendungsdauer:
    - Einwegpalette (nur einmaliger Gebrauch)
    - Mehrwegpalette (oftmalige Verwendung)
  - Aufbau:
    - ohne Aufbau (Flachpalette)
    - mit Aufbau (Gitterboxpalette usw.)

- Unterfahrbarkeit:
  - Zweiwegpalette (nur von zwei Seiten unterfahrbar)
  - Vierwegpalette (von allen vier Seiten unterfahrbar)
- Normung/Abmessung:
  - ungenormt (Einwegpaletten, Firmenpal.)
  - genormt: Europaletten

- **Europalette** (Tauschpalette, Poolpalette)
- Euroflachpalette
  - Maße: (L × B × H) 120 × 80 × 14,4 cm
  - Traglast: 1 000 kg–2 000 kg (je nach Beladung)
  - trägt Kennzeichnung an den Klötzen der Längsseiten
- Eurogitterboxpalette
  - Maße innen: 120 × 80 × 80 cm
  - Traglast: max. 1 500 kg
  - schützt besonders gut vor Beschädigung
- **Container**
  Messgröße: 1' = 1 Fuß = 30,48 cm
  Wichtigste Größen: 20'- und 40'-Container

  Containerarten:
  - Seecontainer, auch ISO-Container genannt
  - palettenbreiter Container (geeignet für Europalettenmaß)

  Bauweise:
  - Standardcontainer (gewöhnlicher, geschlossener Container)
  - Tankcontainer (für Flüssigkeiten)
  - Bulk-Container (für Schüttgut wie Getreide usw.)
- **Besondere Packmittel**
  - Big Bag: flexibler Großbehälter aus Kunststoffgewebe
  - Rollbehälter: hohe, offene Gitterboxen mit Rollen

Aufgaben

1. *Nennen Sie jeweils ein Beispiel für*
   a ein Packmittel aus Holz,
   b ein Packmittel aus Kunststoff,
   c ein Mehrwegpackmittel,
   d ein offenes Packmittel.
2. *Welche Maße hat eine*
   a Euroflachpalette in cm?
   b Eurogitterboxpalette innen in mm?
3. *Größe von Seecontainern*
   a Mit welcher Messgröße werden diese Container gemessen?
   b Wie lang ist diese Messgröße in cm?
   c Welche Größe haben die beiden häufigsten Seecontainer?
4. *Welche Informationen enthält der mittlere Klotz einer Euroflachpalette? Nennen Sie drei Einzelpunkte.*
5. *Welche Vorteile und Nachteile hat eine Eurogitterboxpalette? Notieren Sie jeweils zwei Vor- bzw. Nachteile.*
6. *Wie viele Schachteln in der Größe 40 × 20 cm (L × B) können in einer Lage auf eine Euroflachpalette maximal gelegt werden? Erstellen Sie dazu eine Zeichnung.*

3 Packhilfsmittel

Einstiegssituation

In der Berufsschule soll Anton einen Kurzvortrag über Packhilfsmittel halten. Etwas ratlos wendet er sich an seinen Ausbilder, Herrn Meier. „Was sind eigentlich Packhilfsmittel?“ „Das ist gar nicht so schwer, Anton“, antwortet dieser. „Schau mal, beim Verpacken reicht es oft nicht aus, ein passendes Packmittel zu verwenden. Wenn nämlich das Packmittel nicht ganz ausgefüllt wird oder das Packgut empfindlich ist, braucht man zusätzlich noch Hilfsmittel, sogenannte Packhilfsmittel, um die Ware auf dem Transport oder bei der Lagerung gut zu schützen.“

Handlungsaufträge

1. *Welche Packhilfsmittel kennen Sie, um Gegenstände aus Glas in einer Schachtel vor Bruch zu schützen?*
2. *Wie kann eine Palette mit gestapelten Schachteln so gesichert werden, dass keine Schachtel herunterfällt?*

3.1 Allgemeines und Übersicht

Ein Packhilfsmittel ergänzt das Packmittel, sodass daraus eine geeignete Verpackung entsteht. *Packhilfsmittel*

Definition

Packmittel + **Packhilfsmittel** = Verpackung

Packhilfsmittel gibt es in großer Vielfalt und für die verschiedensten Aufgaben.
Packhilfsmittel können

- das Packgut schützen (Schutzmittel),
- das Packmittel ausfüllen (Füllmittel),
- das Packmittel verschließen (Verschließmittel),
- auf dem Packmittel Informationen geben (Kennzeichnungsmittel).

Packhilfsmittel

- **Schutzmittel**
  - gegen mechanische Einwirkungen (Bruch, Kratzer usw.)
  - gegen Feuchtigkeit und Nässe
  - gegen Gefahrstoffe
- **Füllmittel**
- **Verschließmittel**
- **Kennzeichnungsmittel**

3.2 Schutz- und Füllmittel

Schutzmittel Schutzmittel gegen mechanische Einwirkungen füllen meistens auch gleichzeitig den Leerraum im Packmittel gut aus. Sie sind also auch Füllmittel. Daher werden Schutz- und Füllmittel hier gemeinsam behandelt.

3.2.1 Schutzmittel gegen mechanische Einwirkungen

Während des Transports können Waren zahlreichen **mechanischen Einwirkungen** ausgesetzt sein.

Beispiele
Druck, Stoß, Fall, Verrutschen usw.

Mögliche **Folgen** können Risse, Bruch, Kratzer, Beulen, Lackschäden usw. sein. Um dies zu verhindern, werden folgende Schutzmittel eingesetzt:

Übersicht Schutzmittel

Material	Beispiele
Papier/Pappe	Seidenpapier, Packpapier, Rollenwellpappe, Papierpolster, Formteile aus Wellpappe, Kanten- und Eckenschutz, Stegeinsätze, Zwischenlagen
Kunststoff	Luftpolsterkissen, Luftpolsterfolie, Schaumstofffolie, Noppenschaum, Airbag, Schaumpolster, Verpackungschips, Stretch- und Schrumpffolie, Formteile, Kantenschutz, Stegeinsätze
Holz	Holzwolle
Biomasse	Verpackungschips

Seidenpapier: Es ist besonders weich, dünn und wird für empfindliche Ware (z. B. zwischen Lederschuhen, bei Kleidungsstücken) verwendet.

Packpapier: Dieses dickere, festere Papier dient zum Einpacken unempfindlicher Gegenstände, auch mit scharfen Kanten/Ecken (z. B. Metallteile).

Rollenwellpappe: Rollenwellpappe ist einwellige Wellpappe, die man in passender Länge von einer Rolle abschneidet. Durch ihre Wellenform federt sie Druck und Stöße gut ab. Sie lässt sich auch leicht zu einem Polster zusammenknüllen.

Seidenpapier

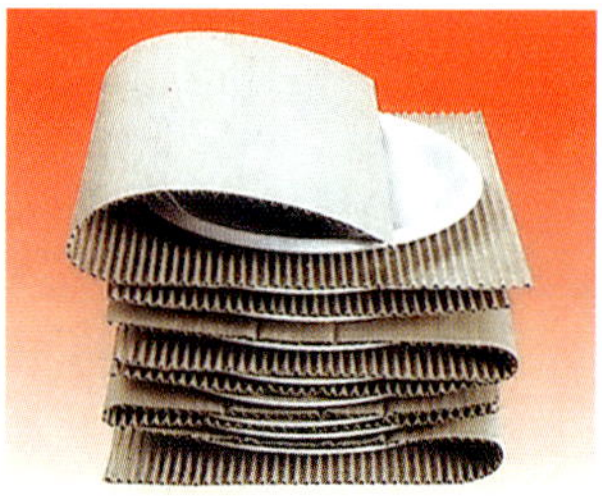

Rollenwellpappe

Packpapier

Papierpolster: Hier wird Packpapier oder Rollenwellpappe (im privaten Bereich auch Zeitungspapier) zusammengeknüllt zu einem Polster (manuell oder maschinell). Papierpolster sind gut geeignet zum preisgünstigen Ausfüllen größerer Leerräume.

Formteile: Sie werden speziell für ein bestimmtes Packgut hergestellt (aus Wellpappe geformt) und füllen den Leerraum gut aus. Auf diese Weise schützen sie die eingepackte Ware sehr gut. Sie können aber im Allgemeinen nur einmal verwendet werden (z. B. für Monitore, Drucker usw.). Formteile können auch aus Styropor oder Schaumstoff hergestellt werden.

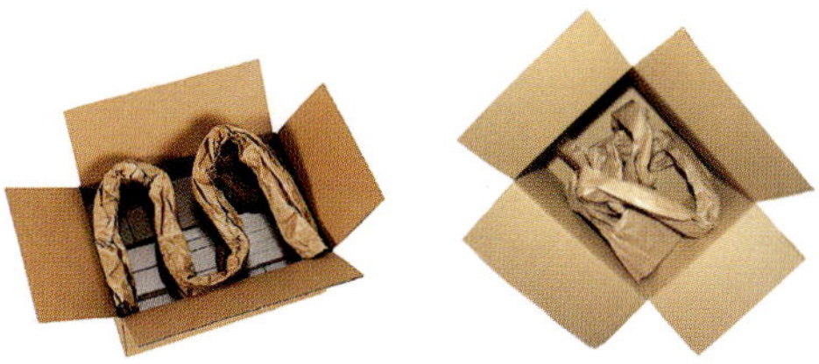

Papierpolster in verschiedenen Formen

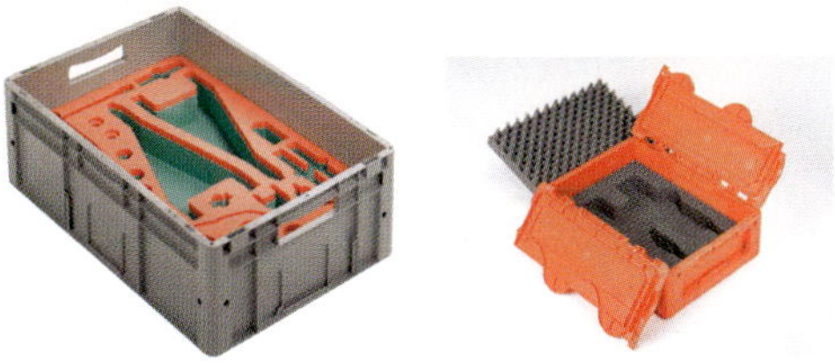

Formteile aus Hartplastik und Schaumstoff (SSI SCHÄFER, Neunkirchen)

Kantenschutzleisten/-winkel: Bei der Umreifung von Packstücken können an den Kanten (insbesondere bei Schachteln) Beschädigungen auftreten. Dies kann der Fall sein, wenn die Kanten nicht vor Druck geschützt werden (z. B. durch Kantenschutzleisten/-winkel aus Vollpappe oder Kunststoff).

Umreifung

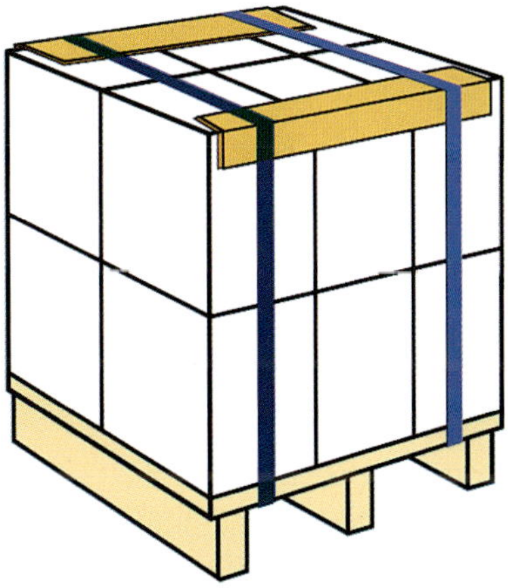

Kantenschutzleisten, -winkel bei der Umreifung

Kantenschutzecke

Stegeinsätze: Stegeinsätze (auch „Gittereinsätze“ oder „Gefache“) teilen mithilfe von Längs- und Querstegen den Raum in einem Packmittel in kleine Einheiten auf. Dadurch können die verpackten Gegenstände nicht verrutschen oder umfallen (z. B. Flaschen in einem Getränkekasten, Becher, Glühlampen usw. in einer Schachtel).

Gittereinsatz

Zwischenlagen: Beim Stapeln auf Flachpaletten oder beim Verpacken in Gitterboxen werden manchmal zwischen den verschiedenen Lagen/Ebenen Zuschnitte aus Karton oder Wellpappe eingelegt. Diese wirken rutschhemmend bzw. verbindend.

Stegeinsätze

Zwischenlagen bei Stapelung auf der Flachpalette

Luftpolsterkissen: Luft in kleinen Plastikbeuteln sorgt für eine sehr hohe Stoßdämpfung und ein sehr geringes Gewicht (Luft macht 99 % des Gewichts aus). Außerdem sind die Kissen staubfrei, abtrennbar, wieder verwendbar und füllen Leerräume gut aus.

Luftpolsterfolie: Mit der Kunststofffolie, auf der sich eingeschweißte kleine Luftblasen befinden, kann man empfindliche Ware einwickeln bzw. abdecken. Auf diese Weise wird die Ware besonders gut vor kleinen Stößen und Kratzern geschützt.

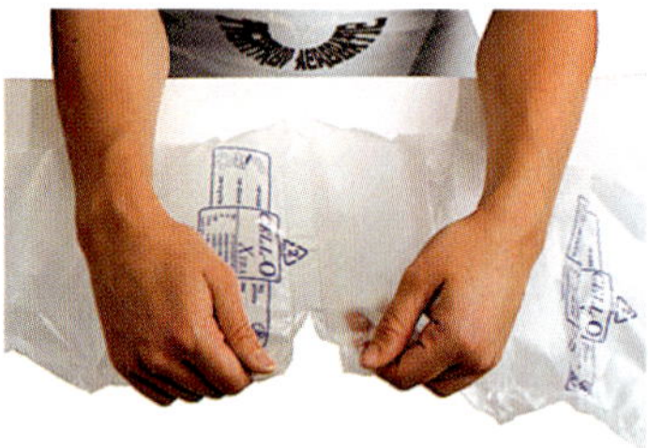

Abtrennung von Luftpolsterkissen

Luftpolsterkissen als Füllmittel

Luftpolsterfolie

Schaumstofffolie: Diese Folie hat keine Luftblasen, sondern besteht aus einem weichen, leichten und hochelastischen Schaumstoff (auch „Vlies“ genannt). Sie schützt empfindliche Oberflächen besonders gut.

Noppenschaum: Er besteht aus besonders großen Noppen (Erhebungen) aus weichem Schaumstoff. Er umschließt (fixiert) fest das Packgut, wodurch Stöße gut abgefedert werden.

Schaumpolster (Verpackungsschaum): Ein Beutel mit flüssigem Schaumstoff aus zwei Komponenten wird in ein passendes Packmittel (meistens eine Schachtel) gelegt. Nach der Vermischung der beiden Komponenten dehnt sich der Schaumstoff im verschlossenen Beutel aus. Während des Ausdehnens (Schäumens) wird das Packgut auf den Beutel gelegt, sodass der Schaum (mit Beutel) das Packgut umschließt. Dieses sehr stoßdämpfende, weiche Schaumpolster ist vor allem für empfindliches Packgut (z. B. Autoscheinwerfer) gut geeignet.

Schaumstofffolie

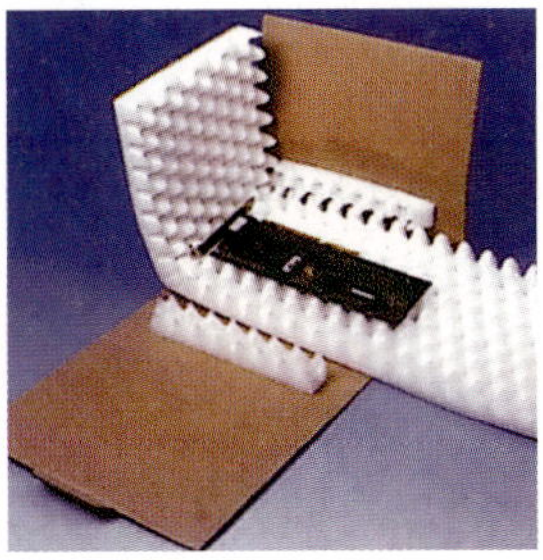

Noppenschaum

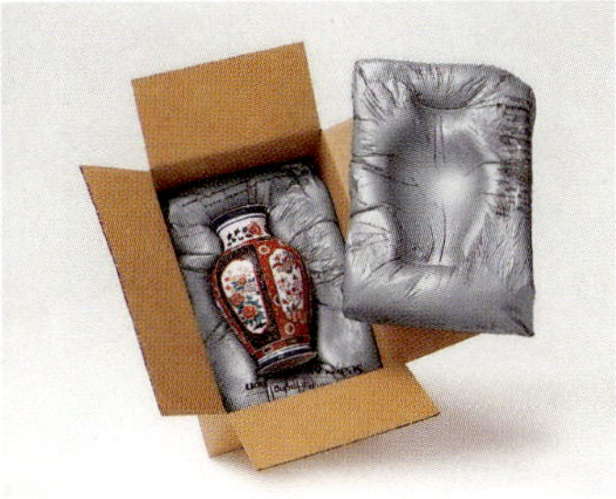

Schaumpolster mit Unter- und Oberpolster

Airbag (Luftkissen): Die aufblasbaren, stabilen und meist wiederverwendbaren Luftkissen (auch Stausäcke/Staupolster genannt) füllen große Leerräume zwischen Paletten, Kisten usw. auf Lkws und Containern aus. Sie federn beim Transport entstehenden Druck sehr gut ab.

Verpackungschips: Der Leerraum in einem Packmittel wird durch Verpackungschips sehr flexibel ausgefüllt. Sie wirken stoßdämpfend und können wiederverwendet werden. Statt aus Styropor/Kunststoff werden diese Chips (auch „Flocken" genannt) aus ökologischen Gründen auch aus Biomasse (z. B. Maisstärke) hergestellt.

Holzwolle: Dieses ökologische Material aus Abfallholz ist besonders stoßdämpfend, leicht und preisgünstig. Es eignet sich besonders zum Verpacken von Glas- und Keramikgegenständen.

Airbags füllen seitlich den Raum aus.

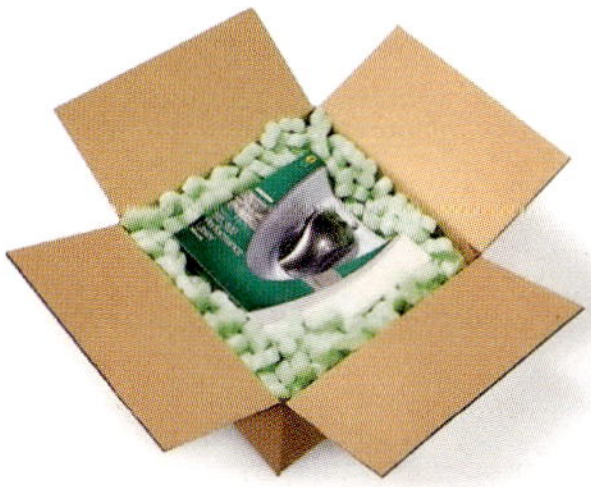

Verpackungschips

Holzwolle

Stretchfolie und Schrumpffolie: Gestapeltes Packgut kann zur Sicherung vor Verschmutzung, Auseinanderfallen sowie vor Nässe/Feuchtigkeit mit Folie umhüllt werden.

Bei der **Stretchfolie** wird das Packstück mit einer dünnen und sehr dehnbaren Folie manuell oder maschinell umwickelt. Die Folie legt sich dabei ganz eng an das Packstück an.

Schrumpffolie ist dicker, fester und teurer als Stretchfolie. Hier wird eine Folienhaube über das Packstück gestülpt und die Folie dann durch Wärme (manuell oder automatisch) geschrumpft, d. h. zusammengezogen. Die Folie liegt hierdurch ebenfalls eng an und hält das Packstück auf diese Weise fest zusammen.

Stretchen von Hand

Automatisches Stretchen

Palette mit Schrumpffolie

Nehmen Sie gebrauchte Stretchfolie und dehnen Sie diese Folie mit der Hand (mit beiden Händen auseinanderziehen).

Füllmittel:
Füllmittel dienen dazu, den Leerraum im Packmittel auszufüllen. Gleichzeitig schützen sie aber auch vor Beschädigungen durch mechanische Einwirkungen. Deshalb sind Füllmittel weitgehend identisch mit den Schutzmitteln (Ausnahme: Kantenschutzmittel sind nur Schutzmittel).

3.2.2 Schutzmittel gegen Feuchtigkeit bzw. Nässe

Feuchtigkeit: Luftfeuchtigkeit (genügt bei Metallteilen, um Rost zu verursachen)
Nässe: Regen, Schnee

Schutzmittel gegen Feuchtigkeit und Nässe

- Ölpapier
- Trockenmittel
- VCI-Mittel
- Stretchfolie
- Schrumpffolie

Ölpapier: Ölpapier schützt empfindliche Metallteile (z. B. Kugellager, Messinstrumente, Stahlwellen, Blechtafeln) vor Rost (Korrosion). Ölpapier ist ein reißfestes Spezialpapier, das in der Regel mit Wachs beschichtet und damit wasser- und feuchtigkeitsabweisend ist.

Trockenmittel: Trockenmittel nehmen die Feuchtigkeit aus der Luft auf. Auf diese Weise schützen sie das Packgut während des Transports und der Lagerung vor Rost, Schimmelbildung usw. Man unterscheidet vor allem zwei Arten:

Trockenmittelbeutel: Diese luftdurchlässigen Beutel, in denen sich Kieselgel, Tonerde usw. befinden, werden in das Packstück gelegt. Dort entziehen sie der Luft die Feuchtigkeit.

Beispiel
Trockenmittelbeutel in einer Schachtel mit Schuhen oder elektronischen Geräten.

Trockenmittelstab: Der längliche Kunststoffbehälter wird im Container an den Seitenwänden befestigt. Mithilfe chemischer Substanzen wird der Luft die Feuchtigkeit entzogen und im Stab gebunden.

Verschiedene Ölpapiere

Trockenmittelbeutel und Trockenmittel (Inhalt)

Trockenmittelstab

VCI-Mittel: VCI = **V**olatile **C**orrosion **I**nhibitor
(= flüchtiger/verschwindender Rost-Verhinderer)
VCI-Materialien (z. B. Papier, Folie, Beutel) enthalten einen Wirkstoff, der fortlaufend in kleinen Mengen als Gas abgegeben wird. Im geschlossenen Packmittel legt sich das Gas an der Oberfläche des rostempfindlichen Gegenstands aus Eisen, Kupfer, Messing usw. an. Hierdurch entsteht eine unsichtbare Schutzschicht vor Rost (Korrosion). Nach dem Auspacken verschwindet das ungiftige Gas relativ schnell. Vorteil: Das Gas schützt auch an schwer zugänglichen Stellen und erspart das Einkonservieren (z. B. Einölen, Einwachsen) und Entkonservieren der Metallteile.

Palette umhüllt mit VCI-Folie

Aufkleber mit VCI-Symbol

Stretchfolie, Schrumpffolie: Diese Folien schützen nicht nur vor Verschmutzung und Auseinanderfallen des Stapels, sondern auch vor Nässe (Regen, Schnee). Insbesondere die Schrumpffolienhaube schützt das Packstück sehr gut von oben (Erläuterung der Folien vgl. Lernfeld 6, Kap. 3.2.1, S. **283**).

3.2.3 Schutzmittel gegen gefährliche Stoffe (Gefahrgut)

Zum Aufsaugen von flüssigen Gefahrstoffen (z. B. Säuren, Verdünner, Farben) ist das mineralische Naturprodukt VERMICULITE entwickelt worden. Es ist leicht und meistens kornförmig. VERMICULITE kann auslaufende Flüssigkeiten bis zum 5-Fachen des Eigengewichts aufsaugen.

Vermiculite

3.3 Verschließmittel

Die meisten Packmittel müssen noch verschlossen werden, damit die Ware sicher transportiert und gelagert werden kann. Dazu gibt es eine Reihe verschiedenster Packhilfsmittel.

Verschließmittel

- Umreifungsband
- Klebeband (Packband)
- Folien
- Klammern
- Schnur (Kordel)

Umreifungsband: „Umreifung“ bedeutet, ein Packstück mit einem reißfesten Band zu umschließen. Dabei wird das Umreifungsband um das Packstück gelegt, gespannt und an den Enden fest verbunden. Dadurch ist das Packstück fest verschlossen und sicherer zu transportieren.

- Arten: Kunststoffband oder Stahlband
- Verfahren: manuell (mit der Hand) oder maschinell/automatisch

Klebeband (Packband): Für leichtere Packmittel, vor allem aus Wellpappe, bietet sich ein breites Klebeband zum Verschließen an. Das Verschließen kann manuell mit einem praktischen Handabroller oder vollautomatisch mit einer Maschine erfolgen. Zusätzlich gibt es noch Sicherheitsklebebänder, sogar mit Nummerierung.

Folien: Stretch- oder Schrumpffolien schützen nicht nur das Packgut. Sie können vielmehr auch ein Packstück zusammenhalten bzw. verschließen.

Packstück mit Umreifungsband

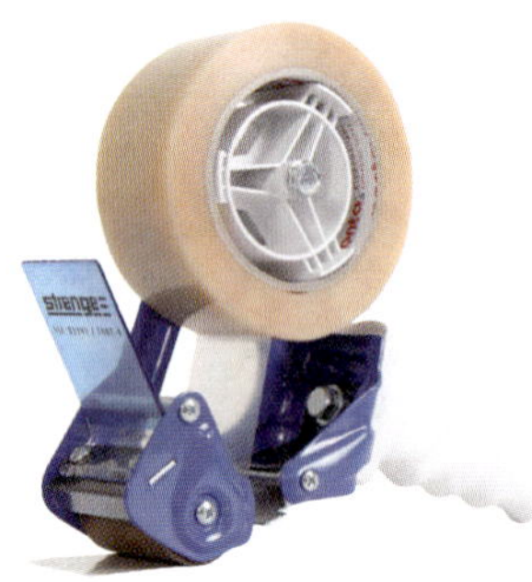

Klebeband und Handabroller

Umwicklung mit Stretchfolie

Klammern: Mit Metallklammern können Schachteln und Holzkisten schnell und fest verschlossen werden. Dazu gibt es manuelle Geräte wie Heftzange, Handhefter, Hefthammer usw. (umgangssprachlich auch „Tacker“ genannt) oder Druckluft-Klammermaschinen.

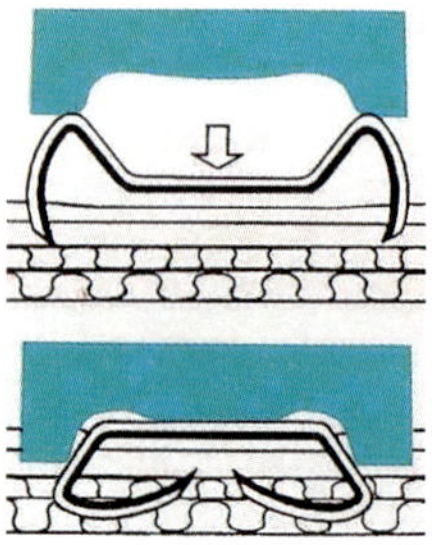

Klammern zum Verschließen

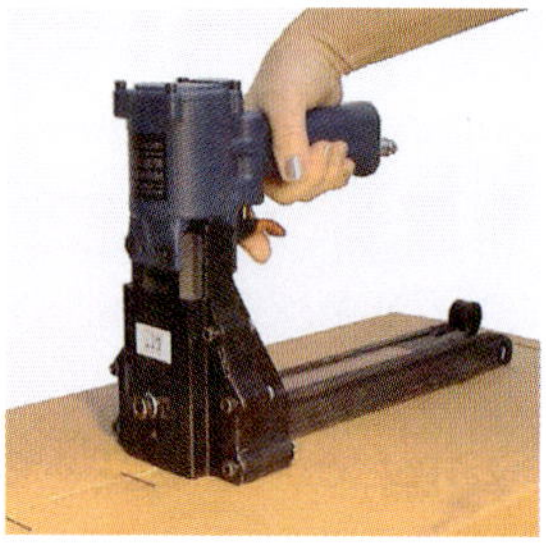

Druckluft-Klammergerät

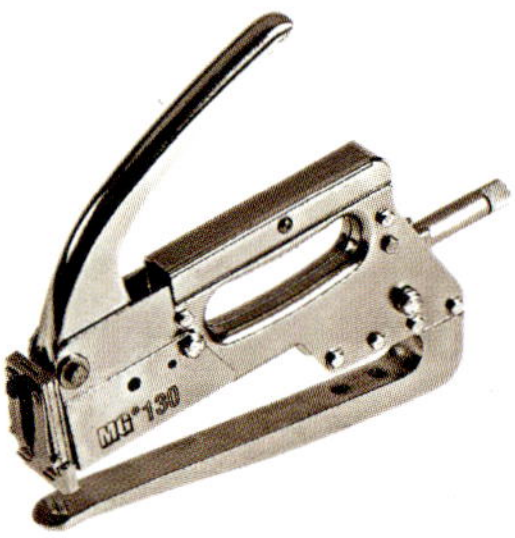

Handhefter zum Verschließen

3.4 Kennzeichnungsmittel

Kennzeichnungsmittel geben dem Empfänger der Ware und denjenigen, die mit der Verladung/Entladung und mit dem Transport der Packstücke beschäftigt sind, die notwendigen Informationen. Kennzeichnungsmittel befinden sich meistens auf der Verpackung (äußerlich).

Die wichtigsten Kennzeichnungsmittel

- Transportindikator
- Etiketten/Aufkleber
- Begleitpapiertasche

3.4.1 Transportindikator

Definition

Ein Indikator ist ein Mittel, das etwas anzeigt, also ein Anzeiger oder Erkennungsmittel.

Ein **Transportindikator** wird am Packmittel oder am Packgut (Ware) angebracht. Er soll dem Empfänger anzeigen, wenn das Packstück nicht ordnungsgemäß transportiert wurde.

Dies kann zu einer Reduzierung von Transportschäden führen, weil angebrachte Indikatoren die Transportunternehmen vorsichtiger arbeiten lassen.

Auf dem Versandpapier (z. B. Lieferschein) wird die Nummer des Indikators eingetragen. Daher können Transportindikatoren nicht ausgetauscht oder manipuliert werden. Indikatoren gibt es für verschiedene Zwecke.

Die wichtigsten Indikatoren

- Kippindikator
- Stoßindikator
- Feuchtigkeitsindikator
- Temperaturindikator

Kippindikator: Er zeigt an, wenn das Packstück während des Transports unzulässig zur Seite gekippt oder gar auf den Kopf gestellt wurde. Falls dies geschehen ist, kann sich z. B. die Farbe im gekennzeichneten Punkt des Indikators ändern. Zusätzlich kann auch noch ein Warnetikett angebracht werden, das darauf hinweist, dass das Packstück aufrecht transportiert werden muss (Hinweis auf den Kippindikator).

Stoßindikator (Schockindikator): Dieser Indikator zeigt an, wenn das empfindliche Packgut zu stark gestoßen, erschüttert oder sogar fallen gelassen wurde. Ist dies geschehen, kann sich z. B. die Farbe im Sichtfenster des Indikators ändern (z. B. von weiß zu rot).

Feuchtigkeitsindikator: Dieser Indikator zeigt an, welche Feuchtigkeit während des Transports in einem Packmittel bestand. Bei zu hoher Luftfeuchtigkeit kann nämlich die Qualität einer Ware leiden. Die Feuchtigkeit kann mit einem Spezialpapier, das seine Farbe je nach Feuchtigkeit ändert, oder durch kleine Messgeräte festgestellt werden.

Temperatur-/ Frostindikator: Dieser Indikator zeigt an, ob in einem Packstück bestimmte Temperaturen über- oder unterschritten wurden. Dies ermöglicht es auch zu überprüfen, ob (z. B. beim Transport von Lebensmitteln) die sogenannte Kühlkette eingehalten worden ist.

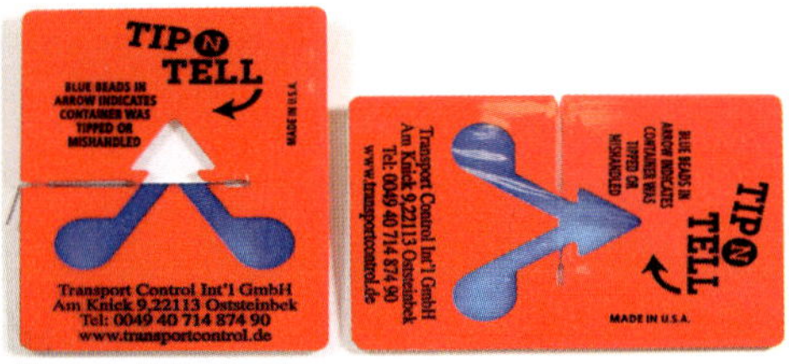

Kippindikator: links ungekippt (weißes Feld), rechts gekippt (blaues Feld)

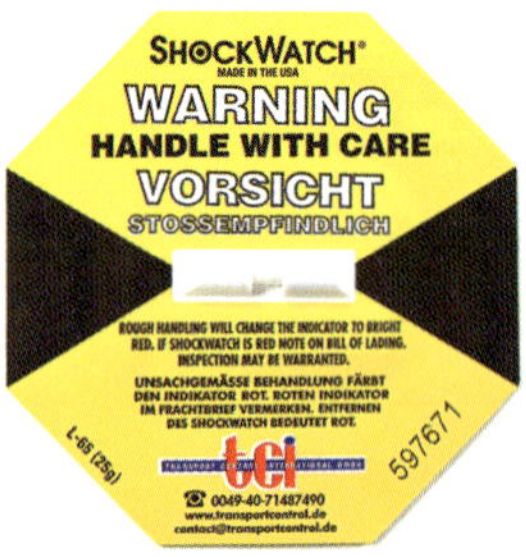

Unbeschädigter Stoßindikator (Sichtfenster ist weiß)

Indikator nach zu starkem Stoß (Sichtfenster ist rot)

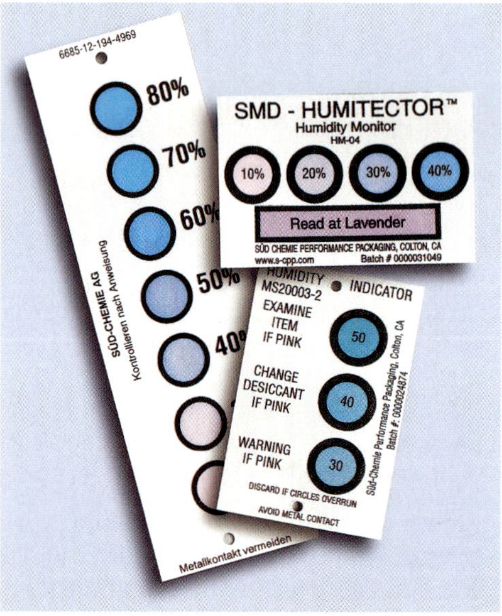

Feuchtigkeitsindikatoren

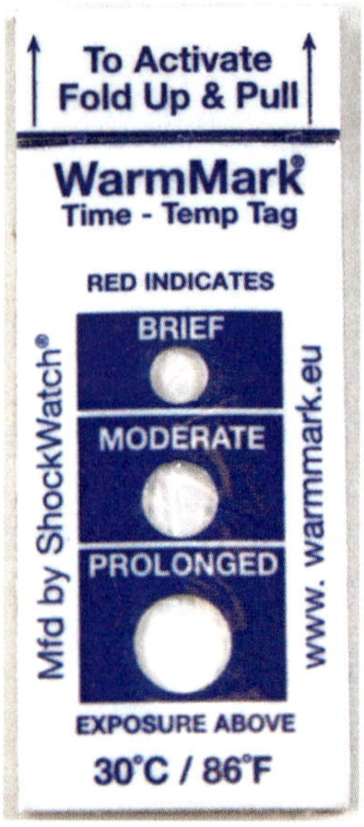

Temperaturindikator

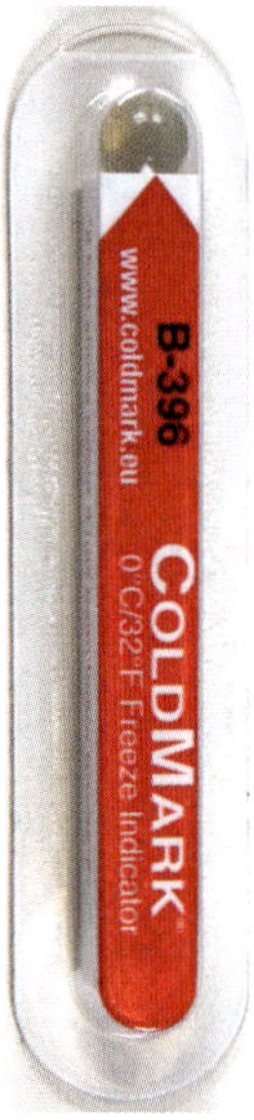

Frostindikator

3.4.2 Sonstige Kennzeichnungsmittel

Etiketten, Aufkleber

Etikettieren

Sie werden auf das Packmittel geklebt und sollen Transporteure und Empfänger auf Besonderheiten des Packstücks hinweisen. Sie können als Einzelstücke oder als Klebeband angebracht werden.

Handhabungsbildzeichen

Warnetikett

Etikettenrollen

Etikettenspender

Begleitpapiertaschen

Begleitpapiertaschen werden außen auf das Packstück geklebt. Sie nehmen wichtige Dokumente wie Lieferschein, Rechnung, Zollpapiere usw. auf. Durch einen entsprechenden Klebeverschluss können diese Dokumente nicht herausfallen. Der Empfänger kann die Dokumente sofort bei der Annahme sehen. Werden die Schriftstücke nämlich in das Packstück gelegt, besteht die Gefahr, dass sie beim Auspacken bzw. mit dem Packhilfsmittel verloren gehen.

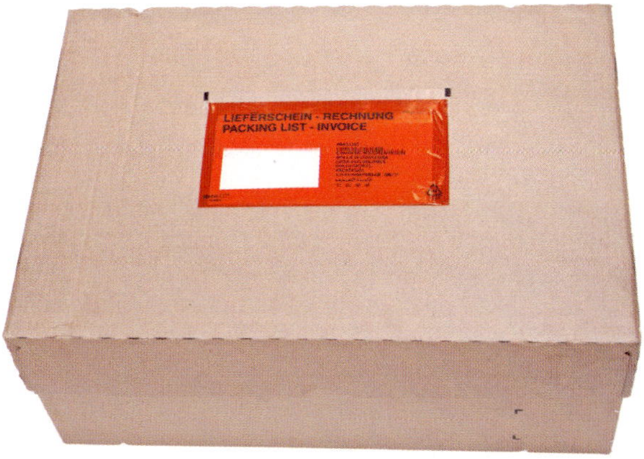

Schachtel mit Begleitpapiertasche

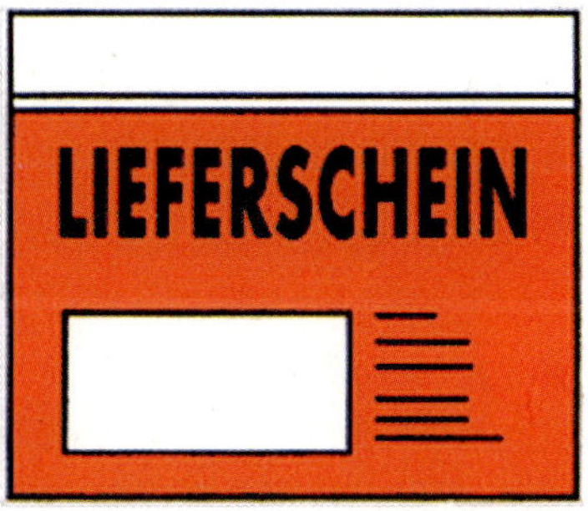

Begleitpapiertasche

Zusammengepackt

- Ein Packhilfsmittel ist die Ergänzung zum Packmittel.
  Packmittel + Packhilfsmittel = Verpackung
- Arten der Packhilfsmittel

Schutzmittel	Füllmittel	Verschließmittel	Kennzeichnungsmittel
Schützen vor ▪ mechanischen Einwirkungen, ▪ Feuchtigkeit/Nässe, ▪ gefährlichen Stoffen.	Füllen den Leerraum in einem Packmittel aus.	Sie verschließen das Packmittel, damit keine Ware verloren geht.	Sie geben spezielle Informationen zur verpackten Ware.

- Die wichtigste Art der Packhilfsmittel sind die **Schutzmittel**.

Schutz vor	Beispiele
mechanischen Einwirkungen (Druck, Stoß, Fall usw.)	Papier, Formteile, Luftpolsterkissen, Kantenschutz, Zwischenlagen, Verpackungschips, Schaumpolster, Holzwolle, Airbag, Rollenwellpappe
Feuchtigkeit und Nässe	Ölpapier, Trockenmittel, VCI-Mittel, Folien
Gefahrstoffe	Vermiculite (Aufsaugmittel)

- Zum Verschließen von Packmitteln können verwendet werden:
  - Klebeband (Packband)
  - Umreifungsband
  - Klammern
  - Stretch- und Schrumpffolie
  - Schnur (Kordel)
- An Kennzeichnungsmitteln stehen zur Verfügung:
  - Etiketten und Aufkleber
  - Indikatoren (Kipp-, Stoß-, Feuchtigkeits-, Temperaturindikatoren)
  - Begleitpapiertasche

Aufgaben

1. *Zu welcher Art von Packhilfsmitteln gehören folgende Beispiele?*
   a Luftpolsterkissen
   b Trockenmittel
   c Klebeband
   d Kippindikator
2. *Mit welchen Packhilfsmitteln kann man empfindliche Ware vor folgenden Gefahren schützen?*
   a Glas vor Bruchgefahr
   b Kugellager vor Rost
   c große Glasscheiben vor gefährlicher Schräglage
3. *Stretchen und Schrumpfen sind ähnliche Vorgänge. Wodurch unterscheiden sie sich*
   a bei der Folie?
   b bei der Verarbeitung?
4. *Welche Verschließmittel verwenden Sie für folgende Packstücke?*
   a Schachtel mit Büchern, Gewicht 5 kg
   b Holzkiste mit Ersatzteilen, Gewicht 40 kg
   c Flachpalette mit 30 Schachteln

4 Verpackungsvorgang

Einstiegssituation

„Weißt du eigentlich über den Verpackungsvorgang Bescheid?", will Herr Meier von Anton wissen. Anton überlegt kurz, dann erinnert er sich an das, was er in der Berufsschule gelernt hat:
„Wenn ein Packgut (= Ware) und das passende Packmittel sowie ein geeignetes Packhilfsmittel vorliegen, kann das eigentliche Verpacken beginnen. Doch neben diesen Voraussetzungen braucht man noch verschiedene Einrichtungen und Geräte bzw. Maschinen, um den Verpackungsvorgang möglichst schnell und gut durchführen zu können."

Handlungsaufträge

1. *Überlegen Sie, welche Geräte und Maschinen Sie benötigen oder kennen, um Waren gut zu verpacken.*
2. *Nennen Sie fünf (beliebige) Arbeitsschritte, die beim Verpacken eines Notebooks (in eine Schachtel) notwendig sind.*

4.1 Schematische Darstellung des Verpackungsvorgangs

Packmittel
Packhilfsmittel } = Verpackung → **VERPACKEN** ← Packgut

↓

Packung/Packstück

4.2 Technische Hilfsmittel beim Verpacken

Es gibt zahlreiche Hilfsmittel, um den Verpackungsvorgang möglichst rationell durchführen zu können.

Technische Hilfsmittel

- **Packtisch**
- **Geräte**
- **Maschinen**

4.2.1 Packtisch

Arbeitstisch

Ein Packtisch ist ein **Arbeitstisch zum manuellen Verpacken**.

Er soll so groß und so eingerichtet sein, dass man darauf alle notwendigen Tätigkeiten beim Verpacken bequem ausführen kann.
Je nach Größe und Ausstattung können bei Packtischen folgende Einrichtungen enthalten sein:

- Magazin für Packmittel (z. B. zusammengelegte Schachteln, Tüten, Beutel)
- Magazin für Packhilfsmittel (z. B. Wellpappenrolle, Klebeband)
- kleine Geräte (z. B. Schere, Messer, Waage)
- Abroller für Packpapier und Folien mit Schneidevorrichtungen
- Computer mit Drucker

Gut ausgestatteter Packtisch mit vielen nützlichen Einrichtungen.

4.2.2 Geräte zum Verpacken

Verpackungsgeräte

Zum rationellen Verpacken werden neben einem Packtisch auch noch verschiedenste Geräte benötigt, um alle Arbeiten schnell und sicher durchführen zu können.

Beispiele
- Schere, Messer, Längenmaß (Zollstock, Meterstab)
- Waage (zur Feststellung des Gewichts)
- Zählwaage (mithilfe des Einzelgewichts lässt sich die Gesamtmenge feststellen)
- Handabroller für Klebebänder
- Abroller für Papierrollen/Folienrollen mit Schneidevorrichtung (Abb. siehe oben)
- Etikettenspender (daraus entnimmt man Etiketten)
- Umreifungsgerät (zum Umreifen, Spannen, Verschließen des Umreifungsbands)
- Folienwickelgeräte (zum manuellen Stretchen)
- Klammergerät bzw. Hefter (zum Verschließen mit Klammern)
- Schrumpfpistole (erzeugt Hitze zum manuellen Schrumpfen der Folie)

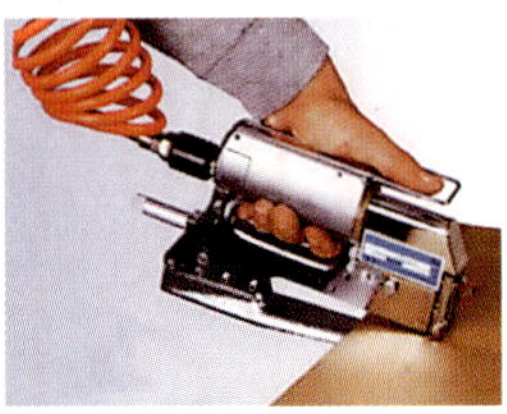

Handhefter mit Druckluft

Zählwaage

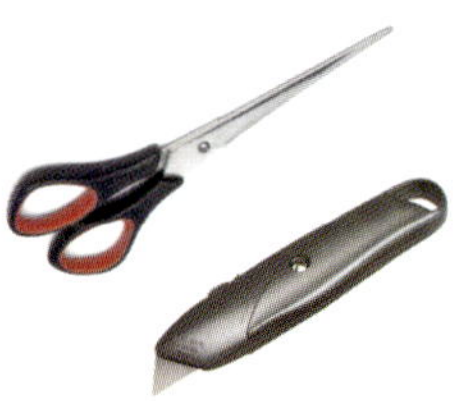

Schere und Cuttermesser

Schrumpfpistole

Spanngerät für Umreifungsbänder

Handabroller für Klebeband

4.2.3 Maschinen zum Verpacken

Verpackungsmaschinen

Neben den Geräten können bei größeren Verpackungsmengen auch Maschinen zum Verpacken eingesetzt werden.

Beispiele für Maschinen im Verpackungsbereich

- **Umreifungsmaschine**
  Sie umreift ein Packstück automatisch.
- **Stretchwickelmaschine**
  Sie umwickelt ein Packstück (meist eine beladene Palette) automatisch mit Stretchfolie (Abbildung siehe Lernfeld 6, Kap. 3.2.1, S. 284).
- **Folienschrumpfanlage**
  Sie stülpt die stabile Folie (Haube) über das Packstück (meist eine beladene Palette). Dann erwärmt sie die Folie von allen Seiten, sodass die Folie schrumpft und sich dabei eng um das Packstück legt.
- **Abfüllmaschine**
  Sie dient in erster Linie zum Verpacken (Abfüllen) von Flüssigkeiten.
- **Schachtel-Aufrichtmaschine, Schachtel-Verschließmaschine**
- **Palettenumladestation**
  Sie lädt das Packgut von einer Palette auf eine andere Palette mit anderer Größe.

Vollautomatische Umreifungsmaschine

Verschließmaschine für Schachteln

Stretchwickelmaschine (Palette dreht sich)

4.3 Tätigkeiten beim Verpacken

Das Verpacken kann in der Praxis zahlreiche Arbeitsschritte und Überlegungen umfassen, damit ein versandfertiges Packstück entsteht.

Ablauf des Verpackens in systematischer Reihenfolge:

- Entgegennahme des Verpackungsauftrags
- Überprüfung der Vollständigkeit und der einwandfreien Beschaffenheit des kommissionierten Packguts
- Beschaffen von Informationen über den Empfänger und über Versandvorschriften
- Ermittlung des Nettogewichts der Ware
- Auswahl des geeigneten bzw. vorgeschriebenen Packmittels sowie der notwendigen Packhilfsmittel. Hierbei müssen das Volumen, das Gewicht und die Empfindlichkeit des Packguts berücksichtigt werden.
- Verpacken des Packguts unter Berücksichtigung der notwendigen Schutzmaßnahmen
- Ausfüllen des Packmittels mit Schutz- und Füllmitteln
- Verschließen des Packmittels
- Prüfen der Ordnungsmäßigkeit der äußeren Verpackung
- Anbringen von Etiketten, Adressen, Gefahrzetteln, Begleitpapiertasche usw.
- Feststellen des Bruttogewichts
- Bereitstellung zum Abtransport/Versand

Zusammengepackt

- Der Verpackungsvorgang lässt sich schematisch so darstellen:

Packmittel + Packhilfsmittel = Verpackung + Packgut = Packstück (Packung)

- Ein Packtisch ist ein Arbeitstisch, der zum manuellen Verpacken dient.
- Geräte und Maschinen, die beim Verpacken helfen:

Geräte	Maschinen
▪ Handabroller ▪ manuelles Umreifungsgerät ▪ Klebeband- und Etikettenspender ▪ manuelles Klammergerät ▪ Schere, Messer, Längenmaß	▪ Umreifungsmaschine ▪ Stretchwickelmaschine ▪ Folienschrumpfanlage ▪ Abfüllmaschine ▪ Palettenumladestation

- Der Verpackungsvorgang umfasst viele Arbeitsschritte.
  Er beginnt mit der Entgegennahme des Verpackungsauftrags und endet mit der Bereitstellung zum Versand.

Aufgaben

1. *Ergänzen Sie die Lücken im Text:*
   a *Packmittel + ... = Verpackung + ... = ...*
   b *Ein Packtisch ist ein .... zum manuellen Verpacken.*

2. *Notieren Sie*
   a *fünf Geräte/Maschinen, die Ihnen in Ihrem Ausbildungsbetrieb beim Verpacken zur Verfügung stehen;*
   b *drei Einrichtungsgegenstände, die bei einem Packtisch sinnvoll sind.*

3. *Sie sollen Ersatzteile, die bereits vorverpackt sind, für den Versand in eine große Schachtel verpacken.*
   Nennen Sie fünf wesentliche Arbeitsschritte bei diesem Verpackungsvorgang in richtiger Reihenfolge.

5 Kosten der Verpackung

Einstiegssituation

Ein Kfz-Betrieb erhält nebenstehende Rechnung (Auszug). Bei der Rechnungsprüfung fällt der Posten „Verpackung" auf, der bei der Bestellung nicht bekannt war.
Ist es eigentlich erlaubt, zusätzlich noch Verpackungskosten in Rechnung zu stellen oder sind diese Kosten im Verkaufspreis bereits enthalten?

Rechnung

10 Luftfilter	85,00
2 Scheinwerfer	300,00
Verpackung	**15,00**
Nettobetrag	400,00
19 % USt.	76,00
Rechnungsbetrag	476,00

Handlungsaufträge

1. *Überlegen Sie, welche einzelnen Kosten im Zusammenhang mit dem Verpacken in einem Betrieb anfallen können.*
2. *Wer hat wohl am Ende die Verpackungskosten immer zu tragen?*

5.1 Regelungen über die Verpackungskosten

Werden keine vertraglichen Vereinbarungen beim Kauf getroffen, gilt das, was im Gesetz steht. Was aber steht im Gesetz?

5.1.1 Gesetzliche Regelung der Verpackungskosten

BGB

Weder BGB noch HGB oder weitere Gesetze enthalten ausdrückliche Aussagen zu den Kosten der Verpackung.

Nach § 448 BGB trägt
- der Verkäufer die Kosten für die **Übergabe** der Ware,
- der Käufer die Kosten für die **Abnahme** der Ware und deren **Versendung**.

Kostenträger

Kosten, die der Verkäufer trägt	Kosten, die der Käufer trägt
▪ Kosten für das Abpacken der Ware (einschließlich Wiegen usw.)	▪ Kosten für die Versandverpackung (also für Paletten, Container, Schachteln usw.)
▪ Kosten für die Verkaufsverpackung (= Verpackung, die die Ware direkt umschließt und mit der die Ware verkauft wird)	
▪ Kosten für die Umverpackung (= Verpackung, die mehrere Verkaufseinheiten zusammenfasst)	

Nettogewicht der Ware

Werden keine anderen vertraglichen Regelungen getroffen, bezieht sich nach § 380 HGB der Preis nur auf das **Nettogewicht der Ware**. Bei der Berechnung des Kaufpreises darf das Verpackungsgewicht (Tara) grundsätzlich nicht berechnet werden.

5.1.2 Vertragliche Regelungen über die Verpackungskosten

In einem Kaufvertrag können auch Regelungen vereinbart werden, die von den gesetzlichen Regelungen abweichen.

Beispiele: Vertragliche Regelungen über Verpackungskosten

- **Verpackung leihweise**
  Der Käufer muss die Verpackung zunächst mitbezahlen.
  Gibt er die Verpackung zurück, wird die Leihgebühr bzw. das Pfand zurückerstattet (z. B. bei Pfandflaschen, Firmenpaletten).
- **Preis einschließlich Verpackung**
  Die Verpackungskosten sind im Preis bereits enthalten.
  Der Verkäufer muss also die gesamten Kosten der Verpackung bezahlen. Dies gilt auch für die Versandverpackung.
  Der Kaufpreis wird vom Nettogewicht berechnet.
- **Preis ausschließlich Verpackung**
  Im Preis sind die Verpackungskosten noch **nicht** enthalten.
  In diesem Fall muss der Käufer die Kosten der (Versand-)Verpackung tragen.
  Der Kaufpreis wird vom Nettogewicht berechnet.
- **Brutto für netto** (bfn)
  Die Verpackungskosten sind im Preis bereits enthalten.
  Der Kaufpreis wird aber vom **Bruttogewicht** berechnet.
  Damit bezahlt der Käufer für die Verpackung je kg den gleichen Preis wie für die Ware.

Beispielrechnung für die vertraglichen Regelungen

Angaben: Preis der Ware: 5,00 EUR je kg Nettogewicht (ohne Umsatzsteuer, abgekürzt: USt.)
Nettogewicht der Ware: 200 kg
Gewicht der Verpackung (Tara): 10 kg
Kosten der Versandverpackung: 20,00 EUR (ohne USt.)

Welchen Gesamtpreis (ohne USt.) muss der **Käufer** bei folgender Vereinbarung zahlen?

Preis einschl. Verpackung:	Ware (5,00 EUR × 200 kg)	**1 000,00 EUR**
Preis ausschl. Verpackung:	Ware (5,00 EUR × 200 kg)	1 000,00 EUR
	+ Verpackungskosten	20,00 EUR
	Gesamtpreis	**1 020,00 EUR**
Brutto für netto:	Ware (5,00 EUR × 210 kg)	**1 050,00 EUR**

5.2 Aufteilung der Verpackungskosten

Kostenaufteilung

Die Verpackungskosten können in drei Kostengruppen eingeteilt werden:

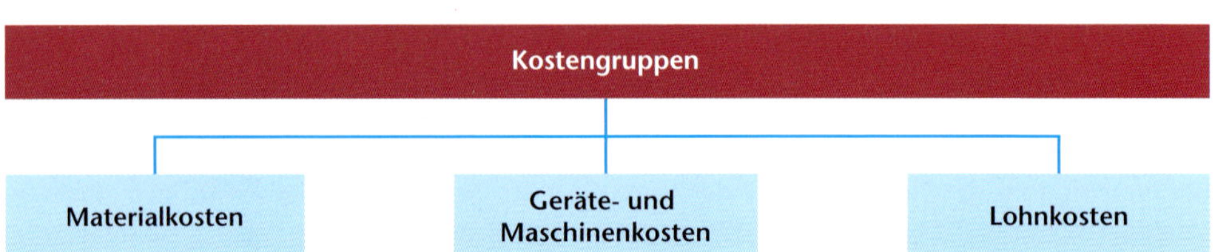

Materialkosten:
- Kosten für die Packmittel (z. B. Paletten, Schachteln)
- Kosten für die Packhilfsmittel (z. B. Folien)
- Raumkosten für die Lagerung der Packmittel und Packhilfsmittel
- Entsorgungskosten für Packmittel/Packhilfsmittel

Geräte- und Maschinenkosten:
- Kosten der Abnutzung (Wertverlust, Abschreibung) für Verpackungsmaschinen und Geräte
- Kosten für die Reparatur und Wartung der Maschinen
- Energiekosten für die Maschinen (vor allem für Strom)

Lohnkosten:
- Löhne für die Arbeitskräfte im Verpackungsbereich
- Lohnkosten für die Entsorgung von Packmitteln und Packhilfsmitteln

Zusammengepackt

- Nach dem Gesetz gilt folgende Aufteilung der Verpackungskosten:
  Der **Verkäufer** trägt die Kosten für das Abpacken/Abfüllen, die Kosten für die Verkaufsverpackung und die Kosten für die Umverpackung. Der **Käufer** muss die Kosten für die Versandverpackung übernehmen.
- Vertraglich können vom Gesetz abweichende Regelungen über die Verpackungskosten vereinbart werden, nämlich
  - Preis einschließlich Verpackung,
  - Preis ausschließlich Verpackung,
  - brutto für netto.
- Die Kosten der Verpackung lassen sich in drei Gruppen aufteilen:

Materialkosten	Geräte- und Maschinenkosten	Lohnkosten
Packmittel, Packhilfsmittel, Lager- und Entsorgungskosten	Abnutzungs-, Reparatur-, Energiekosten für die Verpackungsmaschinen und Geräte	Löhne für Arbeitskräfte im Verpackungsbereich und bei der Entsorgung

Aufgaben

1. *Wer (**Käufer** oder **Verkäufer**) hat nach dem Gesetz die Kosten im Verpackungsbereich zu tragen?*
   - *a Kosten für das Abfüllen von Getränken in Flaschen*
   - *b Kosten der Einwegpaletten für den Transport der Ware zum Kunden*
2. *Nennen Sie jeweils ein Kostenbeispiel im Verpackungsbereich aus der Kostengruppe:*
   - *a Materialkosten*
   - *b Maschinenkosten*
3. *Welche Kosten hat der **Käufer** zu tragen bei folgender Vertragsbedingung: Preis ausschließlich Verpackung? (eine Antwort)*
   - *a Alle Kosten, die bei der Verpackung anfallen*
   - *b Die Kosten für die Schachtel, mit der die Ware verkauft wird*
   - *c Die Kosten für die Behälter zum Transport der Ware*
   - *d Keine Kosten*
4. *Berechnen Sie den Kaufpreis (ohne USt.) für den **Käufer** bei folgender Vertragsbedingung: Preis brutto für netto.*

Preis der Ware:	*8,00 EUR je kg Nettogewicht*
Gewicht der Ware (Nettogewicht):	*120 kg*
Gewicht der Verpackung (Tara):	*10 kg*
Kosten der Versandverpackung:	*15,00 EUR*

6 Verpackungen für gefährliche Stoffe/Güter

Einstiegssituation

Interessiert betrachtet der Auszubildende Anton bei der Warenannahme ein Symbol, das auf einem Paket angebracht ist. „Mir sind diese Zeichen schon öfter aufgefallen“, sagt er zu seinem Kollegen Uwe. „Was bedeuten sie eigentlich?“

„Diese Symbole sind ganz wichtig“, antwortet Uwe, „manchmal sind an Packstücken besondere Aufdrucke bzw. Symbole angebracht, die auf Gefahren im Umgang mit dem Packstück bzw. der darin befindlichen Ware hinweisen. Dann müssen Transporteure und Mitarbeiter im Lagerbereich besonders vorsichtig sein!“

Handlungsaufträge

1. Nennen Sie Beispiele für Stoffe, von denen eine Gefahr ausgehen kann.

2. a) Welche Aufdrucke bzw. Symbole für gefährliche Stoffe auf Verpackungen kennen Sie?
b) Zeichnen Sie kurz ein solches Symbol.

6.1 Gefahrgut und Gefahrstoff (Unterscheidung)

Beide Begriffe bezeichnen Materialien, von denen Gefahren ausgehen können, und zwar für Menschen, Tiere, Sachen oder die Umwelt.

Unterscheidung:

	Erklärung	Rechtliche Grundlage
Gefahrstoff	Gefährliche Materialien werden innerhalb des Betriebs verpackt, abgefüllt, gelagert, und transportiert.	Gefahrstoffverordnung
Gefahrgut	Gefährliche Materialien werden mit Lkw, Eisenbahn, Schiff oder Flugzeug transportiert.	Gefahrgutbeförderungsgesetz

Die Verladung und der Transport von Gefahrgut wird im Lernfeld 7 (Güter verladen), S. 342 ff. ausführlich behandelt.

In mehreren Gesetzen und Verordnungen ist festgelegt, dass gefährliche Stoffe sorgfältig verpackt und gekennzeichnet werden müssen.

6.2 Einteilung der Gefahrgüter

Klassen der Ware

Gefahrgüter werden in neun Klassen eingeteilt. Die Klasse ist dem jeweiligen Sicherheitsdatenblatt des Gefahrguts zu entnehmen oder mithilfe der UN-Nummer (vgl. Lernfeld 6, Kap. 6.3, S. 299) festzustellen. Das Sicherheitsdatenblatt wird vom Hersteller des Gefahrguts zur Verfügung gestellt.

Die Einteilung der Gefahrgüter in neun Gefahrgutklassen

Klasse	Beschreibung/Bezeichnung	Beispiele
1 (1.1–1.6)	Explosive Stoffe und Gegenstände mit Explosivstoff	Feuerwerkskörper, Granaten, Sprengstoff, Munition
2 (2.1–2.3)	Gase	Propangas (zum Grillen), Haarspray, Kohlensäure
3	Entzündbare flüssige Stoffe	Benzin, Alkohol, Farben, Schädlingsbekämpfungsmittel
4 (4.1–4.3)	Entzündbare (feste) Stoffe	Kohle, Phosphor, Schwefel, Zündhölzer
5 (5.1–5.2)	Entzündend wirkende Stoffe	Härter für Lacke, Düngemittel
6 (6.1–6.2)	Giftige Stoffe und ansteckungsgefährdende Stoffe	Arsen, Rattengift, klinischer Abfall
7	Radioaktive Stoffe	Uran, Kobalt
8	Ätzende Stoffe	Batteriesäure (Schwefelsäure), Quecksilber, Laugen
9	Verschiedene gefährliche Stoffe	Asbest, Lithiumbatterien

6.3 Kennzeichnung des Gefahrguts auf Verpackungen

Jedes Packstück mit gefährlichem Inhalt muss gekennzeichnet werden (bezetteln, labeln), und zwar mit UN-Nummer und Gefahrzettel. Bei Packstücken, die aufrecht transportiert werden müssen, sind zusätzlich Aufrichtungspfeile (↑↑) anzubringen.

UN-Nummer

UN-Nummer (Stoff-Nummer)
UN = United Nations = Vereinte Nationen
Nummer = vierstellige Zahl

Beispiele
UN 1202 (Diesel oder Heizöl), UN 1306 (Holzschutzmittel)
Hinweis: Vor der Zahl muss stets UN stehen!

Die Vereinten Nationen vergeben die UN-Nummer. Sie ist deutlich sichtbar anzubringen. Anhand dieser Nummer können die Güter genau identifiziert und klassifiziert werden. Dies ist bei einem Unfall insbesondere für Rettungskräfte wichtig. Die UN-Nummer ist außerdem auf dem Transportmittel (z. B. Lkw) anzubringen.

Informationen hierzu finden sich auch im Lernfeld 7 „Güter verladen".

Gefahrzettel (Label)

Neben der UN-Nummer muss auf jedem Packstück ein bestimmter Gefahrzettel angebracht werden.

Dieser Gefahrzettel ist nicht zu verwechseln mit der Gefahrentafel, die am Lkw angebracht wird und orangefarben ist. Gefahrzettel sind auf der Spitze stehende Quadrate, die ein Gefahrensymbol sowie die Gefahrgutklasse enthalten.

Die folgende Übersicht zeigt die Symbole für die Gefahrgutklassen.

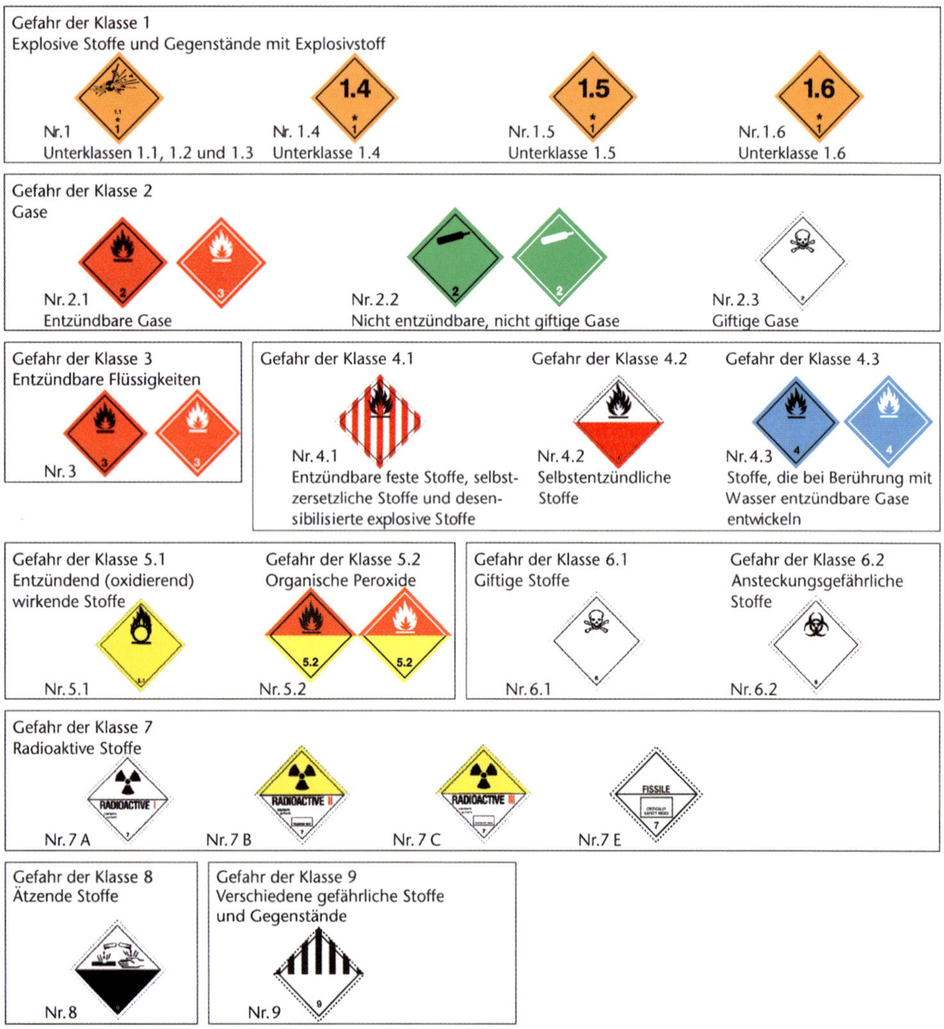

Beim Transport mancher gefährlicher Stoffe ist neben dem Gefahrzettel (Symbol) für die Gefahrgutklasse zusätzlich noch folgender Gefahrzettel anzubringen:

Erwärmter Stoff Es besteht die Gefahr von Verbrennungen durch heißes Material (z. B. beim Transport von flüssigem Aluminium, Teer usw.).

Umweltgefährdender Stoff (z. B. Diesel)

6.4 Packmittel für Gefahrgut

Wahl des Packmittels

Das Packmittel muss das Gefahrgut so schützen, dass es keinen Schaden verursacht. Daher sind bei der Wahl des Packmittels besondere Anforderungen zu beachten.

Gefahrgutbehälter aus Kunststoff

Behälter für Gefahrgut

6.4.1 Verpackungsgruppen (VG)

Verpackung für Gefahrgut

Die Einteilung von Gefahrgütern in Gefahrgutklassen enthält noch keine Aussage über ihre Gefährlichkeit. Die Verpackung eines Gefahrguts muss aber der jeweiligen Gefährlichkeit angepasst sein. Die notwendige Verpackungsgruppe lässt sich aus dem Sicherheitsdatenblatt des Herstellers (des Gefahrguts) oder aus der vierstelligen UN-Nummer ermitteln. Die **Gefahrgüter** sind nach ihrer Gefährlichkeit in **drei Gruppen** unterteilt. Für diese gibt es jeweils eine **Verpackungsgruppe** (I/II/III). Für die jeweilige Verpackungsgruppe steht auf dem Packmittel ein bestimmter Buchstabe (X/Y/Z).

Die drei Verpackungsgruppen und ihre Kennzeichnung

Gefährlichkeit des Gefahrguts	Anforderung an die Verpackung	Verpackungsgruppe	Kennzeichnung auf der Verpackung
hohe Gefährlichkeit	höchste Anforderung	I	X
mittlere Gefährlichkeit	mittlere Anforderung	II	Y
geringe Gefährlichkeit	geringe Anforderung	III	Z

6.4.2 Zulassung von Packmitteln

Die Hersteller von Packmitteln für Gefahrgüter müssen die Packmittel prüfen lassen und sie nach dem UN-Code kennzeichnen. Dadurch kann man auf dem Packmittel auch die Zulassung erkennen.

Zulassung nach UN-Code

Beispiel für die Zulassung nach UN-Code:

(un) **4G / Z 20 / S / 13 / D / BAM 1234 / ABC**

Erklärung des UN-Codes am Beispiel:

(un)	un = United Nations = Vereinte Nationen
4G	Code für Packmittelart (hier: Schachtel aus Pappe)
Z	Verpackungsgruppe (hier: Packmittel für geringe Gefährlichkeit) siehe auch Kapitel 6.4.1
20	zulässiges Höchstgewicht in kg (hier: 20 kg)
S	Art des Stoffs (hier: S = solid = fester Stoff)
13	Jahr der Herstellung (hier: 2013)
D	Kennzeichen des Landes, in dem das Packmittel zugelassen wurde (hier: Deutschland)
BAM	Zulassungsstelle (hier: BAM = Bundesanstalt für Materialforschung)
1234	Zulassungsnummer der Zulassungsstelle
ABC	Hersteller des Packmittels (Abkürzung)

Sehen Sie sich in Ihrem Betrieb oder zu Hause Spraydosen, Farbdosen oder sonstige Gefahrstoffbehältnisse einmal genauer an.

Zusammengepackt

- Gefährliche Güter werden in neun Gefahrgutklassen eingeteilt (z. B. in explosive Stoffe, giftige Stoffe, ätzende Stoffe, Gase usw.).
- Für jede Gefahrgutklasse bzw. Unterklasse gibt es ein Symbol, das auf der Verpackung anzubringen ist.
- Gefährliche Güter brauchen sichere Packmittel. Diese Packmittel müssen für Güter mit **hoher**, **mittlerer** oder **geringer** Gefährlichkeit geeignet sein.
- Dafür werden die Gefahrgüter in die Gefährlichkeitsstufen **I** oder **II** oder **III** eingeteilt.
- Die Packmittel werden mit den Großbuchstaben **X** oder **Y** oder **Z** gekennzeichnet.
- Packmittel für gefährliche Güter müssen geprüft und zugelassen sein.
  Das ist am UN-Code auf der Verpackung zu erkennen. Der UN-Code ist eine lange Kombination von Buchstaben sowie Ziffern und beginnt mit „un".

Aufgaben

1. *Stellen Sie fest, welcher Gefahrgutklasse folgende Güter zugeordnet sind:*
   - a *Asbest*
   - b *Lacke, Farben*
   - c *Benzin*
   - d *Feuerwerkskörper*
   - e *Batteriesäure*

2. *Eine Verpackung trägt folgendes Symbol.*
   Welche Art von Gefahrgut ist in der Verpackung?
3. *Kennzeichnen Sie das Aussehen folgender Gefahrzettel (nur Grundfarbe oder Symbol angeben).*
   - a *Gefahrgutklasse 1 Grundfarbe?*
   - b *Gefahrgutklasse 5.1 Grundfarbe?*
   - c *Gefahrgutklasse 6.1 Symbol?*
   - d *Gefahrgutklasse 2.1 Symbol?*
4. *Ein **sehr gefährliches** Gefahrgut soll verpackt werden.*
   - a *Welcher Verpackungsgruppe muss das Packmittel angehören?*
   - b *Welcher Buchstabe muss auf der Verpackung (im UN-Code) angegeben sein?*

7 Vermeidung und Entsorgung von Verpackungen

Einstiegssituation

Der kleine Leon bekommt zu seinem Geburtstag ein Modellauto geschenkt. Er freut sich riesig. Seine 16-jährige Schwester Maria betrachtet kritisch die Verpackung. „Das ist ja eine ganze Menge Verpackungsmüll", stellt sie fest. „Wie soll ich diesen denn jetzt entsorgen?"
Viele Menschen werden sich nach dem Auspacken einer Ware fragen, wohin wohl die Verpackung bzw. der Verpackungsabfall soll.
Seit 1991 können in Deutschland gebrauchte Verpackungen zurückgegeben bzw. umweltgerecht entsorgt werden.

Handlungsaufträge

1. *Was passiert in Ihrem Betrieb mit den erhaltenen Verpackungen, die nicht mehr gebraucht werden?*
2. *Welche Bedeutung hat der „Grüne Punkt" auf Verpackungen?*

7.1 Rechtliche Grundlagen

Vermeidung und Entsorgung von Verpackungsabfall

Vor allem zwei rechtliche Bestimmungen regeln in Deutschland die Vermeidung und Entsorgung des Verpackungsabfalls: das Kreislaufwirtschaftsgesetz und die Verpackungsverordnung.

Kreislaufwirtschaftsgesetz	Verpackungsverordnung
Gesetz zur Förderung der Kreislaufwirtschaft und Sicherung der umweltverträglichen Bewirtschaftung von Abfällen, kurz „KrWG“	Verordnung über die Vermeidung und Verwertung von Abfällen, kurz „VerpackV“

7.2 Kreislaufwirtschaftsgesetz

Begriffe:

Kreislauf

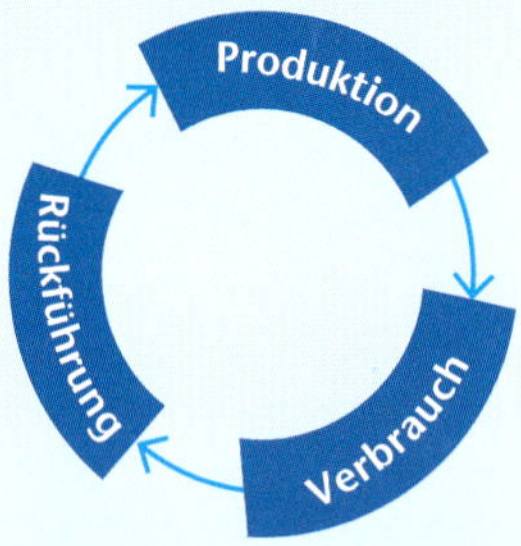

Kreislaufwirtschaft

Wirtschaft, bei der die Stoffe, die nicht mehr gebraucht werden, wieder zurückgeführt werden in die Produktion

Ziele des Gesetzes
- Förderung der Kreislaufwirtschaft
- Schonung der natürlichen Ressourcen (Rohstoffvorkommen)
- Schutz des Menschen und der Umwelt vor Abfällen

Rangfolge bei der Abfallbewirtschaftung nach dem Kreislaufwirtschaftsgesetz

Das aktuelle KrWG (ab 01.06.2012) legt eine neue Abfallhierarchie (Rangfolge) fest:

1. Vermeidung	Es soll vermieden werden, dass Abfall (Verpackungsabfall) überhaupt entsteht.
2. Wiederverwendung	Gebrauchte Gegenstände (z. B. Verpackung) sollen nochmals verwendet werden.
3. Recycling	Gewinnung von Rohstoffen aus Abfall = stoffliche Verwertung (z. B. Recycling von Papier und Pappe)
4. Sonstige Verwertung	Energiegewinnung aus Abfall = energetische Verwertung (z. B. Verbrennung von Verpackungsabfall, um Wärme oder Strom zu gewinnen)
5. Beseitigung	Bei Abfällen, die nicht vermieden werden können und bei denen Recycling oder Verwertung nicht möglich ist, erfolgt eine Beseitigung (z. B. auf Deponien).

7.3 Verpackungsverordnung

VerpackV

Eine Verordnung ist immer einem Gesetz untergeordnet und soll dieses genauer erläutern. Die Verpackungsverordnung (VerpackV) enthält nähere Bestimmungen zum Kreislaufwirtschaftsgesetz.

7.3.1 Verpackungsarten nach Verpackungsverordnung

Verkaufsverpackung: Das ist die Verpackung, mit der die Ware verkauft wird und die beim Endverbraucher anfällt.

Beispiel
Joghurtbecher

Umverpackung: Das ist eine zusätzliche Verpackung, die mehrere Verkaufsverpackungen umfasst.

Beispiel
Schachtel mit 20 Joghurtbechern;
Schachtel = Umverpackung

Transportverpackung: Diese Verpackung erleichtert den Transport und schützt die Ware auf dem Transport.

Beispiele
Palette, Gitterbox, Schachtel mit Ersatzteilen

7.3.2 Rücknahmepflichten nach Verpackungsverordnung

In der Verpackungsverordnung ist festgelegt, dass vor allem die Vertreiber (= Einzelhändler wie Supermärkte, Fachgeschäfte usw.) die entleerten Verpackungen kostenlos zurücknehmen müssen. Dies wird als **Rücknahmepflicht** bezeichnet. Gelegentlich trifft die Rücknahmepflicht auch die Hersteller. Die Rücknahmepflicht ist allerdings je nach Verpackungsart unterschiedlich geregelt.

Rücknahmepflicht

Zur Sicherung der Rücknahmepflicht für Verkaufsverpackungen von privaten Endverbrauchern müssen sich Vertreiber (Handel) und Hersteller grundsätzlich an einem oder mehreren Sammelsystemen beteiligen, damit eine flächendeckende Rückgabe überall möglich ist (vgl. auch Lernfeld 6, Kap. 7.4, S. 305).

7.4 Entsorgung von Verpackungen

Die Verpackungsverordnung verpflichtet die Unternehmen, für eine Rückgabemöglichkeit (Erfassung) der gebrauchten Verkaufsverpackungen zu sorgen.

gebrauchte Verkaufsverpackung

7.4.1 Erfassungssysteme für Verkaufsverpackungen

Diese Erfassungssysteme werden als **duale Systeme** bezeichnet, weil sie das zweite System (duo = zwei) neben der staatlichen Abfallentsorgung (der sogenannten Müllabfuhr) bilden. Das „Duale System Deutschland“ wurde 1991 ausschließlich für gebrauchte Verkaufsverpackungen eingerichtet.

dualles System

Damit wurden Hersteller und Vertreiber von der Rücknahme- und Verwertungspflicht befreit. Außerdem wurde eine flächendeckende Entsorgung/Erfassung gebrauchter Verkaufsverpackungen ermöglicht.

Das weltweit erste Unternehmen im dualen Erfassungssystem und heutiger Marktführer in Deutschland ist die Firma „Der Grüne Punkt – Duales System Deutschland GmbH", auch kurz DSD. Als Markenzeichen dient der „Grüne Punkt".

Daneben gibt es noch weitere Unternehmen, die im dualen System Verpackungsabfälle sammeln und verwerten (z. B. Interseroh GmbH und Landbell AG).

Hersteller und Handel müssen ihre Verkaufsverpackungen bei den dualen Entsorgungsunternehmen anmelden. Hierfür zahlen sie Gebühren. Mit diesen Einnahmen finanzieren die Entsorgungsunternehmen die Erfassung und Verwertung des Verpackungsabfalls.

Für die Erfassung der Abfälle gibt es zwei Möglichkeiten:

- **Holsystem**: Die Verpackungsabfälle werden im gelben Sack oder der gelben Tonne bei den Haushalten abgeholt.
- **Bringsystem**: Die Verpackungsabfälle werden von den Verbrauchern selbst zu Wertstoffhöfen bzw. Werststoffcontainern gebracht.

7.4.2 Kennzeichnungen für die Entsorgung

Grüner Punkt

Seit 2009 ist die Kennzeichnung von Verpackungen mit dem Symbol „Grüner Punkt" bzw. den Marken anderer Entsorgungsunternehmen nicht mehr notwendig. Sie ist aber weiterhin möglich. Es können sogar die Vertragspartner anderer Entsorger (z. B. Interseroh) das Zeichen „Grüner Punkt" auf ihren Verpackungen anbringen, wenn sie dafür an das Unternehmen des Grünen Punkts Gebühren zahlen.

Grüner Punkt

Informieren Sie sich im Internet unter www.gruener-punkt.de über den Grünen Punkt.

RESY-Symbol

(RESY = abgeleitet von Recycling-System)

Das RESY-Symbol auf der Verpackung hat eine ähnliche Bedeutung wie der Grüne Punkt.

- Es gilt jedoch nur für Verpackungen aus Papier, Karton und Pappe.
- Es darf nur auf Transportverpackungen und Umverpackungen angebracht werden (also nicht auf Verkaufsverpackungen).

Prüfen Sie leere Verpackungen (Dosen, Becher, Tüten usw.) einmal genauer. Finden Sie Symbole zur Entsorgung?

Zusammengepackt

Die wichtigsten Rechtsgrundlagen zur Entsorgung von Verpackungsabfall sind:

- Kreislaufwirtschaftsgesetz (KrWG)
- Verpackungsverordnung (VerpackV)

Die Rangfolge bei der Abfallbewirtschaftung nach KrWG lautet:

1. Vermeidung von Abfällen
2. Wiederverwendung
3. Recycling
4. Sonstige Verwertung
5. Beseitigung

Die Verpackungsverordnung unterscheidet verschiedene Verpackungsarten:

Verkaufsverpackungen	Umverpackungen	Transportverpackungen

Erfassungssysteme für Verkaufsverpackungen

- Hersteller bzw. Handel müssen ihre Verkaufsverpackungen bei einem Entsorgungsunternehmen anmelden und dort Gebühren zahlen.
- Die Entsorgungsunternehmen werden als „duales System" bezeichnet.
- Das größte und bekannteste Unternehmen im dualen System ist die Firma „Grüner Punkt GmbH".
- Es gibt bei der Erfassung ein Holsystem und ein Bringsystem.
- Die häufigsten Kennzeichen für die Erfassung von Verpackungsabfällen sind die Symbole „Grüner Punkt" und „RESY".

Aufgaben

1. *Ergänzen Sie den fehlenden Begriff für die Kreislaufwirtschaft:*
   Produktion → Verbrauch → .... → Produktion
2. *Nennen Sie die fünf Ebenen der Rangfolge bei der Abfallbewirtschaftung.*
3. *Was ist (nach Verpackungsverordnung) eine*
   a Verkaufsverpackung?
   b Umverpackung?
4. *Was versteht man unter dem „dualen System" bei der Abfallbewirtschaftung?*
5. *Erklären Sie Holsystem und Bringsystem bei der Entsorgung von Verpackungsabfällen.*
6. *Für welche Verpackungen ist das RESY-Symbol vorgesehen und erlaubt?*

Lernfeld 7

Güter verladen

1 Grundlagen bei der Verladung von Gütern

Einstiegssituation

In den letzten Monaten hat Anton die Abläufe im Versandbereich seines Ausbildungsbetriebs kennengelernt. Er hat aufmerksam beobachtet, dass einige Fahrer die Fahrzeuge selbst beladen und die Ladung sichern. In anderen Fällen führen seine Kollegen die Verladung und Ladungssicherung durch. Der Fahrer übernimmt dann lediglich die Kontrolle der Ladung und Ladungssicherung.
Schon öfter hat Anton folgende Aussagen gehört:
„Die Ladung ist schwer genug, da brauchen wir nichts sichern. Außerdem sind die Bordwände und die Stirnwand so stabil, dass nichts runterfallen kann!"
„Wir haben die stabilen Zurrmittel, die halten fünf Tonnen! Steht doch auch auf dem Etikett!"
„Was ist eigentlich von derartigen Behauptungen zu halten?", fragt Anton seinen Ausbilder.

Handlungsaufträge

1. a) *Beschreiben Sie den Ablauf der Lkw-Beladung in Ihrem Ausbildungsunternehmen.*
   b) *Erläutern Sie insbesondere die Zusammenarbeit der an der Lkw-Beladung beteiligten Personen.*
2. a) *Widerlegen Sie die irrtümlichen Annahmen der oben zitierten Lkw-Fahrer.*
   b) *Überlegen Sie, welche Folgen eine ungenügende Ladungssicherung haben kann.*

1.1 Verantwortlichkeiten und Vorschriften bei der Güterverladung

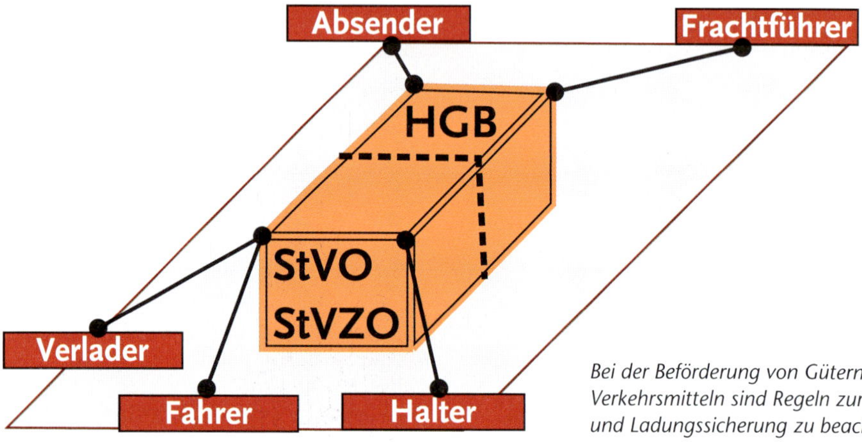

Bei der Beförderung von Gütern mit Verkehrsmitteln sind Regeln zur Verladung und Ladungssicherung zu beachten.

Bei der Beförderung von Gütern mit Verkehrsmitteln sind die Regeln der Verladung und Ladungssicherung zu beachten. Mit fast 700 Milliarden Tonnenkilometern hat der Lkw den größten Anteil an der Beförderungsleistung im Güterverkehr in Deutschland.
Aus diesem Grund wird in den folgenden Abschnitten hauptsächlich die Verladung und Ladungssicherung von Gütern auf Lkws betrachtet.

So ist nach § 22 StVO (Straßenverkehrsordnung) „die Ladung, einschließlich Geräten zur Ladungssicherung sowie Ladeeinrichtungen, so zu verstauen und zu sichern, dass sie selbst bei Vollbremsung oder plötzlicher Ausweichbewegung nicht verrutschen, umfallen, hin- und herrollen, herabfallen oder vermeidbaren Lärm erzeugen kann. Dabei sind die anerkannten Regeln der Technik zu beachten“.

Rechtliche Grundlagen
Regeln der Technik

Rechtliche Grundlagen	Regeln der Technik
▪ Straßenverkehrsordnung **StVO § § 22, 23** ▪ Straßenverkehrszulassungsordnung **StVZO §§ 30 und 31** ▪ Handelsgesetzbuch **§ 412** ▪ Gefahrgutvorschriften, z. B. **GGVSEB/ADR**	▪ Berufsgenossenschaftliche Vorschrift (Fahrzeuge) **BGV D29** ▪ Verein Deutscher Ingenieure **VDI Richtlinie 2700** ▪ DIN EN Normen, die europaweit gelten, z. B. (Zurrmittel) **DIN EN 12195**

1.1.1 Beteiligte an der Güterbeförderung

Aus den zahlreichen Bestimmungen werden die Pflichten für die Beteiligten an der Verladung von Gütern und der Ladungssicherung abgeleitet.

Beteiligte an der Verladung und Ladungssicherung

Pflichten der Beteiligten an der Verladung und Ladungssicherung:

Absender: Unternehmen, das mit dem Beförderer einen Beförderungsvertrag abschließt:
- beförderungssichere Verladung **(§ 412 HGB)**

Frachtführer/ Beförderer: Unternehmen, das die Beförderung in eigener Verantwortung übernimmt:
- betriebssichere Verladung **(§ 412 HGB)**

Verlader: Leiter der Ladearbeiten:
Durchführung und Kontrolle der Ladungssicherungsmaßnahmen (§ 22 StVO)

Fahrzeugführer/ Fahrer: Fahrzeugführer ist die Person, die im Auftrag des Frachtführers das Fahrzeug eigenverantwortlich lenkt (§§ 22, 23 StVO):
- Kontrolle der Ladungssicherung und Lastverteilung vor der Fahrt
- Kontrolle und Nachbesserung der Ladungssicherung während des Transports
- Einrichten des Fahrverhaltens auf die Ladung

Fahrzeughalter: Unternehmen, das das Fahrzeug auf eigene Rechnung in Gebrauch hat, auf welches das Fahrzeug zugelassen ist, oder das Nutzen aus dem Gebrauch zieht
- Bereitstellung eines geeigneten Fahrzeugs (§§ 30,31 StVZO)
- Einsatz eines geeigneten Fahrzeugführers (§ 31 StVZO)

Verantwortlichkeiten bei der Güterverladung nach § 412 HGB	
Betriebssichere Verladung durch den Frachtführer	**Beförderungssichere Verladung durch den Absender**
Geeignete und ausreichende Verpackung und Kennzeichnung des Ladeguts	Bereitstellen eines für die jeweilige Ladung geeigneten Fahrzeugs
Bildung von Ladeeinheiten	Einsetzen eines geeigneten Fahrers
Laden, Stauen und Befestigen (Sichern) des Ladeguts auf dem Transportmittel	Bereitstellen der ordnungsgemäßen und richtigen Ladungssicherungsmittel in ausreichender Anzahl
	Festlegen der Lastverteilung unter Beachtung der Nutzlast, der Achslasten und der Abmaße des Fahrzeugs

Betriebssichere Verladung	Beförderungssichere Verladung
Der <u>Fahrer</u> hat vor Fahrtantritt die Ladungssicherung zu überprüfen. Er muss in der Lage sein, nach Teilentladung die Ladungssicherung neu vorzunehmen und die sich ändernde Lastverteilung zu berücksichtigen.	Der <u>Absender</u> muss dafür sorgen, dass die verwendete Verpackung und die Mittel zur Ladungssicherung (Gurte, Bänder, Keile usw.) den straßen- und verkehrsbedingten Situationen bis hin zu einer Notbremsung standhalten.

Vertragliche Vereinbarungen:
Es ist möglich, dass der Frachtführer mit einer individuellen vertraglichen Vereinbarung dem Absender die Durchführung der Verladung und die Kontrolle der Ladungssicherung abnimmt. Der Absender ist aber trotzdem verpflichtet, die Ladungssicherung zu überprüfen.

1.1.2 Ablauf der Güterverladung

Schritte bei der Güterverladung

Die folgende Übersicht zeigt die Schritte bei der Verladung von Gütern.

<table>
<tr><td>

Erstellen der Ladeeinheit

</td><td>

- Auswahl eines von den Abmessungen und der Tragfähigkeit geeigneten Ladungsträgers (z. B. eine Palette)
- Verladen der Packstücke auf einen Ladungsträger
- Ausreichende Sicherung des Packguts auf dem Ladungsträger, z. B. durch Bänder, Stretchfolie oder Schrumpffolie

Beachten Sie, dass zwischen Packgut und Ladungsträger eine Verbindung bestehen muss!

- Eindeutige und ausreichende Kennzeichnung der Ladeeinheit

</td></tr>
<tr><td>

Überprüfung des Transportmittels

</td><td>

Es ist zu prüfen, ob
- sich das bereitgestellte Transportmittel für die Durchführung des Transports eignet,
- die Ladefläche tragfähig, unbeschädigt und sauber ist,
- die Sicherungseinrichtungen und Sicherungsmittel ausreichend und in geeigneter Art vorhanden sind.

</td></tr>
<tr><td>

Lastverteilung

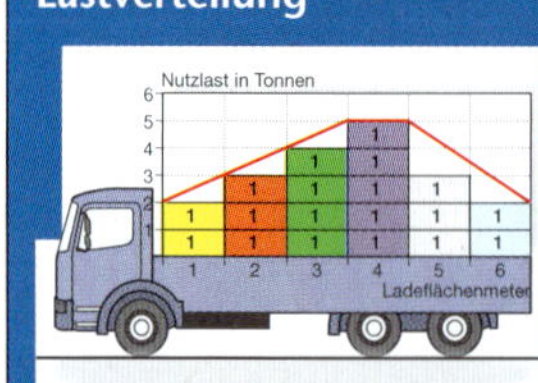

</td><td>

Die Ladeeinheiten sind nach einem durch den Frachtführer/Fahrer erstellten Stauplan/Lastverteilungsplan zu verladen.

</td></tr>
<tr><td>

Verladen der Ladeeinheiten

</td><td>

- Aufbringen der Ladeeinheiten auf das Transportmittel (Laden)
- Platzieren der Ladeeinheiten auf der Ladefläche nach dem vorliegenden Stauplan (Stauen)
- Ausfüllen der Leerräume und Anbringen von Mitteln zur Ladungssicherung (Befestigen/Sichern)

</td></tr>
</table>

1.1.3 Erstellen von Stauplänen

Für die effektive Beladung von Transportmitteln ist die Erstellung von Stauplänen unabdingbar. In Transportbetrieben übernehmen diese Aufgaben spezielle Computerprogramme. Staupläne können aber auch per Hand auf Millimeterpapier in einem geeigneten Maßstab erstellt werden.
Grundsätzlich sind bei der Erstellung eines Stauplans folgende Rahmenbedingungen zu beachten:

- Die Last ist auf der Ladefläche gleichmäßig zu verteilen.
- Die zulässigen Achslasten und das zulässige Gesamtgewicht des Transportmittels muss eingehalten werden.
- Die Innenmaße des Fahrzeugs müssen bekannt sein.
- Die Außenmaße der Ladeeinheiten müssen bekannt sein.

Beispiel
Ein Lkw mit einer Ladefläche der Länge 7,22 m und einer Breite von 2,44 m soll für die Belieferung von drei Kunden mit 18 Euroflachpaletten (1,20 m × 0,80 m) beladen werden. Der Lkw kann nur über die hintere Ladebordwand be- und entladen werden. Damit ist das Lifo-Prinzip anzuwenden. Der Kunde 1 soll als erste Entladestelle angefahren werden. Somit hat die Beladung in umgekehrter Reihenfolge zur Entladung zu erfolgen. (Bedingung: Die Paletten sind nicht stapelbar, die Lastverteilung nach Lastverteilungskurve ist gewährleistet.)

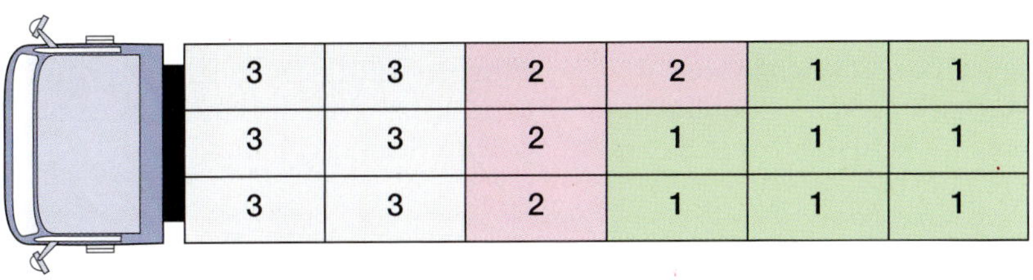

Draufsicht des beladenen Lkws

Zur Erstellung von Stauplänen können Sie die vom Bildungsverlag EINS angebotene Beladungssoftware PUZZLE verwenden (Best.-Nr. 89999).

1.1.4 Grundregeln für das Stauen von Ladungen

Die folgenden Grundregeln müssen beim Stauen beachtet werden:

- Das Gewicht der Ladung darf die zulässige Nutzlast des Transportmittels nicht überschreiten.
- Das Gewicht muss gleichmäßig auf die Bodenfläche verteilt werden. Die Packstücke dürfen sich dabei nicht ineinander verkeilen.
- Bei schweren Packstücken muss die Punktbelastung des Bodens durch Kanthölzer o. Ä. verringert werden.
- Der Schwerpunkt der Gesamtladung sollte so tief wie möglich und mittig liegen.

- Schweres Gut ist unten, leichtes Gut oben zu stauen.
- Schwere Güter werden im vorderen Ladebereich verstaut, um Druckbelastungen beim Bremsen zu vermeiden.
- Feste Packstücke sind unten, weniger feste (z. B. Säcke) oben zu stauen.
- Fässer und Trommeln dürfen nur stehend gestaut werden.
- Packstücke mit Flüssigkeiten sind unten, Packstücke mit festen Stoffen oben zu stauen.
- Staub erzeugende Packstücke dürfen nicht mit staubempfindlichen Gütern gestaut werden.
- Geruchserzeugende Güter sind nicht mit geruchsempfindlichen Gütern zu stauen.
- Feuchtigkeit abgebende Güter dürfen nicht mit feuchtigkeitsempfindlichen Gütern gestaut werden.
- Frostempfindliche Güter sind nicht an den Wänden zu stauen.
- Packstücke mit hervorstehenden Teilen bzw. scharfen Ecken sollten nicht mit stoßempfindlichen Gütern gestaut werden.
- Packstücke, die zuerst entladen werden müssen, sind als letzte zu stauen (Lifo-Prinzip).
- Packstücke müssen so gestaut werden, dass beim Öffnen des Transportmittels nichts herausfällt und keine Personen verletzt werden können.
- Transportmittel sind zu verschließen und bei Bedarf zu verplomben.

CTU-Packrichtlinien

- Für die Beladung von Beförderungseinheiten im kombinierten Verkehr gelten die sogenannten **CTU-Packrichtlinien** (Cargo Transport Unit). Diese sind für den Transport von Wechselbrücken, Containern und Sattelanhängern in einer Transportkette aus mehreren Verkehrsträgern (z. B. Straße, Schiene, Seeweg) bindend.

1.2 Physikalische Grundlagen der Ladungssicherung

Die Kenntnis der physikalischen Zusammenhänge und die Sorgfalt bei der Sicherung der Ladung sind Grundvoraussetzungen für eine ausreichende Ladungssicherung.

1.2.1 Kritische Verkehrssituationen

	Beim Anhalten wirkt die Bremskraft entgegengesetzt der Fahrtrichtung. Damit wird die Geschwindigkeit des Fahrzeugs verringert. Die Ladung bewegt sich aufgrund ihrer Trägheit mit der vor dem Bremsvorgang befindlichen Geschwindigkeit nach vorn.
	Beim Anfahren wirkt die Beschleunigungskraft in Fahrtrichtung. Damit nimmt das Fahrzeug an Geschwindigkeit zu. Die Ladung befindet sich in Ruhe und versucht aufgrund der Trägheit in dieser Ruhelage zu bleiben.

	Bei der Kurvenfahrt ändert sich die Höhe der Geschwindigkeit nicht, aber deren Richtung. Da die Ladung sich geradeaus weiterbewegt, wirken seitliche Kräfte entgegen dem Kurvenverlauf.
	Bei nasser oder vereister Fahrbahn entstehen durch Brems- und Ausweichvorgänge Situationen, in denen die Geschwindigkeit und die Richtung der Ladung verändert wird. Solche Situationen sind sehr komplex (vielschichtig).
	Beim Fahren auf unebener Fahrbahn kann sich die Reibung zwischen Ladefläche und Ladung verkleinern. Damit wird die für die Ladungssicherung wichtige Reibungskraft verkleinert. Hierdurch kann die Ladung verrutschen.

Erkenntnis: Die **Trägheit der Ladung** ist für die Notwendigkeit der Ladungssicherung verantwortlich. Das heißt, durch die Ladungssicherung müssen Gegenkräfte erzeugt werden, die mindestens genauso groß oder größer als die zu erwartenden Trägheitskräfte sind.

Schlussfolgerung: Ladungssicherung muss für den normalen Fahrbetrieb erfolgen. Zum normalen Fahrbetrieb gehören die Vollbremsung, plötzliche Ausweichmanöver und das Befahren schlechter Wegstrecken.

Folgende Kräfte können im normalen Fahrbetrieb auftreten:

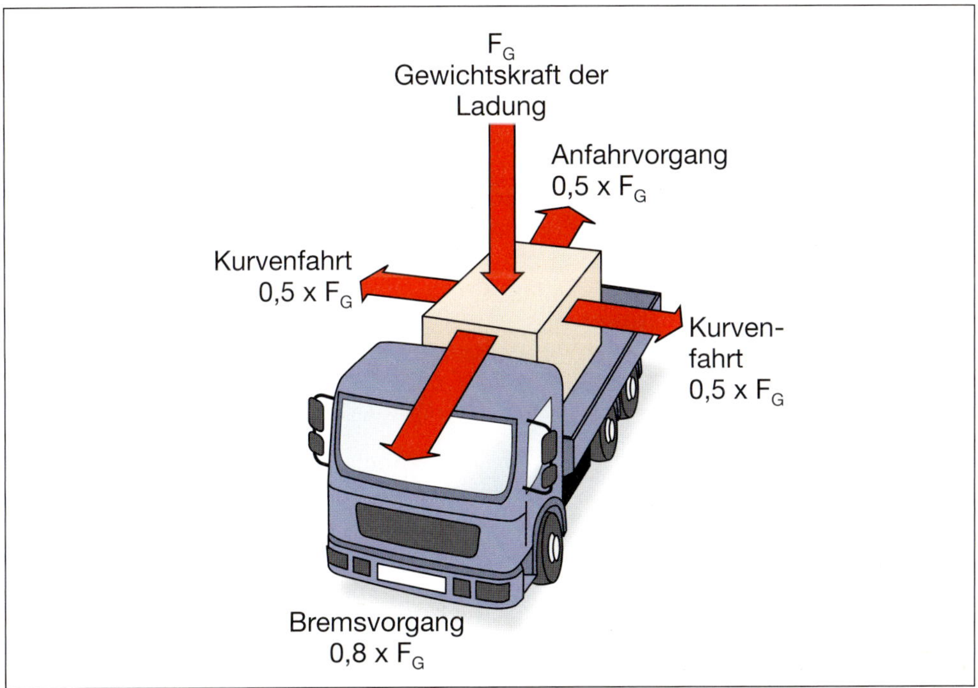

Kräfte im normalen Fahrbetrieb

Kräfte im normalen Fahrbetrieb

1.2.2 Physikalische Größen bei der Ladungssicherung

Physikalische Größe	Beschreibung	Formelzeichen	Physikalische Einheit
Geschwindigkeit	Angabe, wie schnell sich ein Fahrzeug bewegt	v	m/s (Meter pro Sekunde) km/h (Kilometer pro Stunde)
Beschleunigung	Angabe, wie schnell ein Fahrzeug seine Geschwindigkeit ändert	a	m/s^2 (Meter pro Quadratsekunde)
Erdbeschleunigung/ Fallbeschleunigung	Naturkonstante; Angabe, welcher Beschleunigung ein Körper im freien Fall unterliegt	g	$g = 9{,}81\ m/s^2$
Kraft	Ursache für die Änderung der Geschwindigkeit und der Richtung eines Fahrzeugs	F	N (Newton) daN (Dekanewton)
Masse	Eigenschaft eines Körpers, aufgrund des Stoffs, aus dem er besteht	m	g (Gramm) kg (Kilogramm) t (Tonne)

1.2.3 Gewichtskraft F_G

Definition

Die Gewichtskraft ist die Kraft, mit der eine Ladung senkrecht auf die Ladefläche drückt. Sie berechnet sich aus der Masse der Ladung multipliziert mit der Erdbeschleunigung.

Gewichtskraft

Gewichtskraft = Masse × Erdbeschleunigung

$$F_G = m \times g$$

Zur Vereinfachung rechnet man bei Problemen der Ladungssicherung mit $g = 10\ m/s^2$.
Damit entspricht der Betrag (Zahlenwert) der Masse in kg (Kilogramm) dem Betrag der Gewichtskraft in daN (Dekanewton).

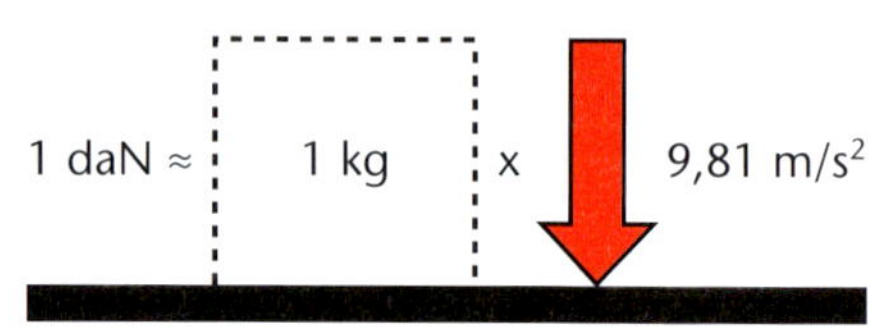

Beispiel

Eine Holzkiste mit der Masse m = 1 000 kg wirkt mit einer Gewichtskraft F_G senkrecht auf die Ladefläche:

Theoretisch

$F_G = m \times g$

$= 1\,000\ kg \times 9{,}81\ m/s^2$

$= 9\,810\ N$

$= 981\ daN$

Praktisch

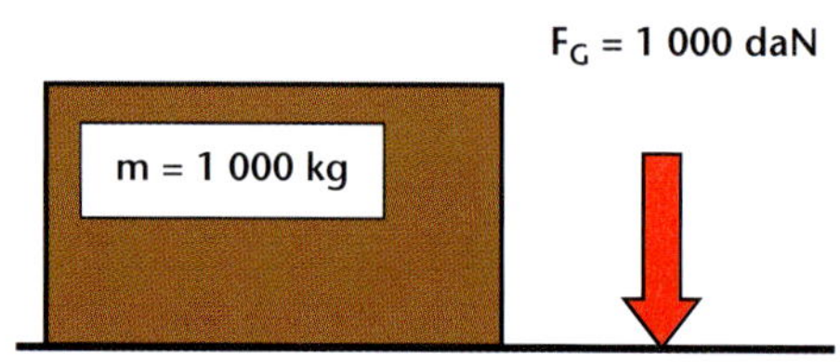

1.2.4 Massenkraft F_M

Definition

Die Massenkraft, auch „Trägheitskraft" oder „Fliehkraft" genannt, ist die Kraft, die beim Anfahren, Bremsen oder in Kurven die Ladung in ihrem ursprünglichen Bewegungszustand zu halten versucht.

Damit versucht die Ladung sich beim Bremsen nach vorn, beim Anfahren nach hinten und bei der Kurvenfahrt zur Seite zu bewegen.
Ursache ist die Trägheit der Masse. In unserem Fall also die Trägheit der Ladung.
Im normalen Fahrbetrieb können **Trägheitskräfte** folgende **Werte** annehmen:

- **Nach vorn**, beim Bremsen, maximal 80 % der Gewichtskraft, **f = 0,8**
- **Zur Seite**, bei der Kurvenfahrt maximal 50 % der Gewichtskraft, **f = 0,5**
- **Nach hinten**, beim Beschleunigen in Fahrtrichtung maximal 50 % der Gewichtskraft, **f = 0,5**

  f = Sicherungsfaktor

Massenkraft

Massenkraft = Sicherungsfaktor × Gewichtskraft

$F_M = f \times F_G$

Berechnung der Trägheitskräfte

Beispiel

Für die Holzkiste der Masse m = 1 000 kg auf der Ladefläche bedeutet das:

Beim Anfahren	Beim Bremsen	Bei der Kurvenfahrt
Massenkraft	Massenkraft	Fliehkraft

$F_M = 0{,}5 \times F_G$ $= 0{,}5 \times 1\,000$ daN $= 500$ daN	$F_M = 0{,}8 \times F_G$ $= 0{,}8 \times 1\,000$ daN $= 800$ daN	$F_M = 0{,}5 \times F_G$ $= 0{,}5 \times 1\,000$ daN $= 500$ daN

Fliehkraft F_Z

Fliehkraft F_Z

Auch in Kurven wirkt das Trägheitsgesetz. Die Ladung versucht die geradlinige Geradeausbewegung beizubehalten. Wäre also die Ladung nicht fest mit dem Fahrzeug verbunden, würde das Fahrzeug seitlich unter der Ladung hervorfahren. Da die Ladung fest mit der Ladefläche verankert ist, wirkt bei der Kurvenfahrt die **Fliehkraft** oder **Zentrifugalkraft**.

Die Fliehkraft F_Z berechnet sich:

$$F_Z = m \times v^2/r$$

Die Fliehkraft ist abhängig von

- der Masse m der Ladung in kg $m \uparrow \rightarrow F_z \uparrow$
- der Geschwindigkeit v in m/s $v \uparrow \rightarrow F_z \uparrow$
- Kurvenradius r in m $r \downarrow \rightarrow F_z \uparrow$

Die Geschwindigkeit hat den größten Einfluss auf die Veränderung der Fliehkraft F_Z. Verdoppelt man z. B. die Geschwindigkeit v, vervierfacht sich die Fliehkraft F_Z.

1.2.5 Reibungskraft F_R

Definition

Unter „Reibungskraft" versteht man die Kraft, die aufgrund der Oberflächenstruktur der Ladefläche und der des Ladeguts der Ladungsverschiebung entgegenwirkt.

Gleitreibbeiwert

Die Oberflächen der Ladefläche und der Ladung sind nicht absolut glatt. Wenn die Ladung auf der Ladefläche steht, findet eine sogenannte **Mikroverzahnung** zwischen den Oberflächen statt. Je rauer die Oberflächen, desto stärker wird die Mikroverzahnung. Wie stark diese Mikroverzahnung zwischen den Oberflächen der Ladefläche und dem Ladegut ist, wird durch den sogenannten **Gleitreibbeiwert μ** ausgedrückt.
Die Mikroverzahnung ist jedoch nicht nur von der Art, sondern auch von der Beschaffenheit der Oberflächen abhängig. Neben der Materialpaarung entscheidet der Zustand der Ladefläche (trocken, nass, schmutzig oder fettig) über die wirksame Reibungskraft.
Bei der Ladungssicherung arbeitet man aus Sicherheitsgründen mit der Gleitreibung.

Definition

Die Gleitreibung beschreibt die Kraft, die man aufwenden muss, um einen gleitenden Körper in Bewegung zu halten.

Physikalisch unterscheidet man zwischen Haftreibung und Gleitreibung. Die **Haftreibung** ist dabei um etwa 20 % größer als die Gleitreibung. Sie entspricht der Kraft, die man aufwenden muss, um einen ruhenden Gegenstand in Bewegung zu bringen.

Die Reibungskraft berechnet sich aus dem Gleitreibbeiwert μ multipliziert mit der Gewichtskraft F_G.

Reibungskraft

Reibungskraft = Gleitreibbeiwert × Gewichtskraft

$$F_R = \mu \times F_G$$

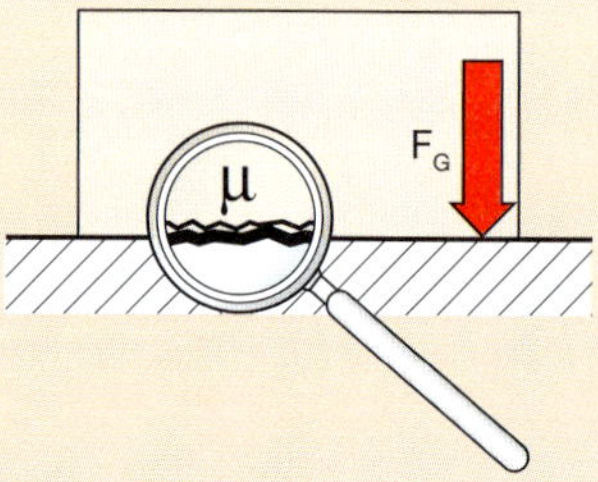

Beispiel
Gleitreibbeiwerte

Gleitreibbeiwerte

GLEITREIBBEIWERT-TABELLE			
Gleitreibbeiwert μ	**trocken**	**nass**	**ölig/fettig**
Holz auf Holz Holz auf Metall Holz auf Beton Metall auf Metall	0,20–0,50 0,20–0,50 0,30–0,60 0,10–0,25	0,20–0,25 0,20–0,25 0,30–0,50 0,10–0,20	0,05–0,15 0,02–0,10 0,10–0,20 0,01–0,20
Antirutschmatte RP	0,60–0,95		

Beispiel
Befindet sich die Holzkiste der Masse m = 1 000 kg auf einer Ladefläche aus Holz (Gleitreibbeiwert = 0,3), so berechnet sich die Reibungskraft F_R wie folgt:

Rechnung:
$F_R = \mu \times F_G$
$= 0{,}3 \times 1\,000$ daN
$= 300$ daN

Ergebnis: Die Holzkiste setzt 30 % ihrer Gewichtskraft dem Rutschen entgegen.

1.2.6 Sicherungskraft F_S

Definition

Die Sicherungskraft F_S ist die Kraft, die zusätzlich zur Reibungskraft von den Sicherungsmitteln oder dem Fahrzeugaufbau aufgebracht werden muss, um ein Verrutschen der Ladung zu verhindern. Sie berechnet sich aus der Differenz zwischen wirkender Massenkraft F_M und der Reibungskraft F_R.

Sicherungskraft = Massenkraft – Reibungskraft
$F_S = F_M - F_R$

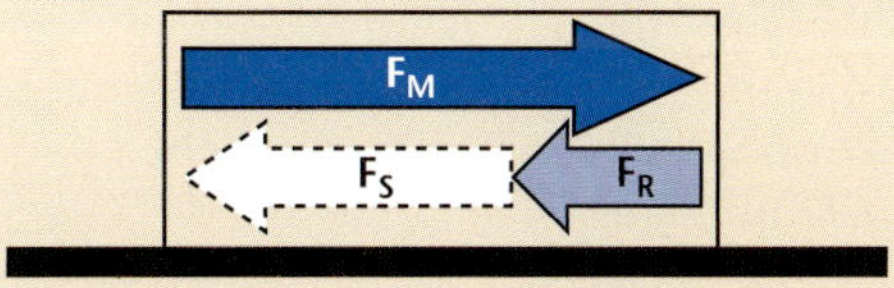

Sicherungskraft

Beispiel
Betrachten wir wieder unser Beispiel. Die Holzkiste der Masse m = 1 000 kg befindet sich auf der Ladefläche. Aufgrund der Mikroverzahnung mit der Ladefläche (μ = 0,3) setzt sie der Massenkraft 30 % ihrer Gewichtskraft durch Reibung entgegen.
Wie hoch ist die Sicherungskraft, die aufzubringen ist, um das Verrutschen der Holzkiste zu verhindern?

Rechnung:
Für die Berechnung der Sicherungskraft gilt:

F_S in Fahrtrichtung:	F_S seitlich und nach hinten:
$F_S = F_M - F_R$	$F_S = F_M - F_R$
$F_S = 0{,}8 \times F_G - \mu \times F_G$	$F_S = 0{,}5 \times F_G - \mu \times F_G$
F_S = 800 daN – 300 daN	F_S = 500 daN – 300 daN
F_S = 500 daN	F_S = 200 daN

Ergebnis: Um ein Verrutschen der Ladung in Fahrtrichtung zu verhindern, muss durch Maßnahmen zur Ladungssicherung eine Sicherungskraft von 500 daN aufgebracht werden.
Seitlich und nach hinten muss die Ladung zusätzlich mit einer Sicherungskraft von 200 daN gegen Verrutschen gesichert werden.

Kraftwirkungen beim Bremsen

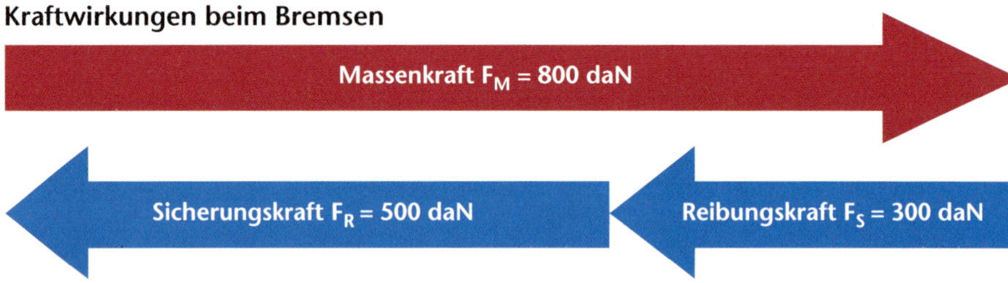

Kraftwirkungen beim Anfahren und bei der Kurvenfahrt

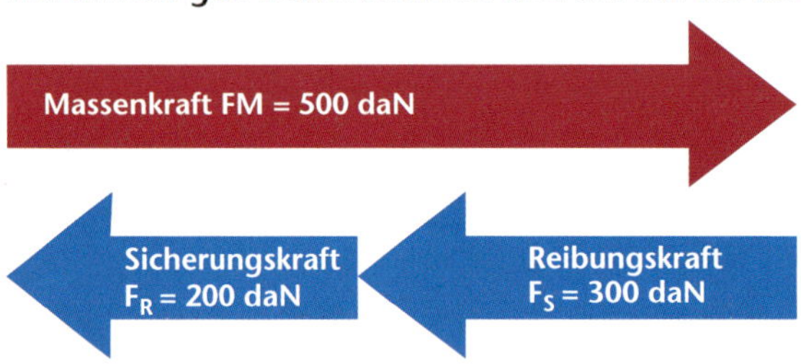

1.3 Verladeeinrichtungen

Verladevorgänge beim Warenein- und -ausgang müssen möglichst schnell, kostensparend, unfallfrei und witterungsgeschützt abgewickelt werden können. Daher benötigt ein Unternehmen neben den Fördermitteln auch entsprechende Verladeeinrichtungen.

Dabei werden verschiedene Arten von Verladesystemen eingesetzt. Je nach Verwendung unterscheidet man an oder in Gebäuden fest installierte Verladesysteme und frei bewegliche Verladesysteme.

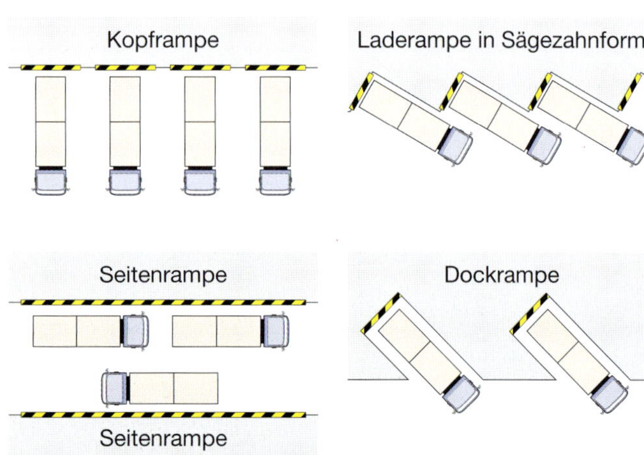

Laderampe

Laderampen
Nach den örtlichen Gegebenheiten und nach der Art und Weise der Be- und Entladung unterscheidet man folgende Rampenformen:

Stationäre Rampen sind fest installiert und haben eine fest vorgegebene Ladehöhe. Um diesen Nachteil auszuschließen, verwendet man auch:

- **Ladebrücken**: Sie überbrücken Höhen und Längenunterschiede an den Laderampen.
- **Ladestationen** mit Hydraulikplattformen und Ladevorrichtungen: Sie ermöglichen die Be- und Entladung in verschiedenen Ladehöhen.
- **Mobile Laderampen** machen eine ortsunabhängige Be- und Entladung möglich.
- **Ladeschienen** ermöglichen die Auf- und Abfahrt von Fahrzeugen.

Ladebrücke

Vorschub-Ladebrücke

Mobile Laderampe

Ladeschienen

1.4 Gefahren bei der Verladung

Bei Arbeiten auf und an Laderampen besteht ein erhöhtes Unfallrisiko. Diesem Risiko kann durch technische und organisatorische Maßnahmen begegnet werden.

Gefahren beim Verladen

Ursachen für Gefahren:
- Rutschige und verschmutzte Laderampen
- Fehlende Absturzsicherung
- Mangelhafte Sicherung der Fahrzeuge gegen Wegrollen
- Mangelhafte Einweisung der Fahrer beim Rückwärtsfahren
- Nichtbenutzung von Abgängen
- Mangelnde Unterweisung der Beschäftigten

Zusammengepackt

- Für die Ladungssicherung sind Absender, Frachtführer, Fahrzeughalter sowie Verlader und Fahrer verantwortlich.
- Die Pflichten der Beteiligten: Absender, Frachtführer (Fahrer) geregelt im HGB; weitere gültige Vorschriften finden sich in der Straßenverkehrsordnung, der Straßenverkehrszulassungsordnung, in den VDI-Richtlinien, den DIN-EN-Normen, in den BGV- und den CTU-Packrichtlinien.
- Der Absender ist für die betriebssichere Verladung, der Frachtführer (Fahrer) für die beförderungssichere Verladung verantwortlich.
- Vor der Beladung sind durch den Frachtführer oder Fahrer Staupläne zu erstellen, wobei die Verteilung der Ladung auf der Ladefläche nach den technischen Voraussetzungen des Fahrzeugs und den Eigenschaften des Ladeguts vorzunehmen ist.
- Die Verladung umfasst folgende Schritte:

1. Erstellen der Ladeeinheit → **2. Überprüfen des Transportmittels** → **3. Lastverteilung** → **4. Verladung der Ladeeinheiten**

- Kräfte bei der Ladungssicherung:
  Gewichtskraft F_G (Gewicht der Ladung)
  Massenkraft F_M – Reibungskraft F_R = Sicherungskraft F_S
- Je größer die Mikroverzahnung, desto größer ist die Reibungskraft F_R.
- Die Sicherungskraft F_S sichert neben der Reibungskraft die Ladung gegen Verrutschen.
  - bei den Verladeeinrichtungen unterscheidet man an oder in Gebäuden fest installierte Verladesysteme und mobile Ladesysteme
  - bei Arbeiten an Laderampen besteht ein erhöhtes Unfallrisiko, z. B. durch mangelhafte Sicherung der Fahrzeuge, fehlende Absturzsicherungen und rutschiege Wegflächen

Aufgaben

1. *Was verstehen Sie unter „beförderungssicherer Verladung" und „betriebssicherer Verladung"?*
2. *Erklären Sie fünf Grundregeln, die Sie beim Stauen von Ladungen beachten müssen, an geeigneten Beispielen.*
3. *Zeichnen Sie für einen Sattelzug mit der Innenlänge 13,35 m und der Innenbreite von 2,44 m einen Stauplan im Maßstab 1:100. Die Ladung besteht aus Euroflachpaletten (1,20 m × 0,80 m). Nehmen Sie die Beladung so vor, dass Sie eine möglichst große Anzahl an Paletten verladen, sodass die Ladefläche optimal ausgenutzt wird.*
4. *Beschreiben Sie die Kräfte, die im normalen Fahrbetrieb auf die Ladung wirken können.*
5. *Skizzieren Sie sich die Seitenansicht einer Ladefläche mit Ladung.*
   a *Tragen Sie die Gewichtskraft FG. und die maximal wirkenden Massekräfte F_M. ein*
   b *Berechnen Sie die Gewichtskraft FG. und die Massenkräfte F_M für eine Ladung der Masse m = 15,6t.*
6. *Eine Ladung der Masse m = 12 500 kg wird auf einen Lkw verladen.*
   a *Berechnen Sie die Gewichtskraft F_G.*
   b *Berechnen Sie die Reibungskraft F_R, wenn ein Gleitreibbeiwert $\mu = 0,35$ gilt.*
   c *Beschreiben Sie die Wirkung einer Antirutschmatte zur Erhöhung des Gleitreibbeiwerts.*
   d *Durch den Einsatz der Antirutschmatte wird die Reibungskraft um 30 % erhöht. Berechnen Sie die jetzt wirksame Reibungskraft.*

2 Ladungssicherung in der Verladepraxis

Einstiegssituation

Biertisch und Grill an Bord

Fünfhundert Liter Bier an Bord – und das im Pkw, nicht im Transporter des Getränkelieferanten. Gibt's nicht? Gibt's doch, und zwar wenn der Inhalt eines einzigen 10-Liter-Partyfasses bei einem Auffahrunfall aus Tempo 50 mit der ca. 30- bis 50-fachen Gewichtskraft nach vorne schießt – eine Horrorvorstellung.

Handlungsaufträge

1. a) Analysieren Sie die oben beschriebene Situation. Durch welche Kräfte wurde die Ladung von ihrem ursprünglichen Ladeort wegbewegt?

b) Schätzen Sie ein, wie groß die Gewichte einzelner Ladungsbestandteile bei einer Notbremsung oder einem Aufprall werden können.

2. Nennen Sie Möglichkeiten, wie die Ladung gegen Verrutschen gesichert werden kann.

2.1 Sicherung der Güter als Ladeeinheit

Die Ladungssicherung erfolgt im Normalfall in zwei Schritten. Bevor die Ladung auf dem Fahrzeug verladen, gestaut und gesichert werden kann, muss die Ladeeinheit selbst gesichert werden. Diese Aufgabe übernimmt der Verpacker, bevor er die Ladeeinheit für den Transport bereitstellt. *Ladeeinheit gesichert*

Das bedeutet, dass die auf dem Lademittel befindlichen Güter, wie z. B. Schachteln, Säcke, Fässer, Eimer fest mit dem Lademittel, z. B. einer Flachpalette, verbunden werden.

Beispiele

Eine ausreichende Sicherung der Ladeeinheit ist meist nur durch die Kombination mehrerer Methoden möglich!

Auswirkungen ungenügender Sicherung der Ladeeinheit

Eine andere, weitaus bessere Möglichkeit ist, Güter in einem geeigneten Lademittel, z. B. Gitterboxpalette, Kiste, Harass, zu verpacken und zu sichern.

Weitere Informationen zum Thema „Verpackung" finden Sie im Lernfeld 6 „Güter verpacken" (S. 265).

2.2 Sicherung der Ladung auf dem Transportmittel – Arten der Ladungssicherung

Es gibt drei Möglichkeiten, eine Ladung auf einem Transportmittel zu sichern.

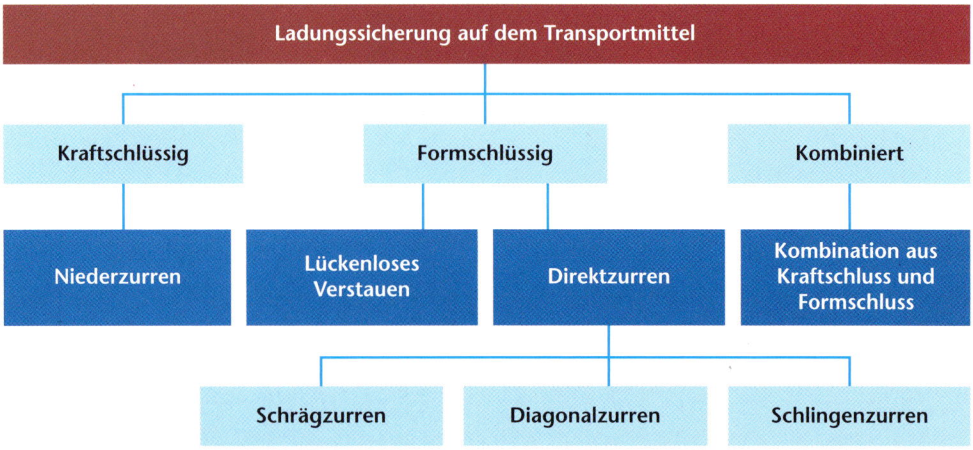

2.2.1 Kraftschlüssige Ladungssicherung

Prinzip des Niederzurrens

Das Prinzip der kraftschlüssigen Ladungssicherung beruht darauf, dass die Mikroverzahnung zwischen Ladung und Ladefläche erhöht wird. Die Reibungskraft sichert die Ladung.

Die kraftschlüssige Ladungssicherung erfolgt durch **Niederzurren**. Dabei werden die Zurrmittel über die Ladung geführt und mit den Zurrpunkten an der Ladefläche verbunden. Durch ein Spannelement, z. B. eine Ratsche, wird das Zurrmittel gespannt. Dabei erzeugt das Zurrmittel auf die Ladung eine zusätzliche Anpresskraft.
Die Gewichtskraft der Ladung und die Anpresskraft in den Zurrgurten addieren sich und erhöhen somit die Reibungskraft F_R.
Die Kraft, die dabei über das Zurrmittel auf die Ladung wirkt, wird als Vorspannkraft F_V bezeichnet.

Besonderheiten beim Niederzurren

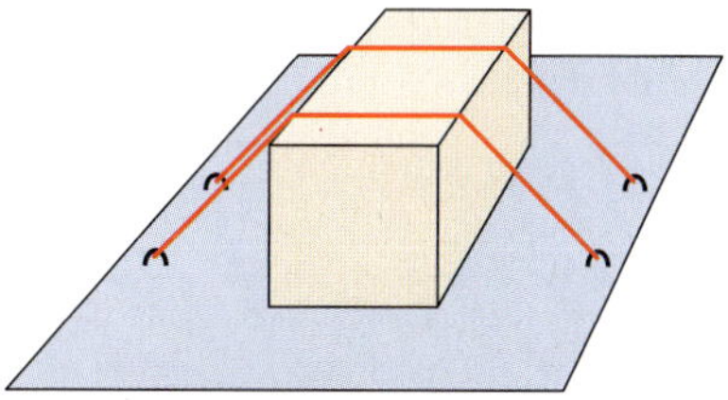

- Das Niederzurren eignet sich nur für **formstabile Ladungsgüter**. Forminstabile oder nicht druckfeste Ladungsgüter, z. B. Säcke, werden durch die Zurrmittel zusammengedrückt und können die Vorspannkraft nicht bis zur Kontaktfläche zwischen Ladung und Ladefläche übertragen.
- Kantengleiter werden verwendet, um
  - ein Eindrücken der Ladung zu vermeiden,
  - die Vorspannkraft gleichmäßig auf das Ladegut zu verteilen,
  - die Zurrmittel vor Zerreißen an scharfen Kanten zu schützen.
- Niederzurren ist nur wirksam, wenn alle Teile der Ladung erfasst werden.
- Ladelücken machen das Niederzurren unwirksam, da die Ladung durch die Zurrmittel nach innen verschoben werden kann.
- Eine hohe Stabilität der Ratsche (hoher S_{TF}) ist erforderlich.
- Beim Niederzurren sind die Spannelemente wechselseitig zu führen, um die Vorspannkraft gleichmäßig zu verteilen.
- Der Zurrwinkel α hat einen großen Einfluss auf die wirksame Vorspannkraft. Optimal ist ein Zurrwinkel α nahe 90 Grad.

Berechnung der Vorspannkraft F_V

Die Berechnung der Vorspannkraft zur Sicherung der gesamten Ladung ist sehr komplex. In der täglichen Praxis kommt eine vereinfachte Formel zur Anwendung. Diese Formel darf für Zurrwinkel α zwischen 90° und 83° angewendet werden. Werden die Zurrwinkel kleiner als 83°, so sinkt die wirksame Vorspannkraft.

Bei einem Zurrwinkel von α = 30° wirkt die Vorspannkraft z. B. nur noch zu 50 %.

$$F_V = \frac{f - \mu}{\mu} \times \frac{F_G}{1{,}5}$$

F_V = Vorspannkraft zur Sicherung der gesamten Ladung
f = Sicherungsfaktor (nach vorn 0,8; zur Seite und nach hinten 0,5)
μ = Gleitreibbeiwert
F_G = Gewichtskraft in daN

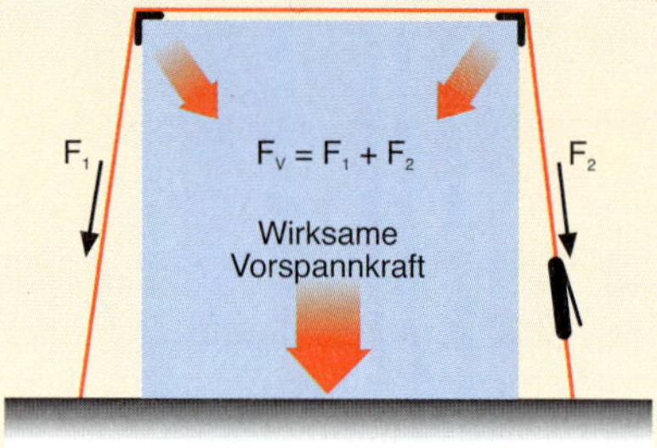

Beispiel: Berechnung der Vorspannkraft

Ein Betonelement der Masse m = 2 t soll durch Niederzurren auf einer Ladefläche aus Holz gesichert werden. Der Gleitreibbeiwert μ beträgt 0,5.
Berechnen Sie die notwendige Vorspannkraft zur Sicherung des Betonelements in Fahrtrichtung.

Sicherungsfaktor in Fahrtrichtung: f = 0,8
Gleitreibbeiwert: μ = 0,5

F_G = 2 000 daN

$$F_V = \frac{0{,}8 - 0{,}5}{0{,}5} \times \frac{2\,000 \text{ daN}}{1{,}5}$$

F_V = 800 daN

Ergebnis: Die Vorspannkraft zur Sicherung des Betonelements in Fahrtrichtung beträgt 800 daN.

Verwendet man z. B. Zurrmittel mit einer Vorspannkraft S_{TF} = 300 daN, so muss die Ladung mit drei Zurrmitteln niedergezurrt werden.

Die Formel zur Berechnung der Vorspannkraft enthält eine Sinusfunktion. Um die Abhängigkeit der Vorspannkraft vom Zurrwinkel zu ermitteln, multiplizieren Sie den ermittelten Wert aus der Formel mit dem Sinus des Zurrwinkels α.

2.2.2 Formschlüssige Ladungssicherung

Eine formschlüssige Ladungssicherung liegt vor, wenn die Ladung lückenlos verstaut ist und direkt am Fahrzeugaufbau anliegt bzw. wenn die Ladung direkt gezurrt wird.

Gezurrte Ladung

Formschlüssige Ladung

Formschluss Formschluss liegt vor, wenn die Ladung

- lückenlos verstaut wird, also an der Stirnwand, der Rückwand und/oder an den Seitenwänden anliegt. Der Formschluss kann auch durch Ausfüllen der Leerräume mit Paletten, Stausäcken usw. erzielt werden.

- durch Hilfsmittel, wie Kanthölzer, Keile, Bordwandanker, Trennwände und Klemmbalken, Coilmulden usw., abgegrenzt (festgesetzt) wird.
- direkt verzurrt, also mit Zurrmitteln in Position gehalten wird.

Liegt eine lückenlose Verstauung der Ladung vor, kann auf eine zusätzliche Ladungssicherung verzichtet werden, wenn der Fahrzeugaufbau die für die Ladungssicherung erforderlichen Kräfte aufnehmen kann.

Direktzurren

Beim Direktzurren unterscheidet man zwischen

- **Schrägzurren**
- **Diagonalzurren**
- **Schlingenzurren**

Im Gegensatz zum Niederzurren werden beim Direktzurren die Zurrmittel an Zurrpunkten an der Ladung und an der Ladefläche befestigt. Die Zurrmittel werden im geraden Zug eingesetzt und nur leicht vorgespannt.

Die Zurrmittel halten die Ladung erst dann in Position, wenn sie sich aufgrund der Fahrsituation, z. B. beim Bremsen, in Bewegung setzt.

Direktzurren ist unbedingt dort anzuwenden,

- *wo Ladegüter wegrollen können, z. B. bei geladenen Fahrzeugen, Coils, Röhren,*
- *wenn die Reibungskraft durch Niederzurren nicht ausreichend erhöht werden kann.*

Beispiele für Direktzurren

Direktzurren als Schrägzurren

Beim Schrägzurren sichern immer mindestens zwei Zurrmittel jede der Seiten des Ladeguts.

- Die Zurrmittel werden im rechten Winkel zur Außenkante (Zurrwinkel β = 90°) der Ladefläche gespannt.
- Es sind mindestens acht Zurrmittel erforderlich.

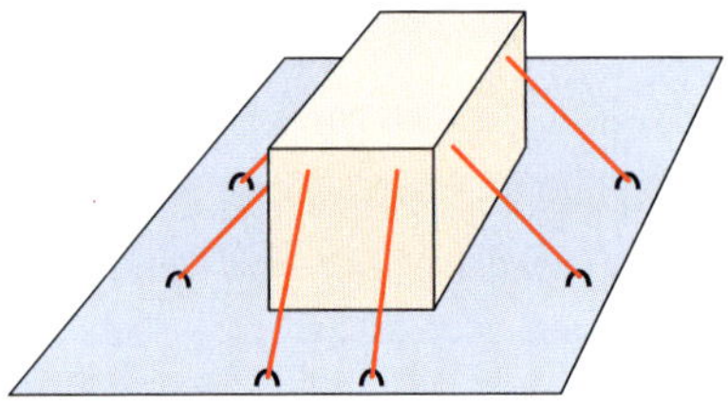

Empfohlene Winkelbereiche beim Schrägzurren
α möglichst annähernd 90° (zwischen Zurrmittel und Ladefläche)
β = 90° (zwischen Zurrmittel und Ladungskante)

Die Sicherungskraft beim Schrägzurren hängt ab

- von der zulässigen Belastbarkeit des Zurrmittels (LC) im geraden Zug,
- von der zulässigen Zugkraft der verwendeten Zurrpunkte,
- vom Zurrwinkel α, in dem die Zurrmittel zwischen Ladefläche und Ladung gespannt sind.

Direktzurren als Diagonalzurren

Beim Diagonalzurren sichert immer ein Zurrmittel eine Ecke des Ladegutes.

- Die Zurrmittel werden diagonal, also nicht im rechten Winkel zur Außenkante der Ladefläche gespannt.
- Es sind nur vier Zurrmittel erforderlich.

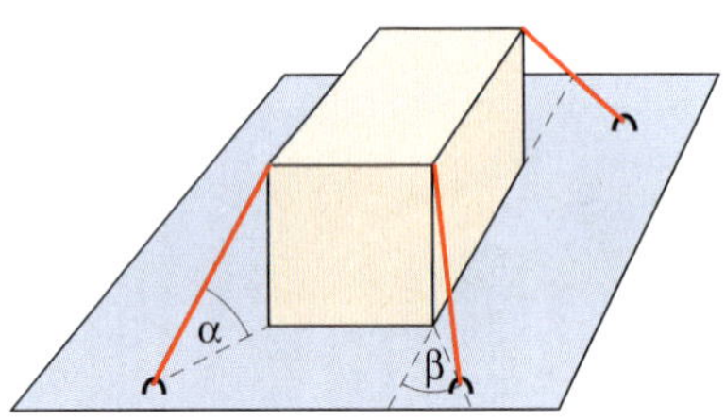

Empfohlene Winkelbereiche beim Diagonalzurren
α von 20° bis 65° (zwischen Zurrmittel und Ladefläche)
β von 10° bis 50° (zwischen Zurrmittel und Ladungskante)

Die Sicherungskraft beim Diagonalzurren hängt ab

- von der Zugkraft des Zurrmittels (LC) im geraden Zug,
- von der zulässigen Belastbarkeit der verwendeten Zurrpunkte,
- vom Zurrwinkel α und β, in dem die Zurrmittel gespannt sind.

1. Möglichkeit

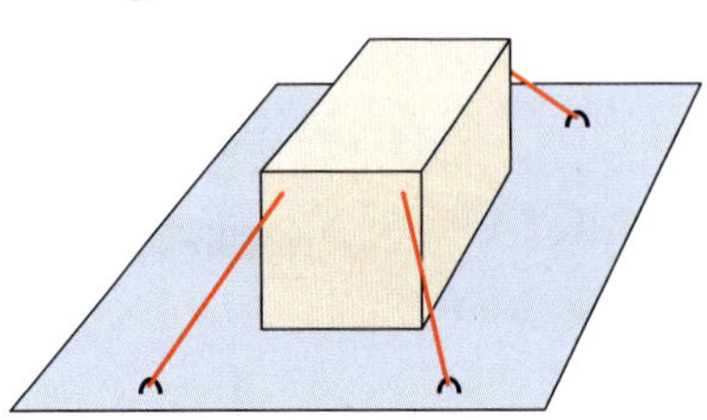

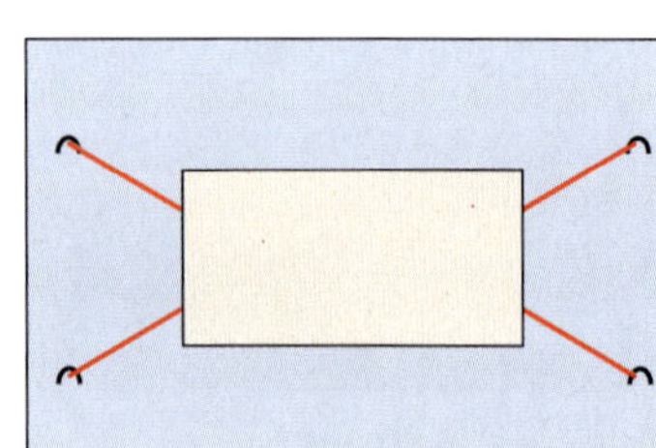

2. Möglichkeit

3. Möglichkeit

Direktzurren als Schlingenzurren

Fehlen dem Ladungsgut geeignete Zurrpunkte, dann ist mit einer sogenannten Kopfschlinge ebenfalls ein Direktzurren möglich. Beim Kopfschlingenzurren müssen die Zurrmittel vor oder hinter der Ladung durch Hilfsmittel gehalten werden. Dies kann durch Hebegurte, durch Kantenwinkel oder mit Paletten erfolgen.

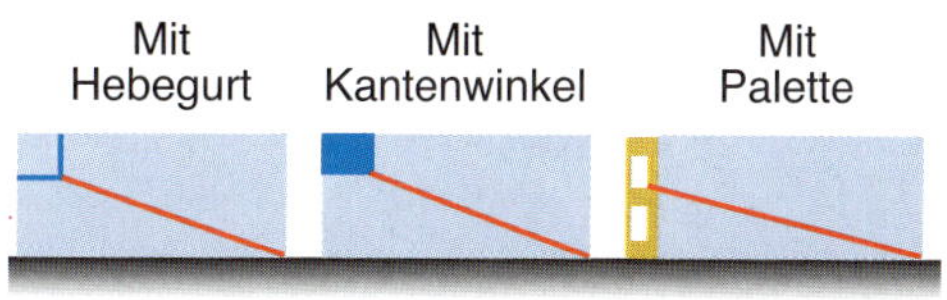

Schlingenzurren

Ein Kopfschlingenzurren kann die Ladung in und/oder entgegengesetzt der Fahrtrichtung sichern.

2.2.3 Kombinierte Ladungssicherung

Eine hochwirksame Ladungssicherung kann in der Praxis oft durch die Kombination aus formschlüssiger und kraftschlüssiger Ladungssicherung erzielt werden.
Meist reicht die kraftschlüssige Ladungssicherung (Niederzurren) für die Sicherung der Ladung nach hinten und zur Seite aus. Ergänzend kann die Sicherung nach vorn durch Formschluss – beispielsweise durch Hebegurt wie auf dem Bild – erreicht werden.

Kombination aus formschlüssiger und kraftschlüssiger Ladungssicherung

Für die Ladungssicherung gelten die folgenden Faustregeln:
- *Formschlüssiges Verladen ist besser als Direktzurren.*
- *Direktzurren ist besser als Niederzurren.*
- *Kombinationen ergeben häufig die beste Ladungssicherung.*

2.3 Sicherung der Ladung gegen Umkippen

Standfestigkeit

In vielen Situationen wird in der Praxis die Ladung ausschließlich gegen Verrutschen gesichert. Die Standfestigkeit der Ladung wird dabei kaum infrage gestellt. Nach den Grundsätzen der Ladungssicherung hängt die Standfestigkeit der Ladung von der Lage des Schwerpunkts ab.

Die Standfestigkeit sinkt, je höher der Schwerpunkt liegt und je schmaler die zu sichernde Ladung ist.

Grundsätzlich gilt das Ladegut als standsicher, wenn der Abstand des Schwerpunkts zur Kippkante (B_S) geteilt durch die Schwerpunkthöhe (H_S) größer ist als der jeweilige Sicherungsfaktor (f).

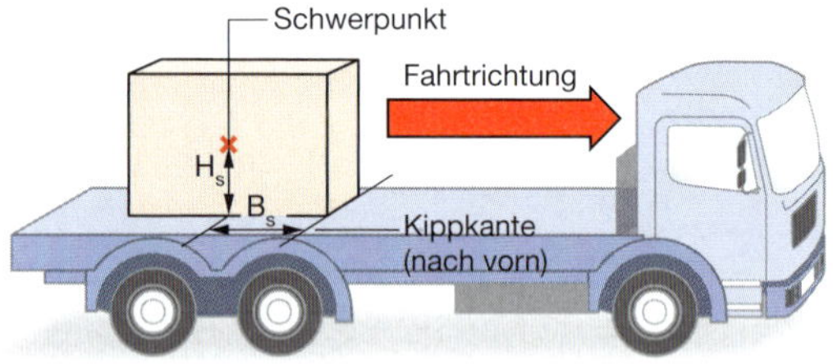

- nach vorn f = 0,8 $\frac{B_S}{H_S} \geq 0{,}8$
- zur Seite f = 0,7 $\frac{B_S}{H_S} \geq 0{,}7$
- nach hinten f = 0,5 $\frac{B_S}{H_S} \geq 0{,}5$

Beispiel

Überprüfen Sie, ob eine Kiste der Länge (in Fahrtrichtung) 150 cm, der Breite 100 cm und der Höhe 200 cm standfest ist. Der Schwerpunkt liegt mittig.

- nach vorn B_S/H_S = 75 cm/100 cm = 0,75 0,75 < 0,8
- Nach vorn besteht Kippgefahr, die Kiste ist **nicht** standfest!

- zur Seite B_S/H_S = 50 cm/100 cm = 0,5 0,50 < 0,7
- Zur Seite besteht Kippgefahr, die Kiste ist **nicht** standfest!

- nach hinten B_S/H_S = 75 cm/100 cm = 0,75 0,75 > 0,5
- Nach hinten besteht keine Kippgefahr, die Kiste ist standfest!

Ergebnis: Bei der Sicherung der Ladung ist darauf zu achten, dass die Kiste nach vorn und zur Seite gegen Umkippen zu sichern ist.

2.4 Anforderungen an das Transportfahrzeug

Das Fahrzeug und der Fahrzeugaufbau eines Transportfahrzeugs müssen so beschaffen sein, dass ein sicherer Transport des Gutes gewährleistet ist. Dazu zählen die fahrzeugspezifischen Eigenschaften, wie z. B. die zulässige Gesamtmasse, die Achslasten, die Maße der Ladefläche und die Ladehöhe. Weiterhin zählen dazu die Belastbarkeit der Ladebordwände und entsprechende Vorrichtungen zur Ladungssicherung, wie Zurrpunkte oder Zurrschienen.

Grundlage eines sicheren Transports ist ein geeignetes Fahrzeug.

2.4.1 Belastbarkeit der Ladebordwände

Bei Lkws und Anhängern mit einer zulässigen Gesamtmasse über 3,5 t muss die Aufbaufestigkeit nach DIN EN 12642 folgendermaßen gewährleistet sein.

Belastbarkeit:
- Stirnwand: 40 % der Nutzlast, max. 5 000 daN
- Rückwand: 25 % der Nutzlast, max. 3 100 daN
- Seitenwand: 30 % der Nutzlast

Für Container, Wechselaufbauten und Spezialfahrzeuge gelten eigene Belastungswerte.

Beispiel

Ein Lkw mit einer Nutzlast von 10 t ist formschlüssig beladen. Die Masse der Ladung beträgt 10 000 kg. Für die Materialpaarung gilt ein Gleitreibbeiwert von $\mu = 0{,}2$.
Berechnen Sie, ob die Belastbarkeit der Ladebordwände für die Ladungssicherung nach vorn, zur Seite und nach hinten ausreichend ist.

- Gewichtskraft der Ladung — F_G = 10 000 daN
- Reibungskraft bei $\mu = 0{,}2$ — F_R = 2 000 daN

a) Sicherung der Ladung nach vorn – Belastbarkeit der Stirnwand

nach vorn zu sichernde Kraft	$80\,\% \times F_G$	8 000 daN
Belastbarkeit der Stirnwand	$40\,\% \times F_G$	– 4 000 daN
durch Reibung gehalten	$20\,\% \times F_G$	– 2 000 daN
in Fahrtrichtung noch zu sichernde Kraft		**2 000 daN**

Ergebnis: In Fahrtrichtung ist die Ladung zusätzlich noch mit einer Kraft von 2 000 daN zu sichern. Diese zusätzliche Kraft kann z. B. durch die Verwendung von Antirutschmatten oder durch Niederzurren erreicht werden.

b) Sicherung der Ladung zur Seite – Belastbarkeit der Seitenwand

zur Seite zu sichernde Kraft	$50\ \% \times F_G$	5 000 daN
Belastbarkeit der Seitenwand	$30\ \% \times F_G$	– 3 000 daN
durch Reibung gehalten	$20\ \% \times F_G$	– 2 000 daN
zur Seite noch zu sichernde Kraft		**0 daN**

Ergebnis: Zur Seite ist die Ladung ausreichend gesichert. Eine zusätzliche Ladungssicherung ist also nicht erforderlich.

c) Sicherung der Ladung nach hinten – Belastbarkeit der Rückwand

nach hinten zu sichernde Kraft	$50\ \% \times F_G$	5 000 daN
Belastbarkeit der Rückwand	$25\ \% \times F_G$	– 2 500 daN
durch Reibung gehalten	$20\ \% \times F_G$	– 2 000 daN
nach hinten noch zu sichernde Kraft		**500 daN**

Ergebnis: Nach hinten ist eine zusätzliche Ladungssicherung von 500 daN erforderlich.

Bemessen Sie die Ladungssicherung auch bei der formschlüssigen Ladungssicherung nicht zu knapp! Bedenken Sie, dass sich die wirksame Reibungskraft durch äußere Einflüsse wie Schmutz, Fahrbewegung oder Nässe verringern kann.

2.4.2 Einrichtungen zur Ladungssicherung am Fahrzeug

Zurrpunkte

Zurrpunkte sind Befestigungseinrichtungen an Fahrzeugen, an denen ein Zurrmittel befestigt werden kann. Nach DIN EN 12640 sind Nutzfahrzeuge für den Stückgutverkehr mit einer zulässigen Gesamtmasse von mehr als 3,5 Tonnen mit Zurrpunkten auszurüsten. Die zulässige Zugkraft ergibt sich aus der zulässigen Gesamtmasse des Fahrzeugs.

In einen Zurrpunkt dürfen auch mehrere Zurrmittel eingehängt werden. Es ist jedoch zu gewährleisten, dass der Zurrpunkt nicht überlastet wird. Der Haken muss dabei im Hakengrund und nicht auf der Spitze belastet werden.

Zurrpunkte und deren zulässige Zugkraft müssen an der Ladefläche gekennzeichnet sein.

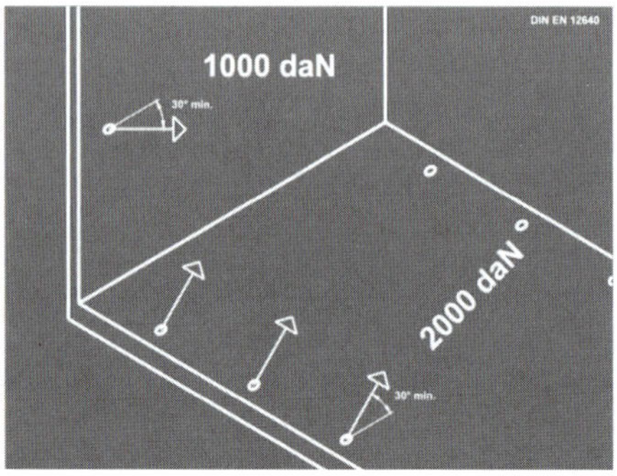

Zurrpunktschild

Zurrschienen

Zurrschienen sind variable Zurrpunktsysteme. Der Anwender hat hiermit die Möglichkeit, die Zurrmittel an der Stelle des Fahrzeugs zu verankern, wo sie zur Ladungssicherung erforderlich sind.

Loch- und Ankerschienen

Hierbei handelt es sich um in der Ladefläche oder in den Seitenwänden eingelassene oder als Sicherungssystem im Dach verbaute Metallprofile. In den Schienen können Hilfsmittel, wie z. B. Bordwandanker, Keile und Sperrstangen oder Sperrbretter, eingerastet werden.

Zurrpunkte

Coilmulden

Coilmulden sind wannenförmige Vertiefungen in der Ladefläche. In ihnen können rollenförmige Ladegüter, wie z. B. Flachstahlrollen, transportiert werden.

Lochschine

Coilmulde

2.4.3 Lastverteilung

Wie schon in den vorangegangenen Abschnitten beschrieben worden ist, muss bei der Beladung die zulässige Nutzlast sowie die zulässige Achslast des Fahrzeugs beachtet werden.
Der Schwerpunkt der Ladung soll möglichst niedrig gehalten werden und auf der Längsmittellinie der Ladefläche liegen.
Ein **Lastverteilungsplan** ist die Basis für eine ordnungsgemäße und sichere Verladung. Der Lastverteilungsplan weist die für das Fahrzeug zulässige Lastverteilung aus, damit die zulässigen Achslasten nicht überschritten werden und die Mindestachslast der Vorderachse nicht unterschritten wird.

Lastverteilungsplan

Lastverteilungspläne werden von den Fahrzeug- und Anhängerherstellern in den Bedienungsanleitungen ausgewiesen. Informieren Sie sich hierüber im Internet.

Mithilfe der Lastverteilungskurve kann man die Lage einer Einzelladung oder die richtige Reihenfolge mehrerer zu verladener Ladeeinheiten bestimmen. Ist das Gewicht der Gesamtladung bekannt, kann der Bereich, in dem der Gesamtschwerpunkt der Ladung liegen muss, bestimmt werden.
Eine Einzelladung ist so zu verladen, dass ihr Schwerpunkt in diesem Bereich liegt. Bei Ladungen aus mehreren Ladeeinheiten muss vorher noch der Gesamtschwerpunkt der Gesamtladung bestimmt werden.

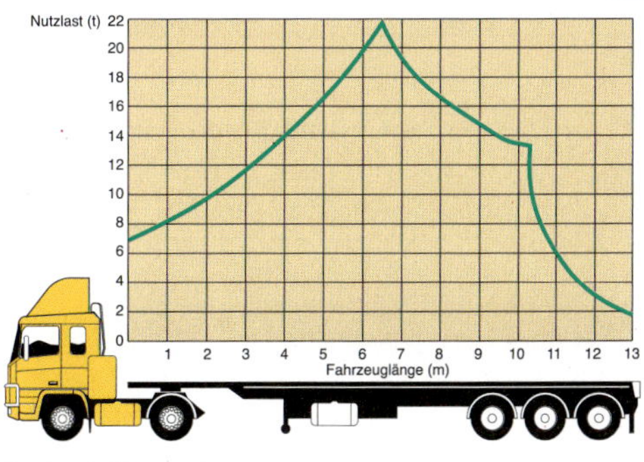

Lastverteilungsplan

Beispiel
Eine Einzelladung mit einer Masse m = 8 Tonnen soll auf dem Lkw mit dem abgebildeten Lastverteilungsplan verladen werden. Der Schwerpunkt liegt in der Mitte der Ladung.
Die Ladung muss so verladen werden, dass ihr Schwerpunkt zwischen 2,50 m und 4,90 m auf der Ladefläche liegt. Der Schwerpunkt muss also im farbig gekennzeichneten Bereich der Abbildung liegen.

Lastverteilung bei Teilladungen

In der Praxis stehen Fahrer und Verlader oft vor der Aufgabe, Ladungen unterschiedlicher Größe und Gewichte auf einem Transportmittel zu verladen. Dazu muss man die Lage des Schwerpunkts der Gesamtladung kennen.

Formel zur Berechnung des Gesamtschwerpunkts:

$$S_{Gesamt} = \frac{m_1 \times S_1 + m_2 \times S_2 + m_3 \times S_3 + \ldots}{m_1 + m_2 + m_3 + \ldots}$$

S_{Gesamt} = Gesamtschwerpunktabstand von der Stirnwand in Metern

m = Masse der jeweiligen Ladeeinheit in Tonnen

S = Schwerpunktabstand der jeweiligen Ladeeinheit zur Stirnwand in Metern

Beispiel
Auf einem Lkw werden drei Ladeeinheiten verladen.
Der Schwerpunkt liegt jeweils in der Mitte der Ladeeinheit.

	Ladeeinheit 1	Ladeeinheit 2	Ladeeinheit 3
Masse	m_1 = 2 t	m_2 = 5 t	m_3 = 3 t
Länge der Ladeeinheit	l_1 = 2,00 m	l_2= 3,00 m	l_3 = 1,00 m
Schwerpunktabstand der Ladeeinheit zur Stirnwand	S_1 = 1,00 m	S_2 = 2,50 m	S_3 = 5,50 m

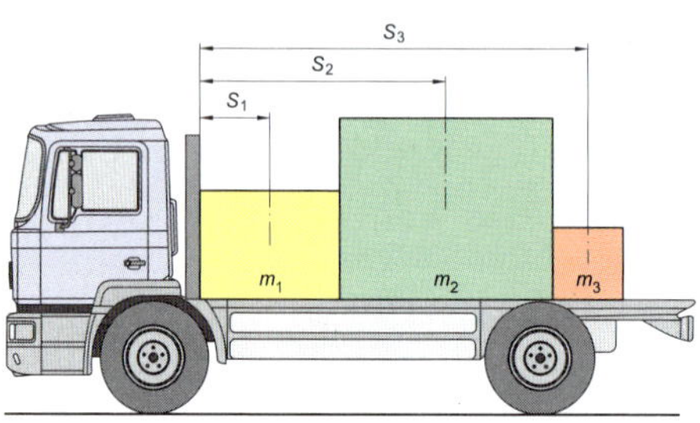

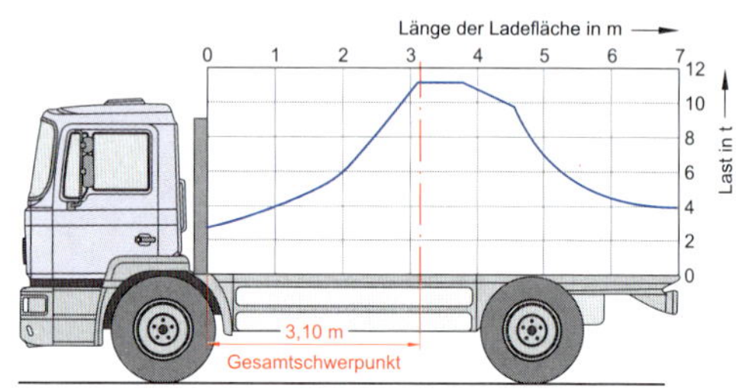

Berechnung des Gesamtschwerpunkts der drei Ladeeinheiten:

$$S_{Gesamt} = \frac{m_1 \times S_1 + m_2 \times S_2 + m_3 \times S_3}{m_1 + m_2 + m_3}$$

$$S_{Gesamt} = \frac{2\,t \times 1{,}00\,m + 5\,t \times 2{,}5\,m + 3\,t \times 5{,}50\,m}{3\,t + 5\,t + 2\,t} = \frac{2\,tm + 12{,}5\,tm + 16{,}5\,tm}{10\,t}$$

$$S_{Gesamt} = 3{,}10\,m$$

Ergebnis: Der Gesamtschwerpunkt der Ladung liegt bei 3,10 m.
Bei einer Nutzlast von 10 t muss der Gesamtschwerpunkt lt. Lastverteilungskurve im Bereich zwischen 2,90 m und 4,60 m liegen. Die drei Ladeeinheiten können also in der betrachteten Reihenfolge verladen werden.

2.5 Mittel zur Ladungssicherung

Neben der Stabilität der Aufbaukonstruktion des Fahrzeugs gehören zu den Mitteln der Ladungssicherung

- fest mit dem Fahrzeug verbundene Einrichtungen zur Ladungssicherung,
- Zurrmittel,
- sonstige Hilfsmittel.

2.5.1 Zurrmittel

Definition

Zurrmittel sind Einrichtungen, die in den Zurrpunkten eingehangen werden, um die Ladung zu sichern.

Zurrmittel dürfen nur zum Zurren, aber nicht zum Heben verwendet werden!

Zurrmittel

- Zurrgurte
- Zurrketten
- Zurrdrahtseile

Zurrgurte

Zurrgurt

Zurrgurte bestehen aus

- dem gewebten Gurtband aus Chemiefasern (Polyester) als Spannmittel und
- einer Ratsche oder einem Spannschloss als Spannelement zum Einbringen der erforderlichen Vorspannkraft,

Kurzhebelratsche

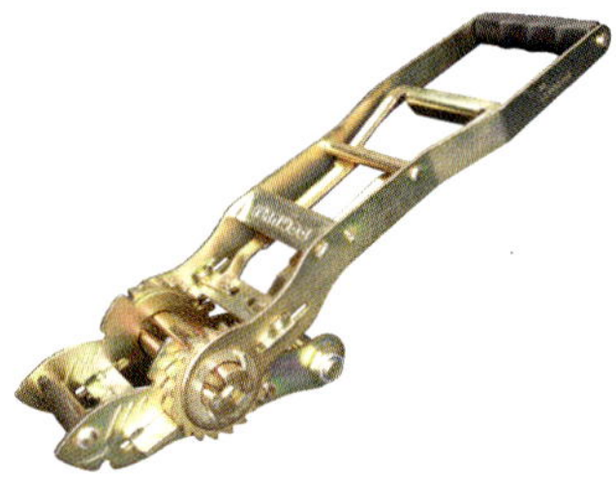
Langhebelratsche

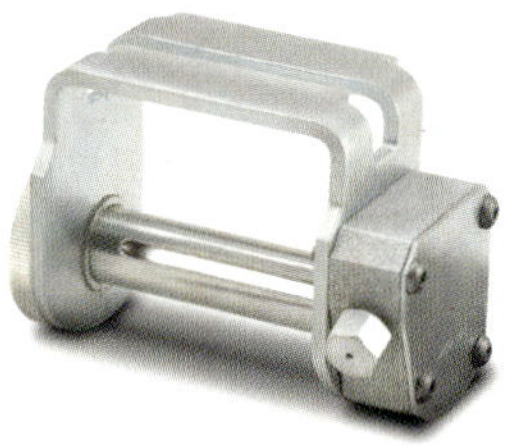
Zurrgurtwinde

- Haken als Verbindungselement zwischen Zurrgurt und Zurrpunkt.

Kennzeichnung eines Zurrgurtes

Zurrgurte müssen mit einem dauerhaft beständigen Etikett versehen sein (blaues Etikett = Polyestergurt).

Dieses Etikett muss folgende Informationen enthalten:

- **LC (Lashing Capacity)** Zurrkraft; d. h. die maximale Kraft, mit der das Zurrmittel im geraden Zug belastet werden darf. Diese Information ist wichtig für das Direktzurren.
- **S_{HF} (Standard Hand Force)** normale Handkraft, d. h. die Kraft, die zum Spannen der Ratsche aufzubringen ist. Diese beträgt maximal 50 daN.
- **S_{TF} (Standard Tension Force)** normale Spannkraft, d. h. die Kraft, die durch die Handkraft mittels der Ratsche erzeugt wird und als Vorspannkraft im Zurrmittel wirkt. Diese Information ist wichtig für das Niederzurren.

Beispiel

Sie bewegen die Ratsche mit einer Handkraft S_{HF} von 50 daN. Damit erhöhen Sie mit jeder Betätigung der Ratsche die Spannkraft im Zurrgurt. Die Ratsche kann im Normalfall so lange betätigt werden, bis die normale Spannkraft S_{TF} im Gurt erreicht ist.

Beachten Sie beim Einsatz von Zurrgurten Folgendes:
- *Zurrgurte nur bis zur zulässigen Zurrkraft verwenden*
- *Nur unbeschädigte Zurrgurte verwenden*
- *Zurrgurte nicht über scharfe Kanten spannen*
- *Zurrgurte nicht knoten*
- *Zurrgurte gleichmäßig über die gesamte Ladung verteilen*
- *Auf den Zurrgurten keine Lasten absetzen*

Zurrketten

Zurrkette mit Ratschenspanner

Bei Zurrketten werden als Spannmittel Rundstahlketten eingesetzt. Die LC (Zurrkraft) hängt von der verwendeten Güteklasse und dem Nenndurchmesser der Kette ab. Sie ist dem Typenschild der Zurrkette zu entnehmen.
Als Spannelemente werden Ratschenspanner und Knebelspanner verwendet. Als Verbindungselemente dienen z. B. Zurrhaken oder Schäkel.

Zurrdrahtseile

Zurrdrahtseil

Bei Zurrdrahtseilen werden als Spannmittel Drahtseile verwendet. Der LC hängt von der Anzahl der verarbeiteten Einzeldrähte, den Drahtlitzen und dem Nenndurchmesser des Drahtseils ab. Als Spannelemente kommen Drahtseilwinden und Mehrzweckkettenzüge zum Einsatz.

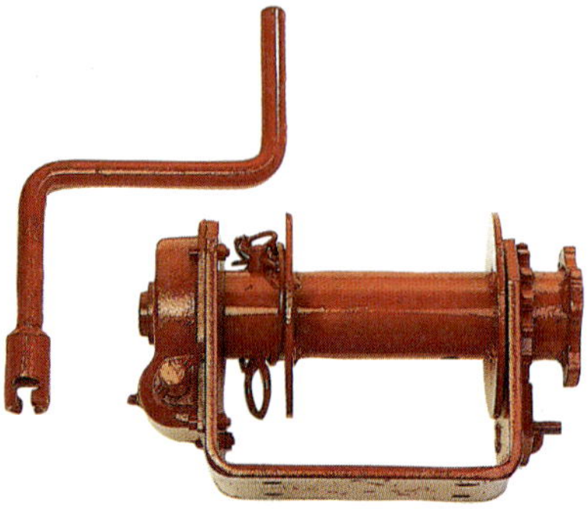

Drahtseilwinde

2.5.2 Sonstige Hilfsmittel

Fixierende und ausfüllende Hilfsmittel sollen verhindern, dass sich die Güter auf der Ladefläche bewegen können.

Fixierende Hilfsmittel	Ausfüllende Hilfsmittel
▪ Zubehör für Lochschienen und Ankerschienen ▪ Holzkonstruktionen ▪ Holzkeile ▪ Zwischenwände ▪ Klemmstangen	▪ Stausäcke ▪ Holzbalken ▪ Leerpaletten

Fixierende Hilfsmittel

Rutschhemmende Matten und Stausäcke

- **Netze und Planen** dienen als Zurrmittel für die kraft- und formschlüssige Ladungssicherung oder als Abdeckung, z. B. für leichte Ladegüter.

Abdecknetz

Zurrnetz

Zurrplane

- **Rutschhemmende Matten** erhöhen den Gleitreibbeiwert zwischen Ladefläche und Ladegut bzw. zwischen den Ladegütern. Dazu gehören nicht nur Antirutschmatten, z. B. aus Vollgummi, sondern auch Platten aus rutschhemmendem Fasermaterial oder rutschhemmender Vollpappe.

Rutschhemmende Matte

- **Zahn- und Keilleisten** drücken sich bei weichen Materialien, wie z. B. Holz, in die Oberfläche ein. Auf diese Weise ermöglichen sie eine formschlüssige Ladungssicherung.
- **Twistlocks** (engl. to twist = verdrehen; lock = Schloss). Twistlocks verriegeln Wechselbehälter und Container untereinander oder mit dem Trägerfahrzeug.

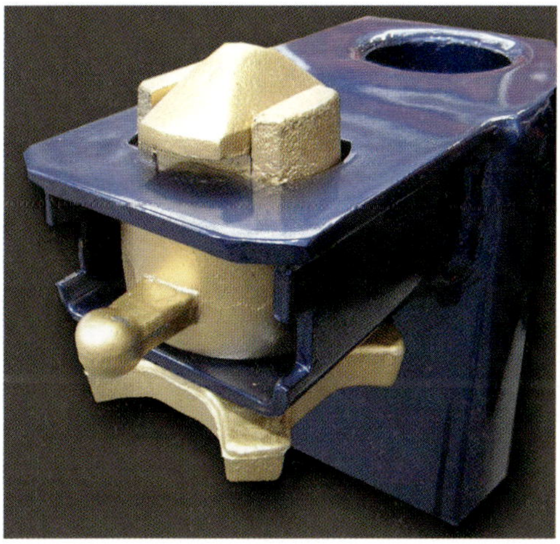

Twistlock am Containerauflieger

2.6 Besonderheiten bei der Beladung von Containern

Container sind genormte Großpackmittel. Sie eignen sich für den Transport von Gütern mit mehreren Verkehrsträgern. Der Container wird dabei als abgeschlossene Ladungseinheit verladen, transportiert, umgeladen und gelagert. Diese multifunktionale (vielen Funktionen gerecht werdende) Verwendung stellt besondere Anforderungen an das Ladegut und die Verladung.

Informationen über die Arten, die Größe und den Aufbau von Containern finden Sie im Lernfeld 6 „Güter verpacken", S. 271 ff.

2.6.1 Vorbereitung der Beladung

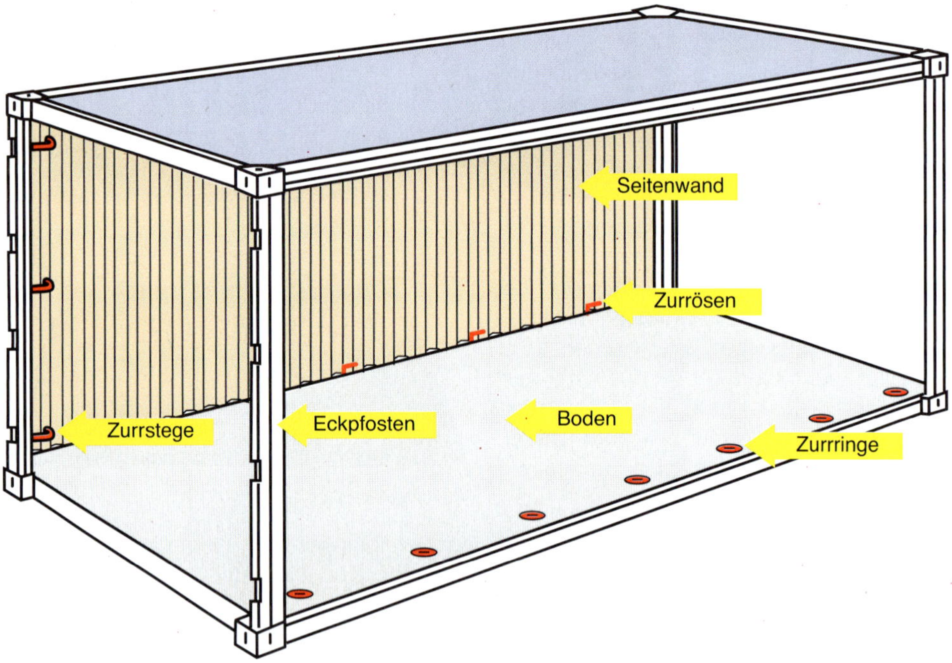

Beladen eines Containers

Die Beladung eines Containers will gut vorbereitet sein. Folgende Punkte sind dabei zu berücksichtigen:

- Ermitteln der Maße und Gewichte der zu verladenden Güter
- Die Ladegüter müssen hinsichtlich ihrer Beschaffenheit für die Containerbeladung geeignet sein.
- Auswahl eines geeigneten Containers
- Erstellen eines Stauplans. Dabei muss die Gewichtsverteilung im Container beachtet werden. Hierbei sind die Lastverteilung auf dem Boden und die Belastung der Containerwände zu berücksichtigen. Es ist ein möglichst niedriger, mittiger Schwerpunkt der Gesamtladung anzustreben.

Staupläne können gezeichnet oder mit speziellen Computerprogrammen erstellt werden.

In der Praxis besteht die Möglichkeit, sich die Grundfläche des Containers auf dem Hallenboden aufzuzeichnen und die zu verladenen Güter darin vorzustauen.

2.6.2 Container-Check

Jeder Container, der im internationalen Verkehr eingesetzt wird, muss ein gültiges **Sicherheits-Zulassungsschild** nach dem internationalen Übereinkommen über sichere Container (**CSC-Plakette**) haben.

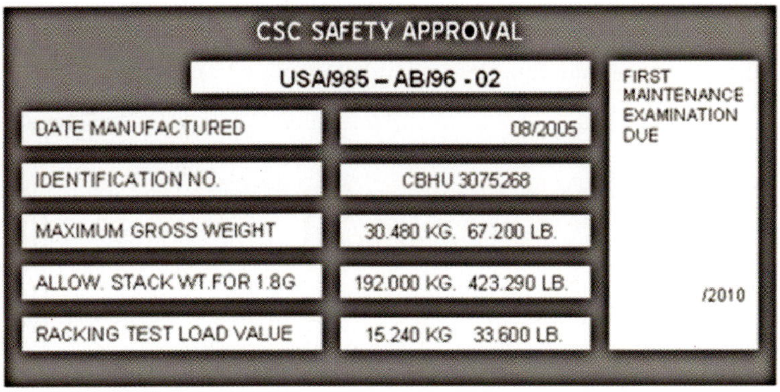

Plakette CSC SAFTEY APPROVAL

Vor dem Beladen ist es empfehlenswert, einen Check durchzuführen, um möglichen **CSC-SAFETY-APPROVAL**-Ladungsschäden vorzubeugen:

Check außen

- Keine Mängel an Trägern, Pfosten, Beschlägen, Schweißnähten?
- Keine Löcher und Risse in Wänden und Dach?
- Keine Verformungen der Wände und des Dachs?
- Türen gangbar?
- Funktionieren die Verschlussvorrichtungen?
- CSC-Sicherheits-Zulassungsschild vorhanden und in einwandfreiem Zustand?
- Sind keine Aufkleber (Markierungen, Warnzeichen, Placards) von der letzten Ladung mehr vorhanden?

Container von außen prüfen.

Check innen

- Sind keine Verformungen im Boden, an den Innenwänden und der Decke sichtbar?
- Sind die Befestigungselemente in gutem Zustand und fest verankert vorhanden?
- Ist der Container wasserdicht (Prüfprobe; beide Türen fest schließen und auf Lichteinfall achten)?
- Ist der Container trocken (Schwitzwasser, Raureif)?

Container von innen prüfen

- Ist der Container sauber, frei von Ladungsrückständen und geruchsneutral?
- Sind keine Nägel und herausstehenden Gegenstände zu sehen? Diese können die Ladung beschädigen.

Prüfungen nach dem Beladen

- Ist der Container der Ladung und den Belastungen des Transports entsprechend beladen?
- Ist die Ladung gleichmäßig erfolgt, gibt es Ladungssicherungen, wurde Überladung vermieden?
- Ist die Kopie der Kolli-Leistung gut sichtbar innen angebracht, z. B. für den Zoll?
- Sind Türen und Dachabdeckung sorgfältig verschlossen?
- Sind Verschlüsse durch Plomben und Siegel gesichert?
- Wurden alte Aufkleber entfernt?
- Ist bei Kühlcontainern die richtige Temperatur eingestellt worden?
- Sind bei „Open Top"-Containern die Planen richtig angebracht und die Planenseile zollsicher eingezogen worden?

3 Beförderung von Gefahrgut

Einstiegssituation

Markus arbeitet in der Spedition Logitec im Versandbereich. Ihm wird ein Behälter mit 800 l Holzschutzmittel übergeben. Aus dem Versandauftrag geht hervor, dass dieser Behälter als Gefahrgut mit dem Lkw nach Leipzig transportiert werden soll.

Handlungsaufträge

1. *Schreiben Sie alle Informationen auf, die Markus über den gefährlichen Stoff benötigt, um den Behälter mit dem Lkw zu transportieren.*
2. *a) Suchen Sie im Internet das EU-Sicherheitsdatenblatt für das Holzschutzmittel heraus. Stellen Sie fest, welche Gefahren von diesem Stoff ausgehen.*
   b) Beschreiben Sie, welche Kennzeichnungen am Versandstück und am Fahrzeug vorgenommen werden müssen.

IBC - Container

3.1 Gesetzliche Regelungen

Wenn gefährliche Stoffe im öffentlichen Verkehrsraum transportiert werden, so gelten die Gesetze für die Beförderung von Gefahrgut.

Was sind Gefahrgüter?

Gefahrgüter

Definition

Gefahrgüter sind gefährliche Stoffe und Gegenstände, von denen bei der Beförderung auf öffentlichen Verkehrswegen Gefahren für Menschen, Tiere, Sachen und wichtige Gemeingüter ausgehen können. Zur Beförderung zählen u. a. das Verpacken, das Be- und Entladen, die Lagerung und der Transport der gefährlichen Güter.

Gefährliche Stoffe, die im öffentlichen Verkehrsraum befördert werden, unterliegen besonderen Beförderungsbedingungen. Deren Ziel ist es, Gefahren für Menschen und Umwelt sowie für die öffentliche Sicherheit abzuwenden.

Gefahrgutbeförderungsgesetz (GGBefG)

Das **Gefahrgutbeförderungsgesetz (GGBefG)** regelt in Deutschland die Beförderung von Gefahrgütern mit Verkehrsträgern (Straßenverkehr, Bahnverkehr, Luftverkehr, See- und Binnenschifffahrt). Neben dem Gefahrgutbeförderungsgesetz gibt es noch verkehrsträgerspezifische Vorschriften.

Verkehrsträgerspezifische Verordnungen

Gefahrgutverordnungen

Beförderungsart	Nationale Vorschriften	Internationale Vorschriften
Straße 	GGVSEB (Gefahrgutverordnung Straße, Eisenbahn, Binnenschiff)	ADR (Europäisches Übereinkommen über die internationale Beförderung gefährlicher Güter auf der Straße/ Accord européen relatif au transport international des machandises dangereuses par route)
Eisenbahn 	GGVSEB (Gefahrgutverordnung Straße, Eisenbahn, Binnenschiff)	RID (Europäisches Übereinkommen über die internationale Beförderung gefährlicher Güter auf der Schiene/Règlement concernant le transport international ferroviaire de marchandises dangereuses)
Binnenschiff 	GGVSEB (Gefahrgutverordnung Straße, Eisenbahn, Binnenschiff)	ADN (Europäisches Übereinkommen über die internationale Beförderung gefährlicher Güter auf Binnenschiffen/Accord européen relatif au transport de marchandises dangereuses)
Seeschiff 	GGVSee (Gefahrgutverordnung See)	IMDG Code (Internationaler Code für die sichere Beförderung gefährlicher Güter mit Seeschiffen/International Codes for Dangerous Goods)
Flugzeug 	IATA-DGR (Dangerous Goods Regulations of the International Air Transport Association) und ICAO-TI (International Civil Aviation Organization-Technical Instructions) (Weltweit gültige Vorschriften für Gefahrguttransporte im Luftverkehr)	

Die Gefahrgutverordnungen regeln z. B.,

- welche gefährlichen Güter befördert werden dürfen,
- welche gefährlichen Güter zusammen bzw. nicht zusammen befördert werden dürfen (Zusammenladeverbote),
- wie gefährliche Güter verpackt und gekennzeichnet sein müssen,
- wie Beförderungsmittel (Fahrzeuge, Container) gebaut, ausgerüstet und geprüft werden müssen,
- wie das Personal, das die gefährlichen Güter befördert, geschult sein muss,
- welche Regeln bei der Be- und Entladung zu beachten sind.

Je nach Art des Gefahrguts sind weitere Vorschriften und Gesetze zu beachten. Wird z. B. Abfall transportiert, müssen die Vorschriften des **Kreislaufwirtschafts- und Abfallgesetzes** (KrW-/AbfG) beachtet werden. Beim Transport wassergefährdender Stoff gelten zusätzlich die Bestimmungen des **Wasserhaushaltsgesetzes** (WHG).

Gefahrgutbeauftragter

Wenn ein Unternehmen an der Beförderung gefährlicher Güter beteiligt ist, werden ihm Pflichten aus einer oder mehreren Gefahrgutverordnungen zugewiesen. So muss es einen **Gefahrgutbeauftragten** (Sicherheitsberater für die Beförderung gefährlicher Güter) schriftlich bestellen. Dieser muss entsprechend geschult worden sein und über einen Schulungsnachweis der IHK verfügen. Die **Aufgaben des Gefahrgutbeauftragten** sind:

- Überwachung der Einhaltung der Vorschriften für die Gefahrgutbeförderung
- Meldung von Mängeln, welche die Sicherheit beim Transport gefährlicher Güter beeinträchtigen, an den Unternehmer
- Beratung des Unternehmers bei den Tätigkeiten in Zusammenhang mit der Gefahrgutbeförderung
- Schulung der Mitarbeiter
- Erstellen eines Unfallberichts nach einem Unfall mit Gefahrgut
- Erstellen eines Gefahrgutjahresberichts

3.2 Ablauf eines Gefahrguttransports

Der Begriff der **Beförderung** im Sinne des Gesetzes umschließt alle Tätigkeiten von der Auswahl des Packmittels über das Befüllen, die Kennzeichnung (Bezettelung) des Versandstücks, das Erstellen der Begleitpapiere, den eigentlichen Transport bis hin zur Entladung des Fahrzeugs. **Beteiligte** im Sinne des Gesetzes sind alle an der Beförderung beteiligten Unternehmen. Daraus lassen sich die Pflichten aller am Gefahrguttransport Beteiligten ableiten.

In den folgenden Abschnitten sollen nur auszugsweise die Pflichten der vielen am Gefahrguttransport Beteiligten näher erläutert werden.

Handelt es sich bei dem zu versendenden Gut um ein nach ADR (Europäisches Übereinkommen über die internationale Beförderung gefährlicher Güter auf der Straße) zugelassenes Gefahrgut, so müssen folgende Angaben bekannt sein. Diese Angaben findet man z. B. im EU-Sicherheitsdatenblatt.

Angaben zum Gefahrgut

Angaben zum Gefahrgut:

- Technischer Name
- UN-Stoffnummer
- Gefahrenklasse
- Verpackungsgruppe

3.2.1 Verpackung und Kennzeichnung

Die Verpackung und Kennzeichnung des gefährlichen Stoffs übernimmt der **Verpacker.** Zu seinen Aufgaben gehören die

- Auswahl eines bauartgeprüften Packmittels,
- Verpackung des gefährlichen Stoffs und
- Kennzeichnung des Versandstücks mit Gefahrzettel(n), UN-Stoffnummer (UN vorangestellt), Handhabungshinweis.

Zur Gefahrgutverpackung finden sich weitere Informationen im Lernfeld 6 „Güter verpacken", S. 298 ff.

3.2.2 Dokumentation und Begleitpapiere

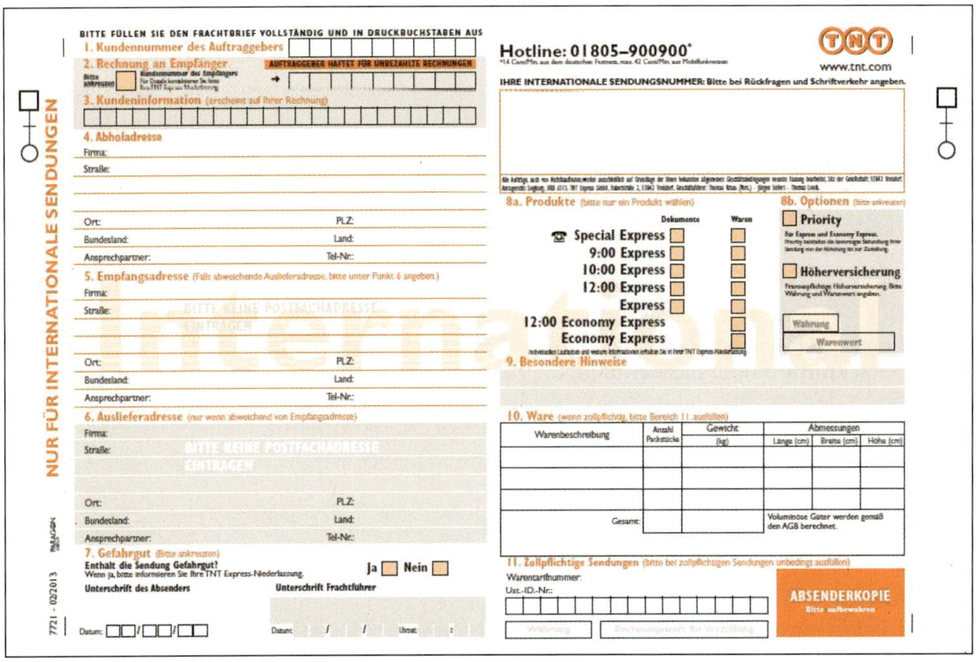

NUR FÜR INTERNATIONALE SENDUNGEN

BITTE FÜLLEN SIE DEN FRACHTBRIEF VOLLSTÄNDIG UND IN DRUCKBUCHSTABEN AUS

1. Kundennummer des Auftraggebers

2. Rechnung an Empfänger — AUFTRAGGEBER HAFTET FÜR UNBEZAHLTE RECHNUNGEN

Bitte ankreuzen — Kundennummer des Empfängers

3. Kundeninformation (erscheint auf Ihrer Rechnung)

4. Abholadresse

Firma:

Straße:

Ort: PLZ:

Bundesland: Land:

Ansprechpartner: Tel-Nr.:

5. Empfangsadresse (Falls abweichende Auslieferadresse, bitte unter Punkt 6 angeben)

Firma:

Straße: BITTE KEINE POSTFACHADRESSE EINTRAGEN

Ort: PLZ:

Bundesland: Land:

Ansprechpartner: Tel-Nr.:

6. Auslieferadresse (nur wenn abweichend von Empfangsadresse)

Firma:

Straße: BITTE KEINE POSTFACHADRESSE EINTRAGEN

Ort: PLZ:

Bundesland: Land:

Ansprechpartner: Tel-Nr.:

7. Gefahrgut (Bitte ankreuzen)

Enthält die Sendung Gefahrgut? Ja ☐ Nein ☐

Wenn ja, bitte informieren Sie Ihre TNT Express-Niederlassung.

Unterschrift des Absenders **Unterschrift Frachtführer**

Datum: ☐☐/☐☐/☐☐ Datum: / / Uhrzeit: :

7721 - 02/2013

Hotline: 01805–900900*

*14 Cent/Min. aus dem deutschen Festnetz, max. 42 Cent/Min. aus Mobilfunknetzen

TNT

www.tnt.com

IHRE INTERNATIONALE SENDUNGSNUMMER: Bitte bei Rückfragen und Schriftverkehr angeben.

8a. Produkte (bitte nur ein Produkt wählen)

	Dokumente	Waren
Special Express	☐	☐
9:00 Express	☐	☐
10:00 Express	☐	☐
12:00 Express	☐	☐
Express	☐	☐
12:00 Economy Express		☐
Economy Express		☐

8b. Optionen (bitte ankreuzen)

☐ **Priority**

Für Express und Economy Express.

☐ **Höherversicherung**

Prämienpflichtige Höherversicherung. Bitte Währung und Warenwert angeben.

Währung

Warenwert

9. Besondere Hinweise

10. Ware (wenn zollpflichtig, bitte Bereich 11. ausfüllen)

Warenbeschreibung	Anzahl Packstücke	Gewicht (kg)	Abmessungen Länge (cm)	Breite (cm)	Höhe (cm)
Gesamt:			Voluminöse Güter werden gemäß den AGB berechnet.		

11. Zollpflichtige Sendungen (bitte bei zollpflichtigen Sendungen unbedingt ausfüllen)

Warentarifnummer:

Ust.-ID.-Nr.:

ABSENDERKOPIE

Bitte aufbewahren

Begleitpapiere dienen als Information für den Fahrer, für Hilfskräfte bei Unfällen und für die Überwachung zuständige Institutionen. Es handelt sich hierbei um Nachweise über die Ladung und über die technische Ausstattung des Fahrzeugs sowie über die Qualifikation und Eignung des Fahrers.

Beförderungspapiere

Beförderungspapiere geben Auskunft über die geladenen gefährlichen Güter (z. B. Frachtbrief). Sie sind an keine bestimmte Form gebunden, aber müssen inhaltlich folgende Angaben enthalten. Die Reihenfolge der ersten fünf Angaben darf nicht geändert werden:

- **UN-Nummer, der die Buchstaben UN vorangestellt sind**
- **Offizielle Benennung für die Beförderung**
- **Nummer des Gefahrzettelmusters, falls mehrere Nummern angegeben sind in Klammern setzen**
- **Die dem Stoff zugeordnete Verpackungsgruppe, dem die Buchstaben „VG" vorangestellt werden dürfen**
- **Tunnelkategorie (in Großbuchstaben und in Klammern)**
- Anzahl und Beschreibung der Versandstücke
- Gesamtmenge eines jeden gefährlichen Gutes mit unterschiedlicher UN-Nummer (Volumen, Brutto- oder Nettomasse)
- Name und Anschrift des Absenders
- Name und Anschrift des Empfängers
- Erklärung entsprechend den Vorschriften einer Sondervereinbarung

ADR-Bescheinigung

Die ADR-Bescheinigung berechtigt den Fahrzeugführer dazu, bestimmte Gefahrguttransporte durchzuführen. Das Ausstellen der Bescheinigung erfolgt nach bestandener schriftlicher Prüfung durch die IHK. Die ADR-Bescheinigung ist fünf Jahre gültig.

Lichtbildausweis

Jedes Mitglied der Fahrzeugbesatzung muss zur Identifizierung während des Gefahrguttransports einen Lichtbildausweis (z. B. Personalausweis oder Führerschein) mitführen.

Schriftliche Weisungen

Die schriftlichen Weisungen (früher „Unfallmerkblätter") enthalten Informationen für die Fahrzeugbesatzung und Hilfskräfte bei unfallbedingten Notfallsituationen. Schriftliche Weisungen müssen in den Sprachen der Mitglieder der Fahrzeugbesatzung erstellt werden. Schriftliche Weisungen müssen in ihrer Ausführung und ihrem Inhalt dem vierseitigen Muster nach ADR entsprechen. Sie gelten für alle Gefahrgutklassen.

Die aufgeführten Dokumente sind bei allen Gefahrguttransporten mitzuführen. In Einzelfällen ist es durchaus erforderlich, zusätzliche Begleitpapiere zu erstellen und mitzuführen.

3.2.3 Übergabe des Gefahrguts und der Beförderungspapiere

Das Versandstück ist dem Beförderer zu übergeben. Wird das Versandstück auf einem Fahrzeug verladen, gelten die allgemeinen Festlegungen zur Verladung und Ladungssicherung. Der Verlader muss außerdem bestehende Zusammenladeverbote berücksichtigen. Er ist verpflichtet, dem Beförderer die entsprechenden Beförderungspapiere und notwendige Informationen über das Gefahrgut zu übergeben.

3.2.4 Kennzeichnung von Fahrzeugen

Der **Fahrzeugführer** hat die Großzettel (einschließlich Kennzeichen für umweltgefährdende Stoffe) und die orangefarbenen Warntafeln am Fahrzeug anzubringen oder sichtbar zu machen.

Großzettel (Placards)

Tankfahrzeuge und Fahrzeuge für die Beförderung in loser Schüttung müssen seitlich und hinten mit Großzetteln (sogenannten Placards) gekennzeichnet sein. Großzettel entsprechen im Wesentlichen in der Farbe und in der Symbolik dem einem Gefahrgut zugeordneten Gefahrzettel. Großzettel haben eine Größe von 250 mm × 250 mm. Container für oben genannte Beförderungen sind ebenfalls mit Großzetteln zu kennzeichnen. Hierbei muss darauf geachtet werden, dass die Großzettel an beiden Längsseiten und an der Vorder- und Rückseite anzubringen sind.

Orangefarbene Warntafeln

Größe der Warntafeln 40 cm × 30 cm

Neutrale orangefarbene Warntafel

Orangefarbene Warntafel mit Nummern

Wird auf einem geschlossenen Lkw Gefahrgut in Versandstücken transportiert, so ist dieser äußerlich nicht als Beförderungseinheit mit Gefahrgut erkennbar. Durch das Anbringen von zwei orangefarbenen Tafeln, vorn und hinten am Lkw, wird auf den Transport von Gefahrgut hingewiesen.

Diese zusätzliche Kennzeichnung mit Nummern ist nach dem ADR für die Schüttgut- und Tankbeförderung vorgeschrieben.
Die obere Nummer kennzeichnet die Gefahr, die untere Nummer den gefährlichen Stoff (UN-Stoffnummer).

Regeln zum Gebrauch der Nummer zur Kennzeichnung der Gefahr	Beispiel
▪ Grundlage bilden die Ziffern 2–9. Sie entsprechen der Einteilung der Gefahrgüter in Klassen und entsprechen der Hauptgefahr.	3
▪ Gefahrnummern müssen aus zwei oder drei Ziffern bestehen.	_ _
▪ Soll nur die Hauptgefahr angezeigt werden, wird die Ziffer mit einer 0 ergänzt.	30
▪ Handelt es sich um einen wesentlich gefährlicheren Stoff, wird die Nummer für die Hauptgefahr verdoppelt.	33
▪ Soll eine Zusatzgefahr angezeigt werden, wird eine passende zweite oder dritte Ziffer angefügt.	39
▪ Bei Stoffen, die gefährlich mit Wasser reagieren können, wird der Gefahrnummer ein X vorangestellt.	X88

Nummer zur Kennzeichnung der Gefahr	Bedeutung
2	Entweichen von Gas durch Druck oder durch chemische Reaktion
3	Entzündbarkeit von flüssigen Stoffen (Dämpfen) und Gasen
4	Entzündbare feste Stoffe
5	Oxidierende (brandfördernde) Wirkung
6	Giftigkeit oder Ansteckungsgefahr
7	Radioaktivität
8	Ätzwirkung
9*	Gefahr einer spontanen heftigen Reaktion
X	Stoff reagiert in heftiger Weise mit Wasser

** 9 als erste Ziffer oder verdoppelt: Hinweis auf Klasse 9*

3.3 Freistellungen vom ADR bei der Beförderung

In bestimmten Fällen kann eine Freistellung von den Vorschriften nach ADR erfolgen:

Freistellung vom ADR

Freistellung vom ADR

- **Kleinmengenregelung Abschnitt 3.4 ADR**
- **Begrenzte Mengen Freistellung vom ADR Abschnitt 5.2.11 ADR**

Die Befreiung von den Vorschriften des ADR bedeutet:

- An den Fahrzeugen sind keine Warntafeln und Großzettel anzubringen.
- Der Fahrer benötigt keine ADR-Bescheinigung.
- Das Fahrzeug muss nicht für den Gefahrguttransport ausgelegt sein.
- Auf ein Beförderungspapier nach Abschnitt 5.4.1 ADR kann verzichtet werden.

3.3.1 Kleinmengenregelung

Die Kleinmengenregelung kann angewendet werden, wenn bei zusammengesetzten Verpackungen das Bruttogewicht von 30 kg und 20 kg bei Trays in Dehn- und Schrumpffolie nicht überschritten wird.
Das Versandstück ist deutlich mit dem unten stehenden Kennzeichen (obere und untere Teilbereiche = schwarz, mittlerer Bereich weiß oder Kontrasthintergrund) zu versehen.
Als Übergangsregelung gelten bis zum 30.06.2015 die alten Kennzeichnungen.

allgemein — Lufttransport

Neue Kenzeichnung für Versandstücke gilt für alle UN Nummern.

Gültig ab 01.01.2011

Alte Kennzeichnung für einen Stoff. Hier muss die UN-Nummer angegeben werden.

Alte Kennzeichnung für zwei oder mehr Stoffe. Hier dürfen alternativ beide Kennzeichnungen verwendet werden.

Gültig bis 30.06.2015

3.3.2 Beförderung in begrenzten Mengen

begrenzte Menge

Die Freistellung von bestimmten Teilen des ADR ist möglich, wenn die „höchstzulässige Gesamtmenge je Beförderungseinheit" nicht überschritten wird.

Als Beförderungseinheit gelten Fahrzeuge mit und ohne Anhänger.

Jeder Beförderungskategorie ist eine Gesamtmenge je Beförderungseinheit zugeordnet, die direkt aus der Tabelle abgelesen werden kann.
Der ermittelte Wert darf den Wert 1 000 nicht überschreiten **(1 000er-Regel).**

Beförderungskategorie	Beispiel	Höchstzulässige Gesamtmenge je Beförderungseinheit in kg
0	UN 3343	0
1	UN 3221 bis 3224	20
2	UN 3245	333
3	UN 3476	1 000
4	UN 3268	unbegrenzt

Bei Ladungen mit Stoffen aus verschiedenen Beförderungskategorien muss der Wert für die höchstzulässige Gesamtmenge je Beförderungseinheit ermittelt werden. Diese Ermittlung kann z. B. nach folgendem Schema erfolgen.

Ermittlung der höchstzulässigen Gesamtmenge je Beförderungseinheit bei Ladungen aus verschiedenen Stoffen

UN-Nummer	Stoff	Menge	Beförderungskategorie	Multplikationsfaktor	Menge × Muliplikationsfaktor
1090	Aceton Klasse 3	250 l	2	1 000 : 333 = 3	750
1263	Farbe Klasse 3	100 l	2	1 000 : 333 = 3	300
1272	Kiefernöl Klasse 3	125 l	3	1 000 : 1 000 = 1	250
2623	Feueranzünder fest Klasse 4.1	500 kg	4	unbegrenzt transportierbar	–
				Summe	**1 175**

Ergebnis:
Der ermittelte Wert für die betrachtete Beförderungseinheit beträgt 1 175 (1 175 > 1 000). Die Beförderung als begrenzte Menge ist nicht möglich.

Zusammengepackt

- Gesetzliche Regelungen für den Gefahrguttransport:
  Gefahrgutbeförderungsgesetz, Gefahrgutbeauftragtenverordnung, Gefahrgutverordnungen für die einzelnen Verkehrsträger
- Die Beförderung von Gefahrgut auf der Straße erfolgt national nach GGVSEB und international nach ADR.
- Es dürfen nur zugelassene Gefahrgüter transportiert werden.
- Beförderungspapiere, z. B. der Frachtbrief, müssen mindestens folgende Angaben enthalten:
  - UN-Nummer, der die Buchstaben UN vorangestellt sind
  - Offizielle Bezeichnung für die Beförderung
  - Nummer des Gefahrzettelmusters (falls mehrere Nummern angegeben sind in () setzen),
  - Die dem Stoff zugeordnete Verpackungsgruppe, der die Buchstaben „VG" vorangestellt werden dürfen
  - Tunnelkategorie (in Großbuchstaben und in Klammern)
- Vom Fahrer sind während der Beförderung mitzuführen:
  Beförderungspapier, Lichtbildausweis, ADR-Bescheinigung, schriftliche Weisungen.
- Schriftliche Weisungen müssen in den Sprachen aller Mitglieder der Fahrzeugbesatzung erstellt werden.
- Werden bei der Beförderung gefährlicher Güter bestimmte Mengen unterschritten, kann die Beförderung ganz oder teilweise von den Vorschriften des ADR befreit werden.

Aufgaben

1. *Beschreiben Sie den Unterschied und den Gültigkeitsbereich zwischen dem Gefahrgutgesetz und den nationalen und internationalen Gefahrgutverordnungen.*
2. *Ordnen Sie den folgenden Beispielen die entsprechende nationale und internationale Gefahrgutverordnung zu:*
   - *Gefahrguttransport mit dem Lkw*
   - *Gefahrguttransport mit dem Flugzeug*
   - *Gefahrguttransport mit der Eisenbahn*
   - *Gefahrguttransport mit dem Seeschiff*
   - *Gefahrguttransport mit dem Binnenschiff*
3. *Welche Prüfung sollten Sie am Versandstück vornehmen, bevor Sie es verladen?*
4. *Zeichnen Sie die Warntafeln für Gefahrstoffe mit folgenden Eigenschaften auf:*
   a UN 1202; Entzündbarkeit von flüssigen Stoffen
   b UN 3268; Gefahr einer spontanen heftigen Reaktion
5. *Bei welchen Transporten gefährlicher Güter sieht das ADR eine teilweise oder vollständige Freistellung vor?*
6. *Mit welchem Gefahrzettelmuster müssen Streichhölzer gekennzeichnet werden, wenn sie als Kleinmenge transportiert werden sollen?*

Lernfeld 8

Güter versenden

1 Der Güterverkehr in der Wirtschaft

Einstiegssituation

Johannes ist Auszubildender als Fachkraft für Lagerlogistik in einem internationalen Versandhandel. Er erlebt, wie riesige Warenmengen aus den verschiedensten Ländern und Kontinenten täglich eintreffen. Oftmals werden über 30 000 Warenstücke pro Doppelschicht an Kunden in Deutschland und in anderen europäischen Ländern versendet.

Handlungsaufträge

1. *Erklären Sie, welche grundlegende Bedeutung der Güterverkehr für das Versandhandelsunternehmen und für unsere arbeitsteilige Volkswirtschaft hat.*
2. *Welche Verkehrsmittel sind für den Güterverkehr geeignet?*

1.1 Grundbegriffe zum Güterverkehr

Der Güterverkehr hat in unserer arbeitsteiligen Wirtschaft große Bedeutung. Rohstoffe, Halbzeuge, Fertigerzeugnisse, Ersatzteile sowie Waren verschiedener Art werden bedarfsgerecht in großen und kleinen Mengen transportiert, um Produktion und Handel zu ermöglichen. Die Bundesrepublik Deutschland nimmt im Welthandel mit ihren Warenimporten und Warenexporten eine bedeutende Stelle ein. Der Güterverkehr wird bestimmt durch:

Export: Ausführen von Handelsware in das Ausland, z. B. Kraftwagen, Kraftwagenteile, Maschinen, chemische Erzeugnisse

Import: Einführen von Ware aus dem Ausland, z. B. Erdöl, Erdgas, Handys, Fernseher, Obst, Gemüse

Binnenverkehr: Warentransporte innerhalb Deutschlands zur Versorgung von Produktions-, Dienstleistung- und Handelsbetrieben sowie Endverbrauchern

Durchgangsverkehr (Transitverkehr): Warentransporte durch Deutschland, z. B. von der Schweiz nach Dänemark, von Polen nach Belgien

Definition

Unter **Verkehr** versteht man alle Vorgänge, die dem Transport von Verkehrsobjekten (Gütern) dienen.

Definition

Verkehrsträger sind alle gleichartigen Betriebe, welche die gleichen **Verkehrsmittel** auf gleichen **Verkehrswegen** zur Güterbeförderung nutzen.

Verkehrsträger	Verkehrsmittel	Verkehrsweg
Eisenbahnverkehr	Güterzüge	Schienennetz, Bahnhöfe
Binnenschifffahrt	Binnenschiffe	Flüsse, Kanäle, Häfen
Seeschifffahrt	Seeschiffe	Meere, Kanäle, Flüsse, Häfen
Luftverkehr	Flugzeuge	Luftwege, Flughäfen
Straßengüterverkehr	Lkws	Straßennetz

Güterverkehrsleistung

*Die **Güterverkehrsleistung** wird in Tonnenkilometern (tkm) angegeben. Sie ermöglicht einen Leistungsvergleich der einzelnen Verkehrsträger.*

Verkehrsleistung in tkm = Transportmenge in t × Transportweg in km

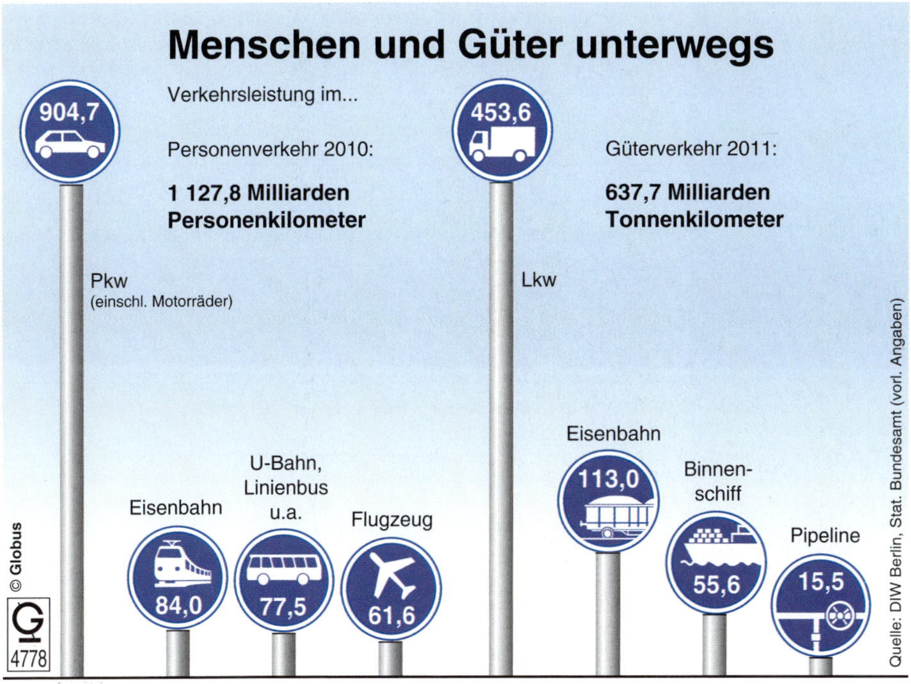

Der Gütertransport erfordert oft die Nutzung zeitlich aufeinander abgestimmter Verkehrsträger. Aus Übersee stammende Güter werden beispielsweise in einem deutschen Seehafen auf ein Binnenschiff umgeschlagen und mit diesem zum nächstgelegenen Hafen des Empfängers transportiert. Von dort gelangen sie mit einem Lkw zum Empfänger.

Werden innerhalb einer Transportkette verschiedene Verkehrsträger nacheinander genutzt, bezeichnen wir das als **kombinierten Verkehr, multimodalen Verkehr** oder **intermodalen Verkehr.** Durch kombinierten Verkehr können die Vorteile der einzelnen Verkehrsträger besser genutzt werden.

Schiene

Strasse

Wasser

Luft

1.2 Auswahl geeigneter Verkehrsträger

Die Wahl eines geeigneten Verkehrsträgers ist von der Art und Menge des Transportguts sowie den Ansprüchen des Versenders abhängig. Zeitliche und wirtschaftliche Forderungen sind zu berücksichtigen.

Transportkosten	▪ Vergleich der Beförderungsentgelte verschiedener Verkehrsträger ▪ Entscheidung für die kostengünstigste Variante unter Berücksichtigung der anderen Forderungen (z. B. Sicherheit, Transportdauer, Ladekapazität)
Nebenkosten	▪ Verpackung ▪ Versicherung ▪ Warenumschlag
Haus-Haus-Verkehr	Direktverkehr ohne Umladen vom Versender zum Empfänger
Transportkapazität	▪ Transportmittel muss für das Gewicht (Nutzlast) und das Volumen der Sendung geeignet sein ▪ Auslastung der Transportbehälter
Transportdauer	Zeit von der Übernahme des Transportguts durch den Frachtführer bis zur Übergabe an den Empfänger
Pünktlichkeit	▪ Einhaltung vereinbarter Zeiten ▪ Just-in-time-Lieferung
Flexibilität	▪ Erreichen der Start- und Zielorte auch bei unvorhergesehenen Ereignissen (Stau) ▪ Einhalten nachträglicher Weisungen
Sicherheit	▪ Schutz des Transportguts vor Beschädigung und Verlust bzw. Diebstahl ▪ Gefahrguttransporte stellen besondere Sicherheitsanforderungen.
Regelmäßigkeit	Transporte in regelmäßigen Zeitabständen
Witterungsabhängigkeit	Einfluss der Witterung (Hochwasser, Schnee, Eis, Nebel) auf die Verfügbarkeit, Sicherheit, Pünktlichkeit des Verkehrsmittels
Umweltverträglichkeit	Belastung der Umwelt durch das Verkehrsmittel: Abgase, Lärm, Staub
Gesetzliche Vorschriften	▪ Gefahrgutvorschriften ▪ Fahrverbote ▪ Lenk- und Ruhezeiten

1.3 Mehrwertdienstleistung und Kontraktlogistik

Verkehrsbetriebe bieten zunehmend Mehrwertdienstleistungen an. Dies wird auch als **Value Added Service** bezeichnet.

Definition

Mehrwertdienstleistungen sind Dienstleistungen, die über das eigentliche Kerngeschäft der Güterbeförderung hinausgehen und vom Kunden verlangt werden können. Mehrwertdienstleistungen werden entgeltfrei oder kostenpflichtig angeboten.

Mehrwert-dienstleistungen

Zum Value Added Service in der Transportlogistik zählen:

Tracking and Tracing	Sendungsverfolgung, Kunden können den Status der Sendung im Internet verfolgen
Inkassoservice	Bezahlung der Sendung oder der Ware an den Zusteller
Verpackungsservice	Setbildung, Umpacken, Verpacken, Belabeln
Retourenlogistik	Rückholung oder Austausch von Waren, Weiterleitung an einen Dritten
Sonstiger Service	Montage von Möbeln oder Anschluss von Geräten Entsorgung von Altgeräten

Der zunehmende Wettbewerb zwischen den Unternehmen in unserer Weltwirtschaft erfordert, dass jedes Unternehmen wirtschaftlich und effizient arbeitet. Viele Unternehmen überprüfen deshalb ihre Betriebsabläufe und lagern unwirtschaftlich arbeitende Bereiche aus. Das nennt man **Outsourcing**. Ein Logistikdienstleister übernimmt den ausgelagerten Bereich auf Grundlage eines langfristigen Vertrags (contract). Das Management und die Ausführung komplexer logistischer Prozesse für ein anderes Unternehmen durch einen Logistikdienstleister ist Gegenstand der **Kontraktlogistik**.

Ziele der Kontraktlogistik sind,

- Laufzeiten und Informationsflüsse im Unternehmen zu verbessern,
- den Gewinn des Unternehmens zu steigern,
- den Verwaltungsaufwand zu reduzieren.

Dienstleistungen der Kontraktlogistik werden für viele Bereiche der betrieblichen Prozesskette angeboten und bereits von vielen Großunternehmen weltweit genutzt.

Anwendungsbereiche der Kontraktlogistik

Beschaffung	Lagerhaltung	Absatz
 *Beschaffungslogistik*	 *Hochregallager*	 *Kommissionieren und verpacken für den Versand*

Beschaffung	Lagerhaltung	Absatz
▪ Bestellmanagement: Material oder Ware muss kontinuierlich verfügbar sein ▪ zeitoptimierte Anlieferung, Nutzung geeigneter Verkehrsträger ▪ Wareneingang und Kontrolle (wenn nötig: Reklamationen) ▪ Vormontage oder Veredelung der Ware (z. B. Aufbügeln von Kleidung) ▪ Umsortieren, Umpacken, Komplettieren ▪ Belabeln ▪ Einlagerung ▪ Verteilung (Distribution) an verschiedene Standorte	▪ fachgerechte Lagerhaltung ▪ Warenpflege ▪ Kontrolle mithilfe des Lagerverwaltungsprogramms über: Artikelstammdaten, Chargeninformationen, Mindest- oder Meldebestände ▪ Auslösen von Bestellungen 	▪ Kommissionieren ▪ Belabeln ▪ Verpacken ▪ Versanddokumente zusammenstellen ▪ Zollabwicklung ▪ Rechnungslegung und Controlling ▪ Versendung mit geeigneten Verkehrsträgern zu garantierten Zustellzeiten

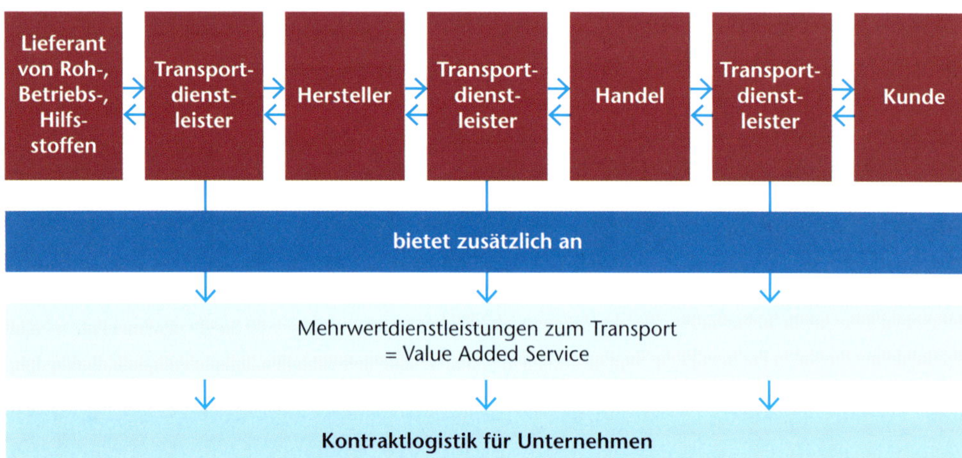

Zusammengepackt

- Der Güterverkehr ermöglicht die weltweite Versorgung mit Gütern für Unternehmen und private Haushalte.
- Unter „Güterverkehr" versteht man die Beförderung eines Gutes zwischen zwei Orten sowie die Organisation und Überwachung dieses Vorgangs.
- Der Güterverkehr wird bestimmt durch Export, Import, Binnen- und Durchgangsverkehr.
- Güterverkehrsleistungen werden in Tonnenkilometern angegeben.

- Werden innerhalb einer Transportkette verschiedene Verkehrsträger nacheinander genutzt, bezeichnen wir das als „kombinierten Verkehr", „multimodalen Verkehr" oder „intermodalen Verkehr".
- Mehrwertdienstleistungen (Value Added Service) sind Dienstleistungen, die über das eigentliche Kerngeschäft der Transportdienstleistung hinausgehen.
- Kontraktlogistik: Management und Ausführung komplexer logistischer Prozesse durch einen Logistikdienstleister auf Grundlage eines Vertrags

Aufgaben

1. *Erklären Sie den Begriff „Verkehrsträger" und nennen Sie die verschiedenen Verkehrsträger.*
2. *Werten Sie die Abbildung „Menschen und Güter unterwegs" (S. 353) aus. Wie viel Prozent der Güterverkehrsleistung in der Bundesrepublik Deutschland werden von Lkw, Eisenbahn, Binnenschiff, Pipeline erbracht?*
3. *Erklären Sie, nach welchen Merkmalen man Güterverkehrsleistungen beurteilen kann.*
4. *Was verstehen Sie unter „multimodalem Verkehr"? Begründen Sie die Notwendigkeit des multimodalen Verkehrs für die Güterbeförderung.*
5. *Informieren Sie sich über Mehrwertdienstleistungen, die Ihr Ausbildungsbetrieb anbietet. Fassen Sie die Ergebnisse in der Klasse in einer Übersicht zusammen.*
6. *Überlegen Sie, welche Vorteile Mehrwertdienstleistungen mit sich bringen:*
   a *für das Transportunternehmen (Spedition),*
   b *für das Unternehmen, das die Dienstleistungen in Anspruch nimmt.*

2 Transportrecht des Handelsgesetzbuches

Einstiegssituation

Leon ist Auszubildender beim Süßwarenhersteller Lukullus in Leipzig. In der Versandabteilung bereitet er einen Transportauftrag vor: 14 Europaletten mit Süßwaren sollen an einen Großkunden in Hamburg geliefert werden. Die Ware ist bereits kommissioniert und palettiert und steht zur Abholung bereit. In einer Stunde wird der Fuhrunternehmer Franz Hurtig mit seinem Lkw zur Beladung erwartet. Leons Kenntnisse über den Frachtvertrag nach HGB sind noch etwas lückenhaft. Er wendet sich mit seinen Fragen an seinen Freund Bernd, der seine Ausbildung als Fachkraft für Lagerlogistik bald abschließen wird: „Eigentlich weiß ich gar nicht genau, was ich jetzt tun soll."

Handlungsaufträge

1. *Welche Arbeiten hat Leon vor dem Verladen der Ware zu erledigen?*
2. *Wer ist für die Verladung auf den Lkw zuständig? Unterscheiden Sie dabei zwischen beförderungssicherer und betriebssicherer Verladung.*

2.1 Das Frachtrecht nach HGB

Das Frachtrecht nach HGB (Handelsgesetzbuch) ist Grundlage für den gewerblichen Güterverkehr mit allen Verkehrsträgern auf der Straße, auf der Schiene, in Binnengewässern und in der Luft innerhalb Deutschlands. Es regelt die Rechte und Pflichten der Vertragspartner, ihre Verantwortlichkeiten sowie die Haftung für Güterverkehrsschäden.

Geltungsbereich des HGB-Frachtvertrags

2.1.1 Frachtvertrag (§ 407 HGB)

1. Durch den Frachtvertrag wird der Frachtführer verpflichtet, das Gut zum Bestimmungsort zu befördern und dort an den Empfänger abzuliefern.
2. Der Absender ist verpflichtet, die vereinbarte Fracht zu zahlen.

2.1.2 Frachtbrief (§ 408 HGB)

Der Frachtbrief ist auf Verlangen des Frachtführers vom Absender auszustellen. Bei Transporten innerhalb Deutschlands ist er gesetzlich nicht vorgeschrieben. In der Praxis ist es jedoch vorteilhaft, mit dem Frachtbrief den Beförderungsvertrag nachzuweisen. Im grenzüberschreitenden Güterverkehr ist er zwingend notwendig.

Der Frachtbrief muss folgende Angaben beinhalten:

1. Ort und Tag der Ausstellung
2. Name und Anschrift des Absenders
3. Name und Anschrift des Frachtführers
4. Ladestelle, Tag der Übernahme des Gutes und Entladestelle
5. Name und Anschrift des Empfängers
6. Bezeichnung des Gutes und Art der Verpackung

7. Anzahl, Zeichen und Nummern der Packstücke
8. Rohgewicht der Sendung
9. Vereinbarte Fracht
10. Nachnahmebetrag
11. Weisungen für Zoll- und sonstige amtliche Behandlung des Gutes
12. Besondere Vereinbarungen

Anzahl der Ausfertigungen (§ 408)

Der Frachtbrief wird in drei Originalausfertigungen ausgestellt

- Frachtbrief für den Frachtführer
- Frachtbrief als Begleitpapier für den Transport
- Frachtbrief für den Absender

Beweiskraft des Frachtbriefs (§ 409 HGB)

Der Frachtbrief beurkundet
- den Abschluss und Inhalt des Frachtvertrags,
- die Übernahme des Gutes durch den Frachtführer,
- die Vermutung, dass Gut und Verpackung in äußerlich gutem Zustand waren,
- Übereinstimmung mit den Angaben der Anzahl, den Zeichen und Nummern sowie dem Inhalt auf dem Frachtbrief.

Wenn der Frachtführer die Angaben auf dem Frachtbrief nicht überprüfen kann, so hat er die Möglichkeit, einen entsprechenden Vorbehalt in den Frachtbrief ein zu tragen.

2.1.3 Pflichten aus dem Frachtvertrag für Frachtführer und Absender

Pflichten des Frachtführers	HGB
Transport zum Bestimmungsort und Übergabe an den Empfänger	§ 407
Obhut über Transportgut und Begleitpapiere: Der Frachtführer hat darauf zu achten, dass während des Transports, bei einer Zwischenlagerung oder beim Umschlagen des Transportgutes kein Schaden entsteht. Die Begleitpapiere hat er sorgfältig und ordnungsgemäß zu verwahren.	§§ 413, 425, 428
Einhaltung der Lieferfrist: Er hat die vereinbarte Lieferfrist einzuhalten. Wurde keine Vereinbarung getroffen, gilt die Einhaltung einer angemessenen Lieferfrist.	§ 423
Betriebssicheres Verladen: Der Frachtführer ist für die Betriebssicherheit und Verkehrssicherheit seines Fahrzeugs verantwortlich. Er hat darauf zu achten, dass durch die Beladung keine Wagenüberladung, Stabilitätsverluste oder Bremsbeeinträchtigungen eintreten.	§ 412
Ladungssicherung des Transportgutes auf dem Fahrzeug	§ 412
Einhalten nachträglicher Weisungen des Absenders über das Transportgut: ▪ Gut nicht weiterbefördern ▪ Gut an einem anderen Bestimmungsort abliefern ▪ Gut an einer anderen Ablieferstelle abliefern ▪ Gut an einen anderen Empfänger abliefern	§ 418

Pflichten des Frachtführers	HGB
Einholung von Weisungen beim Empfänger oder Absender bei Beförderungs- und Ablieferungshindernissen. Beförderungshindernisse können beim Transport entstehen durch Unfall, höhere Gewalt, Fahrzeugschäden. Ablieferungshindernisse können beim Empfänger auftreten durch ▪ falsche Empfängeranschrift, ▪ Annahmeverweigerung, ▪ Verweigerung der Frachtzahlung bei unfreien Sendungen, ▪ Verweigerung der Zahlung des Nachnahmebetrags.	§ 419
Einziehen des Nachnahmebetrags	§ 422

Pflichten des Absenders	HGB
Frachtzahlung: Der Absender hat das Beförderungsentgelt einschließlich eventueller Nebenkosten (Wiegegeld) zu bezahlen.	§§ 407, 420
Ausstellen des Frachtbriefs auf Verlangen des Frachtführers	§ 408
Verpackungspflicht: Der Absender muss das Transportgut so verpacken, dass es vor Verlust und Beschädigung beim Transport geschützt ist. Dazu gehört die Auswahl einer für Transport und Transportgut geeigneten Verpackung. Diebstahlgefährdete Güter sind besonders zu sichern.	§ 411
Kennzeichnungspflicht: Die Packstücke sind mit Aufklebern und Labeln (Adressaufkleber, Nummerierung, Vorsichtsmarkierung) zu kennzeichnen, um eine ordnungsgemäße Handhabung beim Transport zu sichern.	§ 411
Bei Gefahrgut ist der Frachtführer über die Art der Gefahr und zu ergreifende Vorsichtsmaßnahmen vor der Verladung rechtzeitig zu informieren.	§ 410
Beförderungssicheres Verladen: Der Absender hat das Transportgut im Laderaum zu verstauen und zu sichern, damit es normale Transportbelastungen (Kurvenfahren, starkes Bremsen, Erschütterungen) unbeschadet überstehen kann. Die konkreten Anforderungen an die Art der Verladung sind abhängig vom Transportgut und den Besonderheiten des Transports.	§ 412
Entladen: Der Absender hat die Pflicht zu entladen oder die Entladung zu organisieren. Erfüllungsgehilfe kann beispielsweise der Empfänger sein.	§ 412
Ladungssicherung	§ 412

Informationen über die rechtlichen Grundlagen der Verladung finden sich im Lernfeld 7 „Güter verladen".

Ladezeiten: Richtwerte für die Ladezeiten der einzelnen Verkehrsmittel sind:

Lkw	Zuladung 25 Tonnen	2 Stunden
Bahnwagen	Zuladung 40 Tonnen	8 Stunden
Binnenschiff	Zuladung 900 Tonnen	20 Stunden (45 Tonnen Rohgewicht pro Stunde)

Schwankungen können sich durch geringere oder größere Ladungsmengen ergeben. Bei Überschreitung der Ladezeit kann der Frachtführer ein Standgeld verlangen.

2.1.4 Schadensarten und Haftung des Frachtführers (§§ 425, 430, 431, 432, 433 HGB)

Haftung des Frachtführers

Der Frachtführer ist verpflichtet, das Transportgut termingerecht zum Bestimmungsort zu befördern. Dort übergibt er es an den Empfänger. Allerdings läuft der Transport nicht immer fehlerfrei ab.

Der Frachtführer haftet für sich und seine Angestellten für Verlust oder Beschädigung des Gutes in der Zeit von der Übernahme zur Beförderung bis zur Ablieferung, d. h. für die Zeit, in der das Gut in seiner Obhut ist (Prinzip der Obhutshaftung). Das Gesetz unterscheidet folgende Schadensarten und fordert entsprechende Schadensregulierung durch den Frachtführer:

Unzureichend gesicherte Ladung

Schadensarten	Beispiel	Haftungshöchstbetrag
Güterschaden: Verlust oder Beschädigung des Gutes	Beim Transport werden von einem Autotransporter fünf Gebrauchtwagen gestohlen. Dabei wird der Lkw beschädigt. Die restlichen Pkws müssen auf ein anderes Fahrzeug geladen werden.	▪ maximal 8,33 SZR[1] pro kg Rohgewicht für den Güterschaden ▪ Wert des Gutes am Ort und zur Zeit der Übernahme ▪ Schadenfeststellungskosten (z. B. durch einen Sachverständigen) ▪ Ersatz sonstiger Kosten (Wiegegeld, Frachtkosten, Umladekosten)
Lieferfristüberschreitung	Eine Terminfracht wird verspätet angeliefert.	dreifaches Frachtentgelt
Nachnahmefehler	Der Fahrer vergisst, den Nachnahmebetrag zu kassieren.	Höhe des Nachnahmebetrags
Sonstiger Vermögensschaden	Ein beim Absender eintreffendes Fahrzeug entspricht nicht der vertraglichen Vereinbarung (Thermozug). Das vereinbarte Fahrzeug kann erst am nächsten Tag gestellt werden. Der Empfänger hat dadurch einen Tag Produktionsstillstand.	Dreifacher Betrag, der bei Verlust des Gutes zu zahlen wäre (maximal 3 × 8,33 SZR pro kg Rohgewicht)
Güterfolgeschaden	Das Gut wird beim Transport beschädigt. Die defekte Maschine verursacht beim Empfänger einen Tag Produktionsstillstand. Dadurch entsteht ein Vermögensschaden.	kein Ersatz des Schadens

[1] *SZR = Sonderziehungsrecht des Internationalen Währungsfonds, eine Kunstwährung, die aus einem Währungskorb führender Handelsnationen gebildet wird. Ihre Umrechnung in EUR ist abhängig von den Währungsschwankungen: 1 SZR = 1,1 EUR (Stand 2012)*

Haftungsausschluss des Frachtführers (§ 426)

Der Frachtführer ist von der Haftung **befreit**, wenn der Verlust, die Beschädigung des Gutes oder die Überschreitung der Lieferfrist auf Umständen beruht, die der Frachtführer nicht vermeiden oder deren Folgen er nicht abwenden konnte. In diesen Fällen spricht man von **höherer Gewalt**.

Besondere Haftungsausschlussgründe (§ 427)

§ Der Frachtführer haftet nicht für folgende Gefahren:

1. Verwendung von offenen, nicht mit Planen gedeckten Fahrzeugen oder Verladung auf Deck
2. Unzureichende Verpackung durch den Absender
3. Behandeln, Verladen oder Entladen des Gutes durch den Absender oder Empfänger
4. Natürliche Beschaffenheit des Gutes, die besonders leicht zu Schäden führt, durch Bruch, Rost, inneren Verderb, Austrocknen, Auslaufen oder Schwund
5. Ungenügende Kennzeichnung durch den Absender
6. Beförderung lebender Tiere

Schadensanzeige (§ 438 HGB)
Transportschäden muss der Absender oder der Empfänger innerhalb bestimmter Fristen dem Frachtführer schriftlich melden.

Reklamationsfristen

Art des Schadens	Zeitpunkt der Anzeige
Verlust, Beschädigung erkennbar	sofort bei Ablieferung
Verlust, Beschädigung nicht erkennbar (verdeckter Schaden)	innerhalb von sieben Tagen nach Ablieferung
Lieferfristüberschreitung	innerhalb von 21 Tagen nach Ablieferung

2.2 Das Speditionsrecht nach HGB

Rechtsgrundlage für das Speditionsgeschäft ist das HGB. Es findet in den Allgemeinen Deutschen Spediteurbedingungen (ADSp) praktische Anwendung.

2.2.1 Speditionsvertrag (§ 453 HGB)

Durch den Speditionsvertrag wird der Spediteur verpflichtet, die Versendung des Gutes zu besorgen, d. h. den Transport zu organisieren.
Im Gegenzug muss der Versender die vereinbarte Vergütung zahlen.
Diese Vorschriften gelten für gewerbliche Gütertransporte.

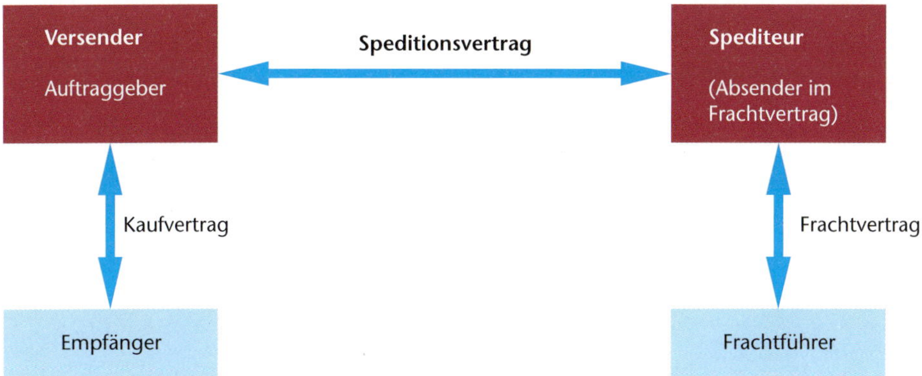

Beteiligte am Speditionsgeschäft

Der Spediteur hat die Aufgabe, die Abwicklung des Transportauftrags vom Auftraggeber bis zum Empfänger zu organisieren. Er muss geeignete Transportmittel auswählen und alle erforderlichen Maßnahmen für einen reibungslosen Transportablauf einleiten. Die Organisation erfolgt in drei Phasen:

1. Planung	▪ Bestimmung des Beförderungswegs und Beförderungsmittels: Routenplanung, Auswahl von Verkehrsträgern (Seeschifffahrt, Luftverkehr, Eisenbahnunternehmen, Güterkraftverkehrsunternehmen)
2. Ausführung	▪ Auswahl geeigneter Frachtführer zur Durchführung der Beförderung ▪ Abschluss der erforderlichen Verträge: Frachtverträge, Lagerverträge, Speditionsverträge ▪ Erteilung von Weisungen und Informationen an die ausführenden Unternehmen
3. Überwachung	▪ Sicherung von Schadensersatzansprüchen: Kontrolle der Güter an Übergabestellen auf Identität, Vollzähligkeit, auf äußerlich erkennbare Schäden und Unversehrtheit von Plomben

2.2.2 Pflichten aus dem Speditionsvertrag

Pflichten des Spediteurs	Pflichten des Versenders
Weiterleitung von Weisungen des Versenders an den Frachtführer	Zahlung der Vergütung
Ausführung vereinbarter Nebenleistungen: ▪ Verpacken und Kennzeichnen ▪ Zollbehandlung ▪ Versicherung	Verpackung und Kennzeichnung des Gutes
Interessen des Versenders wahren: kostengünstige Transportlösung, Schutz vor Beschädigung und Diebstahl	bei Gefahrgut schriftliche Mitteilung über Art der Gefahr und notwendige Vorsichtsmaßnahmen machen
Weisungen des Versenders befolgen: ▪ Liefertermin einhalten ▪ Kühlkette nicht unterbrechen ▪ besonderer Schutz diebstahlgefährdeter (sensibler) Güter	Urkunden und Auskünfte zur Verfügung stellen, die für eine amtliche Behandlung des Gutes nötig sind

2.2.3 Besondere Tätigkeitsbereiche des Spediteurs

Selbsteintritt des Spediteurs

Spedition zu festen Kosten

Sammelladung

Besondere Tätigkeitsbereiche des Spediteurs

Selbsteintritt des Spediteurs (§ 458 HGB)	Spedition zu festen Kosten (§ 459 HGB)	Sammelladung (§ 460 HGB)
Der Spediteur darf im Rahmen eines Speditionsauftrags die Beförderung mit eigenen Fahrzeugen durchführen.	Spediteur und Versender vereinbaren einen festen Preis für Organisation und Ausführung des Transports (Festpreis für eine Haus-zu-Haus-Beförderung)	Der Spediteur transportiert Güter mehrerer Versender als Sammelladung auf einem Fahrzeug. Dadurch lastet er den Laderaum besser aus und kann kostengünstigertransportieren.

Der Spediteur hat für die Beförderunglseistung die Rechte und Pflichten eines **Frachtführers.**

2.2.4 Haftung des Spediteurs

Bei der gesetzlichen Haftung des Spediteurs nach § 461 HGB unterscheidet man zwei Haftungsprinzipien.

Obhutshaftung	Haftung des Spediteurs für Schäden durch Verlust oder Beschädigung des in seiner Obhut befindlichen Gutes, z. B. in seinem Umschlagslager. Gilt auch bei **Selbsteintritt, Sammelladung** und **Spedition zu festen Kosten.**
Verschuldenshaftung	Haftung des Spediteurs für Schäden, die dadurch entstehen, dass er seine Pflichten aus dem Speditionsvertrag, insbesondere seinen Besorgungsauftrag verletzt = **Besorgungsschaden.** Durch Fehlleiten einer Lieferung kommt es zu einer Lieferfristüberschreitung und zu einem Produktionsausfall.

Die Spediteure legen in den **Allgemeinen Deutschen Spediteurbedingungen** (ADSp) eine Haftungsbegrenzung für verschiedene Schadensarten fest:

Haftungshöchstbeträge nach den Allgemeinen Deutschen Spediteurbedingungen

Schadensart	Höchsthaftung nach ADSp
Güterschaden (Verlust/Beschädigung) durch einen Organisationsfehler des Spediteurs	5,00 EUR/kg, maximal 1 Mio. EUR je Schadenfall oder 2 SZR je kg (höherer Betrag gilt)
Güterschaden beim Transport	8,33 SZR/kg, maximal 1 Mio. EUR je Schadenfall oder 2 SZR je kg (höherer Betrag gilt)
Vermögenschaden	– dreifacher Betrag, der bei Verlust zu zahlen wäre – maximal 100 000,00 EUR je Schadenfall

Schadensart	Höchsthaftung nach ADSp
Lieferfristüberschreitung	3-fache Fracht
Güterschaden im Umschlagslager des Spediteurs	5,00 EUR/kg, maximal 5 000,00 EUR je Schadenfall
Vermögensschaden durch unsachgemäße Lagerung im Umschlagslager des Spediteurs	maximal 5 000,00 EUR je Schadenfall

Die Haftung des Spediteurs ist in jedem Fall auf 2 Millionen EUR je Schadenereignis begrenzt. Bei mehreren Geschädigten (Schadenfällen) haftet der Spediteur anteilig im Verhältnis ihrer Ansprüche.

Haftung bei verschiedenen Schadensorten

Kommt es beim Transport zu Güterschäden, ist die Haftungsbegrenzung in den ADSp unterschiedlich. Entscheidend ist, wo sich der Schaden ereignet.

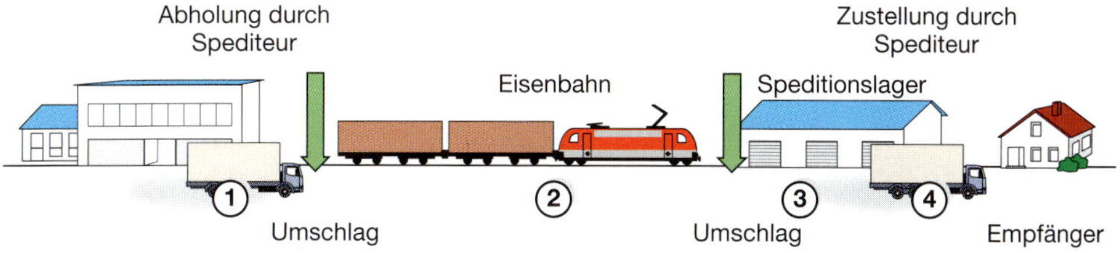

1. Der Schaden passiert bei der Abholung der Sendung durch den Spediteur. Der Spediteur haftet maximal mit 8,33 SZR/kg.
2. Der Schaden passiert beim Eisenbahntransport. Die Haftung des Spediteurs beträgt maximal 8,33 SZR/kg.
3. Der Schaden ereignet sich im Umschlagslager des Spediteurs. Er haftet mit maximal 5,00 EUR/kg.
4. Der Schaden passiert bei der Zustellung durch den Spediteur im Lkw. Er haftet maximal mit 8,33 SZR/kg.

Zusammengepackt

Pflichten aus dem Frachtvertrag	
Absender	**Frachtführer**
Frachtzahlung	Fristgerechter Transport des Gutes zum Bestimmungsort und Ablieferung beim Empfänger
Verpacken und Kennzeichnen des Gutes	Obhut über Transportgut und Begleitpapiere
Information über Gefahrgut	Betriebssicheres Verladen
Beförderungssicheres Verladen	Weisungen des Absenders befolgen
Ladungssicherung	Weisungen einholen bei Abliefer- oder Beförderungshindernissen
Entladen	Einzug der Nachnahme
Frachtbrief ausstellen	Ladungssicherung
Begleitpapiere zur Verfügung stellen	

- Durch den **Speditionsvertrag** wird der Spediteur verpflichtet, die Versendung des Gutes zu besorgen, d. h. den Transport zu organisieren.
- Der Versender wird verpflichtet, die vereinbarte Vergütung zu zahlen.
- Die **Besorgung der Versendung** umfasst die Planung, Ausführung und Überwachung der Beförderung.
- Der Spediteur hat die Rechte und Pflichten eines Frachtführers bei der
  - Beförderung im Selbsteintritt,
  - Spedition zu festen Kosten,
  - Sammelladung.

Aufgaben

1. *Erklären Sie die Pflichten der Vertragspartner im Frachtvertrag nach HGB.*
2. *Nennen Sie die Angaben, die laut Gesetz im Frachtbrief enthalten sein müssen.*
3. *Erklären Sie das Zustandekommen eines Speditionsvertrags mithilfe des Schaubilds „Beteiligte am Speditionsvertrag" (S. 363).*
4. *Erläutern Sie die Hauptaufgabe des Spediteurs.*
5. *Beim Transport von Nürnberg nach Berlin werden 10 Kisten mit Ware im Gesamtwert von 50 000,00 EUR vom Lkw gestohlen. Jede der gestohlenen Kisten wiegt 30 kg.*
   a *Welche Schadensart liegt vor?*
   b *Mit welchem Betrag haftet der Frachtführer?*
   c *Welchen Verlust müsste der Absender hinnehmen?*
   d *Wodurch könnte der Schaden gedeckt werden?*
6. *Eine Maschine im Wert von 7 500,00 EUR und einem Gewicht von 550 kg wurde mit Verspätung beim Empfänger angeliefert. Der Spediteur hatte dem ladenden Frachtführer zu spät den Transportauftrag erteilt, sodass die Ladebereitschaft um 24 Stunden verzögert wurde. Dem Empfänger entstehen durch den Produktionsausfall Kosten in Höhe von 7 000,00 EUR.*
   a *Welche Schadensart liegt vor?*
   b *In welcher Höhe haftet der Spediteur?*

3 Verkehrsträger im Güterverkehr

Industriehafen in Magdeburg

Einstiegssituation

Das Logistikzentrum der Supermarktkette Ökokauf in Magdeburg an der Elbe ist für die Warenbeschaffung und Versorgung der Supermärkte im mitteldeutschen Raum zuständig. Das Logistikzentrum bezieht Waren aus vielen europäischen und asiatischen Ländern. Das Unternehmen plant, in Zukunft mit einer zweiten Vertriebsschiene auf den Markt zu treten. Bei einer Besprechung informiert die Geschäftsführerin Frau Linder sämtliche Abteilungsleiter über die neuen Pläne: „Wir möchten ab Januar nächsten Jahres die Sortimente Drogeriemarkt, Haushaltswaren, Elektrogeräte und Heimtierbedarf auch über das Internet vermarkten. Dies ist natürlich eine weitere logistische Herausforderung für uns."

Handlungsaufträge

1. *Entscheiden Sie, welche Dienstleistungen des Güterverkehrs den Warentransport*
   a) vom Hersteller zum Logistikzentrum,
   b) vom Logistikzentrum zu den Ökokauf-Supermärkten,
   c) vom Logistikzentrum zu den Endverbrauchern übernehmen sollen. Begründen Sie Ihre Entscheidungen.
2. *Erarbeiten Sie aus diesem Kapitel „Verkehrsträger im Güterverkehr" eine tabellarische Übersicht über die Vor- und Nachteile der einzelnen Verkehrsträger.*

3.1 Güterkraftverkehr

Definition

Der Güterkraftverkehr ist die geschäftsmäßige oder entgeltliche Beförderung von Gütern mit Kraftfahrzeugen, die einschließlich Hänger ein Gesamtgewicht über 3,5 Tonnen haben.

3.1.1 Vorteile und Nachteile des Güterkraftverkehrs

Der Lkw ist für Inlandstransporte und internationale Transporte das mit Abstand wichtigste Transportmittel. Rund 70 % des gesamten Güterverkehrsaufkommens werden mit dem Lkw befördert. Gegenüber anderen Verkehrsträgern hat der Güterkraftverkehr Vor- und Nachteile.

Vorteile des Güterkraftverkehrs	Nachteile des Güterkraftverkehrs
Haus-Haus-Verkehr Der Direktverkehr ohne Umladen erspart Verpackungs- und Transportkosten sowie Lieferzeit.	eingeschränktes Transportvolumen und Transportgewicht
kurze Lieferfristen, relativ schnelles Transportmittel	starke Abhängigkeit von Witterung, Straßenverhältnissen, Verkehrslage
engmaschiges Straßennetz: ein Lkw erreicht nahezu jeden Ort	Fahrverbote (sonn- und feiertags)
hohe Flexibilität hinsichtlich Annahme-, Ablieferungs- und Transportterminen	höherer Energieaufwand hinsichtlich der Beförderungsleistung
Einsatz unterschiedlicher Fahrzeuge nach dem Transportgut (Silofahrzeuge, Isothermfahrzeug)	Umweltbelastung durch Verkehr (Lärm, Abgase), Straßenbelastung

Vorteile des Güterkraftverkehrs	Nachteile des Güterkraftverkehrs
Just-in time-Lieferung ermöglicht reduzierte Lagerhaltung	Ausbau von Straßen und Autobahnen (Versiegelung der Landschaft, steigende öffentliche Ausgaben)
individuelle Behandlung der Ladung, Berücksichtigung individueller Kundenwünsche	Unfallgefahr

3.1.2 Fahrzeugarten

Lkw-Transporte sind für unterschiedliche Güter geeignet: palettierte Handelsware und Lebensmittel, Gefriergut, Baumaterial, Flüssigkeiten und Gase. Um den unterschiedlichen Anforderungen der Transportgüter gerecht zu werden, stehen unterschiedliche Fahrzeugarten und unterschiedliche Fahrzeugaufbauten zur Verfügung:

Einzelfahrzeug dient zur Beförderung verpackter, palettierter Ware.	
Sattelzug besteht aus Sattelzugmaschine und dem Sattelanhänger (Auflieger) Dient zur Beförderung verpackter, palettierter Ware.	
Gliederzug besteht aus Lastkraftwagen und Anhänger. Wird zur Beförderung verpackter, palettierter Ware eingesetzt.	

Wechselbrücken-Lkw: Motorwagen und Anhänger mit Wechselbrücken. Wechselbrücken können auf verschiedenen Fahrgestellen transportiert werden. Dient zur Beförderung verpackter, palettierter Ware.	
Tankfahrzeug: Sattelzugmaschine mit Tankauflieger Wird zur Beförderung von Flüssigkeiten und Gasen eingesetzt.	
Silofahrzeug: Sattelzugmaschine mit Siloauflieger Dient zur Beförderung von Staub- und Rieselgütern.	
Autotransporter: Sattelzugmaschine mit Spezialauflieger Wird zur Beförderung von Neu- und Gebrauchtwagen eingesetzt.	

Jumbo Fahrzeug:

Sattelzugmaschine mit Jumbo-Getränkesattel bietet optimale Auslastung der gesetzlich vorgeschriebenen Längen und Höhen des Lkws.

3.1.3 Höchstzulässige Maße und Gewichte

Kraftwagen, die zum öffentlichen Verkehr zugelassen werden, unterliegen den Vorschriften der Straßenverkehrs-Zulassungsordnung (StVZO). Es sind höchstzulässige Abmessungen und Gewichte für Kraftfahrzeuge und Anhänger sowie für Fahrzeugkombinationen festgelegt. Beim Beladen von Lkws ist das zulässige Gesamtgewicht zu beachten. Dabei besteht folgender Zusammenhang:

Eigengewicht + Zuladung = Gesamtgewicht des Fahrzeugs

Die Zuladung kann je nach Größe und Bauart des Lkws bis zu 28 t betragen. Das zulässige Gesamtgewicht ist abhängig von der Fahrzeugart und der Achsenanzahl:

Einzelfahrzeug mit zwei Achsen	18 t
Einzelfahrzeug mit drei Achsen ▪ Kfz ▪ Anhänger	 25 t 24 t
Fahrzeugkombinationen ▪ mit drei Achsen ▪ mit vier Achsen ▪ mit mehr als vier Achsen	 28 t 36 t 40 t
Vor- und Nachlauf des kombinierten Verkehrs	44 t

Fahrzeugabmessungen

Einzelfahrzeug

Gliederzug

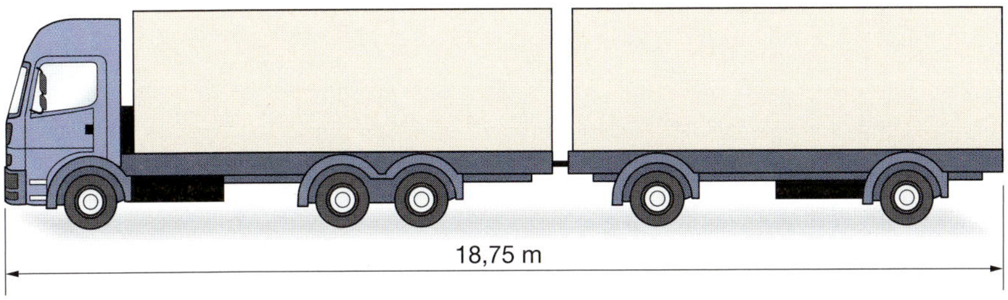

Sattelzug

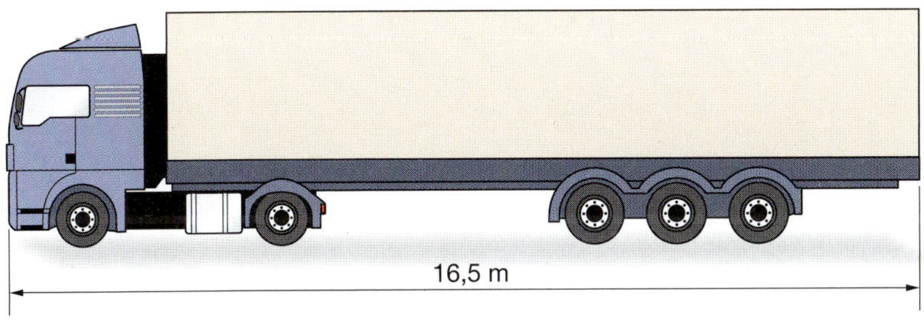

Fahrzeugtyp	Maximale Höhe	Maximale Breite	Maximale Länge
Einzelfahrzeug	4 m	2,55 m (2,60 m bei Kühlfahrzeugen)	12,00 m
Sattelzug	4 m	2,55 m (2,60 m bei Kühlfahrzeugen)	16,50 m
Lastzug	4 m	2,55 m (2,60 m bei Kühlfahrzeugen)	18,75 m

Berechnung des Laderaums – Ladekapazität von Europaletten
Eine optimale Nutzung der Laderäume von Last- und Sattelzügen hat eine große wirtschaftliche Bedeutung. Speditionen nutzen zur Berechnung der benötigten Ladefläche für

eine Ware oder Palette Lademeter. Ein **Lademeter** ist 1 m Länge der Ladefläche bei einer Innenbreite von mindestens 2,40 m. Um zu berechnen, wie viel Lademeter eine Sendung benötigt, wird folgende Formel verwendet:

LDM = Länge (m) × Breite (m) : 2,4 m

Für eine Euroflachpalette gilt: $\frac{1{,}20\text{ m} \times 0{,}80\text{ m}}{2{,}40\text{ m}} = 0{,}40$ LDM

Eine Europalette beansprucht 0,4 Lademeter auf einer Lkw-Ladefläche. Dieser Sachverhalt lässt sich wie folgt veranschaulichen.

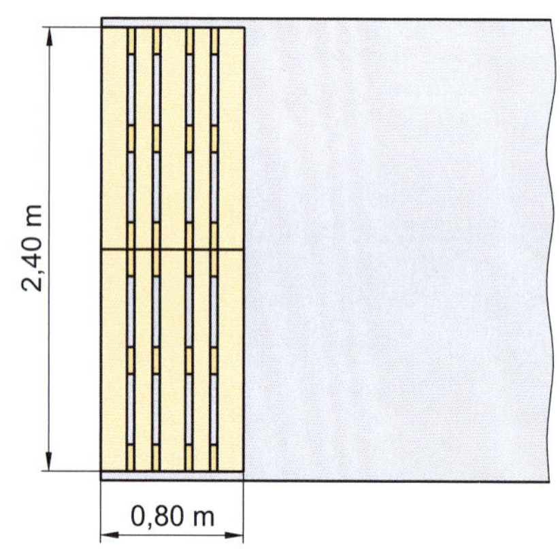	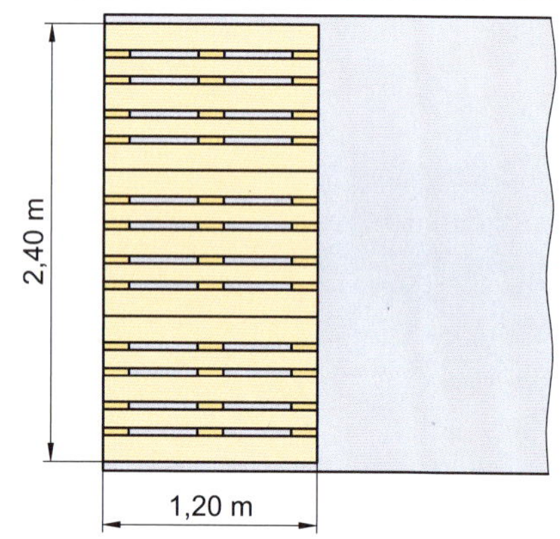
Auf 0,80 m Länge des Lkw passen 2 Europaletten. 0,80 m : 2 = 0,4 Lademeter	Auf 1,20 m Länge des Lkw passen 3 Europaletten. 1,20 m : 3 = 0,4 Lademeter

Beispiel

Wie viel Europaletten passen ungestapelt auf einen Sattelzug mit einer Ladelänge von 13,60 m?

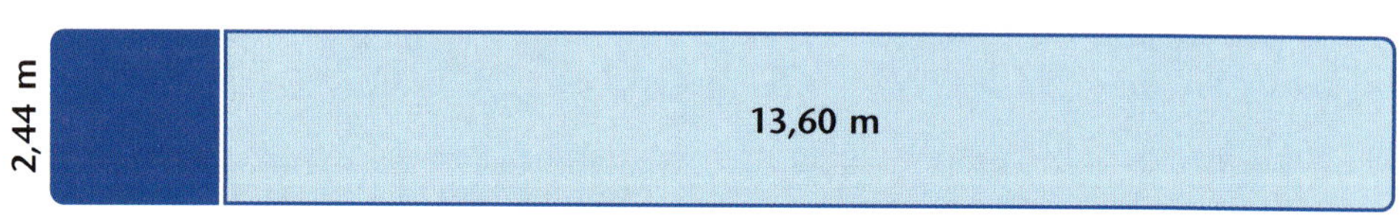

13,60 m : 0,4 m = 34

34 Europaletten passen ungestapelt auf die Ladefläche des Sattelzugs.

Der EuroCombi oder Gigaliner bietet die Möglichkeit, größere Transporteinheiten mit dem Lkw zu transportieren. Das reduziert Transportkosten und Schadstoffemissionen. Die Fahrzeugkombination ist bis zu 25,25 m lang und kann ein Gesamtgewicht von bis zu 60 t haben. In einigen Teilen Europas sind die Gigaliner zugelassen. Auch in Deutschland gibt es in einigen Bundesländern entsprechende Versuchsprojekte.

3.1.4 Formen des Güterkraftverkehrs

Das Güterkraftverkehrsgesetz (GÜKG) von 1998 regelt in der Bundesrepublik Deutschland den Güterkraftverkehr. Beschlüsse und vereinheitlichte Maßnahmen der EU sind hierin berücksichtigt.

EuroCombi oder Gigaliner

Beispiele
- EU-weit einheitliche Bestimmungen über Höchstlänge und Gewichte der Lkws
- EU-weit einheitliche Berufszulassungskriterien
- EU-weit einheitliche Bestimmungen über Lenk- und Ruhezeiten

Das Güterkraftverkehrsgesetz unterscheidet zwischen Werkverkehr und gewerblichem Güterkraftverkehr.

Güterkraftverkehr

Werkverkehr
Güterkraftverkehr für eigene Zwecke eines Unternehmens, es handelt sich um die Beförderung
- von eigenen Gütern des Unternehmens,
- für eigene Zwecke,
- durch eigenes Personal.

Beförderung ist nur eine Hilfstätigkeit im Unternehmen.
erlaubnisfrei
Beispiel:
Ein Möbelhaus liefert seine Ware mit dem firmeneigenen Lkw beim Kunden an.

Gewerblicher Güterkraftverkehr
Güterkraftverkehr gegen Entgelt
erlaubnispflichtig
Beispiel:
Ein Frachtführer liefert Ware vom Großhändler zum Einzelhändler.

Güterkraftverkehr gegen Entgelt

3.1.5 Berechtigungen für den gewerblichen Güterkraftverkehr

Im Inland	Im Ausland
Erlaubnis	Gemeinschaftslizenz
Gemeinschaftslizenz	CEMT-Genehmigung
	Bilaterale Genehmigungen

Für den gewerblichen Güterkraftverkehr über 3,5 t benötigt der Unternehmer eine Erlaubnis oder eine Gemeinschaftslizenz (EU-Lizenz). Er hat die Wahl, ob er eine Erlaubnis oder eine

Gemeinschaftslizenz beantragt. Die Bedingungen für die Erteilung einer Erlaubnis oder Gemeinschaftslizenz sind gleich. Der Antragsteller muss folgende Bedingungen erfüllen:

Voraussetzungen	
Persönliche Zuverlässigkeit	Der Unternehmer muss in der Lage sein, sein Unternehmen nach den gesetzlichen Bestimmungen zu führen. Er muss nachweisen, dass er bisher nicht gegen Rechtsvorschriften im Transportgewerbe verstoßen hat. Dazu hat er vorzulegen ▪ ein polizeiliches Führungszeugnis als Nachweis, dass er nicht vorbestraft ist, ▪ einen Auszug aus dem Verkehrszentralregister. In diesem werden Verstöße gegen Vorschriften der Betriebs- und Verkehrssicherheit und gegen das Güterkraftverkehrsgesetz erfasst. ▪ einen Auszug aus dem Gewerbezentralregister. Dies erfasst Vergehen gegen das Gewerberecht, z. B. Schwarzarbeit. ▪ eine Bescheinigung der Krankenkassen über die ordnungsgemäße Abführung der Sozialabgaben.
Finanzielle Leistungsfähigkeit	Der Unternehmer muss Eigenkapital zur Finanzierung seines Fuhrparks nachweisen, und zwar ▪ 9 000,00 EUR für das erste Fahrzeug, ▪ 5 000,00 EUR für jedes weitere Fahrzeug. Der Unternehmer muss zahlungsfähig sein. Er darf keine Schulden beim Finanzamt, den Sozialversicherungsträgern, der Berufsgenossenschaft und der Gemeinde haben. Als Nachweis gelten Unbedenklichkeitsbescheinigungen ▪ vom Finanzamt, ▪ von den Sozialversicherungsträgern, ▪ von der Berufsgenossenschaft, ▪ von der Gemeinde.
Fachliche Eignung	Der Unternehmer muss geeignet sein, einen Güterkraftverkehrsbetrieb zu führen. Der Nachweis kann erfolgen durch ▪ mindestens fünfjährige leitende Tätigkeit in einem Transportunternehmen, ▪ die Sachkundeprüfung bei der IHK, ▪ den Berufsabschluss als Speditionskaufmann oder Verkehrsfachwirt.

Erlaubnis	
Berechtigung	Transporte innerhalb Deutschlands
Gültigkeit	zunächst zehn Jahre, dann unbefristet
Eine beglaubigte Kopie der Erlaubnis muss immer im Fahrzeug mitgeführt werden.	

Gemeinschaftslizenz = EU-Lizenz	
Berechtigung	Transporte innerhalb Deutschlands Transporte zwischen allen EU-Mitgliedsstaaten sowie Liechtenstein, Norwegen, Island, der Schweiz Transporte in EU-Ländern durch ausländische Frachtführer (Kabotageverkehr)
Gültigkeit	zehn Jahre, muss danach neu beantragt werden
Eine beglaubigte Kopie der Gemeinschaftslizenz muss immer im Fahrzeug mitgeführt werden.	

CEMT-Genehmigung (CEMT = Konferenz der europäischen Verkehrsminister)	
Berechtigung	Transporte, bei denen Be- und Entladeorte im Hoheitsgebiet der CEMT-Mitgliedsstaaten[1] liegen Transitverkehr Kabotageverkehr ist nicht zulässig
Gültigkeit	ein Jahr ein Monat
Die CEMT-Genehmigung ist auf der gesamten Beförderungsstrecke als Original mitzuführen.	

Bilaterale Genehmigung = Zweiseitige Abkommen zwischen der BRD und Drittstaaten, d. h. Staaten, die nicht zur EU gehören	
Berechtigung	Transporte zwischen den Vertragsstaaten Transitverkehr durch die Vertragsstaaten
Gültigkeit	Zeitgenehmigung Einzelfahrtgenehmigung
Eine Ausfertigung der bilateralen Genehmigung muss im Fahrzeug mitgeführt werden.	

3.1.6 Begleitpapiere

Der Unternehmer muss dafür sorgen, dass während der Beförderung im gewerblichen Güterverkehr ein Begleitpapier oder ein sonstiger Nachweis mitgeführt wird, in dem
- das beförderte Gut,
- der Beladeort und Entladeort sowie
- der Auftraggeber

angegeben werden.

Im grenzüberschreitenden europäischen Güterverkehr ist der **CMR-Frachtbrief** (CMR: Übereinkommen über den Beförderungsvertrag im internationalen Straßengüterverkehr) verbindlich vorgeschrieben.

Der Frachtbrief wird in **drei Originalausfertigungen** ausgestellt:
- Die erste Ausfertigung erhält der Absender.
- Die zweite Ausfertigung begleitet das Gut.
- Die dritte Ausfertigung erhält der Frachtführer.

Der von Frachtführer und Absender unterzeichnete Frachtbrief ist Beweisurkunde für

1. den Abschluss und Inhalt des Beförderungsvertrags,
2. die Übernahme des Gutes durch den Frachtführer,
3. die Ablieferung der Sendung an den Empfänger durch seine Empfangsbestätigung.

[1] *CEMT- Mitgliedsstaaten: Albanien, Armenien, Aserbaidschan, Belgien, Bosnien-Herzegowina, Bulgarien, Dänemark, Deutschland, Estland, Finnland, Frankreich, Georgien, Griechenland, Irland, Italien, Kroatien, Lettland, Liechtenstein, Litauen, Luxemburg, Mazedonien, Malta, Moldawien, Niederlande, Norwegen, Österreich, Polen, Portugal, Rumänien, Russische Föderation, Schweden, Schweiz, Slowakische Republik, Slowenien, Spanien, Tschechische Republik, Türkei, Ukraine, Ungarn, Vereinigtes Königreich, Weißrussland*

1 Absender (Name, Anschrift, Land)
Expéditeur (nom, adresse, pays)

Maschinenbau Richter GmbH
Essener Str.21
04129 Leipzig
Deutschland

Internationaler Frachtbrief
Lettre de Voiture International

Diese Beförderung unterliegt trotz einer gegenteiligen Abmachung den Bestimmungen des Übereinkommens über den Beförderungsvertrag im Internationalen Straßengüterverkehr (CMR).

Ce transport est soumis, nonobstant toute clause contraire, à la Convention relative au contrat de transport international de marchandises par route (CMR).

2 Empfänger (Name, Anschrift, Land)
Destinaytaire (nom, adresse, pays)

Bauer Industriemaschinen KG
Bürgergasse 12
A- 8010 Graz
Österreich

16 Frachtführer (Name, Anschrift, Land)
Transporteur (nom, adresse, pays)

Intertrans Spedition
Industriestrasse 12
04435 Schkeuditz

3 Auslieferungsort des Gutes
Lieu prévu pour la livraison de la merchandise
Ort/Lieu Graz, Bürgerstrasse 12
Land/Pays Österreich
Datum/Date 15.10. 20...

17 Nachfolgende Frachtführer (Name, Anschrift, Land)
Transporteur successifs (nom, adresse, pays)

4 Ort und Tag der Übernahme des Gutes
Lieu e date de la prise en charge de la merchandise
Ort/Lieu Leipzig, Essener Str. 21
Land/Pays Deutschland
Datum/Date 14.10. 20...

18 Vorbehalte und Bemerkungen der Frachtführer
Reserves et observations des transporteurs

5 Beigefügte Dokumente
Documents annexés
Handelsrechnung

6 Kennzeichen u. Nr. Marques et numéros	7 Anz. der Packst. Nombre des Colis	8 Art der Verpck. Mode d'emballage	! Bezeichnung des Gutes* Nature de la marchandise*	10 Statistik-Nr. No statistique	11 Bruttogew. i. kg Poids brut, kg	12 Umfang m³ Cubage m³
RICH 1-34	34	EUR-Paletten	Maschinenteile		18.000	

Klasse / Classe — Ziffer / Chiffre — Buchstabe / Lettre — (ADR) / (ADR)

13 Anweisungen des Absenders (Zoll- und sonstige amtliche Behandlung)
Instructions de l'expediteur (formalités douaniéres et autres)

Paletten nicht stapelbar

15 Frachtzahlunganweisungen
Prescription d'affranchissement
Frei / Franco: frei Haus
Unfrei / Non franco

20 Besondere Vereinbarungen
Conventions particulières

21 Ausgefertigt in / Etabilie à Leipzig — am / le 14.10.20...

22 i. A. R. Müller
MASCHINENBAU RICHTER GMBH
Unterschrift und Stempel des Absenders
(Signature et timbre de l'expediteur)

23 i.A. Müller
INTERTRANS SPEDITION
Unterschrift und Stempel des Frachtführers
(Signature et timbre du transporteur)

Amtl. Kennzeichen		Nutzlast in kg
Kfz	DZ-JN-444	24 000
Anhänger		

24 Gut empfangen — Date...........................
Réception des marchandises)

Unterschrift und Stempel des Empfängers
(Signature et timbre du destinataire)

Benutze Gen.-Nr. — ☐ National ☐ Bilateral ☒ EG ☐ CEMT

T ei gef&hrlichen (2tern ist, au3er der e entuellen ' escheinigung, auf der let"ten Linie der Ru rit an"uge en4die $lasse, die 5iffer so6ie gege enenfalls der ' uchsta e . 1. n
cas de marchandises dfangéreuses indi7uer, autre la certification à en

Neben dem Frachtbrief muss der Fahrer folgende Dokumente mitführen:

Begleitpapiere	
Fahrzeugpapiere	▪ Fahrzeugschein, Anhängerschein ▪ Prüfbescheinigungen vom Geschwindigkeitsbegrenzer ▪ HU-, AU-, SP-Prüfberichte (empfohlen) ▪ Lkw-Maut, Vignette
Persönliche Papiere	▪ Personalausweis/Reisepass ▪ Führerschein ▪ Sozialversicherungsausweis ▪ Fahrerbescheinigung (Bestätigung für einen ausländischen Fahrer, dass er legal beschäftigt ist) ▪ Fahrerkarte für Fahrzeuge, die nach dem 01.06.2006 zugelassen sind (digitaler Nachweis über Fahr- und Arbeitsdaten des Fahrers) oder für Fahrzeuge, die vor dem 01.06.2006 zugelassen sind ▪ Schaublätter (mitzuführen sind das Schaublatt für den laufenden Tag und die vorangegangenen 28 Tage, um die Einhaltung der vorgeschriebenen Ruhezeiten nachzuweisen) ▪ Bestätigung über arbeitsfreie Tage
Beförderungspapiere für den nationalen Güterkraftverkehr	▪ Erlaubnisurkunde oder beglaubigte Kopie der EU-Lizenz ▪ Begleitpapier (Frachtbrief, Ladeliste oder Lieferschein) ▪ Nachweis der Güterschadenhaftpflichtversicherung
Beförderungspapiere für den internationalen Güterkraftverkehr	▪ beglaubigte Kopie der EU-Lizenz oder CEMT-Genehmigung oder bilaterale Genehmigung ▪ CMR-Frachtbrief
Gefahrguttransporte	▪ Begleitpapiere GGVS/ADR ▪ ADR-Bescheinigung des Fahrzeugführers ▪ schriftliche Weisung ▪ Fahrwegbestimmung ▪ Prüfbescheinigung (z. B. von Tanks) ▪ Ausnahmegenehmigung

3.1.7 Güterschaden-Haftpflichtversicherung für Transporte innerhalb Deutschlands

Für Gütertransporte innerhalb Deutschlands muss der Frachtführer eine Güterschaden-Haftpflichtversicherung abschließen. Diese übernimmt im Schadenfall den Schadenersatz, den der Unternehmer nach dem HGB zu leisten hat. Versichert sind somit Schäden

- durch Verlust und Beschädigung,
- Lieferfristüberschreitung,
- sonstige Vermögensschäden.

Der Frachtführer ist verpflichtet, bei jedem Transport einen gültigen Versicherungsnachweis mitzuführen.

3.1.8 Lenk- und Ruhezeiten, Fahrverbote

Diese Vorschriften dienen der Sicherheit im Straßenverkehr und dem Schutz der Fahrer. Außerdem regeln sie den Wettbewerb. Sie gelten für den Fahrer und den Frachtführer und sind international gültig. Der Arbeitszeitnachweis wird durch das EG-Kontrollgerät im Fahrzeug oder durch Schaublätter erbracht. Diese sind vom Fahrer mitzuführen.

Lenkdauer	4,5 Stunden
Lenkzeitunterbrechung	▪ nach 4,5 Stunden Lenkdauer mindestens 45 Minuten oder ▪ innerhalb von 4,5 Stunden erste Fahrtunterbrechung von mindestens 15 Minuten und zweite von 30 Minuten
Tägliche Lenkzeit	▪ maximal 9 Stunden ▪ Erhöhung auf 10 Stunden zweimal pro Woche zulässig
Wöchentliche Lenkzeit	▪ maximal 56 Stunden ▪ maximal 90 Stunden in Doppelwoche
Tägliche Ruhezeit	▪ mindestens 11 Stunden ▪ Aufteilung in zwei Abschnitte möglich: dann sind 12 Stunden Ruhezeit (3 Stunden und 9 Stunden) zu nehmen ▪ reduzierte Ruhezeit von 9 Stunden ist dreimal wöchentlich möglich
Wöchentliche Ruhezeit	▪ mindestens 45 Stunden, Verkürzung ist unter bestimmten Bedingungen möglich

Fahrverbote

- **Fahrverbot an Sonn- und Feiertagen:** für Lkw über 7,5 t in der Zeit von 00:00 Uhr bis 22:00 Uhr
- **Ferienreisefahrverbot:** für Lkw über 7,5 t vom 1. Juli bis 31. August an Samstagen zwischen 07:00 Uhr und 22:00 Uhr auf bestimmten Bundesautobahnen und Bundesfernstraßen

3.1.9 Bundesamt für Güterverkehr (BAG)

Das **Bundesamt für Güterverkehr** kontrolliert in- und ausländische Lkws auf Straßen, Autobahnen und Rastplätzen. Kontrolliert werden beispielsweise

- Beförderungs- und Begleitpapiere,
- Fahrzeugpapiere,
- mitführungspflichtige behördliche Genehmigungen (EU-Lizenz, CEMT-Genehmigung),
- Einhaltung der Lenk- und Ruhezeiten,
- Arbeitserlaubnis,
- Ladegut, Ladegewicht, Ladungssicherung,
- Abmessungen, Achslast, Gesamtgewicht von Fahrzeugen und Hänger,
- Einhaltung der Sicherheitsvorschriften bei der Beförderung gefährlicher Güter.

3.1.10 Lkw-Maut

Durch ihr Gewicht verursachen Lkws in besonderem Maße Kosten für den Bau, die Erhaltung und den Betrieb von Straßen und Autobahnen. Mautpflichtig sind daher seit dem 01.01.2005 alle in- und ausländischen Lkw über 12 t zulässigem Gesamtgewicht auf deutschen Autobahnen und einigen Bundesstraßen.
Die Höhe der Maut ist abhängig von der

- zurückgelegten Strecke,
- Zahl der Fahrzeugachsen,
- Schadstoffklasse des Lkws (Euronorm).

Informieren Sie sich über die Mautberechnung im Kapitel „Fachrechnen" unter Punkt „Entgeltberechnung im Güterverkehr".

Zusammengepackt

- Der Güterverkehr ist die geschäftsmäßige oder entgeltliche Beförderung von Gütern mit Kraftfahrzeugen, die einschließlich Hänger ein Gesamtgewicht über 3,5 Tonnen haben.
- Nach der Bauform der Lkws unterscheidet man Einzelfahrzeug, Sattelzug und Lastzug.

Höchstzulässige Maße	Einzelfahrzeug	Sattelzug	Lastzug
Länge	12,00 m	16,50 m	18,75 m
Breite Höhe	2,55 m (Kühlfahrzeuge 2,60 m) 4,00 m		

- Im Güterkraftverkehr unterscheidet man zwischen gewerblichem Güterkraftverkehr und Werkverkehr. Der gewerbliche Güterkraftverkehr ist erlaubnispflichtig. Der Werkverkehr ist erlaubnisfrei.
- Lkw-Unternehmer benötigen zur gewerblichen Güterbeförderung behördliche Genehmigungen:

Genehmigung	Verwendung
Erlaubnisurkunde	Beförderung im Inland
Gemeinschaftslizenz	Beförderung innerhalb der EU und in Staaten des europäischen Wirtschaftsraums, Kabotageverkehr
CEMT-Genehmigung	grenzüberschreitende Beförderung in CEMT-Staaten
bilaterale Genehmigung	Beförderung in Drittländer

- Der Lkw-Unternehmer hat eine Güterschaden-Haftpflichtversicherung abzuschließen. Den Versicherungsnachweis hat der Fahrer während der Beförderung mitzuführen.
- Im Straßengüterverkehr sind Lenk- und Ruhezeiten sowie Fahrverbote zu berücksichtigen.

Aufgaben

1. *Nennen Sie fünf Vorteile und fünf Nachteile des Güterkraftverkehrs.*
2. *Welche maximale Länge, Breite und Höhe ist für Lkws in Deutschland zulässig?*
3. *Was kontrolliert das BAG bei Kraftfahrzeugen zur Güterbeförderung?*
4. *Welches Transportmittel würden Sie für folgende Transporte einsetzen? Begründen Sie Ihre Entscheidung.*
   a *1 000 t Sandsteine vom Naturbetrieb Dresden nach Hamburg*
   b *Wechselbrücke mit Maschinenteilen von Bremen nach Ingolstadt*
   c *1 Kühlcontainer mit Seefisch von Rostock nach Erlangen*
   d *Orchideen aus einem Zuchtanbau in Mailand zum Großhandel nach Berlin*
   e *32 Europaletten mit Gehäuseteilen von Oldenburg nach Braunschweig*
5. *Michael Klein möchte sich nach seiner Ausbildung als Fachkraft für Lagerlogistik als Fuhrunternehmer mit einem Sattelzug selbstständig machen.*
   a *Welches Gesetz regelt den gewerblichen Güterkraftverkehr in Deutschland?*
   b *Erklären Sie, welche Voraussetzungen Michael erfüllen muss, um eine Erlaubnis für den gewerblichen Güterverkehr zu erhalten.*
   c *Michael möchte zukünftig auch Kabotagetransporte durchführen. Erklären Sie die Bedeutung des Kabotageverkehrs.*
   d *Wann sollte Michael bei Abschluss eines Transportauftrags auf die Ausstellung eines CMR-Frachtbriefs bestehen?*
6. *Der Fuhrunternehmer Frank Hoffmann erhält am 15.10.20.. einen Transportauftrag der Chemtex GmbH aus 17489 Greifswald, Baderstraße 12:*
   - *Transport von 17 Europaletten mit 9 700 kg Waschpulver in den C&C Großmarkt, Charlottenburger Straße 2, 13086 Berlin und*
   - *Transport von 15 Europaletten mit 8 800 kg Waschpulver in den C&C Großmarkt, Bitterfelder Straße 4, 06844 Dessau. Die Paletten sind nicht stapelbar.*

   Der Fuhrunternehmer Frank Hoffmann verfügt über einen Sattelzug mit einer Ladefläche von 2,44 m x 13,60 m und einer Nutzlast von 25780 kg.
   a *Überprüfen Sie rechnerisch, ob die komplette Ladung auf dem Sattelzug verladen werden kann. Fertigen Sie außerdem eine Skizze an.*
   b *Entscheiden Sie, ob das Fuhrunternehmen den Auftrag an einem Tag ausführen kann. Rechnen Sie mit einer Durchschnittsgeschwindigkeit von 70 km/h. Nutzen Sie den Routenplaner im Internet oder eine Autokarte.*

3.2 Kurier-, Express-, Paketdienste (KEP-Dienste)

Strukturelle Veränderungen auf Absatz- und Beschaffungsmärkten von Industrie und Handel haben eine veränderte Nachfrage nach Transportdienstleistungen zur Folge: Viele Unternehmen möchten Produktionskosten sparen. Aus diesem Grund reduzieren sie ihre Lagerbestände oder verzichten ganz darauf. Dies führt dazu, dass eine genau auf den Bedarf des Empfängers abgestimmte Transportmenge termingenau befördert werden muss, sodass sie pünktlich zur Weiterverarbeitung eintrifft (just in time). Damit werden die Mengen der zu transportierenden Güter kleiner. Gleichzeitig nehmen die Sendungszahlen zu. Der Bedarf an sogenannten **KEP-Dienstleistungen** wird verstärkt durch

- die Globalisierung der Wirtschaft,
- die EU-Erweiterung,
- den Internethandel,
- die Öffnung der Märkte nach Osteuropa.

3.2.1 Servicebereiche des KEP-Marktes

Kurierdienst	▪ Beförderung von kleinteiligen, zeitkritischen Sendungen und Dokumenten in Haus-zu-Haus-Zustellung, d. h. direkte Abholung beim Kunden und sofortige Zustellung beim Empfänger ▪ bietet hohe Transportsicherheit, da die Sendung i. d. R. während des Transports in der Obhut des Kuriers ist ▪ Einteilung in Stadtkuriere, nationale Kuriere und internationale Kuriere ▪ Einsatz von Pkws, Transportern, Fahrrad und Motorrad, vor allem im Stadtbereich und in Ballungsgebieten ▪ Die Beförderung über große Entfernungen erfolgt im Verbundtransport. ▪ Der Kurier nutzt neben den regionalen Transportmitteln (Transporter, Lkw) das Flugzeug zur schnellen Beförderung. ▪ Die Beförderungskosten sind durch den hohen Personalaufwand relativ hoch. ▪ **Service:** – Same Day: Die Zustellung erfolgt am selben Tag. – Overnight: Beförderung der Sendung erfolgt über Nacht mit festen Laufzeiten.
Expressdienst	▪ Die Beförderung der Sendungen erfolgt im Sammeltransport über Umschlagzentren (HUBs). ▪ Eine Haus-zu-Haus-Zustellung mit festen Zustellzeiten wird garantiert. ▪ Beschränkungen der Sendungen in Größe und Gewicht sind selten vorgegeben. ▪ **Service:** – Same Day – Overnight – Innight: Nachtzustellung bis spätestens 8:00 Uhr morgens
Paketdienst	▪ Die Beförderung kleinteiliger Sendungen erfolgt im Sammeltransport über Umschlagzentren (HUBs). ▪ Es gibt keine garantierten Zustellzeiten, aber eine Regellaufzeit (3 Tage innerhalb Deutschlands) macht die Transportdauer kalkulierbar. ▪ Die Beförderungskosten sind im Vergleich zum Kurier- und Expressdienst günstig. ▪ Die Sendungen sind in Größe und Gewicht beschränkt. Die Größe wird nach dem Gurtmaß berechnet. Das Gurtmaß darf maximal 3 Meter betragen: Gurtmaß = Umfang (2 × Höhe + 2 × Breite) + längste Seite. Das zulässige Höchstgewicht für Pakete ist bei verschiedenen Anbietern unterschiedlich und liegt zwischen 30–40 kg. 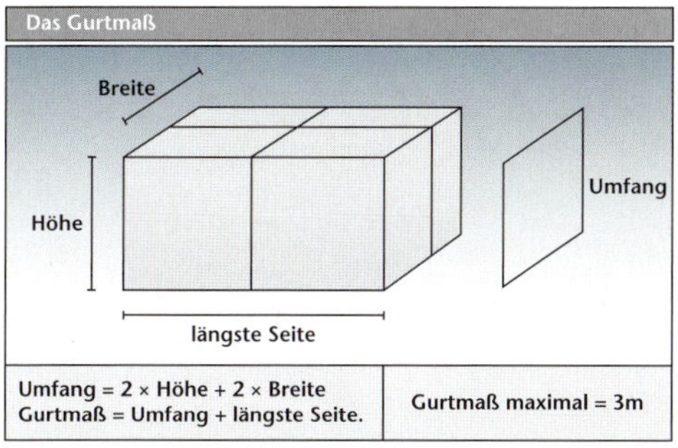

3.2.2 Vorteile der KEP-Dienste

Hoher Lieferservice	▪ Dienstleistungen rund um die Uhr über das gesamte Jahr ▪ Abholung und Zustellung nach Wunsch zu festgelegten Zeiten ▪ Flächendeckende Versorgung (z. B. auch auf eine Insel oder zu einer Almhütte)
Just-in-time-Lieferung	▪ Zustellung erfolgt zu einer genau festgelegten Zeit. ▪ Unternehmen können die eigenen Lagerbestände niedrig halten, bei Bedarf auf Kundenwünsche flexibel reagieren.
Sicherheit:	▪ persönliche Begleitung der Sendung ▪ Sendungsverfolgung (Tracking and Tracing)
Tracking and Tracing	▪ Identifizieren der Sendung durch Barcode-Scanning, RFID oder Sortieranlage innerhalb der Transportkette von der Abholung bis zur Zustellung ▪ Laufzeitüberwachung ist somit möglich. ▪ Kunde kann den Sendungsverlauf im Internet verfolgen.
Transportzeiten	Kunde kann zwischen vorausschaubaren Laufzeiten (z. B. Paket im Inland 2–3 Tage) und garantierten Laufzeiten wählen: ▪ Same Day – Zustellung am selben Tag ▪ Innight Service – Zustellung am nächsten Tag bis 8:00 Uhr ▪ Overnight Sevice – Zustellung am nächsten Tag bis 12:00 Uhr
Individuelle Transportlösungen in den Bereichen B2B und B2C	▪ B2B= Business-to-Business: Handel zwischen den Unternehmen ▪ B2C= Business-to-Consumer: Handel zwischen Unternehmen und Endverbraucher ▪ Vielfältige Serviceleistungen stehen dem Kunden zu Verfügung.
Überschaubare Entgeltstruktur	▪ Eine Einteilung nach Sendungsarten, standardisierten Maßen und Gewichten der Sendungen ermöglicht dem Kunden eine gute Übersicht über Transportpreise.

3.2.3 Transportsysteme

Bei Paketen und Expresssendungen handelt es sich um standardisierte Massensendungen. Diese werden zunächst in regionalen Depots gesammelt und zu einem zentralen Umschlagzentrum (HUB) weitergeleitet. Dort werden die Sendungen entsprechend der Empfängeranschrift sortiert und weitergeleitet. Die einzelnen KEP-Unternehmen nutzen unterschiedliche Verteilsysteme.

Ins Deutsche lässt sich der Begriff HUB auch als „Haupt-Umschlags-Basis" übersetzen.

Hub-and-Spoke-Systeme

1. Die Sendungen werden vom Auftraggeber abgeholt und im jeweiligen Quelldepot gesammelt.
2. Dann werden die Sendungen zu einem zentralen Umschlagzentrum (HUB) transportiert.
3. Dort werden die eingehenden Sendungen nach ihren Zieldepots sortiert und weitergeleitet.
4. Von den Zieldepots startet die Zustellung an den Empfänger. Wie die Speichen (spoke) eines Rades im Zentrum, der Nabe, zusammenkommen, treffen sich die Fernverkehrslinien der Depots im HUB.

Vorteile:
- Die Depots 1–6 sind über das HUB mit nur sechs Lkw erreichbar (weniger Lkws und Fahrer notwendig).
- Die Transportmittel werden besser ausgelastet.

Nachteile:
- Verlängerung der Transportwege über das HUB
- Ein zusätzlicher Sendungsumschlag im HUB wird nötig.
- Investition und Betriebskosten für ein großes Umschlagslager fallen an.

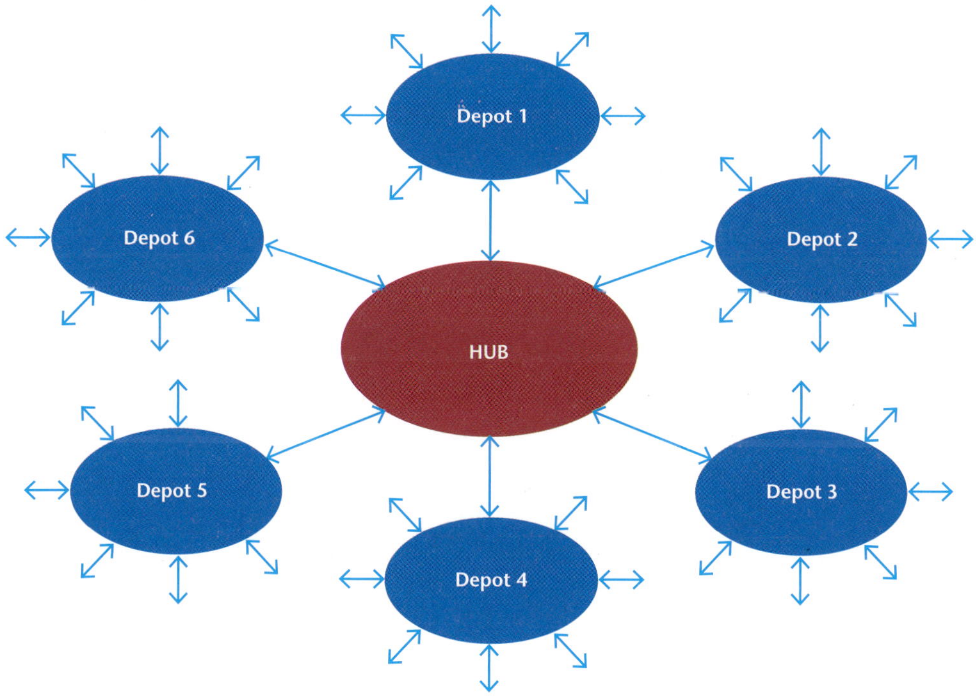

Hub-and-Spoke-System

Multi-HUB-System

Die Beförderung der Sendungen erfolgt über mehrere zentrale HUBs. Demzufolge ist ein mehrfacher Umschlag der Sendungen nötig. Multi-HUB-Systeme sind nur in großen, weltweiten Transportnetzen sinnvoll und wirtschaftlich. Sie werden vor allem in der Luftfracht genutzt.

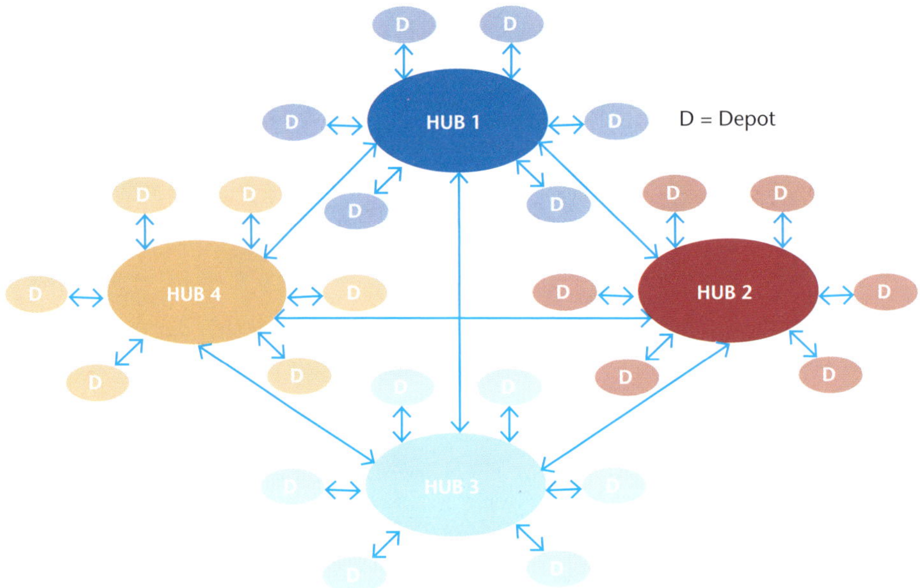

Multi-HUB-System

3.2.4 Handling von Sendungen im DHL-HUB Leipzig

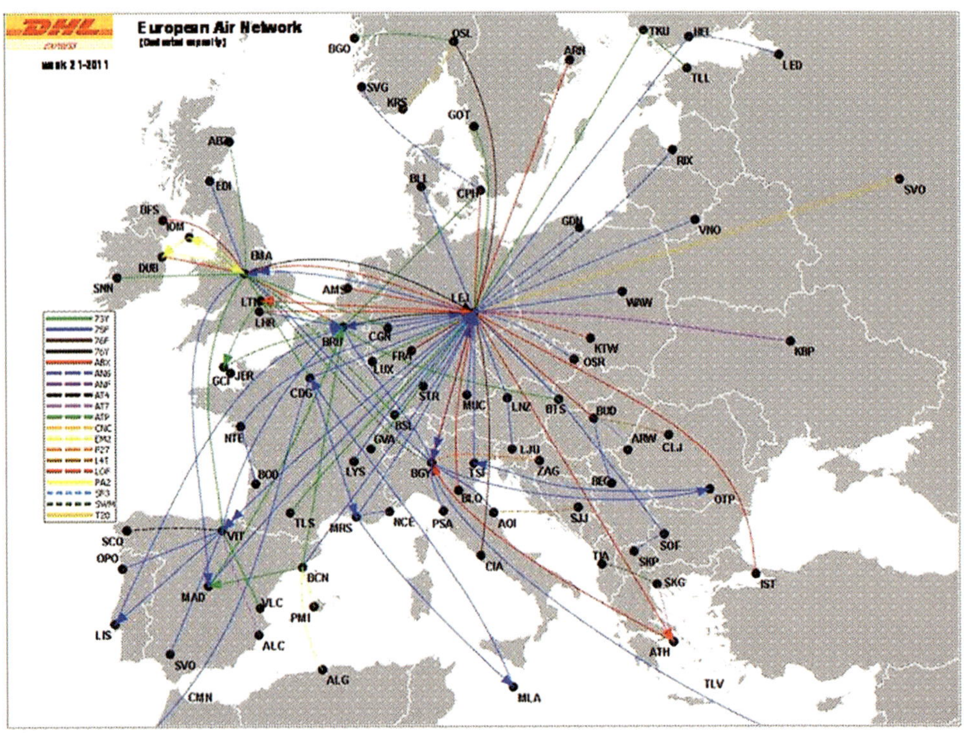

DHL-Fluglinien zwischen den DHL-HUBs

IATA – Kürzel der Flughäfen (Auszug):
BGY – Flughafen Bergamo/Mailand
LEJ – Flughafen Leipzig
JFK – Flughafen John F. Kennedy New York

Handling der DHL-Sendungen von der Landung bis zum Abflug

0:55 Landung BGY-LEJ
1:10 Container wird aus Flugzeug entladen

1:20 Container erreicht die Entladestelle
1:30 Sendung wird auf Sortierband gelegt

1:33 Sendung wird gescannt
1:37 Sendung wird zur Beladestelle verbracht

1:45 Sendng wird in Container verladen

2:00 Container wird zum Flugzeug gebracht
2:30 Container wird ins Flugzeug verladen

2:50 Abflug nach JFK

3.2.5 Deutsche Post DHL

An dieser Stelle sollen beispielhaft für andere KEP-Unternehmen Dienstleistungsbereiche und Serviceleistungen der Deutschen Post DHL vorgestellt werden. Die Deutsche Post ist ein Unternehmen, das traditionell über Erfahrungen in Postdienstleistungen verfügt und diese mit innovativen technischen und organisatorischen Lösungen in Transport und Logistik verbindet.

*Die Abkürzung **DHL** steht übrigens für die drei Unternehmensgründer Adrian **D**alsey, Larry **H**illblom und Robert **L**ynn, die 1969 in den USA mit Kurierdienstleistungen für Reedereien angefangen haben.*

In den letzten Jahren ist die Unternehmensstruktur der Deutschen Post grundlegend verändert worden. Mit der Umsetzung zweier Postreformen (1989 und 1995) wurde die Behördenstruktur der Deutschen Bundespost schrittweise abgebaut und die Privatisierung (Umwandlung von öffentlichem Vermögen in privates Eigentum) vollzogen.

Seit 2009 tritt der Konzern unter dem Namen **Deutsche Post DHL** auf. Angeboten werden umfassende Dienstleistungen im Logistikbereich:
- Nationale und internationale Brief- und Paketdienstleistungen
- Dialog-Marketing (Werbepost)

- Outsourcinglösungen für das Briefgeschäft
- Expressdienstleistungen
- Luftfracht
- Seefracht
- Straßengüterverkehr
- Kontraktlogistik

Paket- und Expressdienst

Das Normprodukt **Paket** ist Kernstück der **Produktpalette**. Es ist durch folgende **Leistungsmerkmale** gekennzeichnet:

- Einfache Entgeltstruktur
- Einlieferungsbescheinigung
- Auslieferung gegen Empfangsbestätigung
- Frei-Haus-Preis
- Haftung für Verlust und Beschädigung bis 500,00 EUR
- Planbare Laufzeiten
- Sendungsverfolgung
- Vorgeschriebene Mindest- und Höchstmaße
- Gewicht bis 31,5 kg
- Serviceleistungen

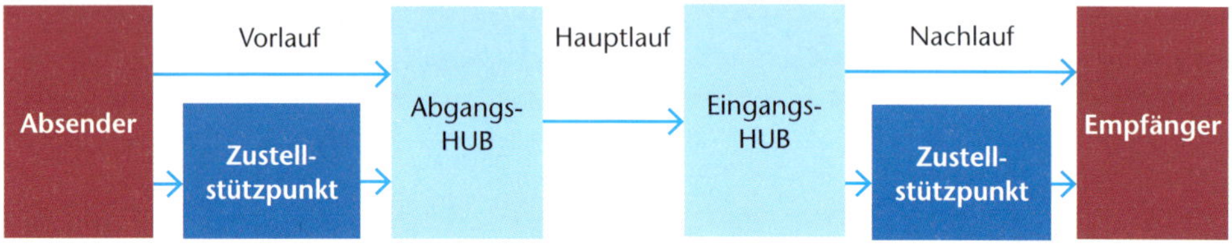

Wege eines Postpakets

Serviceleistungen im Paketdienst

DHL Paket Service National

Service Sicher	Service Inkasso	Sonstiger Service
Identitäts- und Altersprüfung	Nachnahme	Einzelabholung
Eigenhändig	Unfrei	DHL Retour
Transportversicherung		Sperrgut
Rückschein		GoGreen
		Vorausverfügung

Die oben genannten **Serviceleistungen** werden in der folgenden Übersicht kurz erklärt:

Identitäts- und Altersprüfung	Zusteller überprüft anhand eines Ausweises die Identität des Empfängers (ggf. auch dessen Alter, falls dies gewünscht ist)
Eigenhändig	Auslieferung an den Empfänger persönlich oder an eine durch ihn bevollmächtigte Person

Transportversicherung	garantiert Ersatzleistungen bei Verlust oder Beschädigung der Sendung
Rückschein	Erhalt der Sendung wird durch eine Unterschrift vom Empfänger bestätigt. Der unterschriebene Rückschein wird dem Absender anschließend zugestellt.
Nachnahme	Voraussetzung für den Erhalt der Sendung ist die Zahlung eines Nachnahmebetrags durch den Empfänger. Das eingezogene Geld wird nach Abzug des Übermittlungsbetrags auf das Konto des Absenders überwiesen.
Unfrei	Übernahme der Versandkosten durch den Empfänger. Wenn dieser die Annahme verweigert oder die Sendung unzustellbar ist, muss der Absender das Entgelt zahlen.
Einzelabholung	Die Abholung der Sendung beim Absender oder bei dessen Kunden kann bis zu 30 Tage im Voraus gebucht werden. Der Zusteller bringt bei Bedarf ein versandfertiges Label mit.
GOGREEN	Bei diesem Service wird der Schwerpunkt auf umweltfreundliche Versendungen gelegt.
Vorausverfügung	Hierdurch kann festgelegt werden, wie mit der Sendung zu verfahren ist, falls diese unzustellbar sein sollte.
Sperrgut	Manche Sendungen überschreiten die Paketmaße oder sind von besonderer Beschaffenheit, Beispiel: Ware ohne Kartonverpackung oder nicht stapelfähige Ware.
DHL Retoure	Der Empfänger kann bestellte Ware kostenlos an den Absender zurückschicken: Rücksendung einer Jeanshose, die nicht passt, an das Versandhaus.

Angebote für Geschäftskunden

Der Auftraggeber lässt sich als Geschäftskunde bei DHL registrieren. Daraufhin erhält er eine E-Mail mit allen Zugangsdaten. Nun kann der Geschäftskunde die Versandsoftware von DHL nutzen und seine Pakete selbst für den Versand vorbereiten:

- Paketaufkleber ausfüllen und drucken,
- unterschiedliche zusätzliche Serviceleistungen wählen,
- Transportgewichte ermitteln,
- die Pakete belabeln,
- die Sendungsaufträge buchen.

Wenn der Geschäftskunde seinen Auftrag erteilt hat, werden die Sendungen am nächsten Werktag kostenlos von DHL zum Versand abgeholt. Der Geschäftskunde kann den Status seiner Sendung online verfolgen. Er hat auch die Möglichkeit, zwischen verschiedenen Abrechnungsvarianten zu wählen.

DHL Paket und Päckchen Deutschland + EU

Absender / Expéditeur

Petra Sommer

Bach Platz 2

04289 Leipzig

Postleitzahl Ort

Deutschland / Allemagne

Empfänger / Destinataire

Frau

Karla Schmidt

Tel. (nur bei EU-Versand oder Sperrgut)

Ottostr. 50

Straße und Hausnummer (deutschlandweit kein Postfach)

80333 München

Postleitzahl Ort

Deutschland

Bestimmungsland / Pays de destination

912-685-000 07/10

Bitte hier frankieren mit:
Paketmarken (für Pakete)
Briefmarken (für Päckchen)

Zulässige Maße und Gewichte: siehe Rückseite.

Wünschen Sie zusätzliche Services? Bitte hier Servicemarken aufkleben.

Weitere Informationen: siehe Rückseite.

Geschäftskunden können zwischen folgenden Grundangeboten wählen:

Sendungen ins Inland	Sendungen ins Ausland
DHL Paket	DHL Weltpaket
DHL Retoure	DHL Europaket
DHL Express	DHL Express
DHL Infopost	DHL Retoure

DHL Express: Same Day, Time Definite, Day Definite

Der Unternehmensbereich Express bietet die Beförderung eiliger Dokumente und Waren an. Diese werden zuverlässig auf festen Routen und mit standardisierten Abläufen von Haus zu Haus transportiert. Dabei hat der Kunde die Wahl zwischen drei Möglichkeiten der Expresssendung:

Same Day	für äußerst dringende Sendungen: Abholung und Zustellung am selben Tag
Time Definite	schnelle Haus-zu-Haus-Lieferung in der Regel am nächsten Tag. Die Zustellzeit kann gewählt werden vor 9:00 Uhr, vor 10:30 Uhr, vor 12:00 Uhr.
Day Definite	Haus-Lieferung innerhalb einer bestimmten Anzahl von Tagen

Unterschiedliche Serviceleistungen, wie beispielsweise zeitlich fixierte Abholung, Sonderzustellung, Transportversicherung, GoGreen oder Zollabwicklung können genutzt werden.

Ausschluss von der Paketbeförderung

DHL schließt in seinen AGB Sendungen von der Beförderung aus, wenn durch die Beförderung Handlungen unterstützt würden, die bestimmte Rechte verletzen, z. B. gegen

Strafgesetze verstoßen. Des Weiteren werden Sendungen nicht befördert, von denen Gefahren für Personen und Sachen ausgehen, sowie lebende Tiere.

Ausschluss von Paketbeförderung in folgenden Fällen:

- Inhalt, äußere Gestalt, Beförderung oder Lagerung verstößt gegen ein gesetzliches Verbot bzw. ist besonders genehmigungspflichtig.
- Inhalt und äußere Beschaffenheit können Menschen verletzen oder infizieren bzw. Sachschäden verursachen.
- Lebende Tiere, Tierkadaver, sterbliche Überreste von Menschen

Briefsendungen der Deutschen Post
Verschiedene Leistungen zu Briefsendungen werden von der Deutschen Post angeboten. Dabei geht der Leistungsumfang über die ausschließliche Beförderung und Zustellung gewöhnlicher Briefe hinaus. Es werden auch Möglichkeiten für den Warenversand geboten.

Informieren Sie sich im Internet unter www.deutschepost.de über diese Leistungen.

Die nachfolgende Übersicht gibt einen Überblick über wesentliche Sendungsarten im Briefdienst der Post.

Basisprodukte Briefsendungen	Briefsendungen	Besondere
Standardbrief Kompaktbrief Großbrief Maxibrief Postkarte	**Verbilligte Sendungen** Infobrief Infopost Postwurfsendung Büchersendungen Warensendungen Werbeantwort Pressesendungen Blindensendungen	**Gesicherte Sendungen** Einschreiben Nachnahme Postident Wert International

Zusammengepackt

- Die KEP-Unternehmen stellen sich folgenden wirtschaftlichen Anforderungen für Transportdienstleistungen:
  - Transport kleiner Sendungen in hoher Stückzahl
  - Termingarantien für Transportleistungen
  - Kurze Beförderungszeiten
  - Europa- und weltweite Transporte in der Haus-Haus-Zustellung
  - Serviceleistungen sind auf individuelle Bedürfnisse zugeschnitten

- KEP-Dienste umfassen:

Kurierdienste	Expressdienste	Paketdienste
Sind gekennzeichnet durch die permanente, persönliche Begleitung und Zustellung der Sendung durch einen Kurier	Befördern nicht direkt und persönlich, sondern über Umschlagzentren (HUB). Sie garantieren einen festen Auslieferungstermin.	Befördern über Umschlagzentren mit bestimmten Laufzeiterwartungen. Pakete sind in Größe und Gewicht beschränkt.

- Die Deutsche Post DHL bringt Dienstleistungen im Paket, Express- und Briefdienst.
- Pakete sind durch folgende Leistungsmerkmale gekennzeichnet:
  - Einfache Entgeltstruktur
  - Frei-Haus-Preis
  - Planbare Laufzeiten
  - Sendungsverfolgung (track and trace)
  - Gewicht bis 31,5 kg
  - Bescheinigung der Ein- und Auslieferung
  - Haftung für Verlust und Beschädigung bis 500,00 EUR
  - Vorgeschriebene Höchst- und Mindestmaße
  - Wahl zusätzlicher Serviceleistungen

Aufgaben

1. *Erklären Sie die Bezeichnung KEP.*
2. *Nennen Sie die Vorteile der KEP-Dienste.*
3. *Unterscheiden Sie zwischen Päckchen und Paket. Ergänzen Sie dazu die folgende Tabelle:*

	Höchstmaße	Höchstgewicht	Haftung	Besondere Merkmale
Päckchen				
Paket				

4. *Was versteht man unter „Business-to-Business-Versand" und unter „Business-to-Consumer-Versand"? Finden Sie je ein Beispiel.*
5. *In der Abbildung „Handling von eingehenden und ausgehenden Sendungen im DHL-HUB Leipzig" finden Sie die wichtigsten Arbeitsabläufe zwischen der Landung und dem Start eines Transportflugzeuges.*
   a *Welche Arbeiten fallen im HUB dabei an?*
   b *Wie viel Zeit wird zwischen Landung und Start des Flugzeuges zur Transportbearbeitung benötigt?*
   c *Was erfahren Sie über Abgangs- und Zielflughafen dieser Sendungen?*

3.3 Schienengüterverkehr

Definition

Schienengüterverkehr

Unter **Schienengüterverkehr** versteht man den Transport von Gütern auf der Schiene.

Betreiberin des Schienengüterverkehrs in der Bundesrepublik Deutschland ist zu 75 % die **DB Schenker Rail**. Die verbleibenden 25 % des Schienengüterverkehrs werden von Privatbahnen abgedeckt.

3.3.1 Bedeutung des Schienengüterverkehrs

Gegenwärtig hat der Schienengüterverkehr am gesamten Güterverkehr einen Anteil von 17 %. Verkehrsplaner und Fachleute möchten die Bahn als umweltfreundliches Verkehrsmittel besser in zukünftige Verkehrskonzepte einzubinden: Laut Prognose des Bundesministeriums für Verkehr soll die Verkehrsleistung im Schienengüterverkehr in den nächsten 15 Jahren um 42 % ansteigen. Der Straßenverkehr soll auf diese Weise entlastet werden. Schädliche CO_2-Emissionen durch Lkw sollen vermindert werden.

Der weltweite Handel erfordert eine entwickelte Transportlogistik. Riesige Warenströme werden über Länder und Kontinente auf sehr langen Strecken befördert. Im kombinierten Verkehr werden aus Übersee kommende Güter in deutschen Seehäfen auf Bahnwagen umgeschlagen und mit der Bahn zum Empfangsort befördert. Der Warenexport erfolgt ebenso mit der Bahn zu den Seehäfen.

Partnerschaften der DB Schenker mit Bahnunternehmen der Nachbarländer bieten im **grenzüberschreitenden Schienengüterverkehr** die Möglichkeit zur schnellen Beförderung von Gütern (zeitoptimierte Verkehrskorridore).
Auf der Nord-Süd-Achse ist im Nachtsprung ein durchgängiger Verkehr ohne Zwischenstopp von Skandinavien bis Italien möglich. Ebenso ist auf der Ost-West-Achse, z. B. von Großbritannien oder Frankreich nach Polen oder Russland, eine schnelle Transportabwicklung möglich.

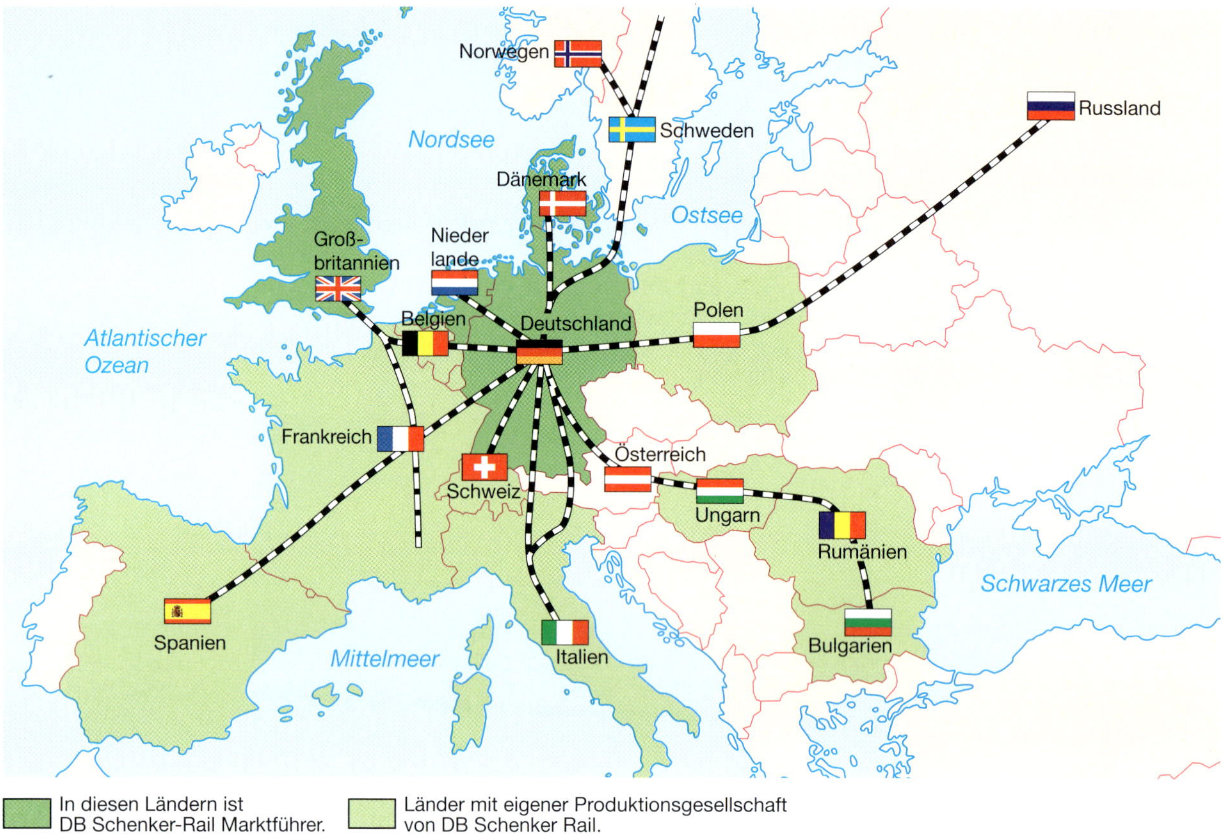

Europa-Netzwerk der DB Schenker Railways

3.3.2 Vor- und Nachteile des Schienengüterverkehrs

Der Schienengüterverkehr hat gegenüber anderen Verkehrsträgern zahlreiche Vorteile. Ihnen stehen aber auch einige Nachteile gegenüber.

Vorteile	Nachteile
▪ kostengünstige Massentransporte, vor allem auf Langstrecken ▪ Unabhängigkeit vom Straßenverkehr (Stau, Unfallrisiko, wetterbedingte Einschränkungen) ▪ keine Sonn- und Feiertagsfahrverbote ▪ keine Wartezeiten an den Grenzen ▪ Pünktlichkeit durch feste Fahrpläne ▪ Transportgeschwindigkeit 100–160 km/h ▪ Spezialwagen für unterschiedliche Transportgüter, auch für schwere, sperrige Güter ▪ Transportsicherheit ▪ geringe Einschränkung bei Gefahrguttransporten ▪ umweltfreundlich, da geringer Energieverbrauch und geringe Schadstoffemission	▪ Gebundenheit an Schienennetz ▪ Absender muss über einen Gleisanschluss verfügen oder ▪ Rollfuhren mit dem Lkw werden am Versand- und Empfangsort erforderlich ▪ Verladen und Umladen erhöhen die Transportkosten

3.3.3 Leistungsangebote im Schienengüterverkehr

Ladungsverkehre: Transporte von Gütern im Schienengüterverkehr

- Einzelwagenverkehr
- Ganzzugverkehr
- Kombinierter Verkehr

Einzelwagenverkehr

Ein Kunde nutzt für den Gütertransport einzelne Bahnwagen und lässt sie durch ein Eisenbahnunternehmen befördern.
Die DB Schenker nimmt Kundenaufträge für den Ladungsverkehr im DB-Kundenservicezentrum in Duisburg entgegen.
Die Bestellung muss folgende Angaben enthalten:

- Name des Bestellers
- Verladetag, Beginn der Verladeschicht
- Gestellungsort
- Anzahl und Gattung der Wagen
- Art des Gutes
- Gewicht der Ladung, eventuell Anzahl, Länge und Gewicht der Einzelstücke
- Empfangsbahnhof, Empfangsland

Transportablauf im Einzelwagenverkehr

Transportablauf	Verantwortlich
Bestellung Bahnwagen	Kunde
↓	
Wagengestellung: Befördern und Bereitstellung des Wagens zum Anschlussgleis des Kunden oder zu einem öffentlichen Freiladegleis	Bahn
↓	
Beladen	Kunde
↓	
Abholung des Wagens zum Rangierbahnhof Zusammenstellen vieler Einzelwagen zu einem Zug Transport zu festen Zeiten (Fahrplan) zum Bestimmungsbahnhof Zugzerlegung im Rangierbahnhof Anlieferung zum Bestimmungsort (Anschlussgleis, Freiladegleis)	Bahn
↓	
Entladen , Säubern des Wagens	Kunde
↓	
Abholung des Leerwagens	Bahn
↓	
Abrechnung	Bahn

Bearbeiten Sie im Arbeitsheft das Arbeitsblatt zu den Allgemeinen Leistungsbedingungen (ALB) der DB Schenker Rail Deutschland AG.

Güterwagen

Kunden der DB können für den Wagenladungsverkehr zwischen folgenden Waggons wählen. Jeder Wagentyp ist mit einem Gattungsbuchstaben gekennzeichnet.

Gattung	Abbildung	Beschreibung
E		offene Wagen für witterungsbeständige Güter
F		Offene Schüttgutwagen haben Vorrichtungen zur Selbstentladung für nässeunempfindliche Schüttgüter.
H		Gedeckte großräumige Schiebewandwagen sind mit verriegelbaren Trennwänden ausgerüstet und für witterungsempfindliche Güter geeignet.
K		Flachwagen mit klappbaren Seitenborden und öffnungsfähigem Dach zur Be- und Entladung über seitliche Laderampen oder Kran für witterungsempfindliche sperrige Güter
R		Drehgestellflachwagen mit vier Radsätzen für schwere, sperrige Güter (Stahl, Fahrzeuge, Steine)

Gattung	Abbildung	Beschreibung
S		Drehgestellwagen der Sonderbauart (Rungenwagen, besondere Bauformen für Spezialtransporte) ▪ für besonders schwere Güter, ▪ für Coils, Blechtafeln, ▪ für Rohre, Profilstahl, Flachstahl
T		Wagen mit öffnungsfähigem Dach für witterungsempfindliche Schüttgüter
U		Behälterwagen für Druckluftentladung für staubförmige und feinkörnige Güter

Informieren Sie sich im Internet unter www.stinnes-freight-logistic.de güterwagenkatalog über Ladekapazität und Laderaum der einzelnen Bahnwagen.

Ganzzugverkehr

Definition

Ganzzüge sind komplette Güterzüge bis zu 700 Meter Länge.

Ganzzüge werden in der Regel von einem Verlader voll ausgelastet. Sie sind das ideale Transportmittel für große Gütermengen.

Beispiel
Transport von Kohle, Erzen, Stahl, Pkws, Fahrzeugteilen

Da die Züge vom Start bis zum Ziel ohne Unterbrechung fahren, haben sie eine kurze Transportzeit. Ihre Höchstgeschwindigkeit liegt bei 120 km/h, auf Schnellstrecken 160 km/h.

Die Bahn bietet folgende **Ganzzugprodukte**:

Plantrain	Geeignet für den Transport von Massengütern, die regelmäßig, in großen Mengen transportiert werden. Der Zugbedarf muss langfristig geplant werden. Der Kunde legt für die gesamte Vertragslaufzeit ▪ Relation (Streckenabschnitt im Schienennetz), ▪ Verkehrstage und ▪ Verkehrszeiten zwei Monate vor Beginn des ersten Transports verbindlich fest. **Beispiele:** Transporte von Rohstoffen in der Industrie, von Erzen und von Kohle im Montanbereich oder Containerzüge von den Seehäfen in das Hinterland
Variotrain	Geeignet zum Transport von Massengütern, wenn dieser im Voraus nicht kalendarisch genau geplant werden kann. Der Kunde reserviert für die gesamte Vertragslaufzeit ▪ Relation, ▪ Verkehrstage und ▪ Verkehrszeiten. Er kann aber relativ kurzfristig entscheiden, wann der Zug eingesetzt wird. **Beispiel:** Der Variotrain ist gut für den Gütertransport zu Großbaustellen geeignet. Baustoffe werden dort in großen Mengen benötigt, doch witterungsbedingt muss häufig umdisponiert werden.
Flextrain	Der Kunde kann kurzfristig Transporte bestellen. Er bestimmt ▪ Transporttermin, ▪ Transportmenge und ▪ Relation. Die Bahn stellt den Zug bereits 24 Stunden nach Eingang der Bestellung zur Verfügung. **Beispiel:** Im Bereich der Konsumgüter ist der Flextrain geeignet, wenn für einen günstigen Wareneinkauf ein schneller Transport erforderlich wird.

Kombinierter Verkehr (KV)

Im kombinierten Verkehr werden die Vorteile der beiden Verkehrsträger Straßengüterverkehr und Schienengüterverkehr miteinander verknüpft. Ein engmaschiges Straßennetz ermöglicht dem Lkw jeden Ort zu erreichen.
Die Eisenbahn ist günstig für große Transportvolumina, schwere Güter und über lange Transportstrecken. Im kombinierten Verkehr unterscheidet man zwei Formen:
den **begleiteten** und den **unbegleiteten kombinierten Verkehr**.

Begleiteter kombinierter Verkehr: Transport komplett beladener Lkws auf dem Zug. Dies wird auch als **Huckepack** oder **rollende Landstraße** bezeichnet. Die Last- und Sattelzüge werden dazu von den Fahrern selbst auf Niederflurwagen der Bahn aufgefahren. Die Fahrer begleiten ihr Fahrzeug in einem an den Zug angekoppelten Liegewagen. Sie nutzen die Fahrzeit als Ruhezeit. Am Zielbahnhof übernehmen die Fahrer ihren Lkw und fahren diesen zum Bestimmungsort.	

Unbegleiteter kombinierter Verkehr	
Der Lkw fährt einen Kombibahnhof an. Dort wird der Sattelanhänger durch Auffahren oder einen Kran auf den bereitstehenden Wagen der Bahn verladen. Der Bahntransport des Sattelaufliegers erfolgt bis zum Zielbahnhof. Dort übernimmt ein anderer Fahrer mit einem anderen Motorfahrzeug den Sattelauflieger.	
Transport von Containern und Wechselbrücken mit dem Zug. Die Zufuhr erfolgt mit dem Lkw zum Container-Terminal. Dort werden die Container auf Bahnwagen verladen. Die größte Strecke des Transports (Hauptlauf) wird mit dem Zug zurückgelegt. Am Empfangsbahnhof werden die Container auf Lkws verladen und zum Bestimmungsort transportiert.	

Der Umschlag findet auf Umschlagbahnhöfen, den sogenannten **KV-Terminals** statt.
Im Internet kann der Kunde ein für ihn günstiges Abgangs- und Zielterminal finden. Er erhält Informationen über Öffnungszeiten und Service am Terminal:
Am Terminal ist eine schnelle Abwicklung des Umschlags der Ladeeinheiten wichtig. Dabei werden Umschlaggeräte (Portalkran, mobiles Umschlaggerät) und Hilfsmittel (Cargo Beamer) eingesetzt:

Portalkran	Mobiles Umschlaggerät	Cargobeamer

▪ Kran ist ortsgebunden ▪ umspannt seinen Arbeitsbereich auf zwei Stützen (Portal)	▪ Umschlaggerät ist vergleichbar mit einem großen Gabelstapler ▪ ist nicht ortsgebunden	▪ schnelle Verladung mit Cargobeamer

Der Cargobeamer wird zur schnellen Verladung von Sattelaufliegern auf Bahnwagen genutzt. Der Lkw stellt den Sattelauflieger auf den speziellen Waggonaufsatz und verlässt das Terminal. Der Sattelauflieger selbst wird seitwärts auf den Waggon geschoben.

Der Transport im kombinierten Verkehr erfolgt nach festen Fahrplänen. Nicht immer sind Direktverbindungen von einem Ort zum anderen möglich. Dann müssen die Ladeeinheiten den Zug wechseln, um das gewünschte Zielterminal zu erreichen. Dabei unterscheidet man zwei Varianten:

Antennenverkehr	Gatewayverkehr
Die **Waggons** werden mit der darauf verladenen Ladeeinheit auf einen Zug mit dem gewünschten Zielbahnhof umrangiert.	Die **Ladeeinheiten** (Sattelauflieger, Container, Wechselbehälter) werden auf einem Gatewayterminal von einem Zug auf einen anderen, der in die gewünschte Zielrichtung fährt, umgeschlagen.

3.3.4 Frachtvertrag im Schienengüterverkehr

Neben dem Inlandsfrachtrecht nach HGB gelten die Allgemeinen Leistungsbedingungen (ALB) der DB Schenker. Grundlage für die von der DB zu erbringenden Leistungen ist ein schriftlicher **Leistungsvertrag**. In diesem Vertrag werden individuelle Regelungen mit dem Kunden festgelegt:
- Relation (Verkehrsverbindung)
- Ladegut
- Wagentyp
- Ladeeinheit
- Entgelt

Der Frachtvertrag hat eine Laufzeit von 12 Monaten. **Einzelverträge** kommen durch Auftrag des Kunden und Annahme durch die Bahn zustande. Der Kunde erteilt den Auftrag per Internet an das Kundenservice-Zentrum (KSZ) der Bahn. Der Auftrag gilt als angenommen, wenn das KSZ nicht innerhalb einer angemessenen Frist widerspricht.

Frachtbrief

Für den Inlandsverkehr ist ein Frachtbrief nicht unbedingt vorgeschrieben. Erteilt der Kunde den Transportauftrag ohne Frachtbrief, haftet er dafür, dass seine Daten richtig und vollständig sind.

Grenzüberschreitende Gütertransporte mit der Eisenbahn sind in den „Einheitlichen Rechtsvorschriften für den Vertrag über die internationale Eisenbahnbeförderung“, abgekürzt **CIM**, geregelt. Festgelegt sind darin Inhalt und Form des Frachtbriefs. Der Frachtbrief ist in mehreren Sprachen auszufüllen. Hierbei muss eine der Sprachen Deutsch, Englisch oder Französisch sein. Frachtbrief und Frachtbriefdoppel können auch als elektronischen Datenaufzeichnungen erstellt werden, die in lesbare Schrift umwandelbar sein müssen.

Für internationale Eisenbahntransporte ist der CIM-Frachtbrief zwingend vorgeschrieben.

Der **CIM Frachtbrief** besteht aus fünf nummerierten Blättern:

Blatt Nr.	Bezeichnung	Empfänger des Blattes
1	Frachtbrieforiginal	Warenbegleitpapier geht mit der Sendung zum Empfänger
2	Frachtkarte	Empfangsbahn zur Abrechnung
3	Empfangsschein	Empfangsbahn als Beweis der Übergabe an den Empfänger
4	Frachtbriefdoppel	Absender zur nachträglichen Verfügung
5	Versandschein	Versandbahn

Der Absender im **CIM-Frachtbrief** muss folgende **Mindestangaben** machen:

- Absender: Name Anschrift
- Empfänger: Name Anschrift
- Ablieferungsort: Land, Bahnhof
- Code des Bahnhofs, der den Ablieferungsort bedient
- Ort, Bahnhof und Datum der Übernahme
- Wagennummer
- Bezeichnung des Gutes, NHM-Code[1], Benennung von Gefahrgut nach RID[2]
- Bruttogewicht der Sendung, Tara der Paletten und Behälter, Gesamtmasse der Sendung
- Bezeichnung des Dokuments (CIM, CUV[3])
- Ort und Datum der Ausstellung

Rechte und Pflichten des Absenders aus dem CIM-Frachtvertrag

Rechte des Absenders	Pflichten des Absenders
▪ Bestimmung des Beförderungsziels ▪ nachträgliche Verfügung über das Transportgut ▪ Lieferfristeinhaltung ▪ Eintragung besonderer Lieferinteressen (z. B. Nachnahmesendung)	▪ Frachtbrief erstellen ▪ Zahlung der Kosten (Fracht, Gebühren, Zölle, andere Kosten) ▪ Verpacken und Kennzeichnen des Gutes ▪ Verladen, Entladen, Säubern der Wagen ▪ Bereitstellen der Begleitpapiere (für Zoll und Verwaltung)

[1] *NHM-Code: Harmonisiertes Güterverzeichnis: Sämtliche Güter sind zu ihrer Identifikation mit einem NHM-Code belegt.*
[2] *RID: Internationale Regelung zur Eisenbahnbeförderung gefährlicher Güter*
[3] *CUV: Einheitliche Rechtsvorschriften über die Verwendung von Wagen im internationalen Eisenbahnverkehr*

1 – 30 A remplir par l'expéditeur / Vom Absender auszufüllen

X Désigner par une croix ce qui convient – Zutreffendes ankreuzen (Cases – Felder 20, 22, 23, 30, 52, 58)

Nonobstant toute clause contraire, le transport des marchandises est soumis aux Règles uniformes CIM. Sont en outre applicables les conditions générales de transport du transporteur. Die Beförderung von Gütern unterliegt auch bei einer gegenteiligen Abmachung den Einheitlichen Rechtsvorschriften CIM. Ausserdem sind die Allgemeinen Beförderungsbedingungen des Beförderers anwendbar.

Sauf convention contraire, l'acheminement des wagons vides est soumis aux Règles uniformes CUV. Sont en outre applicables les conditions contractuelles topiques de l'entreprise de transport ferroviaire. Die Beförderung von Leerwagen unterliegt unter Vorbehalt gegenteiliger Abmachung den Einheitlichen Rechtsvorschriften CUV. Im Übrigen gelten die einschlägigen Vertragsbedingungen des Eisenbahnverkehrsunternehmens.

30 Lettre de voiture CIM / Frachtbrief CIM [X] — Lettre wagon CUV / Wagenbrief CUV [ ]

40 41 42 43 44 45 46 47

Point – Punkt 6, 7, 8

1 Expéditeur (nom, adresse) – Absender (Name, Anschrift)
Chemotechnik GmbH
Dillinger Str. 7
86720 Nördlingen
Signature / Unterschrift
N° TVA / MWSt.-Nr. DE 1234567890

2 574 895
3
E-Mail
Tel.
Fax

7 Déclarations de l'expéditeur – Erklärungen des Absenders
11 Außergewöhnliche Sendung
B2A 12345/SNCF 67890

8 Référence expéditeur – Absender Referenz
123 123

4 Destinataire (nom, adresse, pays) – Empfänger (Name, Anschrift, Land)
Spedition
Schön & Mager
Weststr. 4
11012 Wien
N° TVA / MWSt.-Nr.

5 647 293
6
E-Mail
Tel.
Fax

9 Annexes – Beilagen
1 Lieferanweisung Nr. 213
1 Verladeskizze

10 Lieu de livraison – Ablieferungsort
Abstellgleis
Gare – Bahnhof Wien-West
Pays – Land Österreich

11

12 7 6 5 4 3 2 1 0

16 Prise en charge – Übernahme; mois – jour – heure / Monat – Tag – Stunde 0 9 0 3
Lieu – Ort Anschlussgleis Nördlingen Deutschland

17

13 Conditions commerciales – Kommerzielle Bedingungen

14 1 707690.6

18 Wagon N° – Wagen Nr.
2189-3825 123-4

19 Parcours – Strecke; par – durch; Facturation transit / Transitfakturierung

20 Paiement des frais – Zahlung der Kosten; y compris – einschliesslich; jusqu'à – bis
[ ] Franco de port / Franko Fracht
[ ] Incoterms

15 Informations pour le destinataire – Vermerke für den Empfänger

21 Désignation de la marchandise – Bezeichnung des Gutes
Wagen 3180-334-6213-9
mit Laborausrüstung und Schränken

22 Transport exceptionnel – Aussergewöhnliche Sendung oui / ja [ ]

23 RID oui / ja [ ]

24 NHM Code
9 9 2 2 0 0

25 Masse
44100

26 Déclaration de valeur – Wert des Gutes; Monnaie

27 Intérêt à la livraison – Interesse an der Lieferung; Währung

28 Remboursement – Nachnahme; Monnaie

99 Indications douanières – Zollamtliche Vermerke

48 Vérification – Überprüfung

A / B / C: 70 Parcours – Strecke; 71; 72; 73; 74; 75; 76; 77; 78; 79; Frais / Gebühren

par – durch

49 Code d'affranchissement – Frankaturcode

50 Itinéraires – Leitungswege

51 Opérations douanières – Zollbehandlung

52 Bulletin d'affranchissement – Frankaturrechnung; oui / ja; renvoyé – zurückgesandt; mois – jour / Monat – Tag

53 Avis d'encaissement N° – Nachnahmebegleitschein Nr.; renvoyé – zurückgesandt; mois – jour / Monat – Tag

54 Procès-verbal N° – Tatbestandsaufnahme Nr.; établi par – erstellt durch; mois – jour / Monat – Tag

55 Prolongation du délai de livraison – Lieferfristverlängerung; Code; du – von; au – bis; lieu – Ort

56 Déclarations du transporteur – Erklärungen des Beförderers

57 Autres transporteurs – Andere Beförderer; Nom, adresse – Name, Anschrift; Parcours – Strecke; Qualité – Eigenschaft

58 a) Transporteur contractuel – Vertraglicher Beförderer
Signature – Unterschrift
b) Procédure simplifiée de transit ferroviaire – Vereinfachtes Eisenbahnversandverfahren oui / ja [ ]
Code principal obligé – Code Hauptverpflichteter

59 Date d'arrivée – Ankunftsdatum
Arrivage N° – Empfangs-Nr.
Original 1

60 Mise à disposition – Bereitgestellt; mois – jour – heure / Monat – Tag – Stunde

61 Quittance du destinataire – Empfangsbescheinigung
Date, signature – Datum, Unterschrift

62 Identification de l'envoi – Sendungs-Identifikation; Pays – Land; Gare – Bahnhof; Entreprise – Unternehmen; Exp. N° – Versand Nr.

29 Lieu et date d'établissement – Ort und Datum der Ausstellung

© 2005 CIT

Internationaler Frachtbrief (CIM)/Wagenladung

Haftung im Schienengüterverkehr

Schaden	HGB Haftungshöchstbetrag	ALB Haftungshöchstbetrag	CIM Haftungshöchstbetrag
Güterschaden	8,33 SZR/kg	8,33 SZR/kg	17,00 SZR/kg
Lieferfristüberschreitung	dreifaches Frachtentgelt	keine Aussage	vierfaches Frachtentgelt
Sonstiger Vermögensschaden	dreifacher Betrag, der bei Verlust zu zahlen wäre	keine Aussage	keine Aussage

Zusammengepackt

Vorteile des Schienengüterverkehrs	Nachteile des Schienengüterverkehrs
▪ kostengünstige Massentransporte, vor allem auf Langstrecken ▪ Unabhängigkeit vom Straßenverkehr keine Sonn- und Feiertagsfahrverbote ▪ keine Wartezeiten an den Grenzen ▪ Pünktlichkeit durch feste Fahrpläne ▪ Transportgeschwindigkeit 100–160 km/h ▪ Spezialwagen für unterschiedliche Transportgüter, auch für schwere, sperrige Güter ▪ Transportsicherheit ▪ geringe Einschränkung bei Gefahrguttransporten ▪ umweltfreundlich: geringer Energieverbrauch und geringe Schadstoffemission	▪ an das Schienennetz gebunden ▪ Absender muss über einen Gleisanschluss verfügen oder ▪ Rollfuhren mit dem Lkw werden erforderlich ▪ erhöhte Transportkosten durch Verladen und Umladen

Leistungsangebote im Schienengüterverkehr

- Einzelwagenverkehr: Kunde nutzt einzelne Waggons oder Wagengruppen
- Ganzzugverkehr: Kunde nutzt ganzen Zug
- Kombinierter Verkehr: Vor- und Nachlauf mit dem Lkw Hauptlauf mit dem Zug

Aufgaben

1. *Nennen Sie vier Vorteile und vier Nachteile von Gütertransporten mit der Bahn.*
2. *Unterscheiden Sie die Ladungsverkehre und nennen Sie ihre typischen Merkmale.*
3. *Unterscheiden Sie zwischen begleitetem und unbegleitetem kombinierten Verkehr und erklären Sie kurz den Transportverlauf.*

4. *Erklären Sie die Bedeutung des CIM-Frachtbriefs.*
5. *Welche Rechte hat der Absender aus dem CIM-Frachtvertrag?*
6. *Die Spedition Trans-Logistik erhält einen Transportauftrag: 32 Europaletten mit verschiedenen Kaffeesorten sind von einem Großhändler in Hamburg zu einem Großmarkt in Domodossola (Italien) zu versenden. Die Spedition organisiert den Transport als unbegleiteten kombinierten Verkehr mit einem Sattelzug.*
   a *Beschreiben Sie den Transportablauf.*
   b *Nennen Sie fünf Vorteile dieser Beförderungsart.*

3.4 Schifffahrt

Zu den wichtigsten Verkehrsträgern in der Bundesrepublik Deutschland gehört die Schifffahrt. Man unterteilt die Schifffahrt wie folgt:

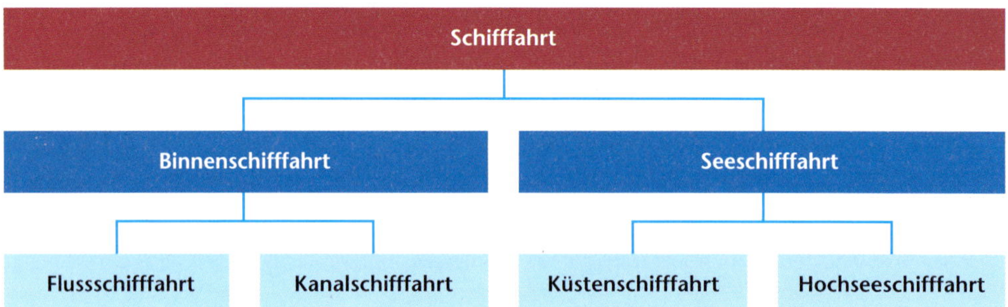

Wie auch die Eisenbahn ist die Binnenschifffahrt ein Streckenverkehrsmittel. Der Transport von Waren erfolgt auf den schiffbaren Flüssen und künstlich angelegten Kanälen auf ca. 7 400 km Länge.

Flüsse Die folgenden **Flüsse** sind schiffbar: Rhein, Main, Neckar, Donau, Mosel, Weser, Elbe, Oder, Havel, Saale, Spree, Dahme, Elde, Peene, Saar, Ruhr, Ems.

Kanäle Die **Kanalschifffahrt** kann u. a. auf folgenden Strecken erfolgen: Dortmund-Ems-Kanal, Rhein-Herne-Kanal, Dattel-Hamm-Kanal, Mittellandkanal, Elbe-Havel-Kanal, Küsten-Kanal, Elbe-Trave-Kanal, Oder-Spree-Kanal, Oder-Havel-Kanal, dem auch für Seeschiffe zugänglichen Nord-Ostsee-Kanal, dem Elbe-Seiten-Kanal und dem Main-Donau-Kanal (Europa-Kanal).

Als **Küstenschifffahrt** wird die Seefahrt entlang der Küsten von Nord- und Ostsee bezeichnet. In der Regel werden diese Fahrten von kleineren Schiffen übernommen. Diese können auch **Duisburg**, den bedeutendsten **Binnenhafen Deutschlands**, anlaufen und bei günstigen Wasserständen des Rheins auch Köln und manchmal Mannheim erreichen.

Containerschiff auf Nord-Ostee-Kanal

Der **Seeverkehr** findet auf den Weltmeeren statt. Diese bedecken mehr als 70 % der Erdoberfläche. Hier herrscht der Grundsatz der „Freiheit der Meere": Jede Nation darf frei auf den Meeren fahren.

Seehäfen sind die Versand- und Empfangsorte für die Seeschifffahrt. Die bedeutendsten deutschen Seehäfen zur Nordsee sind Hamburg, Bremen, Brake, Nordenham, Wilhelmshaven, Emden, Brunsbüttel und Cuxhaven.

An der Ostsee liegen u. a. Lübeck, Kiel, Flensburg, Wismar, Rostock, Stralsund, Sassnitz und Greifswald.

Über die deutsche Schifffahrt können Sie in der Binnenschifffahrtsstraßen-Ordnung und in der Seeschifffahrtsstraßen-Ordnung mehr erfahren. Unter www.elwis.de sind nähere Informationen zu finden.

3.4.1 Binnenschifffahrt

Als wichtiger Verkehrsträger entlastet die Binnenschifffahrt in der Bundesrepublik Deutschland die Straßen und Schienen. Großen Vorteilen stehen aber auch Nachteile gegenüber:

Vorteile der Binnenschifffahrt (Beispiele)	Nachteile der Binnenschifffahrt (Beispiele)
hohe Transportkapazität	geringe Geschwindigkeit
umweltschonend	lückenhaftes Verkehrsnetz
energiesparend	Abhängigkeit vom Wasserstand
niedrige Transportkosten	

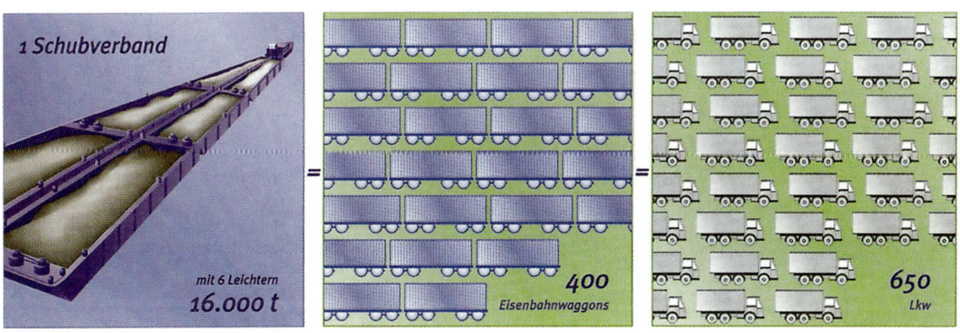

Vergleich der Transportkapazität von Verkehrsmitteln

Zur **deutschen Binnenflotte** zählen Motorschiffe, Schubschiffe, Schleppkähne, Trägerschiffsleichter und Tankschiffe.

Motorschiffe mit eigenem Maschinenantrieb werden als **Selbstfahrer** bezeichnet. Sie werden in der Binnenschifffahrt am häufigsten eingesetzt.

Schubschiffe fahren meist im **Schubverband**. Ein solcher Verband besteht aus einem starken Motorschubboot, das mehrere offene oder geschlossene Schubleichter oder Schubrahmen vor sich herschiebt. Das Schubboot selbst trägt keine Ladung, auf den Leichtern befindet sich keine Besatzung.

Schubverband

Schleppkähne, die ihre Ladung hinter sich herziehen, sind nur noch selten im Einsatz.

Schleppkahn

Flüssigfracht

Mithilfe der **Tankschifffahrt** wird Flüssigfracht befördert. Die Tankschifffahrt umfasst **Gastanker** und **Öltanker** (Gefahrgut). Die Gastanker fahren alle Arten von Flüssiggas, z. B. Propan, Ammoniak, Butan. Die Öltanker transportieren Benzine aller Art, Heizöle und Schweröle.

Es gibt auch spezielle **Säuretanker**, die teilweise aus Edelstahl oder Aluminium gebaut sind und Säuren aller Art transportieren. **Motortankschiffe** können aber auch Speiseöl oder Wein transportieren.

Gastanker

Öltanker

Die Binnenschifffahrt in der Bundesrepublik Deutschland findet auf den **Bundeswasserstraßen** statt. Wegen unterschiedlicher Breiten und Tiefen der Flüsse, Kanäle und Seen und der Größe von Schleusen werden die Binnenwasserstraßen klassifiziert. Nicht jedes Schiff darf auf jeder Wasserstraße fahren. Deswegen sind verschiedene Schiffstypen entwickelt worden.

BUNDESWASSERSTRASSEN

- Klassifizierung der Binnenwasserstraßen des Bundes

Bundesministerium für Verkehr, Bau und Stadtentwicklung

20 0 20 40 60 80 km

BMVBS WS 13 Bonn, 2008 W 161 k

Klassifizierte Binnenwasserstraßen

Graphisches Symbol auf der Karte	Klasse der Binnen-wasser-straße	MOTORSCHIFFE UND SCHLEPPKÄHNE Typ des Schiffes: Allgemeine Merkmale					SCHUBVERBÄNDE Art des Schubverbandes: Allgemeine Merkmale					Brücken-durchfahrts-höhe
		Bezeichnung	Länge L (m)	Breite B (m)	Tiefgang d (m)	Tonnage T (t)	Formation	Länge L (m)	Breite B (m)	Tiefgang d (m)	Tonnage T (t)	
	I	Penische Westlich der Elbe	38,5	5,05	1,8-2,2	250-400						4,0
	I	Gross Finow Östlich der Elbe	41	4,7	1,4	180						3,0
	II	Kempenaar Westlich der Elbe	50-55	6,6	2,5	400-650						4,0-5,0
	II	BM-500 Östlich der Elbe	57	7,5-9,0	1,6	500-630						3,0
	III	Gustav Koenigs Westlich der Elbe	67-80	8,2	2,5	650-1000						4,0-5,0
	III	Östlich der Elbe	67-70	8,2-9,0	1,6-2,0	470-700		118-132	8,2-9,0	1,6-2,0	1000-1200	4,0
	IV	Johann Welker	80-85	9,5	2,5	1000-1500		85	9,5	2,5-2,8	1250-1450	5,25 od. 7,0
	Va	Große Rheinschiffe	95-110	11,4	2,5-2,8	1500-3000		95-110	11,4	2,5-4,5	1600-3000	5,25 od. 7,00 od. 9,1
	Vb							172-185	11,4	2,5-4,5	3200-6000	
	VIa							95-110	22,8	2,5-4,5	3200-6000	7,0 od. 9,1
	VIb		140	15	3,9			185-195	22,8	2,5-4,5	6400-12000	
	VIc							270-280 195-200	22,8 33,0-34,2	2,5-4,5	9600-18000	9,1

nicht klassifizierte BinWaStr — keine BinWaStr

Bundeswasserstraßen, die eine Länge von unter 5 km aufweisen, sind maßstabsbedingt teilweise nicht dargestellt.

Kartographie: Fachstelle für Geoinformationen Süd, Regensburg Vertrieb: Drucksachenstelle der WSV bei der Wasser- und Schifffahrtsdirektion Mitte, Postfach 6307, 30063 Hannover

Eigentümer

Eigentümer von Binnenschiffen sind meist Genossenschaften oder auch Einzelpersonen, die ein bis drei Schiffe besitzen. An der Frachtenbörse (z. B. in Duisburg) „kaufen" sie ihre Fahrt. Man bezeichnet diese Schiffer als **Partikuliere**.

Vielfach haben sich die Partikuliere zu **Schiffsbetriebsverbänden** zusammengeschlossen, damit sie einen angemessenen Anteil am Frachtaufkommen erwerben können. Manchmal haben sie sich einer Reederei angeschlossen, in deren Auftrag sie die Fracht befördern.

Definition

Eine **Reederei** ist eine Schifffahrtsgesellschaft, meist in der Rechtsform einer Aktiengesellschaft. Sie besitzt häufig eine ganze Flotte von Binnenschiffen. Oft unterhält sie ein ganzes Netz von Niederlassungen, eigenen Ladestationen, Kaianlagen und Schuppen.

Betriebsweise

Die Binnenschifffahrt wird als **Linien- oder Trampschifffahrt** betrieben.

Die **Linienschifffahrt** findet man hauptsächlich im Personenverkehr und beim Containertransport, also bei Fahrten, die eher regelmäßig durchgeführt werden.

Trampschifffahrt dagegen bezeichnet den Umstand, dass Güter je nach Bedarf per Binnenschiff transportiert werden.

Versandart

Stückgut- und Massengutversand

Man unterscheidet zwischen Stückgut- und Massengutversand.

Reines Stückgut, also der Transport von einzelnen Gütern wie Kisten, Körben, Ballen, Eimern, Fässern usw. kommt in der Binnenschifffahrt hauptsächlich im Containerverkehr vor. Einzelne Stückgutladungen werden dabei gemeinsam in einen Container gepackt. Wegen der niedrigen Brückendurchfahrtshöhen sind nur zweilagige Containertransporte erlaubt.

Meist werden aber Massengüter befördert wie z. B. Erze, Kohle, Sand, Steine, Gas, Öl, Autos oder auch Getreide.

Erkundigen Sie sich bei einem Autohändler, auf welche Weise Pkws, z. B. aus Japan, nach Deutschland transportiert werden.

Charterung

Wer Massengüter versenden möchte, kann dazu ein ganzes Schiff mieten. Diesen Vorgang bezeichnet man als **Vollcharterung**.

Von **Teilcharterung** spricht man dagegen, wenn nur einzelne Laderäume oder Teile eines Laderaums belegt werden.

Die Charterung wird für eine bestimmte Reise oder eine bestimmte Zeit vorgenommen, wenn zum Gütertransport Schiffe eingesetzt werden, die sich in fremdem Eigentum befinden. Der schriftliche Kontrakt (**Charter**) enthält die näheren Bestimmungen über Ausrüstung des Schiffs, Laden, Löschen, Hafenabgaben, Frachtkosten und Lademenge.

Begleitpapiere

Frachtbrief

Der Frachtführer (Schiffer) kann bei der Übernahme der Fracht vom Absender einen Frachtbrief verlangen. Hierbei handelt es sich um eine Urkunde über den Abschluss des Frachtvertrags. Er enthält Angaben über Absender, Empfänger, Bestimmungsort, Ladegüter und Verfrachtungsbedingungen.

Der Frachtbrief begleitet die Sendung. Er wird dem Empfänger mit dem Gut ausgeliefert. Der Frachtbrief ist eine **Beweisurkunde**, aber kein Warenwertpapier.

Ladeschein

Eine höhere Sicherheit als der Frachtbrief bietet der Ladeschein. Er wird vom Frachtführer oder Absender erstellt. Eine Durchschrift des Ladescheins dient dem Frachtführer als Begleitbrief und ersetzt den Frachtbrief.
Die Urschrift des Ladescheins wird an den Empfänger gesandt. Der Empfänger darf gegen Rückgabe des Originals die Güter vom Frachtführer in Empfang nehmen.

Der Ladeschein ist damit ein **Warenwertpapier**. Der Verfrachter verpflichtet sich hierdurch, dem rechtmäßigen Inhaber des Ladescheins die versendeten Güter auszuliefern.

Meldeadresse

Auf dem Ladeschein wird eine Meldeadresse eingetragen, um die Güter bei einem Orderladeschein auch beim richtigen Empfänger abliefern zu können. An diese Adresse muss sich der Frachtführer (Schiffer) wenden, um den berechtigten Empfänger zu erreichen.
Die Meldeadresse ist besonders dann wichtig, wenn der Empfänger weder seinen Wohnsitz noch eine Niederlassung am Ablieferungsort hat.

Ladeliste

Wenn einzelne Güter verschiedener Art übernommen werden, werden sie in eine sogenannte **Ladeliste** eingetragen. Das geschieht auch dann, wenn die Güter an verschiedenen Stationen ein- oder ausgeladen werden sollen.
Meist wird dabei auch ein sogenannter **Stauplan** angefertigt. Als Kopie wird dieser oftmals im Voraus an die Löschstelle gesendet. An der Löschstelle können dann die notwendigen Löscheinrichtungen (Krane, Saugheber usw.) vorbereitet werden.

Ladezeiten, Löschzeiten, Transportfristen

Als Lade- bzw. Löschzeit wird die für das Laden und Entladen vorgesehene Zeit bezeichnet. Sie ist mit der Frachtvergütung abgegolten. Ab wann die Lade-/Löschzeit zählt, wird normal in den **Konnossementbedingungen** geregelt. In der Regel richten sich diese Zeiten nach der Art und dem Gewicht der Ladung.

Manchmal sind Lade- oder Löschzeiten im Konnossement nicht eingetragen oder vereinbart worden. In diesem Fall treten die gesetzlichen Lade-/Löschzeiten nach der Verordnung über Lade- und Löschzeiten sowie das Liegegeld in der Binnenschifffahrt (BinSchLV) in Kraft.

Die Binnenschifffahrt ist im besonderen Maße von Wasserstand und Wetter (Eis, Nebel) abhängig.

> **Beispiel**
> Führt der Rhein Hochwasser, so wird die Schifffahrt eingestellt.
> Daher ist es nicht möglich, bindende Lieferfristen wie etwa beim Güterkraftverkehr oder beim Schienenverkehr festzulegen. Der Transport muss deshalb in einer den Umständen entsprechend angemessenen Lieferfrist durchgeführt werden.

Unter www.binnenschifffahrtswelt.de erhalten Sie im Internet weitere Informationen zum Thema „Binnenschifffahrt", und zwar nicht nur für „Landratten".

Frachtberechnungen
In der Binnenschifffahrt gibt es keine Güterklassen. Nach der Art der Transporte sind die Frachtraten unterteilt nach
- allgemeinen Frachten,
- Chemie-Frachten,
- Eisen-Frachten.

Seit 1994 können die Frachten frei vereinbart werden. Die Frachtberechnung erfolgt dabei nach Maß (m^3), Stückzahl oder Gewicht der zu befördernden Güter für eine bestimmte Strecke.

Wenn **Leergut** mit einem Binnenschiff zurücktransportiert wird, gewährt der Reeder in der Regel einen Nachlass.

Zahlreiche **Zuschläge** können die eigentliche Frachtrate erhöhen.

> Beispiele
> Schleusengeld, Ufergeld, Liegegeld, Hochwasserzuschläge, Niedrigwasserzuschläge, Kran- und Wiegegeld, Zollgebühren, Hafengebühren, Stempelgeld, Eiszuschläge, Winterzuschläge und Optionszuschläge für wahlweise Löschorte

Die Frachtentwicklung in der Binnenschifffahrt und beim Landverkehr wird von der Bundesanstalt für den Güterverkehr (BAG) überwacht.

3.4.2 Seeschifffahrt

Hafenanlagen

In der Regel bestehen Hafenanlagen aus einem Hafenbecken mit Liegeplätzen an den Kais und an den Pfählen (Dalben) im Strom und aus Spezialanlagen.

Containerbrücken Hamburg

Verladung von Schüttgut

In den Hafenanlagen wird die Fracht der ausgehenden und eingehenden Seeschiffe geladen und gelöscht. Ein Teil des Hafens ist vielfach als Freihafen zollrechtlich abgetrennt.

Definition

In einem **Freihafen** (Zollausschlussgebiet) können ausländische Waren umgeschlagen, gelagert und bearbeitet werden, ohne dass dafür Zoll erhoben wird. Erst wenn die Waren über die Zollgrenze des Freihafens gebracht werden, fällt der Zoll an.

Im Lernfeld 8, Kapitel 4 „Internationaler Versand" (S. 427) erfahren Sie mehr zum Thema „Zoll".

Seeschiffe

Durch eine international anerkannte Klassifikationsgesellschaft wird die Seetüchtigkeit eines Schiffs bzw. seiner Maschinenanlage bewertet. Über diese wird ein sogenanntes **Schiffsklasseattest** ausgestellt. Die Klassifikation eines Schiffs ist beim Abschluss der Seetransport-Versicherung bedeutsam. Die Prämienhöhe hängt nämlich von der Klasse des Schiffes ab.

Obwohl Seeschiffe auf den offenen Meeren ihre Routen frei wählen können, werden meist ganz bestimmte Strecken bevorzugt.

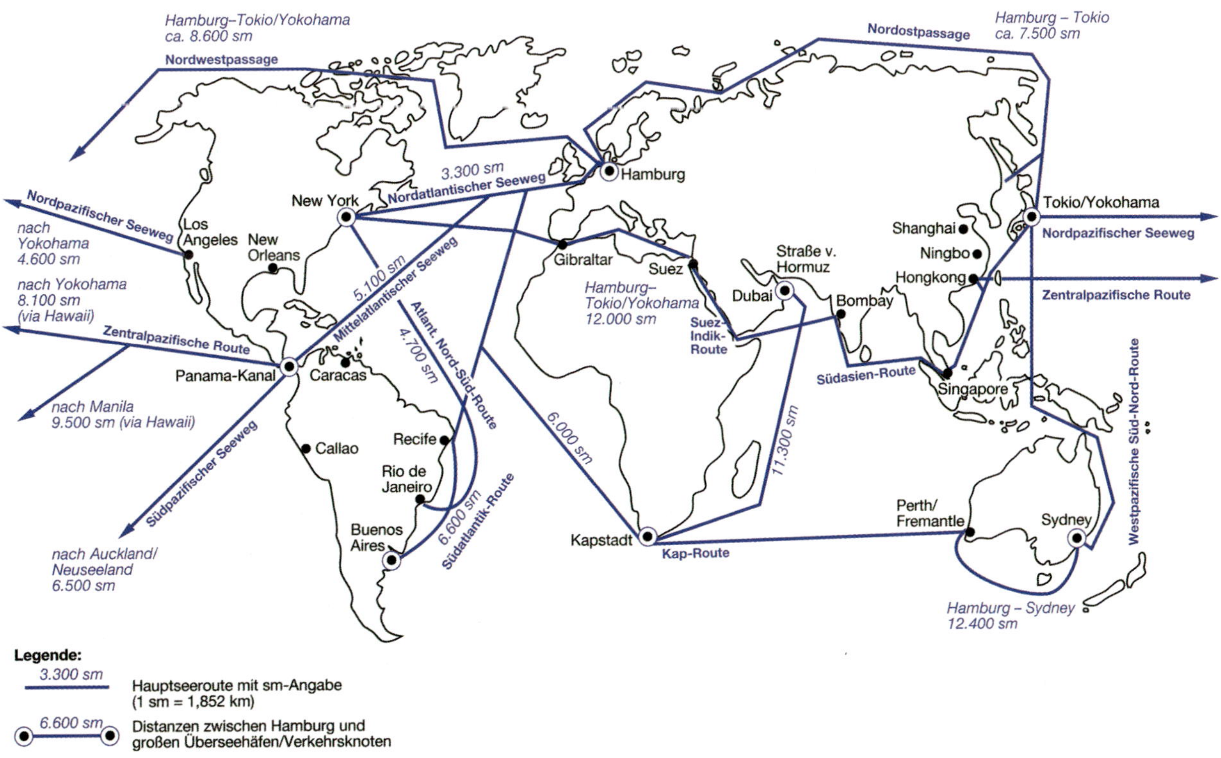

Nach Schiffstypen oder Schiffsarten kann man folgende Unterteilung vornehmen:

- **Schiffsarten**
  - **Frachtschiffe**
    - **Stückgutschiffe**
    - **Massengutschiffe**
      - Trockenfrachter
      - Tanker
    - **Spezialschiffe**
      - Containerschiffe
      - Ro-Ro-Schiffe
  - **Passagierschiffe**

Stückgutschiffe eignen sich für den Versand vieler kleiner Sendungen in Kisten, Ballen, Fässern usw. Äußere Kennzeichen sind Ladebäume, Krane, Zwischendecks und große Luken.

Massengutschiffe dienen dem Transport unverpackter Ladungen. Sie sind für verschiedene Güterarten geeignet. Massengutschiffe werden unterteilt in:

- **Trockenfrachter für Schüttladungen**

  Beispiele
  Getreide, Kohle, Erze, Steine, aber auch für Autos

- **Tanker für flüssige, gasförmige und staubförmige Ladungen**

  Beispiele
  Öl, Chemikalien, Gas, Zement usw.

Besondere Vorrichtung

Besondere Vorrichtungen wie Kühleinrichtungen, Pumpen, Rohrleitungen usw. erleichtern Transport und Umschlag. So wird Gas am Verladeort gekühlt, verflüssigt und zu 1/600 seines Volumens verdichtet. Damit kann es in speziellen Gastankern bei wesentlich geringerem Raumbedarf befördert werden. Besonders häufig eingesetzte Spezialschiffe sind Containerschiffe und Ro-Ro-Schiffe.

Bei den **Containerschiffen** wird zwischen Voll-Containerschiffen und Semi-Containerschiffen unterschieden. Letztere sind sowohl für den Transport von Containern als auch von herkömmlichem Stückgut gebaut.

Im Laderaum dieser Schiffe können bis zu neun Container übereinandergestapelt werden. Die Ladekapazität dieser Schiffe beträgt mehrere Tausend Stück 20-Fuß-Container.Den schnellen Umschlag von Containern ermöglichen **Containerterminals** in den Häfen.

Containerschiff

Bei den **Ro-Ro-Schiffen** (Roll-on/Roll-off) sind insbesondere die Autofähren vielen Menschen bekannt. Diese verbinden z. B. Inseln mit dem Festland.

Laden und Löschen

Liegen Schiffe im Hafen, so bedeutet dies Kosten für den Reeder. Daher hat man zum Laden und Löschen von Seeschiffen neben den Containerterminals verschiedene Transportmittel entwickelt. Diese ermöglichen eine schnelle Abfertigung des Schiffs.

Unterschieden werden Roll-on/Roll-off, Truck-to-Truck-Verkehr und LASH-Verkehr. Von großer Bedeutung ist hierbei der Roll-on/Roll-off-Verkehr.

Roll-on/Roll-off

Roll-on/Roll-off (Ro/Ro) ist ein kombinierter Verkehr über See. Die Lastzüge fahren zu den Seehäfen. Dort fahren sie über Rampen durch die aufklappbaren Heck- oder Bugpforten des Schiffs, wo sie gelascht (vertäut) werden.
Im Bestimmungshafen rollen sie wieder mit eigener Kraft von den Schiffen und gelangen auf den Straßen zum Bestimmungsort. In gleicher Weise können Eisenbahnwagen verladen werden.

Roll-on/Roll-off

Lighter Aboard SHip

Beim **LASH-Verkehr** (**L**ighter **A**board **SH**ip) laden oder löschen Trägerschiffe (sogenannte „Barge Carrier“) große Schwimmcontainer („Bargen“) an Sammel- und Verteilungspunkten. Diese befinden sich in günstiger Lage vor der Küste oder in Häfen mit kurzen Zufahrtswegen. Der Umschlag der Bargen erfolgt meist in der Art, dass sie ähnlich wie in einem Schwimmdock in das abgesenkte Trägerschiff eingeschwommen werden. Dieses wird anschließend wieder angehoben. Im Bestimmungshafen setzt das Trägerschiff die Bargen wieder ins Wasser. Nun werden sie auf dem Wasserwege zum Bestimmungsort gebracht.

Begriffe in der Seeschifffahrt

Linienverkehr

Wenn der Verkehr zwischen den Häfen bestimmter Verkehrsgebiete regelmäßig nach festgelegten Fahrplänen abgewickelt wird, spricht man von „Linienverkehr“.
Die Linienschifffahrt wird in der Regel von Reedereien betrieben. Dabei werden oft kleinere Ladungspartien befördert.
Ein besonderes Merkmal der Linienschifffahrt ist, dass der Transport in der Regel auf der Grundlage von Stückgutverträgen erfolgt. Die Transportpreise sind in Frachttarifen zusammengestellt. Diese werden durch ein Rabattsystem ergänzt.

LASH-Verkehr

Trampverkehr

Seeschiffe im Trampverkehr übernehmen Ladungen für eine oder mehrere Reisen zwischen den vertraglich festgelegten Häfen. Handelt es sich um eine Reise, nennt man den darüber abgeschlossenen Vertrag **Reisecharter**. Bei zeitlich befristeter Dauer des Vertrags wird von einer **Zeitcharter** gesprochen.

Wird das Schiff im Ganzen bzw. werden Teile davon gechartert, spricht man von einer **Ganzcharterung** („Vollcharterung“) oder von einer **Teilcharterung**.
Die Charterraten schwanken stark, denn sie werden vom Lade- und Schiffsraumangebot bestimmt.

Schifffahrtskonferenzen

Verschiedene Linien-Reedereien haben sich innerhalb bestimmter Verkehrsgebiete zu Schifffahrtskonferenzen zusammengeschlossen. Ihre Ziele sind eine bessere Verkehrsbedienung, die Verhinderung eines sinnlosen Wettbewerbs und die Entwicklung einer einheitlichen Tarifgestaltung.
Die Schifffahrtskonferenzen erarbeiten einheitliche Beförderungsbedingungen und gemeinschaftliche Fahrpläne für ihre Fahrtgebiete.
Die in den Konferenztarifen enthaltenen Frachtsätze nennt man **Konferenzraten**. Die Beförderungs- und Abrechnungsbedingungen werden als **Konferenzbedingungen** bezeichnet.

Frachten-Pool

Hierbei schließen sich mehrere Schifffahrtsgesellschaften zusammen, um einen einheitlichen Tarif und einheitliche Bedingungen anzuwenden. Sie einigen sich, alle Einnahmen nach einem vorgegebenen Schlüssel zu verteilen.

Outsider

Es gibt Schifffahrtsunternehmungen, die ein Verkehrsgebiet bedienen, das auch von Konferenzlinien befahren wird. Sie gehören aber nicht der Konferenz an. Diese Unternehmen werden als „Outsider" (Außenseiter) bezeichnet. Viele Outsider bieten ihre Leistungen meist zu einer unter der Konferenzrate liegenden Frachtrate an.

Beförderung mit Containerschiffen

Je nach Ladung unterscheidet man zwischen Full Container Load (FCL) und Less Container Load (LCL).

Definitionen

- **FCL (Full Container Load):** Komplettcontainer (Haus-Haus-Container), für dessen Beladen (packing) und Entladen (unpacking) ein Ablader (Versender) bzw. ein Empfänger verantwortlich ist.
- **LCL (Less Container Load):** Stückgutversand per Container. Der Container wird von verschiedenen Abladern mit Stückgütern beladen (Sammelladung) und an einen Empfänger versandt.

Beteiligte

Der **Reeder** ist der Eigentümer eines ihm zum Erwerb durch die Seefahrt dienenden Schiffs (§ 484 HGB).
Werden Frachtgeschäfte abgewickelt, so tritt der Reeder allerdings oft nicht in Erscheinung. Meistens arbeitet er mit einem Schiffsmakler oder einem Reederei-Agenten zusammen.
Darüber hinaus sind am Seefrachtgeschäft i. d. R. der Befrachter, der Ablader und der Empfänger beteiligt.

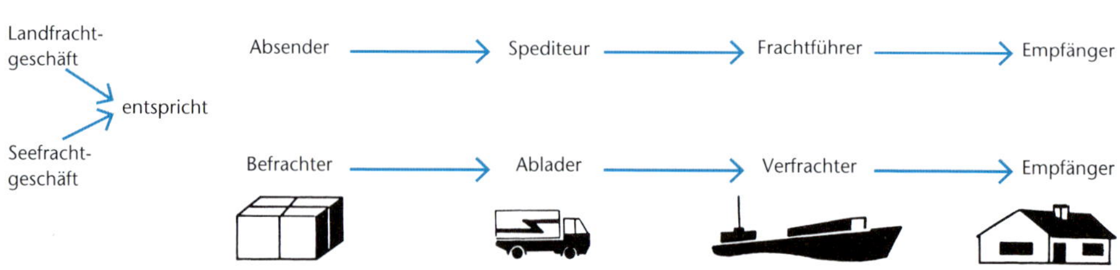

Befrachter (Shipper)

Der Befrachter ist der Vertragspartner des Verfrachters. Er schließt mit dem Verfrachter den Frachtvertrag ab und schuldet ihm die vereinbarte Fracht. Der Befrachter des Seefrachtgeschäfts entspricht dem Absender im Landfrachtgeschäft, auch „Verlader" genannt.

Ablader
Der Ablader bringt die Güter aufgrund eines geschlossenen Frachtvertrags an das Schiff heran. Vielfach ist dies der Seehafenspediteur als Hafenspezialist.

Verfrachter (Carrier)
Der Verfrachter (in der Regel die Reederei) befördert die Güter gegen Zahlung der Fracht über See. Der Verfrachter im Seefrachtgeschäft kann mit dem Frachtführer im Landfrachtgeschäft verglichen werden.

Empfänger (Consignee)
Der Empfänger wird durch den Ablader im Konnossement (Seefrachtbrief) benannt. Als berechtigter Empfänger hat er einen Auslieferungsanspruch auf die im Konnossement bezeichneten Güter, wenn das Schiff mit der Ladung im Bestimmungshafen ankommt.

Chartervertrag
In der Seeschifffahrt werden folgende Charterverträge unterschieden:

Chartervertrag	Erklärung
Ganz- oder Vollcharter	Chartern eines ganzen Schiffs
Teilcharter	Chartern eines Teils des Schiffs
Raumcharter	Chartern eines bestimmten Raums des Schiffs
Zeitcharter	Schiff wird für eine bestimmte Zeit gechartert
Reisecharter	Schiff wird für eine bestimmte Reise gechartert

Als **Buchung** wird der Abschluss eines Stückgutvertrags bezeichnet. Ist ein Transport zu einer bestimmten Seefrachtrate fest gebucht, so hat der Ablader in der vereinbarten Frist zu liefern.

Seefrachtberechnung
Die Vertragspartner vereinbaren frei das Beförderungsentgelt. Hierbei werden schwere Güter meist nach Gewicht abgerechnet. Den Transport leichter Güter berechnet man nach dem Rauminhalt in Kubikmetern.
Von **Pauschalfrachten** (engl. „lump sum") spricht man, wenn die Ladung zu einem festen Gesamtbetrag befördert wird. *lump sum*

Zuschläge
Für bestimmte Güter und in bestimmten Fällen werden bei verschiedenen Verkehrsverbindungen neben der Seefracht Zuschläge erhoben.

Zuschläge, z. B. wegen

- Art des Gutes
- Natur, Kilma
- besonderer Kosten
- Umwegen
- sonstiger Gründe

Festgelegt ist die Höhe dieser Zuschläge in den betreffenden Frachttarifen.

Dokumente

Wird ein Seefrachtvertrag abgeschlossen, werden verschiedene Dokumente ausgefertigt. Dies geschieht z. B. durch den Befrachter, bei der Anlieferung der Güter durch den Ablader und bei der Übernahme der Güter durch den Verfrachter.

Konnossement (bill of lading)
Das Konnossement (bill of lading) ist das wichtigste Dokument des Seefrachtvertrags. Es enthält

TRANS-WORLD-REEDEREI
Hamburg/Bremen

Bill of Lading
Nr. BR 227-88-54

Shipper
INTERSPED
MERKURSTRASSE 14
40223 DÜSSELDORF
as Agent of
DEGENER & LUTZ
HOLZHEIMER WEG 33
41464 NEUSS

Voyage-No.
3874

ECB-No.
HLCU3-12171882

Shipper`s Reference
1075/6599

Carrier:
Trans-World-Reederei
Europe – North America Services

Consignee
BROWN & CO. LTD.
POB 27745,
CHICAGO, USA

Ocean vessel
PROVIDENCE BAY

Port of loading
BREMEN

Notify address

Port of discharge
CHICAGO

Container Nos. Marks and Nos.	Number and kind of packages; Description of goods	Gross weight (kg)	Measurement (cbm)
EISU 135442-0	1 X 20` STANDARD-CONTAINER, S.T.C MOTOR VEHICLE ACCESSOIRES (TACHOMETER, TANK INDICATOR, OIL PRESSURE INDICATOR) AS PER TARIFF-NO. 83850000 TOTAL:	17.000 KGS	
	SHIPPED ON BOARD AKKREDITIV-NO. 1289/G/177 FREIGHT PREPAID	TRANS-WORLD-REEDEREI 20(0)-10-23	

Received by the Carrier in apparent good arder and condition the goods or packages specifeied herein and to be discharged at the above mentioned port of discharge. The weight, measure, marks, numbers, quality, contents and value, being particular furnished by the Shipper, are not checked by the Carrier on loading. The Shipper, Consignee and the Holder of this Bill of Lading hereby expressly accept and agree to all printed, written or stamped provisions, exceptions and conditions of this Bill of Lading, including those on the back hereof.
In witness whereof, the Carrier or his Agents has signed Bills of Lading all of this tenor and date, one of which being accomplished, the others to stand void. Shippers are requested to note particularly the exceptions and conditions of this Bill of Lading with reference to the validity of the insurance upon their goods.

Movement:
FCL/FCL

Total No. of containers received by the Carrier:
- 1 -

No. of original Bs/L
3/THREE

Freight payable at:
BREMEN

Place and date of issue:
BREMEN; 20(0)-10-23

ORIGINAL

Trans-World-Reederei
Bremen

- die **Empfangsbescheinigung** des Verfrachters. Dieser bescheinigt, dass er die im Konnossement aufgeführten Güter übernommen hat.
- das **Beförderungsversprechen** des Verfrachters. Dieser gewährleistet, dass er die Güter auftragsgemäß zwischen dem Abgangs- und Bestimmungshafen befördert.
- das **Ablieferungsversprechen** des Verfrachters. Dieser bestätigt, er die Güter gegen Vorlage des Originals des Konnossements an den rechtmäßigen Empfänger ausliefert.
- die **Verfügungsgewalt** über die noch transportierte Ware. Der rechtmäßig ausgewiesene Empfänger auf dem Konnossement kann das Warenwertpapier an eine andere Person verkaufen. Diesen Verkauf kann er auf dem Konnossement durch einen Übertragungsvermerk (Indossament) rechtmäßig absichern.

Buchungsnote
Der Abschluss eines schriftlichen Vertrags ist beim Stückgutvertrag unüblich. Vielmehr werden die zur Beförderung bestimmten Güter beim Verfrachter angemeldet. Dieser „bucht" sie, wodurch ein Vertrag zustande kommt. Der Verfrachter erstellt eine Buchungsnote (engl. „booking note").

Verladungsschein
Ein Verladungsschein (auch „Schiffszettel" genannt) ist ein Vordruck des Verfrachters, auf dem Art, Anzahl, Inhalt, Gewicht, Marke und Nummer der Güter sowie der Bestimmungshafen, eventuell auch schon das Schiff vom Ablader einzutragen sind.
Mit einem Verladungsschein (shipping order) werden die Güter vom Ablader an den Kai oder das Schiff geliefert.
Der Verladungsschein dient somit als
- Kaiannahmeschein (dock receipt; Empfangsbestätigung der Kaiverwaltung) und
- Bordempfangsschein (mate's receipt; Empfangsbestätigung des Ladungsoffiziers).

Your Company, Inc.

Shipping Order

SOLD TO:

CUSTOMER NUMBER
TERMS
SALES
APPROX SHIP WEEK
DATE SHIPPED
FOB
ROUTING

SHIP TO:

Interest will be charged at the rate of 1.5% per month, equaling an annual rate of 18%.

YOUR ORDER NUMBER ORDER DATE OUR ORDER NUMBER

ITEM	QUANTITY ORDERED	DESCRIPTION	QUANTITY SHIPPED	NO. OF CARTONS	TOTAL WEIGHT	PACKED BY (INITS)
	12	Product	8	1	11.0	
	86	Product	82	24	241.0	
	3	Product	2	1	87.5	
		TOTALS	92	26	339.5	

PACKED BY DATE CHECKED BY DATE

Instructions:
Pack and ship the above products to the customer's ship to address provided above.
Place packing list in shipping container.
Return one copy of this form to office on the day of shipment.

Verladungsschein (shipping order)

Haftung des Verfrachters

Es kann vorkommen, dass durch Verlust oder Beschädigung der Güter in der Zeit von der Annahme bis zur Ablieferung ein Schaden entsteht. Für diesen Schaden muss der Verfrachter haften. Er ist verpflichtet, beim Einladen, Stauen, Befördern, Behandeln und Ausladen sorgfältig zu arbeiten.
Der Verfrachter kann sich von seiner Haftung nur befreien, wenn der Verlust oder die Beschädigung der Güter auf Umstände zurückgeführt werden kann, die auch durch die Sorgfalt eines ordentlichen Verfrachters nicht abgewendet werden hätten können.

Gefährliche Güter

gefährliche Güter

Wenn gefährliche Güter auf einem Schiff befördert werden, müssen die Güter entsprechend gekennzeichnet sein. Auch aus dem Konnossement muss die Gefährlichkeit zu ersehen sein.
Die Gefährlichkeit verschiedener Stoffe und Gegenstände hat man nach dem International Maritime Dangerous Goods Code (IMDG Code) in Klassen eingeteilt. Den unterschiedlichen Gefahrgütern werden unterschiedliche Kennzeichen (Symbole) zugeordnet.

Über den International Maritime Dangerous Goods Code (IMDG Code) zur Kennzeichnung gefährlicher Güter können Sie im Internet mehr erfahren.

Zusammengepackt

Deutsche Schifffahrt		
	Binnenschifffahrt	**Seeschifffahrt**
Wo?	auf Flüssen und Kanälen	an der Küste und auf hoher See
Wer?	Einzelunternehmen, Partikuliere, Reedereien	i. d. R. Reedereien
Wie?	Linienverkehr, Trampverkehr	Linienverkehr, Trampverkehr, als Outsider, im Frachtenpool
Was?	nicht eilbedürftige Massengüter	alle nicht eilbedürftigen Güter, meist in Containern

Aufgaben

1. *Erklären Sie, wo die deutsche Schifffahrt stattfindet.*
2. *Erläutern Sie, wie das Roll-on/Roll-off-Verfahren funktioniert.*
3. *Wozu ist der Verfrachter durch das Konossement („bill of lading") verpflichtet?*
4. *Erklären Sie an einem Beispiel, wann ein Transport per Schiff sinnvoller sein kann als ein Transport per Lkw.*

3.5 Luftfracht

In den letzten Jahren sind immer mehr Güter mit dem Flugzeug transportiert worden. Dies zeigt nebenstehende Abbildung:

Trotz der höheren Frachtkosten für den Versand nach Übersee ist der Transport per Flugzeug oft günstiger als der Transport per Schiff. Dies gilt auch gegenüber dem Transport auf dem Festland mit der Bahn oder Lkws. Vorteile der Luftfracht sind ihre Sicherheit und Schnelligkeit.

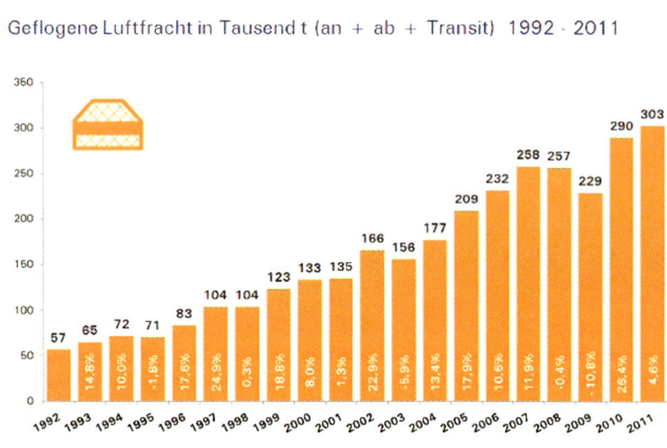

Frachtaufkommen am Flughafen in München

3.5.1 IATA

Die Abkürzung **IATA** steht für „International Air Transport Association", auf Deutsch: Internationale Flug-Transport-Vereinigung. Die IATA wurde 1919 in Den Haag gegründet.

Das weltweite Tätigkeitsgebiet der internationalen Luftfracht erfordert, dass die

- Frachtpapiere möglichst einheitlich sind,
- verwendeten Abkürzungen allgemein verständlich sind,
- Aufteilung der am Abflughafen gezahlten Frachtkosten geregelt ist,
- Container zum Verladen in die Flugzeuge genormt sind.

Um ein einheitliches Reglement zu schaffen, haben sich deshalb internationale Fluggesellschaften zur IATA zusammengeschlossen. In Deutschland ist z. B. die Deutsche Lufthansa AG mit Sitz in Köln Mitglied der IATA.

Weltweit wurden Spediteure zu IATA-Luftfrachtagenturen ernannt. Sie haben den Auftrag, die Interessen der IATA-Fluggesellschaften bei den Verladern zu vertreten.

3.5.2 Flughäfen

Die größten **Flughäfen** der Bundesrepublik Deutschland liegen in Frankfurt am Main, Berlin, München, Hamburg, Hannover, Köln, Düsseldorf, Nürnberg, Stuttgart, Leipzig und Dresden.

Flughafen Frankfurt

regionale Flughäfen

In den einzelnen Bundesländern gibt es noch weitere kleinere regionale Flughäfen. Diese werden allerdings nicht von den internationalen Fluggesellschaften angeflogen. Sie dienen aber als Zubringer für die großen Flughäfen.

3.5.3 Beförderung

Linienfluggesellschaften unterliegen einem **Kontrahierungszwang** (Abschlusszwang) gegenüber einem Kunden. Sie müssen also grundsätzlich Personen oder Güter befördern. Ausnahmen von der Beförderungspflicht gibt es nur, wenn von den zu befördernden Personen oder Gütern Gefahren für Mitreisende oder Dritte ausgehen.

Eignung der Güter als Luftfracht

Verschiedene Güter eignen sich besonders für die Beförderung als Luftfracht:
- Eilige (eilbedürftige) Güter
- Empfindliche Güter
- Hochwertige Güter
- Leicht verderbliche Güter
- Lebende Tiere

Eilbedürftige Güter

Hierbei handelt es sich um Güter, die schnellstmöglich zum Kunden transportiert werden müssen. Sie können daher nicht mit anderen Transportmitteln befördert werden.

Beispiel
wichtige Dokumente

Empfindliche Güter

Nicht immer können empfindliche Güter eine längere Fahrt per Lkw oder Schiff vertragen. Die Luftfracht ist in diesem Fall besonders geeignet.

Beispiele
hochempfindliche Präzisionsinstrumente, witterungsempfindliche Geräte

Hochwertige Güter

Hochwertige Güter werden per Luftfracht versendet. Vom Volumen her sind diese Sendungen klein, doch ihr Wert ist sehr hoch. Eine Luftfrachtrate können diese Güter leichter verkraften als geringwertige. Das Diebstahlrisiko wird darüber hinaus durch die kurze Transportzeit verringert.

Beispiele
Gold, Silber, Platin, Perlen und Diamanten

Leicht verderbliche Güter

Da der Transport sehr schnell erfolgt, können leicht verderbliche Güter gut mit dem Flugzeug befördert werden.

Beispiele
Blumen und Obst

Lebende Tiere

Der Transport lebender, wertvoller Tiere erfolgt auf dem Luftweg. Die Tiere können hierbei besser betreut werden, ein entscheidender Faktor ist aber die Kürze der Versandzeit – auch über Kontinente hinweg.

Beispiele
Urwaldtiere für die Zoologischen Gärten oder Reitpferde zu Olympischen Spielen

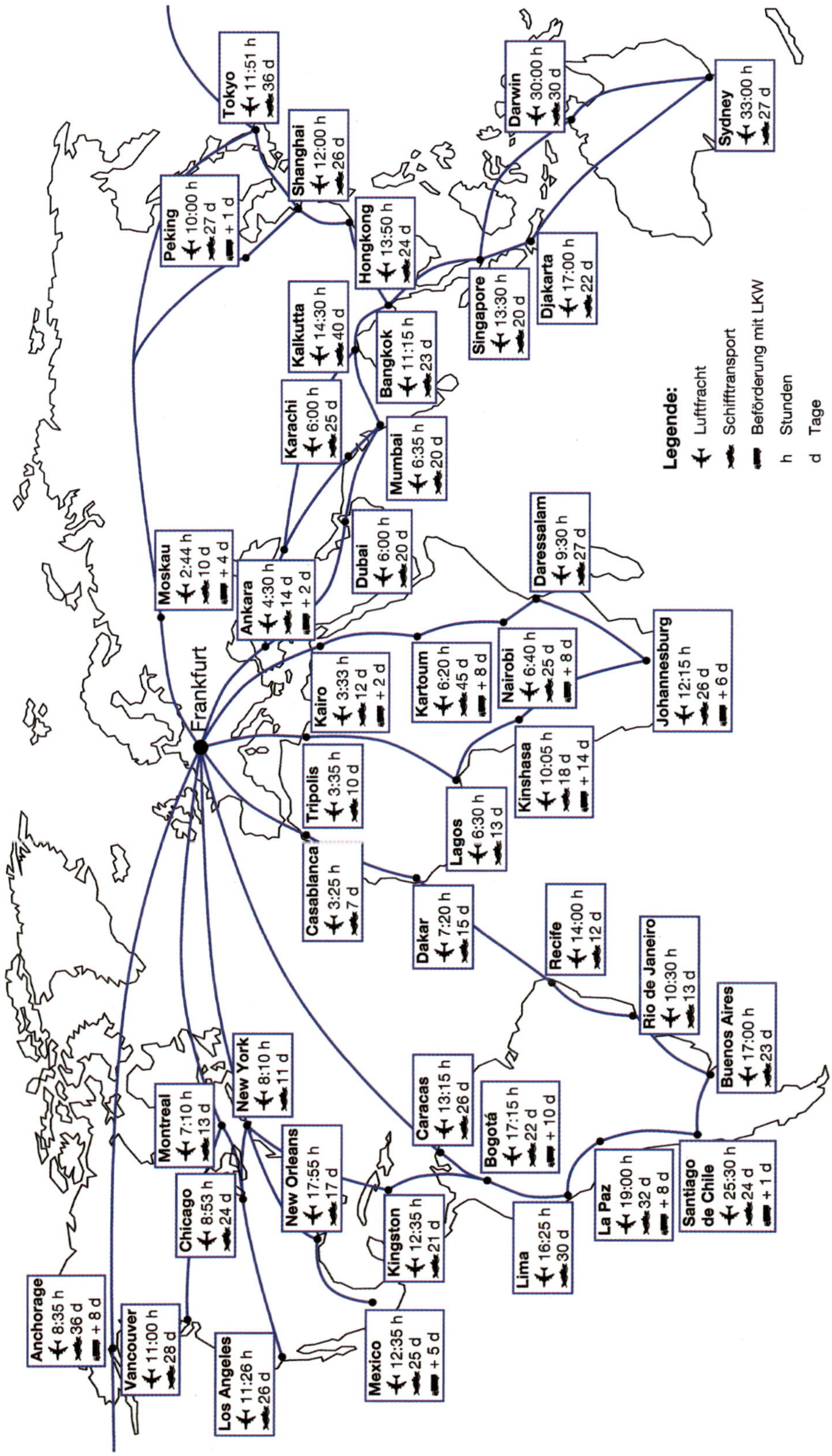

Schnelligkeit des Transports als Luftfracht

Transporthilfsmittel

Der Transport der Güter erfolgt häufig in speziell auf die Innenabmessungen der Flugzeuge angepassten Containern oder auf speziellen Paletten.
Diese Behälter werden **Unit Load Devices** (ULDs) genannt. Ihr Einsatz hat folgende Vorteile:

- Die Flugzeuge sind vom Raum her besser ausgelastet.
- Das Befrachten/Entladen kann automatisiert werden.
- Schäden an den Sendungen können reduziert werden, weil sie nicht mehr einzeln umgeschlagen werden müssen.

ULDs ULDs gibt es sowohl für unterschiedliche Flugzeugtypen als auch für die besonderen Anforderungen der aufgenommenen Güter.
Das Angebot reicht von Flachpaletten mit Sicherungsnetz bis Container in unterschiedlichen Größen und Formen. Außerdem gibt es Spezialgefäße wie Thermo- oder Tiercontainer. Aus Gewichtsgründen bestehen ULDs überwiegend aus Aluminium.

10-ft-Container (AMH, AM)

Typ	10-ft-Container
Code	AMH, AMJ
Abmessungen außen	318 × 244 cm
Höhe außen	244 cm
Nutzbares Volumen	15 m³
Abmessungen innen	306 × 230 × 240 cm
Verladbarkeit	B747-200F (nur Maindeck) MD11F (nur Maindeck)

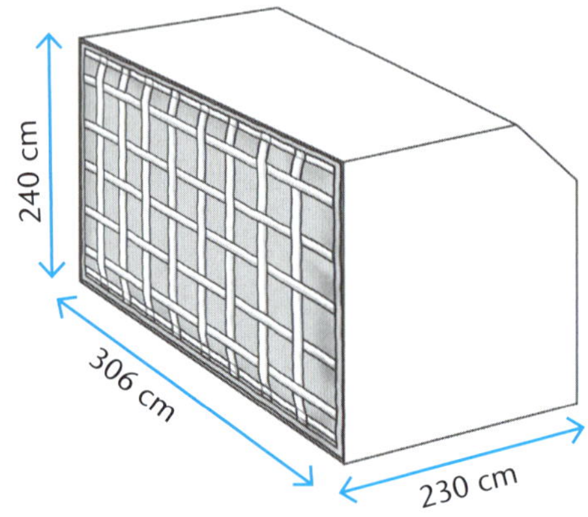

10-ft-Container AMJ

10-ft-Container AMH

A320/A321-Container

Typ	A320/A321-Container
Code	AKH
Abmessungen außen	156 × 153 cm
Höhe außen	114 cm
nutzbares Volumen	3,5 m³
Abmessungen innen	146 × 144 × 111 cm
Verladbarkeit	A 300, A 310, A 320, A 321, A 340, B 747-200F, B 747-400, MD11F

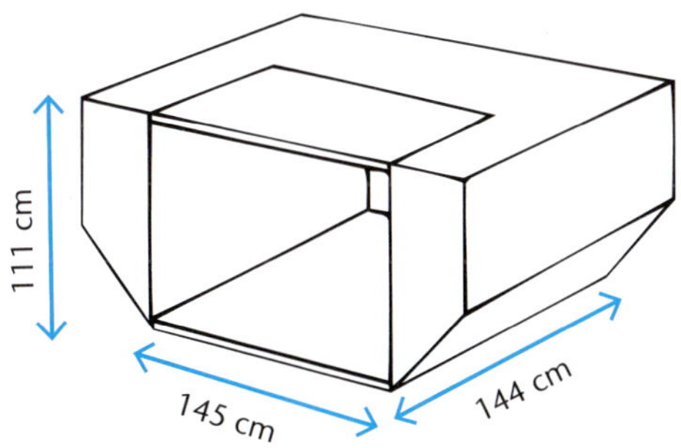

A320/A321-Container AKH

Transportmittel

Als Transportmittel im Luftfrachtverkehr werden Passagierflugzeuge und spezielle Frachtflugzeuge eingesetzt. Dort wo ein Starten und Landen für Flugzeuge nicht möglich ist (z. B. in den Bergen, auf Bohrplattformen), werden in der Regel Helikopter verwendet.

Antonow AN 225, das größte Frachtflugzeug der Welt

Transporthubschrauber

3.5.4 Luftfrachtbrief (Air Waybill)

Der Luftfrachtbrief (engl. „Air Waybill") ist in der Luftfracht vorgeschrieben. Er ist ein internationales Beförderungsdokument, das in englischer Sprache ausgestellt werden muss.

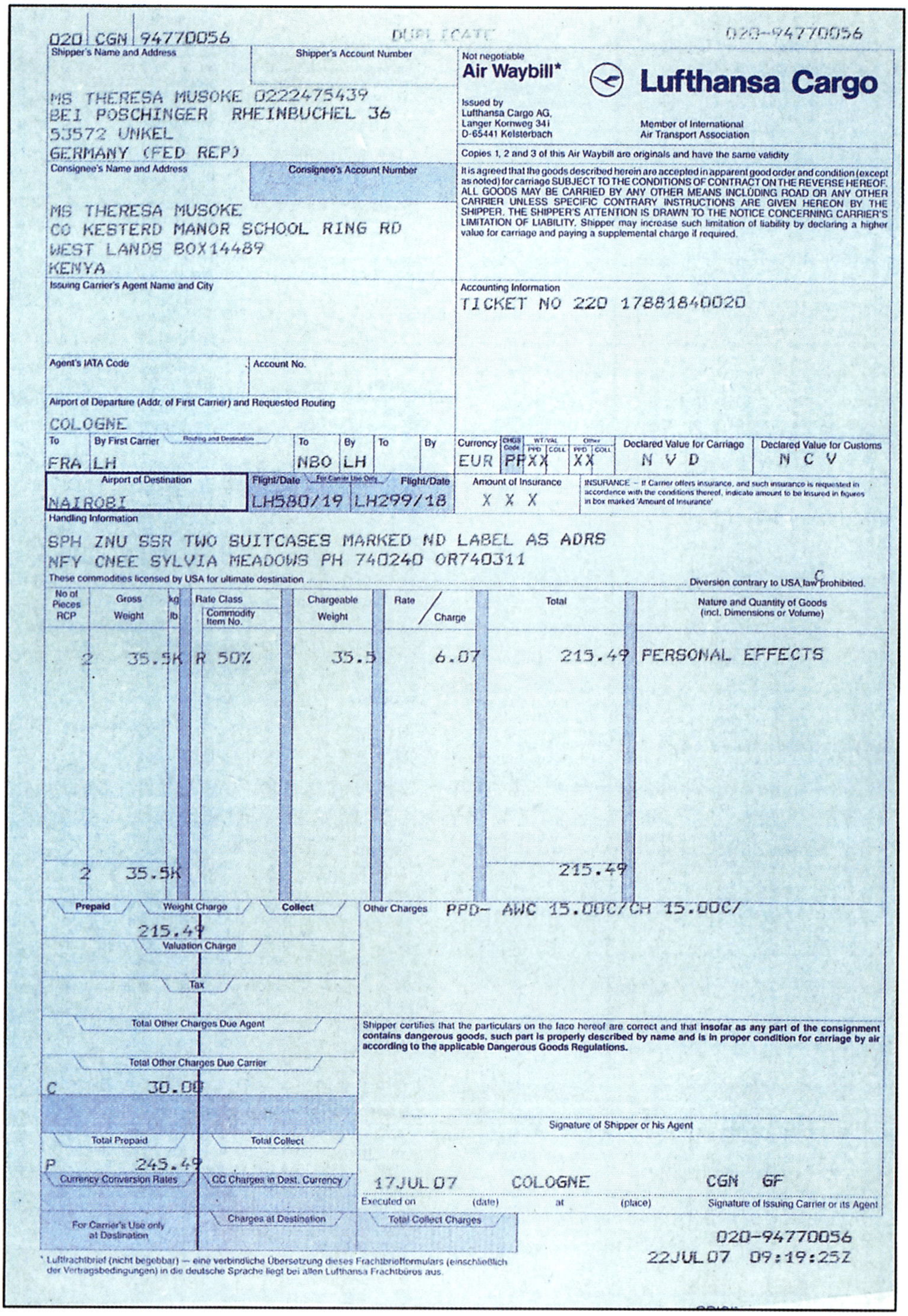

020 CGN 94770056 DUPLICATE 020-94770056

Shipper's Name and Address | Shipper's Account Number

MS THERESA MUSOKE 0222475439
BEI POSCHINGER RHEINBUCHEL 36
53572 UNKEL
GERMANY (FED REP)

Not negotiable
Air Waybill*
Lufthansa Cargo
Issued by
Lufthansa Cargo AG,
Langer Kornweg 34 I
D-65441 Kelsterbach
Member of International
Air Transport Association

Copies 1, 2 and 3 of this Air Waybill are originals and have the same validity

Consignee's Name and Address | Consignee's Account Number

MS THERESA MUSOKE
CO KESTERD MANOR SCHOOL RING RD
WEST LANDS BOX14489
KENYA

It is agreed that the goods described herein are accepted in apparent good order and condition (except as noted) for carriage SUBJECT TO THE CONDITIONS OF CONTRACT ON THE REVERSE HEREOF. ALL GOODS MAY BE CARRIED BY ANY OTHER MEANS INCLUDING ROAD OR ANY OTHER CARRIER UNLESS SPECIFIC CONTRARY INSTRUCTIONS ARE GIVEN HEREON BY THE SHIPPER. THE SHIPPER'S ATTENTION IS DRAWN TO THE NOTICE CONCERNING CARRIER'S LIMITATION OF LIABILITY. Shipper may increase such limitation of liability by declaring a higher value for carriage and paying a supplemental charge if required.

Issuing Carrier's Agent Name and City

Accounting Information
TICKET NO 220 17881840020

Agent's IATA Code | Account No.

Airport of Departure (Addr. of First Carrier) and Requested Routing
COLOGNE

To	By First Carrier (Routing and Destination)	To	By	To	By	Currency	CHGS Code	WT/VAL PPD	WT/VAL COLL	Other PPD	Other COLL	Declared Value for Carriage	Declared Value for Customs
FRA	LH	NBO	LH			EUR	PP	X	X	X	X	N V D	N C V

Airport of Destination	Flight/Date	Flight/Date	Amount of Insurance
NAIROBI	LH580/19	LH299/18	X X X

INSURANCE – If Carrier offers insurance, and such insurance is requested in accordance with the conditions thereof, indicate amount to be insured in figures in box marked 'Amount of Insurance'

Handling Information
SPH ZNU SSR TWO SUITCASES MARKED ND LABEL AS ADRS
NFY CNEE SYLVIA MEADOWS PH 740240 OR740311

These commodities licensed by USA for ultimate destination .... Diversion contrary to USA law prohibited.

No of Pieces RCP	Gross Weight	kg/lb	Rate Class / Commodity Item No.	Chargeable Weight	Rate/Charge	Total	Nature and Quantity of Goods (incl. Dimensions or Volume)
2	35.5	K	R 50%	35.5	6.07	215.49	PERSONAL EFFECTS
2	35.5	K				215.49	

Prepaid	Weight Charge	Collect
215.49		
	Valuation Charge	
	Tax	
	Total Other Charges Due Agent	
	Total Other Charges Due Carrier	
C 30.00		
Total Prepaid		Total Collect
P 245.49		
Currency Conversion Rates		CC Charges in Dest. Currency
For Carrier's Use only at Destination		Charges at Destination

Other Charges PPD- AWC 15.00C/CH 15.00C/

Shipper certifies that the particulars on the face hereof are correct and that **insofar as any part of the consignment contains dangerous goods, such part is properly described by name and is in proper condition for carriage by air according to the applicable Dangerous Goods Regulations.**

Signature of Shipper or his Agent

17JUL07 COLOGNE CGN GF
Executed on (date) at (place) Signature of Issuing Carrier or its Agent

Total Collect Charges

020-94770056
22JUL07 09:19:25Z

* Luftfrachtbrief (nicht begebbar) – eine verbindliche Übersetzung dieses Frachtbriefformulars (einschließlich der Vertragsbedingungen) in die deutsche Sprache liegt bei allen Lufthansa Frachtbüros aus.

Luftfrachtbrief

Der Luftfrachtbrief dient u. a. als

- Anerkennung der Rechtsgrundlagen des Absenders,
- Nachweis für den Abschluss des Luftfrachtvertrags,
- Empfangsbestätigung des Carriers,

- Frachtrechnung,
- Versicherungspolice, wenn eine Transportversicherung mit der Fluggesellschaft abgeschlossen wurde,
- Gestellungsverzeichnis für eine Zollanmeldung.

Für die Richtigkeit der im Air Waybill gemachten Angaben haftet der Absender.

3.5.5 Luftfrachttarif (TACT)

Die Abkürzung **TACT** steht für den englischen Ausdruck „The Air Cargo Tariff". Hierbei handelt es sich um den internationalen Luftfrachttarif. Dieser dient vielen Luftverkehrsgesellschaften als Richtschnur für die Berechnung der Fracht der Sendung.
Dennoch legt jeder Transporteur seine Preise selbst fest, und zwar meist wesentlich niedriger als im TACT empfohlen.

Tarifhandbuch der IATA

Der TACT ist ein kostenpflichtiges Tarifhandbuch der IATA. Er kann gedruckt oder als elektronisches Medium dort erworben werden. Er unterscheidet z. B.:

- **Mindestfrachtbeträge (Minimum Charges)**
  Für die Beförderung von Kleinsendungen sind Mindestfrachten festgesetzt.
- **Allgemeine Frachtraten (General Cargo Rates)**
  Die allgemeine Frachtrate wird unterteilt in die Normalrate und die Mengenrabattrate. Die Normalrate gilt für Sendungen bis 45 kg. Die Mengenrabattrate liegt etwa um 25 % niedriger als die Normalrate.
- **Warenklassenraten (Class Rates)**
  Für genau gekennzeichnete Warenarten, die innerhalb oder zwischen bestimmten Gebieten befördert werden, wurden Warenklassen festgelegt. Die Frachtraten für diese Warenklassen liegen entweder höher oder niedriger als die allgemeinen Raten.
- **Spezialraten (Specific Commodity Rates)**
  Für zahlreiche Güter sind Spezialtarife festgelegt worden, die gegenuber den Normalraten stark ermäßigt sind.
  Beispiele: Behälter- und Palettentarife für die von der IATA entwickelten ULDs

3.5.6 Frachtberechnung

Die Frachtrate wird grundsätzlich nach dem Bruttogewicht berechnet. Dieses wird auf halbe oder volle Kilogramm aufgerundet:

Beispiele
11,300 kg ----------> 11,500 kg
43,500 kg ----------> 43,500 kg
34,510 kg ----------> 35,000 kg

Wenn eine Sendung aus mehreren Packstücken besteht, werden zuerst die exakten Gewichte der Einzelstücke addiert. Erst dann wird die Summe gerundet.

Zusätzlich muss die Sperrigkeit der Sendung berücksichtigt werden.
Sie wird immer dann geprüft, wenn eine Ware im Volumen besonders groß ist, aber wenig wiegt (z. B. Styropor).

Für sperrige Güter gilt bei allen Fluggesellschaften ein Verhältnis von 6 : 1, was bedeutet, dass 6 dm³ als 1 kg gelten (6 dm³ = 6 000 cm³).

Berechnung:

$$\text{Volumen-Kilogramm} = \frac{\text{Länge} \times \text{Breite} \times \text{Höhe in cm}}{6\,000}$$

Anschließend werden das tatsächliche Gewicht und das Gewicht nach Volumen-Kilogramm verglichen. Das höhere Gewicht bestimmt dabei die Frachtkosten.

Im Internet finden sich Informationen über spezielle Frachtraten. Fast jede Fluggesellschaft bietet einen Tarifrechner an.

3.5.7 Zusatzleistungen der Fluggesellschaften

Nahezu alle Fluggesellschaften bieten standardmäßig ähnliche Zusatzleistungen an.

Beispiele für Zusatzleistungen

- Abholung/Zustellung
- Lagerung
- Zollabfertigung
- Versicherung
- Haus-Haus-Verkehr

Speziallösungen

Darüber hinaus wurden vielerlei Speziallösungen geschaffen, um die Kunden umfassend bedienen zu können.

Unter www.lufthansa-cargo.com finden Sie Informationen zu den von Lufthansa angebotenen Leistungen.

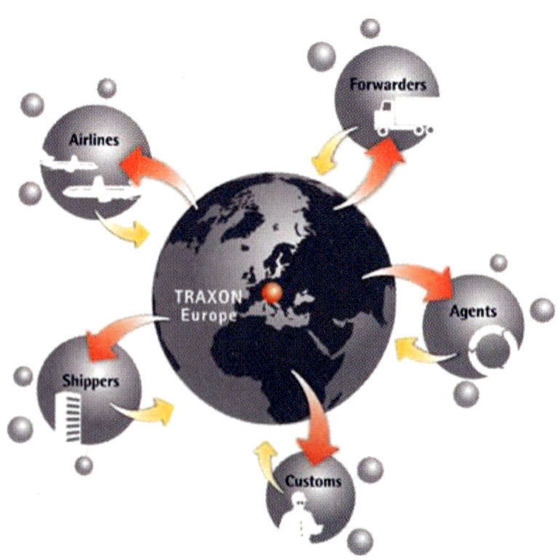

Dienstleistungsspektrum der Lufthansa Cargo

3.5.8 Beförderungsbeschränkungen

Luftfrachtgüter werden grundsätzlich nur dann zur Beförderung angenommen, wenn
- das Flugzeug über die notwendigen Einrichtungen verfügt und
- ausreichend Laderaum zur Verfügung steht.

Aber auch dann gelten noch weitere Bedingungen:

weitere Bedingungen

- Die Beförderung sowie die Aus- oder Einfuhr der Luftfrachtgüter darf nicht durch Gesetze bzw. Bestimmungen eines Landes verboten sein, wie z. B. bei Waffen oder Drogen.
- Das Luftfrachtgut muss in geeigneter Art verpackt sein.
- Die erforderlichen Verladepapiere müssen vorliegen.
- Die zu befördernden Güter dürfen weder das Flugzeug noch die Personen oder andere Güter gefährden.

Der Inhalt einer Luftfrachtsendung muss von der Luftverkehrsgesellschaft geprüft werden. So wird weltweit jede Sendung und jeder Fluggast kontrolliert, z. B. um Terroranschläge zu vermeiden.

Für genau bezeichnete Güter gibt es Sonderbestimmungen.

Beispiele
Sonderbestimmungen gelten z. B. für

- lebende Tiere;
- ätzende, explosionsgefährliche, leicht entzündbare, giftige, gesundheitsschädliche oder auch radioaktive Stoffe und Flüssigkeiten;
- Magnete und Mobiltelefone. Diese werden nur unter bestimmten Voraussetzungen befördert, da sie die Instrumente der Flugzeuge beeinflussen können.

3.5.9 Nachträgliche Verfügung

Der Absender

hat auch im Luftverkehr die Möglichkeit, nachträglich Weisungen zu erteilen:

- Er kann sich die Fracht am Abgangs- oder Bestimmungsflughafen zurückgeben lassen.
- Er kann die Fracht während einer (Zwischen-)Landung anhalten.
- Er kann am Bestimmungsort oder unterwegs die Fracht an eine andere Person aushändigen lassen, wenn diese im Luftfrachtbrief als Empfänger angegeben worden ist.
- Er kann die Fracht zum Abgangsflughafen zurückbringen lassen.

Das Verfügungsrecht über die Fracht kann der Absender oder sein Agent nur dann ausüben, wenn er den Teil des Luftfrachtbriefs vorlegt, der ihm ausgehändigt wurde.

3.5.10 Chartergeschäft

Oftmals reicht das Angebot der Luftverkehrsgesellschaften im Linienfrachtgeschäft nicht aus, um spezielle Aufträge des Kunden ausführen zu können. Etliche Unternehmen haben sich aus diesem Grund darauf spezialisiert, individuelle Lösungen anzubieten.

So kann man ein ganzes Flugzeug mieten (Vollcharter) oder auch nur einen Teil davon (Teilcharter), um Güter zu ihrem Bestimmungsort zu transportieren.

Lufthansa Cargo Charter ist ein möglicher Anbieter. Im Internet können Sie weitere Informationen finden.

Zusammengepackt

IATA ist die internationale Vereinigung von Luftfahrtgesellschaften.

- Für den Versand per Luftfracht eignen sich vor allem
  - hochwertige,
  - eilbedürftige,
  - empfindliche oder
  - leicht verderbliche Güter.
- Für den Transport von Gütern in Flugzeugen wurden spezielle Behälter entwickelt, die sogenannten ULDs.
- Für jeden Transport als Luftfracht ist ein Air Waybill vorgeschrieben.
- Für die Frachtberechnung ist das Volumengewicht zu bestimmen.
- Der Transport als Luftfracht unterliegt bestimmten Beförderungsbeschränkungen.
- Der Begriff „Charterflugzeug" ist nicht nur im Passagierverkehr von Bedeutung. Auch im Güterverkehr ist es möglich, ein Flugzeug oder Teile davon zu chartern.

Aufgaben

1. *Suchen Sie im Internet Informationen über einige größere deutsche Flughäfen (z. B. Passagierzahlen, Frachtaufkommen, Größe), stellen Sie diese tabellarisch dar und präsentieren Sie Ihre Ergebnisse in der Klasse.*
2. *Ihr Ausbildungsbetrieb verschickt ein Maschinenersatzteil per Luftfracht nach Hongkong. Erläutern Sie in Stichworten drei mögliche Gründe, warum in diesem Fall der Transport mit dem Flugzeug erfolgen soll.*
3. *Eine Kiste mit 80 kg Gewicht weist folgende Maße auf:*
Länge 2,00 m,
Breite 0,80 m,
Höhe 0,60 m.
Prüfen Sie, ob diese Kiste zum Normaltarif oder als sperriges Frachtgut befördert wird. Geben Sie außerdem an, wie hoch die Frachtkosten bei drei verschiedenen Fluggesellschaften sind.

4 Internationaler Versand

Einstiegssituation

Die Johann Meierhofer Logistik GmbH mit Sitz in München bietet neben Lagerleistungen auch weltweite Transportdienstleistungen an.

Für die kommende Woche stehen u. a. folgende Aufträge an:

- Transport von 50 Pkws vom Hersteller in Ingolstadt nach Mailand
- Organisation eines Lufttransports von Rohdiamanten von München nach New York
- Abholung von 200 Stück Granit-Zaunsäulen aus China vom Hafen Nürnberg und Einlagerung in einem Außenlager bei München

Lukas, der seine Ausbildung gerade erst begonnen hat, wird von seinem Ausbilder in die Organisation der oben genannten Aufträge mit einbezogen: „Was meinst du, was bei diesen Transporten auf jeden Fall berücksichtigt werden muss?"

Handlungsaufträge

1. *Überlegen Sie, welche Unterschiede zwischen den drei Aufträgen im Hinblick auf den Sitz der Absender und der Empfänger bestehen.*
2. *Was ist deshalb für diese Transporte auf jeden Fall zu berücksichtigen?*

4.1 Zoll

Definition

Der Begriff **Zoll** umfasst zweierlei:

- zum einen eine Steuer (eine sogenannte „Verbrauchssteuer"), die beim Grenzübertritt für Waren erhoben wird;
- zum anderen ist damit die Institution oder Behörde angesprochen, die diese Steuern erhebt (die sogenannte Zollverwaltung).

Aufgaben des Zolls

Einnahmen für Deutschland und Europa verbuchen

z. B. durch
Erhebung des Zolls
Kontrollen für Steuergerechtigkeit
Unterstützung der Wirtschaftsordnung
Versteigerung gepfändeter Waren

Wirtschaft, Bürger und Umwelt schützen

z. B. durch
Bekämpfung von Schwarzarbeit
Maßnahmen zum Verbraucherschutz
Schutz vor Produktpiraterie
Einsatz gegen Schmuggel
Kriminalitätsbekämpfung
Terrorismusabwehr
Artenschutz bei Pflanzen und Tieren

4.2 Begriffe zum Thema „Zoll"

Um das sehr umfangreiche Thema „Zoll" besser zu verstehen, ist es notwendig, einige wichtige Begriffe aus diesem Bereich näher zu erklären.

4.2.1 Zollgebiet

Zollgrenze

Die Europäische Union hat einen gemeinsamen Binnenmarkt und weist deshalb ein gemeinsames Zollgebiet mit einer gemeinsamen **Zollgrenze** auf. Diese Zollgrenze umschließt das Gebiet der Gemeinschaft.

Zollgebiet

Zum Zollgebiet der Gemeinschaft gehören gemäß Artikel 3 des modernisierten **Zollkodex** von 2005 zunächst alle Gebiete der EU-Mitgliedsstaaten, deren Küstenmeere, innere Gewässer und Lufträume.

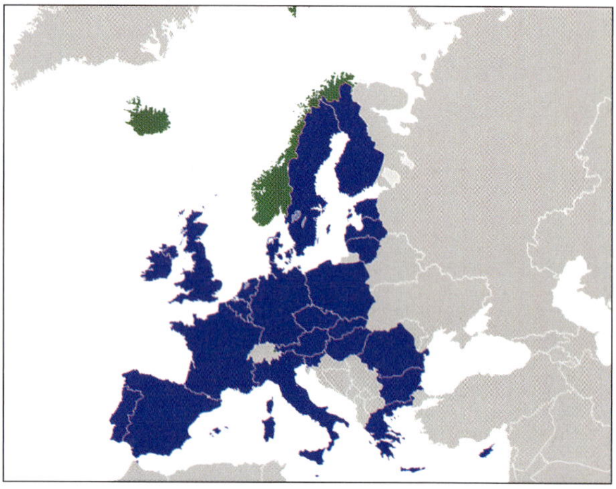

Der EWR besteht aus: ■ EFTA-Mitgliedstaaten: Island, Lichtenstein, Norwegen (mit Ausnahme Schweiz) ■ EU-Mitgliedstaaten ■ Nicht EU-Länder

Darüber hinaus haben sich verschiedene Staaten, die nicht Mitglieder der Europäischen Union sind, vertraglich an das Zollrecht der Europäischen Union gebunden. Diese **Zollanschlüsse** sind

- die Republik San Marino,
- das Fürstentum Monaco,
- das Fürstentum Andorra.

Wegen ihrer geografischen Lage, aus verkehrstechnischen oder auch aus historischen Gründen gehören Teile der EU-Mitgliedsstaaten nicht zum Zollgebiet der Gemeinschaft. Diese **Zollausschlüsse** finden sich auf deutschem Gebiet in der Gemeinde Büsingen am Hochrhein, das zum Landkreis Konstanz gehört und wo das Schweizer Zollrecht gilt, und auf der Insel Helgoland.

Außerdem können auf dem Zollgebiet der Europäischen Union sogenannte **Freizonen (Freihafen, Freilager)** bestehen.
In diesen Freihäfen und Freilagern können Nichtgemeinschaftswaren zunächst unverzollt gelagert, bearbeitet, veredelt usw. werden. Erst wenn die Waren endgültig aus diesen Freizonen gebracht werden, ist das Zollrecht der Gemeinschaft anzuwenden.
Diese Freizonen müssen vom übrigen Zollgebiet streng abgetrennt werden.

Freizonengrenze

4.2.2 Zollstraßenzwang

Waren, die auf Land- oder Wasserstraßen bzw. in Rohrleitungen aus Nicht-EU-Mitgliedsstaaten in das Gebiet der Europäischen Union gebracht werden sollen (oder umgekehrt), müssen auf sogenannten Zollstraßen befördert werden.

Zollstraßen verbinden den Ort des Grenzübertritts in die Europäische Union mit dem Zollamt, das für die Zollabfertigung zuständig ist. Diese Verkehrswege werden zollamtlich überwacht.
Wenn wegen unvorhergesehener Ereignissen (z. B. streikende Lkw-Fahrer) oder höherer Gewalt (z. B. Erdrutsch) die Zollstraße nicht benutzt werden kann, ist die zuständige Zollstelle unverzüglich davon zu unterrichten.

Zollstraßenzwang

Nicht dem Zollstraßenzwang unterliegt das Verbringen von Waren im öffentlichen Schienen- und Luftverkehr. Im Luftverkehr ist allerdings zu beachten, dass einfliegende Flugzeuge nur auf einem sogenannten **Zollflugplatz** landen bzw. ausfliegende nur von einem Zollflugplatz abfliegen dürfen.

Die auf Wasserzollstraßen einfahrenden Schiffe (z. B. auf der Unterelbe, der Unterweser, aber auch der Oder) dürfen außerdem nur an bestimmten **Zolllandungsplätzen** und dort nur an genau bezeichneten Anlegeplätzen festmachen.

Schauen Sie einmal im Internet nach. Zollstraßen, Zollflugplätze und Zolllandungsstellen werden im Bundesanzeiger öffentlich bekannt gemacht.

4.2.3 Zollarten

Zoll wird nach dem Zolltarif der Europäischen Union erhoben. Dabei fallen in der Regel Zölle nur bei der Einfuhr von Waren aus dem Nicht-Gemeinschaftsgebiet an. Ausfuhr- und Durchfuhrzölle fallen nur in Ausnahmefällen an, da ja ein Interesse daran besteht, die Waren in das Ausland (Nicht-Gemeinschaftsgebiet) zu verkaufen.

Grundsätzlich sind zu unterscheiden:

Wertzoll

In den meisten Fällen wird der Wertzoll erhoben. Der Warenwert frei EU-Grenze (Rechnungspreis zuzüglich Frachtkosten und Versicherung) gilt in der Regel als Grundlage für den Zollwert, von dem nach bestimmten festgelegten Sätzen der Zoll erhoben wird.

Präferenzzoll

Präferenzzölle sind **Ausnahmetarife**. Mit vielen Ländern sind sie vereinbart worden. Sie gelten insbesondere für Waren aus Entwicklungsländern.
Aber auch für Waren aus den Rest-EFTA-Ländern (Europäische Freihandelszone) – der Schweiz, Island, Norwegen – sowie den Ländern, mit denen die EU (Europäische Union) Präferenzabkommen abgeschlossen hat, werden keine oder nur geringe Zölle erhoben, wenn der Ursprung der Waren durch Präferenzpapiere nachgewiesen wird.

Spezifischer Zoll

Nur in wenigen Fällen wird noch ein spezifischer Zoll erhoben. Dabei bildet nicht der Wert der Ware die Grundlage für die Berechnung des Zolls, sondern vielmehr die Menge, das Gewicht oder die Größe.

4.3 Warenverkehr in und mit der Europäischen Union

Zollrechtlich zu unterscheiden sind vier Vorgänge.

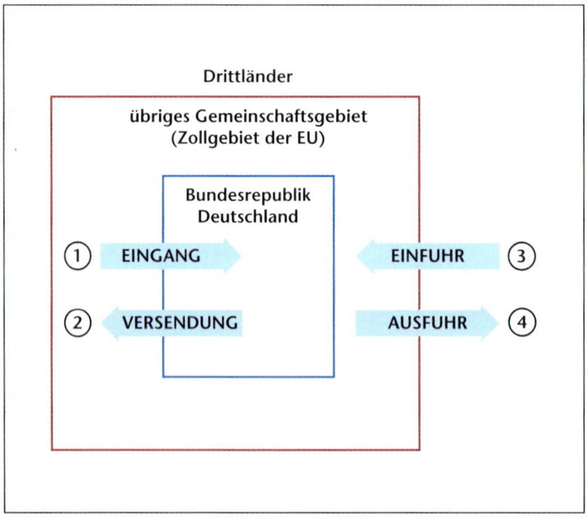

① Eingang	Gemeinschafts- oder Nichtgemeinschaftswaren werden aus einem EU-Mitgliedsland in die Bundesrepublik Deutschland gebracht.
② Versendung	Gemeinschafts- oder Nichtgemeinschaftswaren werden aus einem EU-Mitgliedsland (z. B. der Bundesrepublik Deutschland) in ein anderes gebracht.
③ Einfuhr	Waren aus einem Drittland werden in das Zollgebiet der EU gebracht.
④ Ausfuhr	Waren aus dem Zollgebiet der EU werden in ein Drittland gebracht.

4.3.1 Ausfuhrverfahren

Das Ausfuhrverfahren ist grundsätzlich anzuwenden, wenn Gemeinschaftswaren das Zollgebiet der Europäischen Union verlassen sollen. Damit soll beispielsweise sichergestellt werden, dass Ausfuhrverbote eingehalten werden.

Das Ausfuhrverfahren besteht aus zwei Teilschritten:

Gestellung

1. Schritt des Ausfuhrverfahrens: Gestellung der Ware

Der Ausführende hat die Waren unter Vorlage der Ausfuhranmeldung und – wenn notwendig – der Ausfuhrgenehmigung zu gestellen. Dies hat an der für seinen Sitz zuständigen Zollstelle zu erfolgen.

Für den Warenverkehr mit Drittländern hat man einen einheitlichen Zollvordruck geschaffen, das sogenannte **Einheitspapier (EP)**. Allerdings kommt es heute durch die Einführung elektronischer Verfahren wie **ATLAS** oder die Internetzollanmeldung nur noch in Ausnahmefällen (z. B. bei Störungen im Computernetz) zum Einsatz.

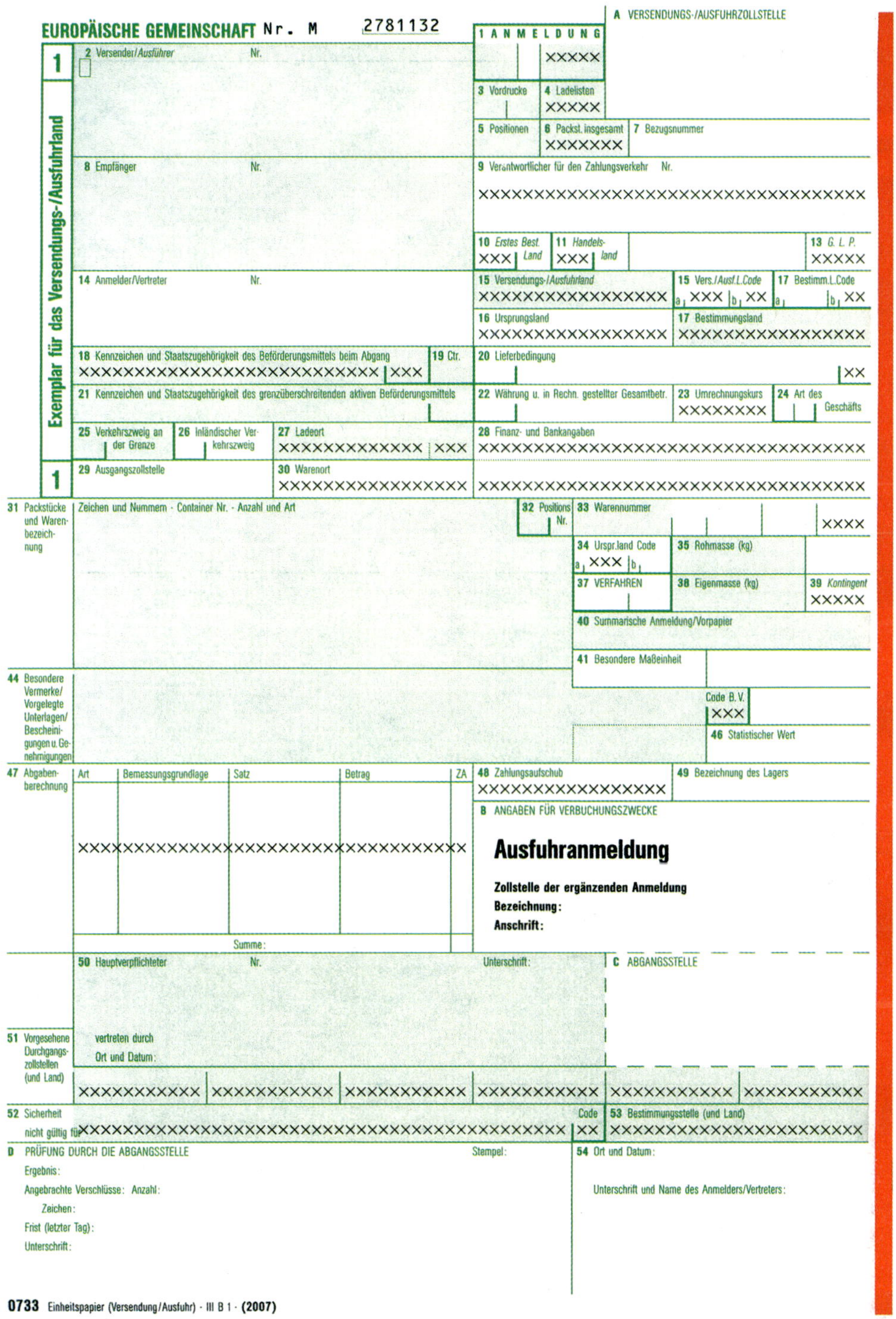

EUROPÄISCHE GEMEINSCHAFT Nr. M 2781132

1 ANMELDUNG XXXXX

A VERSENDUNGS-/AUSFUHRZOLLSTELLE

1 Exemplar für das Versendungs-/Ausfuhrland

2 Versender/*Ausführer* Nr.

3 Vordrucke

4 Ladelisten XXXXX

5 Positionen

6 Packst. insgesamt XXXXXXX

7 Bezugsnummer

8 Empfänger Nr.

9 Verantwortlicher für den Zahlungsverkehr Nr. XXXXXXXXXXXXXXXXXXXXXXXXXXXXXXXXX

10 *Erstes Best. Land* XXX

11 *Handels-land* XXX

13 *G. L. P.* XXXXX

14 Anmelder/Vertreter Nr.

15 Versendungs-/*Ausfuhrland* XXXXXXXXXXXXXXXX

15 Vers./*Ausf.L.Code* a XXX b XX

17 Bestimm.L.Code a b XX

16 Ursprungsland XXXXXXXXXXXXXXXX

17 Bestimmungsland XXXXXXXXXXXXXXXX

18 Kennzeichen und Staatszugehörigkeit des Beförderungsmittels beim Abgang XXXXXXXXXXXXXXXXXXXXXXXXXX XXX

19 Ctr.

20 Lieferbedingung XX

21 Kennzeichen und Staatszugehörigkeit des grenzüberschreitenden aktiven Beförderungsmittels

22 Währung u. in Rechn. gestellter Gesamtbetr.

23 Umrechnungskurs XXXXXXXX

24 Art des Geschäfts

25 Verkehrszweig an der Grenze

26 Inländischer Verkehrszweig

27 Ladeort XXXXXXXXXXXXX XXX

28 Finanz- und Bankangaben XXXXXXXXXXXXXXXXXXXXXXXXXXXXXXXX

29 Ausgangszollstelle

30 Warenort XXXXXXXXXXXXXXXX

XXXXXXXXXXXXXXXXXXXXXXXXXXXXXXXX

31 Packstücke und Warenbezeichnung

Zeichen und Nummern - Container Nr. - Anzahl und Art

32 Positions Nr.

33 Warennummer XXXX

34 Urspr.land Code a XXX b

35 Rohmasse (kg)

37 VERFAHREN

38 Eigenmasse (kg)

39 *Kontingent* XXXXX

40 Summarische Anmeldung/Vorpapier

41 Besondere Maßeinheit

44 Besondere Vermerke/ Vorgelegte Unterlagen/ Bescheinigungen u. Genehmigungen

Code B.V. XXX

46 Statistischer Wert

47 Abgabenberechnung

Art | Bemessungsgrundlage | Satz | Betrag | ZA

XXXXXXXXXXXXXXXXXXXXXXXXXXXXXXXXXXXXXXXXXX

Summe:

48 Zahlungsaufschub XXXXXXXXXXXXXXXXX

49 Bezeichnung des Lagers

B ANGABEN FÜR VERBUCHUNGSZWECKE

Ausfuhranmeldung

Zollstelle der ergänzenden Anmeldung

Bezeichnung:

Anschrift:

50 Hauptverpflichteter Nr. Unterschrift:

vertreten durch

Ort und Datum:

C ABGANGSSTELLE

51 Vorgesehene Durchgangszollstellen (und Land)

XXXXXXXXXX XXXXXXXXXX XXXXXXXXXX XXXXXXXXXX XXXXXXXXXX XXXXXXXXXX

52 Sicherheit nicht gültig für XXXXXXXXXXXXXXXXXXXXXXXXXXXXXXXXXXXXXXXXXX

Code XX

53 Bestimmungsstelle (und Land) XXXXXXXXXXXXXXXXXXXXXX

D PRÜFUNG DURCH DIE ABGANGSSTELLE

Stempel:

Ergebnis:

Angebrachte Verschlüsse: Anzahl:

Zeichen:

Frist (letzter Tag):

Unterschrift:

54 Ort und Datum:

Unterschrift und Name des Anmelders/Vertreters:

0733 Einheitspapier (Versendung/Ausfuhr) - III B 1 - **(2007)**

Einheitspapier

Die Zollstelle gibt anschließend die Ware zur Ausfuhr frei. Bedingung ist, dass die Ware die Europäische Union in dem Zustand verlässt, in dem sie sich zum Zeitpunkt der Zollanmeldung befunden hat.

Abfertigung

2. Schritt des Ausfuhrverfahrens: Abfertigung an der Ausgangszollstelle

Die Ausgangszollstelle prüft anhand einer Kopie der Ausfuhranmeldung, ob die gestellten Waren mit den angemeldeten Waren identisch sind. Das Ergebnis dieser stichprobenartigen **Zollbeschau** wird im **Zollbefund** schriftlich festgehalten.

Um sicherzustellen, dass auch diese geprüfte Ware die Bestimmungszollstelle erreicht, wird die sogenannte Nämlichkeitssicherung durchgeführt. Dabei werden der Behälter oder das Beförderungsmittel mit einer **Zollplombe** zollamtlich verschlossen.

Abschließend überwacht die Ausgangszollstelle, dass die Ware tatsächlich das Zollgebiet der Europäischen Union verlässt. Sie bescheinigt die Kopie Nr. 3 des Einheitspapiers und schickt sie an den Anmelder zurück.

4.3.2 Ausfuhrbeschränkungen und Ausfuhrverbote

Die meisten Güter, die die Bundesrepublik Deutschland in andere Staaten ausführt, unterliegen keinen Beschränkungen. In diesem Zusammenhang spricht man von „freier Warenausfuhr". Bestimmte Güter dürfen aber nur mit Erlaubnis der zuständigen Behörden oder überhaupt nicht ins Ausland befördert werden.

Gründe für Einschränkungen des freien Warenverkehrs

- Zwischenstaatliche Vereinbarungen müssen eingehalten werden: Manchmal erlässt die UNO ein sogenanntes Embargo gegen ein Land.

Definition

Ein **Embargo** ist eine Zwangsmaßnahme gegen ein Land. Es soll bewirken, dass dieses Land bestimmte Dinge unterlässt bzw. tut.

Embargo

Wird ein Embargo verhängt, dann dürfen Waren meist nicht oder nur mit Genehmigung geliefert werden.

- Die eigene Sicherheit muss geschützt werden.

  Beispiele
  Ausfuhr von Kriegsgerät, Waffen usw.

- Die inländische Versorgung muss sichergestellt werden.

  Beispiel
  Versorgung mit lebenswichtigen Gütern

- Die eigene Wirtschaft muss geschützt werden.

  Beispiel
  Schutz vor Industriespionage

Genehmigungspflicht

Für bestimmte Güter gelten Vorschriften, die regeln, in welchem Umfang, wann und wohin sie befördert werden dürfen. Eine Erlaubnis des Bundesamts für Ausfuhr muss eingeholt werden, bevor sie exportiert werden dürfen.

Beispiele
Güter aus dem Rüstungssektor, aber auch z. B. Anlagen, die dem Bau von Waffen dienen können, fallen zum Teil unter die Genehmigungspflicht. Außerdem unterliegen bestimmte landwirtschaftliche Erzeugnisse der Genehmigungspflicht. Es ist wichtig, dass sie gewisse Qualitätsnormen erfüllen. Daher müssen sie kontrolliert werden.

In bestimmte Länder (nach Länderlisten) dürfen Güter nur mit Genehmigung exportiert werden.

Ausfuhrverbote

Ausfuhrverbote basieren meist auf Total- oder Teilembargos der UNO.
Vor allem in solche Länder, die den Weltfrieden stören, in denen Bürgerkrieg herrscht oder die den Demokratisierungsprozess im eigenen Land behindern, ist die Ausfuhr vieler (zum Teil auch lebenswichtiger) Güter und Medikamente verboten.
Vor allem Kriegswaffen, Munition und Ähnliches unterliegen einem strengen Ausfuhrverbot.

*Suchen Sie im Internet nach der sogenannten **Außenwirtschaftsverordnung**. Dort erfahren Sie weitere Einzelheiten zum Thema „Exportkontrolle".*

4.4 Außenhandelsstatistik

Die „Verordnung (EWG) Nr. 3330/91 über die Statistiken des Warenverkehrs zwischen den Mitgliedstaaten" bestimmt, dass

- der Handel zwischen den Mitgliedsstaaten,
- die Durchfuhr durch die Mitgliedsstaaten und
- der Lagerverkehr in den Mitgliedsstaaten

statistisch erfasst werden muss.

Dazu muss sich jede auskunftspflichtige natürliche oder juristische Person direkt beim **permanenten statistischen Erhebungssystem (INTRASTAT)** anmelden. Für Deutschland wird dieses Erhebungssystem beim Statistischen Bundesamt geführt.

Auskunftspflichtige sind grundsätzlich aber nur dann zu einer statistischen Meldung verpflichtet, wenn der Wert ihrer im **Intrahandel** getätigten Versendungen in andere Mitgliedsstaaten der Europäischen Union 400 000,00 EUR überschreitet.

Berichtszeitraum für die Intrahandelsstatistik ist der Kalendermonat. Es sind aber auch kürzere Zeitabschnitte möglich.

Das Statistische Bundesamt hält im Internet die Intrastat-Ausfüllanleitung bereit und stellt ein Beispiel dar.

EUROPÄISCHE GEMEINSCHAFT **VORDRUCK N**

Versendung X

INTRASTAT

1 Steuernummer aus der USt.-Voranmeldung	Zusatz	Bundesl. FA
2 4 6 8 1 0 1 2 2 4		0 6

Auskunftspflichtiger (Name und Anschrift)

Maschinenfabrik Schmidt-Schulze GmbH
An der Fuldaschleuse 11 - 15
34125 Kassel

2 Monat: 0 2 — Jahr: 0 7 — 3

4 Drittanmelder (Name und Anschrift)

Eurosped GmbH, Internationale Spedition
Waldauer Wiesen 28 - 30
34123 Kassel

5

– Statistische Meldung –

An das Statistische Bundesamt
Außenhandelsstatistik
D-65180 Wiesbaden

6 Warenbezeichnung	7 Pos.-Nr.	8 Best.-Land (a)	Urspr.-Reg. (b)	9	10 Art d. Gesch.	11	12	13 Warennummer	14	15	16 Eigenmasse in vollen kg	17 Menge in der Besonderen Maßeinheit	18 Rechnungsbetrag in vollen Euro	19 Statistischer Wert in vollen Euro
Siebdruckmaschinen zum Bedrucken von Spinnstoffen	1	A T	0 6		1 1			8 4 4 3 5 9 2 0			1 2 4 0	1	4 6 2 5 0	
Farbwalzenwerk für Flexodruckmaschinen	2	D K	0 6		1 1			8 4 4 3 9 0 9 0			1 4 0		9 8 0	
...	0 3													
...	0 4													

Erläuterungen:
Feld 8a: Bestimmungsmitgliedstaat
8b: Ursprungsregion (Bundesland)
10: Art des Geschäfts

20 Ort/Datum/Unterschrift des Auskunftspflichtigen/Drittanmelders
Kassel, den 5. März 20..
Susanne Altpeter, Versand

StBA - 92/5

NV 2002

4.5 Dokumente im internationalen Versand

Außer der Zollanmeldung sowie Einfuhrgenehmigungen, Ausfuhrgenehmigungen oder Präferenznachweisen (Zollvergünstigungen durch Warenverkehrsbescheinigungen) sind oftmals noch weitere Dokumente als Begleitpapiere erforderlich.

Beispiele für weitere Dokumente

- Handelsfaktura
- Ursprungszeugnis
- Gesundheitszeugnis
- Zollinhaltserklärung

Handelsfaktura

Sie ist die Warenausgangsrechnung des Lieferers und soll den Zollpapieren möglichst in mehrfacher Ausfertigung beigelegt werden.

Ursprungszeugnis

Manche Staaten außerhalb der EU verlangen diesen Nachweis für die Herkunft der Ware. Ursprungszeugnisse werden von der Industrie- und Handelskammer am Ursprungsort ausgestellt.

Gesundheitszeugnis

Wenn z. B. lebende Tiere, bestimmte tierische Erzeugnisse oder bestimmte Pflanzen ins Aus- oder ins Inland befördert werden, müssen eventuell Impfungen oder die Freiheit von Erkrankungen nachgewiesen werden.
Fehlt ein solches Gesundheitszeugnis, können Tiere für eine längere Zeit in Quarantäne genommen werden. Sie werden dann in einen abgesonderten Raum gebracht, bis klar ist, dass sie an keinen ansteckenden Krankheiten leiden.

Zollinhaltserklärung

Postpaketen mit zollabgabepflichtigem Inhalt muss dieses Dokument beigelegt werden.

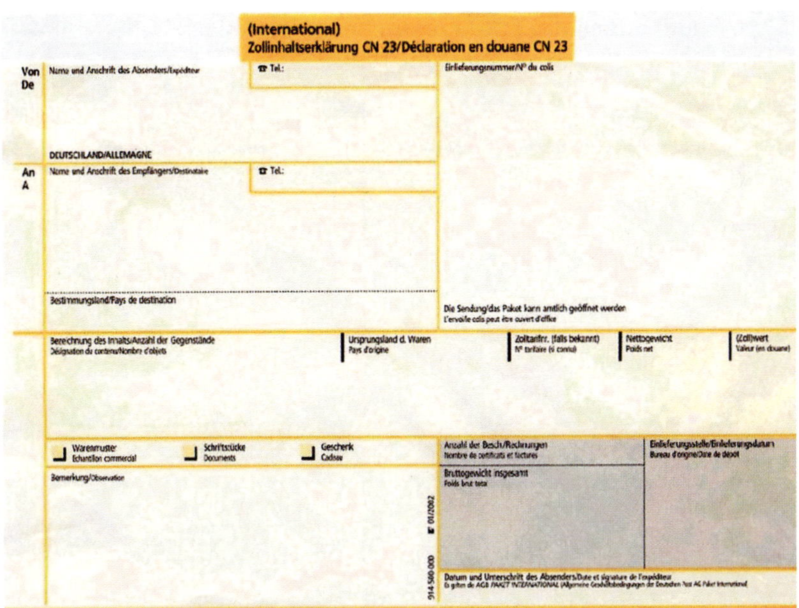

(International)
Zollinhaltserklärung CN 23/Déclaration en douane CN 23

Von / De — Name und Anschrift des Absenders/Expéditeur — ☎ Tel.:
Einlieferungsnummer/N° du colis
DEUTSCHLAND/ALLEMAGNE

An / A — Name und Anschrift des Empfängers/Destinataire — ☎ Tel.:
Bestimmungsland/Pays de destination
Die Sendung/das Paket kann amtlich geöffnet werden / L'envoi/le colis peut être ouvert d'office

Bezeichnung des Inhalts/Anzahl der Gegenstände Désignation du contenu/Nombre d'objets	Ursprungsland d. Waren Pays d'origine	Zolltarifnr. (falls bekannt) N° tarifaire (si connu)	Nettogewicht Poids net	(Zoll)wert Valeur (en douane)

Warenmuster / Echantillon commercial — Schriftstücke / Documents — Geschenk / Cadeau
Anzahl der Besch./Rechnungen / Nombre de certificats et factures
Einlieferungsstelle/Einlieferungsdatum / Bureau d'origine/Date de dépôt
Bemerkung/Observation
Bruttogewicht insgesamt / Poids brut total
914 500 000 01/2002
Datum und Unterschrift des Absenders/Date et signature de l'expéditeur
Es gelten die AGB PAKET INTERNATIONAL (Allgemeine Geschäftsbedingungen der Deutschen Post AG Paket International)

4.6 Carnet-TIR-Verfahren

Die französiche Abkürzung „Carnet-TIR" bedeutet „Carnet Transport International de Marchandises par la Route" – Zollbegleitscheinheft für den internationalen Straßengüterverkehr.

Das Carnet-TIR-Verfahren vereinfacht den grenzüberschreitenden Kraftwagenverkehr zwischen Ländern, die diesem Verfahren angeschlossen sind. Das sind mehr als 60 Mitgliedsstaaten und alle Länder der Europäischen Union.

Vereinfachte Darstellung des Carnet-TIR-Verfahrens

Gesichert wird der Transport von der Abgangszollstelle des Lieferers durch Zollverschluss. Die Beförderung erfolgt innerhalb der EU sowie der EFTA-Staaten im Versandverfahren. Der Lkw kann ohne Umladung und Zollbeschau über die Grenzen gefahren werden. Er wird bei der Bestimmungszollstelle des Empfängers geöffnet. Beim Grenzübertritt muss der Frachtführer lediglich die Wagenpapiere und das Carnet vorzeigen und die Begleitpapiere abstempeln lassen. Kontrolliert wird nur der Zollverschluss (Plombe).

Das Fahrzeug muss vorn und hinten das **TIR-Kennzeichen** tragen (blaues Schild mit weißen Buchstaben). Das Carnet gilt immer nur für eine Fahrt.

In der Bundesrepublik Deutschland erfolgt die Abgabe des Carnet-TIR über

- die Landesorganisationen des Bundesverbandes Güterkraftverkehr, Logistik und Entsorgung (BGL) e. V. in Frankfurt am Main und
- die Arbeitsgemeinschaft zur Förderung und Entwicklung des internationalen Straßenverkehrs (AIST) e. V. in Berlin.

Das **Cargo-Manifest** im Luftverkehr ist dem Carnet-TIR-Verfahren gleichgestellt. Die internationale Zollanmeldung gilt auch im Eisenbahnverkehr, wenn die Verwaltung der Deutschen Bahn AG den Antrag stellt.

Zusammengepackt

- **Zoll**
  - wird erhoben, wenn Waren aus Drittländern importiert werden,
  - wird unterschieden in Wertzoll, Präferenzzoll und spezifischen Zoll,
  - fällt zunächst nicht an, wenn die Güter in Freilager und Freizonen transportiert werden,
  - wird nicht erhoben, wenn die Waren innerhalb der EU befördert werden.
- **Zollpapiere**
  - sind das Einheitspapier sowie
  - Ursprungszeugnisse, Zollinhaltserklärungen, Warenrechnungen des Lieferanten usw.
- **Ein- und Ausfuhr von Waren**
  - können Beschränkungen unterliegen,
  - können verboten sein,
  - werden statistisch erfasst,
  - werden durch das BAG kontrolliert.

Aufgaben

1. *Was versteht man unter „Zoll"?*
2. *Erläutern Sie den Begriff „Zollgrenze" für das Gebiet der Europäischen Union.*
3. *Nennen Sie drei Gründe, warum der internationale Handel überwacht werden sollte.*
4. *Begründen Sie, warum der Gütertransport im grenzüberschreitenden Verkehr dem Zollstraßenzwang unterliegt.*
5. *Warum bildet in der Regel der Wert der Ware die Grundlage für die Berechnung der Zollabgaben?*
6. *Warum wird stichprobenartig eine Zollbeschau durchgeführt?*

5 Touren planen

Einstiegssituation

Der Auszubildende Johannes plant eine private Urlaubsreise in die USA. Interessiert nimmt er zur Kenntnis, dass auch das Unternehmen, in dem er seine Ausbildung macht, zahlreiche Produkte dorthin liefert. „Ja, die Planungen ähneln sich", meint sein Kollege Michael. „Vorab müssen immer zwei Sachverhalte geklärt werden: Wann soll dies geschehen und wie?"

Handlungsaufträge

1. *Überlegen Sie, was mit dem "Wann" gemeint sein könnte.*
2. *Führen Sie diese Überlegungen für das "Wie" weiter.*

In die Sprache der Logistik übertragen, bedeutet das für ein Unternehmen, dass

- das richtige Gut,
- in der richtigen Menge,
- im richtigen Zustand,
- am richtigen Ort,
- zur richtigen Zeit,
- für den richtigen Kunden,
- zu den richtigen Kosten

} Seven-Right-Definition nach Plowman

bereitzustellen ist.

In den folgenden Kapiteln geht es um Informationen, welche die Klärung dieser Fragen beeinflussen.

5.1 Unternehmen als nationale und internationale Handelspartner

Wegen ihrer geografischen Verhältnisse, der meist fehlenden Rohstoffe oder der klimatischen Bedingungen ist die Bundesrepublik Deutschland häufig nicht in der Lage, Güter selbst zu produzieren.

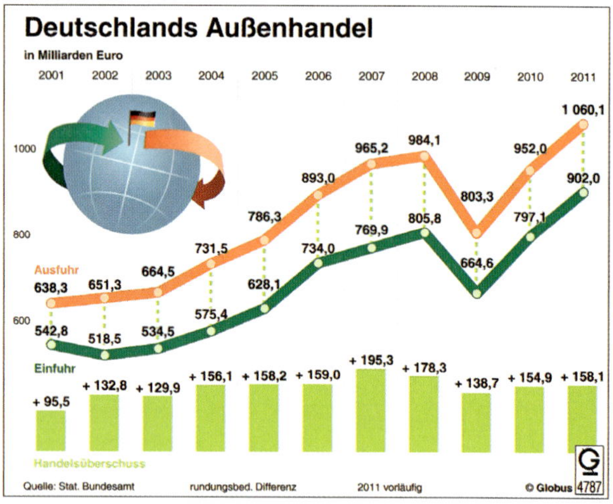

Gründe für internationalen Handel

Beispiel
Bananen können aus klimatischen Gründen in der Bundesrepublik Deutschland nicht angebaut werden. Dies gilt auch für Zitrusfrüchte. So werden diese Früchte importiert, um den Bedarf in der Bundesrepublik Deutschland zu decken.

Erdöl wird eingeführt, um die Haushalte mit Energie zu versorgen und den Industriebetrieben den benötigten Rohstoff in ausreichendem Maße zur Verfügung zu stellen.

Auf der anderen Seite produzieren deutsche Unternehmen qualitativ hochwertige Güter, die in anderen Ländern nachgefragt und dorthin exportiert werden.

Beispiele
Kraftfahrzeuge, optische Geräte, Maschinen unterschiedlicher Art

Gründe für nationalen Handel

Auch innerhalb der Bundesrepublik Deutschland bestehen vielfältige Beziehungen zwischen den Unternehmen.

Beispiel
Ein Stahlwerk im Ruhrgebiet erzeugt aus zugekauftem Eisenerz (z. B. aus Schweden) mit einheimischer Energie (z. B. Kohle aus dem Saarland) Stahl. Dieser Stahl bildet die Grundlage für die Automobilproduktion in Süddeutschland oder die Herstellung von Schiffen an der Nord- oder Ostseeküste.

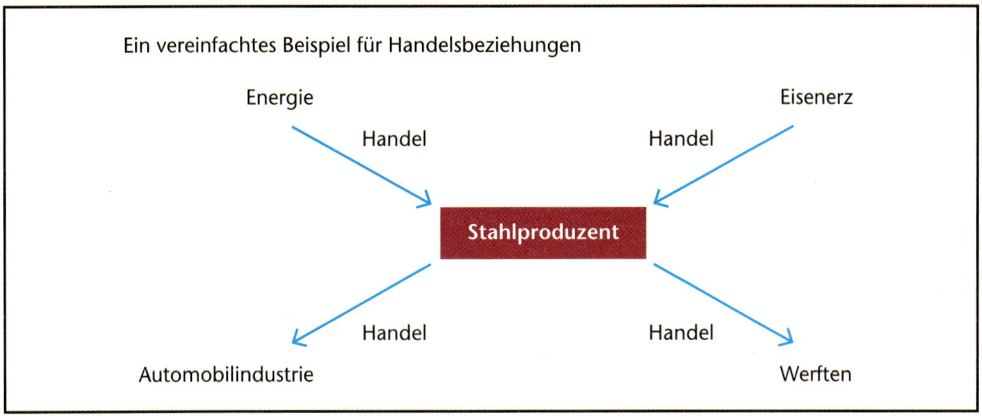

Für den Vertrieb müssen auch Verkehrswege innerhalb Deutschlands und der Europäischen Union erkundet werden. Darüber hinaus muss es aber auch möglich sein, Handelspartner in aller Welt zu beliefern.

> Beispiel
> Wer italienischen Carrara-Marmor kauft, hat den Anspruch auf Lieferung dieser Art von Marmor. Der deutsche Importeur sollte dafür sorgen, dass der Kunde (z. B. in den USA) den gewünschten Artikel auch erhält.

Notwendige Kenntnisse

Zum modernen Wirtschaftsleben gehören eine internationale Arbeitsteilung und der weltweite Handel mit Gütern und Dienstleistungen. Die **Globalisierung** der Wirtschaft hat zur Folge, dass auch die Mitarbeiter im Lagerbereich eines Unternehmens Kenntnisse benötigen über die

- Planung von Transporten,
- Durchführung von Transporten und
- rechtliche Bestimmungen.

5.2 Geografisches Grundwissen

Um weltweite Transporte planen und durchführen zu können, ist es notwendig, sich mit grundlegenden geografischen Sachverhalten zu befassen.

5.2.1 Die Erde

Notwendige Kenntnisse

Die Erde kann man sich wie eine Kugel vorstellen. Sie ist nur am Nord- und Südpol leicht abgeflacht. Jeden Tag dreht sie sich einmal in West-Ost-Richtung um die eigene Achse. Dabei ist die Erdachse um etwa 23,5 Grad gegenüber der Umlaufbahn der Sonne geneigt.

Etwas mehr als 365 Tage braucht die Erde, um auf einer ellipsenförmigen Bahn die Sonne zu umrunden. Dieses „etwas mehr“ macht es notwendig, alle vier Jahre im sogenannten **Schaltjahr** einen zusätzlichen Tag, den 29. Februar, in den Kalender einzufügen.

Seit Jahrhunderten werden zum Zwecke der Positions- und Zeitbestimmung Koordinatensysteme verwendet. Die Erdoberfläche wird dabei mit einem (gedachten) **Gradnetz** überzogen: Dieses besteht aus Längen- und Breitenkreisen. Dieses Gradnetz ermöglicht z. B. die Navigation (hier: Orientierung) auf See oder aber auch die moderne Routenplanung per **GPS** (Global Positioning System).

Längenkreise (Meridiane)

1883 wurde in Rom festgelegt, dass der **Nullmeridian** durch die Sternwarte im englischen Greenwich bei London verlaufen soll. Die Datumsgrenze würde dann durch den Pazifik verlaufen, also durch ein fast unbewohntes Gebiet – so lautete die Begründung.
Die Längenkreise verlaufen von Pol zu Pol. Die 180 nach Westen verlaufenden werden „westliche Längen“ (abgekürzt: w. L.), die 180 nach Osten verlaufenden „östliche Längen“ (abgekürzt: ö. L.) genannt. Im Pazifik fallen der 180. Längenkreis westlicher und der 180. Längenkreis östlicher Länge zusammen.

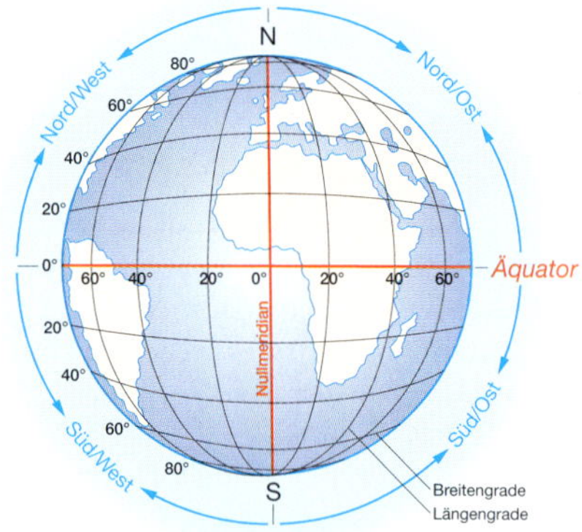

Breitenkreise

Die Breitenkreise verlaufen parallel zum Äquator nach Norden und Süden in gleichen Abständen (etwa 111 km). Vom Äquator ausgehend werden sie jeweils bis 90 gezählt. Die vom Äquator aus gesehen zum Nordpol hin verlaufenden Breitenkreise werden „nördliche Breiten“ (abgekürzt: n. Br.) genannt. Bei den zum Südpol hin verlaufenden Breitenkreisen spricht man von „südlichen Breiten“ (abgekürzt: s. Br.).

Definition

1 Grad entspricht 60 Winkelminuten entspricht 3 600 Winkelsekunden
Geschrieben: 1° entspricht 60′ entspricht 3 600″.

Beispiel
Das Berliner Reichstagsgebäude liegt auf folgendem Punkt der Erde:
52° 31' 7 146" N, 13° 22" 29 689" O (oder auch „E“ für „East“)
In dezimaler Schreibweise, die häufig für GPS-Systeme benötigt wird, lautet die Angabe
52.51865 N, 13.37491 O (E).

In Band 2 des Basiswissens erfahren Sie mehr über die Umrechnung nicht dezimaler Einheiten in dezimale Einheiten und umgekehrt.

5.2.2 Die Zeitzonen

Die Erde dreht sich pro Tag einmal um die eigene Achse, oder anders ausgedrückt: Eine vollständige Drehung um 360° erfolgt in 24 Stunden.

Daraus folgt:
Alle 15 Grad Länge ändert sich die Uhrzeit um eine Stunde (360°: 24 Stunden). Jedes veränderte Grad Länge würde deshalb eine Veränderung der Uhrzeit um 4 Minuten bedeuten (60 Minuten: 15°).

Warum gibt es Zeitzonen?

Die Ausdehnung Deutschlands in West-Ost-Richtung erstreckt sich von gerundet 6° O bis 15° O, also neun Längengrade. An der östlichen Grenze bei 15° O ist es somit immer 36 Minuten später als an der westlichen Grenze bei 6° O (9 × 4 Minuten).

Würde in der Praxis mit diesen Ortszeiten verfahren, wäre ein nationales sowie internationales Chaos vorprogrammiert. Seit 1925 gilt die mittlere Zeit von Greenwich **GMT (Greenwich Mean Time)** auf dem Nullmeridian als Weltzeit. Sie wird heute als **UTC (Universal Time Coordinated)** bezeichnet.

Universal Time Coordinated

Die Erde wird dabei in 24 grundsätzliche Zeitzonen unterteilt; die Längenkreise 0, 15, 30, 45 usw. bis 180 liegen in der Mitte der Zeitzonen.

Um in manchen Ländern unterschiedliche Zeitzonen zu vermeiden, wurden die Grenzen der Zeitzonen nicht exakt an den Längengraden ausgerichtet.

In Europa gibt es drei Zeitzonen:
- die Westeuropäische Zeit (WEZ), die der UTC entspricht,
- die Mitteleuropäische Zeit (MEZ) und die
- Osteuropäische Zeit (OEZ).

Unter www.zeitzonen.de erhalten Sie zahlreiche nützliche Informationen über die Zeitzonen. Auch Amüsantes zum Thema ist im Internet zu finden.

Wenn es in Mitteleuropa 12:00 Uhr (MEZ) ist, ist es in ...

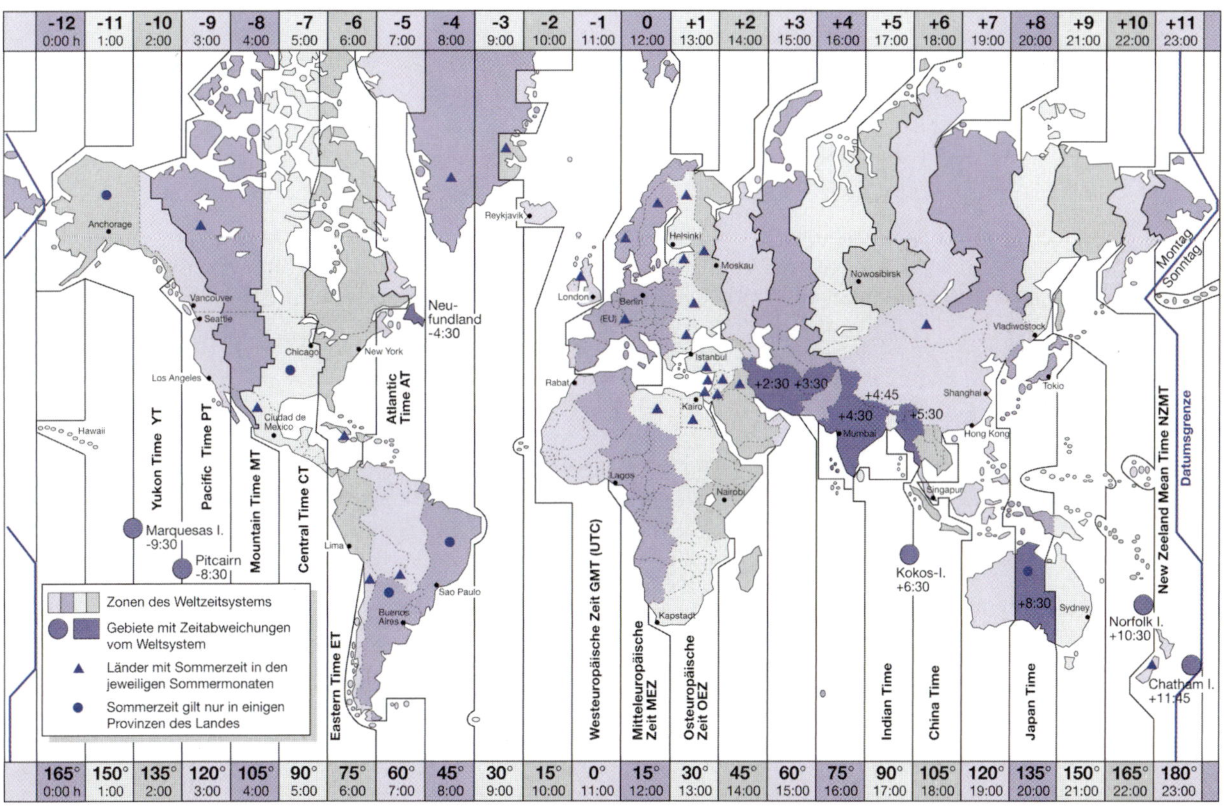

5.2.3 Die Datumsgrenze

Wie bereits erwähnt liegen 180° ö. L. und 180° w. L. im Pazifischen Ozean auf einer Linie: Hier verläuft in etwa auch die Datumsgrenze. Damit es in einzelnen Ländern kein unterschiedliches Datum gibt, verläuft die Datumsgrenze nicht genau entlang des 180. Längengrades.

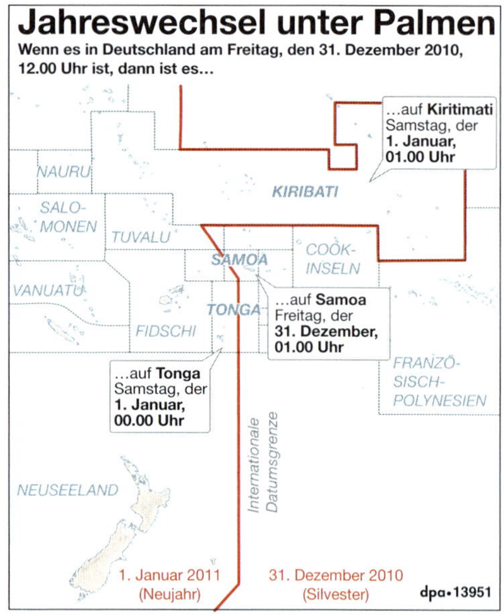

Die Datumsgrenze ist eine gedachte Linie auf der Erde.

Wird die Datumsgrenze von West nach Ost überschritten, so muss man das Datum um einen Tag zurückstellen und „gewinnt" also einen Tag. Wer die Datumsgrenze von Ost nach West überschreitet, muss das Datum um einen Tag nach vorn stellen und „verliert" auf diese Weise einen Tag.

Wann ist es wichtig, die Datumsgrenze zu kennen und zu berücksichtigen? Dies kann bei der Planung von Konferenzen, beim Luftfrachttransport über die Datumsgrenze hinweg oder auch bei einer privaten Fernreise (vgl. die Einstiegssituation) der Fall sein.

Merkspruch zur Datumsgrenze:

Von Ost nach West halt das Datum fest; von West nach Ost lass das Datum los.

5.2.4 Kartenmaterial

Wer eine Route im Land-, See- und Luftverkehr planen möchte, benötigt entsprechendes Kartenmaterial.

Je nach Einsatzgebiet können Karten in folgende Gruppen eingeteilt werden:

- **Topografische Karten** (Landkarten): Abgebildet werden Geländeformen und sichtbare Details der Erdoberfläche, z. B. Berge, Gewässer, Straßen, Bahnlinien, Städte usw.
- **Thematische Karten** (angewandte Karten): Diese Karten haben ein bestimmtes Thema.

> Beispiele
> Straßenkarten, Karten zu den Binnenwasserstraßen, Karten über die Bevölkerungsdichte, Bodenkarten

Bei allen Karten zeigt der obere Rand immer nach Norden. Außerdem ist immer ein **Maßstab** angegeben. Dieser gibt Aufschluss über das Verhältnis einer Länge auf der Karte zu ihrer Entsprechung in der Natur.

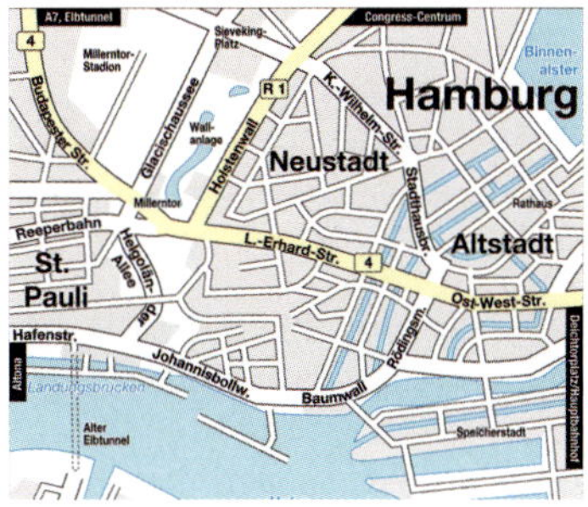

Thematische Karte

> Beispiel
>
> Ein Maßstab von **1 : 25 000** (häufig bei Wanderkarten) bedeutet:
>
> **1 cm auf der Karte entspricht 25 000 cm (oder 250 m) in der Wirklichkeit.**

Topografische Karte

Oft wird eine Karte durch eine sogenannte **Legende** erläutert. Die Legende zeigt, welche Symbole verwendet werden (z. B. für Autobahnen, Bundesstraßen, Bahnlinien). Sie gibt außerdem darüber Aufschluss, welche Bedeutung bestimmte Farben haben.

Mittlerweile sind viele Fahrzeuge mit Navigationssystemen ausgerüstet. **Digitale Karten** werden immer häufiger eingesetzt. So werden die zuvor gedruckten Karten auf elektronischen Datenträgern gespeichert und zur Tourenplanung verwendet. Satelliten ermöglichen dem GPS Positionsbestimmungen bis auf etwa 10 m Genauigkeit.

Unter www.kowoma.de finden Sie zahlreiche Informationen rund um GPS.

5.2.5 Europa

Der Kontinent Europa erstreckt sich auf etwa 10,5 Millionen Quadratkilometern von der Küste des Atlantischen Ozeans im Westen bis zum Uralgebirge und dem Fluss Ural im Osten. In der Nord-Süd-Richtung reicht Europa von der Halbinsel Nordkinn in Norwegen bis zum Mittelmeer. Europa erstreckt sich über vier Zeitzonen von UTC bis UTC + 3.

Mit über 700 Millionen Menschen gehört Europa zu den dichtbesiedelten Regionen der Erde (durchschnittlich 65 Bewohner je Quadratkilometer). 46 Staaten liegen mit ihrem Staatsgebiet oder zumindest Teilen davon in Europa.

Die **Europäische Union**, abgekürzt **EU**, ist das wirtschaftliche Kernstück des Kontinents. Der EU gehören 27 Staaten an, wobei das Mitgliedsland Zypern allerdings geografisch in Asien liegt. Gemeinsam mit der Europäischen Freihandelszone **EFTA (European Free Trade Association)** bildet die EU mit Ausnahme der Schweiz den **Europäischen Wirtschaftsraum (EWR)**.

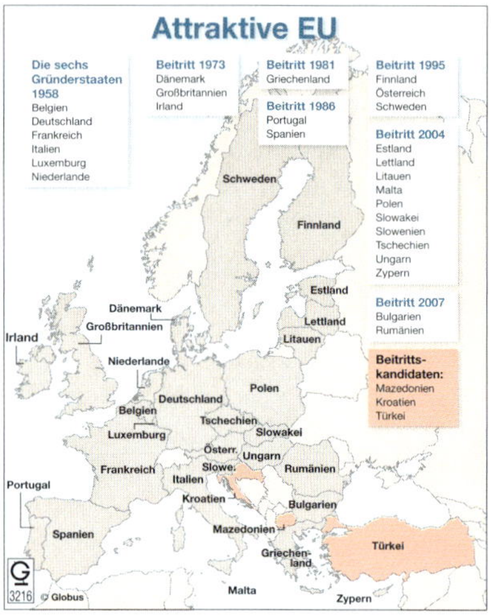

5.2.6 Deutschland

Die Bundesrepublik Deutschland nimmt in Europa eine zentrale Lage ein. Sie liegt zwischen 47° n. Br. und 55° n. Br. bzw. 6° ö. L. und 15° ö. L. Deutschland hat ungefähr 82 Millionen Einwohner. Diese leben auf 357 000 Quadratkilometern Fläche. Dies entspricht einer Bevölkerungsdichte von 260 Einwohnern je Quadratkilometer.

Die Bundesrepublik Deutschland umfasst 16 Bundesländer. Hauptstadt ist Berlin mit ca. 3,5 Millionen Einwohnern. Die gültige Zeitzone ist UTC + 1 und UTC + 2 (von März bis Oktober).

Geografische Lage

Die Bundesrepublik Deutschland liegt zentral in Mitteleuropa. Ihre geografische Lage macht sie zu einem wichtigen Transitland.

5.3 Bedeutende Wirtschaftszentren in Deutschland, in Europa und in der Welt

Wirtschaftszentren sind Orte oder auch Gebiete, die einen besonders hohen Beitrag zur Erzielung des Volkseinkommens leisten. Sie sind häufig dadurch gekennzeichnet, dass

- viele Erwerbstätige,
- oft in einer Branche,
- an einem Ort oder in einer Region,
- mit den gleichen Arbeitsaufgaben betraut werden
- und die notwendige Infrastruktur (z. B. Anbindung an Verkehrsträger und Verkehrswege, Schulen, Kindergärten, Ärzte, Krankenhäuser, Freizeiteinrichtungen usw.) in ausreichendem Maße zur Verfügung steht.

Für den Begriff „Wirtschaftszentrum" gibt es keine allgemein anerkannte Definition. Daher werden im Folgenden einige Gebiete in Deutschland vorgestellt, die oben genannte Kriterien erfüllen.

5.3.1 Bedeutende Wirtschaftszentren in Deutschland

Deutschland liegt im Zentrum der Europäischen Union. Mehr als 850 km Nord-Süd-Ausdehnung (gemessen von Sylt bis Oberstdorf) und mehr als 600 km West-Ost-Ausdehnung (gemessen von Aachen bis Görlitz) führen dazu, dass der Bundesrepublik Deutschland eine herausragende Rolle in Bezug auf Verkehrsverbindungen zu anderen europäischen Wirtschaftszentren zukommt.

Luftverkehrslinien in Europa

Ballungsgebiet Berlin

Nach der Wiedervereinigung ist die Bundeshauptstadt für das Verkehrswesen immer wichtiger geworden.

Durch Berlin führen zwei **große europäische Achsen des Straßenverkehrs**:
- zum einen die Strecke von Stockholm–Prag–Wien–Budapest in Nord-Süd-Richtung und
- zum anderen in West-Ost-Richtung die Strecke Paris–Warschau–Moskau.

Doch Berlin ist auch ein zentraler **Eisenbahnknotenpunkt**. Hier gibt es spezielle Güterbahnhöfe (z. B. für den Containerumschlag), mit denen viele internationale Linien bedient werden können.

Auch im **Binnenschiffsverkehr** ist Berlin ein wichtiger Verkehrsknotenpunkt. Die Flüsse Havel und Spree sind wichtige Zubringer zu den Kanälen, die die Verbindung zu den Flüssen Elbe und Oder und damit zu den Seehäfen herstellen.

Im Ballungsgebiet Berlin gibt es für die Beförderung per Flugzeug zwei **Flughäfen**: Berlin-Schönefeld und Berlin-Tegel.
Nach mehrmaliger Verschiebung ist geplant, den Zentralflughafen Schönefeld als „Berlin Brandenburg International“ im Jahr 2013 zu eröffnen.

Großraum Hamburg

Hamburg ist ein wichtiges **Dienstleistungs- und Verwaltungszentrum**.

Der Hamburger **Hafen** mit seinen speziellen Arbeitsplätzen ist allerdings nach wie vor von wirtschaftlicher Bedeutung: Hier werden nicht nur Dienstleistungen rund um den Seetransport geboten. So sind in den Industriebetrieben, die Produkte zur Versorgung der Seeschifffahrt herstellen (z. B. Maschinen, Aluminium, Chemieprodukte), mehr Mitarbeiter beschäftigt als mit der eigentlichen Hafenarbeit.

Lufthansa Technik auf dem Flughafen Fuhlsbüttel

Hamburg ist für den **Straßen- und Schienenverkehr** der wichtigsten Knotenpunkt im Norden. Dies hat zur Folge, dass sich dieser Knoten häufig zu einem „Nadelöhr“ entwickelt, sodass es zu Staus und Verkehrsbehinderungen kommt.

Für Transporte per Flugzeug steht der Flughafen Fuhlsbüttel zur Verfügung, auf dem sich auch die **Lufthansa-Werft** befindet.

Raum Bremen

Ähnlich wie in Hamburg spielen in Bremen die **Bremischen Häfen** eine sehr große Rolle. Dies ist sowohl im Binnenschifffahrts- als auch im Seeschifffahrtsverkehr der Fall. In der Regel beschränken sich die Aufgaben auf den Dienstleistungsbereich, wie z. B. den Handel mit importierten Gütern.

Im Raum Bremen sind leistungsfähige Eisenbahn- und Straßenverbindungen ebenso vorhanden wie die Möglichkeit, Waren per Luftfracht zu versenden.

Bremer Hafenanlage

Ruhrgebiet

Das Ruhrgebiet ist die bekannteste **Region der Schwerindustrie** (Kohle, Eisen, Stahl) in Deutschland. Seit Beginn der Kohlekrise in den 1960er-Jahren ist das Ruhrgebiet allerdings mittlerweile von einem Strukturwandel geprägt. Viele Arbeitsplätze in der Industrie sind weggefallen.

Das Ruhrgebiet umfasst elf Großstädte. Die Ruhrregion zeichnet sich durch ihre sehr gute Verkehrsanbindung an Autobahnen, das Schienennetz und vor allem Binnenwasserstraßen aus.

Duisburger Binnenhafen

Über den Rheinhafen **Duisburg-Ruhrort**, einem der größten in Europa, ist das Ruhrgebiet mit der internationalen Binnenschifffahrt und damit auch der Seeschifffahrt verbunden.

Kleinere und größere Flughäfen ergänzen die sehr gute Verkehrsinfrastruktur. Hierdurch wird der Wandel des Ruhrgebiets zur Dienstleistungsregion unterstützt.

Rheinschiene

Südlich des Ruhrgebiets hat sich ein Wirtschaftsraum entwickelt, der sich durch einen hohen Anteil von Dienstleistungsunternehmen auszeichnet. Hochmoderne Industriebetriebe siedelten sich hier ebenfalls an.

Entlang des **Rheins** als bedeutendem **Schifffahrtsweg** finden sich Autobahnen und Schienennetze, die den Umschlag von Gütern ermöglichen.

In Köln Eifeltor, dem größten Container-Umschlagbahnhof Deutschlands, werden etwa 250 Güterzüge pro Tag abgefertigt, was einem Umschlag von ca. 350 000 t pro Jahr entspricht.

Umschlagbahnhof Köln Eifeltor

Für die Luftfracht stehen die **Flughäfen Düsseldorf** und **Köln/Bonn** zur Verfügung.

Wirtschaftsraum Rhein-Main

In **Frankfurt am Main**, der Metropole dieses Wirtschaftsraums, finden sich viele **Hauptsitze von Banken, Handels- und Industriebetrieben**. Ungefähr 40 % der Beschäftigten im Bundesland Hessen arbeiten in der Verwaltung.

Der **Rhein-Main-Flughafen (FRAPORT)** ist der größte Arbeitgeber im Wirtschaftsraum Rhein-Main. Sowohl nach Passagierzahlen als auch nach Frachtaufkommen ist er bislang der bedeutendste Flughafen Deutschlands.

Frankfurt am Main - auch „Mainhattan" genannt

Die Region Rhein-Main ist ein Zentrum der Wirtschaft und des Verkehrs in Deutschland. Gründe hierfür sind ihre zentrale Lage in Europa, die sehr guten Verkehrsanbindungen über Straße und Schiene, kurze Verbindungswege zu den Binnenhäfen an Rhein und Main und der Flughafen.

Rhein-Neckar-Dreieck

Die Städte **Ludwigshafen, Heidelberg** und **Mannheim** grenzen regional ein Gebiet ab, in dem das **Speditions- und Transportgewerbe** von besonderer Bedeutung ist. Das Rhein-Neckar-Dreieck ist das wichtigste Güterumschlag- und Logistikzentrum im süddeutschen Raum.
Die Flüsse Rhein, Neckar und Main als Wasserstraßen, der Anschluss an Autobahnen in Nord-Süd- bzw. West-Ost-Richtung und eine gute Anbindung an das Schienennetz zum Transport mit der Eisenbahn sind die Vorteile dieser Region.

Saargebiet

Ein weiterer Standort der deutschen Schwergüterindustrie ist das Saargebiet.

Das Saargebiet ist aufgrund seiner westlichen Randlage für den **Transitverkehr** (das „Durchleiten" von Ex- und Importen) von großer Bedeutung. Dabei ist der Saarkanal neben den Eisenbahnverbindungen der wichtigste Verkehrsweg.

Die Straßenanbindung ist geprägt durch die West-Ost-Achse A6 von Paris über Saarbrücken nach Ludwigshafen/Mannheim.

Gebiet „Mittlerer Neckar"

Vor allem wegen der Herstellung hochwertiger Produkte (z. B. Kfz, Maschinen, Elektroartikel) ist dieser Raum sehr stark auf den **Export** angewiesen. Daher sind sowohl das Schienen- als auch das Straßennetz gut ausgebaut.

Allerdings kommt es wegen der vielen Einwohner und der landschaftlichen Gegebenheiten (Hügellandschaft) immer wieder zu Verkehrsbehinderungen. Diese treten vor allem um Stuttgart auf.

Der **Neckar** kann als Binnenwasserstraße den Verkehr auf Schiene und Straße entlasten.

Nürnberg-Fürth-Erlangen

Vor allem in Bezug auf die **osteuropäischen Staaten** hat dieses zweitwichtigste bayerische Wirtschaftszentrum eine herausragende Stellung.

Güter, die sich nicht für den Eisenbahntransport eignen oder nicht über den Main-Donau-Kanal verschifft werden können, werden häufig nach Nürnberg gebracht und dort in die verschiedenen Richtungen verteilt. Grund dafür ist die zentrale Lage Nürnbergs im deutschen Autobahnnetz.

München und Umland

Dieses Gebiet ist die Drehscheibe für den Verkehr in die südlichen Nachbarländer (z. B. Österreich, Italien).

Gute Straßenanbindungen, ein leistungsfähiger Rangier- und Umschlagbahnhof und der Flughafen „Franz-Josef-Strauß" gewährleisten, dass die Millionenstadt München auch zukünftig ein wichtiger Standort für zahlreiche Industrie- und Dienstleistungsbetriebe sein wird.

Nachteilig für den Umweltschutz ist die fehlende Anbindung Münchens an Binnenwasserstraßen: Die Isar, die durch München fließt und in die Donau mündet, ist auf der ganzen Länge nicht schiffbar.

Gebiet Braunschweig/Hannover/Wolfsburg

Autostadt Wolfsburg am Mittellandkanal

In einer überwiegend ländlichen Umgebung ist Hannover als Hauptstadt des Landes Niedersachsen das **Verwaltungs- und Messezentrum** im Norden Deutschlands.

Die Stadt **Wolfsburg** ist als Hauptsitz eines Automobilherstellers an den **Mittellandkanal** angebunden. Dies ermöglicht die wirtschaftliche Lieferung von Rohstoffen, Ersatzteilen usw. über Binnenschiffe.

Im Raum Hannover gibt es ausreichend viele Autobahnen. Auch der Schienenverkehr ist gut entwickelt. Flughäfen, z. B. Hannover-Langenhagen, stehen für Luftfracht zur Verfügung.

Sächsisches Industrierevier

Es gibt Verkehrsverbindungen von und nach Chemnitz, Zwickau und Dresden mittels Schienenverkehr und Straßen. Allerdings sind diese stark belastet.

Die Elbe führt meist nur sehr wenig Wasser. Daher können die Wasserstraßen aus dem Süden, dem Westen und dem Norden Deutschlands sowie aus den östlichen Nachbarstaaten nur selten genutzt werden.

Halle und Leipzig

Beide Städte zusammen bilden einen der größten Eisenbahnknotenpunkte Europas. Außerdem sind sie an internationale Autobahnen angeschlossen.

Ein Anschluss an Binnenwasserstraßen ist nur bedingt bis Halle gegeben.

Der Verkehrsflughafen Leipzig/Halle ist zum DHL-Luftkreuz ausgebaut worden, wodurch er zu einem wichtigen Luftfrachtknoten in Deutschland wurde.

Flughafen Leipzig, DHL-Luftkreuz

5.3.2 Wirtschaft in Europa

Mithilfe einer Karte lässt sich die europäische Wirtschaft sehr anschaulich darstellen: Die sogenannte Blaue Banane umschließt die wichtigsten Industrie- und Dienstleistungsstandorte Europas. Ebenfalls darin enthalten sind die meisten Verwaltungsstandorte der Europäischen Union.

Blaue Banane

Von den Industriegebieten Mittelenglands über das deutsche Ruhrgebiet zieht sich die „Blaue Banane" bis zum wirtschaftlich wachsenden Industriedreieck in Oberitalien. Geprägt ist dieser Wirtschaftsraum außerdem durch die hohe Bevölkerungskonzentration: Etwa 40 % der EU-Bürger leben innerhalb dieses Gürtels.

Ausgehend von diesem Wirtschaftsraum ergeben sich vor allem Impulse für die Wirtschaft im Osten Europas.
Im Zuge der EU-Erweiterung verlaufen verschiedene Entwicklungsachsen in Richtung Osten, z. B.

- Berlin–Warschau,
- München–Wien–Budapest oder
- Leipzig–Prag.

Für den Südwesten Europas wurde das Modell des **Sunbelt** entwickelt, auch „Goldene Banane" genannt.
Die Übersetzung dieses Begriffs erklärt den Hintergrund: Das günstige Klima am Mittelmeer von Katalonien über die Provence und Côte d'Azur bis nach Genua in Italien ist nicht nur für die Landwirtschaft ein Standortvorteil. Vielmehr sind auch viele Unternehmen der Hightech-, Luftfahrt- und Elektronikindustrie hier tätig.

Probleme der Konzentration

Diese Konzentrationen in Europa bieten aber nicht nur Vorteile. Kritiker dieser Entwicklung bringen u. a. vor, dass

- in diesen Gebieten die Umwelt höher belastet wird,
- enorme Verkehrsprobleme auftreten,
- Investitionen in die Infrastruktur vorwiegend hier getätigt werden und
- durch die Konzentration ganze Landstriche „ausbluten", wie es z. B. in den neuen Bundesländern in Deutschland schon teilweise der Fall ist.

5.3.3 Wirtschaftszentren weltweit (Auswahl)

Asien

Nach wie vor sind vor allem im Landesinneren weite Teile dieses Kontinents landwirtschaftlich geprägt.

Große **Dienstleistungszentren** haben sich vor allem an den Küsten gebildet. Sie entwickelten sich meist in Verbindung mit Hafenanlagen.

Beispiele
Schanghai, Tokio, Kalkutta, Hongkong

Der **Bergbau** steht in Russland und in anderen Nachfolgestaaten der ehemaligen Sowjetunion im Vordergrund.

Die **Ölvorkommen** in Saudi-Arabien, dem Iran und Irak und in anderen Ländern sind für die Weltwirtschaft von großer Bedeutung.

Amerikanischer Kontinent

Quer über den Kontinent verteilt finden sich **Rohstoffvorkommen** verschiedenster Art. So entstanden auch in entlegenen Gebieten **Industriereviere**. An den Küsten sind oftmals petrochemische Unternehmen und Betriebe, die im Bereich Schwerindustrie produzieren, angesiedelt.

Weitere wichtige Einnahmequellen an den Küsten, aber auch im Hinterland sind
- Landwirtschaft und
- Tourismus.

Australien und Neuseeland

Beide Inseln sind durch Schafzucht und die damit zusammenhängenden Betriebe geprägt. Wertvolle **Bodenschätze** werden im Landesinneren abgebaut.

Beispiele
Kupfer, Gold, Diamanten

Afrika

In Nord- und Südafrika finden sich zahlreiche Bodenschätze. Auch die Ausfuhr von landwirtschaftlichen Produkten, wie z. B. Bananen, spielt eine Rolle.

In Mittelafrika liegt die Wüste Sahara. Die Staaten, auf deren Gebiet sich diese Wüste befindet, können nur durch den Tourismus Einkommensquellen erschließen.

5.4 Verkehrswege innerhalb der Wirtschaftszentren

Je nach Art der zu transportierenden Güter bieten sich verschiedene Verkehrsmittel und damit auch unterschiedliche Verkehrswege an. Auch die örtlichen Gegebenheiten haben Einfluss darauf, wie die Güter zum Empfänger gelangen können.

5.4.1 Verkehrswege innerhalb Europas

Europa ist mit einem dichten Straßen- und Eisenbahnnetz ausgestattet.
Sowohl in Nord-Süd-Richtung als auch in West-Ost-Richtung können fast flächendeckend alle Länder bedient werden. Die wichtigsten Wirtschaftszentren sind in relativ kurzer Zeit erreichbar.

Über Straßen- und Schienennetze werden deshalb etwa 70 % der Gütertransporte abgewickelt.

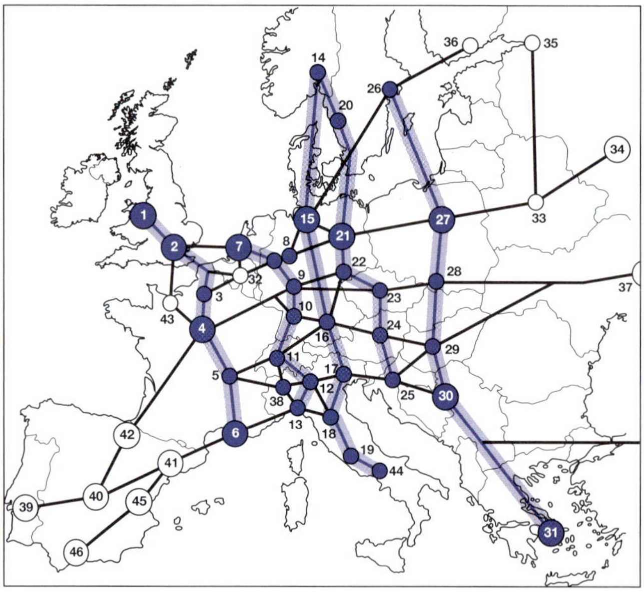

Europäische Nord-Süd-Verkehrsachsen, Wirtschafts- und Verkehrszentren

1 Liverpool/Birmingham
2 Großraum London
3 Lille/Nordfrankreich
4 Großraum Paris
5 Großraum Lyon
6 Hafenkomplex Marseille
7 ARA-Häfen/Randstad (= Ringstadt) Holland
8 Rheinschiene/Ruhrgeb.
9 Rhein-Main-Raum
10 Rhein-Neckar-Raum
11 Basel/Nordschweiz
12 Mailand
13 Seehafen Genua
14 Oslo/Moss
15 Hamburg/Unterelbe
16 Großraum München
17 Verona/Venedig
18 Bologna/Modena
19 Großraum Rom
20 Göteborg
21 Großraum Berlin
22 Dresden/Zwickau
23 Großraum Prag
24 Wien/Linz
25 Ljubljana/Zagreb
26 Großraum Stockholm

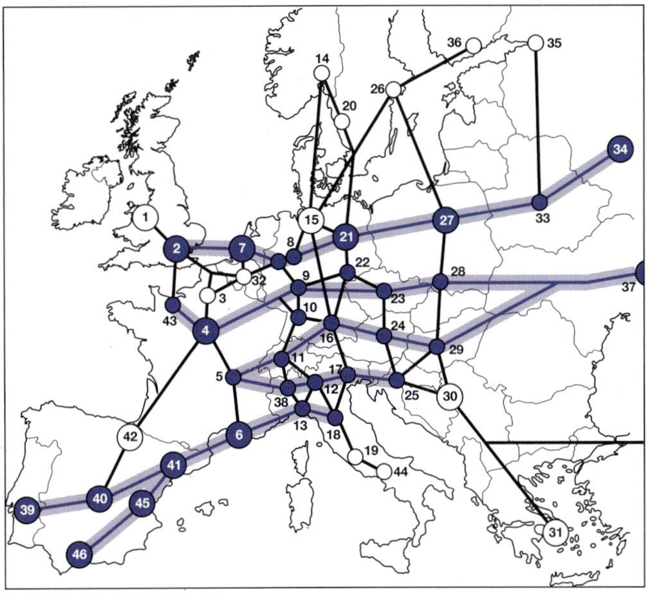

Europäische West-Ost-Verkehrsachsen, Wirtschafts- und Verkehrszentren

27 Warschau/Lodz
28 Kattowitz/Krakau
29 Großraum Budapest
30 Belgrad/Novi Sad
31 Athen/Piräus
32 Brüssel/Nordbelgien
33 Minsk
34 Großraum Moskau
35 St. Petersburg
36 Helsinki
37 Donezbecken
38 Turin
39 Lissabon
40 Großraum Madrid
41 Barcelona
42 Bilbao/San Sebastian
43 Le Havre/Rouen
44 Neapel
45 Valencia
46 Algeciras

Aus geografischen, manchmal aber auch klimatischen Gründen können Güter innerhalb Europas nur mit Einschränkungen mit Schiffen transportiert werden.

In Mittel- und Westeuropa sind die **Wasserstraßen** allerdings so weit ausgebaut, dass es kaum Hindernisse für den Transport gibt. So sind Belgien, die Niederlande, Frankreich, Deutschland, die Tschechische Republik und die Schweiz miteinander verbunden.

Die **Donau** ist der wichtigste Binnenwasserweg in **Südosteuropa**:
Sie entspringt in Deutschland und durchfließt Österreich, die Slowakische Republik und Ungarn. Im weiteren Verlauf bildet sie den Grenzfluss zwischen Kroatien und Serbien, Rumänien und Serbien, Bulgarien und Rumänien, der Ukraine und Moldawien. Der Zugang zum Schwarzen Meer an der Donaumündung begünstigt die Verbindung zum osteuropäischen Raum.

Insbesondere die Nord-Süd-Ausrichtung der großen Flüsse (z. B. Oder, Wolga, Lena) hat den **Osten Europas** geprägt. Transporte in West-Ost-Richtung sind allerdings meist nur über Kanäle möglich. Dennoch werden auf dem Wasserweg fast die gleichen Mengen an Gütern befördert wie auf dem Schienenweg.

Die Binnenwasserstraßen sind sowohl in Südwesteuropa als auch in Nordeuropa nur von untergeordneter Bedeutung. Straßentransport oder der Transport auf Schienen sind nahezu die einzige Möglichkeit, Produkte zu den Wirtschaftszentren zu befördern.

5.4.2 Verkehrswege außerhalb Europas (Auswahl)

Immer stärker müssen Unternehmen sich dem internationalen Wettbewerb stellen. Die Globalisierung der Wirtschaft und die internationale Arbeitsteilung machen es erforderlich, dass Unternehmen ihre Produkte und Dienstleistungen weltweit anbieten.

Daher müssen die Produkte auch **weltweit** an den Empfänger geliefert werden. Hierzu stehen Unternehmen, die sich auf dem europäischen Kontinent befinden, nur zwei Verkehrswege zur Verfügung:

- See- bzw.
- Luftfracht.

Haben die Waren ihre Bestimmungsländer in Asien, Amerika, Afrika und Ozeanien erreicht, so können sie dort wieder mit Lkws oder der Bahn transportiert werden. Auch der Schiffsverkehr ist dann oftmals wieder möglich.

Die **Verkehrsinfrastruktur** ist aber von Land zu Land unterschiedlich gut entwickelt. Zahlreiche Staaten bieten leistungsfähige und vielseitige Transportmöglichkeiten. In anderen finden sich Zustände, die den Transport von Waren manchmal zu einem Abenteuer werden lassen.

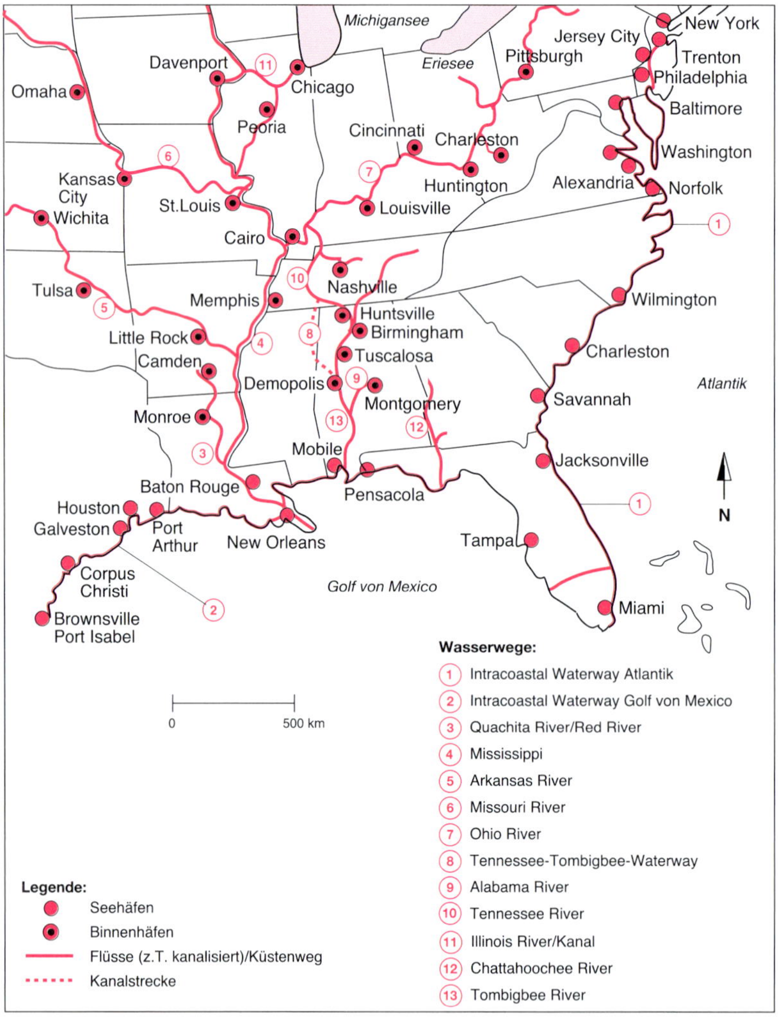

Hauptwasserwege in den Vereinigten Staaten

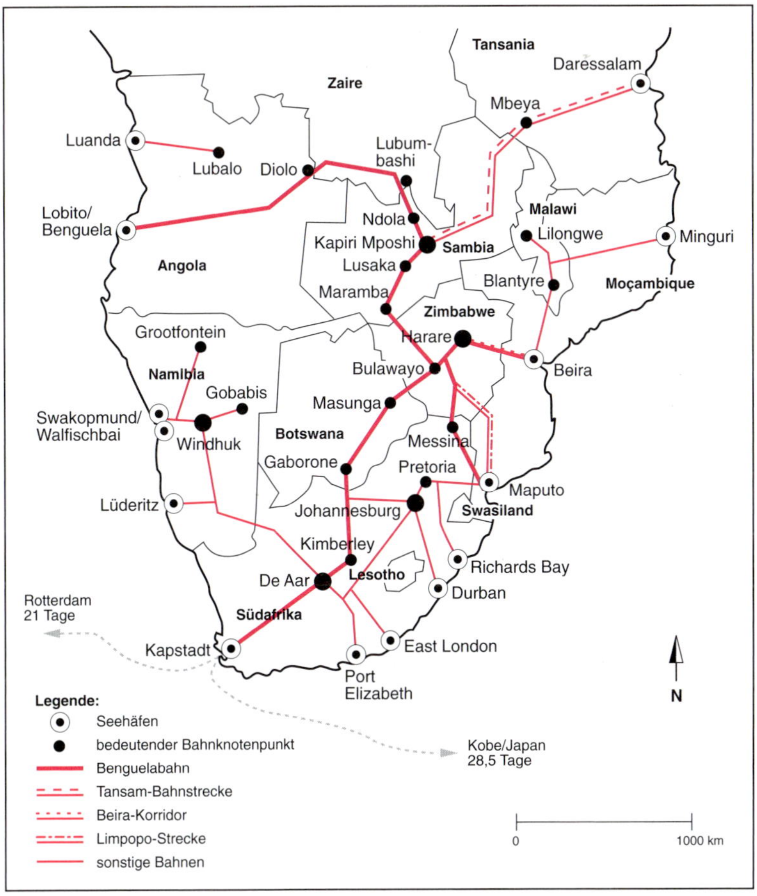

Bedeutende Eisenbahnlinien in Süd-Afrika

5.5 Kriterien für die Wahl der Verkehrsmittel

Eine wesentliche Überlegung beim Transport von Gütern ist die Antwort auf die folgende Frage: Welches Verkehrsmittel oder welche Kombination von Verkehrsmitteln ist geeignet, die Seven-Rights-Definition (vgl. Lernfeld 8, Kap. 5, S. 438) am besten zu erfüllen?

Dabei spielen verschiedene Kriterien eine gewichtige Rolle. Einige davon sollen im Folgenden etwas näher betrachtet werden.

5.5.1 Art des Transportguts

Die Masse, das Gewicht, das Volumen, die Sperrigkeit oder auch die Gefährlichkeit der Versandgüter beeinflussen die Auswahl des Verkehrsmittels.

Gefahrgüter dürfen häufig nur mit Einschränkungen transportiert werden. Entsprechende Gefahrgutverordnungen, regeln,

Gefahrgutverordnung

- welche Produkte als Gefahrgut zu behandeln sind und
- welche Besonderheiten beim Transport beachtet werden müssen (z. B. spezielle Verpackung, besondere Kennzeichnung, Zusammenladeverbote).

Auf verschiedenen Seiten im Internet können Sie sich über die entsprechenden Gefahrgutverordnungen für Straße, Eisenbahn, Binnenschifffahrt und Luftverkehr informieren.

5.5.2 Schnelligkeit des Transports

Der schnellste Transport zwischen Absender und Empfänger ist per Lkw, Bahn und Luftverkehr möglich.

Dabei kann auch der Luftverkehr je nach Art der Güter das geeignetere Verkehrsmittel seim.

> Beispiel
> Transport wertvoller Produkte (z. B. Schmuck)

Bei weniger eilbedürftigen Sendungen oder schweren Gütern bieten sich auch Transporte über Binnenwasserstraßen oder der Seeverkehr an.

Gussteil wird auf ein Schiff verladen

5.5.3 Sicherheit des Transports

Ein weiteres Kriterium für die Wahl eines Verkehrsmittels ist die Sicherheit des Transports. Wichtig ist, dass das Gut seinen Bestimmungsort unbeschädigt und pünktlich erreicht.

> Beispiele
> für mögliche Faktoren, die die Transportsicherheit beeinträchtigen können:
>
> - Erschütterungen beim Lkw-Transport, Verspätungen bei Bahntransporten, Hoch- oder auch Niedrigwasser im Binnenschiffverkehr, Staus auf den Straßen
> - Mögliche Zeitverschiebungen zwischen Kontinenten (aber auch innerhalb von Kontinenten) gefährden die Pünktlichkeit der Lieferung.
> - Diebstahlrisiko: Risiko, dass die Güter oder das ganze Transportmittel samt Ladung gestohlen werden

5.5.4 Kosten der Transportverpackung

Beim Transport der Produkte per Bahn, Lkw oder Binnenschiff werden meist nur geringe Anforderungen an die Verpackung gestellt (Collico, Kiste usw.). Anders ist dies beim Luftfrachtverkehr. Hier sind teilweise Spezialbehälter vorgeschrieben, die die Kosten des Transports beträchtlich erhöhen können.

5.5.5 Kosten des Transports

Letztlich sind die Kosten, die durch den eigentlichen Versand entstehen, entscheidend für die Auswahl des Verkehrsmittels.

KEP-Dienste, DHL, Bahn, die Binnenschifffahrt bzw. die Seeschifffahrt und auch der Luftverkehr bieten häufig Festtarife an.

Diese können sich stark ermäßigen, wenn z. B.
- der Versender regelmäßig eine bestimmte Menge von Aufträgen erteilt,
- bestimmte Gewichte oder Ausmaße je Packstück nicht überschritten werden oder
- bestimmte Strecken regelmäßig bedient werden.

5.5.6 Belastung der Umwelt

Die verschiedenen Verkehrsmittel belasten die Umwelt unterschiedlich stark. Dies verdeutlicht die folgende Abbildung.

Energieverbrauch und Schadstoffemissionen der Güterverkehrsträger im Vergleich

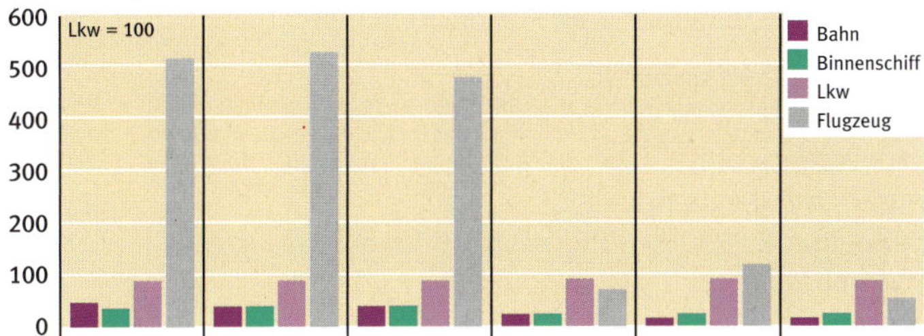

	Primärenergie KJ/tkm	CO_2 g/tkm	CH_4 g/tkm	VOC g/tkm	NO_x g/tkm	CO g/tkm
Bahn	23	20	20	7	6	2
Binnenschiff	20	20	20	9	14	7
Lkw	100	100	100	100	100	100
Flugzeug	547	560	500	73	147	58

KJ = Kilojule
CH_4 = Kohlenwasserstoff
CO_2 = Kohlendioxyd
VOC = flüchtige organische Stoffe (volatile organic chemicals)
NO_x = Stickoxyde
CO = Kohlenmonoxyd

Umweltbelastung durch Verkehrsmittel

Der Verbrauch von Energie, der mögliche Schadstoffausstoß in Luft, Boden und Wasser, die Lärmbelästigung der Umwelt und der Verbrauch der Landschaft durch den Ausbau von Verkehrswegen belasten die Umwelt.

Für viele Versender spielt daher auch eine Rolle, dass zunehmend viele Empfänger von ihren Lieferanten ein umweltbewusstes Verhalten erwarten. Viele Lieferanten stellen sich deshalb einem sogenannten **Auditierungsverfahren**. Dies bescheinigt, dass die Leistungen eines Unternehmens umweltverträglich sind.

Der Paketdienstleister Hermes bietet seinen Kunden die Möglichkeit, die CO_2-Bilanz der eigenen Sendung ermitteln zu lassen. Unter www.hermes-we-do.de können Sie sich hierüber informieren.

Die **Vermeidung von Leerfahrten**, eine verbesserte technische Ausstattung, vor allem von Lkws, und die zunehmende Verlagerung der Transporte auf die Schiene bzw. auf Wasserstraßen sind ökologische (die Umwelt betreffende) Ziele für die Zukunft.

Zusammengepackt

- Internationaler Handel
  Die Bundesrepublik Deutschland ist auf internationalen Handel angewiesen.

  ↓

  Die Unternehmen und deren Mitarbeiter müssen weltweite Transporte planen und durchführen können.

  ↓

  Die Mitarbeiter im Logistikbereich müssen die Güter den Vorschriften entsprechend versenden können.

- Geografie
  - Zur Positionsbestimmung ist die Erde in Längen- und Breitenkreise eingeteilt.
  - Weltweit gibt es 24 Zeitzonen. Für Deutschland gilt die Zeitzone MEZ, was UTC + 1 entspricht.
  - Für internationale Transporte kann die Datumsgrenze von Bedeutung sein.
  - Gedruckte Karten weisen einen Maßstab auf. Damit kann man Entfernungen ermitteln.
  - Deutschland hat eine große Bedeutung als Transitland.

- Merkmale von Wirtschaftszentren sind z. B.
  - hohe Bevölkerungsdichte,
  - meist geringe Arbeitslosenquote,
  - häufig die Konzentration auf eine Branche,
  - Vorhandensein natürlicher Ressourcen (Rohstoffe, Bodenschätze usw.),
  - eine gute Verkehrsanbindung,
  - oft höheres Lohnniveau,
  - Vorhandensein einer ausgeprägten Infrastruktur.

- Die Gestaltung der Verkehrswege (die Verkehrsinfrastruktur) hängt u. a. davon ab,
  - welche natürlichen Verkehrswege genutzt werden können,
  - wie man künstliche Verkehrswege errichten will und finanzieren kann,
  - wie Grund und Boden bearbeitet werden dürfen.

- Die Wahl des Verkehrsmittels wird bestimmt u. a. durch
  - das Gut selbst,
  - die gewünschte Schnelligkeit und Sicherheit des Transports,
  - die Kosten des Transports und der Verpackung und
  - die Umweltbelastung durch den Transport.

Aufgaben

1. *Begründen Sie, warum die Bundesrepublik Deutschland internationalen Handel betreiben muss.*

2. *Bestimmen Sie die Koordinaten des Sitzes Ihres Ausbildungsbetriebs, Ihres Wohnorts oder der nächstgelegenen größeren Stadt. Hilfreich sind Karten oder auch die Adresse www.do-geodaten.nrw.de.*

3. *Erstellen Sie eine Tabelle, in der Sie fünf verschiedene Transportgüter den unterschiedlichen Verkehrsmitteln zuordnen. Begründen Sie Ihre Zuordnung.*

4. *Im Januar sollen 200 t Maschinenteile über die Elbe von Dresden nach Hamburg geliefert werden. Was sollten Sie als Mitarbeiter in dieser Situation bedenken?*

5. *Verfassen Sie eine kurze Stellungnahme zu der folgenden Aussage:*
   „Für mich als Unternehmer ist es völlig ohne Bedeutung, wie die Güter zu meinen Kunden gelangen. Es ist nur wichtig, dass sie rechtzeitig dort ankommen!"

Fachrechnen

1 Wirtschaftsrechnen

Handlungssituation

Ben Lachmann, Auszubildender bei der Spedition und Lagerei Dieter Mott KG in Mannheim, muss während seiner Ausbildung zum Fachlageristen auch gelegentlich in der Lagerverwaltung mitarbeiten.
Gleich zu Beginn seiner neuen Tätigkeit erfährt Ben, dass es für unterschiedliche Aufgabenstellungen im Bereich der Lagerverwaltung verschiedene, jeweils auf das entsprechende Problem ausgerichtete Rechenverfahren gibt.

Handlungsaufträge

1. *Nennen Sie Rechenverfahren, die im Bereich der Lagerverwaltung zur Lösung von Problemen angewandt werden können.*
2. *Finden Sie für diese Rechenverfahren je ein Beispiel.*

Rechenverfahren

Das allgemeine Wirtschaftsrechnen gibt dem Kaufmann Lösungshilfen an die Hand, mit deren Hilfe er einen großen Teil der täglich auftretenden Aufgaben/Rechenoperationen bewältigen/lösen kann. Die zunächst zu behandelnden Rechenverfahren sind:

- **Dreisatz**
- **Prozentrechnung**
- **Flächen- und Körperberechnung**
- **Verteilungsrechnung**
- **Durchschnittsrechnung**

Hinweis: *In die aufgeführten Rechenarten wird jeweils mithilfe einer* ***Musteraufgabe*** *eingeführt, die eine typische Aufgabenstellung dieser Rechenart darstellt. Anschließend wird eine im kaufmännischen Rechnen übliche* ***Musterlösung*** *vorgestellt. Bei den danach aufgeführten* ***Lösungsschritten*** *wird die dargestellte Lösungsmöglichkeit ausführlich erklärt.*

1.1 Der Dreisatz

Die Dreisatzrechnung ist eine der ältesten und wichtigsten Rechenarten des Kaufmanns. Mit ihrer Hilfe lässt sich ein Großteil der übrigen Rechnungen, so z. B. Aufgaben aus der Prozentrechnung, lösen.

Handlungssituation

Heute erhält Ben von seinem Vorgesetzten Herrn Otmar Refior den Auftrag, die voraussichtliche Entladezeit für neun 24-t-Lkw zu berechnen, die für den nächsten Vormittag erwartet werden. Aus seiner bereits gewonnenen Erfahrung weiß er, dass normalerweise zwei Arbeiter pro Vormittag in der Lage sind, drei der 24-t-Lkw zu entladen. Auf seine Frage, wie er die Aufgabe denn lösen soll, erhält er von Herrn Refior nur die Antwort: „Mit dem Dreisatz natürlich!"

Handlungsaufträge

1. *Erklären Sie Ben, wie ein Dreisatz aufgebaut und gelöst wird.*
2. *a Ermitteln Sie, wie viele Arbeitskräfte für den nächsten Vormittag für die Entladung der neun 24-t-Lkw abgestellt werden müssen.*
   b Warum ist die Angabe „24-t-Lkw" in der vorliegenden Aufgabenstellung überflüssig?

1.1.1 Der einfache Dreisatz

Bei der einfachen Dreisatzrechnung müssen immer drei Größen gegeben sein, mit deren Hilfe man die unbekannte vierte Größe ermittelt. Die Errechnung geschieht in drei Schritten („drei Sätzen" = „Drei-Satz-Rechnung"), die im Folgenden dargestellt werden.

1.1.1.1 Der Dreisatz mit geradem Verhältnis

Dreisatz mit geradem Verhältnis

Musteraufgabe

Kupferdrahtrollen mit einer Länge von 30 m kosten 375,00 EUR.

Wie viel EUR kosten 2,30 m?

Kupferdrahtrolle

Musterlösung

30,00 m (b)	–	375,00 EUR (a)	1. Bedingungssatz
2,30 m (c)	–	x EUR	2. Fragesatz
x	=	$\frac{375{,}00 \times 2{,}30}{30{,}00}$	3. Schlusssatz
x	=	$\underline{\underline{28{,}75\ \text{EUR}}}$	

Lösungsschritte

1. Zunächst muss der Satz mit den gegebenen Größen (Bedingungssatz) aufgestellt werden. Dabei ist jedoch darauf zu achten, dass die gesuchte Größe – in vorliegender Aufgabe EUR – rechts steht.
   Hier: 30,00 m – **375,00 EUR**
2. Aufstellen des Fragesatzes. Die gesuchte Größe (EUR) steht ebenfalls rechts.
   Hier: 2,30 m – x **EUR**

Gleiche Größen (Einheiten) werden stets untereinander geschrieben!

3. Aufstellen des Schlusssatzes.

   Dabei gilt es Folgendes zu beachten:

   a) Die Größe, die über dem „x" steht, kommt immer auf den Bruch, hier: 375,00 EUR (a).

   b) Fragestellung
   Frage: Kosten 2,30 m mehr oder weniger als 375,00 EUR?
   Antwort: 2,30 m kosten weniger als 375,00 EUR!

   Folge: Weniger m kosten weniger EUR, d. h., soll das Ergebnis kleiner als 375,00 EUR (a) sein, so kommt die größere der beiden Zahlen 30,00 bzw. 2,30 m unter den Bruch. Dies wird dadurch erklärt, dass die bereits auf dem Bruch stehende Zahl 375,00 EUR mit einer Zahl multipliziert werden muss, die kleiner als „1" ist (2,30 m : 30,00 m < 1).
   Soll das Ergebnis größer als (a) sein, so kommt die größere der beiden Zahlen (b) bzw. (c) auf den Bruch.

Wenn sich die gesuchte Größe (weniger EUR) in der gleichen Weise verändert wie die Veränderung der anderen Größe (weniger m), so spricht man von einem geraden oder direkten Verhältnis.

Für gerade Verhältnisse gilt:

- *je mehr – desto mehr*
- *je weniger – desto weniger*

Aufgaben

1. *Für den Versand von 200 kg Kunstfasern müssen 120,00 EUR Fracht bezahlt werden. Errechnen Sie die Frachtkosten, die beim Transport von*
   - a *75 kg,*
   - b *100 kg,*
   - c *120 kg,*
   - d *55 kg anfallen.*
2. *Die im Kommissionslager beschäftigte ungelernte Lagerarbeiterin Tülay Alla leistete im vergangenen Monat 12 Überstunden und erhielt dafür 102,00 EUR.*
   Wie viel EUR erhält Tülay in diesem Monat für ihre Mehrarbeit ausbezahlt, wenn sie 3 Überstunden mehr arbeitet als im Vormonat?
3. *Die Ausbildungskosten der 5 Auszubildenden der internationalen Lkw-Spedition Global GmbH beliefen sich im vergangenen Jahr auf 42 000,00 EUR.*
   Auf welchen Betrag steigen die Ausbildungskosten, wenn der Betrieb in diesem Jahr nochmals 3 Auszubildende einstellt?
4. *Für eine angemietete Lagerhalle stieg der m²-Preis im vergangenen Jahr von 4,50 EUR auf 4,85 EUR.*
   Ermitteln Sie, um wie viel EUR sich die monatliche Miete erhöhte, wenn im vergangenen Jahr 1 800,00 EUR Miete gezahlt werden mussten.
5. *Der Geschäftswagen der Elektrogroßhandlung Gebr. Riese GmbH verbraucht durchschnittlich 8,8 l Sprit auf 100 km.*
   Wie viel Liter Benzin müssen für eine 550 km lange Geschäftsreise unbedingt getankt werden?
6. *Bei optimaler Bodenlagerung werden für 20 Europaletten 19,6 m² Fläche benötigt.*
   Welche Fläche ist für die Einlagerung von 50 Europaletten zur Verfügung zu stellen?

Dreisatz mit ungeradem Verhältnis

1.1.1.2 Der Dreisatz mit ungeradem Verhältnis

Musteraufgabe

Für die Inventur der Spedition Global GmbH benötigten im vergangenen Jahr 8 Arbeiter 3 Tage. In diesem Jahr soll die Inventur von 6 Arbeitskräften durchgeführt werden.

Ermitteln Sie, wie viele Tage die Arbeitskräfte hierfür von anderen Arbeiten freizustellen sind.

Musterlösung

8 Arbeiter (b)	–	3 Tage (a)	1. Bedingungssatz
6 Arbeiter (c)	–	x Tage	2. Fragesatz
x	=	$\frac{3 \times 8}{6}$	3. Schlusssatz
x	=	4 Tage	

Für die diesjährige Inventur benötigen die 6 Arbeiter 4 Tage.

Lösungsschritte

1. Aufstellen des Satzes mit den gegebenen Größen (Bedingungssatz), wobei die gesuchte Einheit (Tage) rechts steht.
   Hier: 8 Arbeiter – **3 Tage**
2. Aufstellen des Fragesatzes, wobei die gesuchte Einheit (Tage) ebenfalls rechts steht.
   Hier: 6 Arbeiter – **x Tage**

Gleiche Größen (Einheiten) werden stets untereinander geschrieben!

3. Aufstellen des Schlusssatzes.
   Auch hier ist wieder zu beachten:

   a) Die Größe, die über dem „x" steht, kommt immer auf den Bruch.
   Hier: 3 Tage (a)

   b) Fragestellung

   Frage: Benötigen 6 Arbeiter mehr Zeit oder weniger Zeit zur Bewältigung der Arbeitsaufgabe?

   Antwort: 6 Arbeiter benötigen mehr Zeit.

   Folge: Weniger Arbeiter benötigen mehr Zeit, d. h., soll das Ergebnis länger als 3 Tage (a) sein, so kommt die größere der beiden Zahlen 8 Arbeiter (b) bzw. 6 Arbeiter (c) auf den Bruch.
   Dies ergibt sich dadurch, dass die bereits auf dem Bruch stehende Zahl (3 Tage) mit einem Faktor multipliziert werden muss, der größer als „1" ist $(8 : 6 > 1)$.

Aus der Aufgabe erkennt man, dass sich die gesuchte Größe (mehr Tage) in umgekehrter Weise zur Veränderung der anderen Größe (weniger Arbeiter) verändert. In derartigen Fällen spricht man von einem **ungeraden** oder **indirekten** Verhältnis.

Für ungerade Verhältnisse gilt:

- *je weniger – desto mehr*
- *je mehr – desto weniger*

Zur Lösung von Dreisatzaufgaben braucht man in Zukunft nicht mehr zwischen geradem und ungeradem Verhältnis zu unterscheiden. Voraussetzung ist jedoch, dass man sich vor der Lösung jeder Aufgabe die unten angegebene Frage stellt und stets die sich daraus ergebende Konsequenz beachtet:

Frage: Soll das Ergebnis größer oder kleiner als unter (a) angegeben sein?

Konsequenz: a) Soll das Ergebnis größer sein, so kommt die größere der beiden Zahlen (b) oder (c) auf den Bruchstrich.

b) Soll das Ergebnis kleiner sein, so kommt die größere der beiden Zahlen (b) oder (c) unter den Bruchstrich.

Aufgaben

1. *Für die Umpalettierung eines Lagerbereichs benötigen 5 Arbeitskräfte 12 Tage.*
   Wie viele Tage werden für die Erledigung der gleichen Arbeit benötigt, wenn nur noch 3 Arbeitskräfte zur Verfügung stehen?
2. *Zur Herstellung eines Rohbaus benötigt eine Baukolonne von 15 Arbeitern 40 Tage.*
   Ermitteln Sie, in wie vielen Tagen der Rohbau fertig wäre, wenn die Baukolonne um 5 Arbeitskräfte erhöht würde.

3. *Beim Abriss unseres alten Lagergebäudes fielen ca. 500 m³ Bauschutt an. Für den Abtransport benötigten wir 25 Lkw mit einem Ladegewicht von je 20 t.*
Wie viele Lkw mit 30 t Ladegewicht müssten zur Beförderung der oben genannten Menge bereitgestellt werden?

Vermischte Dreisatzaufgaben

1. *Wie viele Liter Dieseltreibstoff benötigt ein Sattelzug für die Fahrt von Stuttgart nach Bremen (630 km), wenn er im Durchschnitt 28,8 l auf 100 km verbraucht?*
2. *Der neue Wippkran der Kieswerke Schweighoffer GmbH benötigt zum Entladen eines Binnenschiffs mit 1 200 t Kies 8 Arbeitsstunden. Für den kommenden Vormittag ist ein Schiff mit 850 t Kies angekündigt worden.*
Ermitteln Sie, wie lange der Kran für die Löschung der 850 t benötigen wird.
3. *Der Lagerarbeiter Ben Mwima leistete im vergangenen Monat 12 Überstunden, für die ihm 144,00 EUR ausgezahlt wurden.*
Wie viel EUR erhält er in diesem Monat ausgezahlt, wenn er nur noch 7 Überstunden leisten konnte?
4. *Dringend benötigte Versanddokumente sollen von Frankfurt a. M. nach Wiesbaden (40 km) transportiert werden. Wie viele Minuten benötigt ein Kurier mit einem Motorrad hierfür, wenn seine Durchschnittsgeschwindigkeit 120 km/h beträgt?*
5. *Aynur arbeitet im Kommissionierlager des Versandhauses Sator in Ulm. Nach Geschäftsschluss um 17:30 Uhr benötigt sie zusammen mit ihren 4 Kolleginnen im Durchschnitt 36 Minuten zum Herrichten des Arbeitsplatzes für den nächsten Tag. Heute müssen jedoch zwei Kolleginnen direkt nach Geschäftsschluss zu einer Weiterbildung.*
Wann wird Aynur heute voraussichtlich das Unternehmen verlassen?
6. *Für die Strecke Porto – Bremen benötigt ein Küstenmotorschiff 6 Tage, wenn es durchschnittlich 18 Knoten pro Stunde fährt.*
Wie viele Tage, Stunden und Minuten würde es benötigen, wenn die Motorleistung auf 20 Knoten erhöht werden könnte?
7. *Zum Abtransport von Kohle benötigt ein Güterzug für die Strecke Saarbrücken –Dortmund (350 km) 4 Stunden.*
Ermitteln Sie, wie lange der Zug benötigen würde, wenn er seine Durchschnittsgeschwindigkeit um 10 km/h erhöhen würde.

Küstenmotorschiff

1.1.2 Der zusammengesetzte Dreisatz

Im Vergleich zum einfachen Dreisatz besteht der zusammengesetzte Dreisatz aus mehreren Dreisätzen. Diese können sowohl in geradem als auch ungeradem Verhältnis zueinander stehen.

Abdeckverfahren

Um den zusammengesetzten Dreisatz zu lösen, ist es ratsam, diesen zunächst in einzelne Dreisätze aufzulösen. Danach sind diese einzeln in der gewohnten Form zu bearbeiten. Als hilfreich bei der Lösung hat sich dabei das unten aufgeführte „**Abdeckverfahren**" erwiesen.

Musteraufgabe

Die Inventur unseres Kleinteilelagers wurde im vergangenen Jahr von 5 Arbeitern in 3 Tagen durchgeführt. Hierbei arbeitete jeder Arbeiter 8 Stunden täglich. In diesem Jahr soll die Inventur aber bereits nach 2 Tagen beendet sein.
Wie viele Stunden muss nun jeder Arbeiter täglich arbeiten, wenn für die Inventur zusätzlich ein Arbeiter eingestellt wird?

Musterlösung

1. Dreisatz (5 Arbeiter ↔ 8 Stunden)

2. Dreisatz (3 Tage ↔ 8 Stunden)

5 Arbeiter	–	3 Tage	–	8 Stunden		1. Bedingungssatz
6 Arbeiter	–	2 Tage	–	x Stunden		2. Fragesatz
x	=	$\frac{8 \times 5 \times 3}{6 \times 2}$				3. Schlusssatz
x	=	10 Stunden				

Lösungsschritte

1. Aufstellen des Satzes mit den gegebenen Größen (Bedingungssatz), wobei die gesuchte Einheit (Stunden) rechts steht.
   Hier: 8 **Stunden**
2. Aufstellen des Fragesatzes, wobei die gesuchte Einheit (Stunden) ebenfalls rechts steht.
   Hier: x **Stunden**

Auch hier stehen gleiche Einheiten stets untereinander.

3. Aufstellen des Schlusssatzes

   Dabei ist wiederum Folgendes zu beachten:

   a) Die Größe, die über dem „x" steht, kommt immer auf den Bruch.
   Hier: 8 Stunden

   b) Anwendung des „**Abdeckverfahrens**", d. h., sämtliche Größen werden stets bis auf einen Dreisatz abgedeckt, der anschließend in der bisherigen Form gelöst wird.

   Hier:

5 Arbeiter	( )	–	8 Stunden
6 Arbeiter	( )	–	x Stunden

   $$x = \frac{8 \times 5}{6}$$

   Da 6 Arbeiter die besagte Arbeitsaufgabe schneller erledigen können als 5 Arbeiter, muss die größere Zahl unter den Bruchstrich! (Das Ergebnis soll ja kleiner werden.)

   Nachdem der erste Dreisatz gelöst wurde, wendet man sich dem zweiten Dreisatz zu, indem man den ersten Dreisatz abdeckt.

   Hier:

( )	3 Tage	–	8 Stunden
( )	2 Tage	–	x Stunden

   $$x = \frac{8 \; [\times \; 5] \times 3}{[6 \times] \; 2}$$

   Wenn die Arbeit in 2 Tagen beendet sein soll, so muss täglich länger gearbeitet werden. Dies bedeutet, dass die größere Zahl auf den Bruch geschrieben werden muss.

Aufgaben

1. *Zum Entladen eines Binnenschiffes mit 1 280 t Kohle benötigen 4 Arbeiter einen Arbeitstag von 8 Stunden.*
   Wie lange brauchen 3 Arbeiter, wenn 1 200 t Kohle zu entladen sind?

2. *2012 wurde das Kombiterminal der BASF erneut erweitert. Dadurch stieg die Zahl der Umschlagsgleise von 7 auf 13 sowie die Zahl der Portalkräne von 5 auf 8, wodurch nun jährlich 500 000 Ladeeinheiten versandt werden können.*
   Ermitteln Sie, wie viele Ladeeinheiten vor der Erweiterung maximal verladen werden konnten.

3. *Bisher wurde die Inventur bei dem Automobilzulieferer Engelfried von 20 Arbeitnehmern in 3 Tagen erledigt. Die Mitarbeiter waren hierzu 7,5 Std. täglich beschäftigt. In diesem Jahr ist geplant, das Mitarbeiterteam um 3 Aushilfekräfte sowie zwei Auszubildende zu ergänzen.*
   Teilen Sie Ihrem Lagerleiter mit, wie viele Stunden das Mitarbeiterteam in diesem Jahr täglich arbeiten muss, wenn die Inventur in 2 Tagen beendet sein soll.

4. *In der Produktion von Gussteilen waren bisher 3 Mitarbeiter beschäftigt. Diese waren in der Lage, innerhalb von 8 Stunden 480 Teile zu fertigen. Aufgrund eines Großauftrags sowie der Reduzierung der täglichen Arbeitszeit um eine Stunde wurden nun zwei weitere Mitarbeiter eingestellt.*
   Ermitteln Sie, wie viele Gussteile nun täglich hergestellt werden können.

5. *8 Arbeiter erledigen einen Auftrag über 60 Werkstücke in 6 Arbeitstagen bei 7,5-stündiger täglicher Arbeitszeit. Ein Eilauftrag über 135 Werkstücke soll nun in 9 Tagen ausgeführt werden.*
   Wie viele Überstunden muss jeder täglich arbeiten, wenn insgesamt 10 Arbeiter eingesetzt werden können?

6. *Die Möbelspedition Alfred Becker GmbH, Bruchsal, betreibt auf ihrem Werksgelände eine eigene Betankungsanlage. Der Dieseltank reicht mit seinem Vorrat 60 Tage, wenn jeder der 12 Lkws durchschnittlich täglich 48 l Diesel verbraucht.*
   Wie viele Tage würde der Vorrat reichen, wenn die beiden älteren Lkws verkauft würden und die verbleibenden Lkw jedoch nun täglich 52 l verbrauchten?

7. *Bei der Einrichtung des neuen Hochregallagers kommt es zu Verzögerungen.*
   Geplant war, dass zur Montage des Regallagers 14 Arbeitskräfte bei einer täglichen Arbeitszeit von 8 Stunden 21 Arbeitstage benötigen.
   Nach 12 Tagen steht jedoch erst die Hälfte der Regale.
   Wie viele Arbeitskräfte müssen zusätzlich eingesetzt werden, wenn sich die Arbeiter überdies bereit erklären, täglich zwei Arbeitsstunden länger zu arbeiten?

1.2 Prozentrechnen

Als wichtigste Rechenart des Kaufmanns gilt die **Prozentrechnung**. Mit ihrer Hilfe lassen sich beliebige Zahlen in ein Verhältnis zur Bezugszahl „100“ setzen und dadurch besser miteinander vergleichen.

Wählt man als Vergleichsgröße „1 000“, so spricht man von **Promillerechnung**.

Einstiegssituation

An einem der ersten Tage in der Lagerverwaltung wird Ben die Fehlerstatistik für das geliefert Ersatzteil Art. Nr. 112090 vorgelegt. Gleichzeitig bittet ihn sein Chef festzustellen, bei welcher Lieferung mehr beschädigte Teile geliefert wurden:

Lieferung	Stück	Ausschuss
03.01.20..	220	17
04.02.20..	280	21
01.03.20..	190	14

Handlungsaufträge

1. *Warum werden Ihrer Meinung nach solche Statistiken aufgestellt?*
2. *Ermitteln Sie, zu welchem Zeitpunkt die beste Lieferung erfolgt ist.*

1.2.1 Die allgemeine Prozentrechnung

Musteraufgabe

Der 17-jährige Fachlagerist Sören Andersen möchte demnächst seinen Führerschein machen. Hierfür sucht er in seiner Heimatgemeinde nach einer geeigneten Fahrschule. Bei der Auswahl kommt es Sören vor allem darauf an, das Risiko, die Prüfung nicht zu bestehen, so gering wie möglich zu halten. Nach kurzer Suche kommen für Sören folgende beiden Fahrschulen in die engere Wahl:

Fahrschule	Blender	Cross Over

Zeitraum	Jahr 2012	Jahr 2012
Anzahl der Fahrschüler (F.) insgesamt	240	315
Anzahl der durchgefallenen Fahrschüler (d. F.)	58	73

Bei welcher Fahrschule sollte Sören die Fahrprüfung machen?

Musterlösung

Da sich aus den Angaben nicht unmittelbar erkennen lässt, bei welcher der beiden Fahrschule verhältnismäßig mehr Fahrschüler durchgefallen sind, muss die Vergleichbarkeit erst noch geschaffen werden. Dies geschieht, indem man als Bezugsgröße die Vergleichszahl „100" wählt.

Fahrschule Blender:

Auf 240 F. kommen 58 d. F.
Auf 100 F. kommen x d. F.

$$x = \frac{58 \times 100}{240}$$

$$\underline{\underline{x = 24{,}17}}$$

Fahrschule Cross Over:

Auf 315 F. kommen 73 d. F.
Auf 100 F. kommen x d. F.

$$x = \frac{73 \times 100}{315}$$

$$\underline{\underline{x = 23{,}17}}$$

Lösungsschritte

1. Aufstellen des Zusammenhangs, der bereits bekannt ist = Satz mit den gegebenen Größen.
   Hier: Auf 240 bzw. 315 Fahrschüler kommen 58 bzw. 73 d. F.
2. Schaffung der einheitlichen Bezugsgröße (Vergleichszahl) = Aufstellen des Fragesatzes.
   Hier: Auf 100 Fahrschüler kommen x d. F.
3. Aufstellen des Schlusssatzes und Lösung mithilfe des Dreisatzes.

Erkenntnis

Erst nachdem man beide Zahlenangaben auf die einheitliche Bezugsgröße „100“ bezogen hat, gelangt man zu folgender objektiven Aussage:
„Bei der Fahrschule Blender fielen mit 24,17 auf 100 Prüfungsteilnehmer verhältnismäßig mehr Fahrschüler durch als bei der Fahrschule Cross Over.“

Kaufmännisch ausgedrückt:

„Bei der Fahrschule Blender betrug die Durchfallquote 24,17 %, bei der Fahrschule Cross Over 23,17 %.“

Größen der Prozentrechnung

Wie uns die Musteraufgabe zeigt, kennt die Prozentrechnung neben der Vergleichszahl „100“ noch folgende drei Größen:

Grundwert	Prozentwert	Prozentsatz
= der Wert, der zur Zahl 100 in Beziehung gesetzt wird. Grundwert (alter Wert) = 100 %.	= der Wert, der aus dem Grundwert mithilfe des Prozentsatzes errechnet wird.	= die Zahl, die angibt, wie viele Teile vergleichsweise auf 100 entfallen. Die Angabe erfolgt stets in %.

Für das Einführungsbeispiel gilt:

Grundwert	=	Zahl der Fahrschüler (240 bzw. 315)
Prozentwert	=	Zahl der durchgefallenen Fahrschüler (58 bzw. 73)
Prozentsatz	=	Anteil der durchgefallenen Fahrschüler (24,17 % bzw. 23,17 %)

Wie aus der Musteraufgabe hervorgeht, müssen neben der Vergleichszahl „100“ noch zwei weitere Größen bei der Prozentrechnung gegeben sein. Die gesuchte dritte Größe errechnet man danach in der Regel mit dem Dreisatz.

Zusammengepackt

1. **Die Prozentrechnung ist eine Vergleichsrechnung, bei der die Zahl „100“ als Vergleichsgröße dient;**
   Prozent bedeutet „vom Hundert“; Zeichen: %.
2. **Die Promillerechnung ist eine Vergleichsrechnung mit der Zahl „1 000“ als Vergleichsgröße;**
   Promille bedeutet „vom Tausend“; Zeichen: ‰.

1.2.1.1 Berechnung des Prozentwertes

Prozentwertes

Musteraufgabe

Der Fachlagerist Sören Andersen erhält im ersten Ausbildungsjahr eine monatliche Ausbildungsvergütung von 650,00 EUR. Nach Aushandlung eines neuen Tarifvertrags wird die Ausbildungsvergütung um 3 % erhöht. Wie viel EUR erhält Sören nun mehr?

Musterlösung

1. **Mit Dreisatz**

100 % – 650,00 EUR
3 % – x EUR

$$x = \frac{650 \times 3}{100} = \underline{\underline{19{,}50 \text{ EUR}}}$$

2. **Kaufmännische Lösung**

$$1\,\%\text{ von }650{,}00 = \frac{1}{100}\text{ des Grundwertes} = \frac{650}{100} = 6{,}50\text{ EUR}$$

$$3\,\% = 3 \times 6{,}50\text{ EUR} = \underline{\underline{19{,}50\text{ EUR}}}$$

Lösungsschritte

1. **Beim Dreisatz**
   a) Aufstellen des Bedingungssatzes, d. h., der Grundwert wird gleich 100 gesetzt.
   Hier: 100 % – 650,00 EUR

   b) Aufstellen des Fragesatzes.
   Hier: 3 % – x EUR

   c) Aufstellen des Schlusssatzes und Lösung, wie bereits beim Dreisatz besprochen.

2. **Bei der kaufmännischen Lösung**
   Häufig gehen die Kaufleute zur Ermittlung des Prozentwertes von 1 % (10 %) des Grundwertes (Verschieben des Kommas beim Grundwert um 2 [1] Stellen nach links) aus und multiplizieren den Betrag anschließend mit dem angegebenen Prozentsatz.
   Hier: 1 % von 650,00 EUR = 6,50 EUR;
   3 % = 3 × 6,50 EUR = 19,50 EUR

Bei verschiedenen – sogenannten „bequemen" – Prozentsätzen kann man den Rechengang erleichtern, indem man die Prozentsätze durch gemeine Brüche ersetzt.

„bequemen" – Prozentsätzen

Prozentsatz	Bruch	Prozentsatz	Bruch
1 %	1/100	12 1/2 %	1/8
2 %	1/50	16 2/3 %	1/6
3 1/3 %	1/30	20 %	1/5
5 %	1/20	25 %	1/4
6 2/3 %	1/15	33 1/3 %	1/3
8 1/3 %	1/12	50 %	1/2
10 %	1/10	66 2/3 %	2/3

Aufgaben

1. *Lösen Sie kaufmännisch:*
   a 1 % von 50; 275; 1 300; 14,40; 9,80
   b 3 % von 80; 200; 7 500; 19,20; 6,60
   c 5 % von 94; 380; 2 420;, 12,50; 4,80
   d 10 % von 27; 820; 3 450; 17,10; 4,30

2. *Lösen Sie kaufmännisch:*
   a 1 ‰ von 4 760; 780; 14 320
   b 5 ‰ von 6 710; 345; 23 560

3. *Die Eingangsrechnung über unsere beiden neuen Elektrostapler beläuft sich auf 56 763,00 EUR. Wie hoch ist der zu zahlende Betrag, wenn uns der Lieferant 3 % Skonto bei Barzahlung anbietet und wir die Skontogewährung in Anspruch nehmen wollen?*

4. *Eine Lagerhalle ist 75 m lang und 28 m breit.*
   Wie viel m² reine Lagerfläche stehen zur Verfügung, wenn eine Weg- und Verkehrsfläche von 12 % zu berücksichtigen ist?

5. *Im Freilager der Spedition Müller & Co., Frankfurt, sind 5 Mitarbeiter beschäftigt. Diese erhalten ab dem 01.01.20.. eine Lohnerhöhung von 2,5 %.*
   Ermitteln Sie die Lohnerhöhung sowie den neuen Bruttolohn.

	A	B	C	D
1	Mitarbeiter Kommissionierlager			
2	Lohnerhöhung zum 01.01.20..		Prozent:	2,5
3	**Mitarbeiter**	**Bruttolohn alt**	**Lohnerhöhung**	**Bruttolohn neu**
4	Mario Früh	2 650,00	?	?
5	Antonio Ausanio	2 570,00	?	?
6	Eda Yildiz	2 740,00	?	?
7	Paula Schäfer	2 200,00	?	?
8	Irina Sarenko	2 490,00	?	?

Prozentsatzes

1.2.1.2 Berechnung des Prozentsatzes

Musteraufgabe

Der Fachlagerist Sören Andersen erhält eine monatliche Ausbildungsvergütung von 650,00 EUR. Aufgrund eines neuen Tarifvertrages wurde diese um 22,75 EUR monatlich erhöht. Wie viel Prozent erhält Sören mehr?

Musterlösung

650,00 EUR – 100 %
22,75 EUR – x %

$$x = \frac{100 \times 22{,}75}{650{,}00} = \underline{\underline{3{,}5\ \%}}$$

Lösungsschritte

1. Aufstellen des Bedingungssatzes.
   Hier: 650,00 EUR – 100 %
2. Aufstellen des Fragesatzes.
   Hier: 22,75 EUR (Prozentwert) – x %
3. Aufstellen des Schlusssatzes und Lösung mithilfe des Dreisatzes.

Aufgaben

1. *Der Preis für ein Stahlregal, das bisher 3 200,00 EUR kostete, wurde um 96,00 EUR erhöht. Wie viel Prozent betrug die Preiserhöhung?*

2. *Das Bruttogehalt des ungelernten Lagerristen Heiko Müller wurde um 32,00 EUR erhöht. Jetzt werden Herrn Müller 2 432,00 EUR ausbezahlt.*
   Wie viel Prozent betrug die Gehaltserhöhung?

3. *An einer Sportveranstaltung zur Erlangung des Sportabzeichens nahmen 480 Personen teil. 32 Personen erreichten die zum Sportabzeichen nötige Punktzahl nicht.*
   Ermitteln Sie, wie viel Prozent der Teilnehmer das Sportabzeichen nicht erhielten.

4. *Auf eine Fracht in Höhe von 1 200,00 EUR wird wegen stark verschmutzter Ware ein Zuschlag von 90,00 EUR erhoben.*
   Ermitteln Sie, welchem Prozentsatz dieser Zuschlag entspricht.

5. *Beim Kaufabschluss eines neuen Firmenwagens weist der Verkäufer darauf hin, dass bei Barzahlung ein Nachlass von 750,00 EUR gewährt werden könnte.*
   Welchem Prozentsatz entspricht der Nachlass, wenn der Listenpreis des Fahrzeuges 30 000,00 EUR beträgt?

6. *Ein LED-TV ist mit 980,00 EUR ausgezeichnet.*
   Um wie viel Prozent ist der Ratenkauf teurer, wenn der Händler 200,00 EUR Anzahlung verlangt und der Rest in 8 Monatsraten zu je 110,00 EUR gezahlt werden soll?

7. *Welchem Prozentsatz entspricht die Beitragssenkung bei der Rentenversicherung von 19,6 % auf 18,9 %?*

1.2.1.3 Berechnung des Grundwertes

Grundwertes

Musteraufgabe

Die für 2013 ausgehandelte Erhöhung der Ausbildungsvergütung von 4 % ergab für den Auszubildenden Sören Andersen einen Mehrverdienst von 28,00 EUR brutto.

Wie hoch war die Ausbildungsvergütung vor der Erhöhung?

Musterlösung

4 %	–	28,00 EUR
100 %	–	x EUR

$$x = \frac{28 \times 100}{4} = \underline{\underline{700{,}00\ \text{EUR}}}$$

Lösungsschritte

1. Aufstellen des Bedingungssatzes.
   Hier: 4 % Lohnerhöhung entsprechen 28,00 EUR.
2. Aufstellen des Fragesatzes.
   Hier: 100 % – x EUR (Grundwert)

Der Grundwert entspricht immer 100 %.

3. Aufstellen des Schlusssatzes und Lösung mithilfe des Dreisatzes.

Aufgaben

1. *Aufgrund eines neuen Tarifvertrages stiegen die Lohnkosten eines kleineren Industriebetriebes um 3,5 %. Dies waren genau 770,00 EUR mehr als im Vormonat.*
   Wie hoch waren die Lohnkosten vor der Lohnerhöhung?
2. *In der Fahrschule Umsicht bestanden 8 Fahrschüler die Fahrprüfung nicht. Dies entspricht einer Durchfallquote von 20 %.*
   Ermitteln Sie, wie viele Fahrschüler an der Prüfung teilgenommen haben.
3. *Beim Bau unseres neuen Palettenlagers wurde der Kostenvoranschlag um 1 200 000,00 EUR überschritten. Dies waren nach unseren Berechnungen genau 12,5 %.*
   Berechnen Sie, wie hoch der Kostenvoranschlag war.
4. *Von einer Liefererrechnung konnten bei Barzahlung 3 % Skonto abgezogen werden. Dies entsprach einem Preisnachlass von 120,00 EUR.*
   Über welchen Betrag lautete die Rechnung?
5. *Ein Transport wird mit 2 ‰ versichert. Die hierfür zu zahlende Prämie beträgt 18,00 EUR.*
   Wie hoch war die Versicherungssumme?
6. *Herr Yilmaz ist Angestellter des Münchner Autohauses Blender. Im vergangenen Monat hat er 8 hochwertige Neufahrzeuge verkauft. Hierfür erhielt er eine Provision in Höhe von 7 800,00 EUR. Dies entspricht dem üblichen Provisionssatz von 3 % des Verkaufserlöses.*
   Ermitteln Sie den Verkaufserlös des Autohauses Blender.

1.2.2 Die Prozentrechnung vom vermehrten und verminderten Grundwert

Ist der angegebene Wert größer oder kleiner als 100 %, so spricht man vom vermehrten oder verminderten Grundwert.

Prozentrechnung auf Hundert

Sowohl beim vermehrten als auch beim verminderten Grundwert wird immer der reine Grundwert = 100 % gesucht!

1.2.2.1 Die Prozentrechnung vom vermehrten Grundwert (Die Prozentrechnung auf Hundert)

Musteraufgabe

Im Speditionsgewerbe wurden bei Tarifverhandlungen Lohnerhöhungen von 3 % erzielt. Dies bedeutet für die Lageristin Maria Da Rocha, dass sie nun 2 472,00 EUR brutto verdient. Wie hoch war ihr Bruttoverdienst vor der Lohnerhöhung?

Musterlösung

1. Vorüberlegung

Frage: Worauf bezieht sich die Lohnerhöhung?

Antwort: Auf den bisherigen Verdienst = Grundwert = 100 %.

Ergebnis: Demnach ist der neue Verdienst um die Lohnerhöhung von 3 % größer als der alte Verdienst:

alter Lohn	+	Lohnerhöhung	=	neuer Lohn
100 %	+	3 %	=	103 %

2. Darstellung

Grundwert (alter Wert) =	100 %	= alter Lohn	–	?	EUR
vermehrter Wert =	103 %	= neuer Lohn	–	2 472,00 EUR	

3 % Lohnerhöhung

3. Errechnung

103 % – 2 472,00 EUR
100 % – x EUR

$$x = \frac{2\,472{,}00 \times 100}{103} = \underline{\underline{2\,400{,}00\ \text{EUR}}}$$

Lösungsschritte

1. Vorüberlegungen anstellen.
2. Aufstellen des Bedingungssatzes.
   Hier: 103 % – 2 472,00 EUR
3. Aufstellen des Fragesatzes.
   Hier: 100 % – x EUR
   Beachte: Gesucht ist immer der reine Grundwert = 100 %.
4. Aufstellen des Schlusssatzes und Lösung mittels Dreisatz.

Vermehrter Grundwert

Vermehrter Grundwert = Grundwert + Prozentwert

Aufgaben

1. *Der Regalhersteller Maier & Klein OHG erhöhte den Verkaufspreis seines Stahlschranks „Sicher" um 12 % auf 403,20 EUR.*
   Zu welchem Preis wurde der Schrank vor der Preiserhöhung angeboten?
2. *Die uns von unserem Hausspediteur berechnete Bruttofracht beträgt 1 475,60 EUR.*
   Über welchen Betrag lautete die Nettofracht, wenn der Umsatzsteuersatz 19 % beträgt?
3. *Der diesjährige Umsatz der Maschinenbaufabrik Jeck beträgt 2 289 750,00 EUR. Dies entsprach einer Umsatzsteigerung von 6,5 % gegenüber dem Vorjahr.*
   Berechnen Sie die Umsatzsteigerung sowie den Umsatz im Vorjahr.
4. *Laut ihres Pressesprechers vom September 2012 verkaufte der weltgrößte Nutzfahrzeughersteller Daimler vom Januar bis zum Juli 268 344 Lkw. Dies waren 23 % mehr als im Vorjahreszeitraum.*
   Ermitteln Sie, wie viele Lkw im Vorjahreszeitraum abgesetzt werden konnten.

1.2.2.2 Die Prozentrechnung vom verminderten Grundwert (Die Prozentrechnung im Hundert)

Prozentrechnung im Hundert

Musteraufgabe

Für eine Werbekampagne wurde eine Digitalkamera um 15 % im Preis gesenkt und nun mit 425,00 EUR ausgezeichnet.
Wie viel kostete die Kamera vor der Preisreduzierung?

Musterlösung

1. Vorüberlegung

Frage:	Worauf bezieht sich die Preissenkung?
Antwort:	Auf den bisherigen Preis = Grundwert; Grundwert = 100 %.
Ergebnis:	Demnach ist der neue Preis um die Preissenkung von 15 % niedriger als der alte Preis:

alter Preis	–	Preissenkung	=	neuer Preis
100 %	–	15 %	=	85 %

2. Darstellung

Grundwert (alter Wert)	=	100 %	= alter Preis	–	?	EUR
verminderter Wert	=	85 %	= neuer Preis	–	425,00	EUR

15 % Preissenkung

3. Errechnung

85 %	–	425,00 EUR
100 %	–	x EUR

$$x = \frac{425 \times 100}{85} = \underline{\underline{500{,}00 \text{ EUR}}}$$

Lösungsschritte

1. Vorüberlegungen anstellen.
2. Aufstellen des Bedingungssatzes.
   Hier: 85 % – 425,00 EUR
3. Aufstellen des Fragesatzes.
   Hier: 100 % – x EUR
   Beachte: Gesucht ist immer der reine Grundwert = 100 %.

Verminderter Grundwert

4. Aufstellen des Schlusssatzes und Lösung mittels Dreisatz.

Verminderter Grundwert = Grundwert – Prozentwert

Aufgaben

1. *Bei einer Filialauflösung wurde ein Festplattenrecorder mit einem Nachlass von 30 % angeboten und zu einem Sonderpreis von 245,00 EUR verkauft.*
   Errechnen Sie den Preisnachlass.

2. *Für eine Lieferantenrechnung wurden nach Abzug von 3 % Skonto noch 1 746,00 EUR überwiesen.*
   Ermitteln Sie den Rechnungsbetrag.

3. *Im Geschäftsjahr 20.. nahm der Umsatz des Handwerksbetriebes Neumann e. K. konjunkturbedingt um 5 % auf 532 000,00 EUR ab.*
   Wie hoch war der Umsatz im Jahr zuvor?

1.2.3 Die zusammengesetzte Prozentrechnung

Wenn mehrere prozentuale Veränderungen hintereinander durchgeführt werden, wendet man zur Lösung i. d. R. die zusammengesetzte Prozentrechnung an.

Als Hilfsmittel zur Errechnung hat sich dabei das sogenannte „**Treppenschema**“ bewährt. *Treppenschema*

Musteraufgabe

Der Gewinn der Schraubengroßhandlung Alois Dittmann GmbH, Leipzig, nahm 2012 gegenüber 2011 um 8 % zu. Im darauffolgenden Jahr nahm der Gewinn um 12 % ab und erhöhte sich 2014 gegenüber dem Vorjahr um 4 % auf nun 296 524,80 EUR.

Wie hoch war der Umsatz 2011?

Musterlösung

1. Zeitlich geordnete Aufstellung der prozentualen Veränderungen.
   Hier: 2011 gesuchter Wert
   2012 + 8 % (1)
   2013 – 12 % (2)
   2014 + 4 % (3) 296 524,80 EUR

2. Treppenschema

2011	100 %				300 000,00 EUR	3.
	+ 8 % (1)					
2012	108 % →	100 %			324 000,00 EUR	2.
		–12 % (2)				
2013		88 % →	100 %		285 120,00 EUR	1.
			+ 4 % (3)			
2014			104 %	=	296 524,80 EUR	

Lösungsschritte

1. Prozentuale Veränderungen chronologisch herausschreiben.
2. Treppenschema aufstellen.
   a) Das Treppenschema beginnt immer mit der gesuchten Größe = alter Wert = Grundwert = 100 %!
   b) Die prozentualen Veränderungen werden danach stufenweise auf den jeweiligen Ausgangswert – der immer 100 % beträgt – bezogen.

Jede Treppenstufe beginnt immer mit 100 %!

3. Stufenweise Rückwärtsrechnung
   a) Über den Dreisatz

z. B. 104 % – 296 524,80 EUR
100 % – x EUR

$$x = \frac{296\,524{,}80 \times 100}{104} = \underline{\underline{285\,120{,}00 \text{ EUR}}}$$

b) über die vereinfachte, sich aus dem Schlusssatz ergebende Methode
- Eintippen der gegebenen Größe, hier 296 524,80 EUR.
- Multiplikation mit der oberen Treppengröße; diese beträgt immer 100,00 %.
- Division durch die untere Treppengröße, hier 104 %.

Das Ergebnis von 285 120,00 EUR im Rechner belassen und anschließend in der gleichen Art die übrigen Treppen abhandeln, bis die gesuchte Größe gefunden ist.

Aufgaben

1. *Der Preis eines neuen Smartphones wurde zunächst um 25 % erhöht, anschließend wegen des Markteintritts eines Konkurrenten um 15 % gesenkt und schließlich wegen zu geringer Nachfrage nochmals um 10 % auf 459,00 EUR herabgesetzt.*
   a Wie viel EUR kostete das Smartphone ursprünglich?
   b Wie viel EUR würde der Fehler betragen, wenn die Preiserhöhung mit den Preissenkungen verrechnet worden wäre?

2. *Ein Kunde überwies uns nach Abzug von 20 % Treuerabatt und 2,5 % Skonto auf unser Bankkonto 1 232,40 EUR.*
   Ermitteln Sie, zu welchem Listenpreis die Ware angeboten wurde.

3. *Im Jahr 2010 wurden auf dem deutschen Schienennetz 355,7 Millionen Tonnen Güter transportiert. Dies waren 14 % mehr als ein Jahr zuvor. Allerdings brach der Güterverkehr 2009 konjunkturbedingt um 15,9 % ein*
   Wie viel Tonnen Güter wurden im Jahr 2008 befördert?

4. *Unser Firmen-Pkw wird linear mit 20 % abgeschrieben. Am Ende des dritten Jahres steht er noch mit einem Restwert von 25 600,00 EUR zu Buche.*
   Ermitteln Sie, wie hoch der Anschaffungspreis des Pkws war.

Vermischte Prozentaufgaben

1. *Der Baumarkt Plaskon verkauft den m² Eichenparkett nach einer Preissenkung von 25 % für 36,00 EUR.*
   Um wie viel EUR wurde der Preis reduziert?

2. *Der Mehrverdienst der Fachlageristin Christiane Beck belief sich nach einer Lohnerhöhung von 2,8 % auf monatlich 38,50 EUR.*
   Wie hoch war der Monatslohn vor der Erhöhung?

3. *Rainer ist im zweiten Ausbildungsjahr zum Fachlageristen bei der Lampengroßhandlung Isolde Heuser GmbH beschäftigt. Auf alle Lampen, die er in seinem Ausbildungsunternehmen kauft, erhält er einen Personalrabatt von 15 %.*
   Ermitteln Sie den Ladenpreis eines Strahlersets, für das Rainer lediglich 357,00 EUR zahlen musste.

4. *Kostensteigerungen zwangen ein Sanitärfachgeschäft, den Preis für hochwertige Mischbatterien um 12 % zu erhöhen. Nach einigen Monaten lag noch ein Restposten von 8 Mischbatterien auf Lager. Daraufhin wurde der Preis um 20,00 EUR je Mischbatterie gesenkt und der gesamte Restposten für 736,00 EUR an einen Installateur verkauft.*
   Ermitteln Sie, wie teuer eine Mischbatterie vor der ersten Preisveränderung war.

5. *Nach einer Mitteilung des Wasser- und Schifffahrtsamtes Heidelberg wurden im 1. Halbjahr 2012 auf dem Neckar 3,7 Millionen Tonnen Güter befördert. Dies entsprach einer Steigerung von 15 % gegenüber dem Vorjahreszeitraum.*
   Errechnen Sie, wie viele Tonnen auf dem Neckar im 1. Halbjahr 2011 befördert wurden.

6. *Das Transportunternehmens Ausanio & Neumann GmbH, Mannheim, weist in seiner Bilanz neben einem Eigenkapitalanteil von 4 380 000,00 EUR ein Gesamtkapital von 9 580 000,00 EUR aus.*
   Ermitteln Sie, wie viel Prozent der Fremdkapitalanteil am Gesamtkapital beträgt.

7. *Nach der bestandenen Abschlussprüfung verdient der 20-jährige Marco Schweighoffer 2 150,00 EUR brutto. Aus seinem Berufsschulunterricht weis er jedoch, dass er von diesem Betrag noch Steuern und Sozialversicherungsbeiträge zu entrichten hat:*
Die an das Finanzamt abzuführende Lohnsteuer beträgt für Marco 18 % des Bruttolohns, die Kirchensteuer 8 % sowie der Solidaritätszuschlag 5,5 % der Lohnsteuer. Daneben belaufen sich die von Marco zu zahlenden Sozialversicherungsbeitragssätze – die jeweils vom Bruttoverdienst berechnet werden – zurzeit auf:

- *Rentenversicherung* 9,45 %
- *Krankenversicherung* 8,2 %
- *Arbeitslosenversicherung* 1,5 %
- *Pflegeversicherung* 1,025 %

a *Errechnen Sie die einzelnen Abzüge.*
b *Ermitteln Sie Marcos Nettoeinkommen.*
c *Wie viel Prozent vom Bruttolohn betrugen die gesamten von Marco zu zahlenden Abzüge?*

1.2.4 Die Bezugskalkulation

Aufgaben der Bezugskalkulation

Eine weitverbreitete Anwendungsmöglichkeit der zusammengesetzten Prozentrechnung bietet die Bezugskalkulation. Diese ermöglicht es dem Kaufmann, den Einstands- bzw. Bezugspreis seiner gekauften Waren zu ermitteln.

Wichtig ist die Kenntnis der Bezugskalkulation für den Kaufmann, weil:

1. verschiedene Angebote erst nach der Ermittlung des Einstandspreises miteinander verglichen werden können und
2. erst nach dem Vergleich die richtige Entscheidung bezüglich des kostengünstigsten Lieferanten getroffen werden kann.

Bezugskalkulationsschema

Einfaches Kalkulationsschema zur Ermittlung des Einstandspreises:

Einkaufspreis
– Liefererrabatt
Zieleinkaufspreis
– Liefererskonto
Bareinkaufspreis
+ Bezugskosten
Einstandspreis

Bezugskosten können sein: Fracht, Rollgeld, Zölle, Wiegegebühren, Transportversicherung, Verladekosten und dergleichen.

*Hinweis: Sind Bezugskosten zu ermitteln, so werden diese immer auf das **Bruttogewicht** der Sendung bezogen.*

Gelegentlich sind jedoch vor der eigentlichen Kalkulation noch einige „Vorarbeiten“ zu leisten, wie z. B.:

1. Berechnung des Nettogewichtes einer Sendung

Dabei gilt

Bruttogewicht
– Tara (Verpackungsgewicht)
Nettogewicht

Besonderheiten:
bfn (b/n) – brutto für netto
Das heißt, die Verpackung wird wie Ware gerechnet. In diesem Falle geht man zur Errechnung des Einkaufspreises vom Bruttogewicht der Sendung aus.

2. Ermittlung des Einkaufspreises der Sendung

Dabei gilt

EK = Nettomenge x Preis je Einheit

Im Anschluss an diese Arbeiten kann mit der eigentlichen Kalkulation begonnen werden.

Musteraufgabe

Die Schraubengroßhandlung Plaskon GmbH bezieht von der Metallwarenfabrik Schneider eine Sendung Schrauben. Das Bruttogewicht der Lieferung beträgt 294 kg, das Verpackungsgewicht wird mit 24 kg angegeben. Der Preis beträgt 7,80 EUR je kg netto.

Ermitteln Sie den Einstandspreis der gesamten Sendung (je kg), wenn der Lieferer 15 % Mengenrabatt gewährt und an Bezugskosten 72,00 EUR anfallen. Da die Schraubengroßhandlung immer innerhalb der Skontofrist bezahlt, darf sie darüber hinaus noch 2 % Skonto abziehen.

Musterlösung

1. Berechnung des Nettogewichts der Sendung
   294 kg Bruttogewicht
   – 24 kg Tara
   270 kg Nettogewicht

2. Ermittlung des Einkaufspreises
   270 kg · 7,80 EUR/kg = 2 106,00 EUR EK

3. Durchführen der Bezugskalkulation

Kalkulationsschema	Treppenschema		
2 106,00 EUR EK	100 %		
– 315,90 EUR Lieferrabatt (15 %)	– 15 %		
1 790,10 EUR Ziel-EK	85 %	→	100 %
– 35,80 EUR Liefererskonto (2 %)			– 2 %
1 754,30 EUR Bar-EK			98 %
+ 72,00 EUR Bezugskosten			
1 826,30 EUR ESP: 270 kg = 6,76 EUR/kg			

Lösungsschritte

1. Ermittlung des Nettogewichts.
2. Berechnung des Einkaufspreises.
3. Aufstellen des Kalkulationsschemas.
4. Aufstellung des Treppenschemas und Lösung wie in Kap. 1.2.3 angegeben.
5. Ermittlung des Einstandspreises unter Berücksichtigung der Bezugskosten (evtl. Errechnung des Stück- bzw. kg-Preises).

Aufgaben

1. *Der Fachlagerist Florian Schäfer arbeitet beim Fahrradgroßhändler Friedrich Flitzer in Hamburg. Kurz nach Arbeitsbeginn erhält er den Auftrag, den Einstandspreis für das neue Rennrad „Giro" zu kalkulieren. Herr Flitzer legt Florian folgenden Notizzettel auf den Schreibtisch:*

   Hallo Florian,

   berechne bitte den Einstandspreis für das neue Rennrad „Giro". Kalkuliere mit folgenden Zahlen: Einkaufspreis 400,00 EUR, Treuerabatt 25 %, Liefererskonto 2 %, Frachtkosten 16,00 EUR je Rad.

   Gruß

   Friedrich Flitzer

2. *Das Kleinmotorenwerk Müller in Duisburg bezieht aus Solingen 80 Stück Kupferspulen zum Stückpreis von 85,00 EUR.*
   Ermitteln Sie den Einstandspreis der gesamten Lieferung, wenn der Lieferant 15 % Rabatt und 2 % Skonto gewährt. Da eine Lieferung „ab Werk" vereinbart worden ist, fallen zusätzlich Bezugskosten in Höhe von insgesamt 53,50 EUR an.

3. *Für unser neues Palettenregallager benötigen wir 1600 m Stahlregale. Auf unsere Anfrage hin sind folgende zwei Angebote eingegangen:* *Angebotsvergleich*

Angebot 1
Eichenauer GmbH Leipzig
Stahlregal je Meter 28,00 EUR ab Werk, Fracht 150,00 EUR je angefangene 1 000 m, Mengenrabatt 10 %, Liefererskonto 1 %.

Angebot 2
Lagereinrichtungshaus Markus Eberle GmbH, Ulm
Der Gesamtpreis für die 1 600 m beträgt 45 000,00 EUR frei Haus, Mengenrabatt 15 %.

   Vergleichen Sie die beiden Angebote und wählen Sie das günstigere aus.

4. *Die Maschinenfabrik Wernet KG Mannheim AG bezieht 8 Kisten Kleinmotoren im Gesamtgewicht von 636 kg, Tara 5 kg je Kiste. Der Einkaufspreis beträgt 2 200,00 EUR je Kiste.*

   Errechnen Sie den Einstandspreis der gesamten Sendung, wenn die Bezugskosten pro angefangene 100 kg 50,00 EUR betragen und der Lieferer bei Barzahlung 3 % Skonto gewährt.

5. *Der Lampenfachmarkt Hell erhält auf seine telefonische Anfrage folgendes Angebot über Deckenstrahler:*

> Sehr geehrte Damen und Herren,
>
> hiermit bieten wir Ihnen
>
> 100 Deckenstrahler, Edelstahl matt, zum Stückpreis von 82,00 EUR an.
>
> Die Lieferung erfolgt ab Werk. Auf unseren Rechnungspreis gewähren wir 12 % Mengenrabatt sowie bei Zahlung innerhalb von 8 Tagen 2,5 % Skonto. Die Frachtkosten belaufen sich auf insgesamt 80,00 EUR.
>
> Über eine Auftragserteilung würden wir uns sehr freuen.

Ist dieses Angebot für den Lampenfachmarkt interessant, wenn ein zweiter Anbieter einen vergleichbaren Deckenstrahler zu einem Einstandspreis von 75,00 EUR liefern könnte?

6. *Im Rahmen Ihrer Ausbildung sind Sie zurzeit im Einkauf des Schreibwarenfachgeschäfts Neumann e. K. in Ulm beschäftigt. Aus dem Lager erhalten Sie die Mitteilung, dass der Vorrat an Kopierpapier voraussichtlich nur noch eine Arbeitswoche reicht. Auf Ihre Anfrage bei verschiedenen Großhändlern gingen folgende drei Angebote ein:*

Angebot 1	Angebot 2	Angebot 3
Wir liefern Ihnen gerne sofort die benötigten 500 Pakete Kopierpapier in der Stärke 100g/m², zum Preis von 2,50 EUR pro Paket zzgl. Frachtkosten in Höhe von insg. 60,00 EUR. Unsere Zahlungsbedingungen lauten: „30 Tage rein netto, bei Zahlung innerhalb von 10 Tagen 2 % Skonto“.	Vielen Dank für Ihre Anfrage. Wir bieten an: Kopierpapier weiß, Stärke 100g/m², 2,96 EUR pro Paket frei Haus. Ab 200 Paketen gewähren wir einen Mengenrabatt von 15 % sowie bei Barzahlung 3 % Skonto. Liefertermin: 14 Tage nach Auftragseingang.	Gerne liefern wir Ihnen aus unserem umfangreichen Sortiment das benötigte Kopierpapier der Stärke 100g/m² zum Paketpreis von 2,75 EUR. Für die Zufuhr berechnen wir pauschal 50,00 EUR. Lieferzeit: 1 Woche ab Bestelleingang. Mengenrabatt ab 300 Pakete 12 %; zahlbar unter Abzug von 2,5 % Skonto bei Zahlung innerhalb von 10 Tagen.

Ermitteln Sie in einem Angebotsvergleich auf der Basis von 500 Paketen das rechnerisch günstigste Angebot und treffen Sie eine begründete Enstcheidung bei welchem Lieferanten Sie das Kopierpapier bestellen würden!

7. *Ein großer Parfümhersteller benötigt für eine neue Duftserie 50 000 Flacons.*
Auf seine Anfragen gingen die beiden nachfolgenden Angebote ein:

Merkmale	Glasmanufaktur Weiden	Industrieglas Albert GmbH
Listenpreis pro Flacon	0,32 EUR	0,48 EUR
Rabatt	10 %	15 %, 25 % bei Abnahme von mindestens 40 000 Stück
Lieferbedingungen	ab Werk	frei Haus
Verpackung Transportkosten	30,00 EUR 175,00 EUR	–
Lieferzeit	5 Tage	innerhalb von 15 Tagen ab Bestelldatum

Merkmale	Glasmanufaktur Weiden	Industrieglas Albert GmbH
Zahlungsbedingungen	innerhalb von 10 Tagen 2 % Skonto oder 30 Tage rein netto	innerhalb von 8 Tagen 3 % Skonto oder 60 Tage Ziel
Besonderheiten	Mindestbestellmenge 20 000 Stück	Eigentumsvorbehalt

Führen Sie einen rechnerischen Angebotsvergleich in übersichtlicher Form durch und begründen Sie, von welchem Lieferanten Sie die Ware beziehen würden.

Prüfungsaufgabe

Bei der folgenden Aufgabe handelt es sich um eine Aufgabe, die sowohl Inhalte der Allgemeinen Betriebswirtschaft als auch Recheninhalte miteinander verknüpft und somit Prüfungscharakter besitzt.

Situation

Aufgrund eines unerwarteten Exportrückgangs sieht sich die Motorenfabrik Mannheim AG gezwungen, sämtliche Unternehmensbereiche auf Kosteneinsparungsmöglichkeiten hin zu untersuchen.

Da im Produktionsbereich in den vergangenen Jahren schon kräftig eingespart wurde, wird nun besonderes Augenmerk auf den Wareneinkauf gelegt.

Da Sie nunmehr im zweiten Ausbildungsjahr sind, wird Ihnen die Aufgabe übertragen, für unsere Kleinmotoren – siehe Abbildung – einen neuen kostengünstigen Lieferanten zu finden. Als Vorgabe erhalten Sie lediglich folgende Information:

Bitte um Beachtung **Notiz**

Bisher bezogen wir die Motoren von einem Hersteller in Friedrichshafen zu einem Einstandspreis von 120,00 EUR je Stück.

Grüße

Nach kurzer Internetrecherche haben Sie einen möglichen Lieferanten in Großbritannien gefunden, der Ihnen auch umgehend ein Angebot zugesendet hat.

Arbeitsaufträge

1. *Errechnung des Einkaufspreises je Kleinmotor des englischen Anbieters, wenn der Kurs laut Internetauskunft 0,835 £ für 1,00 EUR beträgt.*
2. *Ermitteln Sie anschließend den Einstandspreis und begründen Sie in einer kurzen Stellungnahme, für welchen Lieferanten sich die Motorenfabrik Mannheim entscheiden sollte, wenn in Zukunft von einer Abnahmemenge von 400 Motoren pro Quartal ausgegangen werden soll.*
3. *Geben Sie neben dem Einstandspreis drei weitere Kriterien an, von denen Ihre Entscheidung abhängen könnte.*

Liverpool Engine Manufacturers
Harrods Ltd.,
7 RG Merseyside,
Liverpool

Motorenfabrik Mannheim AG
Zielstr. 28–36
68163 Mannheim

Liverpool 2014-8-17

Angebot

Sehr geehrte Damen und Herren,

vielen Dank für Ihre Anfrage. Wunschgemäß bieten wir Ihnen die geforderten Kleinmotoren entsprechend Ihrer technischen Vorgaben zu

120,00 £ je Stück

an.

Bei Abschluss eines Rahmenvertrages über ein Jahr können wir Ihnen folgende Rabatte gewähren:

Jahresabnahmemenge	gewährter Rabatt
ab 500 Stück	10 %
ab 1 000 Stück	15 %
ab 1 500 Stück	20 %

An Bezugskosten berechnen wir je 100 Stück 60,00 £.
Bei Zahlung innerhalb von 8 Tagen ab Rechnungsdatum gewähren wir 2 % Skonto, sonst ist die Rechnung innerhalb von 30 Tagen rein netto zu begleichen.

Wir freuen uns bereits heute auf gute Geschäftsbeziehungen.

Mit freundlichen Grüßen

Metallmanufaktur Liverpool

1.3 Flächen-, Körper- und Umfangberechnung

Für die Berufe der Lagerlogistik ist das Beherrschen der Flächen-, Körper- und Umfangsberechnung eine zentrale Voraussetzung. Erst mit deren Hilfe gelingt es, den Laderaum, etwa beim Beladen von Lkw, Waggons etc. mit Säcken, Paletten und Ähnlichem, optimal auszunutzen.

Einstiegssituation

Für morgen werden bei der Spedition und Lagerei Dieter Mott KG in Mannheim 9 Lkw mit je 22 Europaletten Kunststoffgranulat, das in 25 kg Säcken verpackt ist, erwartet. Ben soll hierfür den zu benötigten Platz im 20 m x 15 m großen Palettenlager schaffen.

Handlungsaufträge

1. *Erklären Sie Ben, wie viel m² er für die morgige Sendung bereithalten muss, wenn die Europaletten nicht stapelbar sind.*
2. *Berechnen Sie die zur Verfügung stehende Restfläche, wenn für innerbetriebliche Transportwege 25 % der Bruttofläche frei zu halten sind.*
3. *Ermitteln Sie, wie viel Sack Kunststoffgranulat eingelagert wurden, wenn jede Europalette mit 800 kg beladen wurde.*

1. Quadrat

- Umfang $U = 4 \cdot a$
- Fläche $F = a \cdot a$

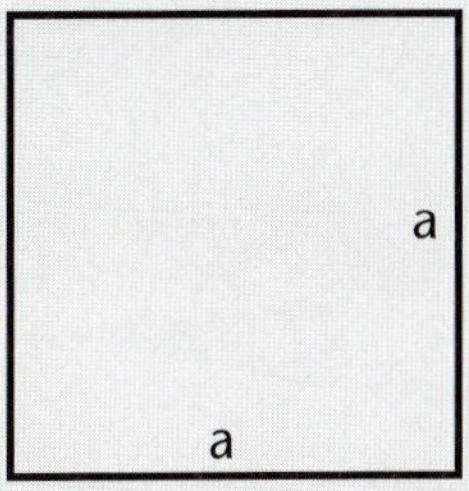

Würfel

- Volumen $V = a \cdot a \cdot a$
- Oberfläche $O = 6 \cdot a^2$

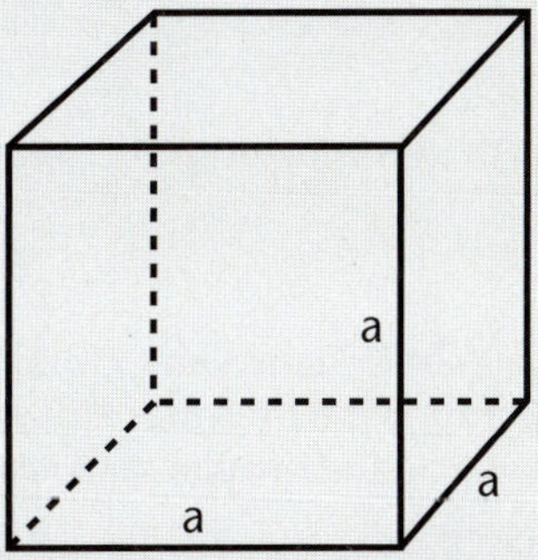

2. Rechteck

- Umfang $U = 2a + 2b$
- Fläche $F = a \cdot b$

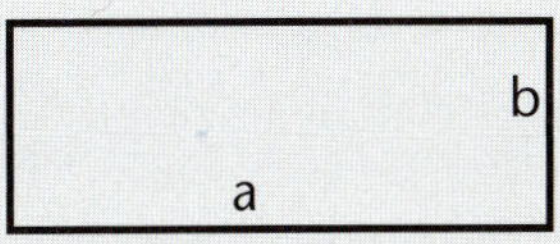

Quader

- Volumen $V = a \cdot b \cdot c$
- Oberfläche $O = 2ab + 2ac + 2bc$

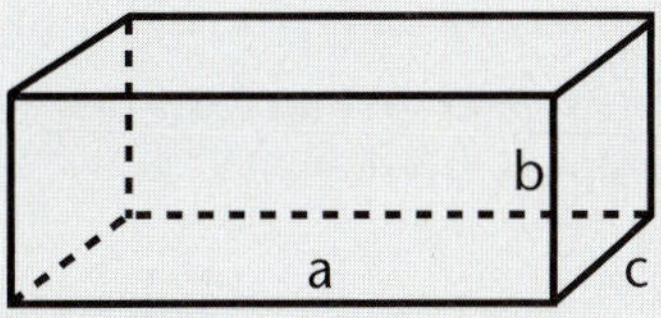

3. Dreieck

- Umfang $U = a + b + c$
- Fläche $F = \frac{g \cdot h}{2}$

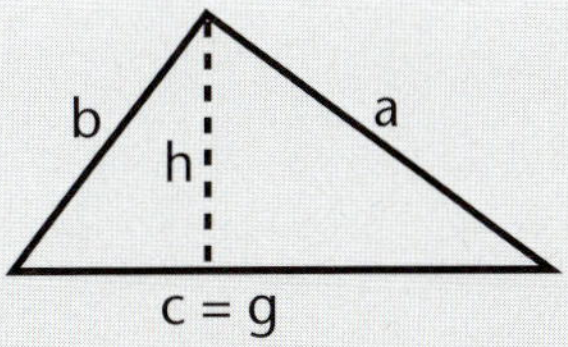

Dreiecksäule

- Volumen $V = \frac{g \cdot h}{2} \cdot l$

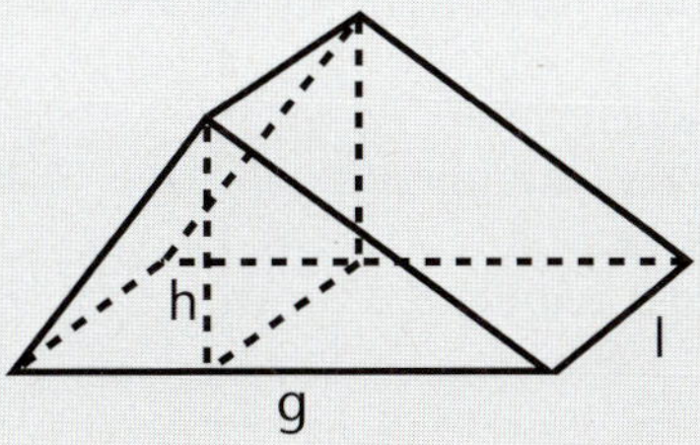

4. Kreis

- Umfang $U = 2r\pi$
- Fläche $F = r^2\pi$

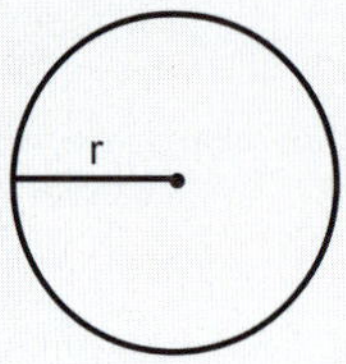

Kugel

- Volumen $V = \frac{4}{3} r^3\pi$

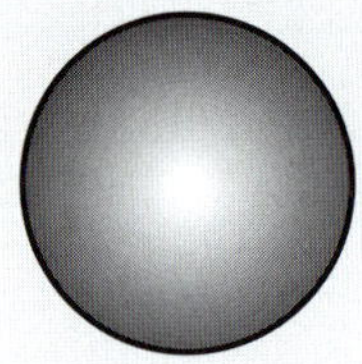

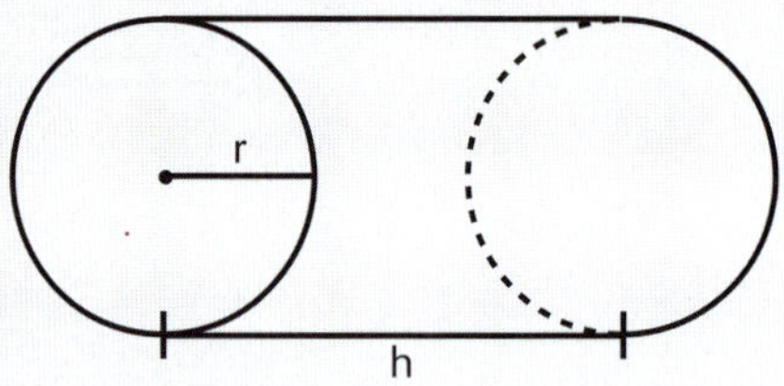

Zylinder

- Volumen $V = r^2\pi h$
- Oberfläche $O = 2r^2\pi + 2r\pi h$

1.3.1 Allgemeine Berechnungen

Musteraufgabe

Bei der Maschinenfabrik Eichenauer GmbH sollen 10 für den Export bestimmte würfel-förmige Holzkisten mit einer Kantenlänge von 60 cm in Ölpapier verpackt werden.

Wie teuer ist das Ölpapier, wenn der m²-Preis 5,80 EUR beträgt?

Musterlösung

Oberfläche	=	$6a^2$
	=	$6 \times a \times a$
	=	$6 \times 0{,}6\text{ m} \times 0{,}6\text{ m}$
	=	$6 \times 0{,}36\text{ m}^2$
	=	$\underline{\underline{2{,}16\text{ m}^2}}$
Preis	=	$2{,}16\text{ m}^2 \times 5{,}80\text{ EUR/m}^2 \times 10\text{ Kisten}$
	=	$\underline{\underline{125{,}28\text{ EUR}}}$

Lösungsschritte

1. Überlegung, um welche Fläche/welchen Körper es sich bei der vorliegenden Aufgabe handelt.
   Hier: Oberfläche Würfel
2. Auswahl der Berechnungsformel.
   Hier: Oberflächenformel $O = 6a^2$
3. Errechnung der geforderten Größe.

Aufgaben

1. *Die Spedition Global möchte ihr Freilager vergrößern. Nun hat sie die Möglichkeit, ein an ihr Geschäft angrenzendes Grundstück zu erwerben. Das Grundstück hat folgende Abmessungen (siehe Zeichnung) Ermitteln Sie den für das Grundstück zu zahlenden Kaufpreis, wenn der m² 425,00 EUR kostet.*

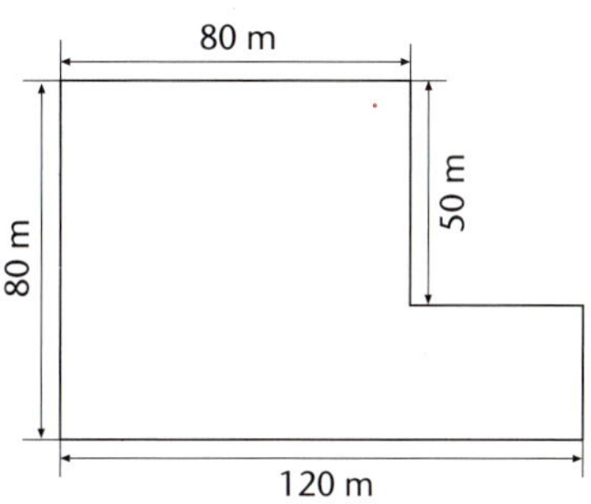

2. *Im Zuge des Lagerumbaus wurde auch unser 25,20 m² großer Sozialraum neu gefliest. Ermitteln Sie, wie viele Bodenfliesen mit den Maßen 50 cm x 30 cm man hierfür benötigt, wenn diese fugenlos verlegt werden können und unser Sozialraum 6 m lang ist.*

3. *Sie arbeiten als Fachkraft für Lagerlogistik bei der internationalen Lkw-Spedition Eurotrans in Dortmund. Heute Morgen liegt auf Ihrem Arbeitsplatz folgende Notiz, die Sie sofort bearbeiten sollen:*

Notiz

Hallo Herr/Frau xx,

berechnen Sie bitte den zur Verfügung stehenden Laderaum unseres neuen Sattelaufliegers. Die Innenmaße wurden mit 14,00 m Länge, 2,50 m Breite und 2,20 m Höhe angegeben.

4. *Sie sollen für ein neu gebautes dreigeschossiges Lagergebäude mit der Grundfläche 80 m x 30 m die Lagerkosten pro m² und pro Monat ermitteln. Hierzu stellt ihnen die Buchhaltung für das vergangene Quartal folgende Unterlagen zur Verfügung:*

Personal	*55 000,00 EUR*
Abschreibungen	*17 000,00 EUR*
sonstige Kosten	*14 400,00 EUR*

5. *In Autobahnnähe wurde vor Kurzem das neu erbaute, zweigeschossige Lagerhaus der Mannheimer Lagerhausgesellschaft mbH eingeweiht. Die Grundmaße des Neubaus betragen 90 m × 25 m.*
Ermitteln Sie die maximale Lagerkapazität des Neubaus in Tonnen, wenn der m² mit max. 3 200 kg belastet werden darf.

6. *Günstige Konjunkturaussichten veranlassten die Mannheimer Lagerhausgesellschaft mbH zum Kauf des benachbarten Grundstücks. Auf diesem soll eine doppelgeschossige Halle gebaut werden (siehe unten stehende Zeichnung). Ermitteln Sie, wie viel m² neuen Lagerraums wir unseren Kunden anbieten können, wenn 25 % der Lagerfläche für Verkehrswege frei zu halten sind.*

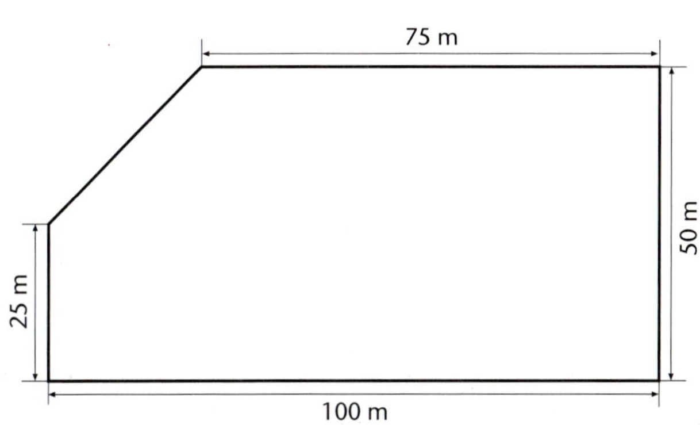

7. *Die Gesamttragfähigkeit einer Lagerhalle beträgt 6 500 t, wobei der m² mit max. 3 500 kg belastet werden darf.*
Wie viele m² umfasst die Halle?

8. *Der Filterhersteller Krüger in Mainz versendet 5 Europaletten mit Luftfiltern, die in Schachteln von 12 cm x 12 cm x 10 cm verpackt sind, an ein benachbartes Automobilwerk. Laut Vorgabe sind die Schachteln ausschließlich auf ihren Grundflächen zu lagern. Das Bruttogewicht jeder Schachtel beträgt 450 g.*

   a *Wie viele Schachteln können auf jede Europalette gepackt werden, wenn diese die Gesamthöhe von 1,20 m nicht überschreiten darf und jede Europalette eine Höhe von 14,4 cm aufweist?*
   b *Ermitteln Sie das Gesamtgewicht der Sendung.*
   c *Welche Lagerfläche wird für die Einlagerung der 5 Europaletten benötigt?*

1.3.2 Grundfläche, Lagerfläche, Ladefläche, Verkehrsfläche

Lagernutzflächen

Lagernutzflächen oder auch Ladenutzflächen geben die Grundflächen (Bruttofläche) von Lager- bzw. Lade-Räumen an. Diese Flächen können i. d. R. jedoch nicht völlig als Lagerfäche (= Fläche für die wirtschaftliche Lagerung von Gütern; sogenannte „Nettofläche") verwendet werden. Dies liegt hauptsächlich daran, dass für eine reibungslose Ein- und Auslagerung genügend und ausreichend breite Wege für innerbetriebliche Transportmittel, sogenannte „Verkehrsflächen", frei gehalten werden müssen.

Aufteilung der Bruttofläche

Folgende Darstellung zeigt die übliche Aufteilung der Bruttofläche:

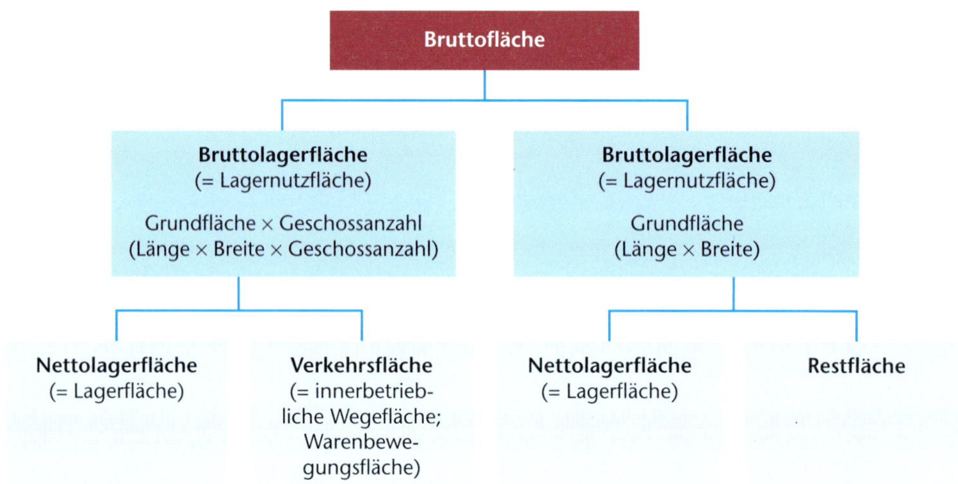

Musteraufgabe

Das neu errichtete Europalettenlager des Reifenherstellers Gummi GmbH hat eine Länge von 60 m und ist 6,50 m hoch. Der Bruttoraum beträgt 7 800 m³.
Ermitteln Sie:
a) die Breite des neu errichteten Europalettenlagers.
b) die Nettolagerfläche, wenn für die innerbetrieblichen Verkehrswege 25 % der Fläche frei zu halten sind.

Musterlösung

a) Volumen = Länge × Breite × Höhe

$7\,800\ m^3 = 60\ m \times \text{Breite} \times 6{,}50\ m$

$$\text{Breite} = \frac{7\,800\ m^3}{390\ m^2}$$

$\text{Breite} = \underline{\underline{20\ m}}$

b)

Grundfläche (Lagernutzfläche):	60 m × 20 m	=	1 200 m^2
– Wegefläche (Verkehrsfläche):	1/4	=	300 m^2
Netto-Lagerfläche:		=	900 m^2

Lösungsschritte

1. Ermittlung der insgesamt zur Verfügung stehenden Grundfläche.
2. Berechnung der Wegefläche.
3. Ermittlung der Lager-(Lade-)fläche.

Aufgaben

1. *Sie sind als Auszubildender bei der Elektrogroßhandlung Pluskat KG damit beauftragt, eine Lieferung Ersatzteile an einen Kunden in Berlin abzuwickeln.*
   Inzwischen haben Sie den Kundenauftrag in Gitterboxpaletten mit der Länge 1,24 m; der Breite 0,835 m und der Höhe 1,00 m vorbereitet.
   a *Weisen Sie nach, wie viele stapelbare Gitterboxpaletten in einen 20-Fuß-Standard-Container mit den Innenmaßen 5,89 m x 2,33 m x 2,32 m (L x B x H) passen.*
   b *Erstellen Sie einen Ladeplan.*

2. *Eine Lieferung Stahlradfelgen, die aus 30 Euro-Paletten (120 cm × 80 cm) besteht, soll eingelagert werden.*
   a *Ermitteln Sie, wie viel m^2 Lagerfläche wir für die Einlagerung zur Verfügung stellen müssen.*
   b *Aus Platzgründen wird erwogen, die Paletten in drei Lagen zu stapeln.*
   Welche Lagerfläche ließe sich dadurch einsparen?

3. *Das neu angemietete dreistöckige Lagerhaus der Tina Krüger Lagerhaus GmbH weist eine Länge von 90 m und eine Breite von 40 m auf.*
   a *Ermitteln Sie die Grundfläche.*
   b *Berechnen Sie die gesamte Lagernutzfläche.*
   c *Wie viel m^2 umfasst die reine Lagerfläche, wenn für innerbetriebliche Fahr- und Gehwege 30 % der Fläche frei zu halten sind?*

4. *Ein 20-Fuß-Standardcontainer mit den Maßen 589 cm × 233 cm × 237 cm soll mit nicht stapelbaren Metallkisten beladen werden.*
   a *Berechnen Sie die Ladenutzfläche des Standardcontainers.*
   b *Errechnen Sie die Grundfläche einer Metallkiste, wenn diese 90 cm lang und 70 cm breit ist.*
   c *Wie viele Metallkisten können tatsächlich bei optimaler Ausnutzung eingelagert werden?*
   d *Ermitteln Sie die reine Ladefläche der Kisten und die nicht zu nutzende Restfläche.*

5. *Das neu erbaute Palettenlager der Fulst-Blei KG in Frankfurt hat eine Länge von 50 Meter und ist 6 Meter hoch. Der Bruttolagerraum beträgt 6000 m^3.*
   a *Berechnen Sie die Breite des Palettenlagers.*
   b *Ermitteln Sie die Nettolagerfläche, wenn 32 % für innerbetriebliche Verkehrswege frei gehalten werden müssen.*

6. *Heute sollen Maschinenteile in zwei Gelenkwagen der DB Schenker Rail AG versandt werden. Als Fachkraft für Lagerlogistik werden Sie mit der Versandvorbereitung betraut.*
   a *Ermitteln Sie, wie viele Europaletten in die beiden Gelenkwaggon geladen werden können, wenn die Länge des Laderaums 19,85 m, die Breite 2,65 m und die Höhe 2,73 m beträgt. Beachten Sie, dass die Paletten nicht stapelbar sind und jede beladene Palette eine Höhe von 165 cm aufweist.*

b *Berechnen Sie das durchschnittliche Gewicht je Palette, wenn jeder Waggon mit höchstens 48,8 t beladen werden darf.*

c *Wie viele m³ Laderaum (Restvolumen) bleiben frei, wenn der Waggon mit der maximalen Anzahl an Paletten beladen ist?*

7. *Im Linienverkehr in die Türkei setzt das Transportunternehmen Gökan Yilmaz vorwiegend Sattelzüge mit folgenden Innenmaßen ein: Länge 12,05 m; Breite 2,44 m, Höhe 2,43 m.*

a *Ermitteln Sie, wie viele Europaletten (1,20 m × 0,80 m) in den Sattelzug geladen werden können, wenn die Paletten stapelbar sind und jede bepackte Palette eine Höhe von 120 cm aufweist.*

b *Berechnen Sie das Ladungsgewicht des Lkw, wenn jede Palette im Durchschnitt 450 kg wiegt.*

c *Skizzieren Sie die Draufsicht eines möglichen Ladeplans.*

d *Wie viel Laderaum-Restvolumen bleibt frei, wenn der Sattelaufzug mit der maximalen Anzahl an Paletten beladen ist?*

Sattelzug

1.3.3 Nutzungsgrade im Lager (Flächen- und Raumnutzungsgrad)

Nutzungsgrade

Nutzungsgrade sind im Rahmen des Lagercontrollings wichtige Kennzahlen. So geben sie z. B. das Verhältnis von tatsächlichem zum maximalem Wert einer Bezugsgröße an, d. h., sie informieren über die aktuelle Auslastung eines Lagers bzw. des zu beladenden Fahrzeugs.

Solche Kenngrößen können sein:

Flächennutzungsgrad

Der Flächennutzungsgrad ist ein Prozentsatz, der das Verhältnis von tatsächlich belegter Fläche zur nutzbaren Fläche angibt.

Formel:

$$\text{Flächennutzungsgrad} = \frac{\text{tatsächlich belegte Fläche}}{\text{nutzbare Fläche (Bruttofläche)}} \times 100$$

Raumnutzungsgrad

Der Raumnutzungsgrad ist ein Prozentsatz, der das Verhältnis des tatsächlich genutzten Raums zum nutzbaren Raum angibt.

Formel:

$$\text{Raumnutzungsgrad} = \frac{\text{tatsächlich genutzter Raum}}{\text{nutzbarer Raum (Bruttoraum)}} \times 100$$

Musteraufgabe

Das in der Hamburger Speicherstadt liegende fünfgeschossige Lagergebäude der Transword Express KG misst 120 m × 65 m. Auf notwendige innerbetriebliche Verkehrsflächen entfallen 25 %.

a) Welche Lagernutzfläche (Bruttolagerfläche) weist das Gebäude auf?
b) Wie viel m² beträgt die reine Lagerfläche (Nettolagerfläche)?
c) Zurzeit ist das Lager mit 13 200 nicht stapelbaren Europaletten belegt. Ermitteln Sie den aktuellen Flächennutzungsgrad.

Musterlösung

a) Bruttofläche
$$\begin{aligned} &= \text{Länge} \cdot \text{Breite} \\ &= 120\ \text{m} \cdot 65\ \text{m} \\ &= 7\,800\ \text{m}^2 \cdot 5\ \text{Geschosse} \\ &= 39\,000\ \text{m}^2 \end{aligned}$$

b) Nettolagerfläche
$$\begin{aligned} &= \text{Bruttolagerfläche} - \text{Verkehrsfläche} \\ &= 39\,000\ \text{m}^2 - 9\,750\ \text{m}^2 \\ &= 29\,250\ \text{m}^2 \end{aligned}$$

c) Fläche einer Europalette
$$\begin{aligned} &= 1{,}20\ \text{m} \times 0{,}80\ \text{m} \\ &= 0{,}96\ \text{m}^2 \end{aligned}$$

Gesamtfläche der Europaletten = $0{,}96\ \text{m}^2 \times 13\,200$ Paletten = $12\,672\ \text{m}^2$

$$\text{Flächennutzungsgrad} = \frac{12\,672\ \text{m}^2 \cdot 100}{39\,000\ \text{m}^2} = \underline{\underline{32{,}49\ \%}}$$

Lösungsschritte

1. Ermittlung der Bruttofläche des gesamten Lagergebäudes
   hier: Länge × Breite × Geschossanzahl = 39 000 m²
2. Berechnung der Nettolagerfläche
   hier: Bruttolagerfläche – 25 % Verkehrsfläche = 29 250 m²
3. Errechnung der durchschnittlichen Belegungsfläche
   hier: Fläche einer Europalette × Ø Palettenanzahl = 12 672 m²
4. Ermittlung des Flächennutzungsgrades, wobei zu beachten ist, dass sich der Nutzungsgrad immer auf die Bruttofläche bezieht.
   hier:

$$\text{Flächennutzungsgrad} = \frac{\text{aktuell genutzte Fläche } 12\,672\ \text{m}^2 \times 100}{\text{Bruttofläche } 39\,000\ \text{m}^2} = \underline{\underline{32{,}49\ \%}}$$

Aufgaben

1. *En schwäbischer Batteriehersteller möchte aufgrund der guten Konjunkturaussichten für die Automobilindustrie sein Ausgangslager vergrößern. Gedacht ist an eine neue 7,5 m hohe eingeschossige Lagerhalle, die mit 12 Stahlregalreihen (L × B × H) 60,00 m × 1,80 m × 6,00 m ausgestattet werden soll.*
   Berechnen Sie:
   a) *die zur Verfügung stehende Bruttolagerfläche (Lagernutzfläche), wenn die Halle 70 m lang und 50 m breit werden soll,*
   b) *die für die zwölf Stahlregale benötigte Fläche (Nettofläche),*
   c) *den Flächennutzungsgrad,*
   d) *den Lagerraum der gesamten Halle (Bruttolagerraum),*
   e) *den von den Regalen beanspruchten Raum (Nettolagerraum),*
   f) *den Raumnutzungsgrad.*

2. *Bei der Maschinenbaufabrik Heuser AG soll ein 40-Fuß-Standard-Container mit den Innenmaßen (L × B × H) 12 040 mm × 2 345 mm × 2 385 mm mit quadratischen Holzkisten beladen werden.*
   a *Wie viele m³ Laderaum stehen in dem Container zur Verfügung?*
   b *Ermitteln Sie, wie viele der stapelbaren Holzkisten mit dem Außenmaß von 60 cm maximal in den Container passen.*
   c *Berechnen Sie den Raumnutzungsgrad, wenn der Container mit der maximalen Anzahl an Kisten beladen wird.*

3. *Die Elektrogroßhandlung Mario Früh GmbH aus Nürnberg hat aufgrund guter Konjunkturaussichten und niedriger Zinsen eine Lagerhalle für 1 380 000,00 EUR erworben. Die neue Lagerhalle verfügt über zwei Stockwerke, ist 120 m lang und 40 m breit. Die Halle weist eine Raumhöhe von 3,80 m auf. Für innerbetriebliche Verkehrswege, Aufzüge und das Treppenhaus sind 22 % der Lagerfläche frei zu halten. Da die Elektrogroßhandlung nicht die gesamte Lagerfläche benötigt, hat sie einen Teil des Lagers mit einer Nettolagerfläche von 3 000 m² auf ihrer Homepage zur Vermietung angeboten.*

   Heute Vormittag überreichte Ihnen der Versandleiter folgende Notiz:

   Ermittlung des Flächennutzungsgrades

   Hallo Frau/Herr xx,

   uns liegt eine Anfrage zur Nutzung des angebotenen Lagerbereichs vor. In der Anfrage ist von 4.500 Euro-Paletten die Rede. Laut Auskunft beträgt die Höhe jeder Palette 120 cm. Überdies sollen diese stapelbar sein.

   Teilen Sie mir bitte im Laufe des Vormittags Folgendes mit:
   1. Zu wie viel Prozent ist die angebotene Lagerfläche hierdurch ausgelastet ?
   2. Wie groß ist die Brutto- und Nettolagerfläche unseres neuen Lagers?

   Grüße

4. *Die Mannheimer Lagerhausgesellschaft mbH erhält einen Auftrag zur Lagerung von 2 200 Euro-Gitterboxpaletten. Die Geschäftsleitung beabsichtigt den Auftrag jedoch erst dann anzunehmen, wenn dadurch eine Mindestauslastung ihres zurzeit leer stehenden Lagers von 35 % der Nettolagerfläche erreicht wird.*
   a *Welche Fläche muss die Mannheimer Lagerhausgesellschaft bei Bodenlagerung zur Verfügung stellen, wenn die Außenmaße der Boxen einschließlich Steilwinkelaufsatz 1 240 mm x 835 mm betragen?*
   b *Ermitteln Sie, ob die Lagerhausgesellschaft den Auftrag annehmen sollte, wenn die angebotene Lagerhalle (Maße 120 m x 50 m) bisher leer stand und für eine reibungslose Ein- und Auslagerung 30 % der Fläche für Verkehrswege frei gehalten werden müssen.*
   c *Welche Fläche könnte eingespart werden, wenn sich drei Euro-Gitterboxpaletten übereinander stapeln ließen?*
   d *Welche Auswirkung hätte diese Lagerung auf den Flächennutzungsgrad?*

Prüfungsaufgabe

Bei nachfolgender Aufgabe handelt es sich um eine Aufgabe, die sowohl Inhalte der Betriebswirtschaft als auch Recheninhalte miteinander verknüpft und somit Prüfungscharakter besitzt.

Situation

Marie Grass Da Rocha ist Auszubildende im zweiten Lehrjahr bei der Baustoffgroßhandlung Hildebrand Clemenz GmbH in Ludwigshafen. Aufgrund der guten Konjunkturlage in der Baubranche wird erwogen, die Lagerkapazität im Bereich Sackware von derzeit 50 auf 130 Europaletten zu erweitern.

Arbeitsaufträge

Nach der Mittagspause findet Marie Grass folgende Notiz auf ihrem Schreibtisch vor.

Aktennotiz

Datum: 25.04.20..
Betreff: Kapazitätserweiterung

Bitte folgende **Arbeitsaufträge** sofort bearbeiten:

1. Wie viele Zementsäcke können wir nach der beabsichtigten Kapazitätserweiterung zusätzlich einlagern? Beachten Sie hierzu, dass jede Europalette das Bruttogewicht von 815 kg (Tara 15 kg pro Europalette) nicht überschreiten darf und der Zement in 25-kg-Papiersäcken abgepackt ist.
2. Berechnen Sie, um wie viel Prozent sich die Lagerkapazität im Bereich Sackwaren erhöht.

Da Marie Grass bisher sehr fleißig und zuverlässig war, darf sie ihren Chef zur diesjährigen Logistikmesse in Stuttgart begleiten. Dort präsentierte der Regalanbieter Engelfried KG sein neues Regalsystem „Sparplatz", das gegenüber den Angeboten der Konkurrenten um 25 % günstiger ist.

Am Ausstellungsregal entdeckt Marie Grass folgende Schilder, auf die sie ihren Chef sofort hinweist.

Max. Feldlast 4 000 kg

Max. Fachlast 550 kg

Kaum zurück in Ludwigshafen gibt Herr Clemenz der Auszubildenden folgende Arbeitsaufträge, die diese am nächsten Tag schriftlich vorlegen soll:

Weitere Arbeitsaufträge

3. *Was bedeuten die beiden Begriffe Feld- und Fachlast?*
4. *Eignet sich dieses Regalsystem zur Erweiterung unseres Lagers für die Sackwaren?*
5. *Welche Maßnahmen müssten getroffen werden, um das Regalsystem kaufen zu können?*

1.4 Verteilungsrechnen

Die allgemeine Verteilungsrechnung ist ein wichtiger Bestandteil des kaufmännischen Rechnens. Ihr Ziel besteht darin, eine Gesamtmenge (z. B. Kosten, Gewinne, Gewichte) nach einem gegebenen Verteilungsschlüssel in verschieden große Teile aufzuteilen.

Handlungssituation

Aufgrund guter Geschäftsergebnisse beabsichtigt die Spedition und Lagerei Dieter Mott KG, an ihre fünf Lagermitarbeiter eine Prämie in Höhe von 864,00 EUR nach den geleisteten Überstunden des letzten Monats zu verteilen. Die einzelnen Mitarbeiter leisteten folgende Überstunden:

- Eva Schwarz 28 Stunden
- Bekis Yildiz 22 Stunden

- Daniel Stehle 18 Stunden
- Antonio Ausanio 32 Stunden
- Ben 8 Stunden

Herr Refior erteilt Ben den Auftrag, für die Berechnung eine entsprechende Tabelle zu erstellen, aus der die Prämien der einzelnen Mitarbeiter hervorgehen.

Handlungsaufträge

1. *Wie sollte Ihrer Meinung nach eine solche Tabelle aufgebaut sein?*
2. *Berechnen Sie die Prämien der einzelnen Mitarbeiter.*

1.4.1 Die allgemeine Verteilungsrechnung

Verteilungsschlüssel

Bei der allgemeinen Verteilungsrechnung gilt es, Gesamtsummen mithilfe eines Verteilungsschlüssels „anteilmäßig" auf einzelne Positionen zu verteilen, wobei der Verteilungsschlüssel aus:

- ganzen Zahlen (z. B. 3 : 2 : 5),
- Dezimalzahlen (z. B. 0,3 : 0,2 : 0,5),
- Brüchen (z. B. 3/10 : 1/5 : 1/2) oder auch aus
- Prozentsätzen (z. B. 30 % : 20 % : 50 %)

bestehen kann. Diese Schlüssel geben an, in welchem Verhältnis die Gesamtsumme auf die einzelnen Positionen zu verteilen ist.

Für sämtliche nachfolgenden Aufgaben empfiehlt sich der Einsatz eines Tabellenkalkulationsprogramms.

Musteraufgabe

In einem „Factory Outlet Center" fallen monatliche Mietkosten in Höhe von insgesamt 30 000,00 EUR an. Diese Kosten sollen nach der Quadratmeterzahl auf die einzelnen Geschäfte verteilt werden:

Jeansladen Haupt e. Kfr.	250 m^2
Svojanovski KG, Markenbekleidung	2 000 m^2
Modeboutique Elodie e. K.	300 m^2
Krawatten Shop Marcel e. K.	50 m^2

Ermitteln Sie die monatliche Miete für jedes Geschäft.

Musterlösung

	A	B	C	D
1	Geschäft	Fläche im m^2	Teile	monatliche Miete in EUR
2	Jeansladen Haupt e. Kfr.	250	5	3 000,00
3	Svojanovski KG, Markenbekleidung	2 000	40	24 000,00
4	Modeboutique Elodie e. K.	200	4	2 400,00
5	Krawatten Shop Marcel e. K.	50	1	600,00
6	insgesamt	2 500	50	30 000,00
7			1	600,00
8				(Lösungsmenge)

Lösungsschritte

1. Aufstellung des Verteilungsschemas.
2. Ermittlung der Teile (falls erforderlich) zur Vereinfachung der Rechnung (im vorliegenden Fall ist in jeder Zahl die Zahl 50 enthalten); ggf. müssen ungleichnamige Brüche auf einen Hauptnenner gebracht werden.
3. Addition der Teile.
4. Ermittlung der Lösungsmenge durch Division der zu verteilenden Gesamtmenge durch die Summe der Teile.
5. Errechnung der einzelnen Anteile, indem der Anteil der einzelnen Teile mit dem Wert eines Teils multipliziert wird.

Aufgaben

1. *Ein Lottogewinn in Höhe von 1 200 000,00 EUR soll auf drei Personen im Verhältnis ihres Einsatzes verteilt werden. A gab 1,00 EUR, B gab 2,00 EUR und C gab 3,00 EUR.*
   Welcher Anteil am Gesamtgewinn steht A, B und C zu?

2. *Durch den gemeinsamen Einkauf von Waren erhalten drei Schuhgeschäfte einen Bonus von 136 500,00 EUR auf der Grundlage nachfolgender Umsätze:*

	A	B	C	D
1	Unternehmung	Umsatz in Mio. EUR	Teile	Bonus in EUR
2	Schuhhaus Müller e. K	1 200,000,00	?	?
3	Walk Flohe OHG	540 000,00	?	?
4	Berzel Trendschuhe KG	990 000,00	?	?
5	insgesamt			136 500,00

   Berechnen Sie den Bonus, den jedes Unternehmen erhält.

3. *Die Spedition Benkiser GmbH benötigt jährlich 80 000 l Heizöl zum Literpreis von 0,85 EUR. Die Heizkosten sollen nach der Größe der verschiedenen Abteilungen bzw. Bereiche verteilt werden:*

Abteilungen bzw. Bereiche	Rauminhalt in m^3
Verwaltung	210
Lager	1 325
Sozialräume	55
Werkstatt	110

   Ermitteln Sie den Heizkostenanteil jeder Abteilung.

4. *Die Spedition Bernd Wilson KG in Worms schüttet auf ihre Mitarbeiter in der Abteilung Kommissionierung eine Lohnprämie in Höhe von 4 400,00 EUR aus. Die Prämie soll im Verhältnis der geleisteten Überstunden auf die Arbeiter verteilt werden:*
   A leistet 69 Überstunden, B 90, C 39, D 48 und E 18.
   Errechnen Sie, wie viel EUR jeder Arbeiter erhält.

5. *Die Fuhrunternehmung Dittmann OHG erwarb einen neuen Sattelzug zum Preis von 420 000,00 EUR. A zahlte 1/4, B 1/5, C 1/6 und D den Rest des Kaufpreises.*
   Wie viel EUR gab jeder der Gesellschafter?

6. *Am Kauf einer Lizenz im Bereich der Solartechnik in Höhe von 1 461 600 EUR sind vier Geschäftsleute beteiligt: A mit 1/3, B mit 1/4, C mit 3/8 und D mit dem Rest.*
Wie hoch ist der Anteil eines jedes Geschäftsmanns?

7. *Das Autohaus Sebastian Schäfer KG bezieht aus Korea vier Kisten Ersatzteile. Die Schiffsfracht für die Sendung beträgt insgesamt 1 912,80 EUR.*
Ermitteln Sie die Frachtkosten je Kiste. Beachten Sie dabei, dass die Seefracht i. d. R. nach dem Rauminhalt der einzelnen Kisten berechnet wird und die Kisten folgende Abmessungen haben:

Verteilung der Frachtkosten					
Verpackungseinheit	**Länge in m**	**Breite in m**	**Höhe in m**	**Volumen in m³**	**Frachtkosten in EUR**
Kiste 1	1.4	0.6	1.2	?	?
Kiste 2	0.9	0.6	0.4	?	?
Kiste 3	0.5	0.5	0.4	?	?
Kiste 4	0.9	0.6	0.5	?	?
insgesamt				?	1 912,80

1.4.2 Gewinnverteilung der Personengesellschaften

Gewinnverteilung bei der offenen Handelsgesellschaft

1.4.2.1 Gewinnverteilung bei der offenen Handelsgesellschaft (OHG)

§ 121 HGB

Bei der **OHG** handelt es sich um eine **Personengesellschaft**, die aus mindestens zwei Personen besteht. Ergibt sich in der Gewinn-und-Verlust-Rechnung (GuV) ein Gewinn, so ist dieser auf die Gesellschafter zu verteilen. Falls der Gesellschaftsvertrag keine Vereinbarung über die Gewinnverteilung enthält, ist der Gewinn nach der gesetzlichen Regelung des § 121 HGB zu verteilen.

§ **121. [Verteilung von Gewinn und Verlust]** (1) Von einem Jahresgewinn gebührt jedem Gesellschafter zunächst ein Anteil in Höhe von vier vom Hundert seines Kapitalanteils.[2] Reicht der Jahresgewinn hierzu nicht aus, so bestimmen sich die Anteile nach einem entsprechend niedrigeren Satze.
(2) Bei der Berechnung des nach Absatz 1 einem Gesellschafter zukommenden Gewinnanteils werden Leistungen, die der Gesellschafter im Laufe des Geschäftsjahrs als Einlage gemacht hat, nach dem Verhältnisse der seit der Leistung abgelaufenen Zeit berücksichtigt. Hat der Gesellschafter im Laufe des Geschäftsjahrs Geld auf seinen Kapitalanteil entnommen, so werden die entnommenen Beträge nach dem Verhältnisse der bis zur Entnahme abgelaufenen Zeit berücksichtigt.
(3) Derjenige Teil des Jahresgewinns, welcher die nach den Absätzen 1 und 2 zu berechnenden Gewinnanteile übersteigt, sowie der Verlust eines Geschäftsjahrs wird unter die Gesellschafter nach Köpfen verteilt.

§ 121 HGB sieht demnach vor, dass:

1. jeder Gesellschafter zunächst eine 4%ige Verzinsung seiner Einlage erhält und danach
2. ein sich ergebender Rest gleichmäßig auf die Gesellschafter zu verteilen ist. Das Gesetz spricht von der Verteilung des Restgewinns nach Köpfen.

Musteraufgabe

An der internationalen Spedition Da Rocha OHG ist A mit 80 000,00 EUR, B mit 200 000,00 EUR und C mit 350 000,00 EUR beteiligt.

Wie viel EUR erhält jeder Gesellschafter, wenn ein Gewinn in Höhe von 120 000,00 EUR entsprechend den gesetzlichen Vorschriften zu verteilen ist?

Musterlösung

	A	B	C	D	E
1	Gewinnverteilung bei der OHG				
2	Personen	Anteil	4 %	Restgewinn	Gesamtgewinn
3	A	80 000,00	3 200,00	31 600,00	34 800,00
4	B	200 000,00	8 000,00	31 600,00	39 600,00
5	C	350 000,00	14 000,00	31 600,00	45 600,00
6	insgesamt	630 000,00	25 200,00	94 800,00	120 000,00

Gesamtgewinn	120 000,00 EUR
– 4%ige Verzinsung	25 200,00 EUR
Restgewinn	94 800,00 EUR : 3 (Personen) = 31 600,00 EUR

Lösungsschritte

1. Aufstellung des Verteilungsschemas.
2. Errechnung der jeweiligen 4%igen Verzinsung.
3. Ermittlung des gesamten Restgewinns.
4. Errechnung des Restgewinns je Gesellschafter, indem der gesamte Restgewinn durch die Anzahl der Gesellschafter geteilt wird.
5. Ermittlung des Gesamtgewinns je Gesellschafter.

Aufgaben

1. *An der Leuchtengroßhandlung Licht & Hell OHG sind Herr Arnold mit 250 000,00 EUR, Herr Bär mit 400 000,00 EUR und Herr Chmilewski mit 150 000,00 EUR beteiligt. Am Jahresende konnte ein Gewinn in Höhe von 122 000,00 EUR erzielt werden. Laut Gesellschaftsvertrag ist der Gewinn so zu verteilen, dass jeder Gesellschafter zunächst eine 4%ige Verzinsung der Kapitaleinlage erhält und der Rest gleichmäßig verteilt wird.*

2. *An der Spedition Global Trans OHG sind die Gesellschafter Neumann mit 480 000,00 EUR, Krug mit 120 000,00 EUR und Enders mit 320 000,00 EUR beteiligt. Im Gesellschaftsvertrag steht, dass der Jahresgewinn In Höhe von 240 000,00 EUR wie folgt zu verteilen ist: Zunächst erhält jeder Gesellschafter 6 % seiner Einlage; der Rest ist im Verhältnis 6 : 5 : 5 (Neumann : Krug : Enders) aufzuteilen.*
   Ermitteln Sie den Gewinnanteil jedes Gesellschafters.

3. *An der Karl Wolf Transport OHG mit einer Gesamteinlage von 2,4 Mill. EUR sind vier Gesellschafter beteiligt: Herr Wolf mit 1/4, Herr Rappold mit 2/5, Herr Celan mit 1/6 und Herr Bolz mit dem Rest. Der Jahresgewinn in Höhe von 600 000,00 EUR soll auf die einzelnen Gesellschafter entsprechend den gesetzlichen Bestimmungen verteilt werden.*
   Welchen Gewinnanteil erhält jeder Gesellschafter?

4. *Emil Neumann, Josef Herschel und Ludwig Matt gründen die Neumann, Herschel & Matt OHG zum Vertrieb von Sanitärartikeln. Emil Neumann bringt eine Kapitaleinlage von 320 000,00 EUR ein, Josef Herschel übernimmt 1/3 und Ludwig Matt 2/5 des Gesamtkapitals.*
   a *Ermitteln Sie die Kapitaleinlagen von Josef Herschel und Ludwig Matt*
   b *Ermitteln Sie die Gewinnanteile eines jeden Gesellschafters, wenn der Gesamtgewinn des vergangenen Geschäftsjahres 220 320,00 EUR betrug.*
   Zur Gewinnverteilung steht folgende Regelung im Gesellschaftsvertrag:

> § 5 Gewinnverteilung
> Das eingesetzte Kapital ist zunächst mit 6 % zu verzinsen, der darüber hinausgehende Gewinn wird auf die Gesellschafter nach Köpfen verteilt.

Gewinnverteilung bei der Kommanditgesellschaft

1.4.2.2 Gewinnverteilung bei der Kommanditgesellschaft (KG)

Die Kommanditgesellschaft (KG) ist wie die OHG eine Personengesellschaft, die aus mindestens zwei Personen – einem Vollhafter (Komplementär) und einem Teilhafter (Kommanditist) – besteht.

§ 168 HGB

Für einen sich ergebenden Gewinn sieht der Gesetzgeber in § 168 HGB vor, dass zunächst

1. jeder Gesellschafter eine 4%ige Verzinsung seiner Einlagen erhält und danach
2. ein sich ergebender Rest in angemessenem Verhältnis zu verteilen ist.

> § **168 [Verteilung von Gewinn und Verlust]** (1) Die Anteile der Gesellschafter am Gewinn bestimmen sich, soweit der Gewinn den Betrag von vier vom Hundert der Kapitalanteile nicht übersteigt, nach den Vorschriften des § 121 Abs. 1 und 2.
> (2) In Ansehung des Gewinns, welcher diesen Betrag übersteigt, sowie in Ansehung eines Verlustes gilt, soweit nicht ein anderes vereinbart ist, ein den Umständen nach angemessenes Verhältnis der Anteile als bedungen.

Musteraufgabe

Im Gesellschaftsvertrag der Baustoffgroßhandlung Erny KG vereinbarten der Vollhafter Erny und der Teilhafter Hör, dass bei der Gewinnverteilung vorab eine Verzinsung von 4 % zu erfolgen hat und anschließend ein sich ergebender Gewinn im Verhältnis der Kapitalanteile zu verteilen ist.
Ermitteln Sie, welchen Gewinnanteil jeder Gesellschafter erhält, wenn im vergangenen Geschäftsjahr ein Gewinn in Höhe von 288 000,00 EUR erzielt wurde und Erny mit 800 000,00 EUR und Hör mit 400 000,00 EUR an der Baustoffgroßhandlung beteiligt waren.

Musterlösung

	A	B	C	D	E	F
1	Gewinnverteilung bei der KG					
2	**Personen**	**Anteil**	**Teile**	**4 %**	**Restgewinn**	**Gesamtgewinn**
3	Erny	800 000,00	8 (2)	32 000,00	160 000,00	192 000,00
4	Hör	400 000,00	4 (1)	16 000,00	80 000,00	96 000,00
5	insgesamt	1 200 000,00	12 (3)	48 000,00	240 000,00	288 000,00
6			1		20,000 00	

Lösungsschritte

1. Aufstellen des Verteilungsschemas.
2 Ermittlung der Teile, falls erforderlich.
3. Errechnung der 4%igen Verzinsung.
4. Ermittlung des Restgewinns.
5. Errechnung eines Teilbetrags.
6. Ermittlung des Gesamtgewinns je Gesellschafter.

Aufgaben

1. *Bei der Schraubengroßhandlung Plaskon & Sator KG ist die Gewinnverteilung im Gesellschaftsvertrag wie folgt festgeschrieben:*

> *Zunächst erhält jeder Komplementär eine jährliche Vergütung von 35 000,00 EUR. Danach hat eine Kapitalverzinsung sowohl für die Voll- als auch für die Teilhafter von 4 % zu erfolgen. Ein sich darüber hinaus ergebender Restgewinn ist im Verhältnis 4 : 4 : 2 zu verteilen.*

Verteilen Sie einen sich ergebenden Jahresgewinn in Höhe von 170 000,00 EUR entsprechend dem Gesellschaftsvertrag. An der Schraubengroßhandlung Plaskon & Sator KG sind neben den beiden Vollhaftern Willi Plaskon und Hans-Joachim Sator mit je 200 000,00 EUR noch der Teilhafter Mehmet Yildiz mit 80 000,00 EUR beteiligt.

2. *An der Fotofachhandel Engelfried KG in Stuttgart sind beteiligt:*
Herr Engelfried als Komplementär mit einer Kapitaleinlage von 300 000,00 EUR, Frau Bitz als Komplementärin mit 425 000,00 EUR und Herr Clemenz als Kommanditist mit 200 000,00 EUR. Im letzten Geschäftsjahr erzielte die KG einen Gewinn von 227 750,00 EUR. Der Gewinnvertrag enthält bezüglich der Gewinnverteilung folgende Regelung:

Gewinnverteilung bei der Fotofachhandel Engelfried KG						
Gesellschafter	**Anteil**	**Teile**	**vorweg**	**5 %**	**Restgewinn**	**Gesamtgewinn**
Engelfried	300 000,00	?	?	?	?	?
Bitz	425 000,00	?	?	?	?	?
Clemenz	200 000,00	?	?	?	?	?
insgesamt						227 750,00

Verteilen Sie den Jahresgewinn entsprechend der Regelung des Gesellschaftsvertrags.

Auszug aus dem Gesellschaftsvertrag:

> **§**
> § 5 Gewinnverteilung
> (1) Jeder Vollhafter erhält für seine Geschäftsführung eine Tätigkeitsvergütung in Höhe von 4 200,00 EUR monatlich, die am Jahresende vom Gesamtgewinn jedoch vor der Verteilung abzuziehen sind.
> (2) Danach erhält jeder Gesellschafter entsprechend den gesetzlichen Bestimmungen eine 5%ige Verzinsung seiner Einlagen.
> (3) Ein sich ergebender Rest ist im Verhältnis 2 : 2 : 1 zu verteilen.

3. *Die Peter Zöphel KG erzielte im abgelaufenen Geschäftsjahr einen Gewinn in Höhe von 384 000,00 EUR. An der KG sind neben dem Vollhafter Herrn Zöphel mit einer Einlage von 1 800 000,00 EUR noch seine Frau Sabine und sein Schwager Herr Wetzker als Teilhafter beteiligt. Frau Zöphel besitzt 1/5 und ihr Bruder Herr Wetzker 30 % der Gesamteinlagen.*
   a *Ermitteln Sie die Einlagen von Frau Zöphel und Herrn Wetzker.*
   b *Verteilen Sie den Jahresgewinn auf die Gesellschafter. Im Gesellschaftsvertrag ist festgelegt, dass Herr Zöphel zunächst 40 000,00 EUR für die Geschäftsleitung erhält. Danach erhalten die Gesellschafter eine Verzinsung von 5 % ihrer Einlagen. Ein eventuell sich ergebender Rest ist im Verhältnis der Einlagen zu verteilen.*

Prüfungsaufgabe

Die folgende Aufgabe verknüpft Inhalte aus der Betriebswirtschaft und Recheninhalte miteinander und besitzt somit Prüfungscharakter.

Situation

Mario Früh übernahm vor einigen Jahren, die auf den osteuropäischen Raum spezialisierte Lkw-Spedition „Trans East Europe e. K." seines Vaters.

Aufgrund der sehr guten Geschäftsentwicklung fasste Herr Früh den Entschluss, seine Tätigkeit nun auch auf Südeuropa auszuweiten und sich das hierfür erforderliche Kapital im Zuge einer Umwandlung der Einzelunternehmung in eine Kommanditgesellschaft zu beschaffen.

Zwei Geschäftsfreunde, Herr Markus Pluskat und Herr Ilidio Da Rocha, waren bereit, die benötigten Mittel zur Verfügung zu stellen und als Teilhafter in die neu gegründete „Trans Europe KG" einzutreten, die jedoch weiterhin von Herrn Früh als Komplementär geleitet wird. Am Ende des ersten Geschäftsjahrs erzielte die „Trans Europe KG" einen Gewinn in Höhe von 450 000,00 EUR.

Auszug aus dem Gesellschaftsvertrag:

Gesellschaftsvertrag der „Trans Europe KG"

§ 1 Firma, Sitz und Zweck der Gesellschaft
Für die gemeinsame Durchführung von Transportleistungen wird von den Unterzeichnern eine Kommanditgesellschaft gegründet. Die Gesellschaft firmiert unter „Trans Europe KG".
Sitz der Gesellschaft ist Mannheim.

§ 2 Beginn der Gesellschaft
Der Geschäftsbetrieb wird am 01.01.20.. aufgenommen.

§ 3 Gesellschafter
1. *Mario Früh ist Komplementär der Gesellschaft.*
2. *Markus Pluskat ist Kommanditist der Gesellschaft.*
3. *Ilidio Da Rocha ist Kommanditist der Gesellschaft.*

§ 4 Kapitaleinlage
1. *Mario Früh:*
   - *das gesamte Vermögen der „Trans East Europe e. K." in Höhe von 3,5 Millionen EUR*
   - *Barmittel in Höhe von 50 000,00 EUR*
2. *Markus Pluskat:*
   - *ein Pkw im Wert von 20 000,00 EUR*
   - *Barmittel in Höhe von 230 000,00 EUR*
3. *Ilidio Da Rocha:*
   - *eine Lagerhalle im Wert von 800 000,00 EUR*
   - *Barmittel in Höhe von 100 000,00 EUR*

§ 5 Gewinn- und Verlustverteilung
1. *Der Komplementär Herr Früh erhält eine monatliche Tätigkeitsvergütung von 7 500,00 EUR.*
2. *Die Kapitaleinlagen werden mit 6 % verzinst.*
3. *Der Restgewinn wird im Verhältnis 4 : 1 : 1 verteilt.*
4. *Ein etwaiger Verlust wird ebenfalls im Verhältnis 4 : 1 : 1 verteilt.*

§ 6 (...)

Arbeitsaufträge

1. *Geben Sie zwei Gründe an, die für die Umwandlung einer Einzelunternehmung in eine KG sprechen.*
2. *Ermitteln Sie die Kapitaleinlagen der drei Gesellschafter.*
3. *Entwerfen Sie ein geeignetes Schema und führen Sie die Gewinnverteilung entsprechend des Gesellschaftsvertrags durch.*
4. *Zu welchem Prozentsatz hat sich die Kapitaleinlage von Herrn Da Rocha verzinst?*

1.5 Durchschnittsrechnung

Im kaufmännischen Bereich ist die Durchschnittsrechnung von großer Bedeutung. Sie ermöglicht es dem Kaufmann, durch Vergleich mit anderen Durchschnittswerten, z. B. die durchschnittliche Auslastung des Lagers in einem Monat im Verhältnis zum Vormonat, wichtige betriebswirtschaftliche Rückschlüsse zu erlangen.

Handlungssituation

Da Ben nunmehr für ein 20 m x 15 m großes Europalettenlager zuständig ist, soll er für seinen Vorgesetzten, Herrn Refior, die durchschnittliche Belegung des Palettenlagers für den Monat Januar angeben.
Hierfür stellt das Lagersystem folgende Daten zur Verfügung:

Januar 20..	Belegung mit Europaletten in Stück
1. Woche	70
2. Woche	38
3. Woche	128
4. Woche	64

Handlungsaufträge

1. *Erklären Sie Ben, wie er zur Lösung der übertragenen Aufgaben vorgehen soll, und ermitteln Sie die durchschnittliche Belegung.*
2. *Berechnen Sie den durchschnittlichen Auslastungsgrad des Europalettenlagers, wenn die Verkehrsfläche für das Europalettenlager mit 25 % angegeben wird.*

1.5.1 Der einfache Durchschnitt

Bei dieser Rechenart wird aus mehreren Beträgen ein durchschnittlicher Wert ermittelt. Dabei wird allerdings Mengengleichheit unterstellt.

Musteraufgabe

Für das abgelaufene Geschäftsjahr entnimmt der Inhaber des Fotofachgeschäfts Krüger e. K. für die Kamera Fuji DMC-Z5 folgende Daten aus der Lagerbuchführung:

Lagerbestand: Fuji DMC-Z5			
1. Januar	8 Stück	31. März	17 Stück
30. Juni	12 Stück	30. September	13 Stück
31. Dezember	10 Stück		

Berechnen Sie, wie viele Kameras im Durchschnitt am Lager waren.

Musterlösung

Quartale	Stückzahl
01.01.20..	8
31.03.20..	17
30.06.20..	12
30.09.20	13
31.12.20..	10

60 : 5 Posten = <u>12 Stück</u>

Lösungsschritte

einfacher Durchschnittswert

1. Addition der einzelnen Posten; hier die Stückzahl.
2. Division der ermittelten Gesamtstückzahl durch die Anzahl der Posten.

$$\text{einfacher Durchschnittswert} = \frac{\text{Gesamtstückzahl}}{\text{Anzahl der Posten}}$$

Aufgaben

1. *Der Umsatz des Motorradfachgeschäfts „Harley" entwickelte sich im Wochenverlauf wie folgt:*

Wochentag	Umsatz in EUR
Montag	4 800,00
Dienstag	5 250,00
Mittwoch	7 980,00
Donnertag	6 520,00
Freitag	8 200,00
Samstag	15 250,00

Sie werden gebeten, den durchschnittlichen Wochenumsatz zu ermitteln.

2. *Emil Neumann, Lkw-Fahrer bei der internationalen Spedition Transworld KG, legte in der Woche vom 04.02.–08.02.20.. folgende Tagesstrecken zurück: Montag 605 km, Dienstag 716 km, Mittwoch 539 km, Donnerstag 802 km und Freitag 538 km.*
Wie viel km fuhr Herr Neumann durchschnittlich pro Tag?

3. *Der Fachlagerist Sven Ohlsen arbeitet im Lager des Lebensmittelsupermarkts Maria Dittmann e. K. Da er, wie im Einzelhandel üblich, auch am Samstag arbeiten muss, gewährt ihm Frau Dittmann einen arbeitsfreien Tag unter der Woche.*
Zur genauen Planung wird Sven gebeten, die durchschnittliche Kundenzahl pro Arbeitstag zu ermitteln und Frau Dittmann begründet drei geeignete Tage vorzuschlagen, an dem sie ihm frei geben sollte.

Wochentag	Kundenzahl
Montag	198
Dienstag	231
Mittwoch	134
Donnertag	322
Freitag	297
Samstag	528

4. *Für unsere 7 200 m² große Lagerhalle fielen laut Angaben der Buchführungsabteilung im 3. Quartal Lagerkosten in Höhe von 26,10 EUR/m² an.*
Nach der Mittagspause finden Sie folgende Notiz auf Ihrem Schreibtisch:

Notiz

Hallo Frau/Herr xx,

berechnen Sie bitte umgehend folgende Größen:

1. Auf welchen Betrag beliefen sich die Personalkosten im 3. Quartal?
2. Wie hoch waren die durchschnittlichen monatlichen Personalkosten pro Mitarbeiter im Lager, wenn im 3.Quartal 12 Mitarbeiter beschäftigt waren?
3. Wie viel EUR betragen die Lagerkosten pro Monat ?

Grüße

P. S.: Die benötigten Informationen aus der Buchhaltung habe ich beigefügt!

Lagerkosten 3. Quartal	EUR
Abschreibungen	52 500,00
Energiekosten	43 800,00
Versicherungsprämien	7 900,00
Personalkosten	?

1.5.2 Der gewogene Durchschnitt

Der gewogene Durchschnitt wird immer dann angewandt, wenn mehrere nicht gleichwertige Größen gegeben sind. Dies hat zur Folge, dass diese Größen zunächst gewichtet werden müssen, z. B. bei der Ermittlung des Gesamtpreises einer Ware aus der Multiplikation von Menge und Preis.

Musteraufgabe

Die Dortmunder Metallwarenfabrik Krug GmbH bezog in der vergangenen Woche Fertigungsmaterial von drei unterschiedlichen Lieferanten:
Lieferant 1: 75 Europaletten zu 2 150,00 EUR je Palette
Lieferant 2: 70 Europaletten zu 2 220,00 EUR je Palette
Lieferant 3: 35 Europaletten zu 2 720,00 EUR je Palette
Die Geschäftsleitung möchte nun wissen, zu welchem Durchschnittspreis das Fertigungsmaterial eingekauft wurde.

Musterlösung

	A	B	C	D
1				
2	Lieferant	Palettenanzahl je Lieferant	Preise in EUR/ Palette	Gesamtpreis in EUR
3	I	75	2 150,00	161 250,00
4	II	70	2 220,00	155 400,00
5	III	35	2 720,00	95 200,00
6	insgesamt	180		411 850,00
7		1	2 288,06	

Lösungsschritte

1. Aufstellung des Schemas.
2. Ermittlung des Gesamtpreises je Lieferung/Sorte.
3. Ermittlung der Gesamtmenge.
4. Errechnung des gewogenen Durchschnittspreises durch Division des Gesamtpreises durch die Gesamtmenge.

gewogener Durchschnitt

$$\text{gewogener Durchschnitt} = \frac{\text{Gesamtpreis}}{\text{Gesamtmenge}}$$

Aufgaben

1. *Ein Spediteur beschäftigte zur Erledigung eines eiligen Auftrags 14 Aushilfsarbeiter, die folgende Stundensätze erhielten: 1 Arbeiter bekam 16,45 EUR, 3 Arbeiter erhielten je 16,25 EUR, 8 Arbeiter arbeiteten für je 14,10 EUR und 2 Arbeiter bekamen je 12,50 EUR.*
   Wie viel EUR betrug der durchschnittliche Stundenverdienst eines Aushilfsarbeiters?

2. *Für eine Sonderaktion, die am Ende des Sommers geplant ist, beabsichtigt das Motorradzubehörgeschäfts „Speed Biker", die Restposten der unten angeführten Motorradhelme zu einem einheitlichen Preis anzubieten.*

Modell	Verkaufspreis	Anzahl im Lager
Chic	105,00	28
Cool	148,00	7
Sicher	130,00	15

   Ermitteln Sie den durchschnittlichen Preis pro Helm.

3. *Beim Elektrofachgeschäft Monika Esen e. Kfr. sollen verschiedene Kleinteile ausgelistet werden. Ihre Vorgesetzte beauftragt Sie, den Durchschnittspreis der Produkte zu ermitteln, da diese in einem Warenkorb am Eingang zu einem einheitlichen Preis angeboten werden sollen.*

Auszulistende Produkte	Noch verfügbare Stückzahl	Jetziger Verkaufspreis in EUR/Stück
I	28	4,85
II	9	4,20
III	44	5,10
IV	19	4,30

4. *Sie arbeiten als Fachkraft für Lagerlogistik bei der kleinen Spedition Meier e. K. in Ludwigshafen. Heute Morgen liegt auf Ihrem Arbeitsplatz folgende Notiz von Herrn Meier, die Sie sofort bearbeiten sollen:*

Notiz

Hallo Frau/Herr xx,

berechnen Sie bitte, zu welchem Durchschnittspreis je Liter Benzin ich im vergangenen Monat mit unserem Geschäftswagen getankt habe. Die benötigten Tankbelege habe ich beigefügt.

Grüße

Den beigefügten Tankbelegen entnehmen Sie folgende Informationen:
07.09.20.. Tankstopp 42 l je 1,59 EUR
18.09.20.. Tankstopp 54 l je 1,62 EUR
26.09.20.. Tankstopp 37 l je 1,56 EUR

5. *Nach einigen Jahren als Lagerleiter bei der Lagertrans AG überlegen Sie, ob es nicht sinnvoll sei, einen Teil Ihrer Ersparnisse in Aktien Ihres Unternehmens anzulegen. Deshalb verfolgen Sie in letzter Zeit die in der Tageszeitung angegebenen Börsenkurse mit großem Interesse. Der Börsenkurs der Aktie entwickelte sich über die Woche wie folgt:*

Börsentage	Montag	Dienstag	Mittwoch	Donnerstag	Freitag
Kurse in EUR je Aktie	17,20	16,90	16,95	17,50	17,10

a *Berechnen Sie den Durchschnittskurs der Aktie an den fünf Tagen.*
b *Wie viel Euro hätte eine Aktie im Durchschnitt gekostet, wenn Sie über die Woche nachfolgend angegebene Stückzahl gekauft hätten?*

Börsentage	Montag	Dienstag	Mittwoch	Donnerstag	Freitag
Gekaufte Stück	30	50	80	10	340

c *Um wie viel Prozent ist der Kurs der Aktie in der betrachteten Woche gesunken?*

6. *Kai Bergner macht seine Ausbildung zum Fachlageristen beim Schokoladenparadies Da Rocha in Heidelberg. Als Kai heute Morgen an seinen Arbeitsplatz kommt, wird ihm nachfolgende Rechnung des Spezialitätenkontors Lübeck GmbH übergeben. Sein Chef fordert ihn auf, die fehlenden Beträge (a, b, c und d) zu ermitteln.*

Spezialitätenkontor Lübeck GmbH

Spezialitätenkontor Lübeck GmbH, Hauptstr. 28, 23552 Lübeck

Hauptstr. 28
23552 Lübeck
Telefon: 02306 275633
Telefax: 02306 375644
Email: www.spezlüb.de
USt.-Id.Nr. DE1758 483 332
Handelsregister Amtsgericht
Lübeck HRB Nr. 17111

Kd-Nr. 1983-01-23
Rg-Nr. 0102080

Da Rocha KG
Frankfurter Str. 12
69157 Heidelberg

Rechnung: 0102080 16.11.20..

Sehr geehrte Damen und Herren,

wir bedanken uns für Ihren Auftrag vom 02.11.20.. und berechnen wie folgt:

Menge in kg	Bezeichnung	Einzelpreis in EUR/kg	Gesamtpreis in EUR
5	Nougatriegel	7,50	37,50
d)	Trüffelpralinen	25,00	c)
20	Marzipaneier	12,50	250,00
Rechnungsbetrag netto			b)
+ USt. 7 %			a)
Rechnungsbetrag brutto			481,50

Zahlungsziel: 30 Tage rein netto

Mit freundlichen Grüßen

Spezialitätenkontor Lübeck GmbH

ppa. Brigitte Weber

Brigitte Weber

Bankverbindung Hanseatische Handelsbank Konto-Nr. 4453726, BLZ 6739223

Prüfungsaufgabe

Bei nachfolgender Aufgabe handelt es sich um eine Aufgabe , die mehrere Teile des bisher behandelten Stoffes sowie der Allgemeinen Betriebswirtschaft miteinander verknüpft und somit Prüfungscharakter besitzt.

Situation

Sie sind als Auszubildende im zweiten Lehrjahr beim Elektrofachmarkt Maria Matt KG in Mannheim im Lagerbereich zusammen mit vier weiteren Kolleginnen beschäftigt. Die Ladenöffnungszeiten liegen an den sechs Wochentagen zwischen 9:00 und 19:00 Uhr. Wie im Einzelhandel üblich, gewährt die Geschäftsführerin Frau Matt jeder Mitarbeiterin einen arbeitsfreien Tag.

Arbeitsaufträge

1. *Für die letztjährige Inventur, die von sämtlichen Mitarbeiterinnen im Lagerbereich durchgeführt wurde, war das Geschäft einen ganzen Tag geschlossen. In diesem Jahr möchte Frau Matt das Geschäft aber bereits um 14:00 Uhr wieder öffnen. Hierzu werden Sie beauftragt, die Anzahl der zusätzlich benötigten Aushilfskräfte zu ermitteln.*

2. *In einem benachbarten Ladengeschäft wurde die Inventur im letzten Jahr von vier Mitarbeitern in drei Tagen durchgeführt, wobei jeder Mitarbeiter täglich 7,5 Stunden arbeitete.*

   Wie viele Überstunden müssen die Mitarbeiter bei der diesjährigen Inventur leisten, wenn die Arbeit bereits nach zwei Tagen beendet sein soll und die Geschäftsleitung eine weitere Person für die Inventurarbeiten bereitstellt?

3. *Zur genauen Planung des arbeitsfreien Tages werden Sie von Frau Matt beauftragt, die Kundenfrequenz des Elektrofachmarktes festzustellen. Mithilfe einer Zählvorrichtung ermitteln Sie folgende Werte:*

   a) *Errechnen Sie die durchschnittliche Kundenfrequenz pro Tag und schlagen Sie der Geschäftsführerin Frau Matt begründet einen Tag vor, an dem sie Ihnen freigeben könnte.*
   b) *Stellen Sie die Kundenfrequenz über die Woche in einer Grafik dar.*
      Hinweis: Je Wochentag = 1 cm; je 20 Kunden = 1 cm.
   c) *Von welchen weiteren Größen könnte die Gewährung eine freien Tages noch abhängen? (2 Nennungen!)*

Wochentag	Kundenanzahl
Montag	105
Dienstag	72
Mittwoch	98
Donnerstag	63
Freitag	117
Samstag	145

4. *Der Umsatz in der Computerabteilung des Einzelhandelsfachgeschäfts entwickelte sich im Wochenverlauf wie folgt:*

   a) *Sie werden gebeten, den durchschnittlichen Wochenumsatz je Mitarbeiterin zu errechnen, wenn im Verkaufsbereich außer der Inhaberin Frau Matt noch sieben weitere Mitarbeiter beschäftigt sind.*
   b) *Außerdem sollen Sie den durchschnittlichen täglichen Umsatz je Mitarbeiter ermitteln.*

Wochentag	Umsatz in EUR
Montag	2 000,00
Dienstag	3 500,00
Mittwoch	2 900,00
Donnerstag	3 900,00
Freitag	4 500,00
Samstag	7 200,00

5. *Eine Sonderaktion ist zu Beginn des nächsten Monats geplant. Hierfür beabsichtigt die Inhaberin Frau Matt, die Restposten der unten angeführten Navigationsmodelle zu einem einheitlichen Preis anzubieten.*
   Ermitteln Sie den durchschnittlichen Preis pro Navigationsgerät:

Modell	Verkaufspreis je Stück	Anzahl	Gesamtpreis
NAVIGATOR	109	8	?
TAMTAM	79	4	?
PARONIK	99	10	?
insgesamt	1	?	?

2 Frachtrechnen

Handlungssituation

Ben Lachmann, Auszubildender zum Fachlageristen bei der Spedition und Lagerei Dieter Mott KG in Mannheim, muss gelegentlich in der Lagerverwaltung mitarbeiten.

Seit einigen Tagen wird er aufgrund seiner guten Leistungen in der Versandabteilung eingesetzt. Dort hat er die Aufgabe, die kostengünstigsten Versandarten zu ermitteln.

Handlungsaufträge

1. *Überlegen Sie, welche Verkehrsträger für den Versand von Waren von Bens Unternehmen zur Verfügung gestellt werden könnten.*
2. *Je nach Gewicht der Ware stehen beim Transport auf der Straße unterschiedliche Versandmöglichkeiten zur Auswahl. Ordnen Sie den jeweiligen Sendungsgewicht von 3 kg; 30 kg; 300 kg; 3 000 kg und 30 000 kg jeweils eine Versandmöglichkeiten zu.*
3. *Führen Sie zu den unterschiedlichen Verkehrsträgern die Frachtermittlung bei variierenden Aufgabenstellungen durch.*

Eine der wesentlichsten Tätigkeiten einer Fachkraft im Bereich Lagerwirtschaft/Logistik besteht in der Verpackung von Gütern, der optimalen Auswahl der Versandart und des Verkehrsträgers sowie der Berechnung der jeweiligen Fracht. Hierzu wird einerseits die genaue Kenntnis der wichtigsten Versandarten sowie der entsprechenden Verkehrsträger, andererseits die optimale Auswahl der gültigen Tarife voraus gesetzt.

Die zur Frachtberechnung wichtigsten Versandarten und Verkehrsträger verdeutlicht nachfolgende Übersicht.

Versandarten
Verkehrsträger

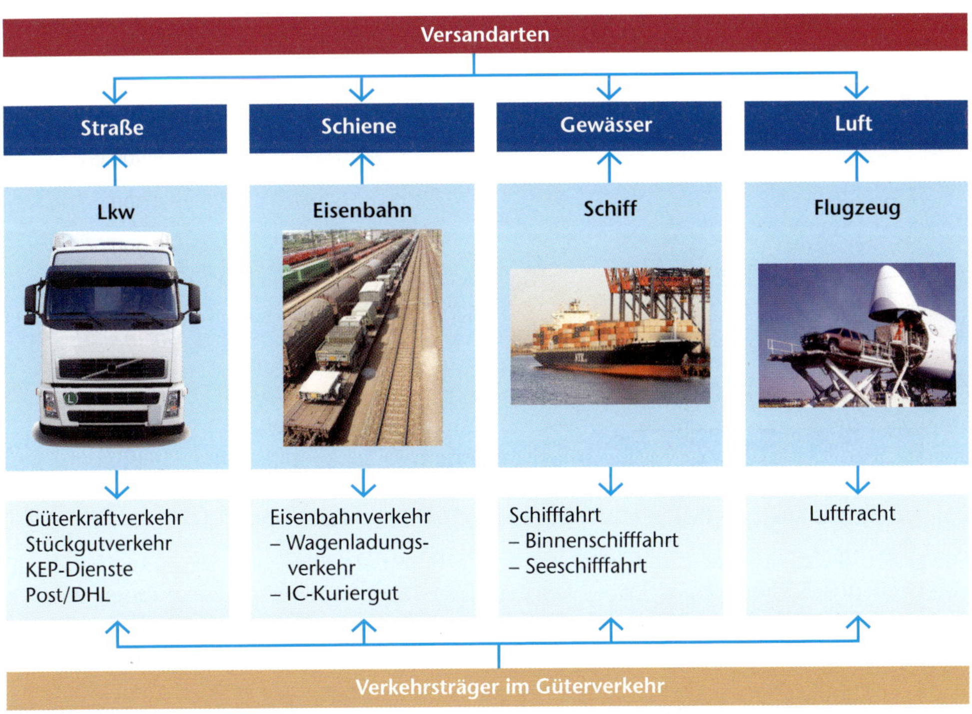

Hinweis: *Eine Frachtermittlung im Bereich der Schifffahrt sowie der Luftfracht geht über den Lehrpan einer Fachkraft für Lagerlogistik hinaus und ist eher im Bereich des Spediteurs angesiedelt. Aus diesem Grund wird hier auf eine Darstellung dieser Berechnungsmöglichkeiten verzichtet.*

Entgeltberechnung Auf der Straße

2.1 Entgeltberechnung im Güterverkehr auf der Straße

Wie bei den übrigen Verkehrsträgern steht der Unternehmer heute mehr denn je vor der Herausforderung, in eigener Verantwortung markt- und kostengerechte Preise zu bilden. Dies ist notwendig, um dem starken Preisdruck auf den nationalen und internationalen Güterverkehrsmärkten zu begegnen. Als Möglichkeiten hierfür werden von der Praxis für Güter mit unterschiedlichen Gewichten verschiedene Versandmöglichkeiten angeboten, wie nachfolgende Darstellung zeigt:

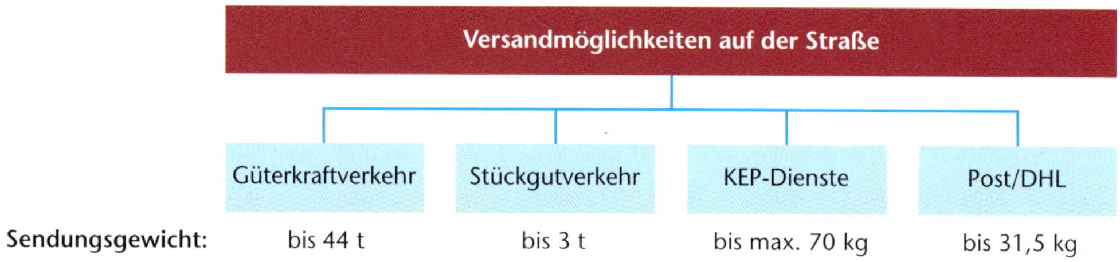

Hinweis: Bei vorgegebenen Gewichtsgrößen handelt es sich um Richtwerte, die nicht durch Gesetze fest geregelt sind.

2.1.1 Entgeltberechnung beim Güterkraftverkehr

Unter Güterkraftverkehr versteht man die geschäftsmäßige oder entgeltliche Beförderung von Gütern mit Kraftfahrzeugen, die einschließlich Hänger ein höheres zulässiges Gesamtgewicht als 3,5 Tonnen aufweisen. Für solche Sendungen entwickelte die Praxis unterschiedliche Frachtberechnungsmöglichkeiten, von denen die beiden wichtigsten hier kurz dargestellt werden. Dabei eignet sich die erste Berechnungsart nach den Kostentabellen I und II eher für den Nahbereich, während die zweite Art (Abrechnung mithilfe von KALIF und KIS) sich eher für den Fernverkehr anbietet.

Frachtberechnungsmöglichkeiten

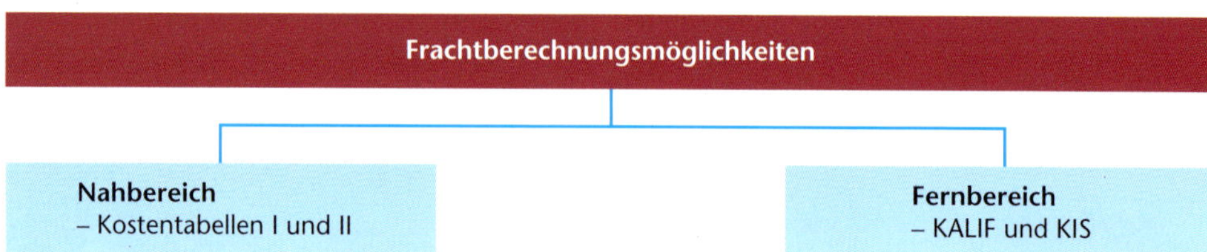

2.1.1.1 Mautberechnung

MAUT

Doch vor der Frachtberechnung gilt es, sich mit der Ermittlung der MAUT zu befassen. Hierzu wird zunächst ein recht einfaches Verfahren vorgestellt. Dieses orientiert sich sowohl an dem zugrunde liegenden Mautsatz, der zurzeit 16,3 Cent pro mautpflichtigen km beträgt, als auch an den gefahrenen mautpflichtigen Kilometern.

Die mautpflichtigen auf Bundesautobahnen gefahrenen Kilometer lassen sich anhand einer Tabelle leicht ermitteln. Dabei werden in der Tabelle sowohl die gefahrenen als auch die mautpflichtigen Kilometer für den Transport angegeben. Benötigt werden hierzu lediglich die ersten drei Zahlen der Postleitzahlen des Ausgangs- und des Empfangsorts.

Auszug aus der Maut-Tabelle:

Ausgangsort	PLZ 010..*	nach:
Empfangsort PLZ*	**gefahrene km**	**mautpflichtige km**
780..	602	588
790..	684	664
850..	388	369
960..	285	269

Quelle: Praxishandbuch Mauttabellen, S. 50 ff, Huss Verlag, München

Errechnen lässt sich die zu zahlende Maut nun wie folgt:

Mautbetrag = mautpflichtige km x Mautsatz
Mautsatz = zz. 0,163 EUR je mautpflichtigem km

Musteraufgabe

Die Lkw-Spedition Sandra Bartmann OHG befördert 28,6 t Maschinenteile zwischen 01067 Dresden und 85049 Ingolstadt.
Ermitteln Sie
a) die mautpflichtigen km und
b) die sich dadurch ergebende Maut. *Mautberechnung*

Musterlösung

a) Ausgangsort = 01067 Dresden = PLZ 010..
Empfangsort = 85049 Ingolstadt = PLZ 850..
Zwischen beiden Städten ergibt sich eine Entfernung von 388 km, wovon 369 km mautpflichtig sind.

b) Zur Berechnung der zu zahlenden Maut benötigt man jetzt nur noch den entsprechenden km-Satz, der wie angegeben zz. durchschnittlich 16,3 Cent beträgt.
An Maut ergibt sich somit:
Maut = 369 km × 0,163 EUR/km
Maut = 60,15 EUR

Lösungsschritte

1. Ablesen der mautpflichtigen km aus der entsprechenden Tabelle.
2. Ermittlung des zutreffenden Kilometersatzes.
Hier: 16,3 Euro-Cent
3 Berechnung der zu zahlenden Maut durch Multiplikation der mautpflichtigen km mit dem zutreffenden Mautsatz. *Mautberechnung*
Hier: 369 km × 0,163 EUR/km

Aufgaben

1. Ermitteln Sie anhand des auf Seite 509 aufgeführten Auszugs aus der Mauttabelle
a die mautpflichtigen Kilometer bei Fahrten zwischen den unten angegebenen Versand- und Empfangsorten,

b die zu entrichtenden Mautgebühren.

Ausgangsort	Empfangsort	mautpflichtige km	Maut in EUR
01067 Dresden	85072 Eichstätt 78048 Villingen 79098 Freiburg	? ? ?	? ? ?

2. *25,7 t Papier in Rollen sollen von 01067 Dresden nach 85049 Ingolstadt transportiert werden. Errechnen Sie die Mautgebühren, wenn von einem durchschnittlichen Mautsatz von 0,163 EUR pro km ausgegangen werden kann.*

Zur Weiterberechnung der Maut an die Auftraggeber haben sich in der Praxis bisher drei unterschiedliche Verfahren herausgebildet:

Weiterbelastungsmöglichkeiten der Maut

Abrechnungsverfahren

1

Die Auftraggeber erhalten neben der Frachtrechnung eine gesonderte Rechnung, in der die Maut ohne Umsatzsteuer in Rechnung gestellt wird.

2

Die Maut wird in die Kalkulation der Fracht aufgenommen und dort als eigenständige Position aufgeführt. Sie ist jedoch in der Abrechnung an den Auftraggeber i. d. R. nicht erkennbar.

3

Die Maut wird mit dem Kilometersatz verrechnet.

Exemplarisch sollen bei den nachfolgenden Aufgaben alle drei Verfahren dargestellt werden.

2.1.1.2 Frachtberechnung mithilfe der Kostentabellen I und II

Um den Unternehmen des Güterkraftverkehrs den Übergang zur eigenverantwortlichen Preisbildung zu erleichtern und die Fähigkeit zur kosten- und marktorientierten Preisbildung zu stärken, wurden für den Nahbereich drei Abrechnungssysteme entwickelt, von denen jedoch nur die beiden gebräuchlichsten dargestellt werden.

Abrechnungssysteme

Kostentabelle I
= Tages- und Kilometersätze

Kostentabelle II
= Stundensätze

Die mithilfe der Kostentabellen ermittelten Frachtsätze sind lediglich Richtwerte. Diese können je nach Kosten- und Marktsituation über- bzw. unterschritten werden. Die zurzeit gültigen Tarife und Tabellen befinden sich am Ende des Buches auf S. 535.

Fracht
Bei den in den Kostentabellen I und II angegebenen Netto-Preisen handelt es sich um unverbindliche Richtsätze.

Gewicht
Als Mindestgewicht werden 3 Tonnen zugrunde gelegt.

Kostentabelle I – Tages- und Kilometersätze

Tages- und Kilometersätze

Tafel I ist für die Beförderung im innerdeutschen Güterkraftverkehr bestimmt. Sie eignet sich vor allem für Einsätze im Nahbereich mit langen Standzeiten, wobei
a) pro Stunde i. d. R. mehr als 10 km gefahren werden.
b) die Nutzlast des LKW anstelle des Ladungsgewichtes der Sendung angegeben ist.

Fracht
Die Fracht nach der Kostentabelle I setzt sich aus den beiden Komponenten

Tagessatz | **Kilometersatz**

zusammen.

Tagessatz

Er ist abhängig von

– der Nutzlast des Lkw in Tonnen

→ Diese wirkt sich direkt auf die zu verrechnenden Tages- und Kilometersätze aus.

→ In der angegebenen Tabelle I sind die Frachtsätze bis zu einer Nutzlast von 29 t angegeben.

– der Beschäftigungszeit

→ Als Mindestzeit werden 3 Stunden berechnet.

Frachtsatz = 3 Std. x 1/8 Tagessatz

→ Zwischen 3 und 6 Stunden dürfen angebrochene Stunden auf volle Stunden aufgerundet werden.

Frachtsatz = Std. x 1/8 Tagessatz

→ Zwischen 6 und 8 Stunden wird der volle Tagessatz berechnet.

Frachtsatz = Tagessatz

→ Ab 8 Stunden dürfen angebrochene Stunden auf volle Stunden aufgerundet werden. Ist dies der Fall, so erhöht sich der Tagessatz je weitere Stunde um 1/8 Tagessatz.

Frachtsatz = Tagessatz + Std. x 1/8 Tagessatz

Kilometersatz
Grundlage hierfür ist die **Entfernung**.
Zur Ermittlung des Kilometersatzes sind die gefahrenen Kilometer (Last- und Leerkilometer) mit einem entsprechenden, von der Nutzlast des Lkw abhängigen Satz zu multiplizieren.

berechneter Tagessatz
+ Kilometersatz
Frachtbetrag

Gewicht

Das Ladungsgewicht ist bei der vorliegender Tabelle nicht zu beachten. Wichtig ist lediglich die **Nutzlast** des Lkws.

Musteraufgabe 1

Die Spedition Meier & Klose GmbH hat auf einer Strecke über 118 km ihren neuen 16-t-Lkw eingesetzt.
Ermitteln Sie die Bruttofracht für diesen Auftrag, wenn der Lkw ausschließlich Landstraßen benutzt hat und insgesamt 8 Stunden im Einsatz war.

Musterlösung 1

Tagessatz für 16 t (Tafel I)	346,41 EUR
+ Kilometersatz für 16 t = 0,54 EUR × 118 km	63,72 EUR
	410,13 EUR
+ 19 % USt.	77,92 EUR
Bruttofracht	488,05 EUR

Lösungsschritte 1

1. Ablesen des Tagessatzes in Tafel I, Spalte 2 bis 164 t.
   Hier: 346,41 EUR
2. Berechnung des Kilometersatzes; Ablesen des km-Satzes der entsprechenden Nutzlast und Multiplikation des Wertes mit den gefahrenen Kilometern.
   Hier: 0,54 EUR × 118 km = 63,72 EUR
3. Berechnung der Umsatzsteuer, centgenau.

Musteraufgabe 2

Ein 22-t-Lkw ist 4 Stunden 15 Minuten im Einsatz. Die dabei zurückgelegte Strecke beträgt 85 km. Hiervon wurden 40 km auf mautpflichtigen Bundes- und Autobahnabschnitten gefahren.
Berechnen Sie die Bruttofracht, wenn ein Margenabschlag von 10 % vereinbart wurde und der durchschnittliche Mautsatz 0,163 EUR pro km beträgt.

Musterlösung 2

1/8 Tagessatz/22 t = 45,62 EUR × 5 Std.	228,10 EUR
+ Kilometersatz/22 t = 0,60 EUR × 85 km	51,00 EUR
	279,10 EUR
– 10 % Margenabschlag von 279,10 EUR	27,91 EUR
	251,19 EUR
+ Maut 0,163 × 40 km	6,52 EUR
	257,71 EUR
+ 19 % USt.	48,96 EUR
Frachtbetrag	306,67 EUR

Lösungsschritte 2

1. Ablesen des 1/8-Tagessatzes in Tafel I, Spalte „Nutzlast in t" bei 22 t.
   Hier: 45,62 EUR
2. Multiplikation des ermittelten 1/8-Tagessatzes mit der benötigten Zeit.
   Hier: 45,62 EUR × 5 Std. = 228,10 EUR
3. Berechnung des Kilometersatzes; Ablesen des km-Satzes der entsprechenden Nutzlast und Multiplikation des Wertes mit den gefahrenen Kilometern.
   Hier: 0,60 EUR × 85 km = 51,00 EUR
4. Berechnung der Marge aus dem Frachtbetrag ohne Umsatzsteuer auf volle Cent genau.
5. Ermittlung der Maut, falls erforderlich (mautpflichtige Strecke × Mautsatz).
   Hier: 40 km × 0,163 EUR = 6,52 EUR.
6. Berechnung der Umsatzsteuer, centgenau.

Tafel I findet immer dann Anwendung, wenn
a) pro Stunde mehr als 10 km gefahren werden
b) die Nutzlast des LKW anstelle des Ladungsgewichtes der Sendung angegeben ist.

Aufgaben

1. *Ein 20-t-Lkw ist 7 Std. 15 Min. im Einsatz. Die auf Landstraßen gefahrene Strecke beträgt 98 km. Wie hoch ist der zu zahlende Rechnungsbetrag?*
2. *Über eine Kurzstrecke von 42 km wird ein 6-t-Lkw 2 Std. 25 Minuten eingesetzt. Berechnen Sie die Bruttofracht.*
3. *Über eine Entfernung von 118 km wird ein 18-t-Lkw 6 ¾ Std. eingesetzt. Wie hoch ist die zu zahlende Fracht einschließlich USt., wenn er ausschließlich Bundes- und Landstraßen benutzt?*
4. *Ein 22-t-Lkw war 8 Std. 45 Min. unterwegs. Die dabei zurückgelegte Strecke betrug insgesamt 198 km, davon 120 km auf mautpflichtigen Bundes- und Autobahnen. Ermitteln Sie den zu zahlenden Rechnungsbetrag, wenn der Mautsatz 0,163 EUR/km beträgt.*
5. *Ein 16-t-Lkw war 9 Std. im Einsatz. Die dabei gefahrene Strecke betrug 195 km. Wie hoch ist die dafür zu entrichtende Bruttofracht, wenn für insgesamt 122 km Maut zu zahlen war (Mautsatz = 0,163 EUR/km)?*

Kostentabelle II – Stundensätze

Stundensätze

Tafel II wird hauptsächlich für Einsätze im Nahbereich mit geringer Fahrleistung angewandt, d. h., wenn
a) die Ø-Fahrleistung 10 km je Einsatzstunde nicht überschreitet oder
b) keine km-Angaben gemacht werden.

Hinsichtlich der **Nutzlast** ist Tafel II mit Tafel I kombiniert.

Fracht
Ausschlaggebend für die Höhe der zu zahlenden Fracht sind:
- die **Nutzlast** des Lkw in Tonnen
  - Diese wirkt sich wie bei Tafel I direkt auf die zu verrechnenden Stundensätze aus.
- die **Beschäftigungszeit**
  - als Mindestzeit werden 3 Stunden berechnet;
  - angebrochene Stunden dürfen auf volle Stunden aufgerundet werden.

Frachtbetrag = Stundensatz x Beschäftigungszeit

Gewicht

Wie bei der Preisberechnung nach Tabelle I ist auch hier lediglich die **Nutzlast** des Lkw von Bedeutung.

Musteraufgabe

Für einen Transport mit mehreren Abladestellen setzt die Spedition Mühlbauer e. K. ihren 18-t-Lkw 7 Stunden ein.
Ermitteln Sie die Bruttofracht.

Musterlösung

Stundensatz für 18 t (Tafel II) 49,66 EUR × 7 Stunden	347,62 EUR
+ 19 % USt.	66,05 EUR
Frachtbetrag	413,67 EUR

Lösungsschritte

1. Ablesen des Stundensatzes in Tafel II für die entsprechende Nutzlast.
   Hier: 49,66 EUR
2. Berechnung der Fracht durch Multiplikation des ermittelten Stundensatzes mit der benötigten Zeit.
   Hier: 49,66 EUR × 7 Std. = 347,62 EUR
3. Hinzurechnung der Umsatzsteuer, centgenau.

Die Tafel II findet immer dann Anwendung, wenn
- *pro Stunde weniger als 10 km gefahren oder*
- *keine km-Angaben gemacht werden.*

Aufgaben

1. *Ein 12-t-Lkw ist 8 ¾ Std. im Einsatz und legt dabei auf Bundes- und Landstraßen eine Strecke von 72 km zurück.*
   Welcher Frachtbetrag muss dafür einschließlich USt. entrichtet werden?
2. *Ein 6-t-Lkw erledigt einen Auftrag in 2 Std. 10 Minuten.*
   Ermitteln Sie die Bruttofracht, wenn ein Margenzuschlag von 8 % vereinbart wurde.
3. *Ein 8-t-Lkw wird für 9 Std. 15 Minuten eingesetzt.*
   Wie viel EUR beträgt der Frachtbetrag einschließlich Umsatzsteuer?
4. *Für die Dauer von 10 Std. wird ein 15-t-Lkw eingesetzt. Dabei wurde ein Margenabschlag von 20 % vereinbart.*
   Ermitteln Sie die Bruttofracht für diesen Auftrag, wenn insgesamt für 72 km Maut zu zahlen war und diese dem Kunden in Rechnung gestellt wird. (Mautsatz 0,163 EUR/km)

5. Für einen Auftrag wurde ein 25-t-Lkw 8 ¼ Std. eingesetzt, wobei die zurückgelegte Strecke aufgrund mehrerer Abladestellen lediglich 48 km betrug.
Berechnen Sie die zu zahlende Bruttofracht, wenn ein Margenabschlag von 6 % vereinbart wurde und insgesamt 25 km auf mautpflichtigen Bundesstraßen gefahren wurden (Mautsatz 0,163 EUR/km).

Vermischte Aufgaben

Zur Lösung nachfolgender Aufgaben werden teilweise sowohl die Mauttabelle als auch die Entfernungstabelle vom Buchende benötigt.

1. Ermitteln Sie die Bruttofracht, wenn unser 12-t-Lkw 7 ½ Std. im Einsatz war und dabei 380 km zurückgelegt hat.

2. Von Mannheim nach Neustadt (32 km) war unser 5-t-Lkw 2 Std. 25 Minuten im Einsatz. Wie viel Euro beträgt die Bruttofracht?

3. Ein 28-t-Lkw transportierte Maschinenteile von Frankfurt nach Konstanz. Die dabei zurückgelegte Strecke betrug laut Tacho 425 km, wovon 385 km mautpflichtig waren.
Wie hoch ist die dafür zu entrichtende Bruttofracht, wenn der Mautsatz 0,163 EUR/km beträgt und der Lkw 9 Stunden im Einsatz war?

4. Über eine Strecke von 60 km beförderte ein 7-t-Lkw Ersatzteile an verschiedene Abladestellen. Hierfür benötigte er 7 ½ Stunden.
Wie hoch ist die dafür zu zahlende Fracht einschließlich Umsatzsteuer?

5. Ein 18-t-Lkw ist 7 ¼ Stunden im Einsatz.
Berechnen Sie die Bruttofracht, wenn die dabei ausschließlich auf nicht mautpflichtigen Straßen zurückgelegte Strecke
a) 62 km,
b) 185 km
beträgt.

6. Ein 24-t-Lkw ist von 07:45 bis 13:30 Uhr unterwegs. Die Fahrtstrecke beträgt 95 km, wovon 80 % mautpflichtig sind. Aufgrund verschmutzter Ladung wurde ein Margenaufschlag von 12 % vereinbart.
Ermitteln Sie die Bruttofracht, wenn die Maut vereinbarungsgemäß dem Kunden in Rechnung gestellt wird.

7. Ein 18-t-Lkw befördert eine Ladung Papierrollen von Stuttgart nach Plochingen. Da die Ware nicht so dringend benötigt wird, erfolgt der Transport auf mautfreien Straßen. Für die 48 km ist der Lkw von 7:30 Uhr bis 16:45 Uhr unterwegs.
Ermitteln Sie die Bruttofracht, wenn ein Margenabschlag von 15 % vereinbart wurde.

8. Die Spedition Mario Kajmer OHG befördert mit ihrem 18-t-Lkw eine Ladung Drahtrollen von Mannheim nach Frankfurt a. M. über 78 km.
Ermitteln Sie die Bruttofracht, wenn der Lkw von 07:30 bis 14:15 Uhr auf Bundestraßen unterwegs war und ein Margenabschlag von 8 % vereinbart worden ist.

9. Errechnen Sie die Bruttofracht inkl. der Maut, die einem Kunden für einen 28-t-Sattelzug zum Transport von Kunstdünger von 68217 Mannheim nach 83024 Rosenheim in Rechnung gestellt wird, wenn aus Termingründen eine optimale Autobahnnutzung angestrebt wurde und der Lkw 7 Stunden 15 Minuten unterwegs war. Laut Mauttabelle ergaben sich 424 gefahrene km und 414 mautpflichtige km.

Kalkulationshilfen KALIF und KIS

2.1.1.3 Frachtberechnung mit den Kalkulationshilfen KALIF und KIS

Ein eher für den Fernbereich geeignetes Abrechnungsverfahren stellt die Kalkulation der Frachten auf Kostenbasis dar. Hierzu verwendet man die Kalkulationshilfen

- KALIF und
- KIS.

- **KALIF** = (**KAL**KULATIONSH**I**LFEN **I**M GÜTER**F**ERNVERKEHR) ist ein Software-Programm, das die Kalkulation von Transportaufträgen erleichtern soll. Nach der Eingabe der entsprechenden Eckdaten eines Auftrags, wie z. B. Lade- und Entladestellen, werden die Selbstkosten auf der Basis der diesem Programm zugrunde liegenden Kalkulationshilfen des KIS ermittelt. Darüber hinaus ermöglicht dieses System zu überprüfen, inwieweit ein vom Auftraggeber gebotener Preis kostendeckend ist.
- **KIS** = (**K**OSTEN**I**NFORMATION**S**SYSTEM) stellt den Transportführern zur Preisermittlung für verschiedene Fahrzeugkombinationen und Aufbauten Kalkulationshilfen in Form jährlich aktualisierter Durchschnittswerte zur Verfügung. Diese sind nach folgendem Schema aufgebaut:

Ausführliches Schema zur Frachtermittlung laut KIS

- Fahrzeugeinsatzkosten pro km
- Fahrzeugvorhaltekosten pro
  a) Produktivtag (= 12 Std.)
  b) 1/2 Produktivtag (= 6 Std.)
  c) 1/4 Produktivtag (= 3 Std.)
  d) Produktivstunde (= 1 Std.)
- Fahrereinsatzkosten pro Einsatzstunde
- Fahrerspesen pro Einsatzstunde

Bei von den Tagessätzen abweichenden Stunden sollte die Abrechnung immer nach dem Produktivstundensatz erfolgen!

Neben diesen Durchschnittswerten, die die aktuelle Kostenstruktur im Transportgewerbe wiedergeben sollen, sind als Prozentzuschlag die Verwaltungskosten, kalkulatorische Wagnisse sowie die kalkulatorische Eigenkapitalverzinsung zu berücksichtigen.

Abrechnungsschema nach KALIF und KIS

Exemplarische Auszüge der Kalkulationssätze für Sattelkraftfahrzeuge

Aufbauart: Anzahl Achsen: Gesamtgewicht:	Normalaufbau – offener Kasten mit Plane und Spriegel 2 + 3 40 t	Durchschnittswert
Kalkulationssätze in EUR		**EUR**
Fahrzeugeinsatzkosten pro Lastkilometer – **km-Satz Fahrzeug** –		0,59
Fahrzeugvorhaltekosten pro Produktivtag – **Tagessatz Fahrzeug** –		118,48
Fahrzeugvorhaltekosten pro 1/2 Produktivtag – **1/2 Tagessatz Fahrzeug** –		59,24

Aufbauart: Anzahl Achsen: Gesamtgewicht:	Normalaufbau – offener Kasten mit Plane und Spriegel 2 + 3 40 t	Durchschnittswert
Kalkulationssätze in EUR		**EUR**
Fahrzeugvorhaltekosten pro 1/4 Produktivtag – **1/4 Tagessatz Fahrzeug** –		29,62
Fahrzeugvorhaltekosten pro Produktivstunde – **Stundensatz Fahrzeug** –		9,87
Fahrereinsatzkosten pro Produktivstunde – **Stundensatz Fahrer** –		21,90
durchschnittliche Fahrerspesen pro Produktivstunde – **durchschnittlicher Stundensatz Fahrerspesen** –		2,43
Zuschlagssätze in Prozent		**Prozent**
Verwaltungskosten		18,30
kalkulatorische Wagnisse		1,70
kalkulatorische Eigenkapitalverzinsung		2,70

Musteraufgabe

Ein Sattelzug befördert zwischen Ludwigshafen und Emden über 600 km, davon 520 km mautpflichtig, 28 t Kunststoffgranulat auf Europaletten.

Wie viel Euro beträgt die dem Kunden in Rechnung gestellte Bruttofracht, wenn der Transportführer mit 1/2 Tagessatz, 6 Fahrerstunden und einem Mautsatz von 0,163 EUR/km kalkuliert und darüber hinaus einen Gewinn von 12 % erzielen will?

Musterlösung

Fahrzeugeinsatzkosten	600 km × 0,59 EUR	=	354,00 EUR
Fahrzeugvorhaltekosten	1/2 Tagessatz	=	59,24 EUR
Fahrereinsatz	6 Std. × 21,90 EUR	=	131,40 EUR
Fahrerspesen	6 Std. × 2,43 EUR	=	14,58 EUR
		=	559,22 EUR
+ Verwaltungskosten	18,3 %	=	102,34 EUR
+ kalk. Wagnisse	1,7 %	=	9,51 EUR
+ kalk. Zinsen	2,7 %	=	15,10 EUR
		=	686,17 EUR
+ Maut	515 km × 0,163 EUR	=	83,95 EUR
Selbstkosten		=	770,12 EUR
+ Gewinn	12 %	=	92,41 EUR
Nettofracht		=	862,53 EUR
+ 19 % USt.		=	163,88 EUR
Bruttofracht		=	1 026,42 EUR

Lösungsschritte

1. Auswahl der erforderlichen Fahrzeugkombination bzw. des notwendigen Aufbaus. Hier: Sattelzug
2. Überlegung, welches Kalkulationsschema angewandt werden soll.

3. Heraussuchen der entsprechenden KIS-Kalkulationswerte.
4. Aufbau des Kalkulationsschemas unter Beachtung der Mautgebühren und Errechnung der Bruttofracht.

Aufgaben

1. *Maschinenteile im Gewicht von 28,5 t sollen von Leipzig nach Dortmund über 440 km mit einem Sattelzug transportiert werden. Die dabei zurückgelegte mautpflichtige Strecke beträgt 405 km. Zu welcher Bruttofracht kann der Transport angeboten werden, wenn der Transportführer mit einem ganzen Tagessatz und 8 Fahrerstunden auf Basis des „KIS" kalkuliert, der anzusetzende Mautsatz 0,163 EUR/km beträgt und er überdies 8 % Gewinn erzielen will?*
2. *Zwischen Frankfurt a. M. und Flensburg sollen 25 t Konserven über eine Entfernung von 652 km, davon 595 km auf Bundesautobahnen, transportiert werden (Mautsatz 0,163 EUR/km). Welche Bruttofracht ist dem Versender in Rechnung zu stellen, wenn für die Beförderung mit einem Sattelzug 10 Produktivstunden anfallen und der Transportführer mit einem Gewinn von 6 % kalkuliert?*
3. *Die Rheinchemie AG, Mannheim, fordert für folgenden Transport ein Angebot: Zunächst sollen von Mannheim 28 500 kg chemische Zwischenprodukte mit einem Sattelzug nach Dortmund (300 km) transportiert werden. Am gleichen Tag soll der Lkw im Dortmunder Hafen 25 t Kunststoffgranulat als Rückfracht zur Rheinchemie laden.*
   Welchen Nettoangebotspreis kann der Transportführer der Rheinchemie unterbreiten, wenn er auf Basis des „KIS" mit 9 Produktivstunden und einem Gewinnzuschlag von 10 % rechnet und die Maut lt. Vereinbarung nicht abgerechnet werden darf?
4. *Im innerdeutschen Verkehr befördert ein Sattelzug zwischen 68 213 Mannheim und 84030 Landshut 31,5 t Kunststoffteile.*
   a *Ermitteln Sie die zu zahlende Maut, wenn der Lkw die maximal möglichen Autobahnkilometer fährt.*
   b *Wie viel EUR beträgt die dem Kunden in Rechnung gestellte Bruttofracht, wenn der Transportführer mit 9 Stunden Fahrzeugvorhaltung und 9 Fahrerstunden kalkuliert und darüber hinaus einen Gewinn von 15 % erzielen will? Da keine sonstige Vereinbarung getroffen wurde, wird die entstandene Maut dem Kunden ebenfalls belastet.*

Auszüge aus der Maut-Tabelle

Ausgangsort PLZ 682...		
PLZ Empfangsort	Gefahrene km	Mautpflichtige km
701	128	107
750	61	31
840	360	328
900	237	222
922	274	256

2.1.2 Entgeltberechnung im Stückgutverkehr

Unter Stückgut versteht der **Bundesverband Spedition und Logistik** (BSL) sämtliche Güter bis zu einem Gewicht von 3 000 kg, die zwischen Versender und Empfänger im Haus-Haus-Verkehr, z. B. mit Pritschenwagen oder geschlossenen Lkw (häufig sogenannte „Sprinter"), befördert werden. Als Untergrenze empfiehlt der BGL ein Mindestgewicht von 50 kg.

Dies wird z. T. damit begründet, dass sich der nationale KEP-Markt überwiegend an der 31,5-kg-Grenze – heute teilweise bis 70 kg (siehe z. B. UPS) – für Standardsendungen orientiert[1].

Transportlösungen beim Stückgutverkehr

Aufgrund der auch in diesem Marktsegment mittlerweile vorherrschenden großen Konkurrenz bieten viele Spediteure ihren Kunden Haustarife an, die in der Regel alle entfernungs- und gewichtsorientiert aufgebaut sind. Je nach garantierter Laufzeit (Zustellzeit) lassen sich die Sendungen in folgende Transportlösungen unterteilen.

Transportlösungen

Express-Plus-Gut	Expressgut	Frachtgut
Express-Plus-Sendungen werden schnell, i. d. R. bis **spätestens 10:30 Uhr** des nächsten Werktages, beim Empfänger ausgeliefert.	Die als Expressgut versandten Waren werden i. d. R. **bis 14:00 Uhr** am nächsten Werktag zugestellt.	Hierbei wird eine Zustellung i. d. R. innerhalb von **maximal 48 Stunden** gewährleistet.

Gewicht:	Mindestgewicht:	50 kg
	Höchstgewicht:	3 000 kg

Abmessungen: Beim Stückgut gibt es im Gegensatz zu den klar definierten Größen beim Paketversand keine Grenzwerte. Häufig wird die Größe eines Frachtstücks in der Praxis durch die höchstzulässige Tragkraft eines Staplers begrenzt.

Zur Frachtermittlung werden exemplarisch die am Buchende (S. 536 ff) aufgeführten Tarife verwendet.

Musteraufgabe

Die Elektronikfabrik Mühlbauer GmbH, Friedrichshafen, liefert an die Maschinenfabrik Knapp AG in Stuttgart 40 Elektromotoren im Gewicht von je 30 kg frei Haus. Die Versendung der Ware erfolgt in zwei Euro-Gibo-Paletten mit einem Eigengewicht von je 20 kg.

a) Da die Teile dringend im 210 km entfernten Stuttgart benötigt werden, entschließt man sich, diese bis zum nächsten Tag um 10:30 Uhr zustellen zu lassen.
Ermitteln Sie die anfallende Bruttofracht.

b) Wie hoch wäre die zu entrichtende Bruttofracht, wenn die Sendung erst gegen 13:00 Uhr am nächsten Werktag zugestellt werden sollte?

c) Ermitteln Sie die Ersparnis, wenn die Auslieferung der Sendung erst am übernächsten Werktag erfolgen könnte.

[1] *In der Speditionspraxis sind Verrechnungssätze mit Mindestgewichten von national 50 kg bis international 200 kg üblich.*

Musterlösung

	Nettogewicht	40 Stück × 30 kg	= 1 200 kg
	+ Tara	2 Paletten × 20 kg	= 40 kg
	Bruttogewicht		1 240 kg
a)	Preistabelle Express Plus		
	Nettofracht 1 240 kg/210 km		353,00 EUR
	+ 19 % USt.		67,07 EUR
	Bruttofracht		420,07 EUR
b)	Preistabelle Express		
	Nettofracht 1 240 kg/210 km		296,90 EUR
	+ 19 % USt.		56,41 EUR
	Bruttofracht		353,31 EUR
c)	Preistabelle Fracht		
	Nettofracht 1 240 kg/210 km		269,90 EUR
	+ 19 % USt.		51,28 EUR
	Bruttofracht		321,18 EUR
Ersparnis:	– gegenüber Express Plus	=	98,89 EUR
	– gegenüber Express	=	32,13 EUR

Lösungsschritte

1. Ermittlung des Bruttogewichts der Sendung.

2.1 Auswahl der richtigen Frachttabelle.
hier: bei Aufgabe a) Zustellung vor 10:30 Uhr am nächsten Tag
= Express-Plus-Tabelle
b) Zustellung vor 14:00 Uhr, aber nach 10:30 Uhr am nächsten Tag
= Express-Tabelle
c) Zustellung innerhalb von max. 48 Std.
= Fracht-Tabelle

2.2 Ermittlung der Nettofracht aus der entsprechenden Tabelle.
Hier: Schnittpunkt 1 240 kg/210 km

2.3 Hinzurechnung der Umsatzsteuer, centgenau.

3. Berechnung der Ersparnis.

Vermischte Aufgaben

1. *Berechnen Sie zu nachstehender Aufgabe die jeweiligen Frachtgebühren einschließlich USt.:*

Entfernung in km	Gewicht in kg
a) 517	340
b) 298	1 560
c) 627	930
d) 320	198
e) 95	75
f) 137	1 870
g) 715	415

2. *Zwischen Kassel und Bremen wird eine Sendung im Gesamtgewicht von 517,8 kg als Frachtgut über eine Entfernung von 285 km versandt.*
Wie hoch ist die Fracht einschließlich Umsatzsteuer?

3. *Sebastian Schäfer muss an einen Kunden im 376 km entfernten Erfurt schnellstmöglich ein dringend benötigtes Ersatzteil im Gesamtgewicht von 63 kg versenden.*
   Wie hoch sind die Frachtkosten für Herrn Schäfer?
4. *Ermitteln Sie die Fracht für einen Karton Scharniere im Gewicht von 39,5 kg, der schnellstens – vor 10:30 Uhr am nächsten Werktag – nach Köln über 345 km versandt werden soll.*
5. *Eine Frachtgutsendung im Bruttogewicht von 395 kg wird in einer Gitterboxpalette über eine Entfernung von 413 km versandt.*
   Wie hoch ist die Bruttofracht?
6. *Fünf Kisten sollen als Expressgut versandt werden. Das Gesamtgewicht jeder Kiste beträgt 37,4 kg.*
   Ermitteln Sie die Expressgutgebühren, wenn die Ware über 417 km transportiert wird.
7. *Mit der Spedition Eiltrans GmbH wird eine Warensendung im Gewicht von 377 kg ins 522 km entfernte Nürnberg versandt. Wegen Sonderbehandlung der Frachtgutsendung wird ein Margenaufschlag von 6 % vereinbart.*
   Wie viel Euro einschließlich USt. sind an die Spedition Eiltrans zu zahlen?
8. *Eine Expressgutsendung im Gewicht von 93,3 kg soll von Mannheim in den 615 km entfernten Freihafen von Bremerhaven zwecks Ausfuhr nach Saudi-Arabien versandt werden. In der Expressgutkarte ist u. a. eingetragen: „Umsatzsteuerfreie Beförderung gemäß § 4 in Verbindung mit §1 UStG".*
   Wie hoch ist die Expressgutfracht?
9. *Eine Frachtgutsendung im Bruttogewicht von 1 730 kg soll von Ludwigshafen nach Duisburg über 280 km befördert werden.*
   Wie hoch sind die Frachtkosten einschließlich USt.?

2.1.3 Entgeltberechnung bei KEP-Diensten

Wie bereits angesprochen, herrscht bei der Versendung von sogenannten Kleinstsendungen i. d. R. bis 31,5 kg (bei UPS bis 70 kg) eine rege Konkurrenz. Aus der Vielzahl der Anbieter soll im vorliegenden Buch exemplarisch die Beförderung durch UPS und DPD (Depot 167) dargestellt werden.

Frachtberechnung bei UPS und DPD

Auszüge aus den Preislisten von DPD und UPS

UPS	
Tarife innerhalb Deutschlands = Zone 1 Beförderung der übergebenen Pakete frei Haus Empfänger	
Gewicht pro Paket in kg	Euro*
bis 4 kg	5,35
bis 7 kg	6,45
bis 10 kg	7,50
bis 14 kg	10,10
bis 20 kg	12,20
bis 22 kg	14,40
bis 24 kg	15,40
bis 28 kg	17,60
bis 30 kg	18,70
⋮	
bis 70 kg	38,25
Zuschläge pro Paket: – Inselzustellung – Abholzuschlag (Einmalzuschlag)	 6,50 6,95

DPD	
Abholung und Beförderung der übergebenen Pakete frei Haus Empfänger	
Gewicht pro Paket in kg	Euro*
0,1 kg–2,0 kg	5,50
2,1 kg–5,0 kg	6,50
5,1 kg–10,0 kg	8,70
10,1 kg–15,0 kg	10,50
15,1 kg–20,0 kg	12,00
21,1 kg–25,0 kg	14,00
25,1 kg–31,5 kg	16,00
Zuschläge pro Paket für: – Inselzustellung	12,50
Beachte: Preise pro Paket bei mind. 20 Paketen je Monat, national zuzüglich gesetzlicher Mehrwertsteuer	

* Preise zzgl. der gesetzlichen Mehrwertsteuer

Musteraufgabe

Die Schraubengroßhandlung Willi Plaskon GmbH in Sindelfingen beliefert Kunden mit Zubehörteilen bis 70 kg grundsätzlich durch UPS.
Berechnen Sie die an UPS zu zahlende Gebühr für eine Sendung über 24,7 kg an einen Kunden nach Helgoland, wenn die Sendung beim Versender durch UPS abgeholt wird.

Musterlösung

Grundtarif	17,60 EUR
+ Zuschlag für Inselzustellung	6,50 EUR
+ Abholzuschlag	6,95 EUR
Nettopreis	31,05 EUR
+ USt. 19 %	5,90 EUR
Bruttopreis	36,95 EUR

Lösungsschritte

1. Auswahl der entsprechenden Preisliste.
   Hier: Preisliste Normalpakete innerdeutscher Versand
2. Ablesen des entsprechenden Preises.
   Hier: 24,7 kg = 17,60 EUR
3. Berücksichtigung von Besonderheiten.
   Hier: – Inselzustellung = Zuschlag pro Paket von 6,50 EUR
   – Abholzuschlag = Einmalzuschlag von 6,95 EUR
4. Hinzurechnung der Umsatzsteuer, centgenau.

Eine Sonderform im Versand von Gütern bis 20 kg stellt der IC-Kurierdienst der Deutschen Bahn dar. Siehe hierzu Kap. 2.3.2.

Aufgaben

1. *Die Krug & Co. KG, Herstellerin von Spezialschlössern in Regensburg, versendet verschiedene BKS-Schlösser im Gesamtgewicht von 27,9 kg an den Schlüsseldienst Sicher in Nürnberg. Ermitteln Sie den günstigsten Preis, wenn die Krug & Co. KG eine Versendung durch DPD oder UPS in Betracht zieht.*
2. *Peter Diessner, Versandleiter einer mittelständischen Maschinenfabrik in Leipzig, überlegt, ob er ein nicht so dringend benötigtes Ersatzteil im Gewicht von 17,8 kg an einen Kunden auf der Insel Rügen günstiger durch UPS oder DPD zustellen lässt.*
   Ermitteln Sie den günstigeren Preis.
3. *Sie arbeiten im Warenausgangslager des Zahnradherstellers Z & R GmbH in Saarbrücken. Heute sollen folgende Sendungen durch DPD zugestellt werden.*
   Ermitteln Sie den an DPD zu zahlenden Gesamtbetrag.

Name	Empfangsort	Gewicht	Zusatzleistung
Autowerkstatt Enders GmbH	Koblenz	21,9 kg	keine
Ostseebad Binz	Binz, Rügen	12,8 kg	Inselzustellung
Bauunternehmung D & S AG	Hannover	29,3 kg	keine

4. *Vier Schaltkontakte im Gewicht von je 3,5 kg sollen an die Elektro-Service Martin Lenz KG in Aachen durch UPS zugestellt werden.*
Ermitteln Sie die an UPS zu zahlende Gesamtfracht, wenn die Ware beim Versender abzuholen ist und die Verpackung inkl. Auspolsterung 700 g wiegt.

2.1.4 Entgeltberechnung bei der Deutschen Post DHL

Deutschen Post DHL

Bei Sendungen bis 31,5 kg soll nachfolgend die Versendung bei der Deutschen Post DHL aufgezeigt werden. Der Name **Deutsche Post DHL** unterstreicht dabei die seit 2009 gültige Zwei-Säulen-Strategie des Konzerns:

Während die Deutsche Post weiterhin das Briefgeschäft betreibt, übernimmt die zweite Säule – DHL – den Logistikbereich inkl. Expressdienst.

Nachfolgend soll exemplarisch mit den zurzeit gültigen Gebühren gearbeitet werden. Es wird jedoch empfohlen, die jeweils gültigen Preise zu verwenden.

2.1.4.1 Entgeltberechnung bei der Deutschen Post

Generell lassen sich im Briefgeschäft der Deutschen Post folgende Bereiche unterscheiden:

Briefgeschäft der Deutschen Post

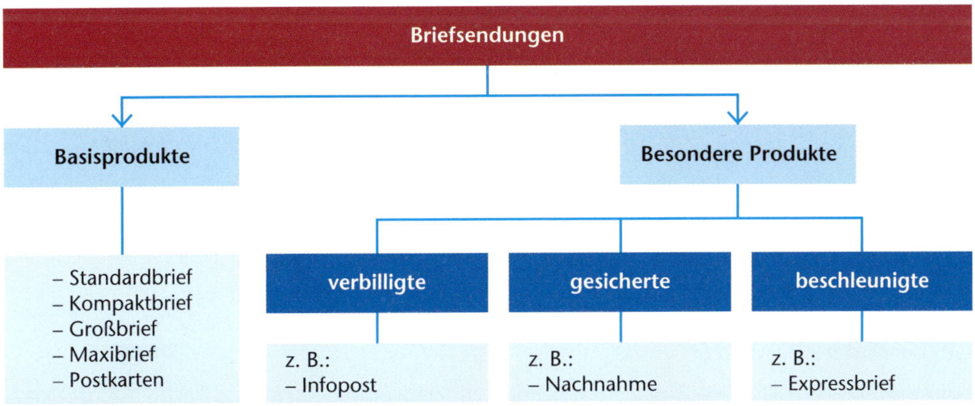

* *Nach Angaben der Bundesnetzagentur liegt der Marktanteil der Deutschen Post im Briefgeschäft bei etwa 90 % (Stand Juli 2012).*

(1) Basisprodukte

Mit den Basisprodukten erreichen Sie jeden Empfänger. Die Deutsche Post bietet Ihnen hierfür folgendes Produktspektrum.

Basisprodukte	Maße	Gewicht	Preise* Deutschland	Preise International
Standardbrief	L: 140–235 mm B: 90–125 mm H: bis 5 mm	bis 20 g	**0,58 EUR**	**0,75 EUR**
Kompaktbrief	L: 100–235 mm B: 70–125 mm H: bis 10 mm	bis 50 g	**0,90 EUR**	**1,50 EUR**
Großbrief	L: 100–353 mm B: 70–250 mm H: bis 20 mm	bis 500 g	**1,45 EUR**	**3,45 EUR**
Maxibrief	L: 100–353 mm B: 70–250 mm H: bis 50 mm	bis 1 000 g	**2,40 EUR**	**7,00 EUR**
Postkarte	L: 140–235 mm B: 90–125 mm		**0,45 EUR**	**0,75 EUR**

* Die vorliegenden Preise entsprechen dem Stand vom Januar 2013.

Musteraufgabe

Sie sind als Auszubildender zurzeit in der Poststelle Ihres Ausbildungsunternehmens beschäftigt. Kurz vor Geschäftsschluss werden Sie mit der Versendung folgender drei Briefe beauftragt:

Brief 1 =	Rechnung an einen Kunden	= 19 g
Brief 2 =	Letzte Mahnung an einen Kunden	= 115 g
Brief 3 =	Preisliste ebenfalls an einen Kunden	= 280 g; Höhe 3 cm

Ermitteln Sie die gesamten Portokosten anhand der oben stehenden Tabelle.

Musterlösung

Brief 1 = Standardbrief	18 g	= 0,58 EUR
Brief 2 = Großbrief	115 g	= 1,45 EUR
Brief 3 = Maxibrief	280 g/3 cm Höhe	= 2,40 EUR
insgesamt		4,43 EUR

Die gesamten Kosten betragen 4,43 EUR.

Lösungsschritte

1. Ermittlung der richtigen Briefart anhand des Gewichtes und/oder der Maße.
2. Ablesen des entsprechenden Preises aus der Preisliste der Deutschen Post DHL.

(2) Besondere Produkte

Wie bereits eingangs dargestellt, lassen sich die besonderen Briefsendungen und ihre Ausprägungen wie folgt unterteilen:

Besondere Produkte:

- verbilligte
  z. B.: – Infopost
  – Infobrief
  – Postwurfsendungen
  – Blindensendung

- gesicherte
  z. B.: – Einschreiben
  – Eigenhändig
  – Rückschein
  – Einschreiben Einwurf
  – Nachnahme
- beschleunigte
  z. B.: – Express Brief

Preise Einschreiben	
Einschreiben	+ 2,05 EUR**
Rückschein*	+ 1,80 EUR**
Eigenhändig*	+ 1,80 EUR**
Einschreiben Einwurf	+ 1,60 EUR**
* Rückschein und Eigenhändig sind nur mit Einschreiben kombinierbar.	
** Alle Preise sind Endpreise und nach UStG umsatzsteuerfrei.	
Die Preise für diese Zusatzleistungen verstehen sich immer zuzüglich zum Beförderungsentgelt für die Sendung.	

Musteraufgabe 1

Die Fachlageristin Brigitta Neumann soll nachfolgende Sendungen frankieren:
a) 1 Brief 14 g; Einschreiben Einwurf
b) 1 Brief 95 g; Einschreiben mit Rückschein
c) 1 Brief 215 g; Einschreiben, eigenhändig
Ermitteln Sie die gesamten Portokosten.

Musterlösung 1

a) Standardbrief; 14 g	=	Grundpreis	0,58 EUR	
		+ Einschreiben Einwurf	1,60 EUR	2,18 EUR
b) Großbrief; 95 g	=	Grundpreis	1,45 EUR	
		+ Einschreiben	2,05 EUR	
		+ Rückschein	1,80 EUR	5,30 EUR
c) Großbrief, 215 g	=	Grundpreis	1,45 EUR	
		+ Einschreiben	2,05 EUR	
		+ Eigenhändig	1,80 EUR	5,30 EUR
insgesamt				12,78 EUR

Die gesamten Portokosten betragen 12,78 EUR.

Lösungsschritte 1

1. Ermittlung der jeweiligen Briefart anhand des Gewichts und/oder der Maße.
2. Ermittlung des entsprechenden Zusatzentgelts.
3. Addition der ermittelten Preise zum Gesamtpreis.

Musteraufgabe 2

Der Weingroßhändler Hubert Weisbrod in Koblenz möchte 3 800 neue Preislisten im Gewicht von je 45 g an seine Kunden in Deutschland als Infopost versenden.
Wie hoch ist das dafür zu entrichtende Entgelt?

INFOPOST

Standard	0,25 €/Sendung
Kompakt	
bis 20 g	0,28 €/Sendung
über 20 g bis 50 g	0,28–0,39 €/Sendung Berechnet nach der Formel (Gewicht in ganzen g* – 20) x 0,352 Ct. + 28 Ct.**
Groß	
bis 20 g	0,36 €/Sendung
über 20 g bis 100 g	0,36–0,64 €/Sendung Berechnet nach der Formel (Gewicht in ganzen g* – 20) x 0,352 Ct. + 36 Ct.**
über 100 g bis 1.000 g	0,64–1,05 €/Sendung Berechnet nach der Formel (Gewicht in ganzen g* – 100) x 0,046 Ct. + 64 Ct.**
Maxi	
bis 20 g	0,73 €/Sendung
über 20 g bis 100 g	0,73–1,01 €/Sendung Berechnet nach der Formel (Gewicht in ganzen g* – 20) x 0,352 Ct. + 73 Ct.**
über 100 g bis 1.000 g	1,01–1,42 €/Sendung Berechnet nach der Formel (Gewicht in ganzen g* – 100) x 0,046 Ct. + 101 Ct.**

* Bruchteile sind auf ganze Gramm aufzurunden.
** Centbetrag gerundet auf volle Cent.

Musterlösung 2

Hinweis: Auch die Infopost ist in die vier Basisprodukte, also Standard, Kompakt, Groß und Maxi, unterteilt.

Infopost-Kompakt; Errechnung des Grundpreises bei Infopost-Kompakt mit folgender, in der Preisliste der Post angegebenen Formel:

Grundpreis = (Gewicht in ganzen Gramm – 20 Gramm) × 0,352 ct + 28 ct

Grundpreis = (45 g – 20 g) × 0,352 ct + 28 ct
= 25 g × 0,35 ct + 28 ct
= 9 ct + 28 ct
= 37 ct
= 0,37 EUR

Gesamtbetrag = 0,37 EUR × 3 800 Stück
= 1 406,00 EUR

Der zu entrichtende Gesamtpreis beträgt 1 406,00 EUR.

Lösungsschritte 2

1. Ermittlung der richtigen Infopostart anhand des Gewichts und/oder der Maße, die auch für die Brief-Basisprodukte gelten.
   Hier: Infopost-Kompakt
2. Berechnung des Grundpreises mit der angegebenen Formel.
   Hier: Grundpreis = (Gewicht in ganzen g – 20) × 0,352 ct + 28 ct
3. Errechnung des Gesamtpreises.
   Hier: 0,37 EUR × 3 600 Stück = 1 406,00 EUR

Aufgaben

1. *Ein Ladeschein im Gewicht von 125 g soll von Duisburg nach Karlsruhe versandt werden. Ermitteln Sie das hierfür zu entrichtende Porto.*

2. *Wie hoch ist die Portoersparnis, wenn die zentrale Poststelle der Global Versicherung in Mannheim die folgenden fünf Schriftstücke an den gleichen Empfänger statt getrennt in einem Umschlag (Größe 35,3 cm × 25,0 cm, Dicke 3,9 cm) zusendet?*
   - *ein Brief, Gewicht 82 g,*
   - *ein Brief, Gewicht 12 g,*
   - *ein Brief, Gewicht 670 g,*
   - *ein Brief, Gewicht 42 g,*
   - *ein Brief, Gewicht 129 g, Dicke 2,9 cm*

3. *Während seiner Ausbildung bei der Spedition Enders Transport in Leipzig wird Sven Lotterhoff u. a. auch in der Postabteilung eingesetzt. Dort musste er folgende Aufträge bearbeiten:*
   a) Ein Schriftstück im Gewicht von 68 g soll per Einschreiben versandt werden. Außerdem benötigt sein Chef eine Bestätigung über die ordnungsgemäße Zustellung des Briefs.
   b) Ein weiterer Brief im Gewicht von 48 g soll dem Empfänger bis spätestens 12:00 Uhr des nächsten Tages als DHL Express Brief zugestellt werden.
   c) Darüber hinaus sind folgende Auslandsbriefe zu versenden:
   - *Brief 1 42 g nach Kanada*
   - *Brief 2 14 g nach Italien*
   - *Brief 3 75 g in die Schweiz*

   Errechnen Sie das jeweils zu zahlende Porto.

DHL EXPRESS BRIEF NATIONAL				
	Zustellung am folgenden Werktag	**Express-Service Zustellung vor:**		
Gewicht	Filialpreis in EUR	9:00 Uhr	10:00 Uhr	12:00 Uhr
Bis 50 g	9,90	34,40	22,80	14,80
Bis 1000 g **Bis 2000 g**	11,90 13,90	36,40 38,40	24,80 26,80	16,80 18,80

** Die vorliegenden Preise entsprechen dem Stand vom Dezember 2012.*

4. *Jasmin Hönig, Auszubildende zur Fachlageristin im zweiten Ausbildungsjahr, muss einem Kunden ein dringend benötigtes Ersatzteil im Gewicht von 815 g zusenden.*
   Wie hoch sind die Portokosten, wenn Jasmin das Ersatzteil mit einem eingeschriebenen Brief (Einschreiben) zustellen lässt?

5. *Sie werden gebeten, einen dringend benötigten Brief von 145 g nach Düsseldorf zu versenden. Da dieser am folgenden Tag vor 10:00 Uhr beim Kunden sein soll, verlangt Ihr Chef, dass dieser als DHL Express Brief zugestellt wird.*
   Ermitteln Sie die Portokosten.

6. *Sie sollen die folgenden unterschiedlichen Preislisten als Infopost versandfertig machen:*
   a) 140 Briefe à 18 g als Infopost-Standard (Leitbereich der Einlieferungsstelle)
   b) 870 Briefe à 35 g als Infopost-Kompakt
   c) 900 Briefe à 115 g als Infopost-Groß
   d) 1.250 Briefe à 230 g als Infopost-Maxi
   Berechnen Sie die Preise einzeln und insgesamt.

7. *Während Ihrer Ausbildung zur Fachkraft werden Sie auch in der Postabteilung eingesetzt. Heute werden Ihnen die beiden folgenden Briefe zur Frankierung vorgelegt:*
   a) Ein Brief mit den Maßen 35 cm x 25 cm x 4 cm und dem Gewicht von 185 g soll mit folgenden Zusatzleistungen – siehe Beleg 1 – durch die Deutsche Post versandt werden.
   b) Ein weiterer Geschäftsbrief im Gewicht von 148 g soll von Karlsruhe nach Lübeck versandt werden, wobei folgende Versendungsform – siehe Beleg 2 – gewählt wurde:

Beleg 1

Beleg 2

2.1.4.2 Entgeltberechnung bei DHL

Die Paketversendung sowie der Logistikbereich der Deutschen Post AG wird von der DHL wahrgenommen. Diese unterscheidet innerhalb ihres Inlands-Frachtdienstes u. a. folgende Versandarten:

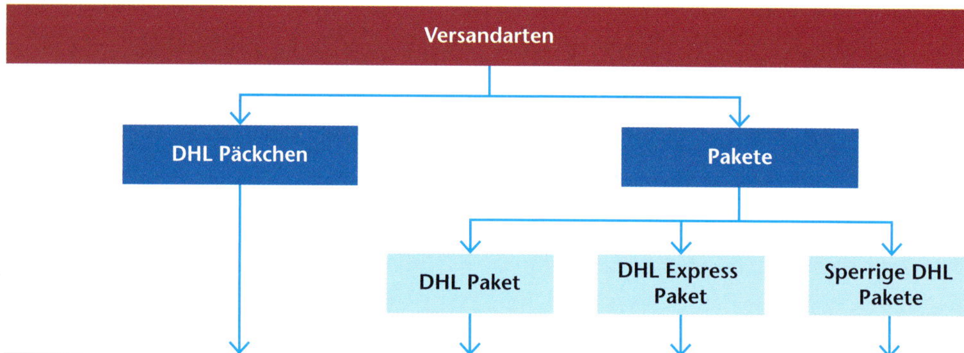

maximale Maße in cm	L: 60 B: 30 H: 15	L: 120 B: 60 H: 60	L: 120 B: 60 H: 60	L: > 120 B: > 60 H: > 60
maximales Gewicht in kg	2	31,5	Filialservice bis 20 kg, über Online-Frankierung bis 31,5 kg	31,5
Besonderheiten	Zustellung i. d. R. am nächsten Werktag	Zustellung i. d. R. am nächsten Werktag	auf Wunsch Zustellung vor 9.00, 10.00 oder 12.00 Uhr am nächsten Werktag	Zuschlag 20,00 EUR (zusätzlich zum Paketpreis)

Die vorliegenden Preise entsprechen dem Stand vom Dezember 2012.

Musteraufgabe

Die bei der Elektrogroßhandlung Leuchte GmbH im Lager beschäftigte Edda Firat muss einem Kunden in Flensburg ein DHL Paket im Gewicht von 16,8 kg zusenden.
Ermitteln Sie den zu zahlenden Paketpreis.

DHL PAKET/PÄCKCHEN NATIONAL			
Maße	**Gewicht**	**Preise in der Filiale***	**Preise Online-Frankierung***
Päckchen **max. 60 × 30 × 15 cm**	bis 2 kg	4,10 EUR	3,90 EUR
Paket **max. 60 × 30 × 15 cm**	bis 2 kg	–	4,90 EUR
Paket **max. 120 × 60 × 60 cm**[1]	bis 10 kg[2]	6,90 EUR	5,90 EUR
	bis 20 kg[3]	11,90 EUR	10,90 EUR
	bis 31,5 kg[3]	13,90 EUR	12,90 EUR

[1] *Die vorliegenden Preise entsprechen dem Stand vom Dezember 2012.*

Musterlösung

16,8 kg = 11,90 EUR.

Lösungsschritte

1. Auswahl der richtigen Beförderungsart.
2. Ablesen des entsprechenden Preises in der Preisliste der Deutsche Post DHL.

Aufgaben

1. Manfred Schulz, Auszubildender im ersten Ausbildungsjahr der Elektrogroßhandlung Josef Herschel in Leipzig, wird beauftragt, folgende Pakete mit DHL zu versenden:

Nr.	Anzahl	Gewicht je Paket in kg
1	4	13,2
2	2	1,7
3	3	18,8
4	1	39,5
5	5	7,7

a Welches Paket wird von der Deutschen Post DHL nicht befördert?
b Für welche Pakete gäbe es auch eine kostengünstigere Alternative?
c Ermitteln Sie die Paketpreise je Paket und insgesamt.

2. Ein Päckchen mit Ersatzteilen im Gewicht von 1,38 kg soll einem Kunden in Dresden zugesandt werden.
Ermitteln Sie den hierfür zu zahlenden Preis.

3. Dichtungsringe im Gewicht von 11,5 kg sollen in einem Paket mit den Maßen 120 cm × 70 cm × 50 cm nach Regensburg versandt werden.
Wie hoch ist der Paketpreis im vorliegenden Fall?

4. Eine Lieferung Rohrmanschetten soll nach Marburg versandt werden.
Ermitteln Sie den Paketpreis, wenn das Paket ein Gewicht von 26,9 kg aufweist und die Frankierung online erfolgt.

5. Sie sind Auszubildender der Maschinenfabrik Haller & Co. in Mannheim und sollen der Motorenfabrik Nordland AG in Oldenburg eine Sendung Zahnräder im Gesamtgewicht von 17,7 kg zusenden.
Ermitteln Sie den zu zahlenden Paketpreis, wenn die Sendung (90 cm × 40 cm × 40 cm) als DHL Express Paket vor 10:00 Uhr am folgenden Tag zugestellt werden soll.

DHL EXPRESS PAKET NATIONAL				
	Zustellung am folgenden Werktag	Express-Service Zustellung vor:		
Gewicht	Filialpreis in EUR	9:00 Uhr	10:00 Uhr	12:00 Uhr
Bis 10 kg	23,50	48,00	36,40	28,40
Bis 20 kg	27,50	52,00	40,40	32,40

** Die vorliegenden Preise entsprechen dem Stand vom Dezember 2012*

6. *Wolfgang Kunz versendet im Auftrag seines Unternehmens ein Paket (80 cm × 50 cm × 40 cm; Gewicht 19,8 kg) an einen Kunden in Lindau.*
Wie hoch ist der zu zahlende Paketpreis, wenn es sich um ein DHL Express Paket handelt, das vor 12:00 Uhr am nächsten Werktag zugestellt werden soll?

2.2 Entgeltberechnung im Güterverkehr auf der Schiene bei der DB AG

Hierbei unterscheidet man u. a. Abrechnungen im:

Wagenladungsverkehr | **IC-Kurierdienst**

Güterverkehr	Unternehmensbereich	Personenverkehr
DB Schenker Rail AG	**Transportdurchführung/ Abrechnung durch:**	time: matters GmbH

Wagenladungsverkehr

2.2.1 Entgeltberechnung im Wagenladungsverkehr

Auch im Bereich der Deutschen Bahn AG bzw. ihrem für den Gütertransport zuständigen Tochterunternehmen, der DB Schenker Rail AG, kurz DB Schenker, gilt, dass die Fracht für sämtliche Güter frei vereinbart werden kann.

Abrechnungsverfahren bei der DB Schenker Rail AG

Als Orientierungsgröße zur Frachtermittlung dient hierbei die Allg. Preisliste[1]. Diese wird jährlich aktualisiert und im Internet unter www.dbschenker.com/de/rail/alb veröffentlicht.

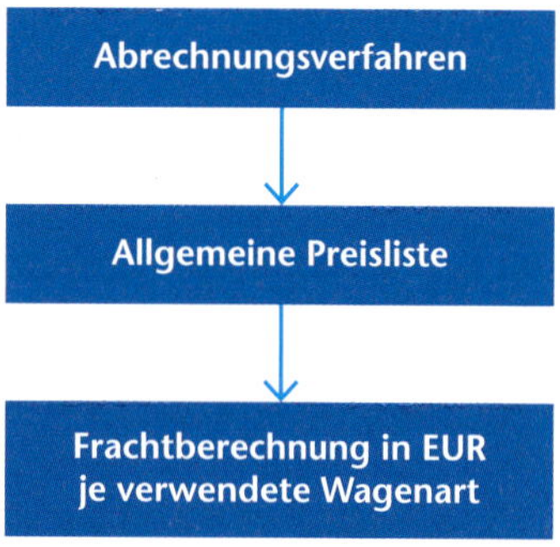

1. *Bei allen in der Allgemeinen Preisliste angegebenen Beträgen handelt es sich um Höchstpreise, die durch Margenabschläge z. T. erheblich reduziert werden können.*
2. *Für die Frachtermittlung gelten folgende Rundungsregeln:*
   - *das Gewicht der Ladung wird kaufmännisch auf volle Tonnen gerundet,*
   - *die errechnete Fracht wird kaufmännisch auf volle EUR gerundet,*
   - *ein berechneter Margenauf- und -abschlag wird ebenfalls kaufmännisch auf volle EUR gerundet.*

[1] *Lediglich für die Bereiche Eisen und Stahl sowie Kohle, Koks und Braunkohle gibt es eigene Preislisten, deren Bedeutung jedoch für die Fachkräfte für Lagerlogistik bzw. Fachlageristen von geringerer Bedeutung sind. Überdies werden diese Preislisten aus kostenrechtlicher Sicht von Seiten der DB Schenker nicht mehr zur Verfügung gestellt.*

Frachtberechnung mithilfe der Allgemeinen Preisliste

Ausschlaggebend für die zu berechnende **Nettofracht** ist:

(1) die Entfernung in km,
(2) die Gewichtsstufe in Tonnen,
(3) der Wagentyp. Hierbei unterscheidet man:

Wagentypen bei der DB

Wagentyp

Wagen mit zwei Achsen (sog. Achsenwagen)	**Wagen mit mehr als zwei Achsen** (Gelenkwagen bzw. Drehgestellwagen)
Kbs – offener Waggon mit niedrigen Bordwänden und Rungen 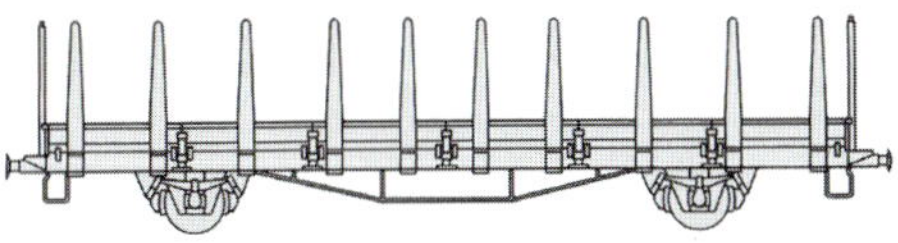 Länge der Ladefläche 12,50 m, Breite der Ladefläche 2,77 m	Großraumgüterwaggon: 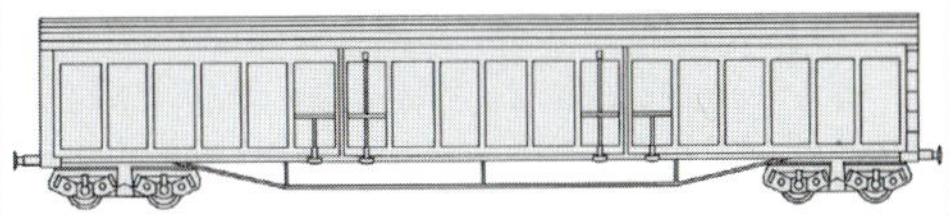 Länge des Laderaumes 19,85 m, Breite des Laderaumes 2,6 m, Ladekapazität 52,2 t
Preistafel 1 (s. S. 539)	**Preistafel 2 (s. S. 540)**

Musteraufgabe

Papierrollen im Gewicht von 19 750 kg sollen von der SCR in Mannheim nach München über 368 km durch die DB Schenker in einem Achsenwagen (Wagen mit zwei Achsen) transportiert werden.

Ermitteln Sie die Bruttofracht, wenn die Abrechnung nach der allgemeinen Preisliste der DB Schenker erfolgt und überdies ein Margenabschlag von 25 % gewährt wird.

Musterlösung

1. 19 750 kg = 19,75 t = 20 t
2. Frachtsatz für den verwendeten Wagen mit zwei Achsen
   lt. allg. Preisliste/Preistafel 1 = 20 t/368 km = 1 411,00 EUR

Abrechnung:

Fracht 20 t/368 km/Wagen mit zwei Achsen	1 411,00 EUR
– 25 % Marge = 352,75 EUR (auf volle EUR kfm. runden!)	353,00 EUR
	1 058,00 EUR
+ 19 % USt.	201,02 EUR
Bruttofracht	1 259,02 EUR

Lösungsschritte

1. Kfm. Rundung des Frachtgewichts auf volle Tonnen.
   Hier: 19,75 t = 20 t

2. Ablesen des Frachtsatzes je verwendeter Wagenart.
   Hier: Tafel 1 = Wagen mit zwei Achsen/20 t/368 km = 1 411,00 EUR

3. Evtl. Berücksichtigung einer Marge, die ebenfalls kfm. auf volle EUR zu runden ist.
   Hier: 352,75 EUR

4. Hinzurechnung der Umsatzsteuer, centgenau.

Aufgaben

1. *Zum Transport einer Sendung Maschinenteile im Gewicht von 42,7 t wurde der abgebildete Waggon von DB Schenker zur Verfügung gestellt.*
   Berechnen Sie die dafür zu zahlende Bruttofracht, wenn die Motoren über eine Entfernung von 680 km zu transportieren sind.
   Großraumgüterwaggon:

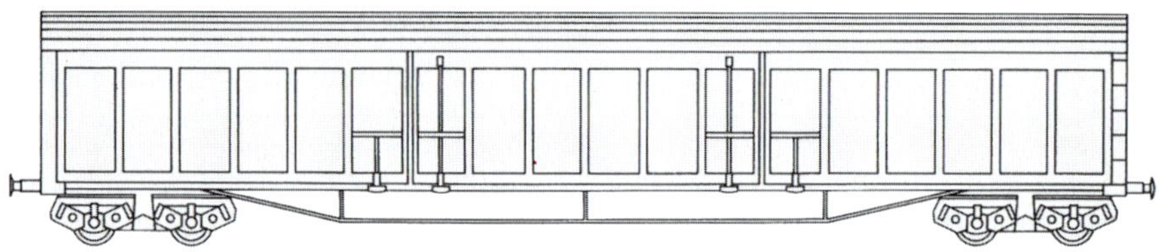

Länge des Laderaumes 19,85 m, Breite des Laderaumes 2,6 m, Ladekapazität 52,2 t

2. *Eine Wagenladung Lebensmittelkonserven im Gesamtgewicht von 19 651 kg soll über eine Entfernung von 213 km von der DB Schenker in einem Achsenwagen befördert werden.*
   Ermitteln Sie die Bruttofracht, wenn die Abrechnung nach der allgemeinen Preisliste erfolgt.

3. *Ein Waggon Kunststoffgranulat in Säcken im Gewicht von 32 436 kg soll von Mannheim nach Bochum (375 km) auf der Schiene transportiert werden.*
   Wie viel EUR an Frachtkosten einschließlich Umsatzsteuer sind an die DB Schenker zu zahlen, wenn ein Drehgestellwagen von 25 m benötigt wird?

4. *Papierrollen im Gesamtgewicht von 29 970 kg sollen von Bremen nach Ulm über eine Strecke von 798 km befördert werden.*
   a) *Berechnen Sie, ob es günstiger ist, bei der DB Schenker einen Achsenwagen oder einen Gelenkwagen zu bestellen.*
   b) *Ermitteln Sie die an die DB Schenker zu zahlende Bruttofracht, wenn eine Margenermäßigung von 12 % vereinbart wurde und die Ware mit der günstigsten Waggonart versandt werden soll.*

5. *Betonröhren im Gesamtgewicht von 33 986 kg sollen mit der Bahn über eine Entfernung von 397 km transportiert werden.*
   Ermitteln Sie die Frachtkosten einschließlich USt., wenn nachfolgender Drehgestell-Flachwagen der Gattung S (Samms 489) verwendet wird.

6. *Unpalettierte Kunststoffgehäuse sollen von Kassel nach Emden über eine Entfernung von 390 km im Drehgestellwaggon (Innenmaße: 19,85 m × 2,6 m × 2,80 m) durch die DB Schenker transportiert werden.*

a) Ermitteln Sie, wie viele Gehäuse in dem angeführten Drehgestellwaggon versandt werden können, wenn jedes Gehäuse in einem würfelförmigen Karton von 80 cm Kantenlänge verpackt ist.

b) Ermitteln Sie das Gesamtgewicht der Sendung, wenn jedes Metallgehäuse inkl. Verpackung 42,5 kg wiegt.

c) Berechnen Sie die an die DB Schenker zu zahlende Bruttofracht, wenn ein Margenabschlag von 30 % vereinbart wurde.

2.2.2 Entgeltberechnung beim IC-Kurierdienst

Ein Sonderfall im Bereich der Deutschen Bahn AG stellt die Beförderung von Kleinstgütern bis 20 kg innerhalb der Bundesrepublik Deutschland sowie einiger ausgewählter Hauptstädte Europas, wie z. B. Paris und Wien, dar. Bei dem von der time:matters GmbH organisierten IC-Kurierdienst handelt es sich um eine Kooperation mit dem Unternehmensbereich Personenverkehr der Deutschen Bahn AG, einem Service für sehr eilige Warensendungen, die entweder mit IntercityZügen (IC) oder dem InterCityExpress (ICE) transportiert werden. Die Sendung wird entweder direkt am „IC-Kurierdienst" gekennzeichneten Zugabteil mit ausgefüllter IC-Kurierdienstkarte oder am IC-Kurierdienstschalter des Personenbahnhofs (spätestens 30 Minuten vor Abfahrt) aufgeliefert. Bei der Beförderung mit dem ICE kann das Kuriergut nur am Gepäckschalter aufgegeben werden. *IC-Kurierdienst*

Fracht

Gewicht in kg	Basispreise Schiene Bahnhof – Bahnhof	Direkte Abholung und Zustellung innerhalb von 25 km zzgl. evtl. anfallender Mehrkosten
bis 10 kg	89,00 EUR	je 43,00 EUR
bis 15 kg	103,00 EUR	
bis 20 kg	117,00 EUR	

Bei den angegebenen Preisen handelt es sich um Nettopreise. (Jan. 2012)

- **Gewicht je Sendung:** – max. 20 kg
- **Maße je Sendung:** – Länge = max. 1 m
  – Umfang einschließlich Länge = max. 2 m

Hinweis: *Sondervereinbarungen – etwa für Kurzstrecken – sind möglich.*

Aufgaben

1. *Ein Ersatzteil im Gewicht von 14,5 kg und den Maßen 30 cm × 20 cm × 20 cm soll schnellstmöglich nach Kassel versandt werden.*
   Ermitteln Sie die Fracht, wenn die Sendung als IC-Kuriergut im Bahnhof-Bahnhof-Verkehr befördert werden soll.
2. *Dringend benötigte Ladescheine im Gewicht von 1,8 kg sollen schnellstens von Dortmund nach Nürnberg transportiert werden.*
   Welcher Betrag muss bezahlt werden, wenn Haus-Haus-Verkehr vereinbart war?

3. *Ausschreibungsunterlagen im Gewicht von 3,9 kg werden in Mannheim am IC-Schalter 30 Minuten vor Abfahrt aufgegeben. Die Zustellung der Ware in Köln erfolgt direkt beim Kunden.*

4. *Als IC-Kuriergut soll ein Ersatzgetriebe im Gewicht von 19,4 kg von Frankfurt a. M. nach Berlin im Haus-Haus-Verkehr befördert werden.*
Ermitteln Sie die dafür zu zahlende Bruttofracht.

2.3 Unterlagen für die Frachtberechnung

2.3.1 Kostentabelle I und II

Kostentabelle I Tages- und Kilometersätze (müssen addiert werden)				**Kostentabelle II** Stundensätze
Nutzlast in t bis einschl.	Tagessatz EUR	1/8-Tg-Satz EUR	km-Satz EUR	Stundensatz EUR
3	303,66	37,96	0,32	41,16
4	307,60	38,45	0,33	41,80
5	311,55	38,95	0,35	42,43
6	315,49	39,44	0,36	43,07
7	319,43	39,93	0,38	43,71
8	323,37	40,42	0,39	44,34
9	327,31	40,91	0,40	44,98
10	331,26	41,40	0,42	45,61
11	335,20	41,90	0,43	46,25
12	337,60	42,20	0,46	46,76
13	339,61	42,45	0,48	47,24
14	341,62	42,70	0,50	47,72
15	343,64	42,95	0,53	48,21
16	346,41	43,30	0,54	48,69
17	349,49	43,68	0,55	49,18
18	352,59	44,07	0,56	49,66
19	355,68	44,46	0,57	50,15
20	358,76	44,85	0,58	50,63
21	361,85	45,23	0,59	51,12
22	364,94	45,62	0,60	51,60
23	368,03	46,01	0,61	52,09
24	371,12	46,39	0,62	52,58
25	374,21	46,78	0,63	53,06
26	377,30	47,16	0,64	53,55
27	380,39	47,55	0,65	54,03
28	383,48	47,93	0,66	54,52
29	386,57	48,32	0,67	55,00
je weitere angefangene t	3,09	0,39	0,01	0,49
				nur anwendbar, wenn nicht mehr als 10 km pro Std. gefahren werden

2.3.2 Preisliste Express

Haus-Haus-Preise in EUR für nationale Sendungen, exkl. MwSt., SVS

kg \ km	bis 40	bis 75	bis 100	bis 150	bis 200	bis 250	bis 300	bis 350	bis 400	bis 500	bis 600	bis 800	bis 1200
bis 30	22,7	23,7	24,4	25,4	26,3	27,1	27,8	28,3	28,8	29,3	30,0	30,3	30,9
bis 40	25,4	26,8	27,9	29,1	30,4	31,7	32,4	33,2	33,9	34,6	35,5	36,1	36,8
bis 50	27,0	28,8	30,1	31,8	33,5	35,0	36,0	37,0	37,8	38,8	39,9	40,6	41,6
bis 75	32,4	35,2	37,2	39,8	42,4	44,7	46,3	47,9	49,1	50,6	52,3	53,4	54,8
bis 100	37,3	41,0	43,7	47,2	50,6	53,8	55,9	58,1	59,9	61,9	64,1	65,6	67,6
bis 125	45,0	49,8	53,3	57,7	62,3	66,3	68,9	71,7	73,9	76,4	79,4	81,2	83,7
bis 150	48,1	53,5	57,5	62,5	67,8	72,4	75,4	78,6	81,2	84,1	87,4	89,6	92,4
bis 175	50,9	57,1	61,5	67,1	73,1	78,1	81,6	85,1	87,9	91,2	94,8	97,3	100,6
bis 200	53,5	60,7	65,8	72,4	79,4	85,2	89,2	93,3	96,6	100,4	104,8	107,5	111,3
bis 225	61,2	69,3	75,1	82,5	90,3	97,0	101,5	106,2	109,9	114,1	119,1	122,3	126,5
bis 250	64,1	72,8	79,1	87,1	95,5	102,7	107,5	112,5	116,6	121,2	126,5	129,9	134,5
bis 275	66,9	76,3	83,0	91,5	100,6	108,2	113,5	118,8	123,2	128,0	133,8	137,4	142,3
bis 300	71,3	81,6	88,9	98,2	108,0	116,4	122,1	127,9	132,7	138,0	144,2	148,2	153,5
bis 325	76,3	87,3	95,2	105,3	115,9	124,9	131,0	137,3	142,5	148,2	154,9	159,2	165,0
bis 350	78,8	90,4	98,6	109,2	120,3	129,8	136,2	142,7	148,2	154,2	161,2	165,7	171,7
bis 375	81,7	93,7	102,3	113,4	125,0	134,9	141,5	148,5	154,1	160,3	167,7	172,5	178,6
bis 400	86,1	98,9	108,0	119,8	132,1	142,7	149,8	157,1	163,1	169,7	177,5	182,5	189,2
bis 425	90,5	104,0	113,7	126,0	139,0	150,0	157,6	165,3	171,6	178,5	186,8	192,0	199,1
bis 450	93,5	107,5	117,4	130,2	143,6	155,0	162,8	170,8	177,3	184,5	193,0	198,5	205,7
bis 475	96,5	111,0	121,2	134,4	148,2	160,0	168,1	176,2	182,9	190,4	199,2	204,8	212,2
bis 500	103,0	118,4	129,3	143,4	158,0	170,6	179,2	188,0	195,1	203,0	212,4	218,3	226,3
bis 550	107,8	123,9	135,3	150,1	165,6	178,7	187,7	196,8	204,3	212,7	222,5	228,7	237,1
bis 600	113,8	130,9	143,0	158,7	175,0	189,0	198,4	208,1	216,1	225,0	235,3	241,9	250,8
bis 650	119,9	138,0	150,7	167,2	184,5	199,2	209,3	219,5	227,8	237,2	248,1	255,1	264,5
bis 700	125,6	144,5	157,9	175,1	193,2	208,6	219,1	229,8	238,6	248,3	259,8	267,2	276,9
bis 750	131,1	150,8	164,6	182,7	201,4	217,6	228,4	239,5	248,7	258,9	270,8	278,4	288,6
bis 800	136,6	157,0	171,4	190,0	209,4	226,1	237,0	249,1	258,5	269,0	281,4	289,2	299,9
bis 850	143,7	164,5	179,3	198,4	218,2	235,3	246,6	258,8	268,4	279,2	291,8	299,9	310,7
bis 900	150,8	172,0	187,1	206,6	227,0	244,5	256,4	268,4	278,3	289,3	302,3	310,5	321,7
bis 950	158,6	179,9	195,1	214,6	235,0	252,5	264,4	277,2	287,4	298,7	312,1	321,0	333,3
bis 1000	166,4	187,8	202,9	222,5	242,9	260,5	272,4	285,0	295,3	306,6	319,9	328,8	341,1
bis 1100	176,1	197,5	212,6	232,2	252,6	270,1	282,0	294,7	304,9	316,2	329,5	338,4	350,7
bis 1200	183,7	206,5	222,5	243,3	265,1	283,6	296,2	309,2	319,7	331,5	345,2	354,1	365,9
bis 1300	191,3	215,4	232,3	254,0	277,2	296,9	310,3	323,9	335,0	347,5	362,0	371,4	383,9
bis 1400	199,6	224,8	242,7	265,7	289,7	310,3	324,4	338,6	350,3	363,3	378,7	388,4	401,5
bis 1500	204,7	230,8	249,4	273,4	298,4	319,9	334,5	349,4	361,5	375,0	391,0	401,2	414,8
bis 1600	211,2	238,7	258,3	283,4	309,6	332,1	347,5	363,1	375,9	390,0	406,7	417,5	431,7
bis 1700	217,5	246,3	266,7	293,0	320,6	344,2	360,1	376,5	389,8	404,7	422,2	433,4	448,4
bis 1800	223,8	253,9	275,1	302,6	331,3	355,9	372,6	389,7	403,7	419,2	437,5	449,1	464,8
bis 1900	230,1	261,4	283,5	312,1	342,1	367,6	385,1	402,8	417,3	433,5	452,5	464,7	480,9
bis 2000	236,1	268,6	291,7	321,5	352,6	379,2	397,3	415,8	430,9	447,7	467,5	480,1	497,0
bis 2200	248,3	283,3	308,0	340,0	373,3	401,8	421,3	441,2	457,4	475,4	496,7	510,2	528,3
bis 2500	265,9	304,3	331,6	366,7	403,5	435,0	456,3	478,2	496,0	515,8	539,3	554,2	574,2
bis 3000	293,3	337,5	368,7	409,0	451,2	487,3	511,9	536,9	557,3	580,1	607,0	624,0	647,0

2.3.3 Preisliste Express Plus

Haus-Haus-Preise in EUR für nationale Sendungen, exkl. MwSt., SVS

kg \ km	bis 100	bis 200	bis 300	bis 400	bis 600	bis 1200
bis 10	45	49	51	54	57	61
bis 20	47	50	53	56	60	63
bis 30	49	52	55	58	61	65
bis 40	53	56	59	63	66	71
bis 50	55	58	62	66	70	74
bis 75	64	67	72	76	81	85
bis 100	73	77	82	87	93	98
bis 125	83	92	98	104	110	117
bis 150	87	97	105	111	118	125
bis 175	90	103	111	118	125	132
bis 200	98	111	122	130	140	150
bis 225	106	121	132	143	154	167
bis 250	110	127	139	150	162	175
bis 275	115	132	146	157	170	183
bis 300	122	141	155	168	181	195
bis 325	129	149	165	178	192	207
bis 350	132	154	170	184	199	215
bis 375	137	160	176	190	206	222
bis 400	143	168	185	200	216	233
bis 425	150	175	194	210	226	244
bis 450	154	180	200	216	233	251
bis 475	159	186	205	222	239	259
bis 500	168	196	217	235	254	274
bis 550	174	204	227	244	264	285
bis 600	182	214	238	257	277	300
bis 650	191	224	249	269	290	313
bis 700	198	234	259	280	302	327
bis 750	206	242	269	291	314	339
bis 800	213	251	278	301	325	351
bis 850	221	260	288	311	336	364
bis 900	230	269	299	323	348	376
bis 950	238	278	308	332	358	387
bis 1000	246	286	315	341	368	397
bis 1100	256	296	325	351	379	409
bis 1200	266	308	339	366	396	427
bis 1300	276	320	353	382	412	445
bis 1400	286	333	367	397	428	463
bis 1500	292	342	377	407	440	476
bis 1600	301	353	390	421	455	492
bis 1700	310	364	403	436	470	508
bis 1800	318	374	416	449	485	524
bis 1900	326	385	428	462	500	539
bis 2000	334	396	440	476	514	555
bis 2200	351	416	464	502	541	584
bis 2500	375	447	500	539	582	629
bis 3000	412	494	555	600	650	701

2.3.4 Preisliste Fracht

Haus-Haus-Preise in EUR für nationale Sendungen, exkl. MwSt., SVS

kg \ km	bis 40	bis 75	bis 100	bis 150	bis 200	bis 250	bis 300	bis 350	bis 400	bis 500	bis 600	bis 800	bis 1200
bis 30	20,6	21,5	22,2	23,0	23,9	24,7	25,3	25,7	26,2	26,7	27,3	27,6	28,1
bis 40	23,0	24,3	25,3	26,5	27,7	28,8	29,5	30,2	30,8	31,5	32,3	32,8	33,4
bis 50	24,5	26,2	27,4	28,9	30,5	31,9	32,8	33,6	34,4	35,3	36,3	36,9	37,7
bis 75	29,5	32,1	33,8	36,1	38,6	40,6	42,1	43,6	44,7	46,0	47,5	48,5	49,8
bis 100	33,9	37,3	39,7	42,9	46,0	49,0	50,9	52,8	54,5	56,2	58,3	59,7	61,4
bis 125	40,9	45,2	48,4	52,4	56,7	60,2	62,6	65,2	67,2	69,5	72,1	73,8	76,1
bis 150	43,7	48,7	52,3	56,9	61,7	65,8	68,6	71,5	73,8	76,4	79,5	81,4	84,1
bis 175	46,3	51,7	55,9	61,0	66,4	71,0	74,1	77,4	79,9	82,9	86,3	88,5	91,4
bis 200	48,7	55,2	59,8	65,8	72,1	77,5	81,1	84,8	87,8	91,3	95,3	97,8	101,2
bis 225	55,6	63,0	68,3	75,0	82,1	88,2	92,3	96,5	100,0	103,8	108,3	111,2	115,0
bis 250	58,2	66,2	71,9	79,1	86,8	93,3	97,8	102,3	106,0	110,2	115,0	118,1	122,2
bis 275	60,8	69,4	75,4	83,2	91,4	98,4	103,2	108,0	111,9	116,4	121,6	124,9	129,3
bis 300	64,8	74,2	80,8	89,3	98,2	105,8	111,0	116,3	120,6	125,4	131,1	134,7	139,5
bis 325	69,4	79,4	86,6	95,7	105,3	113,6	119,2	124,8	129,6	134,8	140,9	144,8	150,0
bis 350	71,7	82,3	89,7	99,3	109,4	118,0	123,8	129,8	134,7	140,2	146,6	150,7	156,1
bis 375	74,2	85,2	93,1	103,1	113,6	122,6	128,6	135,0	140,0	145,8	152,5	156,8	162,4
bis 400	78,2	90,0	98,2	108,9	120,1	129,7	136,2	142,9	148,3	154,3	161,4	166,0	171,9
bis 425	82,3	94,6	103,3	114,6	126,4	136,4	143,3	150,3	155,9	162,3	169,8	174,6	181,0
bis 450	85,0	97,8	106,7	118,4	130,6	140,9	148,1	155,3	161,2	167,7	175,4	180,4	187,0
bis 475	87,8	100,9	110,2	122,2	134,7	145,4	152,7	160,2	166,3	173,1	181,1	186,1	193,0
bis 500	93,6	107,6	117,5	130,3	143,7	155,1	162,9	170,9	177,3	184,6	193,1	198,5	205,7
bis 550	98,0	112,7	123,1	136,5	150,5	162,5	170,7	179,0	185,8	193,3	202,2	207,9	215,6
bis 600	103,4	119,0	130,0	144,2	159,1	171,8	180,4	189,2	196,4	204,5	213,9	220,0	228,0
bis 650	109,1	125,4	137,0	152,1	167,7	181,1	190,2	199,6	207,1	215,6	225,6	231,9	240,5
bis 700	114,2	131,3	143,5	159,2	175,6	189,6	199,2	208,9	216,9	225,7	236,2	242,9	251,7
bis 750	119,2	137,1	149,7	166,1	183,1	197,8	207,6	217,8	226,1	235,3	246,2	253,1	262,3
bis 800	124,2	142,8	155,8	172,8	190,4	205,5	215,4	226,5	235,0	244,6	255,8	263,0	272,6
bis 850	130,6	149,6	163,0	180,3	198,4	213,9	224,3	235,2	244,0	253,8	265,3	272,6	282,5
bis 900	137,1	156,4	170,1	187,8	206,4	222,3	233,0	244,0	253,0	263,0	274,8	282,3	292,4
bis 950	144,1	163,5	177,3	195,1	213,7	229,6	240,4	252,0	261,3	271,6	283,7	291,8	302,9
bis 1000	151,3	170,7	184,5	202,3	220,9	236,8	247,6	259,1	268,4	278,8	290,8	298,9	310,1
bis 1100	160,1	179,5	193,3	211,1	229,7	245,5	256,3	267,9	277,2	287,5	299,5	307,6	318,8
bis 1200	167,0	187,7	202,3	221,2	240,9	257,8	269,3	281,1	290,7	301,4	313,8	321,9	332,6
bis 1300	173,9	195,7	211,2	230,8	252,1	269,9	282,1	294,4	304,6	315,9	329,1	337,6	349,0
bis 1400	181,5	204,3	220,6	241,5	263,4	282,1	294,9	307,9	318,5	330,3	344,3	353,1	365,0
bis 1500	186,1	209,8	226,7	248,5	271,3	290,8	304,1	317,6	328,7	341,0	355,5	364,7	377,1
bis 1600	192,0	217,0	234,7	257,6	281,5	301,9	315,9	330,0	341,6	354,5	369,8	379,5	392,5
bis 1700	197,7	223,9	242,5	266,4	291,4	312,8	327,4	342,3	354,4	367,9	383,9	394,0	407,6
bis 1800	203,5	230,8	250,1	275,1	301,2	323,5	338,8	354,3	367,0	381,1	397,7	408,3	422,5
bis 1900	209,2	237,6	257,7	283,8	311,0	334,2	350,0	366,2	379,3	394,1	411,4	422,4	437,2
bis 2000	214,6	244,2	265,2	292,3	320,6	344,7	361,2	378,0	391,7	407,0	425,0	436,5	451,9
bis 2200	225,7	257,5	280,0	309,0	339,3	365,3	383,0	401,1	415,7	432,2	451,5	463,8	480,3
bis 2500	241,7	276,7	301,4	333,4	366,8	395,4	414,9	434,7	450,9	469,0	490,3	503,8	522,0
bis 3000	266,6	306,8	335,2	371,9	410,2	443,0	465,3	488,1	506,6	527,4	551,8	567,3	588,2

2.3.5 Allgemeine Preisliste

Für Transporte in einem Wagen mit zwei Achsen

Sendungs gewicht in t	**bis 13,499**	**13,500 -17,499**	**17,500 -21,499**	**21,500 -25,499**	**25,500 -30,499**	**jede weitere Tonne kostet**
Entfernung bis km	**Wagenpreise in EUR**					
100	603	603	603	664	742	27
110	614	614	632	705	790	30
120	614	614	666	742	830	32
130	691	691	696	779	872	33
140	691	691	730	815	912	34
150	724	724	761	850	955	35
160	724	724	793	887	993	37
170	738	738	825	924	1032	37
180	738	757	859	960	1076	38
190	769	788	895	995	1115	41
200	769	817	924	1031	1158	41
220	769	856	970	1084	1214	46
240	788	906	1028	1148	1286	48
260	830	960	1087	1214	1361	51
280	876	1011	1144	1279	1431	54
300	921	1062	1201	1343	1503	56
320	961	1111	1257	1405	1571	57
340	1000	1155	1311	1463	1638	60
360	1042	1200	1361	1521	1702	61
380	1080	1248	1411	1576	1765	64
400	1118	1291	1465	1633	1831	65
450	1178	1361	1539	1720	1927	70
500	1257	1450	1644	1836	2055	77
550	1332	1537	1742	1945	2179	80
600	1402	1617	1832	2047	2290	85
650	1468	1696	1919	2141	2402	89
700	1533	1772	2006	2241	2509	91
750	1586	1830	2071	2314	2591	94
800	1621	1871	2117	2366	2651	99
850	1659	1911	2167	2420	2710	100
900	1694	1953	2215	2473	2769	101
950	1730	1996	2261	2525	2828	105
1000	1765	2039	2308	2578	2889	107
1100	1822	2102	2380	2658	2979	110
1200	1893	2186	2475	2766	3097	113
1300	1966	2271	2572	2870	3218	117
1400	2039	2354	2666	2979	3335	124
1500	2112	2438	2761	3086	3452	126

Stand: 01.01.2013

Für Transporte in einem Wagen mit mehr als zwei Achsen und einer Ladelänge bis zu 26,99 m

Sendungsgewicht in t	bis 34,499	34,500 -39,499	39,500 -44,499	44,500 -49,499	49,500 -54,499	54,500 -59,499	59,500 -64,499	64,500 -69,499	69,500 -74,499	jede weitere Tonne kostet
Entfernung bis km	**Wagenpreise in EUR**									
100	918	1017	1145	1274	1403	1532	1662	1791	1894	25
110	977	1083	1220	1357	1495	1633	1773	1908	2017	27
120	1027	1140	1284	1428	1571	1717	1862	2008	2123	30
130	1078	1196	1346	1499	1649	1800	1951	2103	2224	32
140	1129	1252	1408	1568	1725	1887	2046	2202	2332	33
150	1178	1306	1471	1638	1803	1968	2135	2301	2435	34
160	1230	1362	1533	1708	1880	2053	2225	2401	2537	35
170	1279	1418	1595	1778	1954	2136	2317	2495	2642	36
180	1328	1472	1661	1843	2035	2222	2408	2596	2745	37
190	1379	1529	1721	1914	2110	2304	2496	2693	2849	38
200	1430	1586	1783	1986	2187	2391	2592	2793	2954	39
220	1501	1662	1872	2083	2296	2509	2717	2929	3098	41
240	1591	1761	1986	2212	2435	2656	2882	3104	3285	46
260	1678	1862	2099	2336	2573	2808	3042	3280	3473	49
280	1772	1961	2211	2458	2708	2956	3205	3456	3656	51
300	1861	2061	2324	2582	2846	3107	3370	3631	3840	54
320	1946	2155	2427	2701	2976	3251	3525	3798	4018	55
340	2025	2243	2528	2812	3097	3385	3669	3955	4182	57
360	2103	2332	2626	2922	3219	3514	3812	4109	4346	59
380	2184	2418	2726	3034	3339	3647	3956	4265	4508	61
400	2263	2506	2825	3144	3460	3779	4098	4417	4674	63
450	2383	2638	2975	3309	3645	3982	4317	4651	4922	65
500	2542	2814	3176	3534	3891	4247	4608	4965	5253	71
550	2693	2982	3364	3743	4121	4500	4879	5259	5560	77
600	2833	3139	3537	3937	4333	4735	5134	5531	5851	80
650	2969	3288	3706	4123	4540	4962	5378	5795	6131	85
700	3101	3431	3872	4307	4741	5179	5617	6053	6403	88
750	3203	3546	3997	4451	4901	5352	5801	6255	6614	90
800	3276	3629	4088	4553	5015	5475	5937	6400	6768	91
850	3354	3713	4184	4656	5129	5600	6071	6541	6921	94
900	3424	3794	4275	4757	5240	5722	6204	6686	7073	98
950	3498	3876	4365	4861	5354	5846	6340	6831	7224	99
1000	3573	3956	4459	4958	5467	5969	6468	6974	7379	101
1100	3684	4080	4595	5115	5635	6155	6672	7190	7604	105
1200	3831	4240	4781	5319	5861	6400	6941	7477	7908	109
1300	3975	4404	4964	5525	6084	6644	7206	7767	8213	112
1400	4123	4568	5147	5728	6309	6890	7473	8053	8515	116
1500	4272	4732	5331	5935	6536	7138	7738	8341	8821	120

Stand: 01.01.2013

2.3.6 Entfernungstabelle

Internationale Entfernungstabelle

Die Entfernungstabelle Deutschland (gelb) und Europa (blau) können nur wie angegeben miteinander verknüpft werden.

Die rot markierten Städte ermöglichen die Berechnung von Entfernungen zwischen Orten in Deutschland und Europa (siehe Bsp.)	Amsterdam	Athen	Barcelona	Belgrad	Berlin	Bern	Brüssel	Budapest	Bukarest	Dublin	Frankfurt M.	Hamburg	Helsinki	Istanbul	Köln	Kopenhagen	Lissabon	London	Madrid	Minsk	Moskau	München	Oslo	Paris	Prag	Rom	Sofia	Stockholm	Warschau	Wien	Entfernungen Europa Orte aus Deutschlandtabelle in rot
Aachen		2950	1600	1800	650	950	200	1400	2220	950	450	450	1700	2700	260	800	2350	500	1800	1800	2500	850	1300	500	900	1700	2100	1450	1200	1150	Amsterdam
Basel	545		3200	1150	2400	2700	2900	1500	1150	3600	2500	2750	3650	1100	2700	2750	4500	3200	3800	2400	2900	2150	3450	2900	2050	900	750	3450	2200	1750	Athen
Berlin	650	875		2050	1900	950	1350	2000	2600	2000	1350	1750	3050	2950	1400	2100	1300	1500	650	2900	3600	1400	2650	1100	1750	1400	2400	2750	2500	1900	Barcelona
Bremen	370	775	400		1300	1450	1750	400	600	2500	1300	1700	2500	950	1500	1700	3350	2050	2670	1400	2200	950	2300	1800	900	1300	400	2300	1100	650	Belgrad
Dortmund	155	555	495	235		950	750	900	1700	1550	550	300	1250	2200	580	350	2900	1050	2350	1150	1850	590	950	1050	400	1550	1650	950	600	650	Berlin
Dresden	645	745	200	490	515		700	1150	1950	1250	400	950	2050	2300	600	1350	2200	1000	1550	2000	2700	450	1800	550	850	1000	1750	1900	1600	1000	Bern
Düsseldorf	90	550	560	285	70	580		1400	2200	800	450	600	1900	2650	250	950	2150	300	1550	1900	2600	800	1550	300	950	1550	2100	1650	1400	1150	Brüssel
Emden	375	845	520	140	305	620	290		800	2150	1000	1200	2250	1350	1150	1200	3300	1700	2600	1200	1900	700	1900	1550	500	1250	800	1900	700	250	Budapest
Erfurt	440	585	300	340	310	215	375	470		3000	1800	2000	2500	700	2000	2050	3950	2500	3200	1300	1800	1500	2850	2300	1350	1950	400	3150	1200	1050	Bukarest
Flensburg	625	980	450	275	490	660	540	400	520		1200	1350	2750	3500	1000	1700	2750	500	2200	2700	3400	1550	2250	900	1700	2350	2950	2500	2100	1900	Dublin
Frankfurt M.	255	335	550	445	225	460	225	520	260	650		500	1600	2250	200	800	2450	700	1900	1650	2350	400	1350	600	500	1300	1700	1500	1050	700	Frankfurt M.
Frankfurt O.	700	940	105	460	560	180	625	590	370	550	610		1050	2600	430	300	2800	900	2200	1450	2200	780	850	950	700	1750	2050	950	850	1100	Hamburg
Garm.-Patenk.	700	370	675	835	700	550	680	930	510	1020	480	740		3250	1600	850	3950	2100	3400	1250	1150	1850	750	2100	1550	2900	2950	200	1500	1850	Helsinki
Görlitz	750	840	220	575	610	105	680	700	320	690	560	170	650		2450	2650	4250	2950	3500	2000	2500	1900	3500	2700	1850	1600	550	3300	1850	1600	Istanbul
Hamburg	480	825	300	130	350	500	400	255	370	160	500	385	860	530		750	2400	550	1800	1550	2250	580	1150	500	700	1500	1900	1300	1150	900	Köln
Hannover	355	680	290	130	215	385	280	260	220	310	350	350	720	470	155		3100	1250	2500	1550	2250	1100	600	1250	750	2050	2100	650	900	1000	Kopenhagen
Kassel	310	525	385	285	165	350	235	390	150	470	200	450	560	450	310	170		2250	650	4000	4700	2700	3650	1850	3000	2700	3700	3800	3550	3050	Lissabon
Koblenz	165	405	600	410	190	510	145	425	310	670	120	660	550	610	520	390	250		1700	2150	2850	1100	1800	400	1200	1800	2400	1900	1650	1450	London
Köln	75	505	580	315	100	570	40	330	370	570	200	640	650	670	430	300	250	105		3500	4200	2050	3100	1250	2350	2050	3000	3200	3000	2450	Madrid
Leipzig	570	710	190	390	440	115	505	520	140	570	385	255	520	215	440	290	280	440	500		700	1600	2000	2150	1200	2450	1700	1400	550	1300	Minsk
Mannheim	290	270	615	515	300	530	280	600	330	725	85	680	410	630	570	430	270	150	250	460		2300	1900	2850	1900	3150	2150	1300	1250	2000	Moskau
München	650	390	590	750	605	460	610	840	420	930	400	650	90	560	780	630	470	490	580	430	350		1600	850	400	950	1350	1600	1050	450	München
Nürnberg	470	450	440	585	440	315	445	675	270	795	230	510	260	420	610	470	310	340	410	280	240	170		1800	1350	2600	2900	550	1400	1950	Oslo
Passau	690	580	630	800	660	465	655	890	460	980	440	700	280	570	820	680	520	550	620	470	440	190	220		1100	1450	2150	1950	1600	1250	Paris
Rostock	650	1000	230	300	515	440	570	425	490	285	740	325	870	470	180	330	560	690	600	380	810	780	630	820		1350	1300	1350	650	300	Prag
Saarbrücken	310	265	725	550	330	640	280	560	440	810	200	790	500	740	660	530	380	180	250	570	140	430	370	570	920		1050	2750	1850	1150	Rom
Salzburg	800	530	735	910	755	605	770	980	580	1080	540	800	180	540	920	780	625	660	720	570	510	150	320	120	940	600		2750	1450	1000	Sofia
Stuttgart	420	270	630	630	420	510	410	710	350	810	210	700	300	610	660	520	360	280	370	470	135	230	210	400	820	220	390		450	1900	Stockholm
Trier	160	325	715	480	260	635	200	500	430	735	190	780	580	730	590	460	340	140	180	560	180	500	420	620	760	100	700	300		700	Warschau
Wiesbaden	230	350	570	430	210	490	200	480	280	680	40	640	500	590	520	380	220	80	170	410	100	430	260	470	760	160	570	220	150		Wien
Entfernungen Deutschland Orte aus Europatabelle in rot	Aachen	Basel	Berlin	Bremen	Dortmund	Dresden	Düsseldorf	Emden	Erfurt	Flensburg	Frankfurt M.	Frankfurt O.	Garm.-Patenk	Görlitz	Hamburg	Hannover	Kassel	Koblenz	Köln	Leipzig	Mannheim	München	Nürnberg	Passau	Rostock	Saarbrücken	Salzburg	Stuttgart	Trier	Wiesbaden	Beispiel: Berlin bis Dresden =200 km Berlin bis Prag =400 km Dresden bis Prag =400 km – 200 km

Quelle: deutschland-tourist.info/entfernungstabelle.html

Exkurs: EDV

1 Grundlagen

1.1 Das EVA-Prinzip

Der folgende kurze Überblick

- erklärt das EVA-Prinzip anhand lagerspezifischer Beispiele,
- enthält eine klassische Aufgabenstellung der Lagerlogistik, die ABC-Analyse die mithilfe der Tabellenkalkulation gelöst wird,
- enthält ein Wörterbuch mit Grundbegriffen der EDV.

Die elektronische Datenverarbeitung (EDV) ist in der modernen Lagerwirtschaft unverzichtbar. Mit ihrer Hilfe werden Kosten minimiert und Fehlbestände vermieden. Außerdem wird der reibungslose Materialfluss gesichert.

Die Verarbeitung der Informationen in der EDV verläuft in drei Stufen:

Eingabe – Verarbeitung – Ausgabe

Man spricht hier auch vom **EVA-Prinzip**.

Beispiel

Wie das EVA-Prinzip funktioniert, lässt sich an der Situation in der Schule aufzeigen:

- Der Lehrer stellt eine Aufgabe (**Eingabe**).
- Die Schüler denken über die gestellte Aufgabe nach (**Verarbeitung**)
- Die Schüler beantworten (hoffentlich) die gestellte Frage (**Ausgabe**).

Eingabe – Verarbeitung – Ausgabe

Grundlagen der EDV

E Eingabe		Beispiele
▪ durch Tastatur, Maus  ▪ durch Scanner/ Lesegerät	▪ mithilfe eines Betriebssystems 	▪ Bestände werden per Tastatur eingegeben oder mit dem **Handscanner** eingelesen. 
V Verarbeitung		Beispiele
▪ durch einen Rechner	Anwendungssoftware	
	z. B. Word (Textverarbeitungsprogramm)	▪ Kommissionierauftrag oder ▪ Mängelrüge schreiben
	z. B. Excel (Tabellenkalkulation)	▪ die optimale Bestellmenge errechnen ▪ eine ABC-Analyse durchführen
	Warenwirtschaftssystem	▪ Erfassung und Aktualisierung aller Bestellungen, Lagerbestände, Ein- und Ausgänge in einem einheitlichen System
 	Browser (engl. von „to have a browse" – sich umsehen); dienen dazu, sich im **Internet** (www = World Wide Web) zu bewegen, z. B. Firefox, Internet Explorer, Safari. Mit dem Browser bewegt man sich auch im **Intranet**. Hierbei handelt es sich um ein firmeninternes Netzwerk, zu dem nur Berechtigte einen Zugang haben.	▪ Online-Handel ▪ Einholen von Angeboten ▪ Anbietervergleich ▪ firmeninterner Schriftverkehr ▪ Datensicherung oder Datenabgleich
A Ausgabe		
▪ durch einen Monitor	▪ mithilfe eines Betriebssystems	▪ Datenanzeige auf dem Bildschirm, z. B. von Lagerbeständen
▪ durch einen Drucker/Plotter	▪ über Systemerweiterung, Druckprogramm  	▪ Ausdrucken von Kommissionieraufträgen oder Mängelrügen

1.2 Tabellenkalkulation

Fachkräfte für Lagerlogistik benötigen Grundkenntnisse der Tabellenkalkulation, für Fachlageristen ist die Tabellenkalkulaton nicht prüfungsrelevant.

Beispiele für eine klassische Aufgabe der Tabellenkalkulation für die Lagerlogistik sind die **AB-Analyse** und die **ABC-Analyse**.

Was versteht man unter A-, B- und C-Gütern?

	Merkmale	Maßnahmen, die helfen, Kosten zu sparen
A-Güter	▪ wertvolle Güter ▪ meist in geringen Mengen vorhanden	▪ Geeignete und günstige Lieferanten müssen sorgfältig ausgewählt werden. ▪ Bestell- und Lagermengen sind optimal zu planen. ▪ Die Lagerbestände sollten genau kontrolliert werden. ▪ Der Materialverbrauch ist genau zu überwachen.
B-Güter	▪ Güter mit mittleren Werten und Mengen	▪ Frage: Sind die B-Güter mehr den A- oder mehr den C-Gütern zuzurechnen?
C-Güter	▪ geringwertige Güter ▪ in großen Mengen vorhanden	▪ Auf Kosteneinsparung wird hier weniger Wert gelegt.

Die ABC-Methode hilft also dabei, die Güter den Klassen A, B und C zuzuordnen.

Zunächst soll eine AB-Analyse vorgestellt werden. Grund hierfür ist das einfache Erlernen der sogenannten **wenn-dann-Formel**.

Annahme:
A-Gut = ≥14 % (immer mehr als 14 %)
B-Gut ≤14 % (immer weniger als 14 %)

Tabelle 1 (nur die Rechnung)

Spalten

Zeilen

	A	B	C	D	E	F
1	Artikel-nummer	Stückpreis in EUR	Gesamtmenge in Stück	Kapitalbedarf in EUR	%-Anteil am Gesamtwert	A-oder B-Gut
2	25412	15,00 EUR	5000	75 000,00 EUR	18,6 %	A-GUT
3	23651	30,00 EUR	3000	90 000,00 EUR	22,4 %	A-GUT
4	48796	12,00 EUR	2000	24 000,00 EUR	6,0 %	B-GUT
5	25364	41,00 EUR	4580	187 780,00 EUR	46,6 %	A-GUT
6	12478	11,00 EUR	2350	25 850,00 EUR	6,4 %	B-GUT
7				402 630,00 EUR	100,0 %	

Tabelle 2 Formeln der Tabellenkalkulation zur Tabelle 1 bei einer AB-Analyse

	B	C	D	E	F
1	Stückpreis in EUR	Gesamtmenge in Stück	**Kapitalbedraf in EUR**	**%-Anteil**	**A- oder B-Gut**
2	15,00 EUR	5000	=B2*C2	=D2/D$7	=WENN (E2>=14 % ;„A-GUT";„B- GUT")
3	30,00 EUR	3000	=B3*C3	=D3/D$7	=WENN (E3>=14 % ;„A-GUT";„B- GUT")
4	12,00 EUR	2000	=B4*C4	=D4/D$7	=WENN (E4>=14 % ;„A-GUT";„B- GUT")
5	41,00 EUR	4580	=B5*C5	=D5/D$7	=WENN (E5>=14 % ;„A-GUT";„B- GUT")
6	11,00 EUR	2350	=B6*C6	=D6/D$7	=WENN (E6>=14 % ;„A-GUT";„B- GUT")
7			=SUMME (D2:D6)	1	

Summenformel

Formel zur %-Ermittlung mit absoluter ($) Adressierung

einfache Wenn-dann-Formel

Absolute Adressierung bedeutet, dass immer auf die angegebene Zelle zugegriffen wird. Die absolute Adressierung wird durch ein Dollarzeichen ($) vor der Zeilen- bzw. Spaltenbezeichnung gekennzeichnet.

Soll ein Text als Zellergebnis erscheinen, muss dieser grundsätzlich in Anführungszeichen gesetzt werden, z. B. „A-Gut".

Bei einer **ABC-Analyse** wird bei gleicher Zahlenlage aus Tabelle 1, die wenn-dann-Formel, wie in **Tabelle 4** ersichtlich, erweitert:

Bedingung:
A-Gut = ≥ 14 %
B-Gut = ≥ 8 %
C-Gut = ≤ 8 %

Tabelle 3
Ergebnisse: A-, B- oder C-Gut

	D	E	F
1	Kapitalbedraf in EUR	%-Anteil	A-, B- oder C-Gut
2	75 000,00 EUR	18,6 %	A-GUT
3	90 000,00 EUR	22,4 %	A-GUT
4	24 000,00 EUR	6,0 %	C-GUT
5	187 780,00 EUR	46,6 %	A-GUT
6	25 850,00 EUR	6,4 %	C-GUT
7	402 630,00 EUR	100,0 %	

In der Tabelle 3 gibt es keinen Artikel zwischen 8 % und 14 %. Aus diesem Grund gibt es hier kein B-Gut!

Tabelle 4: Formeln der Tabellenkalkulation zur Tabelle 3 bei einer ABC-Analyse

	B	C	D	E	F
1	Stückpreis in EUR	Gesamtmenge in Stück	**Kapitalbedarf in EUR**	**%-Anteil**	**A-, B- oder C-Gut**
2	15,00 EUR	5000	=B2*C2	=D2/D$7	=WENN (E2>=14 % ;„A-GUT";WENN (E2>=8 %;„B- GUT";„C-GUT"))
3	30,00 EUR	3000	=B3*C3	=D3/D$7	=WENN (E3>=14 % ;„A-GUT";WENN (E3>=8 % „B- GUT";„C-GUT"))
4	12,00 EUR	2000	=B4*C4	=D4/D$7	=WENN (E4>=14 % ;„A-GUT";WENN (E4>=8 %;„B- GUT";„C-GUT"))
5	41,00 EUR	4580	=B5*C5	=D5/D$7	=WENN (E5>=14 % ;„A-GUT";WENN (E5>=8 %;„B- GUT";„C-GUT"))
6	11,00 EUR	2350	=B6*C6	=D6/D$7	=WENN (E6>=14 % ;„A-GUT";WENN (E6>=8 %;„B- GUT";„C-GUT"))
7			=SUMME (D2:D6)	1	

2 EDV-Wörterbuch

Alphanumerische Zeichen	Datentypen, die außer numerische Zeichen auch Buchstaben, Satzzeichen und Sonderzeichen enthalten. Numerische Daten erhalten ausschließlich Ziffern.
Antivirensoftware	Anwendungsprogramm, das verhindern soll, dass der Computer von Viren, Trojanern und Würmern befallen wird. Es sollte regelmäßig und in einer aktuellen Version eingesetzt werden.
Anwendungsprogramme	Programme für bestimmte Anwendungsbereiche, z. B. Grafikprogramme zur Bildbearbeitung, Textprogramme zur Textbe- und -verarbeitung, Programme zur Musikbearbeitung usw.
Arbeitsspeicher	Hauptspeicher im Computer, in dem Programme und Dateien während der Verarbeitung zwischengelagert werden. Sein Inhalt wird nach dem Ausschalten gelöscht.
Betriebssystem	Software, die zur Steuerung der Hardware und der Anwenderprogramme im Computer erforderlich ist, z. B. MS-DOS, Windows, Unix
Breitbandnetz	Datenübertragungssystem mit sehr schneller Übertragungsrate im Netzwerk

Browser	Hilfsprogramm, das das Suchen im Internet (www = world wide web) ermöglicht (engl.: to browse = stöbern, schmökern)
Byte	Maßeinheit für die Speicherkapazität von Datenträgern und Speichermedien (Arbeitsspeicher, Festplatte, USB-Stick)
	Ein Byte entspricht einem Zeichen, z. B einer Ziffer oder einem Buchstaben.
	1 Kilobyte (KB) = 1 024 Bytes
	1 Megabyte (MB) = 1 024 Kilobytes
	1 Gigabyte (GB) = 1 024 Megabytes
C++	C++ ist eine objektorientierte Weiterentwicklung der Programmiersprache C und weltweit verbreitet.
CAD-Programm Computer-Aided Design	Abkürzung für Computer-Aided Design. CAD ist ein Programm zur Erstellung von technischen Zeichnungen.
Chat (to chat = plaudern)	Chatten: Zwei oder mehrere Teilnehmer sind über das Internet miteinander verbunden und unterhalten sich („chatten"). Dies geschieht meistens schriftlich.
Chip	Ein Chip besteht aus Millionen integrierter Schaltkreise und elektronischen Bauteilen, die es ermöglichen, extrem kleine Computer zu bauen. Ein typisches Beispiel für hierfür ist die Weiterentwicklung des Handys. Dies wurde in den vergangenen Jahren von einem einfachen Telefon weiterentwickelt zu einem multifunktionalen Gerät mit Kamera, Diktiergerät, Scanner, Datenbank, Terminplaner, Wecker, Stoppuhr, Videokamera, Musikplayer, Fernseher usw.
Datenabgleich	Wenn z. B. ein Vertreter mit seinem Laptop Bestellungen bei seiner Kundschaft aufnimmt, müssen diese neuen Daten in seiner Firma mit den bereits existierenden Daten abgeglichen werden. So soll gewährleistet werden, dass beide Datensätze auf dem neuesten Stand sind.
Datenbank bzw. Datenbasis	Eine Datenbank ist eine Sammlung von Datensätzen, z. B. von Personendaten: Name, Vorname, Alter, Geburtdatum usw. Ein Datensatz kann mit anderen Datensätzen verglichen werden, um bestimmte Merkmale herauszufiltern. So lässt sich z. B. ermitteln, dass in einem bestimmten Geburtsjahrgang deutlich mehr Jungen als Mädchen geboren wurden.
Datenschutz	Bei dem EDV-Begriff „Datenschutz" handelt es sich um eine gesetzliche Bestimmung gegen den Missbrauchs von Daten im Bereich der elektronischen Datenverarbeitung.
Datensicherheit	Schützt Daten in der EDV vor Datenverlust. Sie schützt u. a. vor technisch-handwerklichen Fehlern und vor Sabotage. Antivirenprogramme sind ein Mittel zum Schutz von Daten.
Datenträger	Datenträger sind Speichermedien, wie z. B. eine Festplatte, auf denen Daten in Form von Dateien dauerhaft gespeichert und gelesen werden können.
Ergonomie	Ergonomie ist die Wissenschaft von den Arbeitsbedingungen. Diese sollen optimal an den Menschen und seine Bedürfnisse angepasst werden, z. B. die optimale Gestaltung eines PC-Arbeitsplatzes.
Expertensystem	Bei Expertensystemen handelt es sich um Programme aus dem Bereich der künstlichen Intelligenz. So wird z. B. bei einer Kfz-Inspektion mit einem Expertensystem überprüft, was repariert bzw. neu eingestellt werden muss.

Farbtiefe	Unter der Farbtiefe versteht man die Anzahl der verwendeten Farben, die in einer Grafik zur Verfügung stehen.
FIFO	FIFO ist eine Methode, bei der das Element zuerst verarbeitet wird, das als Erstes eingelesen wurde.
FLOPS (Floating Point Operations Per Second)	Die Rechengeschwindigkeit eines Rechners wird u. a. in FLOPS gemessen. Hat z. B. ein Computer die Leistung von 1,5 Gigaflops, so kann er 1,5 Milliarden Divisionen pro Sekunde verarbeiten.
Formatieren	In der EDV versteht man unter „Formatieren" das Vorbereiten eines Datenträgers, z. B. einer Diskette oder Festplatte für die Verwendung unter dem dazugehörigen Betriebssystem.
Fragmentierung	Wenn Daten über die ganze Festplatte verstreut gespeichert sind, bezeichnet man das als Fragmentierung. Da auf einer Festplatte häufig Daten gelöscht oder neue gespeichert werden, entstehen im Lauf der Zeit zwangsläufig Fragmentierungen. Diese lassen den Rechner langsamer arbeiten. Deswegen muss eine Festplatte in bestimmten Abständen defragmentiert werden!
FTP **File Transfer Protocol**	FTP ist ein genormtes Protokoll, das bestimmt, wie Dateien von einem Computer zu einem anderen Computer übertragen werden
Gateway	Gateway ist eine Schnittstelle zwischen zwei Kommunikationssystemen, die mit unterschiedlicher System-Software arbeiten.
Gesture **Geste**	Gesture ist eine Anweisung an das Betriebssystem, die mithilfe einer Geste, z. B. des Fingerspreizens beim Touchscreen, gemacht wird.
Gigabyte	1 Gigabyte sind 1 073 741 824 Byte. Es handelt sich um eine Standardeinheit, mit der eine Datenmenge benannt werden kann.
GTIN-Code	Die **Global Trade Item Number** (**GTIN**) ist eine Identifikationsnummer, mit der Produkte und Packstücke weltweit eindeutig identifiziert werden können.
Hacker	Hacker im ursprünglichen Sinne sind Anwender, die sich per DFÜ (Datenfernübertragung) oder über Netzwerk unerlaubt Zutritt zu fremden Daten oder Intranets verschaffen.
Halbleiter (Semiconductor)	Halbleiter sind Materialien, deren elektrischer Widerstand zwischen dem von Metallen und Nichtmetallen liegt.
Hardware	Alle EDV-Komponenten eines elektronischen Datenverarbeitungssystems, die man anfassen kann, im Unterschied zur Software
Hardware-Interrupt	Hardware-Interrupt ist eine Unterbrechung, die der Prozessor im Rechner in regelmäßigen Abständen ausführt, um diverse Systemroutinen abzuarbeiten.
Informatik	Informatik ist die Wissenschaft der Informationsverarbeitung. Sie ist eng mit den Fachbereichen Mathematik und Elektrotechnik verbunden.
Installationsprogramm	Ein Installationsprogramm ist ein Hilfsprogramm zum Einrichten von Anwendungsprogrammen oder Betriebssystemen.
JAVA-Applet	JAVA-Applet ist eine kleine Internet-Anwendung, die in der Programmiersprache Java geschrieben worden ist.
Joystick	Ein Joystick ist ein kleines, handliches Eingabegerät, das aus einem beweglichen Steuerhebel besteht.
JPEG	JPEG ist ein Standardformat zur Komprimierung digitaler Bilder. Es ist vom gleichnamigen Normierungsgremium seit ca. 1985 erarbeitet worden.

Kaltstart	Beim Kaltstart wird das Betriebssystem erneut geladen. Dies wird auch als „Booten" bezeichnet. Beim Kaltstart werden wie beim Einschalten des Computers alle Systemkomponenten auf ihre Funktionsfähigkeit getestet und neu initialisiert.
„Klammeraffe" @	@-Zeichen, umgangssprachlich als „Klammeraffe" bekannt. Benannt nach der in Südamerika vorkommenden Affenart Ateles.
Kopierschutz	Der Kopierschutz ist eine Vorrichtung, die das Kopieren eines Programms verhindern soll.
Kurvendiagramm	Bei Kurvendiagrammen handelt es sich um ein Diagramm im Bereich der Geschäftsgrafik. Hierbei werden einzelne grafisch dargestellte Punkte durch Linien verbunden werden (z. B.: Schwankungen beim Energiebedarf innerhalb eines Jahres können durch ein Kurvendiagramm dargestellt werden.)
Landscape	„Landscape" bedeutet den Druck im Querformat.
Laufzeitfehler (runtime error)	Ein Laufzeitfehler kann während der Ausführung eines komplizierten Programms auftreten.
markieren	Beim Markieren wird ein Objekt oder ein Teil davon, z. B. ein Text, eine Grafik oder ein Symbol für eine bevorstehende Operation gekennzeichnet.
Netzwerk	In einem Netzwerk sind Computer und Peripheriegeräte verbunden, sodass sie miteinander kommunizieren können. Das Wesentliche an einem Netzwerk ist die gemeinsame Nutzung von Geräten (z. B. Drucker).
Netzwerkdrucker	Ein Netzwerkdrucker ist in ein Netzwerk eingebunden und kann von allen Computern im Netzwerk zum Drucken benutzt werden.
Notebook	Bei einem Notebook handelt es sich um einen tragbaren PC, der leicht und kompakt ist (ca. DIN A4). Er kommt deutlich länger als ein Laptop ohne Netzteil aus (ca. 6 bis13 Stunden).
OCR (optische Zeichenerkennung)	Ein OCR-Programm kann einen eingescannten Text wieder in eine editierbare Datei (Datei, in der Änderungen vorgenommen werden können) verwandeln.
Office-Paket	Sogenannte Office-Pakete bieten folgende Programmthemen: Textverarbeitung, Tabellenkalkulation, Datenbank und Präsentation.
offline	Der Begriff offline wird als Zustand bezeichnet, in dem ein Gerät, welches über eine Kommunikationsschnittstelle verfügt, nicht bereit ist, Daten über die Schnittstelle zu empfangen oder zu senden. Das Gegenteil hiervon ist online.
online	Hier besteht eine aktive Verbindung zwischen einem System, z. B. einem Computer und einem Peripheriegerät, z. B. einem Drucker. Dies wird durch eine Anzeige signalisiert. Ziel ist der Austausch von Daten. Es kann auch eine aktive Verbindung eines PCs mit dem Internet gemeint sein. Das Gegenteil ist „offline".
optional (wahlfrei)	„Optional" bedeutet, dass ein Parameter (eine Kenngröße, Kennzahl, ein Wert) nicht zwingend eingegeben werden muss.
Parameter	Die Übergabe von Werten innerhalb von Programmen nennt man „Parameter".
Partition	Eine Partition ist ein Teil eines physikalischen Laufwerks. Die Festplatte wird hierbei in mehrere Bereiche eingeteilt.
Password	Kennwort, das eingegeben werden muss, um ein Programm benutzen zu können. Ein Passwort ist ein Schlüssel für die Benutzung des Programms.
PIM (Personal Information Manager)	Die Abkürzung PIM bezeichnet Programme, die zur Organisation von Terminen bestimmt sind.

Quellcode	Der Quellcode umfasst Anweisungen in einer Programmiersprache, die für Menschen lesbar sind.
QWERTZ-Tastatur	In der QWERTZ-Tastatur sind die ersten sechs Tasten in der oberen Buchstabenreihe durch die Buchstaben Q, W, E, R T, Z belegt.
RAM (Random Access Memory)	RAM ist ein Speicher, der sowohl gelesen als auch beschrieben werden kann
RAM-Disk	Bei der RAM-Disk handelt es sich um ein Laufwerk, das im Arbeitsspeicher eingerichtet wird. Für den User erscheint es als „normales" Laufwerk.
Scanner	Ein Scanner ist ein Kopiergerät, das die Ausgabe nicht auf Papier, sondern als Bild auf den Monitor des Computers bringt. Dort kann sie weiter bearbeitet werden.
Schnittstelle (Interface)	Die Schnittstelle ist eine genormte Verbindung, z. B. zwischen zwei Computern.
Server	Computer in einem Netzwerk, der den anderen Rechnern (Klienten) Programme, Daten und Peripheriegeräte (Drucker, Scanner, Bildschirm) zur Verfügung stellt
Stammdaten	Stammdaten sind allgemeine Kundendaten. Auftragsdaten werden unter dem Begriff „Bewegungsdaten" geführt.
Tabellenkalkulation	Anwendungsprogramme für den Umgang mit Zahlen. Von einfachen Aufgabenstellungen bis hin zu umfangreichen Rechenoperationen können diese Programme vielfältige rechnerische Probleme lösen (z. B. Excel).
Temporäre Datei	Eine temporäre Datei wird während einer Programmausführung angelegt, um Daten vorübergehend zu behalten. Nach Beendigung des Programms wird die temporäre Datei gelöscht.
Textbaustein	Textbausteine sind vorgefertigte Wortfolgen, die mit einem Tastendruck in einen Text eingefügt werden können, z. B. „Sehr geehrte Damen und Herren".
Textverarbeitung	In der Textverarbeitung werden Texte eingegeben, geändert und gedruckt. Dies geschieht mithilfe von Programmen der Textverarbeitung, wie z. B. in Word oder bei Star Office.
Trackball	Dieses Eingabegerät funktioniert wie eine auf dem Rücken liegende Maus. Die Kugel wird mit dem Zeigefinger bedient. Vorteil: Sie braucht weniger Platz, da sie nicht über den Tisch geschoben werden muss.
UNIX	Rechnersystem für alle Rechnerklassen
Update	Eine Update ermöglicht es einem Softwarehersteller, seine Software über das Internet zu aktualisieren.
USV	USV ist eine unterbrechungsfreie Stromversorgung, die bei Stromausfall den Rechner für einige Minuten mit Strom versorgen kann. In der Regel wird diese Zeit genutzt, um den Rechner herunterzufahren.
Vergleichsoperator	Vergleichsoperatoren sind: größer > kleiner < ungleich <> kleiner oder gleich ≤ größer oder gleich ≥ Es gibt nur zwei Lösungen: WAHR oder FALSCH.
Virus	Ein Virus ist ein Programm, das in einem Rechner Schaden anrichten kann. Anti-Virensoftware kann helfen, dies zu verhindern.

WLAN	Wireless Local Area Network; WLAN ist eine drahtlose Verbindung zwischen Rechnern. Auch Peripheriegeräte können über WLAN mit Rechnern verbunden werden, z. B. Drucker.
XGA	XGA ist ein Grafikstandard für Grafikkarten, die auf einem Monitor 1024 x 768 = 786 432 Pixel (Punkte) und 256^2 = 65 536 Farben darstellen können.
XML	XML ist eine Beschreibungssprache, z. B. für Internetseiten.
Y-Kabel	Ein Y-Kabel hat einen Eingang und zwei Ausgänge.
Zelle	In der Tabellenkalkulation wird ein Rechteck als Zelle bezeichnet, die man durch die Angabe von Zeilennummer und Spaltenbuchstabe adressieren kann, z. B. B3 ist die linke obere Ecke der Zelle in der zweiten Spalte und der dritten Zeile.
zentriert	„Zentriert" bedeutet in der Textverarbeitung, dass die Zeile genau in der Mitte steht. So werden z. B. Überschriften gern zentriert dargestellt.

Sachwortverzeichnis

Bildquellenverzeichnis

Alex Breuer GmbH, Köln: S. 298.1, 301.2

Art-Photografie Heidi Capl, Bad Neuenahr/Bildungsverlag Eins GmbH: S. 226.1

BAUMANN GbR, Vaihingen/Enz: S. 176.3-4

BAUHAUS AG, Mannheim: S. 170.3, 172.1

Berufsgenossenschaft Rohstoffe und chemische Industrie, Heidelberg: S. 117.2, 118.1

Bildungsverlag Eins GmbH, Köln: S. 441.1, 442.2

BITO-Lagertechnik, Bittmann GmbH, Meisenheim: S. 34.1, 53.3, 79.2, 90.1, 92.1, 110.2-3, 177, 202, 242.1, 261.2, 265.2, 276.5, 292.1, 341.3 (Danny Cornelissen), 355.2,

Brunsbüttel Ports GmbH, Brunsbüttel: S. 408.2, 456.1

BULMOR Industries GmbH & Co KG, Perg: S. 185.2

Bundesamt für Güterverkehr, Köln: S. 378.1 (Christopher Clem Franken)

CASIO Europe, Norderstedt: S. 138.1, 216.1

Collico Verpackungslogistik GmbH, Duisburg: 263.1-2

Conductix-Wampfler GmbH, Weil am Rhein: 180.1-2

Conrad Electronic SE, Hirschau: S. 173.2

Daimler AG, Stuttgart: S. 174.2-4, 519.1

DB Mobility LogisticsAG/Deutsche Bahn, Berlin: S. 394.1-2, 394.4 (Max Lautenschläger), 394.3, 395.2, 395.3 (Günter Jazbec), 395.1, 397.4 (Michael Neuhaus), 397.5 (Margit Wild)

Demag Cranes & Components, Düsseldorf: 175, 176.1-2

Denios Direct GmbH, Bad Oeynhausen (Paul Brownbridge): S. 69.4, 79.3, 85.1, 121.1, 179.3, 230.3, 269.4, 324.2,

Deutsche Post AG DHL, Frankfurt: 172.2, 172.4, S. 218.2, 219.2, 355.1(oeDHLoe), 384.2, 385.1-6

Deutsche Post AG, Düsseldorf: S. 284.2, 286.3 (Marcin Robert Balcerzak), 355.1 (oeDHLoe),

Dolezych GmbH & Co.KG, Dortmund: S. 32.1, 329.6, 283.4, 332.3, 335.1, 336.1-6, 337.1-2, 338.1, 339.1, 339.3, 339.4

dpa Infografik, Frankfurt: S. 306.1 (27584658), 353.1 (Globus 4778), 438.1 (Globus 4787), 444.1 (Globus 3216)

Eisenmann AG, Böblingen: S. 182.1

Eberhardt+Partner GmbH&Co.KG, Boppard-Buchholz: S. 214.1

Fachstelle für Geoinformationen Süd, Regensburg: S. 405.1

Fiege Logistik Stiftung & Co. KG, Greven: S. 213.3-4, 218.1

Flughafen München GmbH, Presseservice: S. 416.1

Fotolia Deutschland GmbH, Berlin: S. 19.1 (goodluz), 20.1 (minicel73), 21.1 (Klaus Eppele), 24.1 (Marco2811), 29.1 (Benjamin Haas), 34.2 (Tilo Grellmann), 35.1 (Photo SG), 39 (Olaf Wandruschka), 45. 1 (ivo188), 46 (Paul Prescott), 47.1 (Turi), 47.2 Chepko Danil Chepko@yandex.ru), 47.3 (Björn Wylich), 48.1 (Alta C.), 48.2 (John A Trax Jr, 48.3 (flashpics), 49.1 (eljo13), 49.2 (M. Schuppich), 49.3 (Pinosup), 50.1 (Panoramo), 50.2 (malajscy), 51.1 (Le images), 51.2 (yunuskoc), 51.3 (photo 5000),

51.4 (Igor Tarasov), 52.2 (FM2), 53.1 (FM2), 53.4 (LE image), 53.5 (Mixage), 56.1 (Dimitri Kalinowsky), 60.1 (thomas haltinner), 60.4 (PRILL Mediendesign), 61.2 (Iakov Filimonov), 61.3 (photo 5000), 61.4 (Gina Sander), 62.1 (Olaf Wandruschka), 67.1 (photo 5000), 67.2 (Thomas Aumann), 67.3 (photo 5000), 68.1 (Tinichan), 68.2 (contrastwerkstatt), 72.1 (LE image), 72.2 (pio3), 79.1 (PRILL Mediendesign), 79.4 (80.2 (Ichbins11), 82.1 (Joachim Wendler), 86.2 (Robert Kneschke), 97.1 (Andreas Reimann), 98.1 (Anthony Leopold), 102.2 (zorandim75), 102.3 (maho), 104 (Abe Mossop), 109.4 (T.Michel), 110.1 (rockimage), 111.4 richterfoto.de, 120.1 (a) Gina Sanders, b) Pixel Embargo, c), 123.1 (Carola Vahldiek), 125.2 (fovito), 125.3 (seen), 126.2 fovito, 126.3 seen, 128.1 (Dan Race), 128.2 (endostock), 129.1 (Farina3000), 129.2 (endostock), 131.1 (Stefan Rajewski), 132.1 Stefan Rajewski, 133 (LEimage), 137.1 (rdnzl), 142 (Stocksnapper), 167 (ams), 166.1 (branex), 168.1 (scusi), 169.1 (Marius Graf), 170.2 (Frank-Peter Funke), 171.1 (Tilo Grellmann), 172.2 (Stefan Rajewski), S. 173.1 (industrieblick), 182.2 (Bernd Zilm), 183 (minicel73), 184.1 (endostock), 184.4 http://mclubber.ru, 184.5 (lesniewski), 203.1 (Gina Sanders), 209.1 djama, 210.1 auremar, 213.1 (Benjamin Haas), 217.1 (MAURICIOJORDAN), 217.3 (Benjamin Haas), 209.1 (djama), 232.1 Dmitry Kalinovsky, 237.1 Doodles, 238.1 (focus finder), 243.1 (Mixage), 244.2 (Eric Fahrner), 246.3 (minicel73), 253.2 (vladischern), 253.3 (J.M.), 253.4 (Africa Studio), 254.1 (J.M.), 254.2 (Africa Studio), 254.2 (plibox), 258.2 (Jim Barber), 258.6 (Jim Barber), 259.1 (Brooke Becker), 259.3 (koya79), 272.1 (Steve Young), 276.3 (beermedia), 280.3 (Martina Roth), 282.1 (Klaus Eppele), 282.2 (Christian Schwier), 283.6 (pterwort), 284.1 (Marcin Robert Balcerak), 289.2 (T. Michel), 292.4 (Ro/michaeljayberlin), 301.1 (endostock), 301.4 (beermedia), 303.1 (Steffen Scheideler), 309 (Pavel Losevsky), 312.1 (Bart Kwieciszewski), 314.1 (T. Michel), 314.2-3 („vektorisiert, 323.3 (topae), 324.3 (Klaus Eppele), 327.1 (Ilan Amith), 327.2 (Martina Berg), 328.1 (Oliver Hauptstock), 338.3 (Erich Teister), 338.3 (Klaus Eppele), 330.1 (photo 5000), 339.6 (Bjoern Wylezich) 343.1 (mhp), 343.2 (ThKatz), 343.3 (Marco 2811), 343.4 (il-fede), 343.5 (flyingcowboy), 351 (Sapsiwai), 352.1 (th-photo), 354.1 (aerogondo), 354.3 (dedi), 354.3 (Udo Kroener), 355.3 (Marcin Robert Balcerak), 359.4 (Hans Engbers), 358.1 (B. Wylezich), 358.2 (darknightsky), S. 358.3 (thomaslerchphoto), 358.4 (Marco2811), 362.1 (Andre Bonn), 366.1 (Bea Busse), 368.1 (Marco2811), 369.2 (Eisenhans), 369.1 (anweber), 369.2 (maho), 369.3 (Mixage), 369.4 (Thaut Images), 391.1 (happyangels), 402 (Marco2811), 404.3 (jelwolf), 404.4 (abesan), 404.5 (Carabay), 404.6 (xpix), 408.1 (johas), 410 (Ralf Gosch), 417 (Jörg Hackemann), 421.3 (npologuy), 427.1 (scusi), 428.1 (Júlio Reis), 442.2 (chagin), 443.2 (Oliver Hauptstock), 444.2 (artalis), 445.1 (Anton Balazh), 446.2 (Gabriele Rohde), 459.1 (ehrenberg-bilder), 461.1 (Oscar Brunet), 479.1 (Ramona Heim), 484.2 (luchshen), 486.1 (Solaris), 488.1 (Eisenhans), 507.1 (Monkey Business),508.1 (GRAPHIC), 508.2 (Cornelia Wohlrab), 508.3 (Angelika Bentin), 508.4 (Udo Kroener), 542_1 (L.S.), 543.1 (kebox), 544.1 (MP3), S. 544.2 (pixeltrap), 542.1 (L.S)

Alfred **Geltinger**, Markelkofen: S. 15.1, 207.1, 228.1, 232.2, 251.1, 261.1

GEFEG-NECKAR Antriebssysteme GmbH, Gosheim: S. 481.1

Georg Utz GmbH, Schüttdorf: S. 262.1-2

Christoph **Grützner**, Oldenburg: S. 195.2

Hafen Hamburg Marketing e.V., Hamburg: S. 428.2

Heinrich Henke Güterfernverkehr & Spedition GmbH & Co. KG, Delbrück: S. 333.3

Herchenbach Industrie-Zeltebau GmbH, Hennef: S. 78.2

Hörmann KG, München/(C)Paul Brownbridge,: S. 231.1-3

INKA Paletten GmbH, Siegertsbrunn: S. 33.1, 265.3, 321.1-3, 323.2

Jakob Schober GmbH, Walldorf: S. 285.5

Jungheinrich AG, Hamburg: S. 52.1, 81.1, 86.1, 87.1, 88.1, 93.1, 179.4-5

Just Pack, Aspach/Großaspach: S. 338.4

KBS Industrieelektronik GmbH, Freiburg,: S. 213.2

Kardex Deutschland GmbH, Neuburg / Kammel : S. 95.3

KNAPP AG, Hart bei Graz: S. 102.1, 219.1

Kurschildgen GmbH, Bergisch Gladbach: S. 185.4, 186.1-4

Volker **Kähler**, Emden: S. 13.1

Keller & Kalmbach GmbH, Unterschleißheim: S. 69.2

Lasiprofi MT Onlineshops GmbH, Fulda: S. 339.2

Linde Material Handling GmbH, Aschaffenburg: S. 184.2, 185.1, 185.3

LSV-Träger Franken und Oberbayern / Petra Stemmler: S. 38.1

Lufthansa Cargo Charter Agency GmbH, Frankfurt: S. 420.2-3, 421.2, 422.1, 424.1, 426.1

Lufthansa Technik, Hamburg: S. 446.1

Mauderer Alutechnik GmbH, Lindenberg: S. 321.4

Meiller GmbH & Co. KG, Schmallenberg: S. 89.2

MEZGER Heftsysteme GmbH, Nünberg: S. 286.4-6

Microsoft Office Template: S. 414.1

PCE Deutschland GmbH, Meschede: S. 233.1, 293.3

pictures alliance, Frankfurt: S. 17.1 (23831832Dpa) , 397.2 (Arne Dedert Nr.:10388380), 60.3 (Vorwerk / dpa), 103.1 (picture alliance / dpa/MARC MUELLER), 244.1 (Zentralbild /pa /Jens Kalaene), 323.1 (dpa), 324.1 (dpa-Zentralbild / Bodo Schackow), 341.2 (pa 18533004), 421.4 (dpa/6551927 Rolf Vennenbernd), 447.1 (Arco Images GmbH/22705649), 247.2 (JOKER), 533.2 (dpa)

Prodinger Verpackung AG, Arisdorf, Schweiz: S. 283.1-2, 285.1

REWE Group/Thomas Bonrath, Köln: S.134.1, 138.2, 276.4

RESCH-VERLAG, Dr. Ingo Resch GmbH, Gräfling: S. 191.1

Schöller Arca Systems GmbH, Berlin: 171.2, 283.3

ShortSeaShipping Inland Waterway Promotion Center, Bonn (Quelle: HERO, Rostock): S. 411.1

ratioform Verpackungen AG, Regensdorf, Schweiz: S. 282.4-6, 285.1, 292.1

SSI Schäfer GmbH, Schäfer, Fritz, Neuenkirchen/Siegerland: S. 26, 86.3, 87.1, 94.1, 269.3, 281.3-4

Starlinger GmbH, Neuzeug bei Steyr, Österreich: S. 276.1-2

Still GmbH, Hamburg: S. 168.2, 170.1, 187.1, 310.1, 312.4

Strapex GmbH, Holzgerlingen: S. 293.4

Strenge GmbH & Co. KG, Gütersloh: S. 254.3-4

STRUCKMEYER-SYSTEMBAU, Porta Westfalica: S. 69.2

Ströbel GmbH, Langenzenn: S. 246.1, 285.2-3

tarakos GmbH, Magdeburg: S. 178.1

Technische Universität, Fml-TUM, München: S. 214.2-3

tesono/Jutta Weis, Pulheim: S. 61.1, 117.1, 188.1, 190.1, 310.2

Thiel Storage & Handling Systems, HR Mierlo/NL: S. 89.1,

TOTAL WALTHER GmbH (Tyco), Köln: S. 127.2-6

Toyota Deutschland GmbH, Langenhagen: S. 179.1-2, 184.2

TNT Express, Troisdorf: S. 345.1

Transport Control International GmbH, Oststeinbek: S. 288

Trans-World-Reederei, Bremen: S. 414.1

VERLAG Dr. Ingo Resch GmbH, Gräfelfing: S. 191.1

Wikipedia, Commons: S. 30.2 (Kmbatic), 30.4 (Kalinko), 74 (An-d), 78.1 (Tappinen), 108.1 (Grupsni-Hexe / wikimedia), 124.2 (wikipedia cc Magnus Mertens, Goettingen, Germany), 128.3 (WIKIPEDIA/Grika), 129.3 (WIKIPEDIA/Grika) 187.1 (wikipedia commons/Tux_Paint_forklift), 284.2 (heb@ Wikimedia CC-BY-SA-3.0, 174.1 (Georg Johann), 312.2 (Astrid Groeneveld), 326.2 (Alupus), 326.3 (Mattes), 293.6 (Creative Commons BY-SA 3.0 by User:heb), 336.6 (Markus Bärlocher), 339.5 (Elkawe), 341.1 (www.portpictures.nl/ Danny Cornelissen), 342.1 (Frank C. Müller), 347.1 (cc Meppen), 361.1 (Astrid Groeneveld), 373.1 (Vcx), 394.1 (Ketamin), 404.1 (ALUPUS cc)), 404.2 (Korny78 - Creative Commons), 411.2 (Jdw), 443.1 (Thomas Römer/Open Street data/wikipedia commons), 428.1 (Júlio Reis), 447.3 (High Contrast)

Zeichnungen/Karikaturen

Michele Di Gaspare/Bildungsverlag EINS GmbH: 82.2, 111.1-2, 274.1-4, 275.1-3, 326.1, 333.3, 334.1-2, 372.1-2, 409.1, 419.1, 420.1, 452.1, 453.1, 454.1, 455.1, 531.1-2, 532.1

Digital Grafik, Wolfgang Müller, Bad Homburg v.d. Höhe/Bildungsverlag Eins GmbH, Köln: 265.1, 258.1-5, 266.2, 281.5, 340.1, 403.1-3

Elisabeth Galas, Bad Breisig/Bildungsverlag EINS GmbH Köln: S. 31.1, 43.1-4, 63.1, 64.1, 65.1, 68.3-6, 69.1, 71.1, 82.3, 90.2, 91.1, 95, 112.2, 113.1-2, 114.1, 116.1, 123, 131.1, 189.1-3, 193, 194, 195.1, 199, 200, 201, 216.2, 217.2,4, 222.1-2, 223.1-2, 224.1-2, 227.1-2, 229.1, 230.1-2, 257, 263.3-4, 264.1-2, 265.1, 265.4-5, 275.3, 312.3, 313.1, 315.4, 317.2-4, 318.1, 320.1-4, 325.1, 328.1-4, 329.1-5, 330.2, 331.1-2, 365.1, 371.1-4, 392.1, 412, 428.1, 440.1

Umschlagfoto: mauritius images / Flirt